目 录

特 载

大事记

概 况

政　治

军　事

法　制

经济管理

建设·环保

工商企业

农林·水利

交通·邮电

财政・税务

金融·保险

教育·气象·防震减灾

文广体·旅游·卫计

社　会

人 物

统计资料

附 录

特 载

高举习近平新时代中国特色社会主义思想伟大旗帜 为建设宜居宜业和谐美丽新江川不懈奋斗

——在区委二届四次全会第一次全体会议上的报告

区委书记 徐 贤

（2018年1月15日）

同志们：

下面，我受区委常委会委托，向全会作工作报告。

中国共产党玉溪市江川区第二届委员会第四次全体会议，是在全面建成小康社会决胜阶段召开的一次十分重要的会议。大会的主题是：深入学习宣传贯彻党的十九大精神，高举习近平新时代中国特色社会主义思想伟大旗帜，进一步动员全区各级党组织、广大党员和干部群众，不忘初心，牢记使命，决胜全面建成小康社会，为建设宜居宜业和谐美丽新江川努力奋斗。

一、担当作为，全面建成小康社会迈出坚实步伐

2017年，在以习近平同志为核心的党中央坚强领导下，在省委省政府、市委市政府的正确领导下，区委常委会全面贯彻落实党的十八大和十八届三中、四中、五中、六中、七中全会精神，深入学习宣传贯彻党的十九大精神和习近平新时代中国特色社会主义思想以及习近平总书记考察云南重要讲话精神，按照区第二次党代会确定的奋斗目标和主要任务，团结带领全区党员干部群众，直面严峻形势和转型发展压力，全面落实党中央和省委、市委的决策部署，统筹推进经济建设、政治建设、文化建设、社会建设和生态文明建设，全面从严治党，区委二届三次全会确定的目标任务圆满完成，全面建成小康社会基础进一步夯实。

务实担当稳增长，综合实力持续增强。坚定不移贯彻新发展理念，深化供给侧结构性改革，改进目标任务综合考评，建立“五个一”抓落实机制，经济保持较快增长，预计完成地方生产总值92.1亿元，增长12%；一般公共预算收入、固定资产投资、社会消费品零售总额均完成年度目标任务。农业经济平稳发展，农田水利基础设施不断完善，蔬菜、

花卉等优势农产品生产规模不断扩大、效益稳步提高，农业产业化经营取得新进展。园区经济发展态势良好，按照市委部署实行龙泉园区一体化管理，基础设施建设不断完善，招商引资取得突破，升华电梯、中民筑友、合续环保等一批项目开工建设，江城纸制品产业园区建设初见成效。民营经济发展环境更加优化，落实干部挂联服务企业机制，着力构建“亲”“清”政商关系，增加企业信贷应急周转资金，制定扩产促销补助政策，努力降低经营成本，企业生产经营趋稳回升。文化旅游产业持续发展，星云湖国家湿地公园、湿地湖滨带提质改造和北山森林公园等旅游项目稳步实施，开渔节获评国家级示范性渔业文化节庆。物流产业发展取得阶段成果，九溪润特物流、宏程物流顺利推进，滇中智慧农业产业园、滇中特色农副产品冷链储运物流等项目落地雄关。

与时俱进促改革，发展活力更加强劲。“科教引领创新发展”大讨论、大行动深入开展，建立3个院士、专家工作站，新申请专利94件，实施科技项目40个。产业创新迈出新步伐，引进捷克固定翼飞机生产，启动通用机场建设。实现村级电子商务信息全覆盖。深化改革力度加大，统筹出台40余项改革措施，落实“放管服”政策，调整行政职权11项，建立重点工作重大项目责任追究机制，投资创业软环境更加优化。推进预算、投融资改革，争取置换政府债券资金2亿元，成功入库实施PPP项目4个，新一轮投资建设热潮时至势成。农村土地承包经营权确权登记颁证工作进展顺利，司法体制改革和公立医院综合改革稳步实施。建立绩效评价激励机制，金融行业支持实体经济更加有力。

全力以赴抓建设，城乡面貌日益改善。城乡交通基础进一步夯实，江通、澄川高速公路建设和国道213线江川段改造工程加快推进，玉江高速公路市政化改造全面启动，老玉江路路面修复基本完工，乡村公路全面硬化。城乡规划体系不断完善，启动城区总规和控制性规划编制，村庄规划实现全覆盖，建立村庄土地规划专管员制度。城乡建设提速，全民健身运动场馆、农贸市场、浪广路北延工程及城市地下综合管廊等市政基础设施建设项目全面开工，大街、江城棚户区改造和海绵城市九溪片区建设有序推进，5个美丽乡镇、78个“百村示范·千村整治”项目和“点亮江川”工程基本完工。城乡管理得到加强，成立城市管理局，创新开展“双创”先锋行动计划，中心城区“百日动员、百日整治、百日攻坚、百日决战”网格化管理全面展开，国家卫生城市和全省全国文明城市创建扎实推进。突出“拆闲房、除危房、腾空间、建新村、换新貌、奔小康”，城乡人居环境综合整治深入实施，集中连片旧村改造全面启动，拆除违法违规建筑16万平方米，多年来深受群众诟病的乱搭乱建得到遏制，城乡脏乱差现象逐步改观。

突出重点抓治理，生态建设日趋加强。用系统思维谋划生态保护治理，星云湖流域山水林田湖生态修复工程启动实施，环湖截污治污、污染底泥疏挖处置、入湖河道治理等重大项目全面开工，湖泊水质年内已有3个月达到V类标准。落实河湖库渠四级河长责任，水质监测、管护责任等制度建立施行。“两污”治理持续推进，区污水处理厂提标改造主体工程完工，污水管网逐步向城郊结合部延伸。完成国土规划修编，划定生态保护红线，推进“森林江川”建设，优化生态、生产、生活空间布局。节能减排扎实开展，万元生产总值能耗持续下降。

凝心聚力惠民生，社会事业不断进步。围绕“两不愁三保障”全力推进脱贫攻坚，精准识别、精准帮扶取得成效，安化贫困乡达到脱贫摘帽标准，6个贫困行政村脱贫出列，917户建档立卡贫困户危房改造全部开工，贫困发生率从4%降至0.85%。落实教育优先发展战略，“全面改薄”工程顺利完成，5所学前幼儿园开工建设，文化事业持续发展，文化惠民工程深入实施，道德文化建设和文明创建提升工作扎实推进，全民健身和竞技体育蓬勃发展，成功举办江川区第一届全民健身运动会。就业再就业工作得到加强，企业稳岗工作取得成效，城镇和农村居民人均可支配收入预计增长10%和11%。社会服务体系不断完善，城乡养老、低保和住房保障水平稳步提高，城乡居民医疗保险实现全覆盖，成功创建省级慢性病综合防治示范区。民族团结进步示范区建设取得成效，九溪罗合白村成功创建全国少数民族特色村寨。“平安江川”建设稳步推进，社会治安综合治理持续深入，禁毒防艾工作深入开展，安全生产形势总体稳定。民主法治建设扎实推进，“四五”依法治区稳步实施，“七五”普法全面启动，人大法律监督、政协民主监督更加有效，工会、共青团、妇联圆满完成换届并全部实施改革试点，妇联改革经验在全省推广，残联、红十字会助残扶弱作用发挥明显，统一战线、民族宗教、国防动员、科协、关心下一代等工作得到加强。

从严从实抓党建，管党治党成效显著。严明党的政治纪律和政治规矩，成立部门党组，严肃党内政治生活，层层落实管党治党政治责任，推动全区各级党组织和全体党员尊崇党章，树牢“四个意识”，坚定“四个自信”，坚决维护党中央权威和集中统一领导。实行党代表列席区委重要会议制度，党内民主不断扩大。“两学一做”学习教育常态化制度化向纵深推进，党员干部党性教育和思想政治建设得到加强。统筹推进“基层党建提升年”各项工作，推行“五化”党建工作法和党建工作“四个一”制度，实施农村后备干部“金种子”工程，党员积分制管理完善加强。全面加强阵地建设，改造提升64个基层党组织活动场所，基层党组织战斗堡垒作用得到巩固和增强。坚持新时期好干部标准，树立鲜明用人导向，选人用人公信度进一步提高，干部干事创业激情明显增强。创新干部教育培训，开展以讲促学、以测促学、以调促学，领导干部学习培训常态化制度化做法在全市推广，勤学善思氛围逐步形成。加大干部挂职锻炼力度，选派干部到国家部委、省市部门、江苏武进区和乡镇挂职锻炼，与院校合作加大培训力度，提升干部履职能力。从严管理干部，建立履职评议机制，落实干部能上能下制度，促进干部担当作为；规范机关上下班时间，加大干部走读整治力度，出台禁酒令，不折不扣落实中央八项规定精神，干部作风明显改善。抓好意识形态工作，中国特色社会主义思想和中华民族伟大复兴中国梦深入人心，社会主义核心价值观广泛弘扬。坚持党管人才，“四个一百”人才行动计划取得阶段性成果。落实党委主体责任，全面从严治党，支持纪委履行监督执纪责任。开展巡察工作，无禁区、全覆盖、零容忍推进党风廉政建设和反腐败斗争，严肃查办一批违纪违法案件，全区政治生态和社会风气持续好转。

同志们，成绩来之不易，前景催人奋进！一年来的成绩是可喜的，特别是在城乡建设管理、生态环境保护和干部作风转变上取得了突破性进展。这些成绩的取得，是市委坚强领导的结果，是全区上下勠力同心、担当作为的结果，也是我们不断深化区情认识、坚持改革创新的结果。在此，我代表区委，向全区广大党员干部和人民群众，向驻江部队和武警官兵，向所有关心、支持江川改革发展的同志们、朋友们，表示衷心的感谢，并致以崇高的敬意！

同时，我们也清醒的认识到，江川的发展还面临不少困难和挑战，我们的工作还存在许多不足，主要是：经济总量小，生产性投入不足，发展质量不高；环境承载能力弱，以星云湖为重点的生态治理压力大；城乡规划建设管理水平低，基础设施欠账多，城乡、区域发展不平衡不充分的矛盾比较突出，城乡环境整治任务艰巨；党的建设和民主法治建设任重道远，机关效能亟需提升，干部作风还需持续改进，思想保守、得过且过，不敢担当、不愿作为在一些干部中仍然存在。问题是时代的声音，我们必须直面问题，以务实的举措推动问题的解决。

同志们！江川的发展在新时代大有可为。撤县设区以来的实践表明：只有始终坚持以习近平新时代中国特色社会主义思想为指导，认真贯彻执行中央和省市委重大决策部署，才能坚定信心，始终保持正确的政治方向和不竭的精神动力；只有始终坚持解放思想、实事求是，深化改革、锐意创新，才能抓住机遇、开拓进取，在日趋激烈的区域竞争中闯出一条江川跨越发展的新路子；只有始终坚持以人民为中心，一切为了人民，一切依靠人民，才能凝聚人心、汇集力量，形成万众一心谋发展的强大合力；只有始终坚持全面从严治党，持之以恒正风肃纪，才能保持永不懈怠的精神状态和一往无前的奋斗姿态，把宜居宜业和谐美丽新江川的宏伟蓝图变成现实。

二、深入学习宣传贯彻党的十九大精神，开启江川现代化建设新征程

党的十九大对坚持和发展中国特色社会主义作出系统部署，发出迈进新时代、开启新征程、续写新篇章的政治宣言，为新时代江川经济社会加快发展指明了前进方向。全区各级党组织和广大党员干部要切实把思想和行动统一到党的十九大精神上来，高举习近平新时代中国特色社会主义思想伟大旗帜，统筹推进“五位一体”总体布局，协调推进

“四个全面”战略布局，励志图强勇作为，砥砺奋进促跨越，决胜全面建成小康社会，建设宜居宜业和谐美丽新江川。

践行新思想，开启新征程，必须学懂弄通做实。要在“学懂”上下功夫，紧扣报告原文，把党的十九大的重大理论观点、重大战略部署领会深、领悟透，在反复学习中锤炼党性修养、坚定政治立场、强化历史担当。要在“弄通”上下功夫，坚持系统、全面、联系的观点，把学习宣传贯彻党的十九大精神同做好经济社会发展和党的建设工作贯通起来，带着问题学习，联系实际思考，确保江川各项事业始终沿着党中央指引的正确方向前进。要在“做实”上下功夫，坚定不移以党的十九大精神统一思想，凝聚各方力量，把经济社会发展各项工作抓紧抓好、抓出实效，确保党的十九大精神在江川落地生根、开花结果，在各项工作中全面准确贯彻落实。

践行新思想，开启新征程，必须抢抓历史机遇。党的十八大以来，我区综合实力明显增强，地方生产总值持续保持两位数增长，农业发展保持稳定，工业经济成为新支撑，服务业持续壮大，生态环境逐步改善，基础设施建设步伐加快，人民生活水平显著提高。我们已经站在了一个新的历史起点上，发展态势强劲。随着玉溪由红塔时代向“三湖”时代迈进，江川的高速路网、通用机场、城市提质扩容和棚户区改造等重大基础设施建设加快推进，以星云湖为重点的生态治理全面提速，园区经济、县域经济、民营经济持续壮大，我们的区位优势将进一步凸显，城乡建设将进一步提速，产业结构将进一步优化，实现全面建成小康社会的步伐更加稳健。全区各级各部门要立足新的历史方位，认清形势，抢抓机遇，创造新业绩，作出新贡献。

践行新思想，开启新征程，必须立志跨越发展。改革开放40年的实践历程告诉我们，发展如逆水行舟，不进则退、慢进也是退。党的十九大明确提出了“一个决战期、两个阶段”的战略安排。我们要以更宽广的视野、更长远的目光审视江川，坚持创新发展不动摇、跨越发展不懈怠，坚持质量第一、效益优先，以供给侧结构性改革为主线，推动经济发展质量变革、效率变革、动力变革，加快发展先进制造业，支持传统产业优化升级，全力提升现代服务业，促进产城融合发展，努力走出一条质量更高、效益更好、结构更优的发展新路，全面开启新时代江川“三步走”发展新征程：

到2020年，以综合交通为主的基础设施全面提升，综合经济实力明显增强，星云湖水质恢复至Ⅳ类，同城发展取得新进展，城乡建设展现新面貌，全面建成小康社会。

从2020年到2035年，在全面建成小康社会的基础上，再奋斗十五年，实现经济实力大幅提升，人民生活更为宽裕，中等收入群体比例明显提高，城乡区域发展差距和居民生活水平差距显著缩小，基本公共服务均等化基本实现，全体人民共同富裕迈出坚实步伐；现代社会治理格局基本形成，民主法治更加健全、社会文明程度明显提高，社会充满活力又和谐有序；生态环境根本好转，星云湖水质明显改善，与玉溪中心城区实现一体化发展，美丽江川目标基本实现。

从2035年到本世纪中叶，在基本实现现代化的基础上，再奋斗十五年，实现全区物质文明、政治文明、精神文明、社会文明、生态文明全面提升，人民群众共同富裕，享有更加幸福安康的生活，建成宜居宜业和谐美丽新江川，写就伟大复兴中国梦的江川篇章！

同志们！践行新思想，开启新征程，实现新作为，是新时代赋予我们的崇高使命。我们有幸处在中国特色社会主义新时代，更有责于这个新时代、奉献于这个新时代。必须全面学习宣传贯彻党的十九大精神，开拓进取，顽强拼搏，在新时代推动江川跨越发展的伟大实践中，凝聚起同心共筑中国梦的磅礴力量。

三、以习近平新时代中国特色社会主义思想为指引，向全面建成小康社会奋进

2018年，是贯彻党的十九大精神的开局之年，是决胜全面建成小康社会、实施“十三五”规划承上启下的关键一年。我们要高举习近平新时代中国特色社会主义思想伟大旗帜，深入学习宣传贯彻党的十九大精神，坚持稳中求进工作总基调，按照高质量发展的要求，坚持创新、协调、绿色、开放、共享新发展理念，打好园区经济、县域经济、民营

经济三大战役，实施从严治党、深化改革、五网建设、同城发展、生态保护、民生事业六大工程，做强先进装备制造、现代物流产业，做优高原特色农业、磷化工等传统产业，做实文化旅游及健康养老、航空产业，打造经济转型发展、城乡建设管理升级版，建设宜居宜业和谐美丽新江川。全区上下要认真贯彻市委五届五次全会精神，着力抓重点、补短板、强弱项，在提高发展质量的基础上，保持经济较快增长，实现地方生产总值迈过百亿元大关，园区经济、城乡建设、生态保护取得突破性进展。

重点抓好七个方面的工作。

（一）始终把高质量发展作为主攻方向，着力夯实经济基础。认真贯彻习近平新时代中国特色社会主义经济思想，加强党对经济工作的领导，坚定产业强区不动摇，大力发展实体经济，促进地方经济持续健康发展。做大做强工业经济，加快龙泉园区道路、标准化厂房和孵化中心等基础设施建设，服务和支持升华电梯、合续环保、中民筑友、比亚迪新能源汽车等项目尽快形成产能。鼓励磷化工、纸制品、烟花爆竹、农产品加工等传统产业优化升级，引导扶持规下企业通过技改等手段扩大生产、提高效益，促进企业做大做强。加大招商力度，改进招商办法，引进发展先进装备制造、生物医药、电子信息、新能源新材料等新兴产业，争取更多企业落户江川，实现规模以上工业增加值增长20%以上。做精做活以文化旅游业为重点的第三产业，力争玉溪师院分校落地江川，恒天易开新能源一体化租赁汽车项目启动运营。牢固树立“全域旅游”理念，全力推进省级全域旅游示范区创建，加快星云湖国家湿地公园建设和星云湖湿地湖滨带提质改造，支持天湖化工盘活闲置土地发展康体旅游，打造“星云湖湿地+青铜文化+康体休闲”生态旅游区。大力发展乡村旅游，推进前卫新河咀等一批特色村建设，积极开发青铜文创产品，创新节庆活动组织形式，形成田园渔耕一体、湖光山色并举的乡村旅游格局。加快雄关农产品物流产业园和九溪润特物流、宏程物流等项目建设，打造全省现代物流中心。落实好贷免扶补政策，鼓励支持有条件的企业开展直接融资，促进实体经济健康发展。完善区级领导挂联企业制度，深化放管服改革，为企业发展营造宽松环境。

（二）始终把同城发展作为重要抓手，着力改善城乡面貌。立足“一核双心”发展定位，主动融入“三湖”生态城市群建设，千方百计加大城市基础设施建设力度，力争实现固定资产投资增长30%左右。抓牢“五大基础网络”建设机遇，实现江通高速、国道213线建成通车，加快澄川高速建设，启动机场道路建设，谋划推动红江高速立项建设，启动雄关绕乡道路、大铁线等县乡道路建设改造，推进“六城同创”，加快大街、江城棚户区改造，支持九溪、江城争创国家特色小镇。实施城市提质扩容，启动“海绵城市”试点和宝凤路、江通路等市政道路改造，打通浪广路北延长线，加快党校搬迁新建。建设宁海芙蓉湿地公园，提升绿化、亮化水平。加强城市管理水平，加大规划管控力度，深入推进城镇低效用地再开发，优化用地结构布局，提高土地利用效率。加强农贸市场建设管理，整治以路为市，建设专业市场，规范机动车修理和废旧物资收购。进一步强化网格管理，创新服务型社区建设，扎实开展群众性精神文明创建活动，全力提升市民文明素质，坚决打赢国家卫生城市和全省全国文明城市创建攻坚战。

（三）始终把乡村振兴作为战略任务，着力提升“三农”工作水平。按照产业兴旺、生态宜居、乡风文明、治理有效、生活富裕的总要求，遵循乡村发展规律，强化乡村规划落实，促进城乡统筹、融合发展，走质量兴农、绿色农业发展之路，全力实施乡村振兴战略。建立健全城乡融合发展体制机制和政策体系，加快构建现代农业产业体系，深入推进“互联网+农业”公共服务平台建设，促进种植、养殖、加工、流通和农业服务业转型升级。加快构建现代农业生产体系，大力推进农业科技创新成果应用，实施高效节水灌溉等农田水利基础设施建设，抓实烤烟生产和“2260”高端特色烟叶开发，增强农业综合生产能力和抗风险能力。推动农业绿色发展，培育生态品牌，加大产业结构调整力度，严控化肥农药增量，减量提质发展养殖业。加快构建现代农业经营体系，着力培育农业新型经营主体，依托亚洲花卉科创谷和雄关花卉科技示范园，推行土地入股、流转、托管和联耕联种等多种经营方式，带动发展一批以蔬菜、花卉、经果为特色的精品农业庄园和家庭农场，培育一批农村经济合作组织、专业大户，提高农业规模化经营水平。建设美丽乡村，高位推进城乡人居环境综合整治，实施新一轮“百村示范、千村整治”和“增绿添色、点亮江川”工程，抓好10个示范村试点建设，继续推进旧村改造，支持统规联建多层住房，建管并举开展农村“厕所革命”，突出“两污”治理，提升人居环境。加快完善农村公共服务体系，健全城乡要素双向流动机制，推动城市基础设施、公共服务向乡村延伸，促进教育、文化、卫生等优质资源向农村覆盖。高度重视农村干部培养、配备和使用，努力打造一支懂农业、爱农村、爱农民的“三农”工作队伍。

（四）始终把改革创新作为不竭动力，着力增强发展活力。坚持把改革创新作为引领发展的第一动力，突出问题导向和目标导向，积极稳妥推进改革创新。深化行政体制改革，对职能相近的党政机关探索合并设立或合署办公。持续转变政府职能，创新监管方式，简政放权、放管结合、优化服务，提高行政审批效率，建设服务型政府。深化事业单位改革，强化公益属性，推进政事分开、事企分开、管办分离。深化财政、金融体制机制改革，规范投融资管理，防范债务风险，积极培植财源，强化预算管理。全面完成农村土地承包经营权确权登记颁证，稳步推进农村集体资产产权制度改革，盘活农村集体资产，多途径发展壮大集体经济。开展农村宅基地、集体建设用地使用权房地一体确权登记发证工作，多措并举保障民生项目建设用地。加大科技创新力度，支持企业加大研发投入，提升自主创新能力，推动实体经济与互联网、人工智能融合发展。扩大对外开放，坚持引进来和走出去并重，主动融入滇中城市经济圈发展战略，加强与江苏武进等发达地区的合作交流，加快形成区域经济合作新优势。

（五）始终把文化引领作为重要遵循，着力提升群众文明素养。坚定文化自信，加强理论武装，推动习近平新时代中国特色社会主义思想深入人心。牢牢掌握意识形态工作领导权和主动权，落实意识形态工作责任制，加强阵地建设，弘扬主旋律，凝聚正能量，树立新风尚，营造清朗的舆论环境。加强精神文明建设，培育和践行社会主义核心价值观，实施社会信用体系建设，深入开展文明细胞创建工程，继承和弘扬有益于当代的乡贤文化，推进社会公德、家庭美德、个人品德建设，引导公民诚实守信、孝老爱亲、向上向善、移风易俗，加快形成自治、法治、德治相结合的乡村治理体系。推动文化事业和文化产业发展，加强文化惠民工程和文化基础设施建设，努力构建覆盖城乡、惠及全民的公共文化服务体系。加大文物古迹修缮保护力度，加快全民健身运动场馆项目建设，发展全民健身运动。推进传播能力建设，强化各类媒体管理，讲好江川故事，唱响江川声音。

（六）始终把绿色发展作为生态底色，着力实现水清山绿。恢复绿水青山才能实现金山银山。要坚定生态立区、绿色发展理念，以环境资源承载力为基础谋划发展。加大星云湖保护治理力度，实施一级保护区生态移民搬迁，以河长制、山水林田湖生态修复、生态旅游开发为主要抓手，工程性项目和非工程性措施双管齐下，加快面源、内源污染治理、水体置换、流域河道治理，发展生态有机农业，推进沿湖农业产业结构调整，确保星云湖稳定达到V类水质。实施董炳河、九溪河治理，开展保护抚仙湖雷霆行动。深入推进“森林江川”建设，以城镇面山、城乡干道、村庄庭院为重点搞好绿化美化。加大城乡污水收集和处理力度，确保无黑臭水体流入星云湖，实施城乡生活垃圾收集转运一体化建设，探索垃圾无害化处理新途径。加快生态创建步伐，继续推进绿色社区、绿色学校建设，大力倡导绿色生活方式，争创省级生态文明区。严格环境监管执法，强化节能减排，抓实环保督查反馈问题整改，坚决制止和惩处破坏生态环境行为。

（七）始终把人民幸福作为执政追求，着力改善民生福祉。紧盯人民群众最急最忧最怨的问题，解决好群众最关心最直接最现实的利益问题，扎扎实实发展民生事业。贯彻落实党的教育方针，优先发展教育事业，深化教育改革，改进绩效考核，加强师德师风建设，全力提升教育质量。提高就业质量和人民收入水平，继续实施创业促进就业工程，确保城镇登记失业率控制在4%以内，城镇和农村居民人均可支配收入分别增长9%和10%以上。加强社会保障体系建设，按照兜底线、织密网、建机制要求，稳步提高社会保险覆盖面和待遇水平，继续完善最低生活保障等制度，抓好保障性住房运营管理和农村危房改造、抗震安居工程建设，织牢社会

救助兜底网。推进“健康江川”建设，持续深化公立医院综合改革，加快建立医疗联合体，争取实施提升区级医院综合能力项目，提高医疗服务水平。继续实施精准扶贫、精准脱贫，全面完成建档立卡贫困户危房改造，健全完善防治返贫动态管理机制和持续增收长效机制，巩固提升脱贫攻坚成果。全面推进依法治区，推动“七五”普法规划实施，强化社会管理综合治理，打好第四轮禁毒防艾人民战争，加快民族团结进步示范区建设，严格落实安全生产责任制，巩固“平安江川”创建成果，确保社会大局和谐稳定。

四、落实新时代党的建设总要求，推动全面从严治党向纵深发展

打铁必须自身硬。要按照新时代党的建设总要求，履行好管党治党政治责任，全面推进党的政治建设、思想建设、组织建设、作风建设、纪律建设，把制度建设贯穿其中，深入推进反腐败斗争，把各级党组织建设得更加坚强有力。

（一）坚定理想信念，把党的政治建设放在首位。要加强政治建设，坚定“四个自信”，增强“四个意识”，坚决维护党中央权威和集中统一领导，坚定执行党的政治路线，严守政治纪律和政治规矩，在政治立场、政治方向、政治原则、政治道路上同以习近平同志为核心的党中央保持高度一致。要尊崇党章，始终把纪律和规矩挺在前面，增强党内政治生活的政治性、时代性、原则性、战斗性。要落实好民主集中制，坚持民主基础上的集中和集中指导下的民主相结合，既充分发扬民主，广泛听取各方意见，又善于集中统一，果断决策。要加强思想建设，按照全覆盖、无盲区、无死角的要求，深入开展习近平新时代中国特色社会主义思想理论学习，通过中心组学习、领导干部宣讲、党员干部轮训等途径，引导党员干部读原著、学原文、悟原理，确保习近平新时代中国特色社会主义思想进企业、进农村、进机关、进校园、进社区、进网络，引领全区人民心向党、听党话、跟党走、感党恩。深入推进“两学一做”学习教育常态化制度化，扎实开展“不忘初心、牢记使命”主题教育，大力弘扬“跨越发展、争创一流、比学赶超、奋勇争先”精神，倡导公道正派、实事求是、开拓进取、清正廉洁的价值取向，把对党忠诚、为党尽职、为民造福作为根本政治担当，推动形成清朗的党内政治文化，营造风清气正的良好政治生态。

（二）注重德才兼备，建设担当作为的干部队伍。各级领导干部是推动江川跨越发展的中坚力量。要坚持党管干部原则，以提高执行力为重点，落实好新时期好干部标准，突出政治标准，提拔重用“四个自信”坚定、“四个意识”牢固和具有忠诚干净担当品格的好干部。进一步优化干部队伍结构，加强年轻后备干部、女干部、党外干部和少数民族干部培养锻炼。围绕全面增强执政本领，加强干部教育培训，发挥好党员干部教育主渠道、主阵地作用，继续实施精准化定向式专题培训。加大干部交流挂职力度，将推进重大项目建设、振兴乡村作为锻炼干部、检验干部的主战场，真正把能够担当江川跨越发展的好干部尽快培养起来、及时选拔出来、合理使用起来。认真做好离退休干部工作。坚持严管厚爱结合、约束激励并重，完善考核评价机制，给实绩亮分，让干部亮相，向积弊亮剑，推动干部能上能下。完善和落实容错纠错机制，加大正向激励，营造崇尚创新、宽容失败、鼓励担当的良好氛围。实行更加积极、更加开放、更加有效的人才政策，集聚优秀人才促进江川跨越发展。

（三）立足固本强基，全面加强基层党组织建设。党的基层组织是确保党的路线方针政策和区委决策部署得以贯彻落实的基础。要以提升组织力为重点，突出政治功能，把基层组织建设成为宣传党的主张、贯彻党的决定、领导基层治理、团结动员群众、推动改革发展的坚强战斗堡垒。牢固树立加强支部建设的鲜明导向，健全组织、建强队伍，坚持“三会一课”制度，创新活动方式，扩大基层党组织覆盖面。严格党建工作责任体系，完善“四个一”制度、基层党建“五化”工作法和述职考评问责制度，压实各级党组织书记抓党建“第一责任人”的政治责任。规范提升“两新”党组织，加强城市党建工作，探索楼宇党建、商圈党建新路子，打造一批党建示范精品，以点带面，整体提升。要推进党建与重点工作深度融合，加强服务型党组织建设，抓实党建扶贫“双推进”和“双创”先锋行动计划，实现围绕中心抓党建、抓好党建促发展。

强化党内激励关怀帮扶。增强党员教育管理针对性和有效性，稳妥有序开展不合格党员组织处置工作。

（四）持续正风肃纪，深入开展党风廉政建设和反腐败斗争。管党治党必须从严从紧从实。要严格落实党风廉政建设党委主体责任和纪委监督责任，运用好监督执纪“四种形态”，在强化日常监督执纪上下功夫，抓早抓小，动辄则咎。要持续强化作风建设，以永远在路上的坚韧，从一件小事一件小事抓起、在一个节点一个节点坚守，以钉钉子精神抓好中央八项规定精神落实落细，成风化俗。加大治理“庸懒散”力度，不担当必担责，坚决整治“门好进、脸好看、事难办”以及“层层往上报，层层不表态”等“四风”变异问题，驰而不息反对“四风”。严肃查处顶风违纪行为，进一步巩固反腐败斗争成果，完善党内监督体制机制，发挥党委巡察和纪委派驻机构作用，确保力度不减、节奏不变。加强对权力运行的制约和监督，完善党务公开，成立监察委员会，实现对公权力的监督监察全覆盖。加强制度建设，扎牢不能腐的笼子，使党员干部不越雷池、不逾红线、严守底线。各级领导干部作为“关键少数”，要以身作则，聚焦主业主责，逐级传导压力、动力，以一身正气带出清新风气，用优良党风带务实政风促和谐民风。

（五）加强自身建设，坚持不懈提升领导水平。坚持党对一切工作的领导，努力提高区委把方向、谋大局、作决策、促发展的能力和定力，确保党始终总揽全局、协调各方。要增强学习本领，继续营造善于学习、崇尚实干的浓厚氛围，建设学习型党组织。要增强政治领导本领，坚持战略思维、创新思维、辩证思维、法治思维、底线思维，加强党的集中统一领导，积极支持人大、政府、政协、监察委员会、法院和检察院依法依章程履行职能、开展工作、发挥作用。要增强改革创新本领，锐意进取、开拓创新。要增强科学发展本领，善于贯彻新发展理念，统筹推进各项工作开创新局面。要增强依法执政本领，严格落实党内法规，促进工作规范有序。要增强群众工作本领，创新群众工作体制机制和方式方法，进一步加强统一战线和民族宗教工作，充分发挥工会、共青团、妇联、科协、残联、红十字会等群团组织和社会组织的桥梁纽带作用，组织动员广大人民群众跟党走、谋实干。要增强驾驭风险本领，完善安全、金融、舆情、社会稳定等防控体系，提高处理各种复杂问题的能力。要增强狠抓落实本领，紧盯工作中的突出短板和薄弱环节，加强政策配套，加强协同攻坚，加强督查问责，坚决摒弃敷衍了事、上推下卸和不作为、慢作为，大力倡导说实话、谋实事、出实招、求实效的务实风尚，把“定了就干”的雷厉风行作风与久久为功的定力韧劲结合起来，以各级干部求真务实、担当作为的表率激发全区人民干事创业的激情。

同志们！使命呼唤担当，实干成就梦想。让我们更加紧密团结在以习近平同志为核心的党中央周围，高举习近平新时代中国特色社会主义思想伟大旗帜，不忘初心、牢记使命，坚定信心、奋勇前进，为决胜全面建成小康社会、建设宜居宜业和谐美丽新江川不懈奋斗！

名词解释

“五个一”推进机制：指一项重大项目由一名政府分管领导主抓，一名其他区领导协助，一个主责部门，一个专项协调小组推进。

“五化”党建工作法：由责任清单化、清单项目化、项目标准化、标准制度化、制度品牌化5部分构成，明确各项工作的基本内容、坚持原则、方法步骤和程序要求。

党建工作“四个一”：即每月常委会听取一个党（工）委工作汇报、每月召开一次工作例会、每月进行一次工作提醒、每季度开展一次工作督查。

六城同创：指从2015年至2020年，同时创建联合国人居环境奖、全国文明城市、国家环保模范城市、国家海绵城市试点城市、国家智慧城市、国家创新型试点城市。

“2260”优质烟叶工程：指自2016年起，在云南全省选择20个县（市、区），种植20万亩烤烟，每年生产60万担高端特色优质烟叶，积极助推“两烟”发展。

监督执纪“四种形态”：指经常开展批评和自我批评、约谈函询，让“红红脸、出出汗”成为常态；党纪轻处分、组织调整成为违纪处理的大多数；党纪重处分、重大职务调整的成为少数；严重违纪涉嫌违法立案审查的成为极少数。

政府工作报告

——在玉溪市江川区第二届人民代表大会第二次会议上

区委副书记、区长　王志华

（2018年1月20日）

各位代表：

我代表区人民政府向大会报告工作，请予审议，并请政协委员和其他列席同志提出意见。

一、迎难而上、砥砺奋进，发展迈上新台阶

2017年，在市委、市政府和区委的坚强领导下，区人民政府积极应对各种挑战，全力做好稳增长、促改革、调结构、惠民生、防风险各项工作，全区经济社会发展保持稳中提质、稳中向好态势，较好地完成了全年主要预期目标。预计全年实现地方生产总值92.1亿元，增长12%；一般公共预算收入7.1亿元，增长21.9%；一般公共预算支出18.4亿元，增长5.7%；规模以上固定资产投资75.5亿元，增长31%；社会消费品零售总额24.6亿元，增长12%；城镇居民人均可支配收入34310元，增长10%；农村居民人均可支配收入12396元，增长11%。

过去一年，我们主要做了以下工作：

（一）抓提质扩容，城乡建设不断提速

城市总规修编及控制性详细规划编制工作加快推进，区乡两级土地利用总体规划调整和303个自然村村庄规划编制全面完成，实现全区村庄规划全覆盖。投资14.8亿元的第一批市政基础设施PPP项目获市级批准实施，其中：龙泉大道南段、浪广路综合管廊、全民健身运动场馆等项目开工建设，老街兴农贸市场主体完工，大街农贸市场改造加快推进，档案馆片区小广场竣工验收，药王阁修缮即将完工，市政基础设施进一步完善。大街棚户区改造启动入户调查、测绘、评估和规划编制工作。云福山居、绿竹云舍一期开工建设，全年完成房地产投资11.07亿元，销售商品房12.9万平方米，房地产业健康发展。玉溪车管所搬迁江川，江川至红塔区新能源公交线路投入运营，玉江大道市政化改造快速推进，与玉溪主城区融合发展进一步密切。成立城市管理局，进一步理顺城市管理体制和运行机制。扎实推进“创文”“创卫”工作，城区实行网格化管理，启动停车泊位收费，静态交通秩序进一步好转；完成二类公厕改造15座，免费开放城市公厕44座，合理设置垃圾果皮箱675只，清理规范户外广告牌2383块，城市精细化管理成效明显。特色小镇和美丽乡村建设加快推进，江城棚户区改造启动拆除工作，钟秀铭苑、鑫园小区2个房源点开工建设，九溪、雄关完成特色小镇规划，5个美丽乡镇、78个“百村示范·千村整治”项目全面完工，完成“一事一议”财政奖补、美丽乡村建设项目21个。深入开展全面提升城乡人居环境行动，农村土地规划建设专管员实现行政村全覆盖，前卫社区金庙小区、九溪矣文村民小组等35个连片旧村改造项目全面启动，拆除城乡违法违规建筑16万平方米，安装太阳能路灯5114盏。罗合白村被国家民委授予“中国少数民族特色村寨”称号。

（二）抓转型升级，产业规模不断壮大

工业经济质量进一步提升。龙泉园区龙滨路、

江源路、江鼎街竣工通车，核心区绿化亮化及排水工程顺利完工，27万平方米标准化厂房启动建设，园区基础设施进一步完善。欣宇机械、福胤钢构竣工投产，特固二期、升华电梯、中民筑友等5个项目开工建设，成功签约上海联影、比亚迪等6个项目。园区预计实现总产值13.2亿元，增长35.1%。江城纸制品产业园建设取得突破，云南回头客纸业、昆明力天贝贝等7个项目开工建设，工业园区“一园多片”发展格局基本形成。江磷集团与北京化工大学共同建成阻燃剂联合实验室，国城、恒众2户企业获得新型墙材认证，联塑科技、复烤二车间等4个技改项目有序推进。宏斌食品和龙华铜雕被认定为省级民营小巨人企业，市级成长型中小企业达20户。预计全区工业总产值突破百亿大关，完成规模以上工业增加值13.2亿元，增长20%。

特色农业进一步优化。投资3.1亿元建成各类水利工程2801件，新增灌溉面积4600亩，提升保障2.15万名农村群众饮水安全，建设高标准农田8600亩。惠农政策全面落实，兑付各类涉农补贴1179万元，争取市级农业产业发展基金3000万元。“2260”高端特色烟叶项目建设取得实效，全区实现烟农总收入2.66亿元；向星云湖投放鱼苗170吨，渔业产值增长明显；蔬菜、花卉产业进一步巩固提升。农业组织化程度不断提高，划定永久基本农田21万亩，新增农民专业合作社7个，培育农业龙头企业2户。预计完成第一产业增加值17亿元，增长6%。

第三产业蓬勃发展。成功举办“三月雪·梨花醉”文化旅游节、“江川首届七夕文化旅游节”等活动，圆满完成“玉溪号”文化旅游列车宣传推介，江川开渔节获“国家级示范渔业文化节庆”称号，界鱼石公园改造提升二期工程竣工验收。旅游市场秩序整治、“一部手机游云南”工作扎实推进。全年预计实现旅游总收入34.39亿元，增长77.2%。商贸流通持续活跃，九溪润特物流完成3.6万平方米仓库建设，宏程物流项目开工建设，雄关农产品物流产业园正式签约云南云菜集团等3个项目，累计完成现代物流产业投资4.15亿元，辐射周边地区的现代物流中心雏形基本形成。村级农村电子商务信息实现全覆盖，丫眯食品、古训红糖等企业电商业务向好发展，完成电商销售额6952万元，增长15%。预计实现进出口总额4500万美元，完成第三产业增加值44.4亿元，增长12%。

（三）抓“五网”建设，发展后劲不断增强

突出抓项目、增投资、促发展的鲜明导向，供应建设用地2121.6亩，比上年净增1715亩，最大限度为项目落地提供土地要素保障；全年组织实施投资项目106项，完成规模以上固定资产投资75.5亿元，比2015年翻了一番。路网建设全面推进，改扩建黄磷路、九放路等农村公路85.1公里，江通高速、澄川高速、国道213线（江川段）改造工程进展顺利，老玉江线改造即将完工通车，城际铁路完成可研待批，完成交通基础设施投资24.4亿元。水网建设全面加速，治理河渠堤防148公里，完成77座小坝塘除险加固，新增蓄水库容32.54万立方米。能源网建设力度加大，新建改造输电线路83公里。互联网建设扎实推进，新建通信基站21座。航空网建设拉开帷幕，玉溪江川通用机场建设工程正式启动。

（四）抓保护治理，生态质量不断提高

星云湖保护治理力度持续加大，成功申报山水林田湖草试点项目，争取国家首批专项资金3亿元；南岸湿地湖滨带提质改造工程开工建设，环湖截污治污、底泥疏挖及处置等“十三五”规划项目加快推进，完成投资8.2亿元；通过“三湖”调水应急工程置换湖泊水体1387万立方米，星云湖总磷、总氮较上年分别下降4.24%和17.54%，湖泊水质有3个月达到Ⅴ类标准；河湖库渠四级河长制全面落实，水质监测、管护责任等制度建立施行，12条主要入湖河道综合治理工程全面开工；建立星云湖环境卫生网格化管理制度，拆除一级保护区内临违建筑87宗3834平方米、河道两侧农业大棚100亩。“两污”治理基础设施不断完善，区污水处理厂提标改造主体工程完工，新建海浒片区污水管网6公里。海绵城市九溪片区建设有序推进，完成管网改造8公里，湿地建设征租地基本完成。节能减排扎实开展，取缔“地条钢”产能0.8万吨，淘汰落后产能5万吨，关闭非煤矿山4座，万元生产总值能耗下降2.5%。“森林江川”建设深入实施，新增造林面积7057亩，治理水土流失18.14平方公里，星云湖国家湿地公园试点取得国家林业局正式批复。整改落实中央环保督察组反馈问题11件，成立大龙潭自然保护区管护局。开展畜禽养殖禁养区限养区划定工作，完成生态保护红线划定。

（五）抓改革创新，发展活力不断激发

扎实推进行政审批、金融财税等重点领域改革创新，出台支持民营经济、县域经济、园区经济发展扶持政策，经济发展的活力和动能明显增强。全面推开“营改增”税制改革，累计减免税收1.28亿元；全力以赴防风险，争取债券置换资金2.01亿元；出台金融机构支持地方经济发展考核办法，全区金融机构各项存款余额124亿元，增长12.01%，各项贷款余额88.5亿元，增长24.15%，金融机构服务实体经济的积极性明显增强。制定企业转贷应急周转资金管理办法，为19户企业提供续贷资金9500万元。商事制度改革成效初显，“一照一码”新登记注册企业296户。不动产统一登记工作加快推进，发放不动产登记证1195本。农村土地经营权改革全面深化，流转土地2.9万亩。科教创新全面推进，建立院士工作站、专家工作站3个；成功申报省市科技项目40项，新认定高新技术企业1户、科技型中小企业14户；完成“江川大头鱼”地理标志证明商标注册，亚洲花卉科创谷落户九溪。招商引资取得新突破，实施招商引资项目83项，引进市外国内资金77.1亿元，增长12%。

（六）抓民生改善，社会事业不断进步

将脱贫攻坚作为首要政治任务，整合财政资金2.73亿元，投放扶贫贴息贷款2271.6万元，实施扶贫项目13项，917户建档立卡贫困户危房改造全部开工，安化贫困乡达到脱贫摘帽标准，6个贫困行政村脱贫出列，全区贫困发生率降至0.85%。创业促就业工作稳步推进，发放“贷免扶补”个人创业担保贷款1.27亿元，开发公益性岗位550个，新增就业2544人，转移农村劳动力就业2.2万人，城镇登记失业率控制在3.43%。社会保障覆盖面进一步扩大，发放各类社会保障资金3.26亿元，报销医疗保险资金1.83亿元，分配入住保障性住房592套，销售保障性住房256套。5所学前幼儿园开工建设，10个“全面改薄”项目竣工验收并投入使用。中医院综合楼完成主体工程，DRGs付费改革正式运行，“全面二孩”生育政策有效落实，成功创建省级慢性病综合防控示范区。李家山古墓群保护项目顺利启动，江川文庙二期修缮全面完工；江川彝族撒弦乐和铜器制作技艺列入省级非物质文化遗产名录。成功举办首届全民健身运动会等大型群众性体育活动，全区体育基础设施覆盖率达95%以上。申报各类老年服务建设项目34项，建成河咀社区、白石岩村委会2个居家养老服务中心，创建5个居家养老服务示范点。“七五”普法、“四五”依法治区继续深入实施，禁毒防艾、社会治安防控体系不断完善，各类社会矛盾有效化解，安全生产形势总体稳定，群众安全感和满意度进一步提升，“平安江川”建设得到巩固。统计、气象、人防、供销、民宗、侨台、残联、红十字、工青妇、老体协、防震减灾、国防动员、关心下一代、爱国卫生运动等工作健康发展。

（七）抓自身建设，政府履职能力不断提高

认真执行人大及其常委会的决议和决定，主动接受政协民主监督，办理人大代表建议119件、政协委员提案119件，综合满意率100%。优化法律顾问制度，组建5个法律顾问团队。严格执行“三重一大”集体决策制度和重大行政决策责任追究制度，举行重大决策听证5项，重大风险评估8项，法治政府建设加快推进。持续深化“放管服”改革，积极推广“互联网+政务服务”，调整行政职能11项，梳理并公开公共服务事项136项，精简取消需当事人出具证明材料事项13项，效能政府建设得到提升。继续推行“双随机一公开”监管模式，随机抽查事项增加到279项。规范公共资源交易行为，节约资金7617万元。大力推进政务公开，公开政府信息9595条，通报重点工作118项，阳光政府建设得到增强。深入推进“两学一做”学习教育常态化制度化，坚决贯彻落实中央“八项规定”精神，加强行政监察和审计监督，给予党纪政纪处分33人，审计核减工程投资6457万元，廉洁政府建设进一步巩固。

各位代表，一年来，江川经济社会发展得到了上级的极大关心和支持，省市主要领导多次调研视察江川，给予我们极大的鼓舞和鞭策。当前，江川区位优势、生态优势进一步凸显，改革发展的新局面正在形成，我们对江川进入新时代的发展充满信心。一年来取得的成绩，得益于上级的正确决策和亲切关怀，得益于区委的坚强领导，区人大、政协和社会各界的大力支持，得益于全区人民团结一

心，艰苦奋斗和无私奉献。在此，我谨代表区人民政府，向辛勤工作在各条战线上的广大人民群众，向给予政府工作大力支持的人大代表、政协委员、离退休老干部、省市驻江单位、部队官兵和社会各界人士，表示衷心的感谢并致以崇高的敬意！

各位代表，在肯定成绩的同时我们也清醒地认识到，当前我区经济社会发展中还存在不少困难和问题：一是投资不足，一产不优、二产不强、三产不大，产业融合不够，发展的质量不高，推进转型升级的任务仍然艰巨。二是中心城区辐射带动能力不强，城乡公共服务体系还不完善，城市管理、乡村治理、基础设施与人民日益增长的美好生活需要还有较大差距，建设宜居宜业和谐美丽新江川的任务依然很重。三是土地、环境等发展要素约束加剧，生态环境承载能力有限，以星云湖为重点的治理保护和生态建设任重道远。四是少数干部学习不足，作风不实，担责不够，争取资金项目的积极性、主动性不高，发展的紧迫感和责任感不强，征地难、拆迁难、融资难的瓶颈没有完全破解，推动发展和服务群众水平还需进一步提高。对这些问题，我们将高度重视，采取有效措施切实加以解决。

二、乘势而上、奋勇争先，开创发展新局面

今年是贯彻党的十九大精神的开局之年，是决胜全面建成小康社会、实施“十三五”规划承上启下的关键一年，扎实做好全年各项工作意义重大。我们将始终坚持发展第一要务，坚决贯彻稳中求进工作总基调，统筹推进稳增长、促改革、建生态、调结构、惠民生、防风险各项工作，咬定青山不放松、撸起袖子加油干，推动全区经济社会高质量快速发展。

2018年政府工作总体思路是：高举习近平新时代中国特色社会主义思想伟大旗帜，深入学习宣传贯彻党的十九大精神，坚决贯彻落实区委二届四次全会决策部署，坚持稳中求进工作总基调，按照高质量发展的要求，坚持创新、协调、绿色、开放、共享新发展理念，打好民营经济、县域经济、园区经济三大战役，实施从严治党、深化改革、五网建设、同城发展、生态保护、民生事业六大工程，做强先进装备制造、现代物流产业，做优高原特色农业、磷化工等传统产业，做实文化旅游及健康养老、航空产业，打造经济转型发展、城乡建设管理两个升级版，建设宜居宜业和谐美丽新江川。

2018年经济社会发展预期目标建议为：全区地方生产总值突破100亿，增长12%；一般公共预算收入7.7亿元，增长8%；规模以上固定资产投资98亿元，增长30%；社会消费品零售总额27.3亿元，增长11%以上；城镇居民人均可支配收入37398元，增长9%以上；农村居民人均可支配收入13656元，增长10%以上；居民价格消费指数控制在103%以内；城镇登记失业率控制在4%以内；单位GDP能耗与市级同步下降。

围绕上述目标，重点做好以下七个方面的工作：

（一）统筹城乡协调发展，彰显美丽宜居新风貌

坚持以人民为中心的城市发展理念，围绕提升公共服务功能和群众获得感、幸福感，着力补齐基础设施和管理短板，用最坚定的信心、最有效的举措，共同建设美丽宜居家园。

精心打造宜居城区。突出规划的预见性和执行的约束性，组织好“十三五”规划中期评估，完成中心城区总规修编和控制性详细规划报批工作，逐步实施“多规合一”。加快城市建设步伐，集中人力、物力、财力推进大街棚户区改造，加速实施市政基础设施PPP项目，全面开工建设宝风路、江通路地下综合管廊，完成湖滨路、兴江路等7条城区道路雨污分流管网建设，确保体育场、文化馆、图书馆、博物馆完成主体工程建设，龙泉大道南段、浪广路北延线建成通车，力争启动环城路项目建设。加快党校搬迁新建步伐，推进大车检测线迁改，完成云福山居项目一期开发，启动绿竹云舍二期、古滇国城三期项目建设；清理整顿长期未开工项目，盘活城市闲置土地资源，推进城镇低效利用土地再开发，提高土地利用效率。集中建设特色公园、广场、湖滨绿地，完成星云湖南岸湿地湖滨带提质改造，启动宁海芙蓉湿地公园建设，实施城区主要街道、重要节点绿化美化亮化工程，增加“城市颜值”，打造城市名片。深入开展“国家卫生城市”创建及“六城同创”工作，健全完善城市社区

管理机制，加强城区居民小区管理；继续推行网格化管理模式，全面落实“门前五包”责任制，大力整治以路为市经营行为，规范机动车修理和废旧物资收购；完成大街农贸市场升级改造和老街兴桥头市场搬迁，推进白衣寨饮用水源地保护和绞龙沟等黑臭水体治理，确保顺利通过国家卫生城市达标复审。

着力建设美丽村镇。抢抓全省特色小镇创建机遇，支持江城、九溪争创国家特色小镇。深化与中冶凯远公司合作，全面启动江城古镇开发，完成钟秀铭苑、鑫园小区2个房源点建设，记住“古镇记忆”。凸显个性元素寻求特色发展，依托前卫青铜文化、九溪亚洲花卉科创谷、雄关农产品物流园区、安化彝族特色，挖掘打造各具特色的小集镇。开工建设雄关绕乡道路和大铁线，力争启动北前线建设，深入推进农村公路“狭改宽”工程，构建方便快捷区内交通。新建改造输电线路76公里。实施新一轮“点亮江川”工程，完成翠大线（五岔路口至渔村段）路灯更换。继续开展“百村示范·千村整治”，完成15个示范村和67个整治村建设。扎实推进城乡人居环境专项整治行动，健全完善农村土地规划建设管理长效机制，加快城乡环卫一体化PPP项目实施；深入推进“厕所革命”，新建改造农村公厕22座，让乡村更干净更美丽。

（二）加快发展新型工业，打造跨越发展新高地

牢固树立产业强区战略不动摇，坚持走低碳环保、集约高效的新型工业化道路，以工业园区为载体，全力推动装备制造、电子信息、新材料新能源、纸制品等产业集聚发展。实现规模以上工业增加值16亿元，增长20%以上。

推动园区发展全面提速。进一步深化与高新区合作，完善互信、合作、共赢体制机制，共同推动园区提速发展。收储紫红坝周边土地500亩，启动园区自来水厂建设，继续实施绿化亮化、“三通一平”和通讯网络等基础设施建设工程，完成孵化大楼和27万平方米标准化厂房建设，确保龙尚路、江滇路2条市政道路竣工通车，不断提升园区承载力。切实做好入园项目跟踪服务，确保升华电梯、中民筑友、合续环保等5个在建项目竣工投产，力争启动联塑二期项目建设。加速打造江城纸制品产业园，完成二期土地收储250亩，确保玉溪生活坊、玉溪和润等7个已签约项目年内竣工投产。实现园区工业总产值20亿元。

加快新兴产业集聚。以科教创新为引领，在新材料新能源应用、高端医疗器械等产业上实现突破，确保云南北方驰宏锗材料加工项目建成投产，争取新海宜新能源汽车、上海联影医疗设备生产等项目落地开工，做大做强新兴产业。出台扶持总部经济、楼宇经济发展政策，完成新天力机械销售公司注册，支持雄关源辰公司扩大与昆钢集团供销业务，新增规模以上工业企业5户以上，培育新的增长点。

推进传统产业转型升级。加快推进复烤二车间技改、丫眯食品扩建等项目实施。大力弘扬工匠精神，鼓励磷化工、纸制品、烟花爆竹、农产品加工等传统产业转型升级，打造一批业内驰名的“江川品牌”。构建“亲”“清”新型政商关系，鼓励更多社会主体投身创新创业，培养造就一批优秀民营企业家。

（三）实施乡村振兴战略，探索农业发展新途径

深入推进农业供给侧结构性改革，不断提升农业发展的质量效益，实现第一产业增加值17.8亿元，增长5.5%。

发展壮大高原特色农业。继续实施“2260”高端特色烟叶项目，守住江川烟叶质量“108”分高地，稳定种植烤烟7.09万亩，新建卧式密集型烤房100座，收购烟叶980万公斤；依托九溪亚洲花卉科创谷，全力推动花卉产业提档升级，稳步发展蔬菜、经果产业，继续加大星云湖鱼苗投放量，持续抓好重大动物疫病防控，不断提升高原特色农业生产能力和市场竞争力。实现农业总产值29.6亿元，增长5.5%。

积极培育新型经营主体。结合星云湖保护治理，推进农业产业结构调整，完成星云湖沿岸土地流转3000亩，发展农业庄园2个。不断提高农业组织化程度，培育农业龙头企业2户，新增专业合作组织3个，培训新型职业农民200人。加快江城现代设施园艺产业示范项目、雄关花卉科技示范园项目建设，通过“公司+基地+农户”模式，促进一二三产业融合发展。

健全完善农业服务体系。扎实推进农村“三权分置”改革，全面完成农村土地承包经营权确权登记颁证工作，启动房地一体农村宅基地和集体建设用地使用权确权登记发证工作。强化土地承包经营权流转管理和服务，建立区乡两级农村土地流转交易服务平台。抓好安化新庄、九溪大村等10个集体经济省级示范村建设。加大基础设施建设投入，继续推进石河水库等3座小（一）型病险水库除险加固，完成小井坝、大寨水库水系与星云湖联通工程，建成“五小水利”工程2400件，新增蓄水库容57.86万立方米。建设前卫庄子等片区高标准农田7800亩，完成星云湖流域1.5万亩高效节水减排项目建设。深入实施农业品牌战略，继续加大“三品一标”认证和特色品牌培育创建力度，提高特色农业知名度和市场占有率。

（四）大力发展现代服务业，培育经济发展新亮点

积极实施质量提升行动，推动生活性服务业向精细化和高品质转变，推动生产性服务业向专业化和价值链高端延伸，构建完善的现代服务业体系。实现第三产业增加值50.5亿元，增长12%。

着力提升旅游品牌形象。全面推进江川全域旅游示范区创建，加快推进星云湖国家湿地公园试点建设，大力培育星云湖周边新兴旅游业态，打造环星云湖“湖滨湿地+青铜文化+康体休闲”生态旅游区。加快推进李家山古墓群保护、北山公园项目建设，实现文化与旅游产业进一步融合。启动前卫新河咀铜文化特色旅游村建设，支持引导江城海门、九溪罗合白、雄关小田等发展特色乡村旅游，着力打造一批旅游示范村。持续加大旅游市场秩序整治力度，继续推进“一部手机游云南”工作，举办好“开渔节”“安化斗牛节”“七夕节”等节庆活动。实现全年旅游总收入39.9亿元。

着力发展壮大商贸流通产业。充分发挥物流载体聚集效应，加快雄关农产品物流产业园规划建设，力促滇中智慧农业产业园、云南世吉农产品冷链物流项目完成主体工程，力争云南宝象国际农产品交易中心项目落地开工，确保宏程物流、润特物流竣工投产。大力推进电子商务发展，支持江川区电子商务运营中心、江川区电子商务孵化基地项目建设，丰富完善“互联网+”平台。加快内外贸易发展，培育壮大进出口主体，以新天力、联塑等企业为重点，积极帮助企业申报进出口自营权，增加工业产品的进出口比重，实现进出口总额5400万美元，增长20%。

着力培育新型业态。积极承接玉溪中心城区产业、教育、医疗、城市服务等功能转移，力争玉溪师院分校落地江川。改造提升餐饮、住宿等传统服务业，新增限额以上服务业企业3户以上。鼓励发展共享经济，加快推进恒天易开分时租赁新能源汽车项目建设。支持农村信用社改制工作，规范发展保险、金融租赁、融资担保等非银行金融机构，构建更加完善金融“生态圈”。

（五）筑牢生态环境防线，厚植绿色发展新优势

牢固树立绿水青山就是金山银山的理念，把生态文明建设贯穿于经济社会发展全过程和各方面，筑牢生态安全屏障，打响生态优势品牌，让江川底色更加浓郁。

强力推进《星云湖流域水环境保护治理“十三五”规划》和《星云湖“十三五”保护治理攻坚方案》既定项目实施，完成污泥脱水厂建设，疏挖处置污染底泥350万立方米；建设环湖截污干渠18.1公里，确保流域内106个自然村村落环境综合整治全覆盖。依托“三湖”调水应急工程继续置换星云湖水体，启动星云湖藻类收集蓝藻水华治理。加大“四退三还”力度，启动实施一级保护区生态移民搬迁。全面推行“河长制”“湖长制”，力争完成星云湖12条主要入湖河道综合治理，继续开展入湖河道两侧农业大棚治理工作，促进重点河流水质持续改善，确保消除星云湖劣Ⅴ类水质。加快推进海绵城市九溪片区项目建设，新建九溪河尾段人工湿地1100亩，启动董炳河5.5公里河道治理。继续加强“两污”项目建设，完成区污水处理厂设备更新，新建截污干管15公里，扩建九溪污水处理厂污水管网28公里；完成江城小马沟垃圾填埋场垃圾外运处置，启动星云湖北片区日压缩垃圾100吨转运站建设。加强已建环保设施的运行管护，继续推进绿色社区、绿色学校建设，争创省级生态文明区。

严守环境质量底线，构建政府、企业、社会多元共治的环境治理格局。启动国土绿化行动，完成阿黑山、凤凰山水泥厂石灰岩矿等8个矿山生态环

境修复治理工程。继续推进“森林江川”建设，严厉打击毁林开荒行为，绿化造林1500亩，治理水土流失6平方公里。坚决整改落实中央、省环保督察反馈问题，积极开展保卫抚仙湖雷霆行动，加大集中式饮用水水源地保护专项排查整治力度，强化大龙潭自然保护区等生态功能区保护。加快淘汰落后产能，逐步推广新能源公交车，完成年度污染减排各项指标任务。严格执行建设项目审批和环保“三同时”制度，从源头上控制新污染源。加强环境执法监管，坚决查处各类环境违法行为，确保生态环境安全。

（六）持续深化改革创新，蓄积赶超发展新动能

坚持加快培育新动能与改造提升传统动能两手抓，实现增长动力由“要素驱动”向“创新驱动”转变，不断向改革要动力，向开放要活力。

深化重点领域改革。加快机关事业单位改革步伐，成立“云南江川星云湖国家湿地公园管理局”，完成3家从事生产经营性事业单位改革。统筹推进财税金融体制改革，调动乡镇（街道）培植财源、挖掘潜力的积极性和主动性，促进财政增收。用活5000万元应急转贷资金，提升金融服务实体经济水平。积极争取债券置换资金，主动做好重点领域风险防范和处置，着力完善金融安全防线和风险应急处置机制，加强互联网金融监管，坚决打击非法集资行为。进一步加强社会信用体系建设，加大失信联合惩戒力度，切实改善信用环境和融资环境。继续加大政府和社会资本合作推广力度，通过特许经营、投资补助、政府购买服务等方式，有效促进投资持续增长。

深入实施创新驱动战略。以推进传统产业高端化改造、新兴产业高端化构建为核心，从产品、技术、市场切入，在航空产业、装备制造、磷化工等领域进行多元化创新，加速科技成果引进转化应用。转变政府职能，加快简政放权步伐，健全政府部门权责清单制度，优化行政审批服务方式，强化事中事后监管，用政府权力的“减法”换取创新创业热情的“乘法”，打造江川经济发展新动力。

构建更加开放包容的发展格局。主动融入滇中城市经济圈一体化发展，努力将江川建成滇中城市经济圈的重要节点城市。完成玉江大道市政化改造，加快红江高速前期工作步伐，争取启动玉溪云轨建设，加速澄川高速、机场高速、玉溪江川通用机场建设，实现江通高速和国道213线（江川段）改造竣工通车，构建更加完善的综合交通体系。围绕产业政策导向，健全和完善招商引资工作机制，制定出台招商引资相关产业扶持政策，深化区域合作交流，做好新项目开发包装推介工作，实施精准招商、产业招商、以商招商，引进亿元以上企业不少于5户，引进市外国内资金85亿元，增长10%以上。

（七）着力改善民生福祉，满足人民群众新期待

加大民生投入，补齐民生短板，在幼有所育、学有所教、劳有所得、病有所医、老有所养、住有所居、弱有所扶上不断取得新进展。

着力加强社会保障。坚决打赢脱贫攻坚战，全面完成建档立卡贫困户危房改造，健全完善防止返贫动态管理机制和持续增收长效机制，巩固脱贫攻坚成果，确保困难群众稳定脱贫。鼓励大众创业、万众创新，新增就业2350人。进一步提高养老保险、医疗保险覆盖面和群众参与度，着力扩大工伤、失业保险参保范围，推动社会保障救助体系向深层次拓展。加快建立多主体供应、多渠道保障、租购并举的住房制度，做好保障性住房配租工作，销售符合条件保障性住房192套，完成农村4类重点对象危房拆除重建830户。

大力发展社会事业。坚持教育优先发展地位不动摇，继续巩固义务教育均衡发展成果，加快区第二幼儿园等8个学前教育二期项目建设步伐；深化教育体制改革，健全完善各类学校考核机制，提升教师队伍素质，推动全区教育教学水平不断提升。全方位稳步推进区级公立医院综合改革，加快医疗联合体建设步伐，完善城乡医疗救助制度，提高“一站式”结算率；积极改善就医条件，确保中医院综合楼、妇计中心业务楼竣工投入使用。继续实施文化惠民工程，加强文物保护利用和“非遗”传承。积极开展各类文体活动，办好第二届全民健身运动会。加快发展社区居家养老服务，完成九溪大营居家养老服务中心、25个老年活动中心建设。加强国防教育、国防动员及人防设施建设，深入推进军民融合发展。完成第三次全国农业普查，启动江

川第四次全国经济普查工作。积极发挥工会、共青团、妇联、科协、工商联等人民团体的重要作用，统筹做好残疾人、禁毒防艾、广播电视、民族宗教、防灾减灾、爱国卫生运动等工作。

加强社会管理创新。持续抓好“七五”普法，着力强化社会治安综合治理，严厉打击各类违法犯罪活动，进一步提升社会治安防控能力。逐步规划建设“雪亮工程”，不断补齐城区视频监控盲区，加快推进九溪、前卫、雄关和安化平安乡镇视频监控系统的接入，继续推进和巩固“平安江川”建设。深化户籍制度改革，积极推进农业转移人口市民化工作。深入开展各领域安全隐患排查整治等专项行动，防止重特大安全事故发生。

三、恪尽职守、勤政为民，担当发展新重任

各位代表，进入新时代，面对发展新重任、工作新要求、群众新期待，我们将深入学习宣传贯彻党的十九大精神，坚定“四个自信”，坚决维护习近平总书记的核心地位，坚决维护党中央权威和集中统一领导，坚持用法治思维和法治方式开展工作，强化责任担当，勇挑改革重担，敢想敢谋、敢作敢为、善作善成，努力打造人民满意政府。

（一）在工作重心上更加注重高质量发展

始终不渝以经济建设为中心，坚持以“创新、协调、绿色、开放、共享”发展新理念统领全局，按照资源和环境的承载力谋划经济发展，提高经济发展质量和效益。不断探索加快发展的新思路，寻找解决困难的新办法，打破妨碍发展的旧观念，保护好、引导好、发挥好各方面加快发展的积极性、创造性。引导政府系统干部职工转变工作理念，加强政策学习，把握上情、了解实情、准确切入，不断提高驾驭经济和解决实际问题的能力。

（二）在工作方式上更加注重依法行政

切实加强法治政府建设，带头尊重法律、崇尚法律、遵守法律，坚持权责统一，严格依法办事。严守重大行政决策程序，坚决执行重大行政决策责任追究制度，切实推进依法决策、科学决策、民主决策，不断提高依法行政能力和水平。坚决执行区委决策部署，主动向区委请示报告工作，自觉接受人大法律监督、政协民主监督和社会监督，切实发挥监察督查作用，进一步加大审计监督力度，提高政府决策科学化、民主化、法治化水平。

（三）在工作作风上更加注重求真务实

把全面从严治党要求落实到从严治政之中，增强“四个意识”，落实全面从严治党主体责任，扎实开展“不忘初心，牢记使命”主题教育，持续推进“两学一做”学习教育常态化制度化。大力弘扬真抓实干、务求实效的工作作风，继续推行“五个一”抓落实机制，坚持用更多的时间深入企业、深入基层，努力做到在一线发现问题、解决困难、展现成效。扎实开展减证便民专项行动，大力推行“互联网+政务服务”，提升政务服务智能化水平。持续推进作风建设常态化，坚决纠正部门和行业不正之风，坚决惩治腐败，以反腐倡廉的实际成效取信于民。

（四）在工作目标上更加注重以人为本

建立健全深入了解民情、广泛集中民智、切实珍惜民力的机制，使政府工作更加顺民心、合民意。牢固树立宗旨意识，切实维护好最广大人民群众的根本利益，尽最大努力解决好群众最关心、最直接、最现实的利益问题，特别是高度重视和解决好农民增收、劳动就业、社会保障、弱势群体救助等现实问题，让人民群众从改革发展中享受更多的成果，得到更多的实惠。

各位代表，鞍马犹未歇，战鼓又催征。江川正处在加快高质量发展的关键阶段，责任重大、使命光荣。让我们更加紧密团结在以习近平同志为核心的党中央周围，在区委的坚强领导下，同心同德，苦干实干，决战决胜，为建设宜居宜业和谐美丽新江川而努力奋斗！

相关名词解释

PPP：指政府和社会资本合作，是公共基础设施中的一种项目融资模式。在该模式下，鼓励私营企业、民营资本与政府进行合作，参与公共基础设施建设。

“2260”高端特色烟叶项目：指自2016年起，在云南全省选择20个县（市、区），种植20万亩烤烟，每年生产60万担高端特色优质烟叶，积极助推“两烟”发展。

营改增：营业税改增值税，简称营改增，是指以前缴纳营业税的应税项目改成缴纳增值税，增值税只对产品或者服务的增值部分纳税，减少了重复纳税的环节。

一照一码：通过"一窗受理、互联互通、信息共享"，由工商部门直接核发加载法人和其他组织统一社会信用代码的营业执照，并将办理时限由8天缩短至3天以内。

全面改薄：全面改善贫困地区义务教育薄弱学校基本办学条件。

DRGs（Diagnosis Related Groups）付费：实行（疾病）诊断分类，根据病人的年龄、性别、住院天数、临床诊断、病症、手术、疾病严重程度，合并症与并发症及转归等因素，把病人分入500—600个诊断相关组，确定患者医疗费用支付。

放管服：简政放权、放管结合、优化服务的简称。"放"即简政放权，降低准入门槛。"管"即公正监管，促进公平竞争。"服"即高效服务，营造便利环境。

双随机、一公开：指通过摇号、电子抽签等方式随机抽取监管对象、随机选派执法检查人员和将随机抽查工作全流程公开的工作机制。

六城同创：指市委提出的创建联合国人居环境奖、全国文明城市、国家环保模范城市、海绵城市、智慧城市和创新型试点城市六项工作。

厕所革命：指对发展中国家的厕所进行改造的一项举措，最早由联合国儿童基金会提出，厕所是衡量文明的重要标志，改善厕所卫生状况直接关系到这些国家人民的健康和环境状况。

三权分置：指形成所有权、承包权、经营权三权分置，经营权流转的格局。

五小水利工程：指小水窖、小水池、小泵站、小塘坝、小水渠的总称。

三品一标：指无公害农产品、绿色食品、有机农产品和农产品地理标志的统称。

环保"三同时"：指一切新建、改建和扩建的基本建设项目、技术改造项目、自然开发项目，以及可能对环境造成污染和破坏的其他工程建设项目，其中防治污染和其他公害的设施和其他环境保护设施，必须与主体工程同时设计、同时施工、同时投产使用的制度。

雪亮工程：以县、乡、村三级综治中心为指挥平台，以综治信息化为支撑，以网格化管理为基础，以公共安全视频监控联网应用为重点的"群众性治安防控工程"。

"五个一"推进机制：指一项重大项目由一名政府分管领导主抓，一名其他区领导协助，一个主责部门，一个专项协调小组推进。

大事记

玉溪市江川区2017年大事记

1月

3日　玉溪市江川区举行第一届人大常委会第十二次会议。

4日　中国人民政治协商会议玉溪市江川区第二届委员会第一次会议在江川影剧院开幕。

4日　江川区召开“两会”党员大会。

5日　玉溪市江川区第二届人民代表大会第一次会议在江川影剧院开幕。

5日　江川区召开扶贫开发攻坚领导小组会议。

5日　市政协主席夏立洪到江川区安化彝族乡检查督查脱贫攻坚工作。

12日　市人大常委会主任谢兴荣参加江川代表团审议市人大常委会工作报告和“两院”工作报告并提出工作要求。

12日　江川区召开安全生产工作会议安排部署春节安全生产工作。

17日　玉溪市江川区第二届人民政府第一次全体会议召开。

18日　市委组织部副部长陈开翔、区委书记徐贤看望慰问江川区部分退休老同志和农村老党员。

18日　区委常委、人武部政委曾宪涛，区委常委、政法委书记蒋文，区人大常委会副主任李绍华，区政府副区长、市公安局江川分局局长牛旺林一行，看望慰问在基层一线工作的政法干警及人武部官兵。

20日　江川区召开2016年全区挂职干部、驻村扶贫工作队员、选调生和大学生村官交流座谈会。

22日　市关工委年度工作会在江川召开。

23日　江川区委常委领导班子召开2016年度民主生活会。

2月

6日　中共玉溪市江川区委理论学习中心组举行2017年第一次学习。

8日　市综合考评第一考评组到江川区，对我区2016年度目标任务完成情况开展实地检查考评。

14日　区委副书记、区长王志华，副区长杨军莘对幼儿园布局调整和幼儿园建设需要征地、调规等相关方面的问题进行专题调研。

15日　云南省政协副主席、省工商联主席喻顶成一行到江川区调研非公有制经济发展情况。

17日　区委书记徐贤，区委副书记、党校校长张燕华，区委常委、组织部部长张祖权调研全区农村电子商务发展情况。

21日　江川区第二届人大常委会第一次会议召开。

22日　江川区召开2017年宣传思想文化工作会议。

23日　江川区召开2017年防震减灾工作联席会议。

28日　区委书记徐贤一行到大街街道上头营社区实

地调研农业农村、脱贫攻坚和城乡人居环境综合整治工作。

28日　江川区召开2017年干部教育委员会第一次联席会议。

3月

8日　江川区第二届纪律检查委员会第二次全体会议召开。

9日　江川区委理论学习中心组举行2017年第二次学习。

9日　江川区召开政法工作会议。

9日　江川区召开信访工作会议。

11日　江川区举行星云湖污染底泥疏挖及处置工程PPP项目签约仪式。

16日　玉溪市江川区工商业联合会(商会)第二次会员代表大会在江川影剧院召开。

16日　市委书记罗应光到江川九溪农业科技园、龙泉工业园区、云南联塑科技发展有限公司、江川区体育馆、前卫镇新河咀和江城镇侯家沟大龙潭小组等地，就建设“亚洲花卉科创谷”、发展壮大民营县域园区经济、县城提质扩容、星云湖补水及环湖截污、人居环境综合整治等工作进行调研，副市长蔡四宏，江川区委书记徐贤，区委副书记、区长王志华参加调研。

21日　江川区召开扶贫开发攻坚领导小组会议。

21日　江川区召开创建国家卫生城市工作会。

24日　区委副书记、区长王志华同住建、交通、卫计、创卫办等部门和大街街道就城市建设管理工作、城乡人居环境整治行动、创建国家卫生城市工作开展调研，区领导杨军苹、靳永春参加调研。

28日　市委、市政府在江川区九溪镇举办“亚洲花卉科创谷”“玉溪国家农业科技园区花卉创新中心”揭牌暨玉溪市人民政府与云南省农业科学院战略合作签字仪式。

30日　区委书记徐贤就全区教育事业发展情况进行调研。

4月

1日　区委书记徐贤到江城镇江城社区调研江城古镇棚户区改造工作。

1日　区委副书记、区长王志华，副区长李忠海率队对清明节期间森林防火工作进行督查，对全区花卉种植企业进行专题调研。

8日　江川区召开违法违规建筑治理工作推进会。

12日　江川区第二届人民政府第一次廉政工作会议召开。

13日　江川区召开2017年政府法制工作会议。

14日　江川区召开2017年民政暨老龄工作会议。

18日　江川区召开2017年烤烟标准化生产暨移栽现场会。

21日　江川区召开2017年安全生产工作会。

23日　江川区召开2017年党建暨组织工作会。

23日　江川区召开“双创”工作推进会。

24日　区委书记徐贤，区委副书记、区长王志华一行到前卫镇、江城镇实地查看烤烟大田移栽进度。

25日　江川区委理论学习中心组举行2017年第三次集中学习。

26日　江川区召开2017年经济运行分析暨二季度稳增长工作会。

27日　区委书记徐贤主持召开全面深化改革领导小组第八次会议。

5月

2日　江川区召开重点产业发展领导小组会议暨招商引资工作会。

5日　江川区召开非公经济人士“双创”工作动员会。

7日　区委副书记、区长王志华调研道路交通工作，研究解决澄川高速、江通高速以及农村公路建设中存在的问题。

10日　玉溪市两级法院全力打造“五个司法”现场经验交流会在江川召开。

15日　江川区举行城市管理局揭牌授印仪式。

15日　国务院“简政放权、放管结合、优化服务”改革第九督查组莅临江川，就江川深入推进简政放权、放管结合、优化服务，加快政府职能转变，深化行政审批制度改革工作进行实地督查。

16日　中共玉溪市江川区委召开巡察工作暨第二轮巡察工作动员部署会。

17日　副省长张祖林到江川区调研星云湖保护治

理及河长制工作。

19日 江川区召开全面推行河长制工作会议。

19日 江川区召开脱贫攻坚集体约谈会议。

19日 区委书记徐贤主持召开区委全面深化改革领导小组第九次会议，专题研究我区公立医院综合改革工作。

24日 玉溪市江川区第二届人大常委会第四次会议召开。

27日 省妇联党组书记、主席和红梅率领省市妇联到江川区调研妇联改革等相关工作。

6月

4日 区委副书记、区长王志华，副区长李忠海率大街街道、前卫镇、江城镇主要领导，星云湖管理局、环保局、住建局等相关部门负责人环湖实地调研了星云湖环湖截污工程、“四退三还”、沿湖村落截污治污工程租地、入湖河道整治等工作开展情况。

6日 区委书记徐贤率区级四套班子主要领导巡查高考备考工作。

6日 江川区召开脱贫攻坚工作推进会。

7日 区委书记徐贤主持召开会议，专题研究江磷集团发展相关问题。

7日 区委书记徐贤率队就江川区2018年计划实施市政基础设施项目进行调研。

8日 江川区委理论学习中心组举行2017年第四次集中学习。

8日 国家卫计委到江川调研基层计生工作。

9日 区委书记徐贤对中心城区闲置国有资产进行专题调研。

13日 江川区召开脱贫攻坚工作推进会。

15日 江川区召开大街河、东西大河、渔村河、螺蛳铺河4条主要入湖河道综合治理规划情况汇报会。

19日 江川区召开经济形势分析会。

26日 江川区召开庆祝中国共产党成立96周年大会。

27日 江川区召开创文创卫领导小组（扩大）会议。

29日 江川区委理论学习中心组举行2017年第五次集中学习。

7月

3日 江川区召开贫困对象动态管理工作动员会暨业务培训会。

7日 政协玉溪市江川区第二届委员会常务委员会第一次会议召开。

7日 江川区举行新能源汽车分时租赁一体化运营项目签约仪式。

10日 江川区召开重大项目推进工作会。

12日 玉溪市安监局副局长申从德一行到江川区进行涉氨制冷企业安全检查。

13日 市政协原主席、十一届省政协常委黄宪庭到安化乡董炳村委会调研脱贫攻坚及“百村示范、千村整治”工作。

13日 玉溪市国土资源局副局长李云辉及地质灾害防治专家到安化乡董炳村村委会张家庄小组、江城镇白家营村委会白玉寨小组、九溪镇大村村委会一组和大营村委会东村小组进行实地调查检查。

15～17日 江川安化彝族乡举行火把节狂欢活动。

17日 区委书记徐贤以提高政治站位，坚守纪律底线，始终做到干净干事务实担当为主题讲授廉政党课。

17日 江川区召开扶贫领域监督执纪问责工作会。

19日 江川区青年联合会第二届委员会第一次会议召开。

20日 江川区2017年度贫困对象动态管理工作推进会召开。

21日 江川区代表队荣第五届聂耳音乐（合唱）周特等奖。

25日 江川区召开2017年统战（民宗）工作会。

25日 中国文联党组成员、副主席、书记处书记左中一率调研组到江川参观李家山青铜器博物馆。

25～26日 由财政部、国土资源部、环保部组织的专家考核组到玉溪市实地考察抚仙湖、星云湖山水林田湖生态保护修复试点项目情况。

26日 “中国流动科技馆”第二轮云南·玉溪·江川站巡展启动仪式举行。

26日 江川区召开党校搬迁建设项目工作推进会。

27日 江川区召开2017年度征兵工作会。

27～28日 江川区召开2017年上半年工作汇报会。

29日 省总工会女工部部长张岩率调研组到江川

区，对“新工人　新成长　新市民”脱贫攻坚行动计划、工会网上工作、工会改革等重点推进工作进行调研督导。

31日　玉溪市江川区文学艺术界联合会第二次代表大会召开。

31日　玉溪市江川区第二届人大常委会第六次会议召开。

8月

1日　区委书记徐贤到大街街道大庄社区对江川区创建国家卫生城市和全省全国文明城市网格化管理工作进行调研。

2日　市体育局局长李家富到雄关乡综合文化站、白石岩村委会小田村民小组、少体校、体育馆和江川区城市全民健身运动场馆建设项目用地现场进行调研。

2日　市人大常委会主任李洪云到江川区人大常委会调研。

3日　江川区召开“双创”工作推进会。

4日　市委副书记、市长张德华到江川区调研稳增长、河长制等工作情况及省、市领导到江川现场调研交办事项推进落实情况。

4日　江川区召开2017年烤烟后期管理工作会。

4日　市政协副主席汪燕平率市政协副秘书长、研究室主任马文荣、市政协办公室综合科副科长刘仕芬到江川区政协开展加强人民政协参政议政能力建设专题调研和新一届区政协加强自身建设情况视察座谈。

7日　江川区举行第十一届“红土地之歌”演讲大赛。

8日　江川区在体育馆开展“全民健身日”健身项目展演活动。

8日　区委书记徐贤就星云湖保护治理工作进行随机调研，了解星云湖12条入湖河道的整治和管理运行情况，环湖截污治污工程建设和蓝藻打捞、污染底泥疏挖处置等保护治理工程推进情况。

9日　玉溪市人大常委会副主任郭开堂一行到云南江磷集团股份有限公司调研。

9日　区委书记徐贤深入区市场监督管理局和区林业局，对机关党建工作进行调研。

9日　副省长张祖林到江川区就星云湖河长制工作进行调研。

9日　玉溪市村（社区）妇代会改建妇联及扩大乡镇（街道）妇联组织成员工作推进会在江川召开。

9日　江川区召开扶贫开发攻坚领导小组会议。

11日　江川区召开十九大安保动员部署暨安全生产工作会议。

13日　江川区委理论学习中心组举行2017年第七次学习。

13日　江川区召开国家卫生城市创建达标工作指挥部会议。

14日　市委常委、组织部部长晏淼先后到江川区九溪镇六十亩村、前卫镇“两新”组织党群活动中心、云南农业科技园亚洲花卉科创谷、大街小学就农村党建、人才队伍建设、“两新”组织党建、学校党建等基层党建工作进行调研。

14日　市人大常委会副主任周继武到江川区调研烤烟生产情况。

14日　江川区召开贫困对象动态管理工作认定会。

14日　市人居环境第二督导组到江川雄关乡、江城镇就农村污水处理、公厕建设、卫生保洁等人居环境工作进行调研。

15日　玉溪市创卫重点场所卫生达标专家组到我区进行专项督导。

18日　中共云南省委党校校刊部主任刘建文率调研组一行到江川区开展“产业强省”课题调研。

19日　市委常委、市纪委书记孟凡兵到江川区调研星云湖保护治理工作。

20日　区委书记徐贤主持召开第29网格“双创”工作动员大会。

22日　江川区召开全面从严治党暨“两学一做”学习教育常态化制度化座谈会。

22日　江川区召开北京化工大学——江磷集团阻燃剂联合实验室工作启动会。

22日　区委书记徐贤主持召开全面深化改革领导小组第十一次会议。

23日　江川区召开2017年烤烟收购工作会议。

23日　江川区召开2017年维护烟叶收购秩序暨打击涉烟违法犯罪工作会。

23日　中共玉溪市江川区二届区委第三轮巡察工作动员部署暨业务培训会召开。

22～24日　江川区政协组织部分政协委员及区直有关单位领导，对星云湖渔业资源管理工作进行调研。

23日　在云南省文物考古研究所所长刘旭带领下，英国牛津大学教授罗西卡·罗森和马克·波拉德教授以及北京大学历史系教授陈天进三名中外考古专家到云南江川李家山青铜器博物馆考察调研。

24日　区委书记徐贤到区人武部对2017年度夏秋季征兵工作进行调研。

24日　江川区召开“扫黄打非”专项工作会。

27～28日　中国·江川首届七夕文化旅游节圆满举行。

29日　江川区召开第50路公交车票制票价听证会。

30日　市政府在江川召开星云湖加速治理攻坚行动部署会。

30日　在江川区江城镇湾河村环湖截污施工现场举行星云湖加速治理攻坚行动启动仪式。

31日　玉溪市道德讲堂总堂第四十八期（江川专场）在景湖酒店三楼报告厅举办。

9月

1日　玉溪市国土资源局及江川分局领导、地质灾害防治专家一行到江川区九溪镇检查、指导地质灾害防治工作。

1日　“闻一多纪念特展”在云南李家山青铜器博物馆展出。

3日　市旅游发展委员会主任何雪峰一行到江川实地调研景区创建工作。

4日　江川区召开妇儿工委全委（扩大）会议。

7日　玉溪市纪检监察学会第一学联组学术交流会在江川召开。

7日　江川区举行庆祝第33个教师节暨教育系统党课教育活动。

8日　市委副书记、统战部部长保明顺，市政协主席夏立洪，市委常委、副市长尚建华到江川一中、大街小学进行走访慰问，参加庆祝教师节活动。

13日　江川区召开大街河、大龙潭河、周德营河、学河4条河道综合治理设计方案征求意见会。

14日　江川高铁无轨站正式启用。

14日　江川区人民政府与云南北控城市运营投资有限公司举行战略合作协议签约仪式。

17日～11月30日　江川的3件文物，“祭祀场面铜贮贝器”“剽牛祭祀铜扣饰”“铜鱼杖头饰”在国内的“秦汉文明”展展出。

18日　区四套班子领导到大街街道烟叶收购站、雄关烟叶收购站及江城镇龙街温泉烟叶收购站等地，实地查看了交售烤烟的质量和收购进度等情况。

21日　区委书记徐贤主持召开驻村扶贫工作队队长座谈会。

21日　省人大常委会外事华侨工作委员会主任张建国一行到江川区开展乡村旅游调研工作。

23日　区委书记徐贤到安化彝族乡就脱贫攻坚、经济稳增长、基层党建、安全生产等工作进行调研。

23日　区委书记徐贤到安化乡安化社区为社区村组干部上党课。

23日　江川区委理论学习中心组举行2017年第八次集中学习。

26日　云南省文化厅安全生产大检查督查组到江川开展安全生产专项督查。

26日　市人大常委会副主任郭开堂率由市人大、市政府法制办、市中级法院、市检察院、市公安局、市司法局组成的检查组，对江川区贯彻实施《云南省法制宣传教育条例》和《云南省法律援助条例》情况进行执法检查。

27日　江川区委副书记、党校校长张燕华率队开展创建文明城市专题督导工作。

28日　市委常委、市纪委书记孟凡兵到江川区安化乡挂钩帮扶企业调研。

28日　区委书记徐贤率队深入江川辖区内的重点项目建设施工单位调研，走访慰问“双节”期间坚守工作岗位的建设施工单位和一线工作者。

28日　江川区举行星云湖主要入湖河道综合整治应急工程开工仪式。

28日　区委书记徐贤带队对星云湖保护治理工程建设情况进行专题调研。

29日　市委统战部常务副部长何国斌到北山寺、九溪罗合白民族特色村进行调研。

10月

11日　区委书记徐贤现场接待来访群众，并调研全区信访工作。

12日　区委书记徐贤先后到大街街道石岩哨、螺蛳铺、兰田三个沿湖村委会，对党建、十九大信访维稳和脱贫攻坚等当前重点工作进行调研。

14日　区委书记徐贤到雄关乡花卉科技示范园、

物流园区的建设现场进行实地察看。

19日　江川区委书记徐贤，区委副书记、区长王志华率区四套班子领导就星云湖“四退三还”工作推进情况进行实地调研。

22日　江川区创建省级慢性病综合防控示范区工作通过了省级专家组现场复核。

20日　区委书记徐贤主持召开全面深化改革领导小组第十二次会议召开。

21日　市委副书记、市长、星云湖市级河长张德华带队到江川区实地调研星云湖污染底泥疏挖及处置工程进展情况，以及入湖河道综合治理工程进展情况和星云湖南岸湿地湖滨带提质改造项目大凹试验段建设情况。

24日　玉溪市妇儿工委副主任、市妇联主席杨丽萍，市副联副主席郑丽英一行深入江川区妇计中心、大街小学，对江川区妇女儿童发展规划实施工作进行督导。

25日　江川区委常委、纪委书记李学祥主持召开会议，专题研究纪委派驻机构改革工作。

25日　江川区召开机场建设项目指挥部会议。

25日　国家农业部发布2017年首批国家休闲渔业品牌培育认定名单，江川开渔节被认定为国家级示范性渔业文化节庆。

26日　江川区政协组织部分政协委员，对《关于开通江川城区公交线路的建议》及《关于实施龙泉大道延长线的建议》两件重点提案办理情况进行实地视察。

26日　省市区部分人大代表组成视察组对江川区2017年重点工作重大项目推进情况进行视察。

27日　江川区举办扶贫和固定资产投资培训。

28日　江川区委召开第四轮巡察和脱贫攻坚专项巡察工作动员部署暨业务培训会。

30日　江川区召开领导干部大会。

30日　江川区召开大街街道棚户区改造项目建设工作动员会。

31日　江川区委召开2017年度议军会暨乡镇（街道）党管武装工作述职会。

11月

1日　江川区召开大街街道棚户区改造工作培训会。

2日　区委书记徐贤到大街街道下营社区向基层党员干部群众宣讲党的十九大精神。

2日　区委书记徐贤到龙泉工业园区调研，深入产业园区、企业生产一线宣讲党的十九大精神。

2日　市委常委、市委组织部部长晏森到江川区九溪镇六十亩村委会宣讲党的十九大精神。

2日　玉溪市政协主席夏立洪到扶贫联系点安化彝族乡宣讲党的十九大精神、与农村党员进行座谈交流，并实地查看旧村改造项目。

3日　玉溪市江川区工会召开第一次代表大会。

3～5日　江川区3个项目在2017年“收获金秋共谋发展”玉溪招商引智峰会上成功签约。

6日　江川区委理论学习中心组举行2017年第九次集中学习。

7日　市纪委副书记、监察局局长张伟会同市国土资源局局长胡庆华等有关部门领导实地调研江川古滇彝家酒业，帮助企业研究解决存在困难。

8日　区委书记徐贤率队到九溪镇，对土地整治项目进行调研。

8日　区委书记徐贤率队对我区学习宣传贯彻党的十九大精神、脱贫攻坚、基层党建、重点项目建设等进行实地调研。

14日　江川区委常委、纪委书记李学祥到大街街道调研指导区委第一巡察组巡察工作。

15日　江川区召开扶贫开发攻坚领导小组第九次会议。

16日　中国民生投资集团及关联企业考察团到江川区就医疗健康、通用航空、绿色建筑等项目投资进行实地考察。

17日　市政协主席夏立洪一行到江川，与江川区、乡镇（街道）、村、组干部进行协调座谈。

20日　政协江川区第二届委员会常务委员会第二次会议召开。

20日　江川区召开党风廉政建设责任制检查考核会议。

22日　“滇国故里·高原水乡”——江川文化旅游推介会在广州举行。

24日　江川区召开学习宣传贯彻党的十九大精神宣讲动员会。

24日　江川区召开今冬明春森林防火工作暨业务培训会。

27日　江川区召开健康扶贫推工作进会。

28日　市委宣讲团成员、市委党校副校长宋红瑛到江川对党的十九大精神作宣讲报告，并到江城镇侯家沟村委会，与村组干部、部分党员代表和群众代表进行面对面、互动式地宣讲。

28～30日　云南省安监局相关领导到云南绿竹烟花集团江川长寿花炮有限公司、云南绿竹烟花集团江川后鑫花炮有限公司、云南绿竹烟花集团江川江源花炮有限公司3户烟花爆竹生产企业进行督察检查。

12月

1日　市教育局党委书记鲁志明一行到江川区教育局、江川一中督促检查教育脱贫百日攻坚工作。

1日　江川区召开房地产项目推进会。

6日　区委副书记、区长王志华，副区长杨军苹率大街街道、环保、住建、水利、农业、卫计、创卫办等相关部门负责人实地调研路子箐饮用水水源地保护情况、蛟龙沟清水产流机制等工作开展情况。

11日　江川区召开反腐败协调小组联席会议。

12日　市人大常委会主任李洪云率队到江川区实地查看东片区暨三湖生态保护水资源配置应急工程江川段项目、星云湖南岸湿地湖滨带提质改造项目、星云湖污染底泥疏挖及处置工程推进情况。

13日　政协玉溪市江川区第二届委员会常务委员会第三次会议召开。

18日　市委副书记、市长张德华到江川区调研，履行星云湖湖长责任，开展巡河检查，了解星云湖保护治理项目、入湖河道整治、面源污染治理、“四退三还”等工作推进情况，对巡河调研中发现的问题及时指出、现场解决。

19日　江川区举办云岭大讲堂·玉溪讲坛暨领导干部学习讲坛。

23日　江川区2017年科级领导干部培训暨第35期领导干部学习讲坛在江川影剧院举行。

25日　中国·云南·江川第十三届开渔节（高原湖泊水产品交易会）在前卫镇三家村龚河头举行开渔仪式。

26日　江川区举行玉溪江川通用机场建设工程启动仪式。

27日　江川区召开残疾人联合会第二次代表大会。

（沈　娴）

概 况

编辑 余立言

江川区

【自然概貌】 江川区地处云南省中部，位于东经102°35′~102°55′和北纬24°12′~24°32′之间。东接华宁县，南连通海县，西与红塔区交界，北同晋宁、澄江两县毗邻。区政府驻地距云南省人民政府驻地106.05千米、距玉溪市人民政府驻地25.4千米。江川区境由湖泊、盆地、中低山组成。区境东西最大横距31.9千米，南北最大纵距33.7千米，区域面积850平方千米（折合127.5万亩）。在总面积中，山区、半山区占71.67%，平坝占15.96%，湖泊占12.37%。整个地势为四周高、中部低，西部九溪略向玉溪倾斜。境内最高峰谷堆山海拔2648米，最低点九溪河口村海拔1690米。境内主要河流有16条，河道总长184.8千米，属珠江流域西江水系，最大洪水流量315立方米/秒，多数为季节性河流。县境中部有高原断陷湖泊星云湖，辖有抚仙湖三分之一水面。星云湖总面积34.7平方千米，最大水深10米，平均水深7米，容水量1.84亿立方米，正常水位海拔1722米，属富营养型湖泊，十分适合鱼类生长，被誉为"天然养鱼塘"。抚仙湖总面积212平方千米，其中江川辖水面68.94平方千米，占水面总面积的32.5%。

2017年平均气温16.9℃，比历年同期偏高1.0℃，比上年同期偏低0.1℃，属偏高年份。年极端最高气温31.5℃（7月30日）；年极端最低气温-1.6℃（12月31日）。全年日照时数1952.2小时，比历年同期偏少237.2小时（-11%），比上年同期偏多96.4小时（5%），属略偏少年份。年降水量1119.8毫米，比历年偏多32%；日最大降水量82.8毫米（7月31日）。

【行政区划】 2017年，全区辖大街街道和江城、前卫、九溪、路居4个镇及安化（彝族乡）、雄关2个乡。全区共有74个行政村（其中，有21个社区，53个村委会），340个自然村；464个村（居）民小组（其中，有居民小组168个，村民小组296个）。

（徐凡清）

【人口、民族】 2017年末，全区常住人口28.78万人，其中：城镇人口12.38万人，城镇化率43%。按公安户籍人口统计的年末总人口282923人，比上年增0.8%。其中：乡村人口173533人，城镇人口109390人。年内出生人口4485人，死亡人口2200人，人口自然增长率8.11‰。在总人口中，汉族人口261455人，占总人口的92.4%；少数民族人口21468人，占总人口的7.6%。

【综合经济指标】 2017年，全区完成地方生产总值908475万元，按可比价格计算增13%。分产业看，第一产业增加值166846万元，增6.3%；第二产业增加值305055万元，增16.4%；第三产业增加值436574万元，增13.3%。一、二、三产业分别拉动GDP增1.2、5.5、6.2个百分点，对经济增长的贡献率分别为9.6%、42.8%和47.7%。三次产业结构由上年的19.7∶32.6∶47.7发展变化为2017年的18.3∶33.6∶48.1，其中：第一产业比重比上年降1.4个百分点；第二产业比重提高1个百分点；第三产业比重提高0.4个百分点。全区人均地方生产总值31599元，增12.6%。2017年全区非公经济增加值514295万元，增13.7%，占GDP的比重为56.6%，比上年上升0.1个百分点，拉动全区经济增7.8个百分点，对全区经济增长贡献率达60.5%。

【农 业】 2017年，全区实现农林牧渔业增加值171763万元，按可比价格计算增6.26%。农林牧渔业总产值277890万元，比上年增4.4%。其中：农业（种植业）产值158466万元，增3.7%；林业产值4651万元，增3.5%；牧业产值96235万元，增5.6%；渔业产值11109万元，增3.8%；农林牧渔服务业产值7429万元，增3.7%。

2017年农作物总播种面积400912亩，比上年增13839亩，增3.6%。其中：粮食播种面积92435亩，增266亩，增0.3%。油料播种面积40124亩，增1118亩，增2.9%。烤烟栽种面积86564亩，减16亩，降0.02%。蔬菜栽种面积170812亩，增10110亩，增6.3%。花卉面积6880亩，增1312亩，增19.1%。

2017年全区粮食总产量4436万千克，增0.4%；全区收购烟叶1021万千克，收购单价30.26元/千克，收购金额30892万元；蔬菜产量39416万千克，增9.4%。油料产量843万千克，增5.5%；园林水果产量686万千克，增76.2%。全年完成人工造林7347亩，特色经济林3800亩，防护林3547亩。全区森林覆盖率43.78%，自然湿地保护率97%。

畜牧业、渔业生产稳步发展。2017年全区肉蛋奶总产量48558吨，比上年增4.9%，其中：肉类总产量31665吨，增3.1%。年内出栏肥猪31万头，增3.1%；全年出售营销仔猪68.6万头，降2.1%；年末生猪存栏23万头，增3.9%。其中：能繁殖母猪3.7万头，增3.5%。水产品产量4350吨，比上年增36吨，增0.8%，其中：星云湖2300吨，增12吨，增0.5%；抚仙湖556吨，增2吨，增0.4%。

【工业和建筑业】 2017年，工业总产值完成1061752万元，比上年增17.7%，其中：规模以上工业产值634799万元，增25.2%。

工业增加值254952万元，增16.4%，拉动GDP增4.7个百分点，对经济增长的贡献率为36.6%。其中：规模以上工业增加值140398万元，增22%。

全区主要产品产量实现较快增长。其中：磷矿石增79.3%，塑料制品增71.5%，糖果增26.6%，冷冻蔬菜增25.0%，黄磷增9.1%。

主要行业增加值增长较快。全区14个主要行业中9个行业增长最快，均保持两位数增长。分别是电气机械和器材制造业增43.1%，非金属采矿业增38.8%，通讯设备制造业增33.1%，食品制造业增28.9%，造纸和纸制品业增23.5%，化学原料和化学品制造业增21.9%，橡胶和塑料制品业增15.9%，文教工美体育和娱乐用品制造业增13.9%，农副食品加工业增12%。

园区经济保持快速增长，拉动作用明显。2017年，龙泉园区水网、电网、路网和绿化亮化等配套基础设施进一步完善，园区经济发展加快。2017年园区企业全年共实现工业增加值26709万元，同比增37.3%，快全区规模以上工业增加值增速15.3个百分点，拉动全区规模以上工业增加值增6.4个百分点，对全区规模以上工业增长贡献率29%。

特色行业和装备制造业快速成长。2017年，工艺美术品、烟花爆竹特色行业全年增加值增26.4%，快全区规模以上工业增加值增速4.4个百分点，拉动全区规模以上工业增加值增2个百分点；装备制造业增61.2%，快全区规模以上工业增加值增速39.2个百分点，拉动全区规模以上工业增加值增3个百分点。两者共同拉动全区规模以上工业增加值增5个百分点，拉动力超过大多数其它行业。

建筑业快速发展。2017年全区建筑业增加值51638万元，按现价计算增23.5%。资质以上建筑企业15户，完成建筑业总产值118562万元，增34.1%。全区商品房销售面积129664平方米，增30.7%。

【固定资产投资】 2017年，全区500万元以上固定资产投资758466万元，增31.5%。从三次产业看，第一产业完成投资1.12亿元，降47.4%；第二产业完成投资12.24亿元，增3.6%；第三产业完成投资62.49亿元，增42.9%。从所有制关系看，国有单位完成56.45亿元，增73.1%；集体单位完成0.28亿元，降96.8%；其他单位完成19.12亿元，增15.5%。从主要行业看，工业投资完成122417万元，增3.6%；房地产开发投资109964万元，增92.5%；交通运输、仓储和邮政业投资完成275184万元，增167.6%；水利、环境和公共设施管理业投资完成

212946万元，增40.6%。

【交通运输和邮电业】 2017年，交通运输、仓储及邮政业增加值15101万元，按可比价计算，增7.9%。公路建设成效明显，客货运输发展平稳。年末全区公路总里程达902.424千米，其中：一级公路15.07千米，二级公路54.156千米，三级公路198.987千米，四级公路594.216千米，等外公路23.995千米，高速公路16千米。年末全区拥有载货汽车7846辆，载客汽车91辆。

全区年末固定电话用户8454户，其中：住宅电话7584户。移动电话268780户。互联网用户77407户。

【贸易、住宿、餐饮业和消费物价】 2017年，全区社会消费品零售总额完成246764万元，比上年增12.5%。按销售单位所在地统计，城镇市场实现消费品零售额212097万元，增11.9%；乡村市场实现消费品零售额34667万元，增16.6%。按消费形态分，餐饮收入53788万元，增18.7%；商品零售192976万元，增10.9%。商品零售占消费品零售总额的78.2%，是销售市场的中坚力量。

全年销售营业额合计423231万元，比上年增19.1%，其中：批发业销售额65299万元，增31%，零售业销售额240571万元，增16.7%，住宿业营业额22055万元，增17.2%，餐饮业营业额95306万元，增18.5%。

居民消费价格比上年累计上涨1.3%，商品零售价格上涨1.6%，农业生产资料价格上涨1.9%。

【对外经济和旅游】 2017年，全区招商引资项目共实施83个，其中：续建项目27个，新建项目56个。年内实际利用区外国内资金804150万元，比上年增115133万元，增16.7%，其中：市外国内资金770789万元，增81772万元，增11.8%；省外资金663393万元，增41296万元，增6.6%。

2017年全区共接待游客471.4521万人次，比上年增114.8798万人次，增32.22%。旅游总收入达到343897.69万元，增149870.86万元，增77.24%。

【财政、金融和保险业】 2017年，全区财政总收入107023万元，比上年增19394万元，增22.1%。地方财政收入103441万元，增23106万元，增28.8%。地方财政支出200050万元，增支6510万元，增3.4%。

2017年全区一般公共预算收入71026万元，增12784万元，增21.9%，其中：增值税完成11245万元，增40.6%；企业所得税完成1828万元，增1.8%；城市维护建设税完成1701万元，增22.2%。

2017年全区一般公共预算支出184023万元，增9864万元，增5.7%，财政预算支出中八项支出完成173574万元，增37.8%，占GDP的比重达19.1%。其中：一般公共服务支出39629万元，增116%；公共安全支出9152万元，增10.8%；教育支出42772万元，增29.2%；科学技术支出4732万元，增307.6%；社会保障和就业支出27601万元，增34%；医疗卫生与计划生育支出14594万元，降40.2%；节能环保支出9329万元，增15.7%；城乡社区支出25765万元，增114.7%。

2017年全区金融业实现增加值46810万元，增9.7%。年末金融机构各项存款余额1240877万元，比上年增12.0%，其中：住户存款余额815736万元，增10.3%。各项贷款余额885169万元，增24.1%。存贷比为71.3%，比上年提高6.9个百分点。

【人民生活】 2017年末，全区在岗职工16040人，比上年末增446人。全年在岗职工平均工资69584元，增16330元，增30.7%。2017年城镇居民人均可支配收入33936元，增8.8%。农村居民人均可支配收入12172元，增9.0%。

【就业和社会保障】 2017年，开发公益性岗位550人，新增就业2544人，城镇失业人员再就业896人，城镇登记失业率3.43%，有序组织劳务输出449人。

社会保障体系逐步完善，社会保险覆盖率进一步提高，医保改革稳步推进。2017年末全区参加基本养老保险人数171028人，其中：参加农村养老保险150557人。有391户7687人参加失业保险统筹，发放失业保险待遇93.8万元；有238825人参加医疗保险统筹，支付医疗保险金19380.92万元；参加工伤保险统筹企业464户10351人；参加生育保险统筹企业293户4935人；城乡居民医疗保险223983人。

2017年全年对城市低保受益1516户1689人发放低保金840.62万元。对农村低保受益2933户3641人发放定期生活救助1056.14万元，对农村五保285户302人发放定期生活救助197.12万元。年末共有优抚对象2841人，全年共对2841人发放各类补助金1749.05万元；兑现义务兵家属优待金223人191.4万元。

【教育、科技、文化、体育和卫生】 2017年，全区共有公立学校74所，其中：乡镇中心完小12所，村完小44所，教学点2个，乡镇中学11所，普通高中2所，职中1所，进修学校1所，区幼儿园1所。有教学班1082个，其中：幼儿学前班228个，小学494个，初中230个，普通高中92个，职业高中38个。在校生39107人，其中：在园（班）幼儿数7619人，小学14979人，初中10450人，普通高中4683人，职业高中1376人。

小学毛入学率102.64%，小学学龄儿童入学率99.99%，辍学率0.01%，毕业率99.71%，小学毕业生升学率98.73%，年巩固率99.74%，新招一年级新生受过一年学前教育99.5%，学前幼儿毛入园（班）率90.14%，15周岁初等教育完成率99.89%。

初中毛入学率117.53%，初中毕业率99.57%，初中辍学率0.77%，年固率99.28%，17周岁初级中等教育完成率98.92%。

现有教职工2234人，专任教师合格率高中达100%、初中达100%、小学达99.21%。

2017年全年共向国家、省、市推荐申报科技项目和科普专项共71个，其中：国家级科技项目2个，省级科技项目28个，市级科技项目30个，国家级科普项目2个，省级科普项目4个，市级科普项目5个。申报成功的国家、省、市各类科技项目34项，其中：国家级1个，省级10个，市级23个；科普专项获得立项的9个，其中：国家级2个，省级3个，市级4个。全年申请专利97件，专利授权量40件。

2017年，成功举办“三月雪·梨花醉”文化旅游节、“江川首届七夕文化旅游节”等活动，圆满完成“玉溪号”文化旅游列车宣传推介，江川开渔节获“国家级示范渔业文化节庆”称号，界鱼石公园改造提升二期工程竣工验收。旅游市场秩序井然，文物保护和交流成效明显，“一部手机游云南”工作扎实推进，文化产业持续发展。科技、广播电视、体育等事业全面发展，平安江川建设稳步推进。年末全区共有文艺队443个，文化馆辅导文艺团体56个，组织文艺调演汇演20次；组织文艺活动123次；现有文化室92个，全年共举办展览50期，举办各种培训班86期。

截止2017年，全区共成立体育协会组织7个，累计举办活动20场，参加活动人数达1.2万人次，营造出全民健身活动的积极氛围。全区乡镇（街道）均成立全民健身领导小组，挂牌成立“全民健身指导站”，晨晚训练点36个。拥有社会体育指导员601人。2017年举办区级体育比赛活动10次，组织基层体育比赛活动6次，全区体育人口达30%以上。举办全民健身活动16次，人数1.1万人次；年末全区拥有体育场地394个，体育系统拥有体育场地7个，年内开放使用7万人次；举办培训班7期，参加培训210人次。

2017年末共有卫生机构177个，其中：区级医院2个、其它医院2个、卫生院7个，妇幼保健院1个，疾病预防控制中心1个，卫生监督机构1个。卫生技术人员1381人，其中执业医师和执业助理医师527人，注册护士666人，其他123人。医院和卫生院床位799张。乡镇卫生院7个，床位249张，卫生技术人员275人。村级卫生室71个，乡村医生235人。

【城市建设、能源消耗和安全生产】 2017年，江川区建成区面积6平方千米。供水管道107.834千米。年供水总量534.39万立方米。城市生活垃圾无害化处理率达93.4%；处理生活污水344.76万立方米，城市生活污水处理率达89.51%。路灯设施完好率和亮灯率均达95%以上。

2017年单位GDP能耗1.0228吨标准煤/万元，降2.65%，其中：规模以上工业单位增加值能耗2.609吨标准煤/万元，降6.55%。

全社会用电量10.36亿千瓦时，同比上升17.26%。分产业看，第一产业用电量0.17亿千瓦时，同比上升22.22%；第二产业用电量8.63亿千瓦时，同比上升19.29%；第三产业用电量0.57亿千瓦时，同比上升10.15%；城乡居民生活用电量0.99亿千瓦时，同比上升4.93%。

2017年江川区安全生产考核控制指标类别事故共发生5起，比上年减6起，降54.54%；死亡人数5人，比上年减4人，降44.44%；直接经济损失140.86万元，增58.66万元，上升71.36%。其中：工矿商贸企业事故2起，死亡人数2人，直接经济损失65.06万元。

2017年江川区发生道路交通事故1560起，减417起，降21.09%；死亡人数33人，增7人，上升26.92%；直接经济损失235.6

万元，减44.2万元，降15.8%。火灾事故75起，增19起，上升34%；死亡人数1人；直接经济损失52.9万元，增2.13万元，增4.2%。

（统计局）

大街街道

【行政区划·人口】 大街街道办事处位于江川区境南部，是江川城区所在地，东与路居镇、雄关乡相邻，南与通海县纳古镇、四街镇接壤，西南与九溪镇毗连，西北接前卫镇，北濒临星云湖。境内最高海拔老尖山2277米，最低海拔星云湖湖面1722米，街道办事处位于浪广路北段，海拔1730米。

大街街道办事处辖上营、下营、大街、三街、早街、上头营、大庄、河咀、朱家庄、伏家营、海浒、大营、浪广13个社区居民委员会，小白坡、土官田2个村民委员会、124个村（居）民小组（116个社区居民小组，8个村民小组），68个自然村。总国土面积97.074平方千米。

2017年年内GDP完成344988万元，同比增40471万元，可比价增15.2%。其中：第一产业完成24742万元，同比增993万元，可比价增6.2%；第二产业完成160385万元，同比增22225万元，可比价增17.6%；第三产业完成159861万元，同比增18347万元，可比价增14.2%。

2017年末，实有耕地18783亩，属高稳产基本农田。其中：田12969亩、地5814亩，农业人口人均占有耕地0.37亩。

2017年末，全街道辖区内总户数31562户，总人口88929人，其中：男43834人，占总人口的49.3%；女45095人，占总人口的50.7%。农业人口11270人，占总人口的13.72%；非农业人口70859人，占总人口的86.28%。大街街道15个村（社区居）委会总户数31488户，总人口82129人，其中：男41212人，占总人口的50.18%；女40917人，占总人口的49.82%；农业人口11270人，占总人口13.72%，非农业人口70859人，占总人口的86.28%；农村从业人员38735人，从事第一产业18264人，占农村从业人员的47.15%。人口自然增长率6.15‰。辖区内人口密度为916人/平方千米。

【领导干部名录】

党工委书记 靳永春（2017.2离任）
李德坤（2017.2任）
副书记 宋 磊
杨聪明（2017.6任，挂职）
董双见（2017.11任，挂职）
纪工委书记 花德财
人大工委主任
郭 伟（2017.9离任）
付 纲（2017.9任）
办事处主任 李德坤（2017.2离任）
李江辉（2017.2任）
副主任 张正鸿（2017.7离任）
陈国华（2017.9离任）
张亚民（2017.11离任）
邓 珂（2017.11任）
王彬生（2017.7任）
杨 钰（2017.7任）
王丕娅
习元波（2017.9任）

【经　济】 2017年农村社会总产值（现价）677242万元，比上年增5.92%。工农业总产值（现价）632611万元，比上年增12%，其中：工业总产值587705万元，比上年增12.64%；农、林、牧、渔、服务业总产值44909万元，比上年增4.2%。农村经济总收入500294万元，比上年增49404万元，增10.96%。其中：农业收入40882万元，比上年减1631万元，占总收入的8.17%；林业收入481万元，比上年增27万元，占总收入的0.1%，牧业收入23411万元，比上年增862万元，占总收入的4.68%；渔业收入6534万元，比上年增1520万元，占总收入的1.3%；工业收入173027万元，比上年增20431万元，占总收入的34.59%；建筑业收入110819万元，比上年增6234万元，占总收入的22.15%，运输业收入79515万元，比上年增10019万元，占总收入的15.89%；商业服务业收入46061万元，比上年增2807万元，占总收入的9.21%；其他收入19564万元，比上年增9135万元，占总收入的3.91%。农民人均所得13066元，比上年增1187元，增10%。二三产业从业人数20471人，占农村从业人数的49.46%，比上年增0.35%。

【农　业】 农作物播种面积52517亩，复种指数280%。粮食播种面积14951亩，粮食总产量724.56万千克，比上年减8.76%。其中：水稻栽种面积5531亩，单产624千克/亩；包谷播种面积4148亩，单产605千克/亩；小麦播种面积1995亩，单产262千克/亩；蚕豆播种面积1777亩，单产153千克/亩；农民人均产粮142千克；油料播种面积8927亩，总产146万千克，比上年减3.2%；烤烟种植面积9770亩，交售量117.54万千克，交售收入3838.73万元，平均单价30.93元/千克；上等烟占68.63%，比上年降3.94个百分点。

年末，生猪存栏35939头，比上年减2.24%；出栏肥猪93722头，比上年增10.03%；大牲畜存栏411头，比上年增4.31%，其中：黄牛存栏321头，水牛存栏34头，马存栏46匹，驴存栏4匹，山羊存栏3013只，出栏2767只；生产营销商品仔猪16.0882万头，比上年减2.49%；全年肉产量达1012.66万千克。家禽出栏101.679万只，比上年增13.18%；湖泊面积3平方千米，水产品产量240吨，比上年增1.77%。

年内全街道林地面积5092.5公顷，森林覆盖率47.91%。，林木绿化率49.66%。活立木总蓄积219690立方米，森林面积4652.2公顷，森林蓄积213070立方米。果园面积3109亩。全年投入农田水利建设资金1439.3万元，完成各类水利工程112件，其中：2016年小农水重点县项目建设完成56件（沟渠完成44件、水池完成12件），完成工程投资1400万元；兰田水毁工程修复完成1件，工程投资2.3万元；完成沟渠岁修55件，完成投资37万元。

年内，农、林、牧、渔、服务业实现总产值（现价）43111万元，其中：农业15226万元，占35.31%；林业604万元，占1.4%；牧业24546万元，占56.94%，渔业684万元，占1.59%；农林牧渔服务业2051万元，占4.76%。

【企　业】　年末，全街道有企业和个体工商户4169户，比上年增0.02%；从业人员27167人，比上年增0.09%；企业营业收入708728万元，比上年增5.27%。利税47743万元，比上年增10.5%。其中：私营企业152户11999人，收入513892万元，比上年增10.36%；利税33655万元，比上年增19.2%。个体企业4017户15168人，收入194836万元，比上年减6.15%；利税14088万元，比上年减5.96%；规模以上工业企业18户完成工业总产值375726万元。

街道规模企业已发展成为以磷化工、纸制品、建筑建材、农产品加工等为主导的多个产业和多个行业。

【村镇建设·环境保护】　2017年组织“百村示范、千村整治行动”项目库申报，共申报示范村4个，整治村21个。办理辖区内农村住房规划许可证19本。建档立卡贫困户危房改造179户，已按要求录入系统，开工率达100%。

积极推进生态环保工程建设和生态文明建设。完成环湖截污建设工程租田316亩，兑付租金各项不补助等480.4万元。以“3·5”学雷锋活动日、“6·5”世界环境日和重大节假日等为契机，积极组织安排各村（社区）党员、干部、广大群众、学生等进行集中清理和环境卫生大扫除，累计出动人员7750人次，出动装载机等车辆450辆次，清扫街道、巷道69598米，清理河道沟渠40280米，打扫公厕226个，清运垃圾41544吨。通过会议、广播、板报、张贴标语、悬挂横幅、进村入户等方式进行全方位宣传发动。各村（社区）制作悬挂警示牌34块，刷写墙体标语385条，禁止乱倒垃圾和爱护环境卫生条幅380余条。落实保洁制度、清运制度、督查考核制度、经费管理制度、资金筹措五项制度，强化保洁员、清运员、社区卫生监督员责任，确保各项城乡垃圾综合整治管理制度正常运行。

【社会事业】

科　技　全街道有农村专业技术协会6个，会员231人。其中：养猪协会3个，种烟协会3个。年内刊出黑板报、科普宣传栏24期。街道科协举办技术培训讲座4期，培训人数370人；举办实用技术培训班24期，培训人数8325人。发放各种科技资料10000余份。农技围绕农业生产确定的目标和任务，不断举办蔬菜种植、农药安全使用知识、测土配方、平衡施肥技术、养猪知识和烤烟栽培、烘烤等一系列技术培训，每村配有一名科普宣传员。

教　育　年末，街道辖区村级有幼儿园7所（校、点），教职工134人，适龄儿童入园831人，学前班3所（校、点），学生124人。小学11所，教职工305人，在校学生5222人，入学率99.85%，毕业率、升学率均为100%；中学3所，教职工288人，在校学生3309人，毕业率100%，升学率88.45%。小学教师文化程度，大专以上297人，中专7人，高中以下1人，共计305人，初中教师文化程度大专以上288人。

文化·体育　全街道有社区影剧院1个，观众席900个座位；露天戏台1个；街道文化站1个，藏书7100册；农家书屋18个。2017年春节举行大型民俗文艺展

演在城区主要街道巡回演出，选拔16支文艺队到台上公演，演出节目共36个，参与演出演员500余人，从农历正月初一到初六演出文艺节目94个，观看人数近万人次；2017年在大街街道老戏台举行文化科技卫生“三下乡”集中展示活动，组织开展捐赠、宣传、咨询、义诊、文艺演出、免费书写春联等活动内容；加强农村体育设施建设，为村（社区）安装体育活动器材共78件，争取村（社区）体育广场建设资金6万元。组织街道42名干部参加江川区2017年全民健身运动会工间操竞赛荣获一等奖。组织四个文艺节目参加江川区广场舞大赛，荣获一个一等奖，两个二等奖，一个三等奖。

卫 生 2017年末，全街道有中心卫生院1所，医务人员38人，其中专业技术人员34人、工勤人员4人。病床50张。村、社区卫生所17所，医务人员68人，病床70张。2017年内出生852人，出生率12.51‰；死亡437人，死亡率6.36‰；人口自然增长率6.15‰，计划生育率94.83%。加强和改进流动人口计划生育管理与服务体系建设，推进流动人口全员信息统计，建立完善统计台账，掌握流动人口婚、孕、育情况，进行跟踪管理。2017年城乡居民医疗保险参合人数78624人，零星报销444人次，医疗总费用5530434.18元，统筹基金支付2429152.48元。

民 政 年内，街道纳入居民最低生活保障1098户，1445人发放低保金478.65万元。全年对77位五保老人发放五保户生活费28.23万元，春节慰问15400元。补助入新农合医保383户，3.82元。全年为183户出现临时困难的家庭发放临时补助金17.48万元。全年来共计发放救济粮食55700千克，救济衣物4套，大衣170件，被子108床，被套100个，床垫4个，毛毯3个。建国前老党员补贴1户，600元；小乡干部45户，10.62万元；春节慰问特困户188户，5.64万元。共对970名优抚对象发放优待抚恤金749.03万元。其中：三属抚恤金5人，15.10万元；在职伤残金57人，114.73万元；在乡伤残金15人，31.77万元；复退军人补助金40人，50.25万元；义务兵家属优待金80人，68.66万元；带病回乡退伍17户，10.22万元；春节慰问优抚对象922人，18.44万元。两参人员558人，347.69万元。出国民工补助53人，8.21万元；农村籍退役士兵60岁补助215人，40.55万元。双重身份补差7人，6.57万元。烈士子女补助3人，1.26万元。优抚对象八一慰问921人，18.42万元。街道共有孤儿6名，发入孤儿补助金8.26万元。全年共办理结婚登记1017对、离婚登记282对，登记合格率100%。补领《结婚证》981对，补领《离婚证》42对。大力推进殡葬改革，积极倡导绿色墓葬，自2015年3月1日实行火葬以来未出现一起装棺土葬现象，确保三个“百分之百”完成。

劳动保障 办理《就业创业证》证明人数872人。职业教育培训，促进农村劳动力转移，开展烹调师培训107人，茶艺师培训44人。2017年累计培训261人。办理“贷免扶补”32人，发放贷款510万元。城乡居民养老保险办理666人，缴费率95.55%。办理60周岁以上人员死亡退保336人，每人发放安葬补助费600元，合计20.16万元，60周岁以上领取待遇人员11856人，发放待遇养老金11678593.13元。

征地退保131人，金额460936.29元，办理征地养老保险879人，收缴保费219.75万元。征地发放人数4220人，发放金额258549.97元。

规范用人单位用工管理行为，切实履行劳动保障监察职责。劳动保障所对全街道3家红砖厂、纸制品厂15家、彩印包装厂5家、非煤矿山6家进行60次日常巡察。对全街道175家事业单位、企业、个体经济组织进行网上执法年审、对年审合格的用人单位发放劳动保障执法年审审验证。

老龄工作 年末，全街道有老年协会17个，班子成员134人，村（居）委会老年活动室14个，村民小组活动中心51个，建立家庭道德评议委员会14个。80周岁以上老人（含有退休金和无退休金）共有2197人，其中80岁以上有1964人，90岁以上有232人，100岁以上有1人，全年发放80周岁以上有退休金和无退休金老年人健康补助140.48万元。组建老年门球队9支63人，地掷球对7支28人，泰迪球队12支130人，初七、初八、初九进行比赛。正在运营的居家养老服务中心8个。老年活动中心建成投入使用5个，在建2个。全街道有离退休干部205人，职工1058人。

【法制建设】 围绕社会和谐稳定抓普法，围绕中心保增长、保民生、保发展、保稳定、保生态，深入开展法制宣传教育与法治实践相结合，在促进学法、用法上求实效。全街道有司法所1

个，18个人民调解委员会（1个街道人民调解委员会17个村社区人民调解委员会）。2017年1～12月开展大型法制宣传活动5次，展出图片8期223幅，印发材料27期28785份，接受咨询780人次；进行法制宣讲5次，听众787人；广播宣传173次，听众208010人；学校上法制课3次，听众780人次，骨干培训5期，参训人员166人，组织法制文艺演出2场60个节目，播放法制影视专题片8场16部，黑板宣传221块221期，悬挂张贴普法标语大标161幅、小标1981幅。共调处各类纠纷385件，其中司法所调处20件，村（居）调委会调处365件，调处成功366件，调处成功率达到95%。全年司法所共接受社区矫正人员63人，解除矫正56人，现有社区矫正人员87人，接收刑满释放人员并安置帮教63人，帮教率达95%以上。对在矫社区矫正人员坚持每两个月每家人走访一次，做好日常档案记录和管理教育工作，对于社区矫正人员严格落实请假制度、汇报制度，做到不脱管，不漏管，并积极协调有关部门落实刑释解教人员和社区服刑人员低保、困难救济等措施，切实解决他们生产生活等方面的实际困难，防止重新违法犯罪。

进一步巩固和扩大“平安大街”建设成果，把综治维稳工作纳入街道综合目标考核范围，将责任层层分解到村（社区），使村（社区）干部和相关责任人有压力、有责任，并与17个村（社区）和各企业学校及相关综治维稳成员单位签订年度社会治安综合治理维护稳定目标责任书。全年完成各级信访69件，回复69件，回复率100%。接待群众来信来访98件236人，做到件件有记录，事事有结果，件件有答复。

【国土管理】 2017年，大街街道坚持依法管地，节约集约利用资源，构建经济社会和谐发展的方针，建立耕地保护共同责任制度，全面履行保护资源、保障发展、维护权益、服务社会职能，加强农村集体土地管理，紧紧围绕年度重点工作和中心工作。加大土地执法监察力度，全年对辖区内土地巡查58次，参与巡查人员出动122人次，全年共查处违法占地1058宗（含人居环境整治），面积37193.33平方米，其中拆除1045宗，面积24696.52平方米，在违法占地清理、处理过程中，出动986人力参与对违法占地清理，支出大量财力对违法占地进行清理。出动91人次巡查督促检查8个石场，1个砂场，3个砖场，1个地下水的安全生产，对非法开采进行查处，发现安全事故隐患及时整改。切实履行征地拆迁职责，积极完成各项征地工作，全年完成土地征收958.5亩。开展土官田村委会农村集体用地（住房）使用权（试点）调查发证工作。

【财经管理】 根据农村财务管理的实际情况，从各个方面加大监控力度，克服人为乱支乱花现象，对村组财务收支情况及时公布，让群众及时了解集体财务状况，减少农村财务热难点问题，促进农村社会和谐稳定。大街街道农经中心中心对村组财务收支共结对账712次/组，账务处理712次/组。全街道村组民主理财小组共对村组集体收支情况进行712次/组民主监督理财。中心对村组财务收支共公开790次/组，其中张榜公开712次/组，会议公开78次/组。开启意见箱377次/组，收集群众意见7条，经疏理无财务管理意见。向村组反馈意见0次。

严格按照《大街街道建设工程管理办法》，凡村组建设项目工程按照公平、公正、公开的原则进行招投标；年内招投标委员会招投标工程项目189个，验收竣工工程建设项目161个。

【市、区三农督查组到大街街道督查】 1月12—13日，市、区三农普督查组对朱家庄、大营、伏家营、土官田、上头营、海浒、小白坡7个村（社区）三农普入户情况及农户表填写情况进行督查。

【玉溪市公安消防部门到社区参观指导“微型消防站”建设】 3月24日，在玉溪市公安消防支队支队长蔡怀涛带领下，全市、区（县）公安消防大队领导，部分街道、村（社区）居委会书记、主任一行70余人到大街社区参观指导“微型消防站”建设工作。

蔡怀涛一行参观了社区消防宣传展板（牌），台账记录，规章制度，微型消防车、灭火防护服、安全头盔、灭火器、消防水带等器材，观看了《社区平安的坚守者》大街社区消防安全领头鹰杨应德日常工作纪录片，社区消防队员进行微型消防车现场灭火表演。

【市委组织部到大街街道检查指导党建工作】 4月16日，市委组

织部相关领导到大街街道检查指导党建工作，区委组织部副部长陈宝林陪同检查。

大街街道党工委副书记宋磊围绕街道工作的中心和重点，就如何全面加强机关、村（社区）及非公企业党的建设，如何推进机关作风转变，如何深入开展创先争优活动、建设学习型党组织等方面的工作进行汇报。

检查组一行还深入街道中心党支部和下营社区党支总进行检查指导。通过听取汇报、查看资料、现场指导等形式，对大街街道开展的各项活动给予肯定，并提出要求：大街街道要围绕中心抓党建，抓好党建促发展，充分发挥党员先锋模范作用，在新形势下有所作为；要促进在职党员进社区志愿服务活动常态化；在工作中要积极推介特色典型；要进一步完善、规范组织工作资料。

【大街街道全面启动“双创”工作】 5月11日，大街街道召开创建全省全国文明城市、国家卫生城市工作推进会暨举行“双创先锋”行动计划启动仪式，进一步落实区委、区政府“双创”会议精神，并对街道“双创”工作和“双创先锋”行动计划进行再安排再部署。街道全体党员、干部职工和各村（社区）党总支书记、主任参加会议，会议由街道办事处主任李江辉主持。党工委书记李德坤讲话。

街道举行“双创先锋”行动计划启动仪式，社区和居民小组党员干部就落实“双创”工作分别上台作表态发言。全体参会人员进行宣誓。

【徐贤到大街开展随机调研】
6月12日，区委书记徐贤到大街街道，随机调研脱贫攻坚、城乡人居环境综合整治、村级活动场所建设等工作。

大营社区是徐贤此次调研的第一站，徐贤了解了村级活动场所的用途和活动开展情况，要求该社区通过整合各类资源，实现村级组织活动场所多元化，让村级组织活动场所真正成为服务群众、凝聚人心的桥梁纽带。

脱贫攻坚是全区的重点工作之一，徐贤来到大营社区龙泉小组，深入贫困户郭永贵和杨南英家中，查看“挂包帮”精准扶贫推进情况，询问他们的脱贫情况以及今后的发展计划和发展生产中存在的困难，并鼓励他们提振精神，多想办法早日脱贫过上好日子。

为提升城市形象，扎实推进“双创”工作，大街街道启动综合农贸市场建设工作。徐贤来到规划建设点，实地查看和详细了解了市场建设情况，要求相关部门把农贸市场的规划建设项目作为重要的民生工程来抓，尽快形成合理建设方案，推进该工程项目早日启动实施。

随后，徐贤来到三街社区旧村改造的建设现场，详细了解项目推进情况，要求进一步加大工作力度，顺利推进项目实施。

【大街街道妇女第一次代表大会召开】 7月21日，大街街道妇女第一次代表大会召开。市妇联党组书记、主席杨丽萍，区委副书记、区委党校校长张燕华出席会议并发表讲话。大街街道班子成员，中层干部列席会议。

会议选举产生大街街道第一届妇女联合会执行委员会委员25名，主席1名、专职副主席1名、兼职副主席4名。

张燕华对大会的召开表示祝贺，并提出要求：要高度重视、统一思想抓好妇联的改革工作；各级党组织要充分履行“党建带群建”的职责；街道妇联及全体妇女同胞要树立政治意识，融入到大街乃至全区的工作中来。

市妇联主席杨丽萍强调，街道妇联要真正履行好妇联责任，紧扣“妇女所急、党政所需、妇联所能”，继续完善机制扩大妇女工作覆盖面，加大妇女干部队伍建设，强化责任落实，提高妇女工作执行力，加大维权力度，维护妇女、儿童合法权益。

【首家居家养老服务中心投入运营】 7月6日，大街街道三街社区居家养老服务中心开始投入运营，为社区60周岁以上的老年人提供休闲、娱乐、助餐等服务，成为江川区首家运营的居家养老服务中心。

2017年市老龄委搞示范点创建，根据对示范点创建的要求，江川区选取了五个社区、村委会的居家养老服务中心来作为示范点创建。三街是示范点创建开始运营的第一家，它的运营成功对下一步的示范点创建以及其他12家养老服务中心的运营会起到示范带头作用。

【大街街道全面启动棚户区改造工作】 2017年，大街街道棚户区改造建设项目经棚改指挥部群众工作组配合三调公司调查测绘后得出三调数据，大街街道棚改共涉及土地590亩、拆迁户数5310户。完成可研编制工作，争取到国开行贷款资金23.5亿元。

9月25日，棚改指挥部相关人员组队到楚雄州元谋县考察学习棚改经验，获取元谋棚改的成功经验。发布玉溪市江川区人民政府关于大街街道棚户区改造建设项目土地和房屋征收范围公告。

10月30日，江川区召开大街街道棚户区改造项目建设动员会。区委书记徐贤对棚户区改造作出指示；区委副书记、区长王志华主持动员会，并就落实会议精神提出要求；李德坤、方本春、马平均、卢翔分别代表大街街道及上营、下营、大街三个社区作表态发言。标志着大街街道棚户区改造正式拉开序幕。

（杨继云）

江城镇

【行政区划·人口】 江城镇地处江川北部，位于东经102°48′、北纬24°25′之间。东临全国第二大深水湖抚仙湖，南临星云湖、距县城18千米，西与玉溪市红塔区、昆明市晋宁县六街乡、晋城镇接壤，北距省会昆明市80千米。辖区面积222.67平方千米，全境地势西北高、东南低，最高海拔2648米，最低海拔1720米，东西最大横距19千米，南北最大纵距15千米。境内主要河流有东西大河、学河、周德营河、大龙潭河、玉带河共计5条，有西河一库、西河二库、茶尔山水库、大龙潭水库、大平地水库、螺蛳坝共计水库6座，坝塘65座。矿藏主要有磷矿、白云岩、石灰石、石英砂及少量铁、锰、硅矿。镇政府所在地振兴街13号，驻地海拔1733米。

全镇辖江城、隔河2个社区居民委员会和左卫、大地、孤山、黄营、陈家湾、白家营、云岩、温泉、侯家沟、龙街、西河、海门、三百亩、明星、牛摩、尹旗、翠峰、桐关、祁家营19个村民委员会，9个居民小组、123个村民小组，119个自然村。自2016年1月1日起，江城镇的明星、三百亩、牛摩、孤山4个村委会，以及原海门村委会胡家湾村民小组和隔河第一、第二村民小组，共21个村（居）民小组，人口约1.13万人，国土面积约39.08平方千米统一托管至路居镇管理。

2017年末，总耕地面积36946亩，其中田25622亩，地11324亩（其中水浇地2757亩），农业人口人均耕地面积0.66亩。总人口26504户72751人，其中男36733人，女36018人；农业人口56100人，非农业人口16651人。少数民族人口1654人，占总人口的2.3%，其中彝族947人，占总人口的1.3%；哈尼族291人，占总人口的0.4%；傣族95人，占总人口的0.13%；白族70人，占总人口的0.1%。农村劳动力55120人，其中从事第二、三产业的15837人，占总劳动力的28.73%。人口自然增长率6.65‰。人口密度327人/平方千米。

【领导干部名录】

党委书记　郭　峰
党委副书记　赵子良
　李志高（2017.9离任）
　李春伟（2017.9任）
　葛茂盛（2017.11任，挂职）
纪委书记　郝　彬
人大主席　顾学华（2017.10离任）
镇　长　赵子良（2017.1任）
副镇长　朱　俊
　李平良
　李　毅（2017.1任）
　唐光辉（2017.7任，挂职）
　拔　选（2017.11任）
　李春伟（2017.10离任）

【经　济】 工农业总产值完成75050万元，比上年增7.64%，其中工业总产值30407万元，比上年增12.7%；农业总产值44643万元，比上年增4.5%。农村经济总收入491777万元，比上年增10%，其中农业收入87495万元，林业收入689万元，牧业收入28786万元，渔业收入8706万元，工业收入118938万元，建筑业收入71296万元，交通运输业收入83251万元，商业饮食业收入60160万元，社会服务业收入23703万元，其他收入8753万元；农民人均可支配收入14226元，比上年增10.5%。地方生产总值208088万元，比上年增15%，其中第一产业43807万元，比上年增6.5%；第二产业39158万元，比上年增8.4%；第三产业125123万元，比上年增21.1%。全镇财政收入4983.7万元，比上年增42.7%；财政支出4517万元，比上年减5%。年末，各项存款余额136403万元，比上年减11.43%；人均储蓄存款余额18749元，比上年减12%。

【农　业】 全年农作物播种面积92842亩，复种指数251%。粮食播种面积33006亩，总产1839万千克，与上年相比，面积增加

1.82%，产量增加2.89%，其中：水稻种植面积11859亩，单产654千克/亩；玉米种植面积7504亩，单产604千克/亩；小麦种植面积3518亩，单产246千克/亩；豆类种植面积9118亩，单产174千克/亩；农民人均产粮328千克。油料播种面积8871亩，总产188万千克，面积比上年增2.34%，总产比上年增4.83%。烤烟种植面积8700亩，其中：田烟移栽面积3000亩，地烟移栽面积5700亩，总产120万千克；交售烟叶96.25万千克，中上等烟比例达96.25%，均价28.94元。蔬菜种植面积35734亩，总产67万千克，比上年增3%，产值达11762万元，增66.7%。建设标准化（无公害）蔬菜基地，基地分布于陈家湾、侯家沟、龙街、孤山、西河、白家营、海门、江城、翠峰9个村委会，主要品种：花菜、早春白菜、早春马铃薯、甜辣、四季豆、青蒜。花卉种植面积4709亩，生产鲜切花64118万枝，花卉产值15185万元，比上年增10.04%。

年末，生猪存栏5.5万头（其中能繁母猪5464头），比上年增3%；肥猪出栏8.72万头，比上年增0.4%；大牲畜存栏1448头，比上年减5.9%，其中牛存栏1335头，出栏885头；羊存栏5416只，出栏5720只；家禽存栏63.2万只，出栏99.22万只。全年肉产量8868.3吨，肉蛋奶总产13992.1吨；水产品产量384吨，比去年增23.87%。实现畜牧业产值27757万元，比上年增5.9%。发放中央农业支持保护补贴17038户136万元，农机综合补助21户16.8万元。

投资2096.65万元完成水利工程建设39件，其中：新建抽水泵站1座，蓄水5个，水窖3口，浇筑水沟16条12.18千米，修建田间道路10条13.3千米，铺设管道12.51千米，延长机耕路9.53千米。投资753万元完成11座小坝塘的除险加固工程。完成大龙潭河、小龙潭河清淤工程。投资2.1万元对沿湖农田的排水沟进行清修，随时保障农田灌溉用水供给。成立防汛抗旱工作领导小组，下设抢险救灾组、政治动员组、医疗救护组、后勤保障组4个小组。成立30名镇干部组建的防汛抢险队伍。在全镇辖区内布控27个简易雨量监测站，1个简易水位站，3个自动水位站和3个自动雨量站，安装17套山洪灾害预警广播，并安排专人进行管理。

2017年，完成农林牧渔业总产值（现价）72430万元，其中：农业39881万元，占55.1%；林业575万元，占0.8%；牧业27757万元，占38.3%；渔业2936万元，占4.1%；农林牧渔服务业1281万元，占1.8%。

【企　业】 2017年，有个体经营户、私营企业（注册登记）2974户，比上年增449户，其中私营企业237户，从业人员2865人，人数比上年增加7%；企业营业总收入161663万元，比上年增4.1%；利润总额17113万元，比上年增1.8%；上交税金297.43万元，比上年减17.02%。全年地区生产总值208088万元，其中农林牧业44643万元，工业30407万元，建筑业8751万元，交通运输仓储业4891万元，批发零售业28287万元，住宿及餐饮业13914万元。完成工业企业固定资产投资8985万元。

【旅游业】 牢固树立“全域旅游”理念，承办江川区首届“三月雪·梨花醉”文化旅游节摄影大赛暨“驿路梨花”主题自驾游活动，接待游客5万人。投资80万元新建北山寺进山牌坊2道，投资268万元实施北山寺旅游风景区游客服务中心、停车场建设项目，投资97万元启动江城启文阁修缮，投资230万元完成海门界鱼石公园提档升级改造工程，投资1100万元完成江川文庙修缮工程，投资200万元建设梁王生态农庄基地。继续推进李家山国家考古遗址公园、星云湖北岸湿地公园建设。依托“百千工程”等项目，打造大龙潭生态旅游村、玉带河客栈文化精品旅游线路，支持发展乡村特色旅游，全年接待游客296万人次。

【村镇建设】 修改完善《江川县江城镇特色小镇总体规划（2011–2030年）》，完成村庄规划编制87个（含2017年“百千工程”村组），其中54个村庄规划全覆盖完成区级评审；33个“百千工程”项目，第一批完成17个规划并通过评审，正在实施2个。投资78万元实施第二期“一水两污”集镇供水——翠峰片区管网改造、蓄水池建设工程。实施村级活动场所提升工程，改造新建基层党组织阵地15个。扎实推进2017年危房改造工作，江城镇建档立卡危房户改造任务数160户，其中C、D级修缮加固79户，拆除重建（含兜底）81户。江城古镇棚户区改造取得阶段性成效，钟秀铭苑、鑫园小区启动建设，完成“滇源广场”房地产项目建设，腾宝商业中心、“元亨客栈”建成并投入使用。

【社会事业】

科　技　开展各种作物栽培技术、病虫害防治、化肥减量增效等农业科技培训，累计培训16次5234人，发放培训材料8600份。培训测土配方知识200人，发放测土配方施肥建议卡6000份，推广测土配方施肥1.5万亩。完成水稻同田对比试验1组，发放《水稻病虫害综合防治明白卡》1200份。完成优质烟示范样板1200亩，其中田烟200亩，地烟1000亩，烤烟膜下小苗移栽8700亩。有机肥施用面积6500余亩，跟踪1个国家级、1个省级肥力监测点肥料效应。

教　育　投资2310万元完成新建江城中学综合楼、翠峰中心小学宿舍楼、江城童话幼儿园、周德营幼儿园项目。年末，有党职校1所；中学3所，教学班53个，教职工199人，在校学生2393人，初中入学率100%，巩固率99.5%；中心小学3所、村完小9所，教职工191人，教学班95个，在校学生2765人，小学入学率100%。幼儿园7所，教职工70人，在校学生1110人（含部分学前班人数）。表彰奖励优秀教师27名，先进教育工作者6名。对13名适龄未入学儿童进行就学安排，确保教育精准扶贫落到实处。

文化·体育　开展“24字人知人晓”工程，广播宣传600余次，张贴标语400余条，发放宣传材料3000余份。组织、承办、协办各类群众文化活动10余场次，书法、摄影、竞赛4场次，送戏下乡9场。开展送图书下村活动，为全镇13家农家书屋配送图书2000多册。开展全民健康教育活动，为5个村组配置95件体育健身器材。

卫　生　年末有中心卫生院1个，病床总数100张，全院职工75人，其中：卫生技术人员70人，其他专业技术人员2人，工人3人；初级资格28人，中级资格29人，副高5人，高级技工3人。村级卫生所16个，医务人员55人。年内出生765人，出生率11.49‰；死亡373人，死亡率5.60‰。已婚育龄妇女10877人，综合落实节育措施人群9327人，节育率85.75%。全年54460人参加城乡居民医疗保险，共257628人次享受城乡居民医疗保险减免补偿，受益面达420.4%，补偿医疗金2465.25万元。

民　政　发放优抚、救济补助经费501.7万元，救济粮41300千克。落实五包供养经费88人34万元。完成托管区域五保老人转院工作。投资468万元完成新建江城镇中心敬老院项目。依法办理婚姻登记549对1058人；离婚登记175对350人；补发婚姻登记131对262人；补发离婚登记13人次。

殡葬改革　全年死亡454人，火化454人，安葬454人（436人安葬于公益性公墓、18人安葬于经营性公墓），火化、安葬率均达100%，发放遗体火化补助378人161.3万元。

社会保障　城乡居民养老保险共参保41244人，新参保人员为557人，8579人进行生存认证，按时足额发放基础养老金9544人585万余元，发放丧葬补助金及退保金369人686657.8元。办理《就业失业登记证》522人，对申领失业保险的48人进行认证，发放“贷免扶补”24人。组织开展职业技能培训212人，开展建档立卡贫困户技能培训280人，完成转移就业人数5780人，其中省外转移就业人数2800人。完成农村劳动力转移就业信息采集38575人并录入信息系统。

老龄工作　全镇有60岁以上老年人9633人，老年人占全镇总人口比例为13.24%，其中，高龄老人80岁以上1625人，90岁以上167人，100岁以上老人2人。全年共发放80周岁无退休金老人保健补助金935500元。全镇共有空巢老年人532人，失能老年人147人，残疾老年人639人，其中低保老年人160人，五保老人12人。为2名百岁老人和16名高龄困难老年人送上慰问金13200元。有村级老年协会16个，分会111个，会员达9214人。有镇老年大学校1所，学员70人，村级老年学校2所，在校学员289人。补助资金40万元新建大地村委会小庄小组、左卫村委会前营小组、温泉村委会早街小组3个村级老年人活动场所。补助资金2万元新建翠峰村委会小石关一组老年协会百村建设项目。

残疾人工作　年末有残疾人310户1731人，其中496名残疾人享受城乡低保。按月发放重度残疾人护理补贴和困难残疾人生活补贴，一级护理补贴163人136920元；二级护理补贴251人120480元；困难残疾人生活补贴453人271800元。享受残疾人新型合作医疗补助1490人131920元。对20户残疾人家庭进行无障碍改造，重点解决贫困重度残疾人洗澡、上厕所、做饭等日常生活困难。对符合手术条件的65名残疾人白内障患者进行免费手术。“阳光

家园”居家托养服务30人。为辖区内31名贫困精神病人发放服药补助金7200元，赠送轮椅65张。发放残疾人机动车燃油补贴35人9200元。12月12日，召开江城镇残疾人联合会第二次代表大会，推举产生江城镇残联第二届主席团以及出席江川区残联第二次代表大会的代表。

妇联工作　组织理论学习17期520人次，召开妇女座谈会17次540人次，开展实用技术培训18期950人次。以妇联区域化改革契机，改善基层妇联组织结构，每个村（社区）配执委15名，兼职副主席按照各村情况增设，共配齐村级执委240名，镇妇联执委25名，副主席4名。开展“平安家庭”创建、寻找“最美家庭”活动，慰问江城、龙街、翠峰中心小学贫困、留守残疾学生45名，送去价值6750元的学习用品，为镇机关14岁以下未成年人每人购买200元的书籍。发放“贷免扶补”资金25户195万元，小额担保贷款10户100万元。接待信访案件4件次，其中家庭暴力1件，家庭纠纷3件，处理率达100%。

工会工作　全镇有工会委员会26个，工会联合会2个，企业建会率达90%以上，会员2477人，其中女会员1004人。开展禁毒流动课堂进企业活动1次，参与辖区内企业安全生产工作检查8次。开展技能培训400余人次，完成农民工引导性培训任务。成功申报童话幼儿园工会为市级“一活动一工程”示范点，完成区总下达的“六有”工会建设任务。加强职工之家建设，荣获区级先进职工之家荣誉称号2家。完成13家基层工会新版《工会法人资格证书》换证工作。帮扶困难职工40余人。组织7位干部职工共赴北戴河工人疗养院参加疗休养。组织镇机关153名职工到市中医院进行健康体检。2017年上缴工会费43200元。

共青团工作　9月15日，召开共青团江城镇第六次代表大会，选举产生团委书记和副书记。组建志愿服务队17支，围绕党政中心工作开展服务，发放宣传材料3000余份。对江城敬老院和农村老人进行慰问，发放慰问品及慰问金共计5000余元。开展禁毒防艾宣传进社区工作2次，进学校6次，举办禁毒防艾专题讲座12次，组建240名青年团员组成16支普法宣传志愿队、30名少先队员组成3支小小普法员队伍，累计招募禁毒防艾志愿者350名。开展农村青年科技培训7次，组织9名农村青年参加区电商创业培训班。组织江城镇童话幼儿园和12名大学生村官志愿助学队开展教育精准脱贫对口帮扶活动。

国土资源管理　完成江城纸制品产业园征地工作。完成江城棚户区改造项目房源地安置的三个地块征地工作，完成集体土地安置两个地块的调规及勘测定界工作。完成澄川高速公路项目建设所涉及征地的地上附着物调查工作。清理违法违规建筑60次，出动人员400余人次，涉及13个村委会。完成大地、白家营、上直河、下直河4个小组农村集体土地使用证的前期调查、地籍录入及公示工作。制止3起违法非法盗采矿产资源行为。建立重要地质灾害监测点11处，涉及7个村委会11个村民小组，制作并发放地质灾害工作明白卡40份，避险明白卡288份。在温泉村委会进行突发地质灾害应急演练，地质灾害巡查50余次200余人。巡查发现小型地质灾害30余次，未发生中大型地质灾害，未造成人员伤亡。接待群众来信来访案件及县局转办案件2件。

法制建设　开展各类普法骨干培训7期330人，法制宣讲活动7次880余人，市场、街头法制宣传活动3次，发放各类普法材料3200余份、宣传手册240余册，展出展板112余块，板报宣传98期，广播宣传168次，开展法律咨询420人次，张贴普法标语2200条幅。调解各类纠纷534件（其中简易纠纷347件、一般纠纷167件、重大纠纷20件），调解成功率99%。依托基层法律服务所和村（社区）法律服务工作站，实施法律援助惠民工程，调解各类纠纷50件，代书41件，办理见证110件，法律援助案件6件。

生态环境保护　召开专题会议188次，制作宣传栏16个、标语3000多条，发放宣传图册12400份、环保购物袋100个。聘请环卫保洁员202名，垃圾清运人员18名，环境监督员16名，清扫街道4.3万米，清理污水沟道2.6万米、垃圾池220个、公厕229个，93辆垃圾车清运垃圾2.6万吨。接待群众咨询30余人，对农村环境卫生整治检查考核6次。新建公厕46座、化粪池4个、污水处理系统26套、自然式垃圾焚烧炉2座。拆除违法违规建筑811户2.75万平方米。完成16个村（居）委会97个村民小组改善人居环境建设贷款项目上报工作，建设资金21183.6万元。聘请管护人员19名，加强星云湖退田还湖生态修复工程湖滨带日常管护工作。继续实施农业面源污染治理，拆除星云湖主要入湖河道农业大棚120亩。义务植树17.2万株，新增造林面积1300亩。完成经营组织环保行政管理预审项目23户。调查处理环境污染事故22起。配合澄江县住建局，启动小马沟垃圾填埋场封场复耕工作。扎实推进星云湖环湖截污工程，完成确权定界、工程建设租地、青苗及地上附着物的统计核实以及资金兑付工作，现已开工建设。

【落实河长责任制】 江城镇成立以党委书记郭峰为组长，党委政府其他同志为成员的河长制工作领导小组。制定《江城镇主要入湖道河段长责任制考核办法》，健全完善《江城镇主要入湖河道保洁管理办法》《江城镇主要入湖河道保洁员工作职责》等管理制度。将5条入湖河道和5座中小型水库65座坝塘125条主要入湖、入河重点沟渠纳入河段长责任制管理，做好界线划定，对5条入湖河道长度进行测量，绘制电子图，全面掌握入湖河道支渠情况。安装河长公示牌192块，明确58名镇村组河段长职责。聘请入湖河道专职管护人员25名，开展巡河192次，加强入湖河道监督管理。投资20万多元对东西大河、学河、周德营河、大龙潭河四条主要入湖河道进行集中清理，清除淤泥6000方。组织1000余人次清理主要入湖河道49千米，出动垃圾车71辆次，清运各种垃圾杂物约315吨，对河道开展督促检查4次。

【脱贫攻坚工作】 严格落实镇村组三级书记抓扶贫工作机制，把脱贫攻坚工作纳入村（社区）党组织书记抓基层党建工作述职评议的重要内容，与各中心站所、各村党总支负责人签订工作责任书，压实各级党组织书记责任。2017年召开5次班子专题会议、10次党政班子联席会议研究部署扶贫工作；召开市区级帮扶干部培训会7次1123人，传达学习省、市、县关于脱贫攻坚自查整改工作会议精神。发放扶贫政策宣传材料2万多份、挂历500余份，确保每户贫困户都有一牌一卡一册，结合入户调查，逐户对各项精准扶贫政策进行宣传解读。结合扶贫攻坚整村推进、百千工程、一事一议项目，投入资金2766万元，对贫困行政村、贫困自然村的基础设施、人畜饮水工程、水利设施等进行改造、建设，确保贫困户增收脱贫。2017年初有建档立卡贫困户863户2513人，经过两次动态调整后为480户1728人，其中已脱贫393户1413人，未脱贫（返贫）87户315人，2个贫困行政村桐关和祁家营、2个巩固提升村黄营和陈家湾已摘帽脱贫，已脱贫393户建档立卡户人均可支配收入均稳定超过3200元，贫困发生率均降至2%以下。全年实施易地扶贫搬迁19户68人。为78户建档立卡户发放小额贴息贷款342万元。开展扶贫专项督查5轮，对工作不力的2个村党总支书记、7个村委会副主任进行问责。

【江城古镇棚户区改造项目】 自2017年3月15日发布《玉溪市江川区人民政府关于玉溪市江川区江城古镇棚户区改造项目土地和房屋征收决定的公告》以来，在前期完成“三调”的基础上，采取分层、分批的形式，先后多次召开社区党员、居民代表会议及5个居民小组的群众大会，完成入户走访、宣传、被征收房屋的测绘、召开听证会、集中签订征收补偿协议、矛盾调处和稳定群众、确定集体土地在基地取得办法以及做好房源点规划和招商等工作。当前，正在开展征收补偿协议资料完善及审核上报、资金兑付、房屋交验及管护、棚户区拆除、招商引资等工作。截至2017年底，棚改签约总户数1434户，签约率达90.78%，完成兑付资金905户31367万元，交验房屋529户，拆除房屋100宗。

【澄川高速公路江城段建设】 澄川高速公路为双向四车道高速公路，起于澄江山冲新村，止于江川大寨村，全长46.3千米，估算总投资65.5亿元，其中，江川区境内里程为32千米，江城镇境内涉及19.6千米。自澄川高速公路建设江城段的工作启动以来，围绕高速路2018年底通车总要求，完成涉及江城镇6个行政村，1000余亩土地，653棺坟墓搬迁，2个养殖场、2个隧道口、3个弃土场的征地租地等工作。正在开展澄川高速江城段建设涉及民房搬迁的海门村、尹旗张官营村、龙街村内桃园二组房屋搬迁相关工作，开展通过入户走访，房屋测绘、评估等工作，并召开党员、村民代表、户主会，初步制定征收补偿方案，正在办理搬迁安置点建设项目立项的相关手续。

【新建江城镇中心敬老院】 在

龙街敬老院原址基础上拆除重建一幢三层框架结构的江城镇中心敬老院，占地面积932.66平方米，建筑面积2468.02平方米，总投资468万元。总床位102个，设有老年宿舍、厨房、餐厅、老年人活动娱乐室、卫生间、会议室等，工程于2017年9月底竣工。

【纪律检查工作】 落实全面从严治党主体责任，与各中心站所、各村党总支负责人层层签订责任书76份。受理群众信访举报和上级转办件37件（次），立案2件2人，严肃查处白家营段家村原小组长侵占惠农资金案，开除党籍1人、免予党纪处分1人，挽回经济损失45640元。处理司法机关移送违法党员7人，开除党籍7人。准确运用监督执纪“四种形态”，一年来镇纪委谈话函询5件（次），调查核实26件（次），在查清事实的基础上，为8名受到不实举报的党员干部澄清问题，对3名有一般问题的党员干部进行批评教育，对7名受处分党员干部开展回访教育。认真办理省委巡视组移交的问题线索3件，及时上报调查核实情况，回应社会关切。开展“小金库”专项治理和办公用房专项清理，收缴违规资金9万余元。

【精神文明建设】 与全区同步打好创建全省全国文明城市攻坚战，坚持把社会主义核心价值体系作为灵魂工程，贯穿精神文明建设和各个领域，明确专人负责，创建工作台账。全年召开2次会议专题研究意识形态工作，每季度召开一次意识形态分析研判会议。开展道德讲堂6期、宣讲活动130余场次，征订理论学习材料200余份。推荐身边好人3名、文明家庭1名、最美家庭6名。

【召开江城镇第四届人民代表大会第一次会议】 1月1日至3日，召开江城镇第四届人民代表大会第一次会议，出席会议的人大代表87名，大会审议通过政府工作报告、人大主席团工作报告和各项决议，分别选举顾学华为江城镇第四届人民代表大会主席团主席；赵子良为江城镇人民政府镇长；李春伟、李平良、李毅、朱俊为江城镇人民政府副镇长。收到人大代表意见建议36件。

【庆祝建党96周年大会】 6月29日，举行庆祝中国共产党成立96周年大会，回顾党的光辉历程，表扬3个先进党总支、15个先进党支部、55名优秀共产党员、5名优秀党务工作者。

（范文萍）

前卫镇

【行政区划·人口】 前卫镇位于玉溪市江川区境腹地，东临星云湖，西与九溪镇、安化乡接壤，南与大街街道为邻，北与江城镇相连。全镇辖杨家咀、业家山、渔村、庄子、石河、后卫、周官、赵官、小街、白池古10个村民委员会和前卫社区居民委员会，51个自然村，70个村民小组。镇域总面积88.9平方千米，东西最大横距14.25千米，南北最大纵距12.75千米。最高海拔2139.4米，最低1724米，镇政府驻地海拔1730米。境内主要河流有前卫大河、周官河、小街河、渔村河等，有石河水库、小井坝水库等水库14座，坝塘68座。风光秀丽、具有民间传奇色彩的台山书院、七星塔、回头山坐落于星云湖西岸，镇政府东、北面。

2017年末，全镇总户数19295户，总人口49888人。其中，男24999人，女24889人。少数民族2666人，占总人口的5.34%。农村从业人员30427人，其中从事二、三产业9494人，占从业人员的31.3%。人口自然增长率为5.96‰，人口密度558人/平方千米。

【领导干部名录】

党委书记 莽嘉慧（2017.9离任）
副书记 张 曦
陈乔华
杨鑫磊（2017.11任，挂职）
纪委书记 向俊臣
人大主席 张新荣（2017.1任）
镇 长 张 曦（2017.1任）
副镇长 花云芬（2017.2离任）
史 圆（2017.2任）
施家敏
郭锦洋
周宝在
余立言（2017.7任，挂职）

【经 济】 全年完成地方生产总值126585万元，增长15.6%。其中，第一产业增加值完成31034万元，增长6.5%；第二产业增加值完成45013万元，增长20.1%；第三产业增加值完成50538万元，增长17.9%。规模以上工业增加值2.93亿元，增长24.2%。规模以上固定资产投资60388万元，减少22.9%。农村居民人均可支配收入13334元，比上年增长11%。

农村信用社存、贷款余额分别为78088.89万元、43870.48万元，比上年增59.37%、110.04%。人均储蓄存款余额15652.84元。

农　业　紧紧围绕农民丰产增收，农业发展优势进一步巩固，全年实现农业总产值51302万元，增长4.5%。完成2017年—2019年基本农田项目建设规划编制，划定永久基本农田1921.91公顷。投资650万元，完成小街、周官片区高标准农田项目建设。投资350万元，启动石河北碑和苹果山片区烟水工程项目。投资1260万元，实施庄子坝、张腰坝、石河光山坝等20座水库坝塘除险加固，启动石河水库、周官坝等3座水库除险加固建设工作。投资2775万元完成唐家山人畜饮水、湖库抗旱应急水源联通等水利基础设施建设。累计投入治理资金630万元，清理河道垃圾12万立方米，全年未发生洪涝灾害。完成“2260”高端特色烟叶万亩连片种植工作，投资700万元，在全省率先建成规模化新能源烤房30余座。收购烟叶197.24万千克，实现烟农收入6344万元。青花、洋芋等传统特色蔬菜产业不断壮大，实现种植业总产值32730万元。不断拓宽林业增收渠道，累计种植核桃4303亩，完成3000亩低效林改造，实现林业总产值566万元。渔业、畜牧业发展平稳，实现总产值分别为982万元、15636万元，顺利完成第三次全国农业普查，农村土地承包经营权确权登记颁证工作进展有序。

工　业　紧紧围绕建设“工业重镇”目标，优化发展环境，大力发展新型工业，支持辖区内企业做大做强。全镇规模以上工业企业增加至16户，占全区规模以上企业总数的35%。规模以上工业实现产值136557万元，增长20.45%；增加值完成29327.4万元，增长24.2%。工业固定资产投资总额达60388万元，减少22.9%。江川机场建设项目土地征收顺利启动，土地勘界、地上附着物调查统计工作初步完成。全力支持做好龙泉工业园区建设工作，配合实施比亚迪、合续环保、中民筑友等项目土地平整，助推项目尽快落地建设。继续加强党政领导联系重点企业制度，全力协助企业破解发展难题，启动特固电气、万丰彩印厂区扩建，新天力机械、欣宇机械建成投产。卓一食品厂院士工作站继续挂牌，后鑫花炮、长寿烟花技改项目顺利投产，同力橡胶、李家山铜器、品香粮油等传统企业知名度不断提升。召开“银政企”座谈会、“民营经济工作会”，组织部分企业参展“南博会”，到广州市进行旅游推介，积极为企业搭建交流平台，努力构建良好政商关系。

第三产业　充分发挥铜文化特色产业优势，大力发展第三产业，全年实现第三产业增加值50538万元，增长17.9%。投资450万元完成石河民族团结示范村建设，完成“七星塔休闲康体景点”概念性规划编制工作，新河咀铜文化特色旅游村建设和曲焕章故居保护性修缮稳步推进。充分挖掘铜器工艺文化内涵，在玉溪博物馆成功举办“寻觅古滇文明·感受铜作之美”江川区前卫镇铜器工艺主题展。2人被评为云岭技能大师，6人被评为云岭技能工匠，铜工艺影响力不断提升。依托前卫区位优势和旅游资源，不断鼓励特色餐饮业发展壮大，鲜鱼庄成功纳入限额以上餐饮企业。成功举办“中国·江川首届七夕文化旅游节”，累计接待游客7万人次，实现旅游收入70万元。

村镇建设　实施村庄规划“全覆盖”编制工作，率先完成王官、新河咀等17个整治村规划评审，完成街区整治项目规划编制，集镇规划修编工作有序推进。全镇拆除并清理临违建筑729宗占地面积37455.71平方米，建筑面积51222.62平方米（其中拆闲房271宗占地面积15845.11平方米，建筑面积29150.22平方米；拆临违建筑458宗占地面积21610.6平方米，建筑面积22072.4平方米。）。配合开展土地利用规划调整，布局城乡建设用地指标197.1亩，用地供求矛盾得到缓解。投资1752万元完成业家山小组、杨家河小组等15个村“百村示范、千村整治”项目，向上争取到25个村2018年“百村示范、千村整治”项目，并实施方案编制，庄子、业家山等4个村“一事一议”项目顺利实施，小街“四位一体”建设项目完成验收并投入使用。

新农村建设项目稳步推进。投资8900万元的前卫社区金庙新村建设顺利开工，投资1000万元的下高桥新村建设项目如期实施，成功探索“农民上楼”的新型居住模式。启动白池古“美丽宜居乡村”项目建设工作，完成渔村早市场提档升级和渔村、三家村外立面提升改造工作。持续深入开展农村危房改造工作，兑付补助资金745万元，惠及农户399户。不断优化路网结构，完成

唐家山至云峰村道路硬化工程，阿豆村至小麦冲道路建设顺利启动，牌星路改扩建工程、庄子道路、玉天山公墓道路有序推进，北前线过境道路规划工作顺利完成。启动“点亮玉溪”太阳能路灯安装工作，安装太阳能路灯807盏，老晋思线、新河咀李忠村道路亮化工程全面完工。

生态建设　2017年成功创建“云南省生态文明乡镇”，前卫社区成功创建市级“绿色社区”，群众环保意识和责任意识得到增强。深入开展人居环境综合整治工作，拆除清理临违建筑和低效利用房476宗2万余平方米。配强农村环境卫生、湖滩及主要交通干道保洁队伍257人。投资约2700万元，对全镇各村（居）民小组垃圾池、公厕及公共环境进行集中整治，建成和配备垃圾集中转运点34处，启动杨家河垃圾热解减量化处理工程项目建设，预计日新增垃圾处理能力3吨，城乡污染治理得到进一步加强。全面贯彻落实“河长制”工作要求，确定镇、村、组河长93人，周官河、渔村河、小街河、后卫河4条入湖河道综合整治项目顺利启动。顺利推进星云湖底泥疏挖等综合治理项目，拆除星云湖I级保护区内临违建筑，努力构建星云湖生态屏障。森林管护力度不断加大，义务植树11万株，完成异地造林564.4亩，完成低效林改造3000亩。投入森林防火经费65万元，全年未发生森林火灾。

【社会事业】

科　技　完成1组洋芋同田对比试验，5组西兰花控氮减磷施肥技术同田对比试验，3个土壤肥力监测点试验，2组水稻、5组洋葱控氮减磷施肥技术同田对比试验。与市农科院合作，在小石河村、渔村10组分别完成300亩洋芋高产集成栽培技术示范样板。全面推广测土配方施肥技术，共发放水稻施肥建议卡8800份，玉米施肥建议卡5000份，水稻病虫害综合防治明白卡3000份。

教　育　坚持教育发展优先战略，教育事业均衡发展，前卫中心幼儿园、后卫幼儿园建设顺利启动，白池古小学并入后卫中心小学。年末，有中学2所，教职工165人，在校学生2107人；中心小学2所、村完小7所，教职工163人，在校生2369人；公办幼儿园1所。表彰2016至2017学年优秀教师32名和先进教育工作者9名。

文　化　群众性文化活动不断丰富，民间文艺团体蓬勃发展，年末有文艺队44支，全年开展各类文艺活动12次，收到文艺作品6件（其中小品3件，相声1件，表演唱2件）。拥有非物质文化遗产6项，涵盖民间文学、传统手工技艺等2大类5个项目。

卫　生　年末有中心卫生院1个，病床总数25张，全院职工29人，其中：卫生技术人员26人，其他专业技术人员2人，工人1人；初级资格14人，中级资格8人，高级技工1人，副高6人。村级卫生所11个，医务人员40人。全年44587人参加城乡居民基本医疗保险，参保率达98%，办理特、慢性病证563人。年内出生595人，出生率12.04‰；死亡301人，死亡率6.09‰。已婚育龄妇女8391人，综合落实节育措施人群6966人，节育率83.02%。

民　政　全年发放救济粮764户6637人4.4万千克、救济金13万元。发放农村低保193户280人共103万元，城镇低保509户544人共229万元；有60年代精简职工24人、小乡干部27人，建国前老党员1人（第四季度逝世），民工伤残1人，共发放生活补助10万元；敬老院2所，现已合并，床位48张，入住对象18人，工作人员4人。有五保供养人数34人，院外五保供养对象16人，按国家规定每人每月发给生活费506元；有孤儿3人，优抚对象607人（其中三属7人、在乡伤残军人11人、老复员军人29人、复员军人双重身份7人、带病回乡退伍军人5人、“两参”人员356人、出国民兵民工47人、农村籍退役士兵137人、部分烈士子女8人），发放生活补助费339万元；年内办理结婚登记359对、离婚登记123对，补发结婚登记118对，补发离婚登记8条。投入80多万元完成前卫中心敬老院提档升级，优化供养环境。

殡葬改革　投入240万元，完成玉天山、黄地山公墓二期工程，建成后共有墓穴3925个，单墓穴2827个，双墓穴1098个。完善农村公益性公墓管理，每个公墓配备管理人员2名。年内火化遗体297具，发放遗体火化补助152.5万元。

社会保障　年内参加新型城乡居民养老保险33527人，参保金额467.17万元，参保率达96%以上。发放基础养老金8043人650.98万元。共办理《就业失业登记证》393人，发放“贷免扶补”贷款13人130万元。完成劳动技能培训70人次、转移劳动力4241人。

残疾人工作　年末共有残疾

人1212人，残疾人家庭265户，292名残疾人享受农村低保。发放残疾人两项津贴605人371520元。走访慰问残疾人困难户61户，发放慰问金16600元，补助1098名残疾人新型农村合作医疗资金107520元，4名重度精神病患者免费进入玉溪市第二医院精神科治疗，20名病人通过“阳光家园”居家托养。

老龄工作　全年共发放80周岁无退休金老人保健补助金64.67万元，4067人次；发放有退休金高龄老人保健补助金7.9万元，500人次。年末，全镇60周岁以上老年人8668人，80周岁以上1121人，90周岁以上105人，100周岁以上1人。新建村级老年人活动场所3个，总投资达80万元。投资78万元完成渔村居家养老服务中心建设。

脱贫攻坚　脱贫攻坚取得成效，严格按照“两不愁、三保障”标准，精准实施扶贫动态调整工作，确定建档立卡贫困户223户。完成石河、唐家山整村推进扶贫项目。C、D级危房修缮加固全面完成，拆除重建全面开工建设。全镇贫困发生率由年初的2.18%下降至0.84%，贫困人口、贫困村稳定退出。

惠民政策　兑现奖优免补计生惠民政策，发放独生子女保健费、教育奖学金、新农合医保补助金等各种奖补资金38.59万元；兑付农业支持保护性补贴21508.24亩、97.1万元；兑付退耕还林补助38.28万元；办理能繁母猪保险1152户、4444头，为养殖户办理死亡赔付184头，挽回经济损失19.41万元；兑付农村危房改造资金252户、448.43万元，兑付星云湖沿湖三个村委会退田还湖租金226.26万元。

【精神文明建设】　举办道德总堂1期、村级道德讲堂3期（小街、渔村、杨家咀），受益群众450余人，引导广大群众感知、传承、弘扬优秀传统文化。

【社会治理】　“四五”依法治镇、“七五”普法工作不断推进，组织开展各类法制宣传教育40余次，全镇遵法守法意识不断增强。坚持常态化开展矛盾纠纷大排查大调处工作，及时解决网上信访案件62件，化解各类矛盾纠纷274件，全年未发生重大集体访、越级访事件。投资80万元建成平安乡镇视频监控系统，严厉打击各类违法犯罪活动，全年累计受理治安案件163起，刑事案件73起，群众安全感满意度不断提升。全面落实“一岗双责、党政同责”安全工作制度，抓好行业安全监管，重点整治道路交通、食品安全、校园及周边和农业生产生活安全隐患，力保隐患区域安全稳定，全年未发生安全生产事故。

【行政效能】　深入推进“两学一做”学习教育常态化制度化，切实改进干部作风。厉行勤俭节约，严格控制“三公”经费。全面落实党风廉政建设责任制，注重警示教育，强化源头防控。进一步加强农村“三资”和项目建设招投标管理工作，实现“三资”规范管理。坚决治理为官不为、懒政怠政，通报批评1人，约谈9人，7名村组干部离岗教育。深入推进政务公开，公开政府信息411条，公示重要事项232项，通报重点工作253项。坚持依法行政，落实“放管服”改革要求，简化群众办事手续，提高政府服务水平。自觉接受镇人大的法律监督和政协委员的民主监督，办结镇人大代表意见建议52件。

【召开前卫镇第四届人民代表大会第一次会议】　1月1日至3日，前卫镇召开第四届人民代表大会第一次会议，听取和审议了《镇政府工作报告》《镇人大主席团工作报告》。经过依法选举，张曦当选为镇长，张新荣当选为镇人大主席，施家敏、花云芬、郭锦洋、周宝在当选为副镇长。

【江川区2017年文化科技卫生“三下乡”到前卫】　1月18日，江川区2017年文化科技卫生“三下乡”服务团到前卫镇开展宣传、咨询、义诊、文艺演出等服务活动。发放蔬菜种植、健康常识、食品药品安全、护林防火等53种宣传资料、1.23万份，展出展板72块，写赠春联800幅，发放价值4000元的药品，表演文艺节目13个。

【寻觅古滇文明·感受铜作之美——江川区铜器工艺展】　1月20日，由区委宣传部、前卫镇主办，玉溪市博物馆承办的“寻觅古滇文明，感受铜作之美”铜器工艺展开幕。市委宣传部副部长、市文化产业办公室主任龚紫山，江川区委书记徐贤，区委副书记、区长王志华，区人大常委会主任龚桂存，区政协主席罗跃岗等出席开幕仪式。本次展览持续至2月底，共展出前卫镇23家本土作坊的108件（套）铜工艺作品，展出的作品为云南斑铜、云南乌铜走银、仿古铜工艺、旅游纪念品及铜炊具、茶具等。

【妇联区域化改革】 7月25日，全面完成镇、村（社区）妇联改革工作，完成“会改联”村委会1家，选举增补妇联执委198名（包括主席、专兼职副主席），选举产生主席12名，专职副主席1名，兼职副主席26名。

【庆祝建党96周年大会】 6月29日，前卫镇召开庆祝中国共产党成立96周年大会，表彰17个先进基层党组织、13名优秀党务工作者、30名优秀共产党员。

【在全省率先建成规模化新能源烤房30座】 7月12日，前卫镇周官村委会王官村30座密闭式高温除湿热泵烤房完成建设并顺利投烤。2017年内累计烘烤烟叶128炉40064杆。

【中国·江川首届七夕文化旅游节】 8月27日至8月28日，前卫镇人民政府、区文产办、区旅游发展局共同组织筹办“中国·江川首届七夕文化旅游节”。区委宣传部部长赵琦，副区长、市公安局江川分局局长牛旺林，副区长王柄璋等领导出席开幕式。

本届七夕文化旅游节分为两部分：27日，在分会场—前卫镇阿豆村开展乡村旅游文化体验活动，通过民族舞蹈表演、民族工艺展示、搭窑闷洋芋、彝族特色长街宴、民族歌舞篝火晚会等多种方式，传播彝乡的美。28日，中国·江川首届七夕文化旅游节开幕式在前卫镇业家山村主会场举行。以“七星情·三世缘”为主题，通过开展文艺汇演、“相约情人坡，共植同心树”、七星庙会、攀登七星塔祈福、系同心锁等活动，让广大游客体验了中国七夕节传统文化。

【前卫镇包揽云南省职业技能大赛前三甲】 10月27日，在云南省职业技能大赛手工铜器制作项目决赛中，前卫镇选手代表玉溪队参加比赛，分别包揽了比赛的一、二、三等奖。其中，杨攀林、张庆成获比赛的一等奖，被授予“云岭技能大师”称号，杨常平、顾克生、杨从卫获二等奖，陆琪、唐伟、陈刚荣三等奖，分别被授予“云岭技能工匠”称号。

（刘清清）

安化彝族乡

【行政区划·人口】 安化彝族乡地处区境西北部，距区城24千米，东接前卫镇、南连九溪镇、西与红塔区小石桥乡接壤、北与江城镇毗邻。全境地势西北高，东南低，地形北窄南宽呈“人”字形，东西最长距离17.2千米，南北最宽距离12千米，最高海拔2294.2米，最低海拔1782米。属中亚热带半湿润高原季风气候，四季平和，冬无严寒，夏无酷暑，干湿季节分明，年平均气温16.9℃，有“天然温室”美称，乡情冠名主题口号为“心安自然·情化七月”。乡政府所在地安化彝族乡安化社区大营一组8号。

乡域面积95.6平方千米，共辖安化、新庄、旱谷田、董炳、光山5个村（居）委会，26个自然村，28个村民小组。2017年末耕地总面积9156亩，其中田4932亩，地4224亩（水浇地1628亩）。农业人均耕地面积0.96亩。

2017年末，全乡辖区内人口总户数3360户，总人口9586人，其中：男4963人，女4623人；少数民族人口9154人（其中彝族9061人、哈尼族69人、壮族2人、拉祜族5人、苗族4人、傣族3人、藏族3人、白族2人、其他族5人），少数民族人口占总人口的95.49%，是江川区唯一的一个山区民族乡。人口自然增长率为4.54‰。人口密度100.21人/平方千米。

【领导干部名录】

党委书记 陆云波
副 书 记 李永华
　　　　 刘雪莲（2017.9任）
纪委书记 李伟明
人大主席 李江辉（2017.7离任）
　　　　 周留明（2017.7任）
乡　　长 李永华
副 乡 长 普　虚
　　　　 石　莉
　　　　 郭昊恒（2017.7任）
　　　　 向思桦（2017.7任，挂职）
　　　　 平绍宏
　　　　 杨艳玲（2017.11任，挂职）
　　　　 王彬生（2017.7离任）

【经　济】 2017年完成乡内生产总值39431万元，同比增长10.2%。其中：第一产业增加值完成14166万元，同比增长6.4%；第二产业增加值完成4490万元，同比-5.6%；第三产业增加值完成20775万元，同比增长17.9%。工业增加值完成4074万元，同比-6.2%。年末，农村社会总产值（现价）（农业加工业）18500万元，其中：农业收入14330万元，比上年增长1.1%，占总收入的77.5%；林业收入43万元，比上年增长4.9%，占总收入的0.2%；牧业收入657万元，比上年增长6.48%，占总收入的3.6%；渔业收入39万元，比上年增长21.8%，占总收入的0.21%；工业收入1559万元，比上年增长4.84%，占总收入的8.42%；建筑业收入530万元，比上年增长17.2%，占总收入的，2.86%；交通运输业收入635万元，比上年增长34%，占总收入的3.43%；商业服务业收入209万元，比上年增长4%，占总收入的1.13%；社会服务业收入15万元，比上年增长36%，占总收入的0.08%；其它收入483万元，比上年增长16.1%，占总收入的2.61%。全乡农民人均可支配收入为10966元，同比增加1272元，增长13.1%。规模以上固定资产投资增长25%以上，实际完成投资18978万元，同比增长7.37%。

农　业　2017年全乡实现农业生产总值14808万元，全年完成粮食面积11100亩，总产537万千克；农作物播种面积51515亩，复种指数563%。果蔬烘干机205台，每台补助8000，合计164万元。粮食播种面积8798亩，粮食总产量536.6万千克。其中：玉米播种面积6600亩，单产620.9千克/亩；小麦播种面积1700亩，单产265.3千克/亩；农民人均产粮560千克。蔬菜种植面积17900亩，总产3090万千克。油料播种面积6800亩，总产173.4万千克。2017年，全乡完成1.45万亩烤烟种植任务，收购烟叶157.5万千克，实现产值4647万元，上等烟比例70.91%。2017年末，生猪存栏6357头；肥猪出栏8290头。牛存栏1062头，出栏385头；羊存栏1844只，出栏334只。家禽出栏44041只，肉蛋奶总产101.5万千克，实现畜牧业产值2740万元。开展春秋两防集中免疫，结合平时补免，实现畜禽免疫全覆盖。

企　业　2017年，有个体私营企业1户，其中：私营企业1户，企业营业总收入3573万元；税利252万元；营业收入上百万元的企业有1户。

村镇建设　全面完成20个村庄规划编制工作，2017年8个“百村示范、千村整治”工程实施方案完成编制。整合新农村建设项目，推动实施光山小组、董炳中村、旱谷田小组、新庄小甸、安化一组5个“美丽乡村”建设项目，同时拆除侵占道路、绿地、广场等违法违规建筑9574.72平方米。202户C、D级危房中，完成加固修缮78户，启动68户农户自建，社会兜底建设52户，竣工率93%。实施“点亮玉溪”项目，新装太阳能路灯400盏。

【社会事业】

科　技　坚持科技为经济建设服务的指导思想，狠抓科技知识的普及和科技成果的转化，科技事业取得新突破。5月26日，安化乡开展“精忠报国、敢为人先、拼搏奉献”为主题的“科学普及，你我共参与”的群众性科普活动。立足科普宣传和技术培训为重点，全年开展烤烟种植技术、厨师技能等科学技术培训5期，培训人数达1000余人。编制申报完成光山村《云南省科普惠农新村计划》科技项目，争取到项目建设资金10万元。

教　育　适龄儿童入学率始终保持100%，投资100余万元完成光山小学学生宿舍楼建设，校园基础设施得到进一步提升。继续重视教育均衡发展和基础建设，172人享受800元/年的教育扶贫。

文　化　文化站1个，农家书屋5个，藏书15000册。以村寨文化氛围的营造为切入点，在全乡主干道、重点人员集中地、公共场所50余处进行中国梦、“四个意识”“五大发展理念”、社会主义核心观、传统文化、党建、创文创卫宣传标语、卫生健康知识、文明礼仪知识等，发放“双创”宣传材料2000余份。积极开展群众性文化活动，民族文化不断传承，群众性文化活动不断活跃，优秀文艺作品不断涌现。成功举办玉溪·江川·安化2017年彝族火把节“彝族火·彝乡情·彝家人”盛大活动，投资600多万元完成民族文化广场一期河道驳岸、广场和游路铺筑工程。投资40余万元，进行民族文化传习馆修缮。

卫　生　投资40余万元完成旱谷田村卫生室建设，实现全乡卫生活动场所全覆盖。全乡有卫生院1个，村卫生所5个，卫生室1个，卫生所医务人员10人，病床总数8张。2017年，乡计生办落实避孕人数1582人，出生率为11.14‰，计划内生育92人，死亡人口64人，共计办理生育登记服务证104户。

民　政　2017年春节前夕慰问特困户13户慰问金4500元。全

年发放救济大米29吨，冬寒衣被救济发放138床棉被和150件棉大衣，毛毯50床；发放城镇低保26.5万元，发放农村低保68.83万元，发放优抚对象生活补助金438.35万元，发放城镇重点优抚对象困难生活补助2.44万元，发放孤儿基本生活保障补助5.06万元，发放遗体火化补助68人，29.1万元。

劳动保障　大力推进城乡统筹，促进社会保障制度更加公平，提升干部职工和人民群众生活幸福感。全乡9026人参加城乡居民医疗保险，参合率达95%，收缴参合金135.09万元。城乡居民医疗保险参合9026人，社会养老保险参保6854人，参合率分别达95%和93.31%，建档立卡户实现新型农村和城镇居民社会养老保险100%全覆盖。

法治建设　法治宣传教育扎实开展，党的十九大安保维稳工作顺利完成。道路交通和消防安全、安全生产实现网格化监管，部分历史遗留矛盾纠纷有效化解。全年办理矛盾纠纷45起、信访事件5件，办结率100%。一年来，共举办法制报告会4场次，印发资料3000余份，受教育干部群众8100人次。一年来，没有发生重大安全责任事故、重大群体性事件、没有发生一案致死2人以上的重大刑事案件。

基础设施建设　抢抓全省“五网”基础设施建设重大机遇。启动滨河路建设，新建、硬化农村公路8.3千米，改建修复各类公路31.6千米，下拨农村道路养护经费291.9万元；建成各类农田水利设施33件，投资40万元，完成总长1100米的围埂小河坝沟渠建设；投资95万元，完成安化东大沟沟渠建设，总长1900米；投资1050万元，全面完成17座小坝塘除险加固工程；投资200万元，确保双坝水库调水完成后期工程，解决群众1964人饮水困难，水利化程度达79.87%；投入182万元完成安化社区配电网改造升级工程；行政村实现光纤宽带有线网络和4G无线网络全覆盖。

生态建设　坚持生态立乡、环境优先，切实抓好生态建设。编制《安化彝族乡生态乡环境规划》，以东风水库径流区董炳河为重点的水污染综合整治力度加大，人居环境综合整治和河（段）长责任制工作有效开展，全乡河道、村庄“脏、乱、差”现象明显改善。全乡1条河、7座水库、51座坝实现网格化管理。投入资金12.5万元在新庄刺塘子、光山红土地、董炳河大白坡至招坝段安装杀虫灯39盏。先后组织人居环境专项集中整治行动12次500人次。整合乡内资金11万元用于村庄保洁工作，统筹31.5万元保洁资金聘请保洁员68名，新建成公厕3座，新增垃圾箱体10个，运输车1辆，修建村内排污沟渠1600米。投资323.82万元在安化社区三组、五组、早谷田大小石洞河、董炳三家建盖污水检查井、沉淀池125座、污水处理终端4座、移动式垃圾收集箱5个。拨付1.35万元用于北前线安化段路域环境整治、垃圾填埋场日常管理，全力争创国家级生态文明乡镇。

【民族团结进步示范村建设】　2017年3月，启动实施招坝民族团结进步示范村建设项目，投资65万元完成招坝村碧涵馆修缮、投资10万元完成生态公厕新建、投资10万元成功创建20户民族团结进步示范户。成功争取到2018年旧村民族团结进步示范村建设项目。

【彝族火把节】　2017年7月17日（农历6月24日）是彝族最重要、最盛大的传统“火把节”节日。安化彝族乡在2017年7月15日–17日举办为期3天的主题为“彝族火、彝乡情、彝家人”的玉溪·江川·安化2017年彝族火把节。在民族文化广场大舞台以民俗歌舞的方式进行民族风情展演、举行火把狂欢，同时举办斗牛、牛体彩绘、稻草人展、捉泥鳅、登山、丛林寻宝、千人同放许愿灯等趣味活动。

【整乡推进精准脱贫】　聚焦精准，精准纠偏扶持对象，组建6支动态管理工作队开展贫困对象动态管理工作，组织430名挂包帮干部对411户建档立卡户进行全面清查，经“回头看”，动态调整精准核查后，截至2017年末，全乡建档立卡贫困户为411户1492人。打好“七大脱贫攻坚战”激发内生动力，全力脱贫攻坚，切实增强贫困村“造血”功能，全力推进项目的实施。投入各类扶贫资金13799.3万元，完成特色产业4291.34万元，基础设施5172.84万元，人居环境2033.64万元，素质能力29万元，服务体系630.3万元，生态建设661.22万元，基层党建573.2万元，其他项目407.76万元。2017年，1492人享受180元/人的医疗保险补助，发放创业小额担保贷款70万元，审核发放小额扶贫贷款资金576万元；44户享受农危房信贷220万元；172人享受800元/年的教育扶贫。2017年全乡基本完成贫困乡脱贫指标，267户963人预脱贫对象能够实现脱贫，100户2014～2016年已脱贫对象得到巩固提升，全乡贫困发生率降至1.57%。光山村基本完成贫困村脱贫指标，贫困发生率1.97%。

（普玉敏　周　权）

九溪镇

【行政区划·人口】　九溪镇位于区境西南部，地处东经102°38′13″，北纬24°18′14″之间。东与大街街道相连，南与通海县毗邻，西与红塔区接壤，北与前卫镇交界。镇政府距玉溪市政府所在地10千米，距区政府所在地12千米。镇政府驻地海拔1705米。

全镇辖马家庄、六十亩、阳山庄、大村、九溪社区、中营、鸡窝、喜乐庄、矣文9个村（社区）（其中阳山庄、矣文为彝族村委会），26个自然村，28个村（居）民小组，镇域总面积113.6平方千米（17.04万亩）。

2017年末，实有耕地面积15666亩，其中田9453亩，地6213亩，稳产高效基本农田14245亩，农业人口人均占有耕地0.66亩。

2017年末，总户数10264户，总人口数27512人，其中男13823人，女13689人；城镇人口4350人，占总人口的15.8%，乡村人口23162人，占总人口的84.2%。少数民族人口3533人，占总人口的13%。农村劳动力人口数19575人，从业人员数16236人。人口自然增长率为5.37‰。

【领导干部名录】

党委书记　史　伟

副书记　杨进荣

　　刘海洪（2017.9离任）

　　周　新（2017.9任）

人大主席　杨梅芳（2017.1任）

纪委书记　李　琦

镇　长　杨进荣（2017.1任）

副镇长　蒋培洋

　　王　坤

　　林　梅

　　杨晓胤

　　白连志（2017.7任，挂职）

【经　济】　2017年，完成镇内生产总值65335万元，比上年增长14.9%。其中：其中：第一产业完成16546万元，同比增6.3%；第二产业完成14722万元，同比增16.3%；第三产业完成34067万元，同比增19.3%。一、二、三产业占GDP的比重调整为25.3：22.6：52.1。全社会规模以上固定资产投资完成57008万元，增长-2.8%。农村经济总收入完成103394万元，同比增长10.04%；农村居民人均可支配收入12781.84元，增长10.6%。完成社会消费品零售总额增长12.5%。金融机构存款余额145269万元、贷款余额86481万元，人均储蓄存款余额5.3万元，比上年增8.1%。

农　业　推进农业供给侧改革，优化产业布局，切实促进农业增效、农民增收。落实烤烟移栽面积9800亩，打造阳山庄阁后片区1005亩优质烟叶示范区及大村上下河心片区251亩科技样板示范点，收购烟叶113.12万千克，实现烟农收入3638.61万元，上等烟比例、均价位居全区第一。切实抓好项目品种试验、示范工作，分别完成包谷样板1000亩、蔬菜样板600亩、水稻样板100亩、水稻间套种大豆样板1000亩建设。推进大营等四个村（社区）土地整治项目，有序开展土地确权登记工作，圆满完成全国第三次农业普查工作。

全年实现蔬菜产值3868万元，同比增长3.3%；花卉产值3973万元，增长8.8%。发放核桃树苗43000株，新增核桃种植面积达1200亩。全年粮食总产4675.3吨，比上年增13.89%；油料总产1382.5吨，比上年增12.18%。农业人口人均产粮201.84千克。

年末，生猪存栏42545头，比上年增15%；出栏肥猪32034头，比上年增15%；销售仔猪182347头，比上年增2.2%。大牲畜存栏857头，出栏192头；山绵羊存栏4515只，出栏3648只。全年肉产量达4259.8吨，家禽出栏57.5万只。禽蛋产量162吨，水产品产量22.1万千克。

2017年，农、林、牧、渔业实现总产值30527万元，其中农业实现产值16929万元，占55.5%；林业实现产值1665万元，占5.5%；牧业实现产值10438万元，占34.2%；渔业实现产值473万元，占1.5%；农林牧渔服务业1022万元，占3.3%。

工　业　以市场为导向，以企业为主体，以提高经济发展质量和效益为中心，促进工业企业提质增效。丫眯、惠茂、滇湖渔具、九川等企业做大做强，小微企业加快发展，玉溪丫眯绿色休闲食品有限公司实现产值17916万元；云南江川惠茂纸业有限公司实现产值7500万元。加大招商引资力度，实现招商引资23382万元。全面完成规模以上工业总产值24920.5万元，增长41.42%；规模以上工业增加值5396.1万元，增长52.88%。

第三产业　完成第三产业增加值34067万元，同比增19.3%。以民族文化特色为亮点，深入挖掘彝族文化资源，民族文化创建成果初显。成功举办放马沟火把节，增加集体经济收入4.5万元，乡村旅游知名度进一步提升。2017年4月，罗合白村荣获中国少数民族特色村寨命名并予以挂牌，为罗合白村发展乡村旅游提供良好机遇。餐饮业持续发展，继续做大九溪集镇餐饮区，全年实现餐饮业收入366万元，增长5.9%。物流产业顺利推进。云南九溪润特仓储中心项目累计投资34669万元，完成600亩土地平整及3.6万平方米仓库建设。

【生态保护】　全面推进河长制，加大河道经费投入力度，实施河道管理奖励机制，加强保洁人员管理，强化每月督查通报力度。于3月被命名为云南省生态文明乡镇。全年未发生森林火灾、病虫害以及乱砍滥伐等破坏森林资源事件。结合海绵城市（九溪片区）项目建设，完成鸡窝、中营、喜乐庄等5个村管网建设，全面提升污水收集率和处理率，污水管网村庄覆盖率达70%。以九溪河、小（一）型水库保护治理为重点，控源减污，改善河道水质，为争做生态文明建设排头兵提供水安全保障。

【人居环境提升】　深化落实门前“三包”责任，持续推进村庄“四清理”，常态化开展“三堆”清理工作。全年开展城乡人居环境综合整治行动12次，累计清理垃圾约25吨。以开展“双创”工作为契机，按10个网格进行“网格化”管理，形成层层抓落实、人人有责任的环境整治格局。加大集镇综合整治力度，乱搭乱建、乱堆乱放、占道经营与车辆乱停乱放等现象得到有效整治。深入开展城乡“四治”行动，坚决遏制辖区内新增违法违规建筑数量。全年拆除两违建筑612宗、建筑面积约2.64万平方米，拆除闲房危房432宗、占地面积2.98万平方米。

【城乡建设】　完成9个行政村总规修编，实现28个小组村庄规划全覆盖。交通运输通道主骨架基本形成，国道G213线（九溪段）地面桥梁、涵洞等工程已完成，进入路基施工阶段。老玉江公路（九溪段）路面修复基本完工。投资440万元完成九放路7.4千米道路硬化，投资2471万元推进马老路、罗后路、鸡扯路道路硬化。投资193.13万元完成六十亩打坝冲坝溢洪道水毁修复项目工程、罗合白桥头坝大坝整形护坡工程、阳山庄大金山坝除险加固工程。稳步实施2017年中央财政小型农田水利重点县建设项目，完成投资1480万元。投资600万元的11个村级公益事业财政奖补项目建设逐步实施；投资1260万元的11个2016—2017年“百千工程”，竣工10个。投资4300万元的九溪农贸市场新建项目主体工程基本完工。玉溪市车管所九溪改造修缮项目、九溪民警培训基地二期项目、海绵城市（九溪片区）项目顺利推进。“点亮玉溪”工程圆满完成，安装太阳能路灯603盏。

【社会事业】

教　育　全镇有小学9所，在校学生1693人，教职工115人；中学1所，在校学生1179人，教职工75人，学龄前儿童、小学、中学入学率100%；小学、中学毕业率100%。投入中小学校教育经费6万元，改善了全镇中小学校的办学条件。中考升学率达82%，较往年增长45.5%，创历史新高；“全面改薄”项目竣工投入使用，九溪中心幼儿园建设项目前期工作基本完成。

文化·体育　全镇设有文化站1个，文艺队27支，其中彝族文艺队5支、共有队员540人，27支文艺队每支演出三场合计81场，老年人文艺队演出32场，合计113场次，观众达16300人次。全镇9个农家书屋借阅情况良好，一年来图书馆观展、读报人次达2000人次，晨练达14000人次。宣传党的路线、方针政策法律法规4期。文化资源信息共享工程250人次，棋牌活动7000人次。举办九溪书院书画精品展、羽毛球和象棋比赛、老年人运动会等活动。完成六十亩留守儿童之家提档升级，建立读书角，购置各类图书1000册。

医疗·卫生　大力发展卫生事业，优化医疗卫生设施。全镇有卫生院1所，村级卫生所9个，医护人员53人，病床30张。2017年全镇城乡居民医疗保险参保人数24849人，参保率98%。

民　政　发放各项节日慰问金7.2万元，发放高龄保健补助资金42万元。为五保户提供生活医疗保障，按时发放临时救济金65人6.5万元；城乡医疗救济金22人，2.2万元；优抚对象医疗救助11人1.1万元；六十年代精简职工及小乡干部生活补助122人次6.6万元。发放孤残儿童基本生活保障经费2.96万元。发放大米28000千克，被子60床，劳保服120套，大衣80件，涉及1386户1742人。全年共办理结婚登记200对，离婚登记69对，补办结婚证60对，补发离婚证6对。发放“八一”建军节慰问金5.72万元。发放残疾人两项补贴2425人次20.48万元。始终保证火化率、公墓入葬率始终保持100%，及时发放遗体火化补助经费，共兑付遗体火化补助经费64.2万元。

惠民政策　完成中央农业支持保护补贴62.54万元；死亡能繁母猪85头，赔付8.96万元；退耕还林还草补贴57.78万元；发放贷免扶补资金540万元；计划生育补贴30.4万元。发放危房改造补助资金339.54万元，

【社管综治】　结合“七五”普法，举办“法制下乡”“法制进村”等活动，向群众发放宣传资料6000份，全民法制意识不断增强。全力推进平安先进镇创建工作，完善网格化管理平台，全年共排查矛盾纠纷39件，调解率100%。强化领导，精准施策，深化排查，实行“零报告”制度及重要情况日报告制度，圆满完成党的十九大安保维稳工作。开展领导接访、下访活动，进一步畅通信访渠道。严厉打击各类违法犯罪活动，为全镇经济社会发展创造良好环境。全面落实“党政同责、一岗双责”安全生产责任制，抓好重点行业和领域隐患排查治理，安全生产形势持续稳定。全年共受理各类治安案件215件，查处124件，受理刑事案件57件，查处22件，查处违法人员164人。

【扶贫攻坚】　大力开展“挂包帮”“转走访”，实施“1+6+1”工作法，76户修缮加固全部竣工、59户拆除重建主体工程基本完成。完成小营地质灾害易地扶贫搬迁工作。稳步实施扯纳苴小组人畜饮水扶贫项目，开展土鸡养殖等特色产业帮扶，投入产业扶持发展资金50万元。扎实开展贫困对象动态管理工作，全镇退出贫困对象151户508人、新识别纳入4户19人，未脱贫户68户223人。实现贫困行政村脱贫出列，全镇贫困发生率降至0.91%。

【九溪润特仓储中心】　九溪润特物流仓储中心2017年累计完成400亩土地平整；完成项目区内林木砍伐证办理，砍伐林木14亩；完成项目区内坟墓搬迁；完成玉交集团教练场地上附着物的赔偿，兑付金额230万元。完成第二次土地招拍挂摘牌工作；完工1-6号仓库36000平方米主体工程，建盖500平方米项目工程配套房屋；完成200亩露天场地的平整工作，取得一期用地土地使用权，投入资金1.43亿元；完成长期道路、水沟硬化工程及消防管道设施建设。2017年以来该项目累计投资23382万元。

【九溪镇第十一届人民代表大会第一次会议召开】　2017年1月1日，九溪镇召开第十一届人民代表大会第一次会议。会议审议并通过杨进荣代表九溪镇第十一届人民政府所作的工作报告和杨梅芳代表九溪镇人大主席团所作的工作报告。会议指出，过去四年九溪镇紧紧围绕建设富裕和谐美丽九溪的目标，着力转方式、调结构、促改革、惠民生，立足新形势，把握新机遇，谋求新发展，完成了年初既定的各项目标任务。会议确定，九溪镇未来五年要奋力打造城乡统筹发展的升级版，争做生态文明建设的排头兵，不断开创全面建成小康社会的新局面。

【政府自身建设】　坚持科学依法行政，深入推进法治政府、责任政府、阳光政府和效能政府建设，自觉接受镇人大主席团的法律监督、工作质询，着力提升政府依法决策、科学决策、民主决策水平。全面深化“放管服”改革，大力开展“双随机一公开”，落实《九溪镇党政领导班子实施“三重一大”集体决策制度的实施办法》《九溪镇干部职工管理规定》等规章制度，加强机关内部管理，严格各项规章制度，镇村组干部的作风明显改善，服务水平明显提高。加强财政资金和工程招投标管理，规范村级“三资”管理，严格财务审批报账制度。严格执行中央八项规定，切实转变工作作风，规范公务接待、公务用车，改进文风会风，严控“三公”经费支出。加大政务、财务、村务信息公开力度。强化对项目建设、招商引资、重点工作、安全生产、道路交通、消防、食品、库塘渡汛、护林防火等督查督办，使每项工

作都有目标要求、有责任主体、有监督考核、有责任追究，力促工作全面落实。

（岳定勇）

雄关乡

【行政区划·人口】 雄关乡位于江川区东部，东与华宁县接壤，南与通海县毗邻，西连大街街道，北接路居镇。乡政府驻地在雄关社区上营村12号，距大街街道14千米。

全乡辖雄关、窑房、上营、下营、白石岩5个村（居）委会，23个自然村，26个村民小组，是典型的山区乡，总面积63.7平方千米，地形倾斜狭长，从东北到西南呈长方形，东北部山梁隆起较高，中间有两个山间小平坝，东北部与西南部地形变化较大，主要山脉有马鞍山、老尖山、马大山、大学山等。江华高等级公路由西向东穿境而过，甸雄公路横贯南北。全乡最大纵距15.4千米，东西最大横距8.2千米。海拔最高点马鞍山2509.8米，最低点马鞍子桥1832.8米，乡政府驻地海拔1844米。全乡气候属中亚热带半干燥高原季风气候，年平均气温15.6℃，最高极温33℃，东北部海拔较高，云雾多、气温稍低。

2017年末，全乡共有耕地面积8677亩，其中：田4586亩，地4091亩，稳定高产基本农田1388亩。年末总人口11515人，其中：男5931人，女5584人；少数民族人口462人，主要有彝、哈尼、傣族等，占总人口的4%。年内出生人口为156人，人口自然增长率7.89‰。

【领导干部名录】

党委书记 戴吉国

副 书 记 曹春艳

徐 强

纪委书记 徐留生（2017.11离任）

杨军奎（2017.11任）

人大主席 龚瑞中（2017.1任）

乡　　长 曹春艳（2017.1任）

副 乡 长 赵红磊

陈江付

杨正雄

鲁 熊（2017.9离任）

廖 江（2017.7任，挂职）

王彦坤（2017.11任）

【经　济】 2017年，全乡地方生产总值完成39827万元，比2016年增长11%。其中：第一产业增加值为13196万元，增长6.2%；第二产业增加值为8443万元，增长17.4%；第三产业增加值为18188万元，增长11.8%。

规模以上固定资产投资16679万元；规模以上工业增加值4445万元，增长31%；招商引资1.52亿元，完成计划数的101.3%，增长47.6%。农村居民人均可支配收入12104元，完成计划数的100%，增长10.2%。年末，信用社各项存款余额达22404万元。

农　业　2017年农林牧渔业总产值完成22298万元，同比增长6.2%。其中农业总产值14714万元，增长6.2%；林业总产值210万元，增长6.2%；牧业总产值6592万元，增长8.2%；渔业总产值349万元，增长7.2%；农林牧渔业服务业总产值433万元，增长4.3%。

全年农作物种植面积45061亩，其中小春播种面积22726亩，大春面积22335亩。

2017年，我乡烤烟种植面积为15320亩，完成区上下达的种植面积要求，烟叶收购191.8万千克、均价为29.09元、烟农收入5578.6万元，实现烤烟生产减量不减收。全年新建标准化卧式密集型烤房24座。

2017年，新发展蔬菜等合作社5个、种养植大户2个、家庭农场1个。种植花卉450亩、经果3663亩。种植白萝卜4465亩。

全乡共有885户养殖户。全年肉产量1940.4吨。完成生猪存栏数16000头，出栏数16663头，能繁母猪存栏2600头，肉产量1347吨。大牲畜存栏785头，出栏347头，其中：牛存栏数712头，出栏数269头，其中能繁母牛174头；羊存栏数2152头，出栏数1080头。家禽出栏数212324只，禽肉产量483.7吨，禽蛋产量3214.3吨。

企　业　2017年有个私企业37个，从业人员240人，企业总收入56172万元，比上年增长24.5%；利税总额560万元，比上年增长35%。玉溪金者石灰加工有限公司成功纳规，江川舞啸酒厂技改扩建项目基本完工，投资3100万元。规模以上工业增加值增长38.5%。

园区建设　完成雄关农产品物流产业园规划，引进投资5.7亿元的滇中智慧农业产业园、1亿元的滇中特色农副产品交易中心、0.6亿元的加油站综合服务区进入农产品物流产业园。投资2.84亿元的江川花卉科技示范园开工建设。

【人居环境】

城乡基础建设　乡总体规划

编制基本完成。4个“百村示范、千村整治”工程竣工验收，5个第二轮“百村示范、千村整治”工程通过方案评审。完成“美丽乡镇”项目，投资200万元。推进杨柳坝、大坝塘等4个旧村改造项目，全年共计改造农村危房421户，新建公厕3座，安装太阳能路灯397盏。协助完成504亩的江通高速征地工作。完成新甸雄公路规划选址、设计评审等工作。完成天然气管道项目雄关段4.2公里的铺设任务。全年共计养护乡村道路24千米。投资110万元的上下营人蓄饮水、电动大沟修复、水箐水土保持、下小田水池等项目完工，水利化程度达86.7%。

生态文明　全年共计拆除违法违规建筑257宗、17566.87平方米，拆除闲置危房68宗、5935.1平方米。垃圾集中收集处理率达100%，上下营污水处理设施提质升级项目完工。种植绿色食品种植面积达1.5万亩。落实“河长制”，全乡20座坝、7座水库、78条沟渠实现网格化管理，完成5座水库绿化工作。上营村护林房投入使用，全年退出桉树种植面积1400余亩，种植各类苗木47000株，新增造林面积470亩，查处非法毁林开荒行为9起。

【社会事业】

脱贫攻坚　实施“八大扶贫行动计划”，完成白石岩村整村推进奖补资金建设项目和白石岩村产业扶贫梁王茶种植项目建设，建档立卡贫困人员城乡居民基本养老保险和城乡居民基本医疗保险参保率达到两个100%，103户，359人按程序脱贫退出，白石岩贫困行政村摘帽出列，建档立卡贫困户C、D级危房改造100%开工，全年共计发放扶贫贷款470万元。

科　技　2017年全乡有科普协会3个。全年共举办科技培训6期，培训人员418人，发放图书资料437份，农药808袋。组织蔬菜种植大户14户、花卉种植户5户参加新型职业农民培育计划。完成丽曦花卉、荣程猕猴桃、雄怡微型玫瑰种植、上营胡峰养殖等科普项目的征集上报工作。

教育·文化·体育　全乡有初级中学1所，小学3所，幼儿园（学前班）4个。适龄儿童入学率达100%，雄关中学2017年综合成绩排名全区第二，安装各类体育设施40件，组织开展各类文艺演出29场，观看群众达1.47万人次。

卫　生　有乡属卫生院1个，医务人员12人，村级卫生所5个，乡村医生12人，个体药房1个。区中医医院医生长期轮流在雄关卫生院坐诊。2017年，城乡居民医疗保险参保率为98.5%，完成4497人的家庭医生签约，白石岩村委会卫生室建成使用，村级卫生室实现全覆盖。全年共办理一孩生育证52本，二孩生育证80本，建立计划生育独生子女家庭档案，计划生育独生子女家庭建档率达95%。

民　政　全年共计发放各类民政补助220万元，全乡现有城乡低保285户、387人、发放低保补助115万元，发放重点优抚生活补助52万元94人，发放义务兵家属优待金13户11万元，兑付各类涉农补贴130万元。全年共计共火化63人，骨灰进公墓安葬63人，实现两个100%，对付火化补助23.1万元。

全乡共有老年人协会5个，发放80岁以上老人高龄津贴13万元，补助818人次。城乡居民基本养老保险缴费率95.87%，雄关下营、白石岩居家养老服务中心建成使用。

全年共办理结婚登记79对，婚前检查率100%，办理离婚登记20对，补办结婚登记28对。

法治维稳　开展“平安交通”“平安林区”“平安市场”“平安校园”等创建工作，推进“四五”依法治乡和“七五”普法工作，完成平安监控视频安装。2017年共受理各类矛盾纠纷57件，成功调解57件。开展交通安全、在建项目安全、消防安全等“十大安全”大检查10次。推进政务公开，编制完成《雄关乡行政许可办事指南》《雄关乡2017年政务公开工作要点分工方案》等政务公开事项，累计公开政务信息227项，公开政府部门权力清单和责任清单9类。办理人大代表建议25件，办结率100%。

【脱贫攻坚动态管理工作】　雄关乡开展脱贫攻坚动态管理工作，按程序退出贫困户112户383人，新识别2户7人，乡贫困发生率降至1.34%，五个行政村贫困发生率均低于2%。白石岩贫困行政村全部实现通动力电，所辖自然村100%以上通380V动力电；白石岩贫困行政村及所辖自然村100%以上通广播电视；白石岩宽带网络100%覆盖到行政村及行政村所在地学校和卫生室；白石岩行政贫困村所辖自然村或村民小组取水半径均在1千米范围内，100%用上自来水。白石岩贫困行政村以乡村旅游和产业扶贫梁王茶种植

基地的建立形成特色产业发展，实现脱贫摘帽出列。

【三农普查工作】 2017年1月1～30日，雄关乡开展三农普查入户工作。共计入户普查小区35个，总户数3850户，符合普查登记对象3504户（其中：规模户136户），经营单位86家（其中：农业法人单位25家、农业经营单位11家）。

【第十一届人民代表大会第一次会议召开】 1月1日，雄关乡召开第十一届人民代表大会第一次全体会议。会议总结2016年主要工作并回顾过去四年工作，安排部署今后五年工作。乡党委副书记、代理乡长曹春艳作《政府工作报告》，乡主席团成员、党委委员龚瑞中作《人大主席团工作报告》。《政府工作报告》指出，未来五年，雄关将迎来经济社会发展的黄金期，随着江通、弥玉高速公路建设，为我乡在更大空间领域发展经济、调整结构、扩大开放提供了良好的环境。未来五年，围绕建设全区特色农产品示范乡、美丽乡村建设样板区、乡村旅游发展先行区和区域农产品物流中心的“三区一中心”发展战略，按照“创新引领、生态优先、强农兴工、做美乡村”的发展思路，统筹推进经济建设、政治建设、文化建设、社会建设和生态文明建设，确保与全区同步全面建成小康社会。

【“为民服务中心”试运行】 4月10日，雄关乡“为民服务中心”正式投入运行，开始为辖区居民提供“一站式”业务办理服务。中心占地40余平方米，总投资5万余元。雄关乡从两个方面抓做好中心各项管理工作。一是抓硬件建设。中心共设立组织、计生、民政、社保、医保、残联、婚姻登记等7个窗口，党员服务、城镇低保、农村低保、五保、临时救助、高龄补助、残疾事物、新农合、新农保、生育证办理等十余个具体业务岗位。合并以往多个部门办事的方式，简化办事程序，提高办事效率。做到“岗位齐全、人员齐全、设施齐全”。二是抓软件建设。建立健全办事公开制度、一次性告知制度、首问负责制度、限时办结制度、AB岗制度等各项工作制度，发放为民办事事项和服务流程。同时，设立意见箱，接受群众意见建议和监督，树立政府和干部为民服务的良好形象。

【雄关加油站综合服务区项目签约】 5月8日，江川区雄关加油站综合服务区项目正式签约，标志着雄关加油站综合服务区项目进入实质性建设阶段。

【雄关乡党员夜校开班】 6月26日，雄关乡机关党支部党员夜校正式开班，夜校利用驻乡值班时间，组织干部参加集中学习。

【雄关乡“为民服务一卡通”服务群众“零距离”】 2017年6月以来，雄关乡开展“为民服务一卡通”入户行动，全乡所有农户家中均贴上“为民服务一卡通”。“为民服务一卡通”卡片上印有区乡报警电话、医疗应急电话、交通事故报警电话、消防报警电话、森林火警电话、毁林开荒和滥伐林木行为举报电话、违法违规建筑监督电话、村（社区）总支书记电话、村（社区）调解主任电话、司法所长电话。

【滇中农副产品冷链储运中心项目落户雄关】 8月25日，由云南世吉农业发展公司投资的滇中农副产品冷链储运中心项目入驻雄关农产品物流产业园，项目计划投资1亿元，占地42亩。

【江川花卉科技示范园开工建设】 10月15日，江川花卉科技示范园开工建设，园区预计占地865亩，计划投资2.84亿元。

（李佩佩）

政　治

编辑　余立言

中共玉溪市江川区委

【中共玉溪市江川区委第二届委员会常委、书记、副书记名录】

区委常委　徐　贤
王志华
张燕华（女）
李长金（2017.7任，挂职二年）
李学祥（2017.12离任）
张文彬
曾宪涛
邓春元（2017.10离任）
李卫东（2017.10任）
李志刚
矣向林（2017.12任）
张祖权
蒋　文
赵　琦

区委书记　徐　贤

区委副书记　王志华
张燕华（女）
李长金（2017.7任，挂职二年）

【中共玉溪市江川区委各部、委、办、局正副职名录】

区委办公室

主　任　邓春元（2017.11离任）
李卫东（2017.11任）

常务副主任　龚　钲（2017.11任）

副主任　刘世培（2017.2离任）
洪彦正
赵雄伟（2017.9离任）
龚　钲（2017.2任，2017.11离任）

区委组织部

部　长　张祖权

常务副部长　邢小刚（2017.11任）

副部长　唐光华
范江应
陈宝林
邢小刚（2017.11离任）

区委正科级组织员
张丽梅（2017.2任）

区委副科级组织员
杨　东
罗　鑫（2017.2任）
许　奥（2017.7任）
郑　旭（2017.11任）

区委宣传部

部　长　赵　琦

副部长　刘　鸿
李红有（2017.11离任）

区文产办

主　任　刘　鸿

副主任　洪家起

区精神文明建设指导委员会办公室

主　任　宋良艳（女，2017.4任）

区对外宣传办公室

主　任　张乘风（2017.2任）

区委统一战线工作部

部　长　李志刚

常务副部长　业东华（2017.11任）

副部长　业东华（2017.11离任）
潘兴发
李忠良

区民宗局

局　长　李忠良

副局长　刘开华

区工商业联合会（商会）

党组书记　业东华

主席（会长）　顾　秋

副主席（副会长）　蒋　丽（女）

秘书长　蒋　丽（女）

区委政法委员会

书　记　蒋　文

常务副书记　何小春（2017.11任）

副书记　祁宝川（2017.7离任）
王彦东
何小春（2017.11离任）

区维护稳定工作领导小组办公室
主　任　王彦东
副主任　周天华（2017.2任）
区委依法治区领导小组办公室
专职副主任　王彦东
区社会管理综合治理委员会办公室
主　任　何小春
副主任　宋　瑞（2017.7离任）
　　　　李　平（2017.11任）
　　　　李佳秀（女，2017.11任）
区委党校
校　长　张燕华
常务副校长
　　　　李卫东（2017.10离任）
　　　　郭　华（2017.10任）
副校长　业居敏（2017.2任）
　　　　张　冬（2017.3任，挂职一年）
玉溪市江川区行政学校
校　长　普朝鹏（2017.2离任）
　　　　杨军苹（女，2017.2任）
副校长　业居敏（女）
区委保密委员会
主　任　李卫东
副主任　钟　镖
　　　　龚　钲
　　　　晏　春
专职副主任　李成祥
区保密局
局　长　杨建梁（2017.4离任）
　　　　李成祥（2017.4任）
区委政策研究室
主　任　李　敏（女）
区委机要局
局　长　李成祥（2017.4离任）
　　　　何旭升（2017.7任）
副局长　何旭升（2017.7离任）
区国家密码管理局
局　长　李成祥（2017.4离任）
　　　　何旭升（2017.7任）
副局长　何旭升（2017.7离任）

区委督查室
主　任　赵雄伟（2017.9离任）
　　　　王　亮（2017.9任）
区委督查员　莫小伟（2017.11任，副主任科员）
　　　　盛文芬（2017.11任，副主任科员）
区史志办
主　任　张江瑞
副主任　余立言
区档案局
局　长　郭绍昆
副局长　段雄伟（2017.12离任）
　　　　张燕琳（2017.12任）
区委老干部局
局　长　范江应
副局长　潘兴江
共青团江川区委
书　记　屈　瑞（2017.2任）
副书记　沐　旭（2017.4离任）
　　　　屈　瑞（女，2017.2离任）
　　　　龚　萍（女，2017.4任）
区妇女联合会
主　席　岳东芬（女，2017.2离任）
　　　　花云芬（女，2017.2任）
副主席　谢粉玲（女）
区总工会
主　席　陆富仙（女，2017.2离任）
　　　　普朝鹏（2017.2任）
副主席　戴燕芬（女）
区科学技术协会
主　席　韩振华
副主席　张彦龙
区关心下一代工作委员会
主　　任　张燕华
执行主任　杨生明
副 主 任　李卫东
　　　　王柄璋
　　　　钟　镖
　　　　范江应
　　　　陈宝林
　　　　张丽梅
　　　　伏世金
办公室主任　钱鸿润
区红十字会
会　长　杨军苹（女）
专职副会长
　　　　曾　春（女，2017.12离任）
　　　　范文慧（女，2017.12任）
区文联
主　席　叶自林
副主席
区委机构编制办公室
主　任　张荣华
副主任　业雁春（女）
　　　　贺志宏（2017.2任）

【中共玉溪市江川区委直属基层党委正副书记名录】

中共玉溪市江川区人民武装部委员会
第一书记　徐　贤
书　　记　曾宪涛
副 书 记　张运铎
中共玉溪市江川区直属机关党工作委员会
书　记　杜正宁
副书记　王艳兰（女）
中共玉溪市江川区工业商贸和科技信息委员会
书　记　李天贵（2017.4离任）
　　　　李华同（2017.4任）
中共玉溪市江川区教育局委员会
书　记　张丽梅（女，2017.2任）
中共玉溪市公安局江川分局委员会
书　记　牛旺林
中共玉溪市江川工业园区工作委员会
书　记　韩　良（2017.7离任）
　　　　李江辉（2017.7任）
副书记　张乘风（女，2017.2离任）
　　　　杨美艳（女，2017.2任）

中共玉溪市江川区委老干部局委员会

书　记　郑吉来

中共玉溪市江川区非公有制经济组织党工作委员会

书　记　陈宝林

副书记　金武恒

中共玉溪市江川县区卫生和计划生育局委员会

书　记　朱弘如（女，2016.8离任）

【区委发出的主要文件】

中共玉溪市江川区委关于印发《中共玉溪市江川区委工作规则（试行）》和《中共玉溪市江川区委常委会议规则（试行）》的通知

中共玉溪市江川区委关于印发徐贤同志在中共玉溪市江川区委二届三次全会第一次全体会议上关于区委常委会工作的报告和在第二次全体会议上的讲话

中共玉溪市江川区委　玉溪市江川区人民政府关于表彰奖励2014—2016年民营经济发展成绩突出企业和先进工作者的决定

中共玉溪市江川区委关于印发《玉溪市江川区挂职干部管理实施办法（试行）》的通知

中共玉溪市江川区委关于印发《区委常委会2017年工作要点》的通知

中共玉溪市江川区委关于转发《中共玉溪市委关于认真贯彻落实党的十八届六中全会精神深入推进全面从严治党的实施意见》的通知

中共玉溪市江川区委关于印发《中共玉溪市江川区委2016年度党风廉政建设责任制整改落实实施方案》的通知

中共玉溪市江川区委　玉溪市江川区人民政府关于进一步构建和谐劳动关系的实施意见

中共玉溪市江川区委　玉溪市江川区人民政府关于印发《玉溪市江川区法治政府建设实施方案（2016—2020年）》的通知

中共玉溪市江川区委关于表扬玉溪市江川区2015、2016年度党建工作先进单位的决定

中共玉溪市江川区委关于设立中共玉溪市江川区人民政府办公室党组等14个党组的通知

中共玉溪市江川区委关于印发《中共玉溪市江川区委关于进一步贯彻落实中央八项规定精神的实施意见》的通知

中共玉溪市江川区委印发《关于落实中央第十一巡视组对云南省开展巡视”回头看”反馈意见整改方案》的通知

中共玉溪市江川区委印发《关于进一步深入学习贯彻习近平总书记系列重要讲话精神和治国理政新理念新思想新战略的意见》的通知

中共玉溪市江川区委　玉溪市江川区人民政府关于在全区开展“科教引领创新发展”大讨论大行动的实施意见

中共玉溪市江川区委　玉溪市江川区人民政府关于深化供销合作社综合改革的实施意见

中共玉溪市江川区委　玉溪市江川区人民政府关于印发《玉溪市江川区精准脱贫百日攻坚战实施方案》的通知

中共玉溪市江川区委　玉溪市江川区人民政府印发《关于加强和改进新形势下宗教工作的实施意见》的通知

中共玉溪市江川区委印发《关于落实市委脱贫攻坚专项巡察组对江川区委开展脱贫攻坚专项巡察反馈意见的整改方案》的通知

中共玉溪市江川区委　玉溪市江川区人民政府关于贯彻落实生态文明体制改革总体方案的实施意见

中共玉溪市江川区委　玉溪市江川区人民政府关于印发《玉溪市江川区加快民营经济发展的实施意见》等3个实施方案的通知

中共玉溪市江川区委关于印发《玉溪市江川区区管干部选拔任用管理实施办法（试行）》的通知

中共玉溪市江川区委　玉溪市江川区人民政府关于玉溪市江川区卫生人才发展的实施意见

中共玉溪市江川区委关于印发《关于认真学习宣传贯彻党的十九大精神的实施意见》的通知

中共玉溪市委江川区委　玉溪市江川区人民政府关于玉溪市江川区实施全面两孩政策改革完善计划生育服务管理的实施意见

中共玉溪市江川区委印发《中共玉溪市江川区委常委会关于坚定维护以习近平同志为核心的党中央集中统一领导的若干具体规定》的通知

中共玉溪市江川区委　玉溪市江川区人民政府关于印发《玉溪市江川区法律顾问室法律顾问团队管理工作暂行办法》的通知

印发中共玉溪市江川区委《关于落实〈省委第七巡视组对玉溪市意识形态工作责任制落实专项检查材料的整改方案〉的整改方案》的通知

中共玉溪市江川区委　玉溪市江川区人民政府关于贯彻《云

南省建设我国民族团结进步示范区规划（2016—2020）年》的实施意见

【区委办发出的主要文件】

中共玉溪市江川区委办公室关于对区委二届三次全会主要精神进行责任分解和立项督查的通知

中共玉溪市江川区委办公室玉溪市江川区人民政府办公室关于成立玉溪市江川区重点产业发展领导小组的通知

中共玉溪市江川区委办公室玉溪市江川区人民政府办公室关于印发《玉溪市江川区重大项目工作推进制度》的通知

中共玉溪市江川区委办公室玉溪市江川区人民政府办公室关于印发玉溪市江川区违法违规建筑治理方案的通知

中共玉溪市江川区委办公室关于印发《玉溪市江川区关于加强学校党的建设工作的实施方案（试行）》的通知

中共玉溪市江川区委办公室玉溪市江川区人民政府办公室关于表扬2016年度综治及平安建设先进乡镇、先进单位和先进行业平安创建的决定

中共玉溪市江川区委办公室关于印发《玉溪市江川区区管领导干部任前廉政教育制度》的通知

中共玉溪市江川区委办公室关于进一步做好区委文件审核工作的意见

中共玉溪市江川区委办公室玉溪市江川区人民政府办公室关于印发《玉溪市江川区完善矛盾纠纷多元化解机制实施意见》的通知

中共玉溪市江川区委办公室玉溪市江川区人民政府办公室关于印发《玉溪市江川区创建全省全国文明城市实施方案》的通知

中共玉溪市江川区委办公室印发《关于基层党建“五化”工作法实施办法（试行）》的通知

中共玉溪市江川区委办公室关于印发《玉溪市江川区“基层党建提升年”实施方案》的通知

中共玉溪市江川区委办公室玉溪市江川区人民政府办公室关于印发《中共玉溪市江川区委督促检查工作制度（试行）》和《中共玉溪市江川区委专项督导组工作制度（试行）》的通知

中共玉溪市江川区委办公室玉溪市江川区人民政府办公室关于规范乡镇和街道上下班时间的通知

中共玉溪市江川区委办公室玉溪市江川区人民政府办公室关于印发《玉溪市江川区关于工作期间禁止饮酒的规定》的通知

中共玉溪市江川区委办公室玉溪市江川区人民政府办公室关于印发《贯彻落实省委书记陈豪在玉溪调研指示精神任务分解工作方案》的通知

中共玉溪市江川区委办公室印发《关于推进“两学一做”学习教育常态化制度化的实施方案》的通知

中共玉溪市江川区委办公室关于印发《在玉溪市江川区妇联改革实施方案》的通知

中共玉溪市江川区委办公室玉溪市江川区人民政府办公室关于印发《玉溪市江川区政协年度协商计划制度办法（试行）》的通知

中共玉溪市江川区委办公室玉溪市江川区人民政府办公室关于印发《玉溪市江川维护社会稳定工作规定》的通知

中共玉溪市江川区委办公室玉溪市江川区人民政府办公室关于印发《玉溪市江川区维护国家安全和社会稳定重点工作方案》的通知

中共玉溪市江川区委办公室关于印发《中共玉溪市江川区委常委班子2017年上半年民主生活会对照检查材料》的通知

中共玉溪市江川区委办公室玉溪市江川区人民政府办公室关于印发《玉溪市江川区道德讲堂实施方案》的通知

中共玉溪市江川区委办公室玉溪市江川区人民政府办公室关于进一步明确贯彻落实机关事业单位工作人员带薪休假制度有关事项的通知

中共玉溪市江川区委办公室关于印发《玉溪市江川区加强领导干部廉洁家庭建设实施方案》的通知

中共玉溪市江川区委办公室玉溪市江川区人民政府办公室印发《关于开展重点行业领域涉稳问题专项治理的意见》的通知

中共玉溪市江川区委办公室玉溪市江川区人民政府办公室关于印发《玉溪市江川区区级公务用车综合服务管理保障平台管理规定（试行）》的通知

中共玉溪市江川区委办公室玉溪市江川区人民政府办公室关于印发《玉溪市江川区党（工）委（党组）理论学习中心组2017年学习安排意见》的通知

中共玉溪市江川区委办公室关于印发《中共玉溪市江川区委理论学习中心组2017年学习选题计划》的通知

中共玉溪市江川区委办公室

关于印发《玉溪市江川区2017年宣传思想文化工作要点》的通知

中共玉溪市江川区委办公室印发《关于健全完善基层党建工作责任落实体系的意见》的通知

中共玉溪市江川区委办公室 玉溪市江川区人民政府办公室关于印发《玉溪市江川区贯彻落实云南省〈各级党委、政府及有关部门环境保护工作责任规定（试行）〉的实施意见》的通知

中共玉溪市江川区委办公室关于印发《关于加强新的社会阶层人士统战工作的实施意见》的通知

中共玉溪市江川区委办公室 玉溪市江川区人民政府办公室印发《关于加强城乡社区协商的实施方案》的通知

中共玉溪市江川区委办公室印发《关于加强区纪委派驻机构建设的意见》的通知

中共玉溪市江川区委办公室印发《玉溪市江川区深化国家监察体制改革试点工作实施方案》的通知

中共玉溪市江川区委办公室 玉溪市江川区人民政府办公室印发《关于加快构建江川区现代公共文化服务体系的实施意见》的通知

中共玉溪市江川区委办公室 玉溪市江川区人民政府办公室关于印发《玉溪市江川区从事生产经营活动事业单位改革实施方案》的通知

（杨冬丽）

【重要会议】 2017年1月4日，中国人民政治协商会议玉溪市江川区第二届委员会第一次会议在江川影剧院开幕。罗跃岗代表政协玉溪市江川区第一届委员会常务委员会向大会作工作报告。罗跃岗在报告中指出，今后五年是江川全面建成小康社会的关键时期，区政协常委会要高举爱国主义和社会主义伟大旗帜，以马列主义、毛泽东思想、邓小平理论、“三个代表”重要思想、科学发展观为指导，深入学习贯彻习近平总书记系列重要讲话和考察云南重要讲话精神，认真贯彻中央和省、市、区委关于加强人民政协协商民主建设的实施意见，紧紧围绕区委第二次党代会、二届三次全会的总体部署，增强政治意识、大局意识、核心意识、看齐意识，在履行职能中助推改革发展，在加强团结联谊中促进社会和谐，在推进自身建设中提升工作水平，为江川经济社会发展贡献智慧和力量。围绕这个总体要求，一要加强学习、统一思想，准确定位政协工作。二要围绕中心、服务大局，认真履行三大职能。三要与时俱进、继承创新，开展好经常性工作。四要健全制度、强化执行，加强政协自身建设。

2017年1月5日，玉溪市江川区第二届人民代表大会第一次会议在江川影剧院开幕，区委副书记、区长王志华代表区人民政府向大会报告工作。

1月5日，江川区召开扶贫开发攻坚领导小组会议。区委书记徐贤强调：各级各部门要深入贯彻落实习近平总书记关于扶贫攻坚系列重要讲话精神，站在全局的战略高度，把扶贫开发工作放到更加重要的位置。严格按照“四有一超一受益”的贫困户脱贫销号标准，进一步突出重点，加强领导，扎实工作，深入实施精准扶贫，确保打赢扶贫开发攻坚战，以优异的成绩迎接省、市的验收和评估。

1月17日，玉溪市江川区第二届人民政府召开第一次全体会议，动员全区各级各部门认真贯彻落实区委二届三次全会和市区“两会”、市政府全会精神，紧紧抓住发展第一要务不放松，积极投身到各项工作当中，努力在新的起点上开创工作新局面，确保今年各项目标任务顺利圆满完成。区委副书记、区长王志华强调，结合今年经济社会发展目标，要重点抓好五个方面工作：一要紧握“主抓手”，始终坚持项目带动，更加注重有效投资，加快实施一批事关江川长远发展的大项目、好项目。二要开动“主引擎”，着力抓好产业发展。当前及今后一段时期，必须进一步坚定加快全区产业发展的信心和决心，集中精力、攻坚克难，着力抓好产业发展的各项工作。三要主攻“主战场”，全力抓好城乡规划建设。全区各级各有关部门要准确把握“区是以城市经济为主”的特性，坚持以人的城镇化为核心，抢抓撤县设区机遇，加大基础设施投入，不断完善城市功能，提升城市品质，推动新一轮城市发展。四要建设“大生态”，深入实施美丽江川建设。按照“生态优先”的发展思路，突出星云湖保护治理，全面推进星云湖水污染综合防治“十三五”规划项目实施。五要改善“大民生”，大力推进公共服务均等化，努力使发展成果更多地、更公平地惠及人民群众。

2月20日，江川区委全面深

化改革领导小组召开第七次会议。传达学习中央和省委全面深化改革领导小组有关会议精神，研究我区有关改革事项。区委书记、区委全面深化改革领导小组组长徐贤要求，在认识上要增强紧迫感和责任感，把改革的各项工作，按照领导小组的部署，同拍共振，推进工作落实。要进一步健全和完善推进工作的机制，各专项小组要突出改革举措落实和问题导向来制定改革方案，及时报请审议研究后，印发出台执行；要改进对深化改革工作的考核，积极研究制定改革举措，抓好改革举措的落实。要强化深化改革工作的督查，紧盯深改领导小组制定的深改举措和各部门按照考核导向、目标导向、问题导向如何来研究落实深改，实行常态化的督查和通报，通过深改工作的推进，补齐短板，努力实现工作创新，提升工作质量，提高工作效益。

2月22日，玉溪市江川区召开宣传思想文化工作会议，深入贯彻中央、省委、市委相关会议精神，部署今年和今后一个时期的宣传思想文化工作任务。区委书记徐贤强调，要准确把握宣传思想文化工作的新形势和新要求，主动担当重要职责和历史使命，切实加强组织领导和基础保障，不断开创全区宣传思想文化工作新局面，为江川跨越发展、决胜全面小康汇聚强大力量。

3月8日，中国共产党玉溪市江川区第二届纪律检查委员会第二全体会议举行第一次会议。区委书记徐贤强调，全面从严治党永远在路上，作风建设永远在路上，党风廉政建设和反腐败斗争永远在路上，全区各级党组织和广大党员干部要不忘初心、继续前行，保持政治定力，坚守政治担当，以实际行动推进全面从严治党向纵深发展。

3月9日，中共江川区委政法工作会议召开，区委书记徐贤强调，要以十九大安保维稳为主线，以创建全国“长安杯”为抓手，一手抓从严从实从细做好保安全、护稳定工作，一手抓深入解决源头性、基础性问题，推动平安江川、法治江川和过硬队伍建设再上新台阶。徐贤指出，政法工作是一项繁杂的社会系统工程，需要各方面的广泛参与配合。全区各级各部门要坚持强基固本，夯实工作基础。坚持健全机制，发挥职能部门作用。坚持齐抓共管，形成工作合力。不断建立完善政法工作的保障机制，更加紧密地团结在以习近平同志为核心的党中央周围，在市委的坚强领导下，振奋的精神、锐意进取，扎实工作，不断提高全区政法工作水平，为开创全区经济社会发展新局面再立新功。

3月17日，玉溪市江川区召开党委（党组）理论学习中心组学习工作会，深入学习贯彻十八届六中全会、全国党委（党组）中心组学习经验交流座谈会、全省党委（党组）中心组学习工作座谈会、全市党委（党组）理论学习中心组学习工作会议精神，总结近年来全区党委（党组）理论学习中心组学习情况，部署下一阶段的工作。区委副书记、区委党校校长张燕华在会上指出，区委历来高度重视党委（党组）中心组学习，全区的中心组学习始终把学习贯彻习近平总书记系列重要讲话精神，特别是考察云南重要讲话精神摆在首要位置，结合党章党规，通过坚持经常学、注重专题学、示范带动学，进一步增强四个意识，坚定四个自信，切实把思想和行动统一到中央的方针政策和部署要求上来。坚持把中心组学习作为贯彻党中央决策部署、落实“四个意识”、推进全面从严治党的具体行动，列入“一把手工程”，紧紧抓住各级党委（党组）书记和各级领导班子这个“牛鼻子”，层层传导责任，引导全区各级领导干部特别是“一把手”做理论学习的排头兵、贯彻落实的带头人。坚持把中心组学习与贯彻中央、省、市、区委的重大决策部署结合起来，自觉服务脱贫攻坚、科教创新和全面小康工作大局，切实把学习成果转化为推动江川经济社会发展的强大精神力量。坚持把提高自身思想水平、理论修养和工作能力作为中心组学习的着力点，在强班子带队伍上下功夫，把中心组学习纳入党建工作责任制和党委（党组）意识形态工作责任制体系，纳入领导班子和领导干部考核体系，通过学习进一步强化使命担当，查摆问题差距，提升能力水平，为推动区委各项重点工作的落实发挥了积极作用。

3月21日，江川区召开扶贫开发攻坚领导小组会议。旨在结合省考核组对我区扶贫攻坚工作考核的反馈意见，进一步查找问题，补齐短板，巩固脱贫攻坚成果，推进全区脱贫攻坚工作深入开展。徐贤强调，今年是脱贫攻坚承上启下、全面突破的一年，全区上下必须清醒地认识到，脱贫攻坚是我区当前最大的政治任务、最大的民生工程、最大的责任担当，要以战略思维把握脱贫攻坚的重要性，站在政治和全局的高度，自觉向习近平总书记和党中央决策部署看齐，进一步坚定打赢脱贫攻坚的决心和信心。要以辩证思维把握脱贫攻坚的规律性，既要内部挖掘潜力，依托区位优势和发展机遇，充分调动贫困群众的主体功能，增强自身“造血”功能，又要加大外部扶持力度，争取更多资金为我区的脱贫攻坚助力。要以精准思维把握脱贫攻坚的针对性，切实解决“扶持谁”“谁来扶”“怎么扶”“怎么退”的问题，努力让群众满意。要守住全面建成小康社会的底线，守住脱贫攻坚的底线，守住廉洁底线，以底线思维把握脱贫攻坚的约束性，以从严治党保障脱贫攻坚。超常规大力度补短板、挖潜力、谋长远，用实际行动兑现脱贫承诺，夺取脱贫攻坚的全面胜利。

3月21日，玉溪市江川区召开创建国家卫生城市工作会，就创卫工作再动员，再部署。区委书记徐贤指出，创建国家卫生城市是区委、区政府认真贯彻落实五大发展理念、加快推进城市建设的又一重大举措，对于提升城市形象，扩大江川知名度，改善人居环境，提高人民群众生活质量具有十分重要的意义。全区上下要统一思想，提高认识，切实增强创卫工作的责任感和紧迫感，以攻坚必胜的信心和决心，把创卫工作与城乡人居环境综合整治有机结合起来，扎实推进创卫工作深入开展；要坚持目标导向和问题导向，紧扣标准抓落实，针对问题抓整改；要加大宣传力度，让创建全国卫生城市的目标、标准、要求家喻户晓，人人皆知，努力形成人人关心创建、人人支持创建、人人参与创建的良好局面；要加大标准培训力度和督查整改力度，强化制度保障，健全工作机制、落实机制、曝光机制和长效管理机制，一级抓一级，层层抓落实；要把城市提质扩容、棚户区改造、城乡人居环境综合整治、脱贫攻坚、六城同创五项工作行动紧密联合起来，借力推进创卫工作；要全民动员，上下一心，背水一战，打造城乡建设管理升级版。各级各部门的一把手要亲自挂帅，带头创卫、率先垂范，担当尽责、真抓实干，严督实察、铁纪攻坚，苦战400天，确保江川国家卫生城市复审过关。

4月8日，江川区召开违法违规建筑治理工作推进会。区长王志华带领全体参会人员查看了部分村组的治理进展情况后指出，各乡镇（街道）、各部门的思想认识要再统一，工作措施要再强化，工作重点要再明确，工作责任要再压实，把违法违规建筑治理工作坚决彻底的推下去。

4月12日，江川区第二届人民政府第一次廉政工作会议召开 。会议总结回顾了2016年政府系统党风廉政建设和反腐败工作，就2017年工作任务进行了安排部署。区委副书记、区长王志华出席会议并发表讲话，王志华指出，2016年以来，在市委、市政府和区委的坚强领导下，区政府深入推进党风廉政建设和反腐败斗争，把依法行政、廉政勤政作为政府工作的重要内容，强化责任担当，狠抓工作落实，区政府系统党风廉政建设和反腐败工作取得了一定成效，但存在的问题依然严峻。王志华强调，2017年是江川区决胜全面小康、实现跨越发展的关键之年，全区各级各部门要按照党中央、国务院、省委、省政府、市委、市政府和区委关于党风廉政建设的总体部署，落实主体责任抓班子，增强规矩意识抓防控，对滥用权力、失职渎职、行政违法等无视法纪、不讲规矩的行为，要严惩不贷，切实督促政府机关及其工作人员不断强化规矩意识，牢固树立底线思维，始终做到为民务实清廉，改进政风作风抓创新，以过硬的作风优化发展环境，助推科学发展，提升政府形象，回应社会关切抓民生，切实维护群众利益，强化贯彻落实抓监督，确保各项举措部署落到实处。持续正风肃纪，深化标本兼治，突出重点，狠抓落实，深入推进政府系统党风廉政建设和反腐败工作，为全区经济社会发展提供坚强有力的纪律和作风保障。

4月23日，江川区召开“双创”工作推进会。区委书记徐贤指出，文明城市、卫生城市是对一个地方城市建设管理水平的综合评价指标，“双创”工作承载着一座城市的价值和抱负，不是简单地争块牌子，而是提升品质、促进工作、推动发展，引领江川走向未来、拥抱文明，让我们的生活更美好。江川作为玉溪“一核双心”的组成部分，在“双创”过程中我们肩负着艰巨的任务，尤其是工作推进上还存在较大的差距，主要表现在“一个突出、两个不足、三个缺乏”：一个突出：工作不系统落实的问题突出，两个不足：一是对形势认识不足，二是群众发动不足。三个缺乏：一是创建缺乏精准性，二是宣传缺乏特色性，三是管理缺乏责任心。徐贤要求，全区干部群众要统一思想，增强责任感和紧迫感，以铁的意志来统一推进“双创”工作；要全区动员、全民参与，围绕创建指标逐项落实，在人居环境整治、城市文明的提升、市民素质的提高、城市管理的规范上抓来落实；要以铁的措施来落实“双创”工作，克难奋进，打好攻坚仗，常抓不懈，打好持久仗，真抓实干，打好作风仗。

4月23日，江川区召开2017年党建暨组织工作会。徐贤指出，今年党的建设和组织工作总的要求是：认真贯彻落实党中央全面从严治党要求，以迎接党的十九大胜利召开和学习贯彻党的十九大精神为主线，以推进“两学一做”巩固年、干部工作深化年、基层党建提升年、人才工作突破年和组工干部业务建设年等为重点，坚持稳中求进工作总基调，聚焦主责主业、强化担当作为，落实全面从严治党主体责任，以“五化”工作法不断提高组织工作的科学化水平，为推动江川跨越发展，全面建成小康社会提供坚强组织保证。徐贤强调，做好今年全区的党建和组织工作，必须坚持从紧从严，驰而不息，加大对履行全面从严治党责任的考核问责力度。必须坚持严管厚爱、激发活力，深入推进领导班子和干部队伍建设。要牢固树立选人用人的正确导向，用心用情抓好干部教育监督工作，驰而不息抓好干部队伍作风建设。必须着眼全面进步、全面过硬，不断提升基层党建工作科学化水平。要进一步强化主业意识，做到中心工作推进到哪里，组织工作就及时跟进到哪里，以党组织坚强的政治保证来推进工作的落实。要进一步突出问题意识，以解决问题开局起步、以解决问题注入动力、以解决问题赢得民心。要进一步突出创新意识，把抓创新、抓特色、抓亮点作为提升工作水平的有效手段，以“美丽江川服务先锋”为统领，不断探索党建的新载体、新方法，分区域打造一批党建示范点示范带，培育在全市立得住、叫得响、推得开的党建品牌。必须围绕创新机制、提升效能，发挥人才队伍的支撑引领作用，以人才保障助推江川经济社会跨越发展。

5月2日，江川区召开重点产业发展领导小组会议暨招商引资工作会。徐贤强调，全区上下要以高度的责任感和历史担当，切实增强抓招商强产业促跨越的紧迫感和责任感，压实责任、鼓足干劲，精准发力、全力以赴，形成大抓招商、大抓产业的浓厚氛围和强劲态势，力争招商产业在去年基础上有更大成效。要以精准的工作思维和方法，做到产业选择精准，产业政策精准，产业招商精准，在精准上下足功夫，把精准要求全面贯彻到产业发展的各环节、各领域和全过程。要以强有力的组织和领导，系统地推动产业发展和招商引资，以扎扎实实的工作在深入招商中解决问题，在紧盯项目建设中破解难题，开创抓招商强产业促跨越的大好局面。

5月16日，中共玉溪市江川区委召开巡察工作暨第二轮巡察工作动员部署会。区委书记徐贤指出，党的十八大以来，中央高度重视巡视工作，巡视工作在坚持中深化，在深化中坚持，巡视的政治定位越来越准确，工作越来越深入，任务越来越清晰。全区各级党组织和党员干部要深刻认识中央和省市委对巡视巡察工作的新定位、新部署、新要求，深刻领会中央和省市委一以贯之、持续加强巡视巡察工作的鲜明态度和坚强决心，从政治和全局的高度，强化对巡视巡察工作重大意义的认识，牢牢把握巡视巡查的定位，切实发挥巡视巡察“显微镜”、“探照灯”和“利剑”重要作用，不断增强巡视巡察工作的针对性、实效性，坚决把中央和省市委关于巡视巡察工作的决策部署贯彻好、落实好，推动管党治党从宽松软走向严紧硬。

5月19日，江川区全面推行河长制工作会议召开。徐贤指出，多年以来，江川区按照“属地管理、一河一策、建管并重、科学治水”的原则，2008年在全市率先实施“河长制”，并对河段长责任制不断调整完善，从日常检查、年度考核、水质监控和奖励加分四个方面对河道整治进行量化考核，河长制工作成效明显。但在全面推行河长制工作过程中，依然存有管理体制、机制不健全，河长制推进过程中未形成合力、治理资金筹措困难、缺乏相关规划，治理措施不够具体，整治效果参差不齐等问题。徐贤要求，全区上下必须以落实副省长张祖林调研星云湖指示精神为契机，切实把思想和行动统一到区委、区政府关于河长制的决策部署上来，强化水资源开发利用控制、用水效率控制、水功能区限制纳污三条红线的刚性约束，确保河湖功能持续发挥、资源永续利用；落实空间管控，在星云湖一级保护区100米范围内的违法违章建筑必须坚决拆除，真正做到退房还湖、还田、还湿地，星云湖公路沿线的违法违章建筑必须拆除，环湖公路以内的大棚要坚决拆除，从而构建科学合理岸线格局；实行联防联控，破解河湖水体污染难题，让河流更加清洁、湖泊更加清澈；统筹城乡水域，建设水清岸绿美好环境；注重系统治理，永葆河湖库渠生机活力。

5月19日，江川区召开脱贫攻坚集体约谈会。区委书记徐贤传达了玉溪市部分县区开展脱贫攻坚“找问题、补短板、促攻坚”专项行动座谈会会议精神。徐贤强调，集体约谈有助于促进大家共同转变认识、共同推进整改，全区各级干部一定要增强工作责任感，把作风严起来、实起来、硬朗起来，切实扛起责任，抓好统筹，确保脱贫攻坚任务横向到边、纵向到底；要把开展“找问题、补短板、促攻坚”专项行动作为推进脱贫攻坚的头等大事抓紧抓实，正视我区的优势，对问题进行全面查摆、全面诊断、全面整改，确保精准发力，不断提高脱贫攻坚质量和水平；要对标对表，加大督查巡查力度，针对存在的问题，精准施策，不急不躁、稳扎稳打，坚决巩固好脱贫成果，全力以赴打赢脱贫攻坚战。

5月19日，区委书记、区委全面深化改革领导小组组长徐贤主持召开区委全面深化改革领导小组第九次会议，专题研究我区公立医院综合改革工作。会议首先传达了2017年全国医改工作电视电话会议精神，专题听取了区公立医院综合改革工作情况汇报、整合城乡居民基本医疗保险工作情况汇报、区人民医院、中医院综合改革工作情况汇报。与会人员分别针对我区公立医院综合改革工作中存在的问题如何改进、下一步工作如何开展提出了意见建议。徐贤强调，医改领导小组和公立医院要提高格局，放眼长远，以忧患意识来考虑医院的发展，以民本思想来考虑江川的发展，以大局意识来思考全区各项工作的平衡。要做好人才引进、培育、管理等工作，加快“医联体”建设，实现资源共享，按照改革方案加快推进我区医改步伐。

5月27日，玉溪市江川区召开妇联改革试点工作动员会。贯彻落实中央和省委、市委关于妇联改革的决策部署，进一步统一认识，增强思想自觉和行动自觉，推进改革试点工作。省妇联党组书记、主席和红梅出席会议并作重要讲话。和红梅指出，今年妇联改革的重点是村妇代会改建成妇联、乡镇妇联区域化建设改革，核心是要发展壮大以妇联干部为骨干、以妇女社会工作者和巾帼志愿者等为依靠、吸引更多城乡社区妇女参加的基层妇联工作队伍，激活基层妇联组织的神经末稍，使广大妇女在身边就能找到妇联组织，参加妇联活动，及时得到妇联组织的帮助。和红梅要求，妇联改革要着眼于增强广泛性和代表性，“敞开大门建妇联”，把各族各界、各行各业特别是基层女性中的优秀代表人物充实到各级妇联的领导机构中来，打破年龄、学历、身份壁垒，不拘一格选用妇联干部，建设一支充满生机活力的干部队伍。同时要着眼于理顺职能和创新机制，着眼于更有效地联系和服务妇女，着眼于构建“互联网＋妇联”工作新格局，创新开展网上妇女群众工作。

6月19日，江川区召开经济形势分析会，分析全区经济运行情况，进一步研判经济发展态势，拟定工作措施，确保时间任务“双过半”和年度目标圆满完成。区委书记徐贤强调，要聚焦精力抓项目。各级领导、各部门要把项目作为工作的抓手，突出问题导向，抢时间、促进度，做到争取谋划的项目早落地、早竣工、早见成效；要抓好项目前期工作，认真研究宏观政策导向，结合我区资源优势，做好项目可行性研究论证，积极申报立项；要杜绝等待观望心理，加紧与上级部门的对接、沟通、协调，积极向上争取项目；要充分学习政策法规，着力抓好服务，树立简政放权、规范便捷进行服务的思想，真正为企业、为项目做好服务工作。要科学依法统计。不断充实统计力量，加强业务指导，强化统计工作人员的培训，加强和改进基层统计工作；区统计局要加强与各部门沟通联系，切实做好统计工作，为党委、政府科学预判经济形势、推动经济发展提供有力支撑。

6月26日，江川区召开庆祝中国共产党成立96周年大会。区

委书记徐贤指出，改革开放以来，在历届县（区）委的领导下，全县（区）各级党组织和广大党员，团结带领全区人民锐意改革，奋力拼搏，实现了从“县”到“区”的跨越，正朝着玉溪的副中心城市定位努力向前。十八大以来，特别是江川撤县设区后，全区各级党组织和广大共产党员认真落实党要管党、从严治党的要求，围绕“三区一中心”定位，落实经济社会发展“5366”思路，坚持为人民办事、对人民负责、向人民报告、让人民满意，扎实开展“两学一做”学习教育，全力做好稳增长、调结构、抓改革、建生态、惠民生、促和谐、强党建各项工作，保持了经济社会平稳健康发展的良好局面，形成了风清气正的政治生态。当前，江川正站在决战脱贫攻坚、决胜全面小康的关键历史节点上，要实现打造经济转型发展、城乡建设管理升级版，建设宜居宜业生态活力新江川这些引领未来发展的目标任务，关键在于发挥党的坚强领导核心作用、党组织的战斗堡垒作用和党员的先锋模范作用，发扬工匠精神、树立精准思维，一心一意谋发展、聚精会神抓党建，以党的建设新成效保障和推动全区改革发展事业，以实际行动为党旗增光彩，为全区人民谋福祉。

7月25日，江川区召开统战（民宗）工作会。区委书记徐贤在会上指出，党的十八大以来，我区团结奋斗的共同思想政治基础更加牢固，民族宗教工作取得新成效，推进政治协商获得新进展，“两个健康”发展呈现新态势，党外代表人士和党外知识分子工作再上新台阶，港澳台侨统战工作有新拓展。徐贤强调，统一战线问题是重大战略问题，要准确把握习近平总书记统一战线重要思想，准确把握统一战线服务全区跨越发展的原则方法，准确把握统战工作面临的突出问题。要树牢“四个意识”，在思想上、政治上、行动上以习近平同志为核心的党中央保持高度一致；提高政治站位，积极为党的十九大召开营造良好氛围；遵循发展规律，积极推动统战工作改革创新；坚持问题导向，聚焦薄弱环节补齐工作“短板”。

7月27日，玉溪市江川区召开2017年度征兵工作会。区委常委、区人武部政委曾宪涛对我区去年的征兵工作进行了总结，对今年的征兵工作进行安排部署。曾宪涛说，去年，我区严格落实政策规定，圆满完成了新兵征集任务。今年，我区的征兵工作要严格按照国务院、中央军委2017年征兵命令执行。目前，各单位要按照不低于去年任务数的要求筹划展开工作，要实现大学生征集比例达到55%的目标，努力提高新兵征集质量。

7月28日，江川区2017年上半年工作汇报会。会议指出，今年以来，在习近平总书记系列重要讲话和治国理政新理念新思想新战略指引下，在市委市政府的坚强领导下，江川区坚持围绕中心，服务大局，深入贯彻落实中央省市各项决策部署，坚持稳中求进工作总基调，紧扣“5366”工作思路，全力以赴稳增长、调结构、促改革、保生态、惠民生、防风险，全区经济社会发展取得阶段性成果。徐贤强调，必须坚定不移地保持政治思想定力、专注发展定力、转型升级定力，聚焦“打好百日攻坚战、喜迎党的十九大”这个主旋律，要从思想和作风中查找根源，共同努力补短板、破困境、促跨越；要从形势与机遇中增强信心，各级党委要强化党委对经济工作的领导，加大对经济工作研究力度，不断提高领导经济工作的法治化水平和专业化能力；要针对经济运行中的新情况和突出问题，创新宏观调控方式，精准发力、定向调控，多措并举支持实体经济，稳定社会预期，在统筹稳增长中敢于担当，勇于攻坚，善破难题。各企业要注重对市场形势的研判，客观审视自己的发展潜力和短板，加大科技投入，强化自主创新能力，积极研究市场政策，做优品牌，真正围绕区委中心大局，服务工作需要；金融部门要按照中央金融工作会议精神，回归本源，服从服务于经济社会发展；各基建投资项目方要加快工程进度，加大工程投入，强化安全施工，确保项目早日开工见效，早日在江川发挥作用，实现价值，促进经济社会发展；要加强对统计工作的研究，对项目入库和统计口径进行深入分析，谋划在前，确保应统尽统。要从使命和担当中砥砺品行，要勤学习，严自律，要不抱怨，不推责，要善谋划，破难题，要高标准，创一流，要多汇报，求实效，要主动做，互支持，要实督查，严问责。

8月13日，江川区召开国家卫生城市创建达标工作指挥部会议，总结当前“创卫”工作开展情况，分析存在的问题，研究部署下一阶段我区的创卫工作。会议听取了区国家卫生城市创建达标指挥部14个专项工作组组长分别作的工作进展情况、存在问题、下一步工作打算的汇报，听取了区“六城同创”暨人居环境综合整治督导组组长所作的国家卫生城市创建达标工作督导情况汇报。王志华强调，我区的“创卫”工作要建立定期汇报、定期督办、定期通报。各专项工作组目前还没有达标的工作，要作为下步工作的重点来推进，要围绕创卫指标倒排工作计划和完工时间节点。各级各部门要配合抓实市民素质提升和社区环境卫生改造，动员社会力量开展园林单位、园林小区创建。各专项工作组和各主责单位要齐抓共管，对于工作落实不到位、不按工作时间表完成工作任务的单位部门和主责人要进行问责。

8月22日，中共玉溪市江川区委全面深化改革领导小组召开第十一次会议，传达学习相关会议精神，审议研究有关改革事项，听取各改革专项小组工作情况汇报。会议通报了各改革专项小组上半年改革工作完成情况。徐贤指出，我区深改工作推进总体情况较好，今年以来，各专项组、督导组和各部门重视改革、制定出台改革举措，改革工作取得了明显成效。针对改革工作存在的问题，徐贤强调，各专项小组要督促好牵头部门，确保按要求严格落实好市、区级出台的相关政策、文件，并及时跟进台账；督导组要再接再厉，强化跟踪督导，加大督促指导的力度，并对督查当中整改不到位的向纪委及时转交，加快推进改革工作。区发改局、区教育局、区工信局、区农业局汇报了产业创新、教育创新、科技创新和亚洲花卉科创谷工作推进情况。徐贤强调，科教引领创新发展大讨论大行动是市委落实陈豪书记到玉溪调研讲话精神的举措，也是今年市委部署的一项重要工作，我区各级各部门按照市委部署，围绕“七个一”和“1+3”的工作格局，积极推进各项工作，紧扣工作要点，取得了初步成效。今后要进一步加大相关工作力度，对标对表积极向上协调，更好地同步推进工作，为全市率先建成小康作出江川应有的担当。

8月23日，江川区召开2017年烤烟收购工作会议。区委书记徐贤指出，今年烤烟收购政策对烤烟收购工作提出了新的要求，面对保总量、提质量、稳效益的“三重”压力和全国烟叶库存居高不下，企业对烟叶质量更加挑剔的严峻形势，各乡镇各烟叶收购站点要认真贯彻落实省、市、区烤烟收购工作会议精神，切实做到确保总量和效益两个目标、打牢大田管理、成熟采烤、科学分级三个基础，严肃合同卖买、矛盾调处、考核惩处三个纪律，压实党委政府的领导、烟草公司的服务、相关部门的支持三个责任，进一步增强紧迫感和责任感，千方百计做到应收尽收，确保烟叶收购秩序，确保烟农利益；要强化服务，加强宣传引导，做好协调配合，严把收购关键环节，定时定点定人，最大限度缩短烟农等候时间，充分了解烟农所需，理解烟农心情，让烟农顺利、舒畅交烟；要强化对收购站点的监督检查，严防烟叶收购的营私舞弊行为，坚持收购标准，善始善终平稳收购，公平、公正、阳光收购，坚决杜绝“人情烟、关系烟”，同时强化监管，做好设卡堵截工作，严厉打击非法收购烟叶行为，确保全区各项烤烟收购目标任务圆满完成。

9月5日，江川区召开“精准脱贫、百日攻坚”暨党建扶贫双推进工作动员会。区委书记徐贤强调，全区上下要提高政治站位，进一步压实责任，实现聚焦精准脱贫抓落实、百日攻坚促决胜，党建扶贫双推进。徐贤指出，打响精准脱贫百日攻坚战，是我市在全省率先全面建成小康社会的需要，是兑现向省委、省政府和全市人民立下“军令状”、作出庄严承诺的需要，是玉溪干在实处、走在全省前列的需要。目前，我区还存在站位“不高”、推进“不快”、工作“不到位”等问题，必须通过打赢精准脱贫百日攻坚战，确保实现全市2017年全面脱贫、2018年巩固提升、在全省率先全面建成小康社会的脱贫攻坚目标任务。

10月20日，区委全面深化改革领导小组第十二次会议召开。会议传达学习了中央全面深化改革领导小组第三十八次，省委全面深化改革领导小组第三十二次、三十三次、三十四次会议，市委全面深化改革领导小组第二十五次会议精神。研究审议了《关于成立江川区深化教育改革领导小组的通知》（送审稿）、《玉溪市江川区关于深化投资项目审批制度改革的实施意见》（送审稿）以及《玉溪市江川区

深化水资源管理体制改革实施方案》（送审稿）相关改革方案和事项。徐贤强调，一方面，各专项小组要抓好今年既定改革事项的落实，另一方面要及早谋划好明年的改革任务，结合对十九大精神的学习和贯彻，结合市委的改革规划，对明年的改革重点和任务进行梳理，更好的把改革落到实处，推动各项工作更好的发展。

10月31日，江川区委召开2017年度议军会暨乡镇（街道）党管武装工作述职会。区委书记、区人武部党委第一书记徐贤在讲话中指出，近年来，我区党管武装常态落实、部队改革深入推进、军队融合同步发展，双拥工作迈上新台阶、国防动员取得新成效、后备力量建设呈现新气象。徐贤强调，要高端站位，履行党管武装工作第一职责，切实做到抓经济不忘固国防、搞建设不忘兴武装、居平安不忘强战备。要全面加强军队党的建设，培养有灵魂、有本事、有血性、有品德的新时代革命军人，永葆人民军队性质、宗旨、本色。要远谋划，迈入国防动员“第一方阵”，力争在推进党管武装法治化、国防教育全民化、动员准备实质化、民兵训练使命化四个方面上有突破。要高效落实，入列军民融合“第一站位”，秉承“应融则融、能融尽融”的理念，努力实现部队“所需”与地方“所能”无缝对接，地方“所盼”与部队“所有”高效对轨，不断推动军民融合深度发展迈上新台阶。

2017年12月13日，江川区召开扶贫开发攻坚领导小组第十次会议。分析研究精准脱贫百日攻坚存在的问题，深入推进全区脱贫攻坚，安排部署2017年扶贫开发成效考核迎检工作。区委副书记、区长王志华主持会议并强调，各级各部门要把脱贫攻坚作为当前工作的重中之重，认真贯彻落实中央、省、市的各项决策部署，坚持目标导向和问题导向并重，对标对表抓落实，真找问题促整改，确保如期实现脱贫目标。王志华强调，要盯死今年实现全面脱贫这个目标，聚焦“两不愁、三保障”和“695”指标，深入分析贫情，对照百日攻坚任务清单，认真落实脱贫攻坚方案和“五个一批”精准到户措施，做到真扶贫、真脱贫。要紧盯问题不放过，认真整改补短板。要把“精准”落实到脱贫攻坚的全过程，确保C、D级危房改造竣工率的数据客观真实，确保错评、漏评、错退“三率”归零，确保各职能部门认真落实扶贫开发各项政策，加大推进专项扶贫、行业扶贫、社会扶贫力度，加快项目实施进度，强化政策执行落实，确保村容村貌整治工作长抓不懈。要紧盯标准不放松，做好迎检和迎接第三方评估准备。各级各部门要认真对标对表，按照各项工作的推进时间节点，扎实做好各项工作和存在问题的整改，用实实在在的扶贫开发成效赢得好的考评结果。区委副书记张燕华传达了云南省2017年扶贫开发成效考核暨贫困县退出检查评估工作视频会精神，区领导张文彬、李学祥等就我区脱贫攻坚工作发言，区扶贫办汇报了我区脱贫攻坚工作的进展情况和存在的突出问题。

【区委常委会议】 2017年1月8日，区委书记徐贤主持召开二届区委第20次常委（扩大）会议。会议共1项议题：传达学习省委十届二次全会精神。

会议指出，继省第十次党代会和省委党员负责人会议之后，仅仅半个月，省委又紧接着召开省委十届二次全会，全面部署从严治党工作和2017年经济工作，充分体现了省委贯彻落实党的十八届六中全会精神和中央经济工作会议精神态度坚决、措施有力。全区各级各部门要把学习好、宣传好、贯彻好、落实好省委十届二次全会精神作为一项重要政治任务来抓好落实。

2017年1月15日，区委书记徐贤主持召开中共玉溪市江川区第二届委员会第21次常委会议。会议共7项议题：研究干部工作；研究中共玉溪市江川区推荐党的十九大代表候选人初步人选相关工作；通报党（工）委书记抓基层党建述职评议工作准备情况；通报民主生活会准备情况；研究2017年春节系列文体活动相关事宜；通报区委春节前重要会议、重大活动安排及春节慰问相关事宜。

会议听取并原则同意区委组织部副部长、两类组织党工委书记陈宝林关于中共玉溪市江川区推荐党的十九大代表候选人初步人选相关工作的汇报；党（工）委书记抓基层党建述职评议工作准备情况的通报；民主生活会准备情况的通报；会议听取并原则同意区委宣传部副部长、文产办主任刘鸿关于2017年春节系列文体活动相关事宜的汇报；会议听取并原则同意区委常委、区委办主任邓春元关于区委春节前重要会议、重大活动安排及春节慰问相关事宜的通报。

1月17日，区委书记徐贤主持召开中共玉溪市江川区第22次常委会议。开展2016年度各乡镇（街道）党（工）委书记、区直机关党工委书记、区工信局党委书记、市公安局江川分局党委书记、区教育局党委书记、区委老干部局党委书记、区委“两类”组织党工委书记、区卫计局党委书记抓基层党建工作述职评议。

2017年2月10日，区委书记徐贤主持召开中共玉溪市江川区第二届委员会第23次常委会议。会议共11项议题：研究干部工作；研究《关于调整完善玉溪市江川区区委常委联系乡镇（街道）和区级领导联系具体工作的通知（送审稿）》；研究《关于调整完善中共玉溪市江川区委督查工作领导小组的通知（送审稿）》；研究《关于成立玉溪市江川区重点产业发展领导小组的通知（送审稿）》；研究《玉溪市江川区重点项目工作推进制度（送审稿）》；研究2016年党风廉政建设责任制考核结果；研究违纪人员处理问题；研究《江川区领导干部促学活动实施方案（送审稿）》；研究《区委统战部关于区工商业联合会（商会）换届工作实施方案（送审稿）》；研究江川皇壮牧业有限公司、中恒肥猪养殖基地拆迁补偿有关问题；研究北京升华电梯有限公司西南生产运营中心项目拟入园有关问题。

会议听取并原则同意区委办副主任刘世培《关于调整完善玉溪市江川区区委常委联系乡镇（街道）和区级领导联系具体工作的通知（送审稿）》的汇报、《关于调整完善中共玉溪市江川区委督查工作领导小组的通知（送审稿）》的汇报、《关于成立玉溪市江川区重点产业发展领导小组的通知（送审稿）》的汇报及区委办副主任刘世培、区政府办主任钟镖关于《玉溪市江川区重点项目工作推进制度（送审稿）》的汇报。会议听取并原则同意区纪委副书记胡莎关于2016年党风廉政建设责任制考核结果的汇报；会议听取并原则同意区委组织部副部长陈宝林关于《江川区领导干部促学活动实施方案（送审稿）》的汇报；会议听取并原则同意区委统战部副部长业东华关于《区委统战部关于区工商业联合会（商会）换届工作实施方案（送审稿）》的汇报；会议听取并原则同意工业园区管委会主任杨兴华关于江川皇壮牧业有限公司、中恒肥猪养殖基地拆迁补偿有关问题的汇报；会议听取并原则同意关于北京升华电梯有限公司西南生产运营中心项目拟入园有关问题的汇报。

2017年2月22日，区委书记徐贤主持召开中共玉溪市江川区第二届委员会第24次常委会议。会议共17项议题：传达学习市委农村工作暨全市扶贫开发工作会议精神；传达学习全市组织部长会议精神；传达学习市委政法工作会议精神及汇报2016年综治维稳考核情况；传达学习全市宣传思想文化工作会议精神；传达学习全市网络宣传工作会议精神；传达学习省政协副主席、省工商联主席喻顶成调研江川非公有制经济发展座谈会精神；研究纪检监察工作；研究江川区2015年综治维稳（平安建设）先进单位奖励有关问题；研究玉溪市江川区人大、政协2017年工作要点有关事项；研究《玉溪市江川区关于加强学校党的建设工作的实施办法（试行）（送审稿）》；研究《玉溪市江川区关于进一步规范干部日常调动管理办法（试行）（送审稿）》；研究生态环境保护工作；研究《江川区企业续贷应急周转资金使用管理办法（试行）（送审稿）》有关问题；研究江川区2016年、2017年目标任务综合考评奖发放有关问题；研究大街中小学乡镇工作岗位补贴有关问题；研究村庄规划补助经费有关问题；研究云南腾达机械制造有限公司借款有关问题。

会议听取并原则同意区委政策研究室主任李敏传达学习市委农村工作暨全市扶贫开发工作会议精神及区委农办提出的贯彻意见；会议听取并原则同意区委常委、区委组织部部长张祖权传达学习的全市组织部长会议精神及区委组织部提出的贯彻意见；会议听取并原则同意区委常委、区委政法委书记蒋文传达学习的市委政法工作会议精神及2016年综治维稳考核情况汇报；会议听取并原则同意区委常委、区委宣传部部长赵琦传达学习的全市宣传思想文化工作会议精神、全市网络宣传工作会议精神及区委宣传部提出的贯彻意见；会议听取并原则同意区委统战部副部长、工商联党组书记业东华传达学习的省政协副主席、省工商联主席喻顶成调研江川非公有制经济发展座谈会精神及区委统战部提出的贯彻意见；会议听取了区委常

委、纪委书记李学祥传达学习了《关于4起落实全面从严治党主体责任不力被问责典型问题的通报》文件精神，研究了相关工作；会议听取并原则同意区委常委、政法委书记蒋文关于江川区2015年综治维稳（平安建设）先进单位奖励有关问题的汇报；会议听取并原则同意区人大办公室主任周瑜关于《玉溪市江川区人大常委会2017年工作要点（送审稿）》、区政协办公室主任侯国芬关于《政协玉溪市江川区委员会2017年工作要点（送审稿）》有关事项的汇报；会议听取并原则同意区委组织部副部长、两类组织党工委书记陈宝林关于《玉溪市江川区关于加强学校党的建设工作的实施办法（试行）（送审稿）》有关事项的汇报；会议听取并原则同意区委组织部副部长邢小刚关于《玉溪市江川区关于进一步规范干部日常调动管理办法（试行）（送审稿）》有关事项的汇报；会议听取了区委副书记、区政府区长王志华关于开展山水林田湖生态保护修复试点工程有关问题的汇报，研究了相关工作；会议听取并原则同意区人大常委会副主任李保平关于《江川区企业续贷应急周转资金使用管理办法（试行）（送审稿）》的汇报，研究了相关工作；会议听取并原则同意区人大常委会副主任李保平关于江川区2016年、2017年目标任务综合考评奖发放有关事项的汇报；会议听取并原则同意区教育局局长郭自壮关于大街中小学乡镇工作岗位补贴有关事项的汇报；会议听取并原则同意区政府副区长、住建局局长靳永春关于村庄规划补助经费有关事项的汇报；会议听取并原则同意区财政局局长、工业园区管委会主任杨兴华关于云南腾达机械制造有限公司借款有关事项的汇报，研究了相关工作。

2017年3月6日，区委书记徐贤主持召开中共玉溪市江川区第二届委员会第25次常委会议。会议共15项议题：传达学习玉溪市主要领导干部学习贯彻党的十八届六中全会精神专题研讨班，玉溪市“科教引领创新发展”大讨论、大行动动员大会暨2017年市委理论学习中心组第二次集中学习，民营经济、县域经济、园区经济现场推进会精神；传达学习中共玉溪市纪委五届二次全会精神，研究区纪委二届二次全会相关工作；传达学习《中共中央办公厅　国务院办公厅关于印发〈领导干部报告个人有关事项规定〉和〈领导干部个人有关事项报告查核结果处理办法〉》；传达学习市中心组理论学习会议精神；研究《中共玉溪市江川区委常委会2017年工作要点（送审稿）》、区委近期重大会议安排；研究2017年干部教育培训计划有关问题；研究《中共玉溪市江川区委防范和处理邪教问题领导小组2017年工作要点（送审稿）》；传达学习2017年全国环境保护工作会议及国家关于生态环境保护决策部署“八个文件”精神，研究《玉溪市江川区贯彻落实中央环境保护督察组督察反馈意见整改总体方案（送审稿）》《玉溪市江川区贯彻落实中央环境保护督察组督察反馈意见问题整改措施清单（送审稿）》；研究玉溪市江川区当前食品药品安全工作有关事项；研究水利项目建设工程缺口资金有关事项；研究江城镇温泉片区高标准农田建设项目有关事项；研究《玉溪市江川区江城古镇棚户区改造项目土地和房屋征收补偿方案（送审稿）》；研究政府购买明珠路街区整治工程拆迁安置服务项目资金纳入财政预算有关问题；研究玉溪市江川工商业联合会（商会）第二次会员代表大会有关问题；研究干部工作。

会议听取了区委副书记、区长王志华传达学习了玉溪市主要领导干部学习贯彻党的十八届六中全会精神专题研讨班，玉溪市“科教引领创新发展”大讨论、大行动动员大会暨2017年市委理论学习中心组第二次集中学习，玉溪市民营经济、县域经济、园区经济现场推进会精神，研究了我区初步贯彻意见；听取了区委常委、区纪委书记李学祥传达学习了中共玉溪市纪委五届二次全会精神，汇报了区纪委二届二次全会相关工作，研究了相关事项；听取了区委常委、区委组织部部长张祖权传达学习了《中共中央办公厅　国务院办公厅关于印发〈领导干部报告个人有关事项规定〉和〈领导干部个人有关事项报告查核结果处理办法〉》；听取了委常委、区委宣传部部长赵琦传达学习了全市党委（党组）理论学习中心组学习工作会议精神，研究了我区贯彻意见；听取并原则同意区委办副主任龚钲关于《中共玉溪市江川区委常委会2017年工作要点（送审稿）》（以下简称“工作要点”）、区委近期重大会议安排有关事项的汇报，听取了区工信局局长李华同关于表彰奖励2014年—2016年民营经济发展成绩突出企业和先进工作者有关问题的汇报；会议听取并原则同意区委组织部副部长、区“两新”组织党工委书记陈宝林关于2017年干部教育培训计划的汇报；听取并原则同意区委常委、政法委书记蒋文关于《中共玉溪市江川区委防范和处理邪教问题领导小组2017年工作要点（送审稿）》的汇报；听取并原则同意区环保局局长王川传达学习的2017年全国环境保护工作会议及国家关于生态环境保护决策部署“八个文件”精神，《玉溪市江川区贯彻落实中央环境保护督察组督察反馈意见整改总体方案（送审稿）》《玉溪市江川区贯彻落实中央环境保护督察组督察反馈意见问题整改措施清单（送审稿）》；听取并原则同意区市场监督管理局局长李江华关于玉溪市江川区当前食品药品安全工作有关事项的汇报；听取并原则同意区水利局局长吴正顶关于我区水利项目建设工程缺口资金有关事项的汇报；听取并原则同意江城镇党委书记郭峰关于江城镇温泉片区高标准农田建设项目有关事项的汇报；听取并原则同意江城镇党委书记郭峰关于《玉溪市江川区江城古镇棚户区改造项目土地和房屋征收补偿方案（送审稿）》的汇报；听取并原则同意区政府办主任钟镖关于政府购买明珠路街区整治工程拆迁安置服务项目资金纳入财政预算有关问题的汇报；听取并原则同意区委统战部副部长、区工商联党组书记业东华关于玉溪市江川工商业联合会（商会）第二次会员代表大会有关问题的汇报。

2017年4月10日，区委书记徐贤主持召开中共玉溪市江川区第二届委员会第26次常委会议。会议共24项议题：研究干部工作；传达学习《关于对八起巡视发现全面从严治党主体责任不落实、管党治党不力、党内政治生活不严肃典型问题的通报》；传达学习《关于七起违反中央八项规定精神典型问题的通报》；研究《中共玉溪市江川区委2016年度党风廉政建设责任制整改落实实施方案（送审稿）》；传达学习市委巡察工作暨第二轮巡察工作动员部署会议精神；研究《玉溪市江川区法治政府建设实施方案（2016—2020年）（送审稿）》；听取中共玉溪市江川区人大常委会党组党建工作情况汇报；听取区直属机关党工委党建工作情况汇报；听取九溪镇工作情况及党建工作情况汇报；研究《关于成立玉溪市江川区“科教引领创新发展”大讨论、大行动工作领导小组的通知（送审稿）》；研究《玉溪市江川区“基层党建提升年”实施方案（送审稿）》；汇报村组活动场所提档升级工作情况；研究《关于进一步改进领导会议和活动新闻报道的通知（送审稿）》；研究《关于创建全省全国文明城市实施方案（送审稿）》；研究2016年度综合目标考核结果；研究《玉溪市江川区人才发展专项资金管理使用办法（送审稿）》；研究玉溪市江川区少工委换届选举工作有关事项；研究玉溪市江川区青年联合会换届选举工作有关事项；研究区文联换届有关事项；研究区关工委组织建设工作有关事宜；研究支付江城古镇片区棚户区改造借款本金利息有关事项；通报捷克轻型固定翼飞机复装生产项目有关事项；研究玉溪市江川区2017年一季度信访工作；听取全区老干部工作情况汇报。

会议听取了由区纪委副书记、监察局局长郭华传达学习了云南省纪委《关于对八起巡视发现全面从严治党主体责任不落实、管党治党不力、党内政治生活不严肃典型问题的通报》《关于七起违反中央八项规定精神典型问题的通报》，听取并原则同意《中共玉溪市江川区委2016年度党风廉政建设责任制整改落实实施方案（送审稿）》；会议听取了区委巡察办主任李文平传达学习了市委巡察工作暨第二轮巡察工作动员部署会议精神，研究了我区贯彻意见；听取并原则同意区政府法制办主任邢长伟关于《玉溪市江川区法治政府建设实施方案（2016—2020年）（送审稿）》的汇报；听取了区人大常委会党组书记、主任龚桂存关于中共玉溪市江川区人大常委会党组党建工作情况的汇报；听取了区直属机关党工委书记杜正宁关于区直属机关党工委党建工作情况的汇报；听取了九溪镇党委书记史伟关于九溪镇工作情况及党建工作情况的汇报，研究了相关工作；听取并原则同意区委办副主任龚钲《关于成立玉溪市江川区“科教引领创新发展”大讨论、大行动工作领导小组的通知（送审稿）》的汇报；听取并原则同意区委组织部副部长、区委“两新”组织党工委书记陈宝林关于《玉溪市江川区“基层党建

提升年”实施方案（送审稿）》的汇报；听取了区委组织部副部长、区委“两新”组织党工委书记陈宝林关于村组活动场所提档升级工作情况的汇报；听取了区外宣办主任张乘风《关于进一步改进领导会议和活动新闻报道的通知（送审稿）》的汇报。要求区委宣传部要按照“突出问题导向、突出工作导向、充分借鉴经验、表述准确严谨”四项原则进一步修改完善；听取并原则同意区外宣办主任张乘风《关于创建全省全国文明城市实施方案（送审稿）》的汇报；听取了区委办副主任、区委督查室主任赵雄伟关于2016年度综合目标考核结果的汇报；听取了区委组织部副部长、人社局局长唐光华关于《玉溪市江川区人才发展专项资金管理使用办法（送审稿）》的汇报；听取并原则同意团区委书记屈瑞关于玉溪市江川区少工委换届选举工作有关事项的汇报；听取并原则同意区文联主席叶自林关于区文联换届有关事项的汇报；听取了区委副书记、区委党校校长张燕华传达学习了市召开的县区关工委主管联系领导工作会议、市关工委年度会议精神；听取并非原则同意区关工委办公室主任钱鸿润关于区关工委组织建设工作有关事宜的汇报；听取并原则同意区人民政府副区长、住建局局长靳永春关于支付江城古镇片区棚户区改造借款本金利息有关事项的汇报；听取并原则同意区财政局局长、工业园区管委会主任杨兴华关于捷克轻型固定翼飞机复装生产项目有关事项的汇报；听取了区政府办副主任、区委群众工作局局长、区委区政府信访局局长赵华关于玉溪市江川区2017年一季度信访工作的汇报，研究了相关工作；听取了区委组织部副部长、老干部局局长范江应关于全区老干部工作情况的汇报，研究了相关工作。

2017年5月8日，区委书记徐贤主持召开中共玉溪市江川区第二届委员会第27次常委会议。会议共2项议题：传达学习张德华市长赴江川调研主要精神；研究违纪人员处理问题。

会议听取了区委书记徐贤传达学习了张德华市长赴江川调研主要精神，研究部署了我区贯彻落实意见。

2017年5月15日，区委书记徐贤主持召开中共玉溪市江川区第二届委员会第28次常委会议。会议共 12项议题：传达学习中央、省市委推进“两学一做”学习教育常态化制度化工作座谈会及中央组织部、省委组织部基层党建工作重点任务推进会主要精神，研究《玉溪市江川区关于推进“两学一做”学习教育常态化制度化的实施方案（送审稿）》；传达学习全省统战工作会议及全省民族团结进步示范区建设工作推进会议精神，通报全区民族团结进步示范区建设情况；听取全区2017年一季度经济运行情况汇报；研究《中共玉溪市江川区委工作规则（送审稿）》和《中共玉溪市江川区委常委会议事规则（试行）（送审稿）》；研究《玉溪市江川区关于开展“千堂党课进基层”工作的通知（送审稿）》；研究《中共玉溪市江川区委常委领导班子2017年上半年民主生活会工作方案（送审稿）》；研究《关于进一步规范乡镇（街道）上下班时间的通知（送审稿）》；研究《关于调整“两案”人员生活补助的方案（送审稿）》；研究《2016年公务员年度考核表彰奖励人员名单（送审稿）》；研究《玉溪市江川区2017年乡镇（街道）和区直单位目标任务综合考评办法（送审稿）》；研究《江川区关于工作期间禁止饮酒的规定（送审稿）》；研究《中共二届玉溪市江川区委第二轮巡察工作实施方案（送审稿）》及区委巡察工作暨第二轮巡察工作动员会议召开相关事宜。

会议听取了区委常委、区委组织部部长张祖权传达学习了中央、省市委推进“两学一做”学习教育常态化制度化工作座谈会及中央组织部、省委组织部基层党建重点任务推进会主要精神；听取并原则同意区委组织部副部长、区“两新”组织党工委书记陈宝林关于《玉溪市江川区关于推进“两学一做”学习教育常态化制度化的实施方案（送审稿）》的汇报，研究了相关工作；听取了区委常委、区委统战部部长李志刚，区委统战部副部长、区民宗局局长李忠良分别传达学习了全省统战工作会议和全省民族团结进步示范区建设工作推进会议精神及关于全区民族团结进步示范区建设情况的汇报，研究了相关工作；听取了区长王志华关于全区2017年一季度经济运行情况的汇报，研究了相关工作；听取并原则同意区委常委、区委办主任邓春元关于《中共玉溪市江川区委工作规则（送审稿）》和《中共玉溪市江川区委常委会议事规则（试行）（送审稿）》的汇报，研究了相关工作；听取并原则同意区委组织部副部长、区“两新”组织党工委书记陈宝林关于《玉溪市江川区关于开展“千堂党课进基层”工作的通知（送审稿）》的汇报、关于《中共玉溪市江川区委常委领导班子2017年上半年民主生活会工作方案（送审稿）》的汇报、《关于进一步规范乡镇（街道）上下班时间的通知（送审稿）》的汇报及《关于调整“两案”人员生活补助的方案（送审稿）》的汇报；听取并原则同意区综考办主任赵雄伟关于《玉溪市江川区2017年度乡镇（街道）和区直单位目标任务综合考评办法（送审稿）》的汇报；听取并原则同意区纪委副书记、区监察局局长郭华关于《玉溪市江川区关于工作期间禁止饮酒的规定（送审稿）》的汇报，研究了相关工作；听取并原则同意区纪委常委、区委巡察工作领导小组办公室主任李文平关于中共玉溪市江川区二届区委第二轮巡察工作实施方案（送审稿）》及区委巡察工作暨第二轮巡察工作动员会议召开相关事宜的汇报，研究了相关工作。

2017年5月18日，区委书记徐贤主持召开中共玉溪市江川区第二届委员会第29次常委会议。会议共14项议题：传达学习副省长张祖林调研星云湖河长制工作座谈会精神；研究关于江川区全面推行河长制有关事项；通报《进一步完善在职领导联系老干部制度的通知》；研究《2017年宣传思想文化工作要点（送审稿）》；听取玉溪市江川区人民检察院贯彻落实司法体制改革工作情况汇报；研究《关于玉溪市江川区妇联改革实施方案（送审稿）》；研究关于召开玉溪市江川区青年联合会第二届委员会第一次全体会议有关事项；研究关于召开中国少年先锋队玉溪市江川区第二次代表大会有关事项；研究违法违规建筑治理工作经费有关事项；研究宏程物流项目产业发展专项扶持资金有关事项；研究政府购买江通澄川高速公路建设工程征地拆迁安置服务项目资金列入财政预算有关问题；通报全区“地条钢”企业清理整治情况及2017年1至4月安全生产形势；听取中共政协玉溪市江川区委员会党组党建工作情况汇报；听取江川工业园区工作情况及党建工作情况汇报。

会议听取了区委书记徐贤传达学习了副省长张祖林调研星云湖河长制工作座谈会精神，研究了我区贯彻意见；听取并原则同意区水利局局长吴正顶关于江川区全面推行河长制有关事项的汇报，研究了相关工作；听取并原则同意区委组织部副部长、区委老干局局长范江应关于《进一步完善在职领导联系老干部制度的通知》的汇报，研究了相关工作；听取并原则同意区委宣传部副部长、区文产办主任刘鸿关于《2017年宣传思想文化工作要点（送审稿）》的汇报，研究了相关工作；听取了区人民检察院检察长资云坤关于玉溪市江川区人民检察院贯彻落实司法体制改革工作情况的汇报，研究了相关工作；听取并原则同意区妇联主席花云芬《关于玉溪市江川区妇联改革实施方案（送审稿）》的汇报；听取并原则同意团区委书记屈瑞关于召开玉溪市江川区青年联合会第二届委员会第一次全体会议有关事项的汇报及关于召开中国少年先锋队玉溪市江川区第二次代表大会有关事项的汇报，研究了相关工作；听取并原则同意区人民政府副区长、区住建局局长靳永春关于违法违规建筑治理工作经费有关事项的汇报，研究了相关工作；听取并原则同意区工信局局长李华同关于宏程物流项目产业发展专项扶持资金有关事项的汇报，研究了相关工作；听取并原则同意区交通局局长胡禄金关于政府购买江通澄川高速公路建设工程征地拆迁安置服务项目资金列入财政预算有关问题的汇报，研究了相关工作；听取了区安监局局长李红庭关于全区“地条钢”企业清理整治情况及2017年1至4月安全生产形势的汇报，研究了相关工作；听取了区政协党组书记罗跃岗关于中共政协玉溪市江川区委员会党组党建工作情况的汇报，研究了相关工作；听取了江川工业园区管委会主任、区财政局局长杨兴华关于江川工业园区工作情况及党建工作情况的汇报，研究了相关工作。

2017年6月8日，区委书记徐贤主持召开中共玉溪市江川区第二届委员会第31次常委会议。会议共12项议题：通报2016年市对区抓基层党建工作述职评议考核综合评价的意见反馈及整改落实情况；研究《关于开展庆祝建党96周年暨喜迎党的十九大系列活动的通知（送审稿）》；研究《玉溪市江川区2017年度加强脱贫攻坚执纪监督问责工作实施方案（送审稿）》；研究《玉溪

市江川区人民政府工作规则（送审稿）》；研究玉溪市江川区治保会建设经费有关事项；研究舆情工作；研究《玉溪市江川区行政事业单位差旅费管理暂行办法（送审稿）》；研究大街市场提档升级改造有关事项；研究玉溪市家美建设投资有限公司向大街街道早街居委会借款有关事项；听取大街街道2017年党建及综合工作情况汇报；听取前卫镇2017年党建工作情况汇报；传达学习《关于甘肃祁连山国家级自然保护区生态环境问题督查处理情况及其教训的通报》。

会议听取并原则同意区委组织部副部长、区“两新”组织党工委书记陈宝林关于2016年市对区抓基层党建工作述职评议考核综合评价意见反馈及整改落实情况的汇报及《关于开展庆祝建党96周年暨喜迎党的十九大系列活动的通知（送审稿）》的汇报；听取并原则同意区纪委副书记、区监察局局长郭华关于《玉溪市江川区2017年度加强脱贫攻坚监督执纪问责工作实施方案（送审稿）》的汇报；听取并原则同意区政府办主任钟镖关于《玉溪市江川区人民政府工作规则（送审稿）》的汇报；听取并原则同意区政府副区长、市公安局江川分局局长牛旺林关于玉溪市江川区治保会建设经费有关事项的汇报，研究了相关工作；听取了区委宣传部副部长李红有关于舆情工作的汇报，研究了相关工作；听取并原则同意区财政局局长、工业园区管委会主任杨兴华关于《玉溪市江川区行政事业单位差旅费管理暂行办法（送审稿）》的汇报，研究了相关工作；听取并原则同意区工信局局长李华同关于大街市场提档升级改造有关事项的汇报，研究了相关工作；听取并原则同意区政府副区长、区住建局局长靳永春关于玉溪市家美建设投资有限公司向大街街道早街居委会借款有关事项的汇报，研究了相关工作；听取了大街街道党工委书记李德坤关于大街街道2017年党建及综合工作情况的汇报，研究了相关工作；听取了前卫镇党委书记莽嘉慧关于前卫镇2017年党建工作情况的汇报，研究了相关工作；听取了区委常委、区委办主任邓春元传达学习了中央办公厅、国务院办公厅《关于甘肃祁连山国家级自然保护区生态环境问题督查处理情况及其教训的通报》。

2017年7月7日，区委书记徐贤主持召开中共玉溪市江川区第二届委员会第34次常委会议。会议共12项议题：传达市委干部任免文件；研究常委分工有关事宜；传达学习中国共产党云南省代表会议精神；研究《进一步贯彻落实中央八项规定精神的实施意见（送审稿）》；研究《关于贯彻机关事业单位工作人员带薪年休假制度的补充意见（送审稿）》；研究区消防大队车辆器材装备建设经费有关事项；研究“双创”工作经费有关事项；研究石漠化综合治理及陡坡地生态治理项目、区林业局视频监控系统建设及绿化造林经费有关事项；研究《星云湖污染隐患综合防治方案（送审稿）》；研究区国税局经费保障有关事项；听取“两新”组织党工委2017年党建工作情况汇报；听取江城镇2017年党建工作情况汇报。

会议听取了区委常委、区委办公室主任邓春元关于区委常委分工有关事项的汇报，研究了相关工作；听取了区委书记徐贤传达学习了中国共产党云南省代表会议精神；听取并原则同意区委常委、区委办主任邓春元关于《进一步贯彻落实中央八项规定精神的实施意见（送审稿）》的汇报，研究了相关工作；听取并原则同意区委组织部副部长、区人社局局长唐光华《关于贯彻机关事业单位工作人员带薪年休假制度的补充意见（送审稿）》的汇报，研究了相关工作；听取消防大队指导员张云彪关于区消防大队车辆器材装备建设经费有关事项的汇报，研究了相关工作；听取了区卫计局局长杨春文关于“双创”工作经费有关事项的汇报，研究了相关工作；听取并原则同意区林业局局长杨涛关于石漠化综合治理及陡坡地生态治理项目、区林业局视频监控系统建设及绿化造林经费有关事项的汇报，研究了相关工作；听取并原则同意区环保局副局长张春丽关于《星云湖污染隐患综合防治方案（送审稿）》的汇报，研究了相关工作；听取并原则同意区财政局局长杨兴华关于区国税局经费保障有关事项的汇报，研究了相关工作；听取了区委组织部副部长、“两新”组织党工委书记陈宝林关于“两新”组织党工委2017年党建工作情况汇报；听取了江城镇党委书记郭峰关于江城镇2017年党建工作情况汇报。

2017年7月19日，区委书记徐贤主持召开中共玉溪市江川区第二届委员会第35次常委会议，专题研究《玉溪市江川区委常委领导班子巡视整改暨党风廉政建设专题民主生活会对照检查材料（送审稿）》。

会议听取并原则同意区纪委党风政风监督室主任高超关于《玉溪市江川区委常委领导班子巡视整改暨党风廉政建设专题民主生活会对照检查材料（送审稿）》的汇报，研究了相关工作。

2017年7月21日，区委书记徐贤主持召开中共玉溪市江川区第二届委员会第36次常委会议，专题研究彻底肃清白恩培、仇和等余毒有关问题。

会议原则同意《中共玉溪市江川区委关于落实中央第十一巡视组对云南省开展巡视“回头看”反馈意见的整改方案》及整改工作领导小组名单。

2017年8月10日，区委书记徐贤主持召开中共玉溪市江川区第二届委员会第37次常委会议。会议共16项议题：传达学习副省长张祖林调研玉溪市高原特色现代农业和河长制工作座谈会，市委副书记、市长张德华调研江川区稳增长和河长制工作座谈会精神；传达学习全市2017年上半年纪检监察工作总结交流汇报会精神；传达学习全市组织部长工作会议精神；传达学习《关于转发中共中央保密委员会〈2016年全国窃密泄密案件情况通报〉的通知》精神；研究违纪干部处分有关事项；传达学习《关于认真贯彻执行〈政法机关党组织向党委请示报告重大事项规定〉的通知》精神；听取2017年上半年政法工作汇报，研究迎接党的十九大维稳工作有关事项；研究《关于开展重点行业领域涉稳问题专项治理的意见》；研究《玉溪市江川区贯彻落实〈关于全面推进依法治省工作的实施意见（2016—2020）〉的实施方案（送审稿）》；研究《玉溪市江川区区管干部履职评议实施方案〈试行〉（送审稿）》；研究区政府党组提请的有关事项；研究《玉溪市江川区加快推进中心城区机关事业单位和干部职工带头整治违法违规建筑的实施意见》；传达学习2017年全市统战工作会议精神；传达学习《中国共产党统一战线工作条例（试行）》；汇报2017年工信局党委党建工作情况；汇报2017年雄关乡党委党建工作情况。

会议听取了区委副书记、区长王志华传达学习了副省长张祖林在玉溪市调研高原特色现代农业和河长制工作座谈会上的讲话，市委副书记、市长张德华在江川区调研稳增长和河长制工作座谈会上的讲话精神，研究了相关工作；听取了区委常委、区纪委书记李学祥传达学习了全市2017年上半年纪检监察工作交流汇报会精神；听取了区委常委、区委组织部部长张祖权传达学习了全市组织部长工作会议精神，研究了相关工作；听取了区委常委、区委办公室主任邓春元传达学习了《关于转发中共中央保密委员会〈2016年全国窃密泄密案件情况通报〉的通知》精神；听取了区委常委、区委政法委书记蒋文传达学习了《关于认真贯彻执行〈政法机关党组织向党委请示报告重大事项规定〉的通知》；听取了区委常委、区委政法委书记蒋文2017年上半年政法工作情况汇报，研究了迎接党的十九大维稳工作有关事项；听取了区委常委、区委政法委书记蒋文《关于开展重点行业领域涉稳问题专项治理的意见》的汇报，研究了相关工作；听取并原则同意区委常委、区委政法委书记蒋文关于《玉溪市江川区贯彻落实〈关于全面推进依法治省工作的实施意见（2016—2020）〉的实施方案（送审稿）》的汇报，研究了相关工作；听取了区委组织部副部长邢小刚关于《玉溪市江川区区管干部履职评议实施方案〈试行〉（送审稿）》的汇报，研究了相关工作；会议听取了区委常委、常务副区长张文彬关于《关于加强和改进新形势下宗教工作的实施意见（送审稿）》《玉溪市江川区星云湖入湖河道农业大棚治理工作方案（送审稿）》、设置区科技局有关事项、《关于将原江川县会计核算中心变更为国库支付中心并对区级行政事业单位实行代理记账的报告》《关于玉溪市江川区财政资金存放商业银行评价激励暂行办法（送审稿）》、关于调整2017年国家机关事业单位（财政供养）住房公积金缴存基数有关事项、2017年上半年安全生产形势、2017年上半年经济运行情况、星云湖部分“十三五”治理项目采用PPP模式实施的有关事项、星云湖截污治污工程PPP项目融资方案及补充协议、星云湖污染底泥疏挖及处置工程融资方案及补充协议的汇报；听取并原则同意区人民政府副区长、区住建局局长靳永春关于研究《玉溪市江川区加快推进中心城区机关事业单位和干部职工带头整治违法违规建筑的实施意见》的汇报，研究了相关工作；听取了区委常

委、区委统战部部长李志刚传达学习了2017年全市统战工作会议精神，研究了相关工作；听取了区委常委、区委统战部部长李志刚传达学习了《中国共产党统一战线工作条例（试行）》，研究了相关工作；听取了区工信局局长李华同关于2017年工信局党委党建工作情况的汇报；听取了雄关乡党委书记戴吉国关于2017年雄关乡党委党建工作情况的汇报。

2017年9月12日，区委书记徐贤主持召开中共玉溪市江川区第二届委员会第40次常委会议。会议传达学习了《玉溪市防止干部“带病提拔”的实施意见》及七个办法；传达学习了全省城市基层党建工作经验交流座谈会精神；研究了《玉溪市江川区关于开展村级后备干部“金种子”培养工程的实施意见》；通报了中共云南省纪律检查委员会关于对八起落实全面从严治党主体责任和监督责任不力被问责典型案例及七起违反中央八项规定精神典型问题；研究了《关于落实市委脱贫攻坚专项巡察组对江川区委开展脱贫攻坚专项巡察反馈意见的整改方案》；研究了《玉溪市江川区2017年脱贫攻坚专项巡察方案（送审稿）》；研究了召开玉溪市江川区工会第一次代表大会及成立玉溪市江川区工会第一次代表大会工作领导小组有关事项；听取了市国土资源局江川分局党建工作情况汇报；听取了区委老干局党建工作情况汇报。

会议听取了区委常委、区委组织部部长张祖权传达学习了《玉溪市防止干部“带病提拔”的实施意见》及七个办法、全省城市基层党建工作经验交流座谈会精神，研究了相关工作；听取并原则同意区委常委、区委组织部部长张祖权关于《玉溪市江川区关于开展村级后备干部“金种子”培养工程的实施意见》的汇报；听取了区委常委、区纪委书记李学祥通报了中共云南省纪律检查委员会关于对八起落实全面从严治党主体责任和监督责任不力被问责典型案例及七起违反中央八项规定精神典型问题；听取并原则同意区委巡察办主任李文平《关于落实市委脱贫攻坚专项巡察组对江川区委开展脱贫攻坚专项巡察反馈意见的整改方案、《玉溪市江川区2017年脱贫攻坚专项巡察方案（送审稿）》的汇报，研究了相关工作；听取并原则同意区人大常委会副主任、区总工会主席普朝鹏关于召开玉溪市江川区工会第一次代表大会及成立玉溪市江川区工会第一次代表大会工作领导小组有关事项的汇报，研究了相关工作；听取了市国土资源局江川分局党组书记、局长李江润关于党建工作情况的汇报，研究了相关工作；听取了区委老干局党委书记郑吉来关于党建工作情况的汇报，研究了相关工作。

2017年9月26日，区委书记徐贤主持召开中共玉溪市江川区第二届委员会第41次常委会议。会议传达学习了《玉溪市纪委监察局关于强化2017年中秋国庆期间监督执纪问责加强纪律作风建设的通知》精神；研究了召开中国共产主义青年团玉溪市江川区第二次代表大会有关事项；研究了进一步规范区委组织部部务委员会及干部教育培训工作有关事项；研究了区政府党组提请的有关事项。

会议听取了区纪委副书记、区监察局局长郭华传达学习了《玉溪市纪委监察局关于强化2017年中秋国庆期间监督执纪问责加强纪律作风建设的通知》精神，研究了相关工作；听取了团区委书记屈瑞关于召开中国共产主义青年团玉溪市江川区第二次代表大会有关事项的汇报，研究了相关工作；听取并原则同意区委组织部副部长邢小刚关于进一步规范区委组织部部务委员会及干部教育培训工作有关事项的汇报，研究了相关工作；听取并原则同意区委常委、常务副区长张文彬关于《玉溪市江川区加快民营经济发展实施方案（送审稿）》《玉溪市江川区加快园区经济发展实施方案（送审稿）》《玉溪市江川区加快县域经济发展实施方案（送审稿）》、星云湖主要入湖河道综合治理工程有关事项、江川工业园区JTC—2017—16号地块场地平整工程有关事项、《星云湖沿湖环境卫生管理实施方案（试行）》的汇报。

2017年10月25日，区委书记徐贤主持召开中共玉溪市江川区第二届委员会第43次常委会议。会议传达学习了中国共产党第十九次全国代表大会会议精神；传达学习了《中共玉溪市纪委关于4起违反中央八项规定精神典型问题的通报》；传达学习了《关于市委管理的领导班子成员分工调整报备办法》；研究了《中国·云南·江川第十三届开渔节（高原湖泊水产品交易会）活动方案》；研究了玉溪市江川区大街街道棚户区改造工作抽调人员有关事项；研究了《进一步改善乡镇干部职工基本生活条件总体建设方案》；研究了全区安全生产工作；研究了全区“七五”普法推进工作；研究了区政府党组提请的有关事项；听取了区卫计局党建工作情况汇报；听取了区工商联党建工作情况汇报。

会议听取了区委书记徐贤传达学习了《中国共产党第十九次全国代表大会关于十八届中央委员会报告的决议》和《中国共产党第十九次全国代表大会关于〈中国共产党章程（修正案）〉》的决议；听取了区委常委、区纪委书记李学祥传达学习了《中共玉溪市纪委关于4起违反中央八项规定精神典型问题的通报》，研究了相关工作；听取了区委常委、区委组织部部长张祖权传达学习了《关于市委管理的领导班子成员分工调整报备办法》，研究了相关工作；听取并原则同意了区文广体局局长何俊关于《中国·云南·江川第十三届开渔节（高原湖泊水产品交易会）活动方案》的汇报，研究了相关工作；听取并原则同意区委常委、区委组织部部长张祖权关于玉溪市江川区大街街道棚户区改造工作抽调人员有关事项的汇报；听取并原则同意区委组织部副部长、区“两新”组织党工委书记陈宝林关于《进一步改善乡镇干部职工基本生活条件总体建设方案》的汇报，研究了相关工作；听取了区安监局副局长宋平华关于2017年全区安全生产工作情况的汇报，研究了相关工作；听取了区司法局局长王奇志关于“七五”普法推进工作的汇报，研究了相关工作；听取并原则同意区委常委、常务副区长张文彬关于江通高速公路项目绿竹集团久禄花炮有限公司厂区补偿、中民筑友（玉溪市）装配式节能建筑产业基地项目产业扶持资金、2017年星云湖水葫芦打捞、调整我区党政机关国内公务接待标准有关事项的汇报；听取了区卫计局党委书记、局长杨春文关于区卫计局党建工作情况的汇报，研究了相关工作；听取了区委统战部副部长、区工商联党组书记业东华关于党建工作情况的汇报，研究了相关工作。

2017年11月8日，区委书记徐贤主持召开中共玉溪市江川区第二届委员会第45次常委会议。会议研究了给予赵玉肖同志党内警告处分有关事项，研究了开展2017年度党建暨党风廉政建设责任制检查考核有关事项，通报了《玉溪市江川区加快推进中心城区机关事业单位和干部职工带头整治违法违规建筑的实施意见》的贯彻落实情况，通报了区属投融资公司调研情况，研究了补选区二届人大代表有关事项，研究了《2017年区乡两级残联换届工作方案》，研究了“双创”网格化管理月度工作评价有关事项，研究了区委二届4次全会报告提纲，研究了脱贫攻坚及农村危房改造工作，研究了区政府党组提请的有关事项，研究了全区妇女儿童发展工作，听取了玉溪市公安局江川分局党建工作情况汇报。

会议听取并原则同意区委党校常务副校长、区纪委副书记、区监察局局长郭华关于给予赵玉肖同志党内警告处分有关事项的汇报；听取了区委党校常务副校长、区纪委副书记、区监察局局长郭华关于开展2017年度党建暨党风廉政建设责任制检查考核有关事项的汇报；听取并原则同意区委党校常务副校长、区纪委副书记、区监察局局长郭华和区委组织部副部长邢小刚关于《实施意见》的贯彻落实情况的通报，研究了相关工作；会议听取了区委组织部副部长邢小刚关于区属投融资公司调研情况的通报，研究了相关工作；会议听取并原则同意区人大常委会主任龚桂存关于补选区二届人大代表有关事项的汇报；会议听取并原则同意区残联理事长马树良关于《2017年区乡两级残联换届工作方案》的汇报，研究了相关工作；听取并原则同意区委督查室主任王亮关于“双创”网格化管理月度工作评价有关事项的汇报，研究了相关工作；听取并原则同意区委办副主任龚钲关于区委二届4次全会报告提纲的汇报，研究了相关工作；听取了区发改局局长胡正鸿和区住建局局长李竹贵关于脱贫攻坚及农村危房改造工作的汇报，研究了相关工作；听取并原则同意区委常委、常务副区长张文彬关于我区2017年木本油料产业发展项目区级配套资金有关事项，王牌烟花火炮厂原材料、半成品和成品价格评估有关事项，《玉溪市江川区贯彻落实云南省〈各级党委、政府及有关部门环境保护工作责任规定（试行）〉实施意见（送审稿）》，云南九溪润特物流有限公司产业扶持资金有关事项的汇报；听取了区妇联主席花云芬关于全区妇女儿童工作的汇报，研究了相关工作；听取了区政府副区长、市公安局江川分

局局长牛旺林关于党建工作情况的汇报，研究了相关工作。

2017年11月22日，区委副书记、区长王志华受区委书记徐贤委托，主持召开中共玉溪市江川区第二届委员会第46次常委会议。会议传达学习了省委书记陈豪在云南日报上发表的署名文章《在党的十九大精神鼓舞下谱写云南跨越式发展新篇章》，研究了《中共玉溪市江川区委员会关于认真学习宣传贯彻党的十九大精神的实施意见》《中共玉溪市江川区委办公室关于认真做好学习宣传贯彻党的十九大精神宣讲工作的通知》《中共玉溪市江川区委办公室关于印发〈玉溪市江川区学习宣传贯彻党的十九大精神宣讲工作方案〉的通知》《中共玉溪市江川区委宣传部关于印发〈玉溪市江川区宣传党的十九大精神工作方案〉的通知》有关事项，研究了《2017年党的建设工作专题报告》有关事项，研究了《玉溪市江川区关于实施全面两孩政策改革完善计划生育服务管理的实施方案》有关事项，研究了前卫镇撤镇设街道办事处有关事项，研究了区政府党组提请的有关事项，听取了区教育局党建工作情况汇报。

会议听取了区委副书记、区委党校校长张燕华传达学习了省委书记陈豪在云南日报上发表的署名文章《在党的十九大精神鼓舞下谱写云南跨越式发展新篇章》，研究了相关工作；听取并原则同意区委宣传部副部长、区文产办主任刘鸿关于认真学习宣传贯彻党的十九大精神系列文件的汇报，研究了相关工作；听取了区委组织部副部长、“两新”组织党工委书记陈宝林关于《2017年党的建设工作专题报告》有关事项的汇报，研究了相关工作；听取并原则同意区卫计局党委书记、局长杨春文关于《玉溪市江川区关于实施全面两孩政策改革完善计划生育服务管理的实施方案》有关事项的汇报，研究了相关工作；听取了区民政局局长周瑜关于前卫镇撤镇设街道办事处有关事项的汇报，研究了相关工作；听取并原则同意区委常委、常务副区长张文彬关于《玉溪市江川区人民政府2017年财政预算调整方案（草案）》有关事项，《玉溪市江川区人民政府关于2018年财政收支预算的报告》有关事项，区国有资产经营有限责任公司收购大街棚户区改造范围内区属国有资产有关事项，农村土地承包经营权确权登记工作购买影像底图经费有关事项，2017年烤烟生产收购责任状考核兑现方案及烟叶后期收购工作经费有关事项，龙泉园区烟花爆竹企业关闭退出原材料半成品成品补偿销毁有关事项，收购玉溪通程检测有限公司房地产有关事项，江城古镇建设项目投资有关事项的汇报；听取了区教育局党工委书记张丽梅关于区教育局党建工作情况的汇报，研究了相关工作。

2017年12月25日，区委副书记、区长王志华受区委书记徐贤委托，主持召开中共玉溪市江川区第二届委员会第48次常委会议。会议研究了召开玉溪市江川区第二届人民代表大会第二次会议和政协玉溪市江川区第二届委员会第二次会议有关事项，研究了江川区出席市五届人代会代表建议人选有关事项，研究了玉溪市江川区残疾人联合会第二届委员会建议人选有关事项，研究了区政府党组提请的有关事项，听取了中共玉溪市江川区人大常委会党组、中共玉溪市江川区政府党组、中共玉溪市江川区政协党组、中共玉溪市江川区法院党组、中共玉溪市江川区检察院党组、中共玉溪市江川区工商联党组2017年工作情况汇报。

会议听取并原则同意区人大常委会办公室主任雷永彪和区政协办公室主任侯国芬关于召开玉溪市江川区第二届人民代表大会第二次会议和政协玉溪市江川区第二届委员会第二次会议有关事项的汇报，研究了相关工作；会议听取并原则同意区委组织部常务副部长邢小刚关于江川区出席市五届人代会代表建议人选有关事项的汇报，研究了相关工作；听取并原则同意区残联理事长马树良关于玉溪市江川区残疾人联合会第二届委员会建议人选有关事项的汇报，研究了相关工作；听取并原则同意区委常委、常务副区长张文彬关于将2017年棚改补助资金作为棚改项目资本金划拨至市家园公司有关事项、江城晨丰园大棚拆除及苗木补偿有关事项、大街街道2016年农业高效节水减排项目临时占地补偿经费有关事项的汇报；分别听取了区委副书记、区政府党组书记、区长王志华，区人大常委会党组书记、主任龚桂存，区政协党组书记、主席罗跃岗，区人民法院党组书记、院长王建文，区人民检察院党组书记、检察长资云坤，区委统战部常务副部长、区工商联党组书记业东华关于各党组

2017年工作情况汇报，研究了相关工作。

（许晓佳）

【重要通知、指示、决定】

2017年1月6日，下发了《中共玉溪市江川区委玉溪市江川区人民政府关于进一步构建和谐劳动关系的实施意见》，提出了构建和谐劳动关系的重要意义、总体要求和目标任务，要求各级各部门依法保障和维护职工合法权益，完善劳动关系协调机制，全面深化企业民主管理，预防和化解劳动关系矛盾，优化和谐劳动关系构建环境，创新和谐劳动关系建设载体，统筹处理好促进企业发展和维护职工权益的关系，推动江川和谐劳动关系的建设和发展，促进江川经济持续健康发展和社会和谐稳定。

1月9日，区委下发了《关于玉溪市江川区第二届人民代表大会第一次会议和政协玉溪市江川区第二届委员会第一次会议选举结果的报告》，由龚桂存担任玉溪市江川区第二届人大常委会主任，李绍华、普朝鹏、何眉、李保平担任副主任；由王志华担任区人民政府区长，张文彬、牛旺林、杨军苹、王柄璋、李忠海、靳永春担任副区长；由罗跃岗担任政协玉溪市江川区第二届委员会主席，杨吉英、曲绍庭、顾秋、岳东芬担任副主席；由王建文担任玉溪市江川区人民法院院长，资云坤担任玉溪市江川区人民检察院检察长。

1月17日，下发了《中共玉溪市江川区委关于印发徐贤同志在中共玉溪市江川区委二届三次全会第一次全体会议上关于区委常委会工作的报告和在第二次全体会议上的讲话的通知》。《报告》认真贯彻了党的十八届六中全会、省第十次党代会、市委五届二次全会精神，深入学习贯彻习近平总书记系列重要讲话和考察云南重要讲话精神，思路清晰、措施有力，真正体现了执政为民的思想，客观真实总结了2016年特别是二届区委履职以来的工作，深入分析研判了江川发展面临的形势和机遇，并对2017年工作任务进行了全面安排部署。区委书记徐贤作的重要讲话对做好当前和今后一个时期的工作提出了明确要求，动员全区广大干部切实增强“四种意识”，以优良的党风、带政风、促民风，形成推动加快发展的强大合力，努力推动江川经济社会跨越发展。

2月24日，下发了《中共玉溪市江川区委办公室玉溪市江川区人民政府办公室关于成立玉溪市江川区重点产业发展领导小组的通知》。由徐贤同志担任区重点产业发展领导小组组长，王志华同志担任副组长，领导小组下设办公室，邓春元同志兼任办公室主任，负责处理领导小组日常事务。领导小组下设六个重点产业协调推进组，分别是装备制造产业协调推进组、高原特色农业产业协调推进组、文化旅游及健康养老产业协调推进组、现代物流产业协调推进组、航空产业协调推进组和磷化工等传统产业转型升级协调推进组。

同日，下发了《中共玉溪市江川区委办公室玉溪市江川区人民政府办公室关于印发〈玉溪市江川区重大项目工作推进制度〉的通知》。从总则、推进形式、推进内容、推进要求、督促检查、考核及奖惩、附则七方面对重大项目工作推进提出具体要求。

同日，下发了《中共玉溪市江川区委办公室玉溪市江川区人民政府办公室关于调整完善玉溪市江川区区委常委联系乡镇（街道）和区级领导联系具体工作的通知》。要求区级领导挂钩联系乡镇（街道）坚持“分片负责、工作到人、分类指导、归口调度”原则，实行“1+N+X”的方式。“1”，即每个乡镇（街道）由1至2名常委分片牵头负责，全面指导所挂钩联系乡镇（街道）的经济建设、政治建设、文化建设、社会建设、生态文明建设以及党的建设等各项工作；“N”，即挂钩联系具体工作的区级领导；“X”，即所挂钩联系的工业企业、基层党组织建设、城乡人居环境整治、学校工作、统一战线人士等具体工作。

2月26日，下发了《中共玉溪市江川区委办公室玉溪市江川区人民政府办公室关于印发玉溪市江川区违法违规建筑治理方案的通知》。从治理违法违规建筑的指导思想、工作目标、组织领导、治理范围和内容、治理措施办法、工作步骤、工作要求七方面作出安排部署。违法违规建筑治理工作自2016年10月起，分五个阶段进行，一是调查摸底阶段，自2016年10月至2017年2月；二是宣传发动阶段，自2017年1月至2017年2月；三是集中治理阶段，自2017年3月至2017年10月；四是考核验收阶段，自2017年11月至2017年12月；五是巩固成果阶段，长期坚持。

3月3日，下发了《中共玉溪市江川区委办公室关于印发〈玉溪市江川区关于加强学校党的建设工作的实施办法（试行）〉的通知》。从总则、发挥组织作用、健全管理体制、加强组织建设、深化党建任务、强化组织保障、附则等七方面要求切实加强新形势下党对教育工作的领导，突出学校党组织的政治核心作用，充分发挥学校党组织战斗堡垒作用和党员先锋模范作用，全面提升我区学校党建工作科学化水平。

3月8日，下发了《中共玉溪市江川区委关于调整区委全面深化改革领导小组的通知》，由区委书记徐贤担任区委全面深化改革领导小组组长，区委副书记、区长王志华，区委副书记、区委党校校长张燕华，区人大常委会主任龚桂存，区政协主席罗跃岗担任副组长。领导小组负责研究制定全区经济体制、民主法制体制、文化体制、社会体制、生态文明体制和党的建设制度等方面改革的思路、原则、政策和总体方案；统一部署全区性重大改革；统筹协调处理全区全局性、长远性的重大改革问题；指导、推动、督促区委有关重大改革政策措施的组织落实。区委全面深化改革领导小组下设办公室（简称“区委改革办”），作为常设性工作机构，设在区委政研室。

3月22日，下发了《中共玉溪市江川区委办公室关于印发〈玉溪市江川区区管领导干部任前廉政教育制度〉的通知》。实施对象为全区新提拔区管领导干部。要求新任领导干部拒腐防变的思想道德、党纪国法防线，打牢为民、务实、清廉的思想根基、执政根基，强化“一岗双责”和廉洁自律意识，严格领导干部准入渠道，纯洁领导干部队伍，促进全区党风廉政建设和反腐败工作。

4月1日，下发了《中共玉溪市江川区委关于印发〈玉溪市江川区挂职干部管理实施办法（试行）〉的通知》，明确了干部的选派和挂职方式，明确了选派干部的管理、考核和保障等相关事宜，进一步强化了挂职干部管理，推进了挂职干部管理规范化。

4月12日，下发了《中共玉溪市江川区委办公室　玉溪市江川区人民政府办公室关于开展脱贫攻坚“找问题、补短板、促攻坚”专项行动的通知》。要求精准贫困户信息，完善贫困户档案材料，核准帮扶措施情况，科学测算家庭其他收入，彻底解决建档立卡危房问题，彻底解决看病困难问题，全面核准整改易地扶贫搬迁问题，加快项目建设，完善数据管理平台，压实精准扶贫工作责任，加快脱贫致富奔小康步伐。专项行动分三个阶段进行，一是整改动员阶段，于3月21日召开动员培训会；二是自查整改阶段，4月1～20日，按照乡镇（街道）不漏村、村不漏户、户不漏人、人不漏项的原则，全面开展整改；三是督促检查阶段，4月21～30日，区委、区政府派出专项督促检查组按照脱贫户、未脱贫户、一般群众三类不低于10%的比例组织检查验收。

4月22日，下发了《中共玉溪市江川区委办公室玉溪市江川区人民政府办公室关于印发〈玉溪市江川区创建全省全国文明城市实施方案〉的通知》。从指导思想、工作目标、基本原则、工作任务、实施步骤、保障措施六方面提出具体要求。创建工作共分为四个阶段进行，第一阶段为全面启动实施，自2017年1～5月；第二阶段为巩固创建活动，自2017年5～12月；第三阶段为强化完善提高，自2018年1～12月；第四阶段为2019～2020年。

4月25日，下发了《中共玉溪市江川区委办公室　玉溪市江川区人民政府办公室关于印发玉溪市江川区2017年脱贫攻坚实施方案的通知》。要求加强动态调整，精准扶贫对象，强化整合创新，精准项目帮扶，围绕“两不愁、三保障”的总体目标，全面完成市级下达江川区626户1982名建档立卡贫困人口脱贫，完成建档立卡易地扶贫搬迁、农村危房改造280户，完成30户以上、贫困发生率在35%以上的自然村村组公路建设147公里；发放扶贫小额贷款2000万元；继续推进贫困乡和贫困行政村脱贫成效巩固提升，贫困乡和贫困行政村返贫率控制在2%以下。

同日，下发了《中共玉溪市江川区委关于印发〈中共玉溪市江川区委2016年度党风廉政建设责任制整改落实实施方案〉的通知》，明确了整改措施的牵头单位和责任单位，要求按照“七个一”工作步骤抓好整改落实。具体整改措施为：一要坚守政治担当，推动“两个责任”落到实处；二要推进“两学一做”学习教育常态化、制度化，不断筑牢党规党纪防线；三要树立正确的选人用人导向，防止选人用人上的不正之风和腐败问题；四要严肃党内政治生活，推动管党治党走向“严紧硬”；五要抓住“关键少数”，推进党内监督取得实效；六要实践运用好“监督执纪”四种形态，持续保持惩治腐败高压态势。

4月26日，下发了《中共玉溪市江川区委办公室玉溪市江川区人民政府办公室关于印发〈玉溪市江川区贯彻落实中央环境保护督察反馈意见问题整改总体方案〉的通知》，提出了江川区贯彻落实中央环境保护督察反馈意见问题整改措施清单，要求各牵头单位和责任单位切实把环境保护摆在更加突出的位置，加强污染综合防治，加强自然生态保护，改善提升城乡人居环境，实行最严格的环境保护制度，强化整改落实工作保障措施，落实好党中央、国务院、省委、省政府和市委、市政府关于环境保护的决策部署，加快生态文明排头兵建设。

5月16日，下发了《中共玉溪市江川区委　玉溪市江川区人民政府关于在全区开展“科教引领创新发展”大讨论大行动的实施意见》，通过开展一次专题调研，召开一次动员大会暨区委理论学习中心组学习，开展一次集中学习活动，制定实施3个工作方案，进一步统一思想、凝聚共识，在全区上下形成科教引领创新发展的浓厚氛围。以创新发展理念的转变引领发展方式转变，以科技创新为动力打造核心竞争力，以教育创新为支撑夯实人才保障基础，以产业创新为重点引领经济结构优化升级。大力培育新技术、新产业、新业态，让基础研究“强起来”，让企业创新“动起来”，让转化渠道“通起来”，让政府之手“活起来”，着力打造创新发展经济增长极，培育增强经济发展新动能，不断开创全区科教创新跨越发展新局面。

6月2日，下发了《中共玉溪市江川区委办公室印发〈关于推进“两学一做”学习教育常态化制度化的实施方案〉的通知》。要求全区各级党组织要从政治和全局高度，深刻认识推进“两学一做”学习教育常态化制度化的重大意义，坚持学做结合，坚持问题导向，突出分类指导，切实做到全覆盖、常态化、重创新、求实效。要求各级党组织认真履行主体责任，每年对开展“两学一做”学习教育情况进行评估总结，一级抓一级，层层抓落实，带动基层党组织和广大党员奋发有为、敢于担当、建功立业。

同日，下发了《中共玉溪市江川区委办公室玉溪市江川区人民政府办公室关于印发〈贯彻落实省委书记陈豪在玉溪调研指示精神任务分工方案〉的通知》。将我区贯彻落实省委书记陈豪在玉溪调研指示精神的意见提出分工方案，共包含十三项重点任务，明确了牵头领导、牵头单位和协同责任单位，要求各牵头领导担负牵头抓总责任，各牵头单位履行主体责任，各协同责任单位承担具体责任，切实加强工作配合，积极主动履职尽责。

6月9日，下发了《中共玉溪市江川区委办公室玉溪市江川区人民政府办公室关于印发《玉溪市江川区2017年度乡镇（街道）和区直单位（含垂管单位）目标任务综合考评办法》的通知》，提出综合考评的指导思想、考评原则和目标任务综合考评量化评分表，采取平时考核与年终考评相结合的考评办法，对全区6个乡镇（街道）、60个区直部门进行考核，考评结果按考评成绩进行排名，由区综合考评领导小组进行通报，根据考核得分排名确定考评等次，按2017年度在职在编实有人数兑现奖金，并将综合考评结果作为“敬业有功、怠业必惩”的依据之一。

同日，下发了《中共玉溪市江川区委关于印发〈中共玉溪市江川区委工作规则（试行）〉和〈中共玉溪市江川区委常委会议事规则（试行）〉的通知》，明确了区委的组织、成员、职责、组织原则、议事决策、联系协调、请示报告、文件处理、公务活动、督促检查、监督追责等工作规则，明确了区委常委会议议事决策范围、会议组织召集、会议议题决定、议事决策程序、会议服务保障等相关事宜。

同日，下发了《中共玉溪市江川区委办公室玉溪市江川区人民政府办公室关于印发〈玉溪市江川区全面推行河长制工作方案〉的通知》。建立了河长制领导小组，要求全面建立河长制体系、技术支撑体系和考核监督体系，对全区的河湖库渠全面推行河长制。力争到2017年底，全面建立区、乡、村三级河长体系；到2020年，基本实现河畅、水清、岸绿、湖美目标；到2020年达到Ⅳ类水质；全面完成黑臭水体治理目标。

6月12日，下发了《中共玉溪市江川区委办公室印发〈关于基层党建“五化”工作法实施办法（试行）〉的通知》。主要分为总则、工作措施、保障措施、

附则四部分，基层党建“五化”工作法分别是责任清单化、清单项目化、项目标准化、标准制度化和制度品牌化，目的在于进一步强化各级党组织特别是党组织书记抓党建工作责任，解决基层党建工作“谁来抓、抓什么、怎么抓”的问题，有效推动党建责任由“软”变“硬”，党建工作由“虚”变“实”，党建任务由“粗”变“细”，提升全区基层党建工作科学化、制度化、规范化水平，为推动江川经济社会发展提供坚强有力的组织保证。

6月26日，下发了《中共玉溪市江川区委关于表扬玉溪市江川区2015、2016年度党建工作先进单位的决定》。雄关乡党委、安化乡党委、区直属机关党工委、市公安局江川分局党委获得玉溪市江川区2015、2016年度党建工作先进单位一等奖；大街街道党工委、江城镇党委、前卫镇党委、九溪镇党委、区“两新”组织党工委获得二等奖；区教育局党委、区工信局党委、区委老干部局党委、区卫计局党委获得三等奖。

6月30日，下发了《中共玉溪市江川区委办公室玉溪市江川区人民政府办公室关于印发〈玉溪市江川区贫困对象动态管理工作方案〉的通知》，要求坚持实事求是、严格标准、严格程序、规范档案的工作原则，纠正识别不精准的贫困对象，将符合国家扶贫标准的非建档立卡农业户籍农村常住人口纳入建档立卡贫困对象管理，核查核实脱贫人口，核查核实建档立卡贫困户人口信息，做到应退尽退，确保无错评人口；做到应纳尽纳，确保无漏评人口；做到应扶尽扶，确保无错退人口。

7月25日，下发了《中共玉溪市江川区委办公室玉溪市江川区人民政府办公室关于印发〈玉溪市江川区创建国家卫生城市和全省全国文明城市网格化管理实施方案（试行）〉的通知》，要求坚持属地管理原则、挂钩联动原则、责任共担原则、分级管理原则和点线面结合原则，确保市容环境干净整洁、管理有序，确保宣传氛围浓厚、教育引导到位，确保交通秩序文明通畅，确保市场管理诚信有序，确保旅游和窗口服务文明优质。确保2018年成功创建第四批云南省文明城市，获得第六届全国文明城市提名资格，通过国家卫生城市复审；到2020年实现创建全国文明城市的目标。

8月11日，下发了《中共玉溪市江川区委印发〈关于进一步深入学习贯彻习近平总书记系列重要讲话精神和治国理政新理念新思想新战略的意见〉的通知》，要求以更高的站位不断强化学习贯彻习近平总书记系列重要讲话精神和治国理政新理念新思路新战略的思想自觉和行动自觉；切实把握习近平总书记系列重要讲话的整体性和系统性，防止碎片化学习；采取有力措施，推动学习贯彻深入扎实开展；树立良好学风，确保学习贯彻取得实际效果。

8月15日，下发了《中共玉溪市江川区委办公室玉溪市江川区人民政府办公室关于印发〈玉溪市江川区加快推进中心城区机关事业单位和干部职工带头整治违法违规建筑的实施意见〉的通知》，要求全区各级各部门，特别是党员领导干部要统一思想、提高认识，强化措施、加强配合，广泛宣传、营造氛围，依法管理、严控增量，示范带动、扩大成效，严明纪律、加强督查，全力做好全区机关事业单位的违法违规建筑，干部职工（包括离退休人员）及其配偶、共同生活子女的违法违规建筑、违法占地、临时建筑的整治工作。

8月19日，下发了《中共玉溪市江川区委玉溪市江川区人民政府关于印发〈玉溪市江川区精准脱贫百日攻坚战实施方案〉的通知》，通过建立贫困发生率月报制度，建立扶贫工程项目建设进度月报制度，建立扶贫工作困难问题反映旬报制度，建立区级易地扶贫搬迁项目建设推进机制，建立贫困劳动力转移培训就业工作机制，建立产业扶贫助推脱贫工作机制，建立社会力量参与脱贫帮扶工作机制，建立压实挂钩联系单位责任工作机制，解决少数领导干部和单位思想认识不到位、精准帮扶不着力、督促检查不全面等突出问题，着力做实精准整改工作，全面推进精准扶贫、精准脱贫。

8月31日，下发了《中共玉溪市江川区委办公室玉溪市江川区人民政府办公室关于印发〈玉溪市江川区区级公务用车综合服务管理保障平台管理规定（试行）〉的通知》。要求各级各部门认真贯彻落实关于公务用车制度改革的有关规定，进一步规范江川区区级公务用车综合服务管理保障平台管理，切实保障好、服务好车改后区级参改单位规定保障范围、用车条件的公务出行。

9月19日，下发了《中共玉溪

市江川区委玉溪市江川区人民政府关于贯彻落实生态文明体制改革总体方案的实施意见》，要求各责任部门健全自然资源资产产权制度，建立国土空间开发保护制度，建立空间规划体系，完善资源总量管理和全面节约制度，健全资源有偿使用和生态补偿制度，建立健全环境治理体系，健全环境治理和生态保护市场体系，完善生态文明评价和责任追究制度，加强生态文明体制改革实施保障，增强全区生态文明体制改革的系统性、整体性、协同性，配合市委市政府加快生态文明排头兵建设。

9月27日，下发了《中共玉溪市江川区委　玉溪市江川区人民政府关于印发〈玉溪市江川区加快民营经济发展的实施方案〉等3个实施方案的通知》，提出了民营经济、县域经济、园区经济发展目标，提出经济发展重点工作和保障措施，明确了相关单位具体责任。

9月29日，下发了《中共玉溪市江川区委办公室印发〈玉溪市江川区关于开展村级后备干部"金种子"培养工程的实施意见〉的通知》，要求全区各级各部门以"选"为先，形成科学合理的后备人才队伍资；以"育"为要，大力提升后备干部的综合能力素质；以"管"为重，强化后备干部动态监管与保障机制；以"用"为本，按照人岗相适的标准择优适时选用；进一步加强村级基层组织建设，建立健全科学规范的村级后备干部选拔培养机制，全面加强我区村级后备干部队伍建设，提高村级班子的整体素质。

9月30日，下发了《中共玉溪市江川区委办公室玉溪市江川区人民政府办公室关于印发〈玉溪市江川区加强全区建档立卡贫困户危房改造工作方案〉的通知》，要求全区各级各部门坚持安全为本、分类实施和扎实推进的原则加强全区建档立卡贫困户危房改造工作，力争2017年12月底前，完成所有C级、D级修缮加固以及60%的D级拆除重建主体工程；2018年4月前，所有D级拆除重建户完成搬迁入住。

10月10日，下发了《中共玉溪市江川区委办公室印发〈关于健全完善基层党建工作责任落实体系的意见〉的通知》。要求落实全面从严治党要求，进一步规范基层党建履责、考责、问责工作。一要明确基层党建工作责任，二要开展基层党建工作责任考核评价，三要严格基层党建工作责任追究，通过健全完善基层党建工作责任落实体系，推动基层党建全面进步、全面过硬。

10月26日，下发了《中共玉溪市江川区委关于印发〈玉溪市江川区区管干部选拔任用管理实施办法（试行）〉的通知》，对区管科级领导干部（含非领导职务）的选拔任用管理和保留原职级待遇干部、晋升职级干部的管理作出明确规定，要求区管干部选拔任用管理必须坚持从严治党、党管干部，坚持实事求是、公道正派，坚持人岗相适、人尽其才，坚持依法依规、积极稳妥，促使领导干部自觉践行"三严三实"和"忠诚干净担当"要求，推动形成能者上、庸者下、劣者汰的用人导向和从政环境，打造一支有信念、有思路、有激情、有办法的"云岭铁军"。

11月10日，下发了《中共玉溪市江川区委办公室玉溪市江川区人民政府办公室关于印发〈玉溪市江川区贯彻落实云南省各级党委、政府及有关部门环境保护工作责任规定（试行）的实施意见〉的通知》。明确了各级党委、政府及有关部门履行环境保护工作责任，要求坚定不移地实施"生态立区"战略，落实环境保护"党政同责""一岗双责"具体要求，协调和整合各方面力量，形成环境保护工作统筹协调、各司其职、各负其责、联防联治的体制机制，共同全面推进环境保护工作。

11月27日，下发了《中共玉溪市江川区委办公室关于印发〈玉溪市江川区学习宣传贯彻党的十九大精神宣讲工作方案〉的通知》，通过成立区委宣讲团，召开全区学习宣传贯彻党的十九大精神宣讲工作动员会，做好市委宣讲团到我区的宣讲工作，开展集中宣讲和领导干部带头宣讲，邀请知名专家学者到我区开展专题辅导等形式，要求全区各级各部门以党的十九大报告、《中国共产党章程（修正案）》和习近平总书记在党的十九届一中全会上的重要讲话精神为重点，以中央批准的《党的十九大精神宣讲提纲》、省委、市委、区委宣讲提纲为基本依据，全面准确阐释好、解读好党的十九大精神。

12月7日，下发了《中共玉溪市江川区委办公室玉溪市江川区人民政府办公室关于开展保卫抚仙湖雷霆行动的通知》，提出江川区保卫抚仙湖雷霆行动问题整治责任分解清单，要求各级各

部门认真排查梳理抚仙湖保护存在的突出问题，以问题为导向，在控源截污上下功夫，按照立行立改、边查边改、彻底整改的原则，细化工作措施、层层传导压力，实施百日攻坚行动，着力解决一批当前抚仙湖保护治理存在的重点、难点问题，有效防范抚仙湖水污染风险，确保抚仙湖生态安全。

12月14日，下发了《中共玉溪市江川区委玉溪市江川区人民政府关于玉溪市江川区实施全面两孩政策改革完善计划生育服务管理的实施意见》，要求各责任单位扎实有序实施全面两孩政策，促进人口长期均衡发展；加快服务能力建设，满足群众妇幼健康计划生育需求；创新流动人口工作，提升卫生计生服务均等化水平；健全完善支持政策，促进计划生育家庭发展；巩固加强网络体系，夯实计划生育基层基础。

12月25日，下发了《中共玉溪市江川区委　玉溪市江川区人民政府关于贯彻〈云南省建设我国民族团结进步示范区规划（2016—2020）年〉的实施意见》，提出按照打牢民族团结进步的思想基础，打牢民族团结进步的发展基础，打牢民族团结进步的制度基础，打牢民族团结进步的社会基础的基本原则，抓好民生持续改善工程、发展动力增强工程、民族教育促进工程、民族文化繁荣工程、民族团结创建工程、民族事务治理工程建设实施，打牢民族团结进步的物质基础，提高民族工作法治化水平，促进各民族交往交流交融，构建各民族共有精神家园。

（申　雪）

【文秘工作】 2017年，区委办文秘工作以认真贯彻中央、省、市《机关公文处理条例》为重点，进一步规范程序，严格落实行文审批制度，严把内容关、文字关、格式关、校对关。确保公文格式规范、用词准确、逻辑严谨，提高办公室公文的规范性、权威性。同时，按照严谨、准确、精炼的方针，牢牢把握全区经济社会发展和改革大局，深刻领会领导意图，紧密结合实际，认真做好办文工作（特别是区委重要文件、重要会议材料起草）始终坚持班子集体讨论，广泛征求各方面意见建议，力求使文稿成为领导和各级各部门认可的精品力作。2017年，共下发区委、区委办公室文件及会议纪要等各类文件190余份，共起草各类文稿60余篇，编发玉江情通报28期，进一步规范公文传阅，保证公文运转安全、高效。

（张陈俊达）

【党委信息工作】 2017年以来，区委办紧紧围绕区委区政府重大决策部署和全区中心工作，主动适应形势发展变化需要，进一步加强和改进党委信息工作，切实提升信息服务发展、服务决策的能力和水平。一是推进信息交换和工作沟通机制常态化。自2017年起办起《江川重要信息》《江川信息专报》，全年编辑制发《江川重要信息》25期、《江川信息专报》1期，竖起信息采用导向，提升整体编报水平，促进上情下达、下情上报，助推工作落实。二是强化信息业务考核通报。将党委信息工作纳入全区年度目标任务综合考评，制定下发《关于印发2017年度全区党委信息工作目标任务考核办法的通知》，科学设置考核分值，发布信息采用情况通报3期，有效提升信息收集报送和考核激励力度。三是规范信息处理流程和环节。结合“星云湖保护治理、双创、‘科教引领创新发展’大讨论大行动”等重点工作和重要社情民意，加大信息约稿力度，严格按照有关规定报送重大紧急信息、圆满完成各类约稿信息报送，全年未出现因迟报、瞒报、误报、瞒报被上级通报批评情形。2017年以来，向市委办上报信息417条，被《玉溪信息》《玉溪重要信息》《信息专报》《工作情况交流》采用185条次，圆满完成市对区信息考核任务，累计得分1945分，列全市第一位。

（刘蓉芳）

政　研

【概　述】 2017年，区委政研室围绕省市农村工作会议的精神和要求，按照省市委农办的相关要求，紧紧围绕区委、区政府的中心工作，切实履行调查研究、新农村建设及改革办等工作职责，较好地完成各项工作任务。

【专题调研】 区委政研室切实履行工作职责，紧紧围绕区委中心工作和工作部署，通过集合型调研、专题调研或协同相关部门开展调查研究工作，2017年，按照区委领导要求，对城乡人居环境综合整治、河长制、农业农村经济发展等方面的工作进行调研，形成专题调研报告报送区委领导及相关部门，有效发挥参谋助手作用。同时，配合省市做好农业产业化调整等方面的调研工作。

【新农村建设】 区新农办（区委政研室）严格按照省、市相关要求，以省级重点村、“百村示范、千村整治”工程项目建设为载体，统筹规划，强化工程项目管理，注重督促检查落实，实行项目资金专户管理，将资金转化为实实在在的项目，农村基础设施、村容村貌得到有效改善。2016年3个省级重点村项目（大街街道小白坡村委会水菁沟小组、江城镇龙街村委会龙街小组，安化乡光山村委会光山小组），项目总体投资2106.2万元（省级财政投入535万元），硬化道路5条10726.7平方米；修建挡墙2684立方米；配套建设环卫设施，建公厕3个168.3平方米，修建排水沟7条1026.22立方米，垃圾处理房1间20平方米；美化村庄环境，绿化1876平方米；新建公共活动场地3个4663.7方米、农村文化活动室2个4328平方米，安装路灯48盏。

【区委改革办】 发挥区委改革办综合协调协调作用，形成领导小组统筹抓总，各专项小组各司其职、各负其责，上下联动、左右协调的工作机制。及时研究制定《区委全面深化改革领导小组2017年工作要点》，明确细化62项重点改革举措，严格按照时间节点，倒排进度、压茬推进；进一步完善《改革事项提请审议办法（试行）》《文件备案办法（试行）》《重要情况报告办法（试行）》《改革工作督查办法（试行）》《改革工作考评办法（试行）》《全面深化改革工作信息考核办法（试行）》》等制度，推进改革工作规范化、程序化。坚持按照“两月一次”原则，在双月20日固定召开全面深化改革领导小组会议，研究审议改革议题，掌握改革任务进展情况，并就存在的问题实时作出调整和提出解决方案。2017年，共召开领导小组会议6次，研究审议改革议题39项，多项改革任务都按照时间节点取得较大进展，全面深化改革工作在各领域落地开花。注重总结宣传，及时报送全区深化改革试点经验总结、工作总结等材料，编发改革简报17期，被市级采用6期，宣传推介江川改革工作。配合深化改革专项督导组，抓好各项改革任务的督促指导，先后深入到29个部门开展督查，梳理出整改落实清单，对存在的问题逐一销号，下发督导工作专报6期和督导工作综合性材料4篇，形成适时跟踪督导的改革工作态势。

（李　敏）

督　查

【概　述】 一年来，督查工作紧紧围绕区委、区政府中心工作，求真务实，真督实查，开拓创新，狠抓自身建设，不断提升督查工作服务水平，全力促进区委、区政府各项决策的落实，全区督查工作得到全面加强。年末，区委督查室设决策督查股、专项查办股、综合考评股三个股室，有督查专职人员4人，设主任1名。

【健全领导机构】 2017年2月，中共玉溪市江川区委办、江川区人民政府办公室联合发文，调整成立中共玉溪市江川区委督查工作领导小组，调整后的领导小组组长由区委副书记担任，常务副组长由区委组织部部长、区纪委书记两名区委常委担任，副组长由7名保留原职级待遇领导担任，各相关部门负责人担任小组成员。领导小组下设办公室在区委督查室，负责对全区督导工作的统筹协调、综合考核、材料收集整理、督查通报拟制、下发等工作，研究提出年度督查工作计划和阶段性督查任务，组织开展经常性的督促检查活动，推动决策落实。领导小组下设深化改革工作督导组、依法治区及信访维稳工作督导组、党建工作督导组、“六城同创”及城乡人居环境综合治理工作督导组、重点建设项目督导组、重点产业项目督导组、生态建设工作督导组6个督导组，将区委办、区人大办、区政府办、区政协办、区纪委监察局相关督查人员充实到各个督导组中，明确各督导组工作职责，为全区督查工作的扎实开展奠定了坚实的组织基础。2017年，江川区各单位和乡镇（街道）进一步调整和完善督查工作领导机构，配备专（兼）职督查人员。

【完善督查机制】 一是实行督查工作与绩效考核相结合机制。注重专项督查与平时督查共同推进，在围绕中心工作抓好重点工作、重大项目推进情况督查的同时，将督查结果融入全区的综合目标考评中。二是实行督查工作与纪委监察、组织工作联动机制。在督查中发现的问题相关单

位未按要求及时整改的，由区委督查室建议纪委监察部门追究相关领导责任；在督查中发现在组织开展工作中措施有力、成效明显的干部，由区委督查室建议组织部门作为干部考察后备人选。三是实行督查室主任列席重要会议机制。明确规定区委督查室主任列席区委常委会、全委会、区委专题会、五办主任联席会等重要会议，确保督查重点工作不遗漏、不脱节，顺利推进工作落实。

【综合考核】 着力构建科学的目标任务综合考评办法和考评结果运用机制，充分发挥综合考评的导向和激励约束作用，推动各级不断提升工作绩效，促进全区经济社会发展再上新台阶。2017年12月，因江川区人事变动，区委、区政府再次调整玉溪市江川区综合考评领导小组，领导小组组长由区委副书记担任，副组长由区委常委、区政府常务副区长，区委常委、区委办公室主任担任。成员由人大、政府、政协、人社局、财政局等相关部门领导组成。领导小组下设办公室在区委督查室，办公室负责起草年度目标任务综合考评办法，牵头组织全区目标任务年度综合考评工作，负责做好考评的日常工作及年度考评结果通报相关工作。年内，多次召开综合考评领导小组工作会及其他相关会议，专题研究全区综合考评工作。2017年，在《江川区2016年乡镇（街道）目标任务综合考评办法》和《江川区2016年区属单位目标任务综合考评办法》的基础上，结合市县年度目标任务相关要求修改完善拟定《玉溪市江川区2017年乡镇（街道）和区直单位（含垂管单位）目标任务综合考评办法》（玉江办通〔2017〕31号），按要求严格做好全区综合考评相关工作。

【决策督查】 为全面实现江川区2017年度经济社会发展目标，年初，区委督查工作领导小组办公室分别对市委、区委全会主要精神及时进行分解立项，及时下发《中共玉溪市江川区委办公室关于对区委二届三次全会主要精神进行责任分解和立项督查的通知》（玉江办发〔2017〕1号），明确了各级各部门2017年度的主要工作目标任务。并按通知要求，对全年各责任单位的重点工作开展定期督促检查，同时结合工作实际不定期开展专项督查，力促市区各项目标工作落实。在督查中，督查人员真督实查，注重发现典型，总结经验，及时向区委领导反馈存在的问题和困难。

【专项督查】 2017年以来，充分发挥大督查优势，整合区委督查室、区政府督查室、区纪委监察局及区委政法委、区环保局、区交通局、区国土局、区林业局、区水利局、区民政局、区烟草公司等部门督查力量，采取明察暗访、书面督查与实地督查相结合等形式，共同对人居环境整治、护林防火、烤烟生产、招商引资、经济指标完成情况等重点工作及重大项目进行多次专项督查。及时下发督查通报，将督查结果作为对各责任单位的年度综合目标考核重要依据。区纪委监察局多次联合区委督查室、社会特邀监察员对各单位作风建设进行专项督查，多次联合区委督查室、区政府督查室对会风建设进行督查。年内，区委督查工作领导小组办公室共拟发《督促检查事项办理通知单》82期，同时，针对专项督查中存在问题和工作建议拟发督查通报18期，有力促进区委区政府各项工作落实。

【督查结果利用】 一是及时总结，进行区内通报。在专项督查结束后，及时进行区内通报，反馈各乡镇（街道）、区级各部门贯彻落实上级党委重大决策和重要工作部署中存在的问题、实践探索并提出对策建议。2017年，共向全区各单位下发督查通报18期。二是把督查工作与区委中心工作相结合，督查结果融入区级各乡镇（街道）、区级各部门目标任务综合考评中。按照区对各乡镇（街道）、区级各部门目标任务综合考评的要求，真督实查，并把督查结果作为区级各乡镇（街道）、各部门单位年度目标任务平时考核的重要评分依据。

【批示督办】 高度重视所涉督查件、批示件办理工作，在接到上级批示件后，认真落实，第一时间办理，做到事事有着落，件件有回音，有批必查，有查必办，有办必果。在材料的梳理汇报中，严把事实关、文字关，确保报送质量。一是严格登记制度。做好督查批示件的编号、来文单位、文件名称、批示内容、批示时间、承办单位、签收人、签收日期、督办情况、督办日期、办理结果等登记。二是明确交办责任。在充分准确地领会领导批示的内容和精神上，根据文件内容和批示精神，对照部门职能和领导分工，准确地交办有关部门和领导，批示件及时复印并交办具体承办单位和承办人，同时原件存档备查。三是及时催办、督办。批示件交办后，及时或定期催办督办；对紧急和重要的批示件，随时检查办理进度，催促加快办理，保证领导批示得到切实贯彻落实。四是认真汇总办理结果。按期对领导批示件的办理情况进行汇总，并报作出批示的领导审阅。同时将批示的办理结果或落实情况汇总后呈报领导阅知，为领导部署下一步工作提供参考。年内，共办理市、区领导批示、批办件及各类督办件107件，办结107件，办结率达100%。

【信息调研】 提质保量，做好信息和调研工作。在做好日常督查工作的同时，注重对各项重点工作和重大项目进行督查调研，在全区各单位贯彻落实上级党委重大决策和重要工作部署中，对一些特点突出、措施有力、成效明显、经验典型的工作，区委督查室及时撰写编发《督查专报》上报市委督查室，撰写编发《督查工作简报》在区内进行交流，以确保信息畅通，推广典型。一是围绕中央、省市委重大决策和重点工作在江川的贯彻落实，积极开展督查调研。年内，共上报《督查专报》22期。二是围绕全市的中心工作，结合江川实际，就城乡统筹发展、农业综合开发、非遗保护积极开展督查调研，并将工作进展情况、存在问题、工作建议上报区委和市委督查室。年内，共上报《专题调研报告》3期。三是在开展各项督查工作结束后，及时编发《督查工作简报》在区内进行交流，部分信息同时上报市委督查室。年内，共撰写编发《督查工作简报》11期在区内进行交流。

（王为卿）

保　密

【概　述】 2017年，区保密局以推进江川区保密工作转型升级、打赢信息化条件下的保密战为目标，不断发挥保密工作“保安全、保发展、保稳定、促和谐”的职能作用，持续推进保密“三大管理”工作，提高保密执行力；着力提升保密科技支撑能力，构建保密综合防线。

【保密宣传教育】 加强领导，超前谋划。区国家保密局加强对保密宣传教育的领导，把保密宣传教育融入党委（党组）理论学习中心组学习，融入到全区各单位各部门的教育培训中，充分发挥保密工作的服务保障作用，在全区形成“每周一学保密”的良好态势。

搭建平台，营造氛围。充分发挥主流媒体作用，分别在OA系统公告栏发布系列国家安全教育视频及由工信局制作的国家安全教育宣传动画，并通过OA系统短信功能向全区干部职工发送“国家安全，一切为了人民，一切依靠人民”短信，营造保密宣传教育良好氛围。

推动“宣传月”，宣传全覆盖。以学习宣传《保密法》及《保密法实施条例》为重点，以中发（2016）5号文件和省、市委实施意见，全国、全省2016年度失泄密案例通报和江川各《保密工作制度》为主要内容，在全区全面推开宣传教育。区保密委员会及时召开180余人参加的“保密专题党课教育”及“涉密人员专题培训会”。各单位分别组织开展保密法制宣讲教育培训80余次，其中区保密局到相关单位开展专题宣讲教育8次，受教育700多人次。江川新闻网、微信公众号“江川发布”、江川网、江川广播电视台分别发布和滚动播出保密宣传标语，在全区营造保密法制宣传教育氛围。各单位利用门头、大厅电子屏插播保密宣传标语86条；人民银行江种支行组织全区金融系统电子屏插播保密宣传标语26条。

推进保密培训，实现保密“五进”。全区各单位、各学校、各企业分别组织开展“保密两识教育”“保密法律法规教育”“保密专题讲座”146次，3650人次。

注重学刊用刊。区保密局下发《关于组织征订保密工作等学习资料的通知》，并突出重点，深入到各有关单位开展征订保密工作学习资料宣传，全年完成《保密工作》200份、《保密科学技术》10份。全年发放保密法律法规知识学习资料2026册。

【保密管理】 强化保密制度建设。督促各单位、部门建立完善保密制度，提高制度规定的针对性、适用性和实效性。特别是重点涉密部门要求在管理、报告、自查等方面推进制度建设，建立保密工作制度21个。

规范学业水平考试。高考期间，深入区教育局、区招办有关单位，对相关重点部门、环节等

工作进行全面检查、指导、测评工作。全面保障江川区2017年度国家高等教育统一考试及安全保密工作任务顺利完成。

加强涉密人员及保密要害部门、部位保密管理。完成新任涉密人员的岗前保密审查和在岗、离岗责任书补签、续签工作，进一步强化涉密人员在岗、离岗和脱密期管理工作，规范开展涉密人员重大事项报告工作、涉密人员出国（境）保密管理工作。2017年92名科级领导、101名在岗人员签订责任书，10名离岗人员签订承诺书。对全区144名涉密人员登记造册，实现动态管理。

做好涉密文件、内部文件清退工作。共清退销毁涉密文件186份（机密级27份、秘密级159份）。集中统一销毁内部往来行政公文及资料11万份，报废清销涉密计算要硬盘2个。实现涉密文件统一登记清退，统一审核移交，统一监督销毁。

加强政府信息公开及有关出版物的保密审查、管理、月报工作。全年政府信息公开审查7965条，确保涉密信息、敏感信息不上网，上网信息不涉密。

加强对聘用、借调等临时性工作人员的管理。全区共有临时性人员470多人，要求各单位、部门定期不定期加强保密教育培训，切实增强全体干部职工特别是临时性工作人员的安全保密意识和能力。

开展计算机及网络保密检查。区保密局自5月20日至6月12日组织对全区84个机关、单位开展计算机及互联网门户网站保密检查，共检查清理涉密网络6个，互联网网站13个，政务微博11个，微信公众号20个，互联网办公系统40个，政务邮箱70个；对2543台计算机（35台涉密机）及办公自动化设备登记造册并形成管理台账。全区没有发生泄密事件。

【监督检查】 围绕重点，开展专项检查。以区委办、区委政法委、区委宣传部等为重点检查单位，以涉密载体管理、涉密信息系统管理、信息公开保密审查和非涉密计算机存储、处理、传输国家秘密等为重点检查内容，抽调区国家密码管理局及区电子政务内网中心工作组织专项检查组，对全区60个单位开展保密专项检查。督查通过现场“问、看、查”等形式，围绕涉密载体管理、涉密信息系统管理、信息公开保密审查和非涉密计算机存储、处理、传输国家秘密等内容对受检单位进行严格认真检查。共检查单位51个，抽检计算机81台。

紧扣问题，开展自查自评督促整改。区保密局重点督查各单位程序是否规范、内容是否全面，检查是否到位，记录是否完成，报送是否及时等方面的情况。严格标准，以查促改，完善保密工作各环节，江川区自6月份开展自查自评工作以来，基本实现专项督查全覆盖，全区各单位、部门共开展自检自查自评275次。

【科技创新与应用】 持续抓好保密技术设备的安装配备工作。积极督促各单位使用猎鹰保密检查工具开展工作。推进“三合一”的安装使用。

有针对性地加强保密技术防范措施。区保密局对有涉密计算机及涉密网络的各单位、部门开展不定期抽检，对涉密计算机及网络管理提出要求，发现问题及时整改。

加强重要活动及会议管控。对区委、区纪委等重点涉密单位开展的一系列涉密重要活动和会议进行技术设备管控。全年对江川区委办、区纪委、区委宣传部、区文广体局召开的4场重要涉密会议进行无线移动信号屏蔽，确保会议的安全保密和顺利进行。

【强化组织领导】 落实党政领导干部保密工作责任制。把保密工作纳入全区综合目标考核及领导班子和干部年度考核，把履行保密工作责任制情况纳入领导班子和领导干部个人述职、民主生活会报告内容。加强全区保密干部教育培训。建立完善保密人员管理制度及管理台账，分层组织开展保密知识教育，督促保密人员履行好保密职责，进一步增强了保密干部的素质化教育。

主动服务全区重点工作，促进协调发展。围绕江川区2017年创建文明卫生城市、综治维稳、土地确权等重点工作，区保密局主动对接工作，切实履行好工作职责，开展好督促及指导工作，促进保密与全区各项工作的融合发展，推动江川保密工作的转型升级。

（褚 荻）

档 案

【概 述】 2017年，全区档案工作紧紧围绕区委、区政府的中心工作，以服务大局、服务民生为中心，继续推进档案“三个体系”建设、法制宣传教育及干部队伍建设，落实《云南省档案事业发展“十三五”规划》及省、市档案局相关重点工作部署开展。

【纪念“国际档案日”】 2017年6月9日是国际档案理事会确定的第十个国际档案日，以“档案——我们共同的记忆”为宣传活动主题。区档案局人员到乡镇（街道）、机关张贴宣传画，向群众发放宣传小册子。

【服务重大决策部署】 服务区委、区政府的重大决策部署，安排人员积极跟进，提前介入扶贫攻坚、土地确权、江城棚户区改造、创文和创卫等重大决策部署事项，指导收集相关文件材料，以确保区委、区政府的重大决策部署形成的文件材料齐全完整，提升档案工作服务各项事业的能力。

【机关档案】 为加快民生档案资源整合，充分发挥民生档案在维护人民群众切身利益方面的凭证作用，指导区市场监督管理局、编办等30多家机关事业单位开展年度归档文件材料整理工作，归档6896件。

【企业档案】 围绕区工业布局，档案服务园区建设，服务企业。3月，到工业园区整理园区档案2638件，帮助卓一食品有限公司归档1290件。

【农业农村档案】 继续推进档案工作向基层延伸、向群众延伸，搞好农业农村档案工作，指导5个乡镇（街道）、51个村（社区）整理在农业农村工作中产生的各种文件材料，归档9997件。

【规范化认定】 结合当前档案工作发展进程中出现的新情况、新趋势、新要求以及区级机关、社会团体、企事业单位档案工作实际，继续在全区开展档案工作规范化管理示范单位认定工作，完成云南李家山青铜器博物馆、区安监局、区防震减灾局、大街街道办事处、雄关乡等5家单位的档案工作规范管理示范认定工作。

【丰富馆藏】 接收大街街道、江城镇、区文化局、区人民医院、区保密局、区委宣传部、区工信局等单位传统档案1104卷22180件133137页，简化档案28791件295248页。

【档案数字化】 录入馆藏民国档案目录3万条。扫描馆藏档案71452件112432页，全年完成档案原文扫描122423件540817页0.49T。

【档案安全】 加强和监督档案安全工作，对区属各单位的档案库房进行一次安全检查，重点查看档案保管状况是否改善，是否安全，促进全区档案管理工作向好的方面发展。

【档案利用】 2017年，接待查阅利用者709人次，提供利用档案1324卷，复制档案1854页。为江川区经济社会建设，调解纠纷、婚姻状况、完善组织人事档案材料等方面提供详实的第一手资料。

【档案展览】 2017年8月，与区科协合办中国流动科技馆第二轮江川站巡展，公众参与科学实践，展示科学的魅力，让公众特别是青少年科普爱好者，亲身感受到“体验科学”的快乐，启迪智慧，参与活动人员4590人。部分参与活动的人员还观看档案展览，了解档案。

【领导调研】 3月2日中午，区委常委、区委办主任邓春元一行3人到区档案局调研档案工作开展情况。指出档案工作要为全区的中心工作服务，搞好档案的收集、接收工作，希望走出去学习、借鉴先进地区的档案管理工作经验，用于提高江川区的档案管理水平，更好的为全区各项工作服务。

6月21日，玉溪市档案局副局长陈全胜一行到江川调研档案资源建设、档案展览布展、档案馆库房双人制管理、文化产品开发及档案馆示范管理认定复查等情况。

10月10日上午，区委书记徐贤等一行3人到区档案局进行工作调研。主要了解档案展览、馆藏档案、数字化加工等情况。指示区档案局在今后的工作中要加大档案征集力度，加强资源建设和安全管理，服务好江川经济社会各项事业，为江川跨越式发展提供保障。

（郑文明）

史　志

【概　述】 2017年，区史志办公室继续坚持“广征、博采、精编、严审”和“求实、创新、协

作、奉献”工作方针，发挥史志工作“存史、资政、教化、育人”功能，围绕史志工作目标任务，克服人少事多等困难和矛盾，主动作为，完成党史、区志资料的征编和出版发行等工作目标任务。年内，按时按质完成《江川年鉴2017》《2016中共玉溪市江川区委执政纪要》的稿件征集及编纂出版发行工作。

【《江川年鉴2017》编辑出版】 2017年12月，《江川年鉴2017》一书由德宏民族出版社公开出版发行。《江川年鉴2017》由中共玉溪市江川区委、玉溪市江川区人民政府主办，玉溪市江川区人民政府区志编纂委员会承编。年鉴主要反映江川区2016年各方面的信息，全书分特载、大事记、概况、政治、军事、法制、经济管理、建设·环保、工商企业、农林·水利、交通·邮电、财政·税务、金融·保险、教育·气象·防震减灾、文化·旅游·广电·体育·卫生、社会、人物、统计资料及附录19个部类，各部类下设分目，分目下设条目记述，全书约84万字。有彩版32页，分为重要会议、领导关怀、撤县设区、换届选举、党建工作、产业发展、百年大计教育为本、扶贫开发、青铜产业、社会民生、人民武装、文化事业、星云湖保护、应急演练、第十二届开渔节暨高原湖泊水产品交易会15个板块。资料翔实准确，内容丰富，图文并茂，为各级领导、各机关部门及企事业单位制订政策和工作计划提供重要依据，是外界认识江川的重要窗口。

【《2016中共玉溪市江川区委执政纪要》编纂出书】 2017年12月，经云南省新闻出版局批准，《2016中共玉溪市江川区委执政纪要》付印出书。全书分领导关注（国家、省、市领导到江川区视察调研，领导批示）、重要活动（区委领导重要活动）、重要决策（重要讲话、重要会议、重要文件）、执政大事、执政综述、执政论坛、纪委工作、区委部门工作、群团工作、党委（党组）工作、乡镇党委（街道党工委）工作、区局党总支工作、先进典型、附录14个部类，各部类下设具体篇目记述，全书约81万字。有彩版24页，内容包括省市领导调研、检查，区委重要会议、区委常委执政活动等。

【年鉴、执政纪要业务培训】 为做好《江川年鉴2017》和《2016中共玉溪市江川区委执政纪要》的组稿编纂工作，2017年2月10日，玉溪市江川区召开撰稿人员业务培训会，全区各单位撰稿人员150余人参加培训。培训议程：区史志办主任、《执政纪要》主编、《江川年鉴》执行主编张江瑞讲话；市委党史研究室党史征研科科长李福生作题为《高质量编纂好党委执政纪要服务经济社会建设发展大局——浅谈编纂党委执政纪要的若干问题》的编撰业务培训。市地方志办公室原主任李亚平作《江川年鉴》编撰业务培训。

【做好党史编纂准备工作】 区史志办人员学习党的重要文献资料、区情资料、党史正本编写的有关知识，与外县（区）的同行进行交流、讨论，咨询编写党史的相关工作，从网上学习借鉴外地好的经验做法，进一步拓展视野，丰富知识，填补空白。在此基础上，起草江川区党史正本编写工作方案、编写篇目大纲等文本材料，为推出一部精品的地方党史正本，从思想上、组织上、具体工作上作策划和准备。

【做好玉溪市党史专题片《滇中红色记忆》江川拍摄剧务服务工作】 2017年5月下旬，玉溪市党史专题片《滇中红色记忆》摄制组到江川拍摄，区史志办主要协调乡镇和公安等部门做好拍摄场景踏勘、选定拍摄所需道具及演员、维护拍摄现场秩序等，成功拍摄汤建荣烈士被害、水中活捉金绍云等剧目，至9月完成江川外景拍摄工作。

【做好《江川对外开放实录（1978—2005）》征编工作】 《江川对外开放实录（1978—2005）》收录江川自改革开放以来，工业、农业、教育、旅游、文化体育、医疗卫生、交通、广播电视、城镇建设、人民生活等领域发展发生的变化和取得的成就，为《云南省对外开放实录（1978—2005）》编研提供资料。

【做好《云南省抗战遗址故事》编纂工作】 编纂《唐淮源：英勇抗战　舍身报国》抗战遗址故事，讲述唐淮源传奇经历、孝善人生、英勇报国、彪炳史册的抗战故事；编纂《唐淮源故居与唐公祠》和《唐淮源小传》，为《云南省抗战遗址故事》编研工作提供资料。

【做好《中共玉溪市党史大事记》编纂工作】 编纂2001—2015年江川党史大事记，为《中共玉溪市党史大事记》编研工作提供资料。

【地方志材料报送工作】 做好《云南年鉴》《玉溪年鉴》《玉溪市志.人物志》江川部分编纂工作。按照省、市地方志部门要求，编纂江川条目资料和江川1978——2005年可入志的人物传、人物简介和人物表，为《云南年鉴》《玉溪年鉴》《玉溪市志.人物志》编研工作提供资料。

【撰写专题调研报告】 做好部门业务指导工作、联系群众工作、扶贫工作、双创网格化工作等，深入基层，开展调查研究，形成《江川区党史工作存在的问题及建议》《江川区党史教育工作存在的问题及建议》等专题调研报告。

（徐凡清）

纪检监察

【区纪委、区监察局负责人名录】

纪委常委 李学祥（2017.12离任）
矣向林（2017.12任）
郭 华
胡 莎（女，2017.11离任）
龚雪刚
杨智然（2017.11任）
赵 鹏
王 亮（2017.9离任）
张丽梅（女，2017.11离任）
施永芬（女，彝族，2017.11任）

书 记 李学祥（2017.12离任）
矣向林（2017.12任）
副书记 郭 华
胡 莎（女，2017.11离任）
龚雪刚
杨智然（2017.11任）
监察局局长 郭 华
监察局副局长 韩丽华（女）
陶文红

【各委室负责人名录】

办公室
主 任 赵 鹏
信访室
主 任 施永芬（女，彝族，2017.11离任）
组织宣传部
部 长 张丽梅（女，2017.11离任）
施永芬（女，彝族，2017.11任）
案件审理室
主 任 王 亮（2017.10离任）
张晓江（2017.11任）
案件监督管理室
主 任 陈小艳（女）
第一纪检监察室
主 任 李文平（2017.2离任）
第二纪检监察室
主 任 杨军奎（2017.11离任）
第三纪检监察室
主 任 杨智然（2017.11离任）
第四纪检监察室
主 任
第五纪检监察室
主 任
党风政风监督室
主 任 高 超

【各派出机构负责人名录】

派出第一纪工委
书 记 张 鑫（2017.12离任）
派出第二纪工委
书 记 徐志伟（2017.12离任）
副书记 周 丽（女，2017.12离任）
派出第三纪工委
书 记 范文慧（2017.12离任）
副书记 杨宏蕾（2017.5离任）
徐留生（2017.11任，2017.12离任）
派出第四纪工委
书 记 王书艳（2017.12离任）
派出第五纪工委
书 记 龚美伶（女，2017.12离任）
副书记 张燕琳（女，2017.12离任）

【各派驻纪检组负责人名录】

区直属机关纪工委
书 记 张 鑫（2017.12任）
区纪委驻区委办公室纪检组
组 长 李任民（2017.12任）
区纪委驻区委组织部纪检组
组 长 陈继文（2017.12任）
区纪委驻区委政法委纪检组
组 长 徐玉荣（2017.12任）
区纪委驻区政府办公室纪检组
组 长 普绍有（2017.12任）
区纪委驻区教育局纪检组
组 长 朱弘如（女，2017.12任）
区纪委驻区住房和城乡建设局纪检组
组 长 付兴德（2017.12任）
区纪委驻农业局纪检组
组 长 朱艳林（2017.12任）
区纪委驻区卫生和计划生育局纪检组
组 长 徐留生（2017.12任）
区纪委驻市公安局江川分局纪检组
组 长 业富贵（2017.12任）
副组长 周云芬（女，2017.12任）
区纪委驻区法院纪检组
组 长 张留春（2017.12任）

区纪委驻区检察院纪检组

组　长　付云秀（女，2017.12任）

【区委巡察办、区委巡察组负责人名录】

区委巡察办

主　任　李文平（2017.2任）

副主任　师艳梅（女，2017.4任）

区委第一巡察组

组　长　徐志伟（2017.12任）

区委第二巡察组

组　长　白云波（2017.12任）

区委第三巡察组

组　长　曾　春（女，傣族，2017.12任）

区委第四巡察组

组　　长　陈林柱（2017.12任）

巡察专员　段雄伟（2017.12任）

（刘　雪）

【概　述】 2017年，在市纪委和区委的坚强领导下，区纪委全面贯彻党的十八大和十八届三中、四中、五中、六中全会和十九大、十九届一中全会精神，深入学习贯彻习近平新时代中国特色社会主义思想，紧紧围绕党的领导、党的建设、全面从严治党、党风廉政建设和反腐败斗争，统筹推进"五位一体"总体布局，协调推进"四个全面"战略布局，认真贯彻落实上级党委和纪委的各项决策部署，忠诚履职、勇于担当，严明党的纪律，严肃党内政治生活，加强党内监督，持之以恒落实中央八项规定精神，深入实践运用监督执纪"四种形态"，严格执行《中国共产党纪律检查机关监督执纪工作规则（试行）》，着力建设忠诚干净担当的纪检监察干部队伍，"四风"问题和腐败蔓延势头得到有效遏制，党风政风明显好转，政治生态呈现新气象，广大人民群众有了更多的获得感。

【党的十九大精神学习宣传贯彻工作】 制定学习宣传贯彻党的十九大精神工作方案，采取集中学习、微党课等形式，组织全区各级纪检监察机关和纪检监察干部认真学习研读十九大报告、新修订党章、中央纪委工作报告，认真学习习近平总书记在十九届一中全会上的重要讲话、在中央政治局第一次集体学习时的重要讲话精神，教育引导广大纪检监察干部充分认识党的十九大的重要意义，深刻领悟会议精神，牢固树立"四个意识"，切实把思想统一到十九大精神上来，把力量凝聚到落实好十九大确定的各项目标任务上来，贯彻落实好十九大对党的各项工作提出的新任务、新要求，真正用十九大精神武装头脑、指导实践、推动工作。

【纪律监察体制改革】 严格按照上级党委、纪委关于深入推进派出（派驻）机构改革的工作部署，撤销区监察局、区纪委第一至第五派出纪工委以及区监察局第一至第四监察分局，设置区委巡察组4个，设立区纪委综合派驻纪检组7个、单独派驻纪检组4个、派出纪工委1个，设立区委第一至第四巡察组。

【正风肃纪工作】 紧紧围绕贯彻落实中央八项规定精神和整治"四风"要求，在重要时间节点、节假日对工作纪律、公车私用、违规公款吃喝等情况开展明察暗访5轮，发出通报6期，督促整改问题18个，约谈相关责任人31人次，对违反中央八项规定精神的3名干部给予党纪处分和通报曝光。代区委制定《玉溪市江川区关于工作期间禁止饮酒的规定》，划出纪律红线，扎牢织密贯彻落实中央八项规定精神的制度笼子，从制度上规范工作期间饮酒行为。"六个严禁"专项整治深入开展。完成对脱贫攻坚、"双创"、学生营养改善计划、"吃空饷""小金库"问题清理、烤烟生产、旅游市场秩序整治等工作专项纪律检查，发现问题57个。制定出台《玉溪市江川区重点工作重大项目落实情况责任追究办法（试行）》，有力提高了监督的效率和精准度，被市委列为全市改革试点。对区委、区政府召开的重要会议开展会风会纪督查12次，发出通报1期。充分发挥"互联网+纪律监督平台"作用，开发配套手机APP，开启"掌上"监督新模式，将全区76项重大项目纳入平台进行全面有效的监管，发出督查通报5期，通报单位32个次。对在维护党的政治纪律和政治规矩中失责、履行职责不力的10个部门和26名干部进行严厉问责。用好尽职减责免责机制，按照"三个区分开来"原则，对因客观原因导致工作失误，未达到预期目标的7名干部给予减责免责，旗帜鲜明地鼓励担当者、保护改革者、宽容失误者。

【执纪审查工作】 始终坚持把纪律审查作为严肃的政治任务，把维护政治纪律和政治规矩作为纪律审查工作的重中之重，以坚定决心和有力措施重拳惩治腐败，做到有案必查、有腐必惩。认真执行《中国共产党纪律检查机关监督执纪工作规则（试行）》，精准实践运用监督执纪“四种形态”，充分发挥区委反腐败协调小组作用，组织召开全区执纪审查工作座谈会、反腐败协调小组联席会议，共受理群众信访举报123件，处置问题线索64个73人，立案查处40件43人，给予党纪处分31人、政纪处分3人，第一、二、三、四种形态占比分别为52%、28%、4%、16%，持续释放越往后执纪越严的强烈信号，反腐败斗争压倒性态势已经形成并巩固发展。

【巡察工作】 认真对照中央巡视“回头看”和省委巡视组反馈意见，自觉对标对表，制定整改方案，以最坚决的态度、最迅速的行动、最有力的措施抓好整改落实工作。完成区委三轮巡察，对安化乡、区安监局等15个部门进行“政治体检”，发现问题162个，提出意见建议94条；发现问题线索12个，立案审查领导干部2名，充分发挥政治巡察“显微镜”和“探照灯”作用。完成脱贫攻坚专项巡察，对6个乡镇（街道）党（工）委、7个部门履行脱贫攻坚主体责任进行政治体检，发现问题10个，提出意见建议3条。

【护航脱贫攻坚】 深入贯彻上级党委、纪委脱贫攻坚各项决策部署，召开扶贫领域监督执纪问责工作会议，与6个乡镇（街道）纪（工）委签订《扶贫领域监督执纪问责工作责任承诺书》，发出廉洁扶贫宣传单10.25万张，在城镇、乡村及人员密集区域悬挂宣传标语2600余条，向全区所有贫困户发送廉洁扶贫手机短信4000余条，廉洁扶贫宣传覆盖到所有乡镇、村组和贫困户。建立建全扶贫领域问题线索排查、线索移交、线索处置、问责追责、报告通报五项工作机制，加大扶贫领域监督执纪问责力度，随机抽查贫困村70次，贫困户168户；组织开展脱贫攻坚专项巡察和第一轮专项纪律检查，发现问题24个，并督促6个责任单位认真整改落实；共处置扶贫领域问题线索27个，约谈干部11人，问责单位7个、干部11人，给予党政纪处分2人。

【廉政宣传教育】 结合“两学一做”学习教育，组织全区各级党组织学习《党章》《中国共产党廉洁自律准则》《中国共产党纪律处分条例》，筑牢“不想腐”的思想防线。结合中央第十一巡视组“回头看”整改要求，与区委组织部联合下发通知，组织全区各级党组织召开巡视整改暨党风廉政建设专题民主生活会，彻底肃清白恩培、仇和等余毒问题。整理党的十八大以来查处的冯超等10起严重违纪违法典型案件，编印成《忏悔录》，组织全区各级党组织进行警示教育。深入开展以理想信念教育、党的优良传统和作风教育、党章党规党纪教育和道德修养教育为主要内容的领导干部廉洁从政教育。整合区纪委、区法院、区检察院力量，组建反腐倡廉宣讲团开展宣讲。与区妇联联合开展廉洁文化进家庭活动，打造“廉内助”。配合玉溪电视台拍摄《江川区党风廉政建设专题宣传片》，牵头组织召开了玉溪市纪检监察学会第一学联组2017年（江川）学术交流会。重视网络舆情上报处理工作，上报舆情300余条，及时正面回应社会关注。在春节、中秋等重要节假日发送廉政提醒短信1600余条，广大党员干部的理想信念不断坚定，纪律规矩意识和党性修养进一步增强。

（赵　鹏）

组　织

【概　述】 2017年，区委组织部深入学习贯彻习近平新时代中国特色社会主义思想，以全面从严治党为主线，立足本职、聚焦主业，瞄准问题、补齐短板，创新载体、突破重点，组织工作水平得到全面提升，推动全区赶超跨越取得明显成效。

【学习宣传贯彻党的十九大精神】 开展喜迎十九大专题宣传，组织党员干部群众表达期盼祝愿、收看开幕盛况、热议感想感受、畅谈学习贯彻意见建议。层层宣讲十九大精神140场、15400余人，迅速掀起学习热潮，实现十九大精神进农村、进学校、进医院、进企业。组织开展十九大精神轮训，举办科级领导干部、组工干部、村（社区）干部、“两新”组织党务工作者十九大精神专题培训班及十九大精神研讨班，赴北京大学举办领导干部学习十九大精神暨综合素质提升培训班等，共计培训1100余人次。深入开展“宣讲十九大　遍访贫困村　为民办实事”活动，宣讲十九大精神10余场、600余人次，赠送书籍100余册，为民解难题办实事12件，有力推动十九大精神在江川落地见效。

【“两学一做”学习教育常态化制度化】 把推进“两学一做”学习教育常态化制度化纳入各级党组织和党组织书记管党治党的责任、问题、考核清单和年度基层党建考核评议的重要内容，纳入干部教育培训主体班次。区委常委班子以上率下，带头制定学习计划，开展专题学习，到所在支部参加党支部组织生活会88次，到挂钩联系点讲党课22次。全区各级党组织开展党章党规、习近平总书记系列讲话等理论中心组学习65次、“两学一做”专题学习5300余次、讲党课2000余场次。将开展学习教育与中心工作深度融合，落实“双联系一共建双推进”制度，实施“双创先锋”行动计划，全面推行党员积分制管理、《党支部规范化建设工作台账一本清》和《党员手册》。进一步做好党员组织关系集中排查工作，分类查摆整改基层党组织党员先锋模范作用不明显、机关党建工作“灯下黑”等问题。

【干部培养选拔】 严格执行《党政领导干部选拔任用工作条例》和省市委有关规定，坚持党管干部原则，按照好干部标准选人用人，干部平均年龄、“四类“干部所占比以及干部在现岗位平均任职时间均得以优化。加大年轻干部培养力度，储备125名后备干部。选派22名党政干部和11名技术骨干到国家部委、江苏武进区、省市直部门、乡镇（街道）挂职学习。统筹推进选调生和大学生村官管理培养工作。

【干部教育培训】 出台《江川区委关于推进领导干部学习培训常态化制度化实施方案》，被列为改革试点在全市推广，通过“以讲促学、以测促学、以调促学”，促使全区干部在学习研究状态下工作。2017年，举办领导干部学习讲坛5期和专题辅导8次、3000余人次；开展“凡提必测”6期210人次，开展“凡训必测”7次388人次，并完成2017年度“促学”活动评分工作；督促干部深入基层、调查研究，形成调研报告400余篇。研究制定干部教育年度培训计划，选派28名处级、95名副科、150余名一般干部参加中央、省、市举办的各类学习培训，举办武进区城镇化建设专题培训班、华东师范大学学校党建专题培训班、井冈山党性教育培训班等一系列外出培训班次。选派20名干部攻读在职研究生，干部在线学习教育通过率达100%。干部政治理论素养和业务能力水平明显提高。

【干部管理监督】 强化干部日常监督管理，做好外出报备管理及因私出国（境）审批、信访举报监督、经济责任审计等常规工作，认真开展清理兼职、“吃空饷”、超编制超职数问题和乡镇机关空编专项清理整治。抓好科级领导干部个人有关事项填报工作，结合区委巡察工作开展抽查，并强化结果运用。开展干部人事档案“三龄两历一身份”专项审核“回头看”，按照省市委组织部要求做好干部出生日期更正摸底工作。

【推进干部人事制度改革】 出台《玉溪市江川区区管干部选拔任用管理实施办法（试行）》《玉溪市江川区挂职干部管理实施办法（试行）》《玉溪市江川区乡镇（街道）、部门和区属公务员履职评议办法（试行）》《玉溪市江川区关于进一步规范机关事业单位工作人员日常调动管理办法》等，进一步加强干部选拔任用、管理考核，提高干部工作规范化、科学化水平。

【基层党建工作】 全面压实基层党建责任，提出基层党建“责任清单化、清单项目化、项目标准化、标准制度化、制度品牌化”的“五化”工作法，推行“四个一”工作机制和“三级联述联评联考”制度，督促各级党组织书记履职尽责。着力深化基层党建品牌，实行村组活动场所提升行动计划，区委投入1000万元、整合各类资金1988万元，对64个村组活动场进行新建、修缮。实施“空壳村”集体经济增收全覆盖计划，全区40个“空壳村”“薄弱村”已经全部产生经济收益。实施“仙湖卫士”行动计划，组建仙湖卫士党员先锋队64支、3220人次，开展保湖护湖、爱湖治湖、护河治河主题服务活动100余次。实施“双创先锋”行动计划，助力全区创文创卫重点工作，建立党员先锋队150余支，层层划分责任区，实行“网格化”管理，定期开展“清洁家园”活动。提出学校党建“三融入三开放”工作理念，把党建工作融入教育教学各个环节，坚持向学生、家长和社会开放，解决党组织政治功能发挥不明显、党建与教育教学“两张皮”等问题；启动“育禾苗·感党恩”行动计划，不断丰富学校党建工作载体。精心打造基层党建示范点，提档升级六十亩、侯家沟党建示范点，选树打造渔村党总支、大街小学党支部、区国税局党总支、联塑党支部、铜器工艺协会党支部、弘益医院党支部、三街欣兴幼儿园党支部等一批党建示范点，以点带面推动基层党建水平全面提升。抓党建促脱贫攻坚，选派10支驻村扶贫工作队、50名工作队员，加强管理考核。完成2500万元“基层党员带领群众创业致富贷款”工作任务，申请贷款党员人数300余人。

【实施“星云英才”行动计划】 以“每年设立100万元人才专项资金、每年引进100名人才、每年培养100名人才、每年表扬100名人才”的“四个一百”人才工程为载体，打造具有影响力的江川人才工作品牌。2017年完成事业单位公开招聘专业技术人才152名，区外选调机关事业单位工作人员44名。深化院企合作，加大柔性引才力度，全区建成孙宝国院士工作站、陈云飞专家工作站各1个，郜华萍、缪应雷省级专家基层科研工作站2个，引进院士专家4名；闻邦椿院士工作站已签订建站协议，北京化工大学—江磷集团阻燃剂联合实验室启动建设。组织各级干部开展学习交流，举办20期培训班培养农村实用人才1053名，注重培养和挖掘乡土人才。

【部门自身建设】 坚持政治建部。注重培养组工干部坚定的理想信念和绝对忠诚的政治理念，锤炼对党绝对忠诚的政治品格，自觉站在讲政治的高度来思考、谋划和实施组织工作，把从严治党要求贯彻落实到组织部门各项工作中。坚持能力素质强部。实行“一日一读、一周一学、一月一讲”学习制度，开展“组工讲坛”、微型党课、干部夜校等，组织组工干部参与各类培训班15期100余人次，实现参加党性教育、政策业务和知识拓展培训三个全覆盖。坚持实干兴部。深化随机调研，扎实开展党员积分制管理、主题服务月、到社区报到等工作，加强谋划督查，推进制度化、规范化建设，持续提升组织工作科学化水平。注重抓好信息、网宣、网络舆情监测引导等工作，2017年组工信息被省、市委组织部采用量均位居全市前列，网评文章报送量及被中央媒体采用量也位居前列。依托江川组织先锋公众号、江川组织官方微博，及时宣传推广一批典型经验和做法，不断扩大组织工作影响力。坚持公道廉洁立部，依事择人选用干部，坚决抵制选人用人上的各种不正之风。持续加强作风建设，严防“四风”反弹回潮，落实组工干部“十必须、十不准”要求，甘为人梯、无私奉献。

（刀　莹）

老干部工作

【概　述】 2017年，江川老干部工作以“发挥正能量、展示阳光心态，强化参与、体验美好生活，讲好中国故事，畅谈发展变化，学党章党规、学系列讲话、做合格党员”为主题，围绕落实老干部政治和生活待遇的任务，服务好离退休干部。2017年底，区委老干部局在册管理的老干部共计1785人。其中离休干部24人，实职副处以上老干部21人，其他1740人。

【春节慰问】 春节前，江川区委老干局用近一个月时间，采取集中慰问、个别走访、区内区外一致的模式，对在本区离退休分别居住在区内、通海、澄江、玉溪、昆阳、昆明的1761名老同志进行座谈、走访慰问，同时进行经济社会发展情况通报7场次，个别走访慰问离休老同志27人次，配合区领导走访慰问实职副处以上老领导21人次，走访慰问困难老干部25人次。区委老干局始终坚持尊重和服务好老干部，多为老干部办好事办实事解难事，全面落实各种待遇，让老同志们过好春节，更好地安享晚年。

【2017年老干部工作会】 3月22日，江川区2017年老干部工作会在江川宾馆四楼会议室召开。会议学习贯彻中共中央办公厅、国务院办公厅印发《关于进一步加强和改进离退休干部工作的意见》（中办发〔2016〕3号）和全市老干部工作会议精神。老干部学习大小组长、支部书记共110多人参加会议。副区长王柄璋主持会议。区委常委、组织部部长张祖权就今后如何围绕区委中心工作，谋划好老干部工作提出要求。县委组织部副部长、老干部局局长范江应总结2016年老干部工作，并对2017年的工作重点作部署安排。

【开展家风建设活动】 区委老

干局在全区离退休老干部中开展以“弘扬优良家风，争做最美老干部”为主题的家风活动。区委老干局成立以局长范江应为组长的领导小组，通过召开大组长会议，动员广大老同志积极参与，扩大活动的参与度和覆盖面。并通过开展家风建设进社区、进农村、进家庭等活动，展示老干部在家风建设中的作用。各学习大组、小组积极组织稿件的征集，用实际行动推动好家风、好家训进家庭。在广大老干部中广泛开展道德模范、文明家庭、最美家庭、最美老干部等评选活动，选树一批先进典型，用榜样的力量引领、培育良好家风。并对评选出来的先进进行表彰奖励。

【广西桂林市老干局到江川区调研老干部党建工作】 4月27日下午，玉溪市老干部局副局长何永贤带领广西桂林市老干部局一行11人到江川区老干部局调研指导，考察江川区老干部局在执行中办国办三号文件情况以及老干部管理模式和老干部党建工作情况。区委组织部副部长、老干部局局长范江应汇报近年来江川区老干部工作的开展情况，并重点从江川区离退休干部党组织健全、制度完善、经费保障、管理规范、活动经常、强化培训、不断创新等七个方面汇报老干部党建工作的基本情况，并就下一步如何深化老干部党建工作进行交流。何永贤对江川区老干部党建工作开展情况给予肯定，认为江川区老干部党建工作与老干部服务工作覆盖范围广，老干部党建工作有特色、有创新、有亮点。

【畅谈展望征文活动】 为迎接党的十九大胜利召开，江川区老干局在全区1800余名老干部中开展“畅谈十八大以来变化、展望十九大胜利召开”征文活动。老干部们以党的十八大以来经济、社会、党风、政风、民风等变化为主题，结合自身感受，从不同侧面、不同角度进行畅谈，撰写畅谈展望文章100余篇。区老干局筛选出20余篇优秀文章编印《江川区离退休干部畅谈十八大以来变化、展望十九大胜利召开征文选编》一书。在“七一”建党节来临之际编印成册，分发到全区各老干部学习大、小组，以供学习参考。

举办专题建言活动。5月15日下午，老干局组织学习大组长、机关支部书记、局机关干部职工63人参加的座谈会，10位老干部进行畅谈，75个支部（学习小组）组织75场专题畅谈、建言活动。

【组织老干部参观考察重大工程、重点项目】 5月23日，区委老干部局组织全区实职副处以上离退休干部、党支部书记80余人，参观江城镇温泉村庄科小组旧村改造、江川二中、江川龙泉山工业园区，老同志们通过听、问、访、看，对党的十八大以来江川各方面发展变化给予高度赞誉，纷纷表示要不忘革命初心，永葆革命本色，离岗不离党，继续为党的事业献计献策，发挥正能量。

【学习借鉴外地经验】 2017年6月15～19日，组织实职副处以上退休领导和保留副处级待遇的在职领导35人，到昆明、保山、腾冲和大理等地考察学习。老领导们在善洲林场、国殇墓园和滇西抗战纪念馆，重温历史，深切缅怀和追思革命先辈，并在杨善洲墓前重温入党誓词；在南博会展馆，体验足不出户看世界，了解祖国母亲逐年壮大的综合国力；在和顺古镇和大理古城，亲身感受古朴民风，体味民俗保护。老领导们纷纷表示，定会以身作则，紧紧围绕区委“5366”发展思路，积极建言献策，老有所为、发挥余热，全力助推宜居宜业生态活力新江川建设。

【举办老干支部书记培训班】 6月22日，区委老干局举办支部书记能力提升培训会。全区11个老干部学习大组长和75个老干党支部书记、部分支部委员共160余人参加培训。会上表彰2016年党建工作成绩突出的6个先进党支部、10名优秀共产党员。市委老干局副局长何永贤作题为《离岗不离党，退休不褪色》的专题讲座。

【举办老干部书画展】 为迎接党的十九大胜利召开，江川区老干局于2017年6月29日在老年大学举办喜迎十九大老干部书画展，以颂扬党的丰功伟绩和彰显江川经济社会发展变化为主题，共展出49幅作品。

【江川区首个“云岭敬老爱心服务站”成立】 2017年9月7日，江川区首个“云岭敬老爱心服务站”在大街街道下营社区成立，旨在建立敬老爱老服务平台，进一步关心爱护老干部，营造全社会尊老敬老的良好氛围。

【开展系列文体活动】 为丰富老干部的业余生活，增进老同志的身心健康，实现老同志喜迎十九大，共庆国庆节的美好心愿，江川区老干部活动中心于9月19日至20日开展桥牌、麻将、乒乓球三个项目的比赛，共有85名老同志参加。

【举办欢庆十九大胜利召开暨年度教学成果展文艺晚会】 为庆祝中国共产党第十九次代表大会胜利召开，在老干部中掀起学习“十九大”精神热潮，进一步营造“老有所学、老有所乐、老有所为”的良好社会氛围，江川区委老干部局、老年大学于11月8日在江川影剧院举行“欢庆十九大胜利召开暨2017年度教学成果展文艺晚会”。

【老年大学、活动中心情况】 2017年老年大学共开设11个专业，15个班，共计560余名学员；活动中心设乒乓球室、麻将室、棋牌室、健身室，每天接待离退休干部及老年人80余人次。

（施汝静）

宣　传

【概　述】 中共玉溪市江川区委宣传部内设区精神文明建设指导委员会办公室、区对外宣传办公室、区文化产业发展领导小组办公室、综合办公室、理论教育股、宣传文化股6个内设机构和1个下设事业机构区媒体管理中心。2017年，玉溪市江川区宣传思想文化系统始终牢牢把握“两个巩固”的根本任务，全面贯彻党的十八大和十八届三中四中五中六中七中全会精神，深入学习宣传贯彻党的十九精神及习近平新时代中国特色社会主义思想，贯彻落实省第十次党代会、市第五次党代会和区第二次党代会精神，牢固树立“四个意识”，统筹推进“五位一体”总体布局和协调推进“四个全面”战略布局，围绕建设民族团结进步示范区、生态文明建设排头兵、面向南亚东南亚辐射中心，在思想引领、舆论推动、精神激励、文化支撑等方面担当尽责、务实创新，为江川率先在全市全面建成小康社会提供有力思想舆论保证和良好精神文化条件。

【理论武装工作】 一是把意识形态工作摆到极端重要重要位置。严格落实意识形态工作制，牢牢把握意识形态领导权。区委常委会上通报3次意识形态工作，参与二届区委巡察工作，对区林业局、大街街道等等家单位进行意识形态专项巡察。全区各级党组织把意识形态工作摆上重要位置，主要领导亲自过问，调配精干力量，全力做好意识形态工作。二是抓中心组理论学习。制发《玉溪市江川区党（工）委（党组）理论学习中心组2017年学习安排意见》《区委理论学习中心组2017年学习选题计划》，区委理论学习中心组举办9次集中学习，带动全区各级党组织扎实开展“两学一做”学习教育常态化制度化、“科教引领创新发展”大讨论大行动深入开展。全区党（工）委（党组）理论学习中心组学习42次。三是抓学习型党组织建设工作。印发《2017年全区在职干部理论学习安排意见》，安排15个专题，推荐学习参考资料43份，征订发放《胡锦涛文选》《全面从严治党面对面》《党的十八届六中全会文件学习辅导百问》等学习书目24327册。组织开展领导干部促学活动，继续抓好“读党报、强素质”活动，举办领导干部学习讲坛3期，受训干部1800人次。发挥好典型带动作用，继续抓好市级学习贯彻习近平总书记系列重要讲话和考察云南重要讲话精神示范点（大街街道）示范工作，健全领导干部带头学、领导班子集中学、党课教育持续学、专家辅导深入学的学习制度。对全区副科以上领导、村“两委”班子和妇女、共青团、工会等干部4886人次进行了培训。四是抓宣讲活动。组织开展十八届六中全会精神宣讲14场受众800多人，习近平考察云南讲话精神宣讲8场受众1000多人，省第十次、市第五次、区第二次党代会精神宣讲14场受众2100人，省、市“两会”和玉溪精神宣讲1场受众600人，组织开展先进模范事迹报告会2场受众1200人。

【宣传舆论引导】 一是抓实主题新闻宣传。围绕区委、政府的中心工作，组织区级媒体传播江川好声音、讲好江川好故事，在玉溪日报刊稿1025条（含江川版），江川广播电视台制播“关注重点项目”“人居环境综合整治”“扶贫攻坚进行时”“创建国家卫生城市”“十二五成就”“落实中央环保督查要求江川在行动”等电视新闻节目64期492条，电台制播新闻节目1654条（次）、《星抚之声》22期66

条、《聚焦三农》21期124条、《法治在线》22期96条，江川新闻网共发布信息1752条，乡镇直通车共发布信息2619条，编发江川手机报80期。二是抓实舆论引导和管理。组织开展区级新闻发布2次、部门新闻发布2次。落实新闻宣传及舆论引导工作联席会议制度，开展舆论会商、分析、处置，对151件涉江网络舆情及时回应网民关切，进行舆论引导；编报市舆情信息110期，编发及报送区级领导《每周舆情》37期、《网情快报》18期。三是抓实互联网宣传和管理。6个乡镇（街道）微信公众号正常运行，“云南通·江川区”播发稿件320条；开展工作座谈会5次，围绕网络宣传、网络管理及网络法规等进行座谈和沟通，加大对民间新媒体的引导和管理。四是抓实外宣活动。组织开展省市媒体江川行活动3次，邀请省市媒体记者进行集中采访报道，刊稿132条。协调云南卫视《七彩飘香》栏目到江川拍摄江川美食—全鱼宴专题节目，《江川牛虎铜案》在中央电视台纪录频道《国家宝藏》栏目播出。五是成立区媒体管理中心。制定媒体管理中心岗位职责和工作制度，做好中心人员配备，加强对区外媒体的对接沟通和区内媒体的管理服务工作。

【精神文明建设】 一是实施道德文化建设工程。建设善行义举榜16块上榜57人，收集践行社会主义核值观故事23个，举办道德讲堂15期受众2850人次，开展“我们的节日”文艺演出7场，开展禁毒防艾宣传、“双创”志愿服务活动、文明交通劝导、绿色公益徒步等12次志愿服务活动，积极推进博物馆、文化馆、图书馆免费开放。二是实施文明创建提升工程。将创建文明城市188条测评标准和90项测评内容分解到59个责任单位，并签订目标责任书。投入61万元在4个主题广场、4个居民小区、5条城区主干道张贴了以社会主义核心价值观和创建全省全国文明城市知识为主题的宣传，下发创文知识、宣传、文明手册等宣传资料27.28万册。在环星云湖的3个乡（镇）开展文明走廊创建活动，全区文明示范村、文化示范村、文明单位、文明社区、文明之家、文明交通等10个文明创建活动开展有声有色。评选江川区美德少年21个，申报全市美德少年2名。三是实施村寨文化建设工程。制作8块15面大型户外单立柱广告牌、2块4面跨路天桥宣传牌、悬挂宣传标语750条、设立宣传栏530个、发放各类宣传资料8.6万份，各村结合实际制作了村规民约牌。四是实施未成年人成长关爱工程。以“做一个有道德的人”为主题，组织开展“中国梦”“社会主义核心价值观”中华经典诵读和优秀童谣传唱等活动8次。发挥好乡镇（街道）“五老”队伍的作用，坚持每周对全区网吧进行督查制度，检查经营户98户次，受理举报3次，立案调查4件，办结案件4件，处罚4家，罚款1.8万元。投入15万元建成安化乡村学校少年宫，投入7万元在安化中心小学建立“关爱留守儿童示范点”，投入23万元建成江川职中、江城中学青春健康教育示范基地。组织开展“扫黄打非”和文化市场专项治理整顿工作，净化校园周边环境和文化市场。

【文化产业建设】 一是坚持以人民为中心的创作导向。编辑出版《星云》文艺季刊3期，发表小说、诗歌、散文、小戏小品等各类文艺作品327篇首（幅）；编辑出版《江川诗联》2期，发表诗联作品600余首（副）。12件作品获省、市、区摄影奖，9个文艺家协会上报作品669件，发表437件（含国家级报刊9件、省级报刊杂志31件、市级报刊杂志7件），获奖作品文学类4件、艺术类151件（国家级10件，省级19件、市级82件、区级40件）。二是贯彻国家“十三五”时期文化发展改革规划纲要。参加第五届中国聂耳音乐（合唱）周展演，获合唱特等奖、优秀指挥奖、优秀曲目奖，成功举办第十二届开渔节（高原湖泊水产品交易会）。精准实施文化扶贫，推进文化惠民，组织开展“三下乡”“我们的中国梦·文化进万家”系列活动、“送欢乐下基层”、全民阅读、农村电影放映等工作，启动城市全民健身运动场馆建设。加强文物、博物保护力度，推进文保工作和非物质文化遗产保护工作，实施药王阁修缮工作。推进广播电视基础设施建设，稳步扩大广播电视覆盖面。三是做大做强文化产业。预计完成产值357896万元、增加值61012万元，规上文化企业实现产值37717.5万元、增加值12906.52万元，规上铜器企业实现产值13024.1万元、增加值14339.56万元。2017年来，江川区按照乡村振兴战略要求，以龙头企业为依托，对江川铜器生产进行统一模式、统一管理、统一商标、统一销售管理，形成产、供、销一条龙的产业体系。江川铜器已初步完成从传统手工艺品到规模化产业化的生产模式转型。大力实施项目工程，上报云南江川古滇青铜制品中心建设项目等15个招商项目，申报省、市补助项目4个，推进新河咀铜工艺特色旅游村建设，做实九溪窑陶瓷、滇瓦紫砂扶持工作。实施人才培养工程，继续办好职中青铜文化产业班，举办铜器工艺品制作培训班，发展壮大的江川铜器匠人。实施品牌打造工程，成功举办“寻觅古滇文明·感受铜作之美”江川铜器工艺展，启动江川铜器工艺国家地理标志申报工作，组织参加种类比赛和会展。

【队伍建设】 一是开展教育活动。坚持以思想政治建设为核心，按照“铁一般信仰、铁一般信念、铁一般纪律、铁一般担当”的要求，巩固深化“三严三实”专题教育成果，深入开展“两学一做”教育常态化制度化工作，严格执行中央和省、市、区干部队伍建设管理的规定，努力建设一支政治上忠诚可靠、作风上务实过硬、业务上扎实精湛的宣传铁军。贯彻全面从严治党要求，推动宣传思想文化系统领导干部廉洁从政。树立宣传思想文化系统领导干部强烈的使命意识和担当意识，打造适应新形势下宣传思想文化工作需要的高素质干部队伍。二是加强队伍建设。积极探索建立宣传干部信息库、乡镇（街道）宣传委员信息库、宣传干部（培训）情况信息库，提高干部信息化管理水平。组织了新闻通讯员、新闻发言人、文化产业等业务培训，选派9名工作人员参加省、市业务培训，组织35名工作人员到外地州考察学习“双创”工作，选调3名年青干部。

（吴　侣）

统　战

【概　述】 2017年，江川区统一战线工作以迎接党的十九大、学习贯彻党的十九大精神为主线，以贯彻落实省市统战工作会议精神为抓手，以服务区委、区政府中心工作为重点，以促进政党关系、民族关系、宗教关系、阶层关系和海内外同胞关系和谐为目标，发挥优势，主动作为，着力在争取人心、凝聚力量、服务发展、维护稳定上下功夫，为推动全区经济社会发展作出积极贡献。

【寒冬送温暖活动】 1月17日，区委统战部组织部门干部职工到部门包村点（早街社区）和扶贫攻坚“挂、包、帮”联系村（石河阿豆村）开展“关爱民生、寒冬送温暖”活动，对16名困难老党员及困难群众、14户扶贫联系户开展走访慰问，共发放慰问金6000元、毛毯30床。

【“三下乡”活动】 1月18日，区委统战部（民宗局）积极参与宣传部牵头组织的江川区2017年“文化、科技、卫生”三下乡活动，开展统一战线知识、民族宗教政策常识等宣传，发放宣传资料750余份。

【春节走访慰问】 1月19～24日，区委统战部组成慰问组，对全区30户困难台属、困难起义投诚人员、黄埔同学会员及遗孀、宗教界代表人士、归侨侨眷等开展春节走访慰问，共发放慰问金1350元。

【宗教界代表人士迎春座谈会】 1月22日下午，区委统战部（民宗局）召开宗教界代表人士迎春座谈会。民宗局局长李忠良通报2016年宗教工作情况，并对下一步工作提出要求：宗教界人士要加强政策法规学习，切实提高综合素质，增强履行职责的能力和水平；要加强值班备勤，落实工作责任，互通情报信息。要加强场所安全管理，特别是加强春节期间宗教场所人员安全、消防安全、食品安全、防范渗透、反恐防恐等方面的防范和应对工作，确保宗教活动场所安全稳定。

【非公经济人士“双创”工作动员会】 为充分发挥商会组织和非公经济人士在创建全省全国文明城市、国家卫生城市中的引领示范作用，引导全区广大非公经济人士自觉参与到创建工作中，5月5日，区委统战部、区工商联联合召开江川区非公经济人士“双创”工作动员会。区委常委、统战部部长李志刚出席会议并作动员讲话。李志刚指出，“双创”工作是贯彻落实市委、市政府“六城同创”工作部署，实现创建全省全国文明城市目标，建设美丽新江川的必然要求，是一个地方文明程度的具体体现，工商联（商会）组织和非公经济人士在“双创”工作中要有所作为，

用心用情带头参与。李志刚要求，全区民营企业要统一思想，充分认识开展“双创”工作的重要意义，在企业开展好广泛宣传和动员，做到企业员工人人知晓“双创”工作，人人参与“双创”工作；要以“双创”工作为抓手，落实责任和要求，加强企业内部治理、提升员工素质，提高企业依法治企、诚信经营、守法经营的能力，做实做细“双创”工作；要开展“双创”先锋企业评选，树标杆，作表率，带动全区非公企业和非公经济人士积极投身到我区“双创”工作中，为建设宜居宜业生态活力新江川贡献力量。会议倡议广大工商联会员和非公经济人士要认清责任，做“双创”工作的坚定参与者；尽心尽力，做“双创”工作的助力实践者；弘扬新风，做“双创”工作的示范带动者。全体参会非公经济人士作宣誓承诺。

【调研江川铜器工艺协会】 5月9日，区委常委、统战部部长李志刚到铜器工艺协会开展调研，了解协会运行情况、铜器加工及销售情况，听取相关意见建议。铜器工艺协会会长杨绍华介绍协会会员发展情况、学习情况、活动开展情况、财务管理情况以及存在的困难和问题。李志刚对铜器工艺协会成立以来开展的工作给予肯定，并针对协会会员发展不规范、财务管理不规范、班子运行不规范等问题提出要求：要按照“班子建设好、团结教育好、服务发展好、自律规范好”的“四好”商会（协会）建设要求，加强协会班子成员间的团结合作，制定完善学习、会议、财务管理等相关制度、规定，规范协会管理；要开展好铜器产品工艺设计，着力提升企业的综合实力，增强市场竞争力，推动产品发展；要因企制宜，创新产品销售渠道，把江川区铜器工艺不断做优做大做强。

【学习贯彻全省统战工作会议精神】 5月15日，区委统战部召开统战部（民宗局）、工商联全体干部职工会议，传达学习全省统战工作会议精神。区委常委、统战部部长李志刚传达省委书记陈豪和省委常委、省委统战部部长杨宁在全省统战工作会议上的重要讲话精神，并就如何抓好贯彻落实提出意见和要求：全体干部职工要认真学习，深刻领会会议精神实质，特别是陈豪书记的重要讲话精神，强化理论武装，树牢“四个意识”，不断提高做好新形势下统战工作的能力和水平。要结合江川区统战工作实际，抓好重点工作谋划，细化乡镇（街道）统战工作目标管理考核方案，抓实责任和任务落实。要大力开展调研，进一步建立健全全区党外知识分子和新的社会阶层人士基础信息库，积极搭建学习、交流、参政议政和建言献策平台，探索创新管理方法。要抓好民族团结稳定工作。要以贯彻落实全省统战工作会议精神为契机，召开全区民族团结进步示范区建设工作会议，健全完善领导小组和工作制度，全力推进民族地区扶贫攻坚。要加强非公经济领域统战工作，推动支持非公企业发展的政策措施落实，营造非公经济发展的良好环境。

【“中国少数民族特色村寨”授牌仪式】 6月6日，江川区在罗合白村举行“中国少数民族特色村寨”授牌仪式，区委常委、统战部部长李志刚，副区长、区公安分局局长牛旺林，镇、村、组及相关部门领导，部分村民代表参加授牌仪式。九溪镇罗合白村自2014年开展少数民族特色村寨创建以来，共争取整合各级各类资金1209万元，完成进村道路硬化、民族文化广场改建、特色民居新建、污水管网建设、公厕改建、村庄亮化绿化美化、民族团结示范户创建等建设项目。2017年4月，罗合白村被国家民委命名为第二批“中国少数民族特色村寨”。

【编发《统战民族宗教法律法规选编》读本】 为进一步宣传统一战线方针政策及法律法规，增强统战干部和统一战线成员对统战方针政策及法律法规的了解，区委统战部结合工作实际，编印《统战民族宗教法律法规选编》读本700余册下发乡镇（街道）、党外干部活动组、党外知识分子联络点、宗教协会及宗教活动场所，分发区属相关部门。全书共分为五个部分，即：统战类、民族类、宗教类、侨务台事类、综合类，重点收录《中国共产党统一战线工作条例（试行）》《中华人民共和国民族区域自治法》《民族乡工作条例》《中国公民民族成份管理登记办法》《中华人民共和国归侨侨眷权益保护法》等31个法律法规。

【走访看望黄埔同学会员】 7月4日，区委常委、统战部部长李志刚走访看望江川黄埔同学会员，并将5700元生活补助费送到他们手中。

【全区统战（民宗）工作会议】 7月25日，江川区召开全区统战（民宗）工作会议，深入学习贯彻省、市统战工作会议精神，安排部署2017年工作任务。区委书记徐贤出席会议并讲话，区委常委、统战部部长李志刚作工作报告。区人大、区政府、区政协相关领导，区委统一战线工作领导小组成员单位负责人，乡镇（街道）党（工）委书记、副书记及统战委员，区宗教团体及宗教活动场所负责人等共80余人参加会议。会议指出，党的十八大以来，江川区团结奋斗的共同思想政治基础更加牢固，民族团结进步事业稳步发展，宗教领域和谐稳定，推进政治协商获得新进展，“两个健康”发展呈现新态势，党外代表人士和党外知识分子工作再上新台阶，港澳台侨统战工作有新拓展。会议强调，全区上下要广泛凝心聚力，在建设宜居宜业生态活力新江川、推动跨越式发展中发挥统一战线优势和作用。会议要求，全区各级各部门要深入学习习近平总书记统一战线重要思想，提高政治站位，从战略和全局的高度准确把握新形势对统战工作提出的新要求；要切实加强对统一战线工作的领导，认真落实“四个纳入”和“三个带头”的规定，做到党的建设和统战工作统筹协调、同步一致推进；要充分发挥统战工作领导小组议事协调作用，完善工作机制，推进中央、省市区委关于统战工作的重大决策部署落地生根、开花结果；区委统战部要立足新形势新任务新要求，加强对统战工作的研究，加强统战干部教育培训，着力建设一支政治坚定、精神振奋、业务精通、作风过硬的统战干部队伍。会上，全区6个乡镇（街道）向区政府副区长、玉溪市公安局江川分局局长牛旺林递交《江川区2017年民族团结进步示范区建设工作目标管理责任书》，区委组织部、区财政局、各乡镇（街道）以书面形式作会议交流。

【“江川统战”微信公众号正式开通】 为搭建江川统一战线对外宣传新平台，拓宽统一战线工作宣传渠道，8月29日，“江川统战”微信公众号正式开通运行。

【召开学习贯彻新修订的《宗教事务条例》座谈会】 9月26日，江川区召开乡镇（街道）分管领导及统战委员、全区宗教团体负责人及宗教界代表人士、区委统战部（民宗局）全体干部职工参加的学习贯彻新修订的《宗教事务条例》座谈会。区委统战部副部长、民宗局长李忠良对照新旧《条例》进行解读，帮助与会人员进一步深化对新《条例》的认识和理解。与会人员结合各自工作实际，就新《条例》的颁布实施谈认识体会。区委常委、统战部部长李志刚就学习贯彻好新修订的《宗教事务条例》提出要求：要提高政治站位，切实增强做好新形势下宗教工作的责任感、紧迫感和使命感；要把握工作重点，着力提高宗教事务依法管理水平，加强执法能力建设，切实做好当前和今后一个时期的宗教工作；要学深学透，学思践悟，不断提升履职能力，做到守土有责，守土尽责。

【企业界人士助力脱贫攻坚工作动员会】 8月29日，江川区召开企业界人士参与脱贫攻坚工作动员会，区委常委、区政府常务副区长张文彬，区委常委、统战部部长李志刚出席会议；区属相关部门负责人，各乡镇（街道）分管领导、商会会长，规模以上工业企业负责人，部分房地产企业、建筑企业、农业企业、旅游企业负责人共80余人参加会议。区政协副主席、工商联主席顾秋主持会议。李志刚作动员讲话；张文彬介绍江川区脱贫攻坚工作情况，并对企业界人士助力全区脱贫攻坚工作提出要求；顾秋宣读区委统战部、区工商联联合发出的《关于打赢脱贫攻坚战致全区广大企业界人士的倡议书》。会议号召，扶贫济困是中华民族的传统美德，是培育和践行社会主义核心价值观的重要内容，全区广大企业界人士一定要把思想和行动统一到区委、区政府的决策部署上来，大力弘扬“义利兼顾、扶贫济困、回报社会”的光彩精神，积极承担社会责任，踊跃参与脱贫攻坚，为全区决战脱贫攻坚、决胜小康社会伸出援手，献出爱心，共同改善贫困群众生产生活条件，共同打赢脱贫攻坚这场战役！

【举办“喜迎十九大，脱贫奔小康”公益活动】 为喜迎党的十九大胜利召开，9月29日，区委统战部与民盟玉溪市委联合，在部门包村点早街社区共同举办“喜迎十九大，脱贫奔小康”公益活动。发放《统一战线工作宣

传资料》《中华人民共和国归侨侨眷权益保护法》《中国公民民族成份登记管理办法》等宣传资料600余份；开展法律咨询服务50余人次；为群众义诊500余人次，免费发放西药及外用中药制剂价值人民币2.5万元。

【沐爱斌调研江川民族宗教工作】 9月30日，市委统战部副部长、市民宗局局长沐爱斌到江川调研民族宗教工作，区委常委、统战部部长李志刚陪同调研。沐爱斌一行先后听取江川区民族宗教工作情况以及安化彝族乡经济社会发展情况介绍，实地调研安化彝族乡招坝民族团结示范村项目建设情况，并对江川区民族宗教工作提出要求：认真抓好新修订的《宗教事务条例》的学习宣传贯彻落实，依法依规加强对宗教活动场所的管理，教育引导好宗教教职人员和信教公民，积极探索民间信仰管理工作办法。用心用力用情抓好民族地区人居环境整治，打赢脱贫攻坚战，把安化彝族乡建成市级、争创省级民族团结进步示范乡。统筹谋划，积极申报和储备民族发展项目，突出抓好民族团结进步示范单位创建工作。真抓实干，主动作为，加强对清真企业、饭店的监督管理，抓好民族地区、接边地区的矛盾纠纷排查化解工作，抓实党的十九大期间的维稳、信访工作，确保江川民族团结、宗教和睦。

【科级党外干部培训】 11月14日，区委统战部举办全区50余名科级党外干部培训班。特邀玉溪市社会主义学院副教授胡伟围绕充分认识党外干部的重要地位和政治要求、党外干部如何履职、党外干部履好职必须加强五种能力建设等方面开展培训，旨在提升科级党外干部的履职能力，增进合作共事基础。

【宗教政策法规培训】 11月14日，区委统战部（民宗局）举办民族团结进步示范区建设领导小组成员单位负责人、乡镇（街道）分管领导和统战委员、村级民宗工作信息员、宗教团体和宗教场所负责人共120余人参加的宗教政策法规培训班。区委统战部副部长、民宗局局长李忠良作《宗教与宗教工作》专题辅导，结合党的十九大精神解读中国近期关于宗教工作的重要会议、重要文件政策，对宗教基本国情、宗教工作的形势与任务、当前宗教重点工作及要求进行讲解，切实提高各级领导干部及宗教管理人员的宗教事务管理能力。

【宪法日宣传活动】 12月4日，区委统战部（民宗局）积极参与开展以“学习贯彻党的十九大精神维护宪法权威”为主题的法制宣传活功。重点宣传《宗教事务条例》《中华人民共和国归侨侨眷权益保护法》《中国公民民族成份登记管理办法》《劳动法》等法律法规，发放宣传资料1200余份，开展法律咨询30余人次。

【党外代表人士工作】 一是加强党外干部队伍建设，建立健全党外干部基础信息库。通过走访调研，共建立健全54名科级以上党外干部基础信息库，其中：副处5人，正科11人，副科38人。二是抓学习教育。以党外干部活动组和党外知识分子联络点为平台，定期组织党外干部、党外知识分子深入学习党的方针政策、统一战线法规及理论知识，深入贯彻学习中央关于统一战线的重要论述，教育引导党外代表人士不断增强对坚持中国特色社会主义道路自信、理论自信、制度自信、文化自信。三是开展摸底调查，建立健全新的社会阶层人士基础信息库。成立以部长任组长的新社会阶层人士调研工作领导小组，组成以区工信局、区农业局、区工商联等牵头负责的10个调研工作小组，通过召开工作推进会、走访摸底等，建立健全3024名新的社会阶层人士基础信息库，其中：管理技术人员2154人、中介组织和社会组织从业人员826人、自由职业人员41人、新媒体从业人员3人。

【非公经济领域统战工作】 继续深化区级领导干部联系非公企业和非公经济代表人士制度，加强与非公企业和非公经济代表人士的沟通联系。开展非公经济代表人士综合评价，规范非公经济代表人士推荐使用和重要评选表彰工作。制定《中共玉溪市江川区委统战部关于区工商业联合会（商会）换届工作实施方案》，开展了宣传动员、会员代表提名协商、人事方案拟定等，圆满完成工商联换届工作。继续深化非公有制经济人士理想信念教育实践活动，搭建“光彩事业”“感恩行动”“捐资助学”等载体和平台。全年组织非公经济人士、行业商会、非公企业捐资4.5万元，资功家庭贫困大学生15名；

倡导组织全区59家企业和行业商会捐赠帮扶资金150余万元（其中：捐赠市级60余万元、区级90余万元），帮助建档立卡贫困户危房改造，助力全区脱贫攻坚。

【民族工作】　加强协调，争取上级各类资金39万元，帮助民族山区解决小难急困难11件。加强示范点建设。制定出台关于加强民族团结进步示范区建设的实施意见、联席会议制度等制度措施，民族团结进步示范区建设成取得新成效。一年来，共整合“百千工程”“扶贫攻坚”“一事一议”等项目，整合资金475万元，完成石河阿豆村民族文化广场、戏台、综合用房等民族团结进步示范村建设项目，群众居住环境和休闲条件大为改善。加快推进安化乡招坝村示范点建设，共整合资金235万元，建设村内综合用房、停车场、碧涵馆、公厕，完善斗牛场基础设施。九溪镇罗合白村被国家民委命名为“中国少数民族特色村寨”。深化民族团结进步教育活动，促进民族关系和谐。大力宣传“三个离不开”思想，按照“三有五落实”的要求，把民族团结教育纳入中小学课程。创建前卫中学、九溪中心小学民族团结教育示范学校，打造校园民族团结宣传角、宣传栏，举办演讲、征文、绘画等比赛，不断增强中小学生中华民族向心力、凝聚力，推动民族团结教育工作深入开展。抓好文化传承，繁荣民族文化。全年争取协调上级各类资金16万元，开展文化保护项目《彝族腰鼓》视频拍摄录制和安化乡民俗传习馆建设。

【宗教工作】　开展宗教情况调研和民族宗教团结稳定形势研判，制定出台《关于加强和改进新形势下宗教工作的实施意见》。持之以恒抓好宗教政策法规宣传，编印下发《统战民宗政策法规选编》宣传手册等资料700余册，在宗教活动点开展反恐怖主义宣传2次，召开统战干部、宗教团体负责人、宗教界代表人士学习宣传新修订的《宗教事务条例》座谈会，进一步提高做好新形势下宗教工作的能力水平。持续抓好宗教界代表人士培养和宗教团体建设，在宗教界全力开展“宗教政策法规学习月”活动、“和谐寺观教堂”创建活动、“宗教界学习党的十九大精神宣讲”活动、举办宗教政策法规培训班等，全面提升宗教界人士整体素。构建抵御渗透破坏的工作机制和网络，妥善处置民族宗教领域矛盾隐患4起，全年未发生因民族宗教问题引发的群体性事件，宗教领域保持和谐稳定局面。

【港澳侨台海外统战工作】　开展侨资企业和侨台属基本情况调查，建立健全基础信息库。进一步完善制定重点归侨侨眷、台胞台属联系制度，加强沟通和联系，及时掌握联系对象的思想动态，帮助联系对象解决实际困难和问题。认真开展侨务扶贫工作，与2户困难侨眷签订《江川区侨务扶贫资金借款合同》，给予帮扶资金1万元，帮助他们解决生产发展、家庭经营中存在的困难和问题，使他们脱贫致富。协助市外事侨务办公室对2户困难侨眷开展精准脱贫调研，并在脱贫措施实施过程中每户给予2700元困难补助。开展国庆、中秋、春节走访慰问活动，深入了解侨眷、台属的生产生活情况，广泛宣传国家相关法律法规及涉台涉侨政策，针对1户困难侨眷，积极争取上级部门给予5000元生活补助。

【民族成份变更】　2017年共审核、收件、报批民族成份变更7人，其中：汉族变更为彝族5人、哈尼族1人、白族1人，回族变更为汉族1人。

（矣树芬）

区直属机关工委

【概　述】　2017年，区直机关工委贯彻习近平总书记系列重要讲话精神和治国理政新理念新思想新战略，增强“四个意识”，以严肃党内政治生活和强化党内监督为重点，坚持稳中求进工作总基调，落实全面从严治党要求，推进“两学一做”学习教育常态化制度化、基层党建提升年，充分发挥机关党组织战斗堡垒作用和党员先锋模范作用，不断提高机关党建工作科学化水平，为江川区与全市同步建成小康社会、实现跨越发展提供坚强组织保证。

【党的十九大精神学习贯彻】　做好党的十九大开幕实况收听收看工作。开展党工委中心理论专题学习活动，专题安排围绕“如何学习贯彻落实党的十九大精神，全面提高科学化水平抓好党建工作”的专题学习。开展新党章学习月活动。以支部为单位，利用党员固定活动日、“三会一

课”等，每月组织全体党员干部学习党的十九大精神。

【推进党建工作目标】 按照区委党建工作重点，机关工委研究制定党建工作年度计划，结合区直机关各单位行业特点，分解细化目标责任。2017年5月5日，机关工委召开2017年党建工作会议，与46个基层党组织书记签订《党建工作责任书》，举行共产党员“双创先锋”行动承诺议式，参会人员在党旗上签下名字，亮出身份、亮出承诺。抓实2016年党组织书记抓基层党建述职评议工作，13个党组织书记按要求进行述职评议，坚持问题导向，创新工作交流机制，进一步推动党建工作。按照“基层党建提升年”的要求，制定下发《中共玉溪市江川区委区直机关工委2017年工作要点及任务分解方案》《中共玉溪市江川区直机关工委“基层党建提升年”工作方案》《中共玉溪市江川区直机关工委“基层党建提升年”工作进行任务重点任务计划表》《玉溪市江川区2017年度区直各党（总）支部书记抓党建工作责任清单》层层分解各项工作任务。

【抓好党组织民主生活会】 机关工委高度重视巡视整改暨党风廉政专题民主生活会和年底班子民主生活会，安排人员到各单位对巡视整改专题民主生活会进行全程的跟踪指导、督促、点评，从严从实抓好专题民主生活会。

【入党积极分子和发展对象培训】 机关工委于2017年6月5日至7日在区委党校举办第27期入党积极分子暨第3期党员发展对象培训班，共培训学员71名（其中：入党积极分子49名，党员发展对象22名），培训班学员还包括工业园区党委、工信局党委和卫计局党委的入党积极分子和党员发展对象。培训班采取专题授课、观看《人民的民义》党课教育专题片、分组讨论、学习交流和集中考试相结合的方式进行。

【党务干部培训】 2017年9月12日至13日，区直机关党工委在区委党校举办2017年党务干部培训班，47家区直机关单位党组织94名党务干部参加培训班学习。培训班采取专题授课、学习观摩和集中考试相结合的方式进行。区直机关党工委有针对性地安排“两学一做”学习教育常态化制度化工作、党内法规培训、发展党员工作、“互联网+党建”及信息工作、增强纪律意识争做合格党员、党员积分制、党费收缴和台账资料规范化管理等六个专题的学习。

【加强党组织班子建设】 2017年，机关工委对区住建局党总支、区文广体局党总支、区旅游局党支部、区政务管理局党支部、区妇联党支部和区财政局党支部等党组织进行改选，撤销关工委党支部和环卫、绿化联合党支部，新建城投公司党支部、区委编办党支部和城管局党支部。

【开展“七一”纪念活动】 区直属机关党组织以实际行动向党的生日献礼，开展系列活动。开展一次集中学习。区直属机关各单位党组织通过“三会一课”、党员固定活动日载体，以党章党规、《准则》《条例》、习近平总书记系列重要讲话精神和考察云南重要讲话精神，党的十八大和十八届三中、四中、五中、六中全会精神等为学习内容，组织开展一次集中学习。开展讲党课活动。各单位党组织结合开展纪念建党96周年活动，开展一次党课教育。开展调研走访慰问活动。“七一”前夕，组织党员干部带头深入包村联系点、社区、单位开展走访慰问和随机调研，了解经济社会发展情况，指导基层开展党建工作。开展一次入党宣誓活动。“七一”前后，区直机关各单位党组织组织全体党员特别是有新党员的党组织进行一次入党宣誓活动。开展一次“双创先锋”行动。区直机关各单位党组织，结合创建国家卫生城市、全省全国文明城市，打赢人居环境综合整治攻坚战要求，组织全体党员干部开展一次清扫各单位责任街心的“双创先锋”行动，充分发挥党员在“双创”过程中的引领示范作用。观看一批红色电影。“七一”前后区直机关各单位党组织组织党员观看一批红色电影。开展一次比赛活动。法院党总支开展“不忘初心、爱国敬业，争做‘四讲四有’合格党员”为内容的主题演讲比赛；市场监督管理局党总支、地税党支部举办党章党规知识测试活动，工会党支部组织开展革命题材诗歌朗诵活动，文广体党总支承办以“鲜红的党旗”为主题的文艺晚会等，激励党员争做“四讲四有”和“四个合格”党员。开展“七一”表彰活动。机关工委表彰2016年度优秀共产党员38名、优秀党务工作者12名、先进基层党组织8个。

【发展党员工作】 机关工委贯彻落实《中国共产党发展党员工作细则》，按照“控制总量、优化结构、提高质量、发挥作用”总要求，严格履行入党手续，研究分析发展党员的现状，规范入党程序，贯彻落实发展党员公示制、预审制、票决制、责任追究制等制度，严把质量关，做好党员发展工作。2017年共发展新党员10名，其中：女性3名，少数民族2名，科员7名，实职副科1名，专技人员2名，大专及以上学历10名，35岁及以下9名，35岁以上1名。审批预备党员转正13名。

【抓实“两学一做”学习教育常态化制度化】 机关工委按照区委要求，抓好“两学一做”学习教育常态化制度化工作：制定方案。制定《中共玉溪市江川区直属机关工委关于推进“两学一做”学习教育常态化制度化的实施方案》，细化工作责任和措施，有序推进学习教育。突出支部主体，强化深学入心。以支部为基本单位，压实学习任务。领导干部以上率下，带头学，党员领导干部坚持以身作则，自觉参加学习讨论，带头谈体会、讲党课。结合“千堂党课进基层”活动，各单位党组织书记为支部、村（社区）党员讲党课139人次。全员发动，形式多样灵活学，各单位党组织立足实际，结合党员不同特点，开展形式多样学习教育，普通党员通过“互学、互评、互议”方式开展微型党课教育，共上696次。树立标杆，表彰先进争创学。结合建党96周年，开展“七一”表彰活动和“让我感动的身边党员”推选活动，充分发挥正面典型的激励作用，营造“学先进当先进”良好氛围。开展集中专项整治。对“三会一课”制度执行不到位问题进行集中整治。结合主题党日、党员固定活动日，每月组织1次党员集中学习、每月一次支部委员会、每季度1次支部大会、每季度为党员上1次党课，严格落实党员领导干部参加双重组织生活会和签名制度，对每个月不按要求落实“三会一课”的党组织下发督查通报并督促整改。对不坚持程序标准发展党员和党员档案管理不规范问题进行集中整治。对党员信息进行重新采集，排查党组织关系。下发《关于采集党员信息的通知》，共采集完善党员信息1078名。

【创建服务型党组织】 开展“双联系一共建双推进”活动，进一步加强机关党组织与农村党组织建设。突出以党建为切入点，充分发挥机关党员干部的传、帮、带作用。以党建带动脱贫，机关党员干部转变观念，以服务脱贫攻坚为根本目标，做到扶贫政策、措施、信息“三得力”。做实事，做好事，真正履行“为人民服务”的宗旨。开展“争当仙湖卫士，保护母亲湖”主题实践活动，1000余名党员参加，开展活动129次，清扫捡拾垃圾190余顿，清理河道沟道39182米。开展云岭先锋党员志愿者服务，组建47个志愿服务队，开展在职党员到社区报到为群众服务活动，认领服务岗位，所属47个党组织在职党员到社区报到，共开展活动96次，慰问困难党员群众46名，慰问资金2万元，以服务赢得群众好评。在各党组织开展党员先锋岗评比，创建党员先锋岗11个，示范窗口5个，承诺践诺，激发党员服务热情。

【完善党员积分制管理工作】 机关工委进一步规范党员积分制管理工作，制定下发《关于进一步调整完善党员积分制管理工作的通知》，对党员积分制管理工作进行调整和完善，将党组织对党员的要求用分数进行量化和细化，使党员积分制管理工作更加精细化和科学化。

【强化晋位升级工作】 机关工委从组织设置是否合理、领导班子是否健全、工作制度是否完善、阵地建设是否合理、保障措施是否到位、党组织作用发挥是否充分、党员群众是否满意等七个方面进行调查摸底，掌握存在的主要问题，深刻剖析主要问题存在的原因。采取自查自评、党员群众评议、上级党组织评定等程序，在区直属机关92个党组织中，定为先进的72个，占72.7%，定为一般的26个，占36.3%，定为后进的1个，占1%。根据后进支部存在的不足和问题，指导他们制定整改措施，并按规定时限真正抓好整改落实工作，确保整改提高，晋位升级工作落到实处。

【抓好党建创新项目】 按照区委组织部对党建工作创新项目选题的要求，紧密联系机关开展党建工作的实际做好选题、立项、申报和实施工作。按照“五化工作法”，不断创新党课教育的形

式，围绕“五定”，在47个党组织中全面推行“微型党课”教育，按照“定时间、定方式、定内容、定程序、定机制”抓实“微型党课教育”。把各单位党组织微型党课开展情况列入党工委党建工作目标考核内容；开展“精品微型党课”评比活动，由党支部申报，党工委邀请党校教师、专家教授进行评比，并给予表彰奖励，并运用到党员积分制管理工作中。

【抓督查促整改力推机关党建】 机关工委于2017年8月2日至4日成立三个专项督查组，对各单位党组织进行“两学一做”学习教育常态化制度化和基层党建工作综合督查，通过“三举措“力推机关党建全面过硬。围绕目标抓督查。针对“两学一做”学习教育常态化制度化和基层党建等重点内容，细化督查内容，各督查组通过听取汇报、现场提问、查阅台账资料等方式，找准各单位在落实目标责任制和重点工作开展过程中存在的问题。结合党建强交流。通过实地查看党员活动阵地建设、示范点创建和积分制管理等工作，督查组成员与各单位党组织负责人座谈交流，对如何抓好学习教育、党员管理等工作相互学习借鉴、沟通交流、取长补短，达到促进提升、推进工作的目的。针对问题促整改。结合综合督查的情况，党工委及时召开督查工作汇报会，各督查组认真梳理存在问题，及时反馈督查情况。按照要求，督促指导各单位结合反馈情况及时制定整改落实方案、明确整改时限、落实责任人，针对问题集中整改。

【抓实党员固定活动日】 机关工委积极探索和实践“党员固定活动日”，结合正在开展的“两学一做”学习教育常态化制度化，把从严治党从基层党的组织生活抓起，以每月10日作为固定日开展党的活动，开展传达上级精神、通报重大事项、听取党员意见、上党课、安排部署工作、召开组织生活会、开展志愿服务等，与各项实际工作融为一体，让基层党的组织生活内容上接“天线”含指导性，下接“地气”具实效性，真正发挥起党组织的战斗堡垒和党员的先锋模范作用。其主要做法是：坚持“五个一”。区直机关党工委牢牢把握“规范、常态、有效”的主旨，重点创建“五个一”工程：一家一阵地，一月一主题，一月一活动，一月一评星，一月一材料。注重“六个结合”。区直机关党工委为使党员固定活动日活动经常化、实施规范化、内容多样化、措施具体化，重点推进“六个结合”项目（结合“两学一做”学习教育常态化制度化工作、结合“党员先锋岗和党员示范窗口”创建工作、结合“在职党员到社区报到为群众服务”活动、结合“云岭先锋党员志愿服务”活动、结合脱贫攻坚工作、结合“党员积分制管理”工作。

【补齐制度短板，全面推进从严治党】 机关党工委继续补齐制度这块短板，以制度建设为抓手，建立健全各项党内制度。通过规范日常党务工作、党员的学习教育、党工委内部制度等，用制度管人、管事，不断加强自身建设，提升机关党建科学化水平，使区直机关党建工作走上制度化、规范化轨道。首先是建立健全党内组织生活制度。严格落实党员领导干部参加双重组织生活会制度。党员领导干部不但要参加领导班子专题民主生活会，还要以普通党员的身份带头参加党内组织生活会，实行党员领导干部签名制度，推进党员领导干部作风转变，真正使党的组织生活、党员教育管理严起来、实起来。健全“三会一课”制度。定期召开党员大会、支委会和党小组会，并在各党支部推行“微型党课”，取得了明显成效。严格执行民主集中制。区直机关工委下发玉江直发〔2017〕17号《中共玉溪市江川区直机关工委“三重一大”集体决策制度》。按照“三重一大”的要求，坚持重大问题集体讨论决定，做到班子内部团结协调，在审批发展新党员、预备党员转正、党员处理、党（总）支部班子调整、选举、表彰等重大问题上，严格执行民主集中制。建立随机调研制度。区直机关党工委按照工委委员联系点要求，加大基层党建调研力度，紧紧围绕党建工作中的重点、难点、热点问题开展“随机调研”，了解真实情况，及时发现问题，督促限时整改。采取不打招呼，随机选点，采取实地查看、座谈等方式，直接向基层党组织和党员、干部了解情况；到包村点开展调研，切实抓好脱贫攻坚工作，促进党建与脱贫攻坚工作双推进。建立党建联系点制度。区直机关党工委建立基层党建联系点47个，明确工委委员所联系的党组织，要求每年到联系点指导工作不少于6次，每年对联系点的党建工作开展一次专题调研活动，及时总结和宣传推广联系点好的做法和取得的成功经验，以点上的经验推动面上的工作。建立督查工作制度。区直机关党工委成立由党工委副书记为组长的督查工作领导小组，每季度对党工委推进的重点工作、制度执行情况和作风建设等方面的情况进行督查，并发督查通报，对存在的问题要求基层党组织按要求按时限进行整改。

（罗秀秀）

“两新”组织党工委

【概　述】 2017年，江川区“两新”组织党建工作以学习宣传贯彻党的十九大精神和习近平新时代中国特色社会主义思想为指针，以“基层党建提升年”为统领，以区委“五化”工作法为抓手，全区“两新”组织党建工作水平整体提升。

【“两新”组织党建责任落实】 下发《玉溪市江川区2017年度非公企业和社会组织基层党建工作责任清单》，深化“‘两新’组织党工委委员+联席会议成员单位+党建指导员”工作机制，党工委委员联系指导18家“两新”组织，下派党建指导员60名，督促指导工作开展。按照“16321”补助标准，即每个“两新”组织党委每年不少于10000元、每个党总支每年不少于6000元、每个党支部每年不少于3000元的基本工作经费，每名党组织书记每月不少于200元的专项工作津贴，每名党员每年不少于100元的教育培训经费，拨付工作经费73.56万元，全面压实党建工作责任。

【“两新”组织覆盖提升工作】 3月30日，召开玉溪市江川区深化非公企业和社会组织党组织覆盖提升行动现场会，传达学习省、市关于深化非公企业和社会组织党组织覆盖提升行动会议精神，安排部署2017年江川区深化非公企业和社会组织党组织覆盖提升行动工作。至2017年底，在列入党建基数的384家非公企业中，共有党组织67个，覆盖236家非公企业，党组织覆盖率达到61.46%。在列入党建基数的48家社会组织中成立党组织29个，覆盖30家社会组织，党组织覆盖率达到62.5%。“小个专”党委下辖2个党总支、5个党支部，覆盖439户个体工商户、95家小微企业。

【规范化建设】 严格落实“三会一课”、组织生活会、谈心谈话和民主评议党员、党费日、党员固定活动日、党员积分制管理等制度，从严从实规范组织生活。规范抓好党员队伍建设，把生产经营（业务）骨干培养成党员、把党员培养成生产经营（业务）骨干、把生产经营（业务）骨干党员培养成管理人员，努力提高党员队伍综合素质，严格党员发展程序，发展党员23名。发放《玉溪市党支部规范化建设工作台账一本清》100余本，以党组织设置情况、党员基本情况、党组织活动情况、制度建设情况为重点，进一步规范和完善基层党建工作台帐。

【阵地建设】 坚持以“个个有特色、行行有亮点”为目标，组织30余名“两新”组织党务工作者到江苏、深圳、玉昆钢铁、环球彩印以及市义工联合会等“两新”组织借鉴好经验、好做法，拓展党建工作思路。成立党建工作站，打造专业性的非公党建服务平台。建成前卫镇党群活动服务中心、完成工业园区党群活动服务中心提档升级；建成铜器工艺协会、欣兴幼儿园、弘益医院等示范点。

【党员教育】 结合“两学一做”学习教育常态化制度化和学习宣传党的十九大精神的深入开展，以“千堂党课进基层”“万名党员进党校”为抓手，突出学习宣传贯彻党的十九大精神和习近平新时代中国特色社会主义思想重点，联系“两新”组织实际，通过专题讲座、送教进企业、开设“车间课堂”“微信课堂”等形式，夯实学习基础，增强党员党性意识。一年来，组织宣讲70余场次、3000余人次。

【党组织书记培训】 11月16日，为深入贯彻落实十九大精神，切实加强江川区“两新”组织党组织建设，充分发挥“两新”组织党组织的政治核心作用和政治引领作用，江川区“两新”组织党组织书记十九大精神培训班在江川区委党校开班，来自全区“两新”组织的100余名党务干部参加培训。培训紧扣学习贯彻十九大精神主题，围绕“两新”组织党组织规范化主线，采取专题讲座、现场观摩、经验交流相结合方式，持续提升党组织书记的能力和水平。

【“两新”组织党的作用发挥】 坚持把“两新”组织党建与发挥党组织的政治核心作用、发挥党员的先锋模范作用，与更好履行党员义务、服务发展、企业文化建设有机结合起来，努力把组织优势转化为发展优势，把组织活力转化为发展活力，有效发挥党组织的战斗堡垒和党员的先锋模范作用。云南联塑党支部积极开展“我为企业献一策”活动，引导党员投身企业发展；乾景商业中心为党员经营户量身制定奖惩措施，带动商户诚信经营；雄关花卉种植联合党支部采取“支部+合作社+贫困户”模式，助力脱贫攻坚。

（金武恒）

区委党校

【概　述】 2017年，区委党校、区行政学校、区社会主义学校贯彻全国、全省、全市和江川区党校工作会议精神，突出理论教育和党性锻炼主业，发挥“三个阵地”和“一个熔炉”作用，完成全年干部教育、理论宣讲、党课教学、科研等工作任务，提高全区党员干部的理论素养和知识水平，助力江川跨越发展。同时，为进一步加强新时期党校工作，区委、区政府启动党校搬迁建设，并作为区委二届三次全会确定的重要事项和重大项目督办落实。2017年，区委党校支部被江川直属机关工委评为“先进基层党组织”。

【江川区2017年干部教育联席会议】 2月28日，江川区干部教育委员会召开会议，对2016年全区干部教育培训工作进行总结，安排、布置2017年干部教育培训工作。会议审阅通过《玉溪市江川区干部教育委员会联席会议制度》《玉溪市江川区干部教育培训登记和证书管理制度》《玉溪市江川区2017年干部教育办班培训计划》。

【举办各类培训班】 2017年，区委党校配合相关部门举办各类培训班。举办大学生村官培训班。与区委组织部配合，坚持理论联系实际，学用结合方针，采取自学、专题讲授、案例教学、体验式教学、学员论坛、研讨交流、警示教育等多种方式，于2017年3月5日至10日，利用6天时间举办江川区大学生村官培训班，对47名大学生村官进行培训。培训内容涉及党性教育、基层党建、电子商务、党建综合服务平台、人居环境整治、乡村规划等。

举办党务干部培训班。2017年5月23日至25日，配合区委组织部，采取入学测试、专题讲授、交流发言、观看专题片、主题演讲方式，举办江川区2017年全区党务干部培训班，对全区乡镇、街道、单位113名党务干部进行培训；9月12日至13日，与区直属机关工委配合，采取集中授课、现场观摩等方式，举办直属机关工委2017年党务干部培训班，培训所属党务干部90人；9月28日至29日，与工信局党委联合，采取专题讲座方式举办工信局党委2017年党务干部培训班，培训所属党务干部40人。

举办入党积极分子和发展对象培训班。6月5至7日，区委党校与江川区直属机关党工委联合举办江川区直属机关党工委第27期入党积极分子和第3期重点发展对象培训班，对76名入党积极分子和发展对象进行培训。区委党校教师业居敏、李拥军、龚正英分别以“党史讲座”“党章辅导”“如何做一名合格的共产党员”为题目为培训班学员进行授课。培训班采取集中辅导、自学、分组讨论、撰写学习心得、考试方式进行。

举办全区妇女干部培训班。配合区妇联于8月24日举办2017年妇女干部培训班，培训全区各行各业妇女干部135人。

举办2016年事业单位新进人员初聘培训班。9月19日至25日，区委党校配合区人社局举办江川区2016年事业单位新进人员初聘培训班，对全区2016年事业单位新进人员150人进行培训。培训涉及习近平系列重要讲话精神、国家安全教育、职业道德教育、廉政教育、区情教育、心理健康教育等11个专题。

举办村（社区）干部党的十九大精神培训班。10月30日至11月2日，区委党校联合区委组织部举办江川区村（社区）干部培训班，对全区各村委会（社区）总支书记、村委会主任（社区主任）、监督委主任共105人进行培训。培训采取专题讲座、现场教学、交流发言、考试的方式，围绕党的十九大精神、农村土地政策、农村产业发展、生态建设、农村基层党建、扶贫攻坚、信访工作、突发事件应对等内容进行培训。

举办全区“两新组织”党组织书记培训班。2017年11月16日，区委党校联合区委组织部举办玉溪市江川区两新组织党组织书记十九大精神培训班。培训班围绕学习宣传党的十九大精神，采取专题讲授、现场教学方式进行。

【开展党课教育】 2017年，区委党校选派教师分别为区总工会培训、区妇联培训、区司法干部培训、区城镇执法大队培训授课。选派教师分别到江城镇黄营村委会、九溪镇中心小学、九溪镇中学、九溪镇阳山庄村委会、玉溪市公安局江川分局、区教育局、大街街道开展党课讲授。

【开办道德讲堂】 2017年，区委党校与区委宣传部配合，开办“道德讲堂”。全年共组织教师到全区行政事业单位、乡镇（街道）、村委会（办事处）、企业开办道德讲堂16场，参与听众1000多人次。

【理论宣讲】 组织教师深入各乡镇、街道、单位开展云南省第十次党代会精神和“玉溪精神”宣讲12场1400多人次；组织教师深入各单位、部门党组织开展党的十八届六中全会精神宣讲14场800多人次；组织教师到各单位、部门党组织开展习近平系列重要讲话精神和考察云南重要讲话精神宣讲8场1000余人。

【开展理论研究】 由江川区委党校教师张冬执笔，李卫东、李拥军参与撰写的调研报告《农村土地承包经营权登记颁证工作问题研究——以玉溪市江川区为例》获区长王志华批示，在全区相关单位、乡镇印发学习。教师冯孝忠撰写的论文《如何用好批评与自我批评这一武器》获2017年玉溪市学习贯彻党的十八届六中全会精神研讨会优秀论文奖。

【对外服务】 2017年，区委党校创新、完善各种服务体制，挖掘服务潜能，共接待各种会议、培训、考试、讲座62期，4400多人次。

（李拥军）

玉溪市江川区人大常委会

【江川区第二届人大常委会主任、副主任、委员名录】

（2017.1—2017.12）

主　任　龚桂存

副主任　李绍华　普朝鹏

　　　　何　眉　李保平

委　员　王适润

　　　　叶彦强（2017.7辞职）

　　　　刘秀丽　坝有贵

　　　　李　岩　李亚捷

　　　　李江辉（2017.9辞职）

　　　　杨梅芳　杨聪明

　　　　何旭波　张金芬

　　　　张彦生　张新荣

　　　　罗玉华

　　　　周　瑜（2017.9辞职）

　　　　侯小青

　　　　顾学华（2017.9辞职）

　　　　郭　伟（2017.9辞职）

　　　　龚瑞中　雷永彪

　　　　雷吉林　解若云

【玉溪市江川区第二届人民代表大会财政经济委员会】

主　任　雷吉林

副主任　刘清华

委　员（按姓名笔画为序）

　　　　王适润　郭　伟

　　　　解若云

【江川区人大常委会各委、室负责人名录】

（2017.01—2017.12）

办公室

主　任　周　瑜（2017.9离任）

　　　　雷永彪（2017.9任）

副主任　杨花润（2017.9离任）

　　　　殷忠伟（2017.11任）

法制和民族外事华侨工作委员会

主　任　侯小青（2016.11任）

副主任　李任民（2017.12离任）

教科文卫工作委员会

主　任　罗玉华（2016.9任）

副主任　郑　霄（2015.7任）

选举联络工作委员会

主　任　雷永彪（2017.9离任）

　　　　杨花润（2017.9任）

副主任　王忠明

　　　　马宇飞

农业工作委员会

主　任　坝有贵

副主任　普绍有（2017.12离任）

城建环保资源工作委员会

主　任　何　眉（2017.2离任）

　　　　解若云（2017.2任）

副主任　龚艳美

【概　述】 2017年，是区二届人大常委会依法履职的第一年，区人大常委会认真落实区委决策部署和区二届人大一次会议要求，紧紧围绕全面深化改革和江川经济社会发展勤奋履职，主动作为，为推动江川跨越发展和全面建成小康社会作出积极贡献。一年来，共召开区人大常委会会议9次，听取和审议“一府两院”专项工作报告20项，开展执法检

查3次，组织专题调研14次，组织代表视察3次，召开工作座谈会4次，形成审议意见11份，依法任免国家机关工作人员77人次，依法补选了4名区人大代表，作出决议决定9个。

【江川区第二届人民代表大会第一次会议】 江川区第二届人民代表大会第一次会议于2017年1月4日至8日在江川影剧院召开。174名区第二届人民代表大会代表出席会议，区属各部委办局负责人，区人民法院、区人民检察院相关领导，乡镇、街道有关领导，市直单位负责人，部分退休老领导等182人列席大会。

大会听取和审议区人民政府区长王志华所作的《政府工作报告》；审查批准玉溪市江川区2016年国民经济和社会发展计划执行情况及2017年国民经济和社会发展计划；审查批准玉溪市江川区2016年地方财政预算执行情况和2017年地方财政预算；听取和审议区人大常委会主任龚桂存所作的《玉溪市江川区人大常委会工作报告》；听取和审议区人民法院代理院长王建文所作的《玉溪市江川区人民法院工作报告》；听取和审议区人民检察院检察长资云坤所作的《玉溪市江川区人民检察院工作报告》，并作出六个报告的决议。

大会选举龚桂存为玉溪市江川区人大常委会主任，李绍华、普朝鹏、何眉、李保平为副主任，王适润、叶彦强、刘秀丽、坝有贵、李岩、李亚捷、李江辉、杨梅芳、杨聪明、何旭波、张金芬、张彦生、张新荣、罗玉华、周瑜、侯小青、顾学华、郭伟、龚瑞中、雷永彪、雷吉林、解若云为区二届人大常委会委员；选举雷吉林为玉溪市江川区第二届人民代表大会财政经济委员会主任委员，刘清华为副主任委员，王适润、郭伟、解若云为委员；选举王志华为玉溪市江川区人民政府区长，张文彬、牛旺林、杨军苹、王柄璋、李忠海、靳永春为副区长；选举王建文为玉溪市江川区人民法院院长；选举资云坤为玉溪市江川区人民检察院检察长。

【区第二届人大常委会各次会议】 2017年2月21日，区二届人大常委会举行第一次会议，会议听取区人民政府副区长靳永春所作的《玉溪市江川区2017年重点工作重大项目推进计划报告》，审议并通过《玉溪市江川区人大常委会2017年工作要点（草案）》，审议并通过《关于加强区人大常委会组成人员与基层人大代表联系的意见》。会议决定设立玉溪市江川区第二届人民代表大会常务委员会代表资格审查委员会，审议通过玉溪市江川区第二届人民代表大会常务委员会代表资格审查委员会名单，决定何眉为玉溪市江川区第二届人民代表大会常务委员会代表资格审查委员会主任委员，雷永彪为副主任委员，坝有贵、杨聪明、顾学华为委员。会议审议决定，任命解若云为玉溪市江川区人大常委会城建环保资源工作委员会主任、钟镖为玉溪市江川区人民政府办公室主任、胡正鸿为玉溪市江川区发展和改革局局长、李华同为玉溪市江川区工业商贸和科技信息局局长、郭自壮为玉溪市江川区教育局局长、李忠良为玉溪市江川区民族宗教事务局局长、牛旺林为玉溪市公安局江川分局局长、郭华为玉溪市江川区监察局局长、李佳强为玉溪市江川区民政局局长、王奇志为玉溪市江川区司法局局长、杨兴华为玉溪市江川区财政局局长、唐光华为玉溪市江川区人力资源和社会保障局局长、王川为玉溪市江川区环境保护局局长、靳永春为玉溪市江川区住房和城乡建设局局长、胡禄金为玉溪市江川区交通运输局局长、杨志伟为玉溪市江川区农业局局长、杨涛为玉溪市江川区林业局局长、吴正顶为玉溪市江川区水利局局长、何俊为玉溪市江川区文化广电和体育局局长、杨春文为玉溪市江川区卫生和计划生育局局长、张宁为玉溪市江川区审计局局长、刘世培为玉溪市江川区旅游发展局局长、李江华为玉溪市江川区市场监督管理局局长、李红庭为玉溪市江川区安全生产监督管理局局长、胡宇翔为玉溪市江川区统计局局长、毕海峰为玉溪市江川区人民法院民事审判一庭庭长、李月雯为玉溪市江川区江城法庭庭长，免去何眉的玉溪市江川区人大常委会城建环保资源工作委员会主任职务、李红庭的玉溪市江川区旅游发展局局长职务、李保平的玉溪市江川区财政局局长职务、李菊的玉溪市江川区住房和城乡建设局局长职务、李江辉的玉溪市江川区安全生产监督管理局局长职务、毕海峰的玉溪市江川区江城法庭庭长职务。

2017年3月8日，区二届人大常委会举行第二次会议，会议听取区人民政府副区长张文彬所作的区人民政府《关于星云湖环湖截污治污、星云湖污染底泥疏挖及处置PPP项目政府付费需支出资金纳入区级财政预算的议案》，《关于江城古镇棚户区改造建设项目政府购买棚改服务资金列入财政预算的议案》和《关于将明珠路街区整治工程拆迁安置政府购买服务资金列入财政预算的议案》的说明，表决通过《玉溪市江川区人大常委会关于玉溪市江川区人民政府关于星云湖环湖截污治污、星云湖污染底泥疏挖及处置PPP项目政府付费需支出资金纳入区级财政预算的议案的决议（草案）》《玉溪市江川区人大常委会关于玉溪市江川区人民政府关于江城古镇棚户区改造建设项目政府购买棚改服务资金列入财政预算的议案的决议（草案）》《玉溪市江川区人大常委会关于玉溪市江川区人民政府关于将明珠路街区整治工程拆迁安置政府购买服务资金列入财政预算的议案的决议（草案）》。

2017年3月16日，区二届人大常委会举行第三次会议，会议听取区人民政府副区长李忠海所作的区人民政府《关于将明珠路街区整治工程拆迁安置政府购买服务资金列入财政预算的议案》的说明，表决通过《玉溪市江川区人大常委会关于玉溪市江川区人民政府关于将明珠路街区整治工程拆迁安置政府购买服务资金列入财政预算的议案的决议（草案）》。

2017年5月24日，区二届人大常委会举行第四次会议，会议听取和审议区人民政府关于江川区优化城区功能布局工作情况的报告，作出关于优化城区功能布局工作情况的审议意见；听取和审议区人民政府关于江川区残疾人事业发展情况的报告，作出关于江川区残疾人事业发展情况的审议意见。会议听取区人民政府关于江川区高效节水农业工作情况的报告，审议通过人代会议事规则、人大常委会主任会议议事规则、人大常委会议事规则，审议通过《玉溪市江川区人大常委会关于建立预算审查前听取人大代表和社会各界意见建议机制的意见》。会议听取区人民政府关于将江通路澄川高速公路建设工程征地拆迁费用政府购买服务资金列入财政预算的议案，表决通过关于将江通路澄川高速公路建设工程征地拆迁费用政府购买服务资金列入财政预算的议案的决议。会议审议决定，任命周宏斌为玉溪市江川区城市管理局局长。

2017年7月13日，区二届人大常委会举行第五次会议，会议审议通过《玉溪市江川区人民代表大会常务委员会规范性文件备案审查实施办法》。会议审议决定：任命李佳强为玉溪市江川区环境保护局局长，免去李佳强的江川区民政局局长职务、王川的玉溪市江川区环境保护局局长职务、毕金彪的玉溪市江川区人民法院副院长职务，接受叶彦强辞去玉溪市江川区第二届人大常委会委员职务。

2017年7月31日，区二届人大常委会举行第六次会议，会议听取《2016年度区本级财政预算执行和其他财政收支的审计工作报告》并审查批准玉溪市江川区2016年财政决算。会议听取和审议区人民政府《关于玉溪市江川区2017年上半年国民经济和社会发展计划执行情况的报告》《关于玉溪市江川区2017年上半年财政预算执行情况的报告》，分别作出玉溪市江川区人大常委会《关于江川区2017年上半年国民经济和社会发展计划执行情况的审议意见》《关于江川区2017年上半年财政预算执行情况的审议意见》。会议听取区人民政府《关于江川区污水处理厂厂网一体化PPP项目政府支付资金列入财政预算的议案》的说明，表决通过《区人民政府关于江川区污水处理厂厂网一体化PPP项目政府支付资金列入财政预算的议案》的决议。会议审议通过玉溪市江川区人大常委会关于废止《江川县人大常委会关于清理整治电子游戏机经营市场的决定》的议案。

2017年9月22日，区二届人大常委会举行第七次会议，会议听取和审议区人民政府关于江川区医疗保险工作情况、城乡人居环境综合整治工作情况、社会救助工作情况三个专项工作报告，分别作出区人大常委会关于江川区医疗保险工作情况的审议意见、关于江川区城乡人居环境综合整治工作情况的审议意见、关于江川区社会救助工作情况的审议意见。会议审查批准区人民政府关于玉溪市江川区2017年地方债务限额调整方案。会议听取区人民法院司法体制改革工作情况的报告、区人民检察院司法体制改革工作情况的报告、区人民政府关于《江川区2016年度全区环境状况和环境保护目标完成情况报告》。会议听取区人民政府副区长杨军苹代表区人民政府作《关于玉溪市江川区人民政府城市市政基础设施建设PPP项目有关事项的议案》的说明，表决通过关于《玉溪市江川区人民政府关于城市市政基础设施建设PPP项目有关事项的议案》的决议。会议审议决定：任命陈慧敏为玉溪市江川区人民政府副区长、杨志伟为玉溪市江川区教育局局长、周瑜为玉溪市江川区民政局局长、李竹贵为住房和城乡建设局局长、莽嘉慧为玉溪市江川区农业局局长、赵雄伟为玉溪市江川区林业局局长，王睿为玉溪市江川区人民法院副院长，付德兴、李连恒、胡江丽、董周富、张平、张树润、王来富、李明8人为玉溪市江川区人民法院人民陪审员，龚劲松为玉溪市江川区人民检察院副检察长、普丽娟为玉溪市江川区人民检察院检察委员会委员、雷永彪为玉溪市江川区人大常委会办公室主任、杨花润为玉溪市江川区人大常委会选举联络工作委员会主任、付纲为玉溪市江川区人大常委会大街街道人大工委主任，免去郭自壮的玉溪市江川区教育局局长职务、杨志伟的玉溪市江川区农业局局长职务、靳永春的玉溪市江川区住房和城乡建设局局长职务、杨涛的玉溪市江川区林业局局长职务、王睿的玉溪市江川区人民法院立案庭庭长职务、郭永红的玉溪市江川区人民法院审判委员会委员职务、代留平的玉溪市江川区人民法院刑事审判一庭庭长职务、李振华的玉溪市江川区人民法院执行局副局长职务、马涛的玉溪市江川区人民法院人民陪审员职务，郑翔的玉溪市江川区人民检察院副检察长、检察委员会委员、检察员职务，赵坤茂的玉溪市江川区人民检察院检察委员会委员职务，赵亮的玉溪市江川区人民检察院副检察长、检察委员会委员、检察员职务，雷永彪的玉溪市江川区人大常委会选举联络工作委员会主任职务、杨花润的玉溪市江川区人大常委会办公室副主任职务、周瑜的玉溪市江川区人大常委会办公室主任职务、郭伟的玉溪市江川区人大常委会大街街道人大工委主任职务。会议接受周瑜、郭伟、顾学华、李江辉辞去玉溪市江川区第二届人民代表大会代表职务，并报下一次人民代表大会备案。根据《中华人民共和国全国人民代表大会和地方各级人民代表大会选举法》第五十五条的相关规定周瑜、郭伟、顾学华、李江辉的玉溪市江川区第二届人大常委会组成人员的职务相应终止。

2017年11月24日，区二届人大常委会举行第八次会议，会议听取区人民政府关于第二届人民代表大会第一次会议代表建议办理情况的报告。会议听取和审议区人民政府关于江川区2017年重点工作重大项目完成情况的报告、关于星云湖环湖截污、底泥疏挖情况的报告、关于江川区高原特色农业产业发展情况的报告，分别作出玉溪市江川区人大常委会《关于江川区2017年重点工作重大项目完成情况的审议意见》《关于星云湖环湖截污、底泥疏挖情况的审议意见》《关于江川区高原特色农业产业发展情况的审议意见》。会议审查批准区人民政府2017年地方财政预算调整方案。会议对《玉溪市江川区人大常委会办公室关于澄江县撤县设立抚仙湖市的议案》的说明进行审议，同意澄江县撤县设市，使用“抚仙湖”作为行政区划名称。会议审议决定：任命殷忠伟为玉溪市江川区人大常委会办公室副主任，张艳波为玉溪市江川区人民法院审判员、审判委员会委员、副院长。

2017年12月27日，区二届人大常委会举行第九次会议，会议审议决定，批准江川区第二届人大常委会代表资格审查委员会关于区二届人大五名代表的代表资格终止的审查报告，确认周瑜、顾学华、郭伟、李江辉、张培龙代表的代表资格终止；批准江川区第二届人大常委会代表资格审查委员会关于补选的区二届人民代表大会代表的代表资格审查报告，确认补选的周留明、付纲、李志高、杨花润代表的代表资格有效；批准江川区代表资格审查委员会关于区二届人大代表变更情况的报告》，确认到2017年12月27日为止，玉溪市江川区第二届人民代表大会实有代表173名。会议审议决定，免去李任民的玉溪市江川区人大常委会法制和民族外事华侨工作委员会副主任职务、普绍有的玉溪市江川区人大常委会农业工作委员会副主任职务。会议决定，2018年1月16日至20日召开玉溪市江川区第二届人民代表大会第二次会议。会议审议玉溪市江川区第二届人民代表大会第二次会议的议程草案、日程草案、各代表团团长名单草案、主席台就坐人员名单草案、主席团和秘书长名单草案、议案审查委员会名单草案、人大常委会工作报告及报告人、列席人员名单草案等事项。

【人大代表建议办理】 2017年

在人民代表大会期间和闭会期间共收到区人大代表建议119件，经过各承办单位的共同努力，119件人大代表建议已经按规定办理答复完毕，办复率为100%。代表对办理结果表示满意的112件，基本满意的7件，满意率94.12%。其中：A类建议31件，占26.05%；B类建议46件，占38.65%；C类建议42件，占35.30%。积极向市人大争取市级人大代表建议办理经费35万元，解决了范吉萍、李永华等代表所提出的雄关乡集镇配套基础设施建设、雄关社区杞麓湖抽水沟渠改建、安化乡文化广场建设等项目经费补助的建议。

【人事任免】 区人大常委会坚持党管干部原则与人大依法任免相统一，严格执行《地方组织法》等相关法律法规，规范任免程序，依法做好任免工作。2017年，共依法任免国家机关工作人员77人次（其中：任命51人次，免职21人次，接受辞职5人次），依法补选4名区人大代表。

【监督经济运行情况】 在调查研究的基础上，听取和审议区人民政府关于2017年上半年国民经济和社会发展计划执行情况的报告、2017年上半年财政预算执行情况的报告、2017年重点工作重大项目完成情况的报告，专题听取2016年度本级财政预算执行情况和其他财政收支的审计工作报告，依法审查批准2016年的江川财政决算、江川区2017年地方政府债务限额调整、江川区2017年地方财政预算调整方案。组织代表对龙泉工业园区建设、部分企业生产经营情况、江川区“五网”基础设施建设情况进行视察，专题调研江川区工业科技创新工作和国有资产管理情况，推进国有资产监督工作改革。

【着力民生改善工作】 听取和审议区政府关于医疗保险工作情况、社会救助工作情况、残疾人事业发展情况、优化城区功能布局工作情况、农业高效节水工作开展情况、高原特色农业发展情况六个专项工作报告，对人工影响天气标准化作业、地面气象观测场以及综合气象观测业务平台建设工作情况进行检查，专题调研防震减灾及气象工作、社区矫正工作、护林防火工作和江川建成区集体土地资产管理使用情况，并针对我区在上述工作中存在的问题，提出意见和建议交由区人民政府及相关部门办理。积极配合市人大对三湖提水、烤烟生产、星云湖环湖截污和底泥疏挖、2260高端特色烟叶开发项目、新河咀青铜文化特色旅游村建设、《玉溪市城镇绿化条例（草案）》修改、市代表建议办理情况、星云湖部分河道治理情况进行专题调研，深入开展云南环保世纪行活动。积极参与2017年星云湖鱼苗投放、中高考巡视等专项工作的督导和检查，切实做到在参与中监督，在监督中支持。

【监督生态文明建设】 区人大常委会坚持生态优先、绿色发展理念，组成调查组，深入前卫镇、九溪镇、雄关乡检查城乡人居环境综合整治工作，全面了解村庄规划建设、拆临拆违、“百千工程”和“美丽乡镇”建设、前卫垃圾焚烧炉运行等工作情况，听取和审议区政府关于人居环境整治专项工作报告。认真实施新修改的环境保护法，首次听取和审议区政府关于2016年度全区环境状况和环境保护目标完成情况报告。专题调研星云湖旅游规划及实施情况，听取和审议区政府关于星云湖环湖截污、底泥疏挖情况的报告，着力推动星云湖保护战略措施的落实。

【开展法律监督】 区人大常委会认真贯彻区委加快法治江川建设工作的部署，持续推进依法治区进程。组成执法检查组对我区贯彻执行《中华人民共和国城乡规划法》《云南省法制宣传教育条例》《云南省法律援助条例》情况进行执法检查。重新修订区人大常委会规范性文件备案审查实施办法，健全规范性文件报备、审查、纠错等制度，聘请3名专业人士为规范性文件备案审查专家。专题调研区法院和区检察院司法体制改革工作，分别听取区“两院”关于司法体制改革工作情况的报告。

【依法决定重大事项】 依法行使重大事项决定权，推动科学民主决策。2017年，围绕全区经济社会发展需要，审议批准2016年度财政决算、2017年财政预算调整、江川区2017年地方政府债务限额调整报告；围绕公共基础设施建设需要，依法对江通澄川高速路建设工程征地拆迁费用、江城古镇棚户区改造建设项目、明珠路街区整治工程拆迁安置、江川区城市市政基础设施建设PPP项目有关事项作出决议决定；围绕生态环境保护需要，依法对江川

区污水处理厂厂网一体化、星云湖环湖截污和底泥疏挖处置有关事项作出决议决定，全力支持政府重点工作重大项目实施，补齐加快发展短板，推动区委决策部署的贯彻落实。

（殷忠伟）

玉溪市江川区人民政府

【区政府区长、副区长名录】

区　长　王志华
副区长　张文彬
　　　　牛旺林
　　　　杨军苹
　　　　普朝鹏（2017.1离任）
　　　　王柄璋
　　　　李忠海（2017.1任）
　　　　靳永春（2017.1任）
　　　　陈慧敏（2017.9任，挂职）

【区人民政府各局、办，各事业单位正副职名录】

政府办公室
主　任　钟　镖
副主任　赵　华
　　　　龚　钲（2017.2离任）
　　　　周　新（2017.9离任）
　　　　晏　春
　　　　刘　娴（2017.2任）
　　　　鲁　熊（2017.9任）

政府督查室
主　任　马常有（2017.9离任）
　　　　刘海洪（2017.9任）

法制办
主　任　邢长伟（2017.9离任）
　　　　龚彦龙（2017.9任）
副主任　龚彦龙（2017.9离任）
　　　　杨智强（2017.9任）

人防办
主　任　靳永春（2017.2任，2017.9离任）
　　　　李竹贵（2017.9任）

信访局
局　长　赵　华
副局长　侯丽梅（2017.2离任）
　　　　宋华安（2017.7离任）
　　　　毕美琼（2017.2任）
　　　　宋　瑞（2017.7任）
　　　　李艳春（2017.9任）
　　　　陆　翔（2017.9任）
烟　办　李江华

发展和改革局
局　长　胡正鸿
副局长　张丽琼（2017.11离任）
　　　　王青青（2017.11任）
　　　　王文忠
　　　　王志伟
　　　　杨家乙
　　　　洪家彬（2017.9任）
　　　　龚　萍（2017.9任）

工业商贸和科技信息局
局　长　李华同
副局长　付　瑞
　　　　李　能
　　　　符可奇（2017.11任）
　　　　谢保清（2017.4任）

人力资源和社会保障局
局　长　唐光华
副局长　朱艳林（2017.12离任）
　　　　黄赛成
　　　　张　媛
　　　　郑曦媛（2017.11离任）
　　　　龚美伶（2017.12任）

财政局
局　长　李保平（2017.2离任）
　　　　杨兴华（2017.2任）
副局长　伏荣宽
　　　　李光耀
　　　　张　波
　　　　施令凯（2017.9任）

监察局
局　长　郭　华（2017.11离任）
副局长　陶文红
　　　　韩丽华

审计局
局　长　张　宁
副局长　吴绍金
　　　　杨家祥

统计局
局　长　胡宇翔
副局长　陶有贵
　　　　杨霜梅（2017.03任）

住房和城乡建设局
局　长　李　菊（2017.2离任）
　　　　靳永春（2017.2任，2017.9离任）
　　　　李竹贵（2017.9任）
副局长　李自平（2017.8离任）
　　　　周宏斌（2017.4离任）
　　　　杨仕鸿
　　　　刘　勇
　　　　岳文宝（2017.11任）
　　　　胡军伟（2017.11任）
　　　　周　新（2017.11任）

交通运输局
局　长　胡禄金
副局长　李汝林
　　　　李亚定

环境保护局
局　长　王　川（2017.7离任）
　　　　李佳强（2017.7任）
副局长　张春丽
　　　　叶彦强（2017.7任）

市国土资源局江川分局
局　长　李江润
副局长　杨国华
　　　　张原萁
　　　　金德富

土地储备中心
主　任
副主任　陶兴见

政务服务管理局
局　长　顾　秋（2017.3离任）
　　　　胡　莎（2017.3任）
副局长　安明喜

汤江平

防震减灾局

局　长　付　纲（2017.9离任）

副局长　郑忠党

文化广电和体育局

局　长　何　俊

副局长　陈　华（2017.6离任）

廖增华（2017.4离任）

王熙虹

沐　旭（2017.4任）

万立俊（2017.9任）

金　剑（2017.9任）

旅游发展局

局　长　刘世培

副局长　万立俊（2017.09离任）

孟　斌

邓东芬（2017.11任）

市场监督管理局

局　长　李江华

副局长　蔡小明

张绍林

李艳华

李彦华

农业局

局　长　杨志伟（2017.9离任）

莽嘉慧（2017.9任）

副局长　李彦坤

刘来华

罗　磊（2017.2离任）

李学辉（2017.2任）

林业局

局　长　杨　涛（2017.9离任）

赵雄伟（2017.9任）

副局长　邓树芬

周元明

森林公安局

局　长　朱彦华

副局长　赵存贵

赵唯钢

水利局

局　长　吴正顶

副局长　金　辉

陈文东

抚仙湖管理局

局　长　杨　岗

副局长　雷红杰

星云湖管理局

局　长　李竹贵（2017.9离任）

郭　伟（2017.9任）

副局长　花尚荣

杨绍波

安全生产监督管理局

局　长　李江辉（2017.2离任）

李红庭（2017.2任）

副局长　宋平华

邢子彪

教育局

局　长　郭自壮（2017.9离任）

杨志伟（2017.9任）

副局长　张　伟

李晓东（2017.7任）

陈春荣（2017.11）

卫生和计划生育局

局　长　杨春文

副局长　龚有颖（2017.2离任）

宋良艳（2017.4离任）

李绍江

朱弘如（2017.12离任）

戚　东

周双有（2017.4任）

陈江伟（2017.4任）

付　翔（2017.7任）

公安局

局　长　牛旺林

政　委　张文红

副政委　业富贵（2017.7离任）

胡尚辰（2017.9任）

副局长　黄　良

李正春

侯　冬（2017.7离任）

胡尚辰（2017.9离任）

陈国华

张　平（2017.9任）

司法局

局　长　王奇志

副局长　陈继文

李　佳

民政局

局　长　李佳强（2017.7离任）

周　瑜（2017.9任）

副局长　谭　波

龚有颖（2017.2任）

翁　健（2017.2任）

老龄委

副主任　杨霜梅（2017.2离任）

翁　健（2017.2任）

残疾人联合会

理事长　马树良

副理事长　洪家彬

供销社

主　任　张润斌

副主任　李必忠

工业园区管委会

主　任　杨兴华（2017.7离任）

韩　良（2017.7任）

副主任　万　超

李万雄

招商合作局

局　长　马江艳

副局长　普云平

陈玉雯（2017.9离任）

城市管理局

局　长　周宏斌（2017.5任）

副局长　陈　涛（2017.4任）

宋华安（2017.4任）

徐　强（2017.11任）

区人民医院

院　长　李有宏

副院长　王金聪

洪美英

付林华

（张梦石）

【区政府重要文件】

关于切实抓好2017年烤烟生

产工作的通知

关于玉溪市江川区2017年度城市市政基础设施建设PPP支出纳入中期财政规划的审核意见

关于征收前卫农村信用社原业务办公用房的通知

关于报送玉溪市江川区申报义务教育发展基本均衡县国家督导检查反馈问题整改方案的报告

关于江川区易地扶贫搬迁整改情况的报告

关于印发玉溪市江川区全民健身计划（2016-2020年）的通知

关于龙泉园区开发建设有关情况的报告

玉溪市江川区人民政府2017年森林防火命令

关于星云湖环湖截污治污、星云湖污染底泥疏挖及处置PPP项目政府付费需支出资金纳入区级财政预算的预案

关于江城古镇棚户区改造建设项目政府购买棚改服务资金列入财政预算的议案

关于将明珠路街区整治工程拆迁安置政府购买服务资金列入财政预算的议案

关于将明珠路街区整治工程拆迁安置政府购买服务资金列入财政预算的议案

关于关闭两座非煤矿山的决定

关于印发玉溪市江川区农村生产垃圾分类和资源化利用实施方案的通知

关于2016年贫困行政村退出的审定意见

关于申报2017年地方政府新增债券项目需求的报告

关于印发玉溪市江川区旅游市场秩序整治工作方案的通知

关于玉溪市江川区易地扶贫搬迁整改工作情况的报告

关于玉溪市江川区易地扶贫搬迁整改工作的报告

关于江川区2016年易地扶贫搬迁工作成效的自评报告

关于云南腾达机械制造有限公司借用市级产为发展资金的报告

关于“先照后证”改革后加强事中事后监管的实施意见

关于将江通澄川高速公路建设工程征地拆迁费用政府购买服务资金列入财政预算的议案

关于明确2017年度区长副区长“一岗双责”安全生产责任的通知

关于报送玉溪市江川区人民政府检查书的报告

关于关闭江川县江城镇阿黑山建筑用石灰岩矿矿山的决定

关于2017年上半年工作总结和下半年工作安排的通知

关于印发玉溪市江川区加快推进残疾人小康进程实施方案的通知

关于星云湖水污染综合防治“十二五”规划部分项目未按时完成验收的整改报告

关于星云湖水污染综合防治“十三五”规划部分项目未按时完成前期工作的整改报告

关于印发玉溪市江川区人民政府工作规则的通知

关于玉溪市江川区污水处理厂厂网一体化PPP项目政府支付资金列入财政预算的议案

关于帮助解决云南腾达机械制造有限公司经营困难和问题的报告

关于江川区土地利用总体规划（2010-2020年）调整完善方案的审查意见

关于印发玉溪市江川区重大行政决策责任追究暂行办法的通知

关于审计署审计查出问题整改情况的报告

关于玉溪市江川区2017年城市市政基础设施建设PPP项目有关事项的议案

关于玉溪市江川区污水处理厂（厂网一体化）PPP项目支出纳入中期财政规划的审核意见

关于星云湖环湖截污治污和星云湖污染底泥疏挖及处置PPP项目支出责任纳入中期财政规划的审核意见

关于申报2018年度区级土地储备专项债券项目和资金需求的报告

关于贯彻落实云南省人民政府优化建设工程防雷许可的实施意见的通知

关于推进大街街道棚户区改造的实施意见

关于江川区大街街道等7个乡镇（街道）土地利用总体规划（2015-2020年）的审查意见

关于江川区2016年度实行最严格水资源管理制度工作考核结果整改情况的通知

关于过去五年工作总结及今后五年工作计划的报告

关于龙泉园区两户爆竹企业关闭退出原材料半成品成品补偿的报告

关于撤销澄江县设立抚仙湖市的意见

关于抚仙湖、杞麓湖、星云湖2017年“十三五”水环境保护治理跟踪审计发现问题整改情况的报告

关于进一步加强文物工作的实施意见

关于2016年度中央水污染防治专项资金涉及星云湖环湖截污治污工程2000万元资金使用情况

的报告

关于2017年玉溪市江川区消防工作情况的报告

关于云南九溪润特仓储中心项目违法建设案件指定管辖的通知

关于省发改委易地贫搬迁工作第十督导组反馈问题整改情况的报告

关于印发星云湖山水林田湖草生态保护修复工程试点任务分解方案的通知

关于上报云南省党政主要领导干部经济责任与自然资源资产责任离任审计发现问题整改方案的报告

关于撤销玉江政复（2016）31号文件的通知

关于指定玉溪市江川区江城古镇棚户区改造项目资金承接账户主体的通知

关于提请审议玉溪市江川区2017年地方政府债务限额调整方案（草案）报告的议案

关于调整江川区城市建设投资有限公司和广厦保障性住房开发投资有限公司董事会和监事会的通知

关于印发玉溪市江川区贯彻落实省市促进经济持续平稳发展政策措施工作方案的通知

关于印发玉溪市江川区区级储备粮管理办法的通知

关于印发玉溪江川区区级专项资金管理暂行办法的通知

关于印发玉溪市江川区2017年深化减政放权放管结合优化服务改革重点工作及任务分工方案的通知

关于调整易地扶贫搬迁指标的请示

关于江川区2017年城市市政基础设施项目建设的请示

关于将江川区人民医院综合住院大楼建设项目纳入中央“补短板”项目建设范畴实施的请示

关于星云湖南岸景观提升改造项目的请示

关于报送玉溪市江川区特色小镇创建名单及申报材料的请示

关于调整安化彝族乡整乡推进精准脱贫项目中部分财政专项扶贫资金项目的请示

关于给予江川区殡仪馆建设项目补助资金的请示

关于调整易地扶贫搬迁指标的请示

关于对安化彝族贫困乡脱贫摘帽验收的请示

关于星云湖水污染综合防治“十二五”规划项目延长竣工验收时限的请示

关于云南江川王牌烟花火炮厂等三户生产企业重大隐患挂牌督办摘牌的请示

关于云南江川河咀金龙烟花火炮厂重大隐患挂牌督办延期整改的请示

关于调整易地扶贫搬迁指标的请示

关于合美通用航空项目有关情况的请示

关于玉溪市江川区全民健身运动场馆建设项目调整方案的请示

关于给予安化彝族乡董炳村中国公路（农业道路）硬化缺口资金补助的请示

关于调整易地扶贫搬迁指标的请示

关于申报2018年村级“四位一体”建设试点的请示

关于申报云南省2018年扶持村集体经济发展试点县的请示

关于发送玉溪市江川区国家卫生城市创建公益短信的请示

关于玉溪市江川区星云湖十二条入湖河道治理工程项目的请示

关于帮助解决云南腾达机械制造有限公司经营困难和问题的请示

关于玉溪市江川区2017年因地质灾害搬迁避让项目立项的请示

关于申报2017年省级现代农业产业园项目的请示

关于上报玉溪市江川区天然林停伐保护实施方案的请示

关于国家卫生城市创建达标补助资金的请示

关于审查江川区大街街道等7个乡镇（街道）土地利用总体规划（2015-2020年）的请示

关于星云湖保护治理前期经费补助的请示

关于调整江川区30户以上贫困发生率在35%以上自然村公路建设投资计划项目的请示

关于玉江高速凹子田处开设道口的请示

关于玉溪市江川区保障性住房销售的请示

关于玉溪市江川区2017年因地质灾害搬迁避让项目立项的请示

关于拨付玉溪江川通用机场征地拆迁费用的请示

关于暂缓关闭六户非煤矿山生产企业的请示

关于回退云南省易地扶贫搬迁信息管理平台数据进行修改的请示

关于江川区2016年（1-6月）矿产资源补偿费、采矿权使用费征收工作方案的批复

关于调整江川区2017年消防安全重点单位的批复

关于区住建局向区星云建设投资公司购买明珠路街区整治工

程拆迁安置服务的批复

关于JTC-2014-30号地块建设项目开工时间延期的批复

关于收购江川区城城镇人民政府国有建设用地使用权方案的批复

关于购买玉溪市江川区2017年度城市应急避难场所及全民健身运动场馆项目可行性研究报告编制服务的批复

关于村庄规划补助经费的批复

关于提升城乡人居环境现场会工作经费的批复

关于小马沟原孤山旅游客运站移交的批复

关于宁海民居廖聪路等3条街道地名命名的批复

关于收购玉溪市江川区交通运输局（龙泉大道）国有建设用地使用权方案的批复

关于收购江川龙泉工业园区国有建设用地使用权方案的批复

关于原江川县公安局土地使用权及房产所有权无偿归还的批复

关于拨付江川区兰田砂场和业家旺水洗沙厂等地上附着物补偿资金的批复

关于将10千伏出流改道施工专用线路无偿划归玉溪江川供电局管理使用的批复

关于JTC-2012-4号地块征缴土地闲置费的批复

关于调整澄江至江川高速公路项目范围内林地的批复

关于玉溪市民警培训学校（含政法系统干警集训基地）迁建项目的批复

关于核拨江川区档案馆片区广场建设工程资金的批复

关于确定玉溪市江川区城市市政基友设施建设项目中介服务机构的批复

关于云南九溪润特仓储中心项目江川驾培站九溪训练场搬迁补偿的批复

关于组建玉溪市江川区物流投资有限公司的批复

关于玉溪市江川区2017年度土地储备计划的批复

关于JTC-2013-6号地块建设项目竣工时间延期的批复

关于原江川县审计局土地使用权及房产所有权无偿归还的批复

关于江川县2011、2012年保障性住房配套开发项目置换及2013、2014年保障性住房配套开发项目住宅销售方案的批复

关于调整九溪镇农贸市场JTC-2016-7号宗地规划条件控制指标的批复

关于玉溪市江川区JTC-2017-1号宗地国有建设用地使用权挂牌出让方案的批复

关于玉溪市江川区JTC-2016-4号宗地国有建设用地使用权挂牌出让方案的批复

关于玉溪市江川区JTC-2016-5号宗地国有建设用地使用权挂牌出让方案的批复

关于玉溪市江川区JTC-2017-2号宗地国有建设用地使用权挂牌出让方案的批复

关于玉溪市江川区JTC-2017-7号宗地国有建设用地使用权挂牌出让方案的批复

关于玉溪市江川区JTC-2017-9号宗地国有建设用地使用权挂牌出让方案的批复

关于玉溪市江川区JTC-2017-3号宗地国有建设用地使用权拍卖出让方案的批复

关于玉溪市江川区JTC-2017-5号宗地国有建设用地使用权拍卖出让方案的批复

关于玉溪市江川区JTC-2016-5号宗地国有建设用地使用权拍卖出让方案的批复

关于玉溪市江川区2017年地质灾害区级监测点的批复

关于江中路建设项目征收土地拆迁安置地块基友设施建设费的批复

关于九溪镇农贸市场项目JTC-2016-7号宗地补交土地出让价款的批复

关于撤县设区后老企业字号号称保留的批复

关于开展九溪张坝腰水库前期工作的批复

关于收购玉溪市江川区农村信用合作联社土地使用权方案的批复

关于“怡道·云福山居”地名命名的批复

关于玉溪市江川区2017年人工影响天气工作实施方案的批复

关于收购江川区江城镇人民政府国有建设用地使用权方案的批复

关于玉溪市江川区雄关乡下营等2个村土地整治（提质改造）项目开发未利用地的批复

关于调整江城镇孤山村委村冯家湾小组退房还湖新村建设等两个项目范围内林地保护等级的批复

关于收回和调整安排部分2016年债券置换（第五批）资金的批复

关于国首G213线玉溪（梅园）至峨山（小街箐）公路改建工程使用林地与林地“一张图”范围内林地调入的批复

关于新建江川区前卫大平地人工影响天气作业点的批复

关于星云湖污染底泥疏挖及

处置工程融资方案等相关事宜的批复

关于白家营村委会白玉寨村民小组因实施地质灾害搬迁建设项目紧急避让用地的批复

关于原江川县国土资源局土地使用权无偿归还的批复

关于玉溪市江川区JTC-2016-3号宗地国有建设用地使用权挂牌出让方案的批复

关于玉溪市江川区JTC-2017-10号宗地国有建设用地使用权挂牌出让方案的批复

关于玉溪市江川区JTC-2017-11号宗地国有建设用地使用权挂牌出让方案的批复

关于玉溪市江川区JTC-2017-12号宗地国有建设用地使用权挂牌出让方案的批复

关于玉溪市江川区JTC-2017-13号宗地国有建设用地使用权挂牌出让方案的批复

关于玉溪市江川区JTC-2017-3号宗地国有建设用地使用权拍卖出让方案的批复

关于规范教育收费管理相关事宜的批复

关于江川县大街雅春废轮胎回收站“4·28”一般机械伤害事故调查报告的批复

关于玉溪市江川区大街社会综合农贸市场建设项目用地划拨方案的批复

关于安化彝族乡整乡推进精准脱贫项目中部分财政专项扶贫资金调整变更使用的批复

关于调整JTC-2014-1号等四块宗地规划条件控制指标的批复

关于玉溪市江川区JTC-2017-16号宗地国有建设用地使用权挂牌出让方案的批复

关于区级储备粮库成本贷款的批复

关于无偿划拨原江川县公安局资产给玉溪市江川区星云建设投资开发有限公司的批复

关于司法局调整业务用房建设项目用地的批复

关于将司法拍卖网络平台上竞买到云南金塔实用有限公司土地纳入江川区政府储备土地的批复

关于玉溪市江川区JTC-2017-6号宗地国有建设用地使用权拍卖出让方案的批复

关于实施2017年度大街街道示范村村寨规划的批复

关于实施大街街道村庄规划的批复

关于玉溪市江川区城市全民健身运动场馆建设项目用地压履矿产资源的批复

关于储备云南中能诚通地产有限公司土地使用权的批复

关于大街街道上营社区居民委员会江集用2011第CJ11003号和江集用2011第CJ1004号地块土地用途变更的批复

关于玉溪市江川区第二幼儿园建设项目划拨用地的批复

关于JTC-2014-1号和JTC-2014-4号地块土地交付及开竣工时间变更的批复

关于玉溪市江川区污水处理厂厂网一体化政府和社会资本合作PPP项目合同实施的批复

关于澄川高速公路江川段控制性工程用地的批复

关于玉溪市江川区2017年度区级土地储备专项债券计划的批复

关于玉溪市江川区工业园区江城抵制品产业园道路及洽排水工程相关问题的批复

关于“准源广场”和“钟绣路苑”地名命名的批复

关于2017年度区级储备粮油轮换的批复

关于玉溪市江川区JTC-2017-14号宗地国有建设用地使用权挂牌出让方案的批复

关于收购玉溪市江川工业园区管理委员会国有建设用地使用权方案的批复

关于上报江城镇白家营村委会白玉寨村民小组因地质灾害搬迁避让项目立项的批复

关于玉溪市江川区安华彝族乡社区建档立卡贫困户安置房及麦冲人畜饮水水地项目实施方案的批复

关于上报九溪镇中营村委会第一村民小组因地质灾害搬迁避让项目立项的批复

关于上报九溪镇大营社区东村小组因地质灾害搬迁避让项目立项的批复

关于上报九溪镇大村村委会第一村民小组因地质灾害搬迁避让项目立项的批复

关于上报雄关乡下营村委会爬地小组因地质灾害搬迁避让项目立项的批复

关于玉溪市江川区JTC-2017-17号宗地国有建设用地使用权挂牌出让方案的批复

关于玉溪市江川区JTC-2017-20号宗地国有建设用地使用权挂牌出让方案的批复

关于玉溪市江川区JTC-2017-21号宗地国有建设用地使用权挂牌出让方案的批复

关于玉溪市江川区JTC-2017-22号宗地国有建设用地使用权挂牌出让方案的批复

关于玉溪市江川区JTC-2017-23号宗地国有建设用地使用权挂牌出让方案的批复

关于玉溪市江川区JTC-2017-24号宗地国有建设用地使用权挂牌出让方案的批复

关于玉溪市江川区JTC-2017-25号宗地国有建设用地使用权挂牌出让方案的批复

关于玉溪市江川区JTC-2017-26号宗地国有建设用地使用权挂牌出让方案的批复

关于玉溪市江川区JTC-2017-27号宗地国有建设用地使用权挂牌出让方案的批复

关于玉溪市江川区JTC-2017-28号宗地国有建设用地使用权挂牌出让方案的批复

关于玉溪市江川区JTC-2017-29号宗地国有建设用地使用权挂牌出让方案的批复

关于玉溪市江川区2018年度土地征收储备及供地计划的批复

关于收回和调整部分2016年债券置换（第五批）资金的批复

关于核定2017年度区级储备粮轮入价格的批复

关于玉溪市江川区2017年新增地质灾害隐患点的批复

关于玉溪市江川区保障性住房销售方案的批复

关于对加油站“十三五”规划进行补充调整的批复

关于上报江城镇候家湾沟村委会长里冲小组因地质灾害搬迁避让项目立项的批复

关于上报江城镇相关村委会茨通铺小组因地质灾害搬迁避让项目立项的批复

关于上报安化乡旱谷田村委会大石沙小组因地质灾害搬迁避让项目立项的批复

关于玉溪市江川区2017年城市市政基础设施建设PPP项目建设单位变更为SPV项目公司的变更

关于收购玉溪通程监测有限公司大车检测线项目土地及房产方案的批复

关于玉溪市江川区前卫镇中心幼儿园建设项目划拨用地的批复

关于调整通海至江川高速公路（线路优化江川段）项目使用林地现场调查地类与“林地”“一张图”范围内林地调整的批复

关于实施城区部分广场、路段景观节点亮化工程的批复

关于调整江川区中围路（三家村至围埂村段）农村公路通畅工程等三项项目范围内林地调出、调入的批复

关于完善玉溪市江川区市场服务中心用地手续的批复

关于JTC-2014-23号地块交付及开竣工时间变更的批复

关于玉溪市江川区JTC-2017-15号宗地国有建设用地使用权挂牌出让方案的批复

关于收回和调整安排部分2017年5月份债券置换资金的批复

关于调整江川区雄关乡下营村委会爬地小组老年活动中心项目使用林地坝地调查地类与林地“一张图”范围内林地调入的批复

关于玉溪市江川区城市全名健身运动场馆的建设项目勘察设计利用现有设计成果并采用邀标招标的批复

关于终止华东建筑设计研究院有限公司涉及玉溪市江川区城市全民健身运动场馆的建设项目工作内容服务的批复

关于玉溪市江川区JTC-2017-30号宗地国有建设用地使用权挂牌出让方案的批复

关于玉溪市江川区JTC-2017-19号宗地国有建设用地使用权挂牌出让方案的批复

关于玉溪市江川区JTC-2017-18号宗地国有建设用地使用权拍卖出让方案的批复

关于玉溪市江川区JTC-2017-31号宗地国有建设用地使用权拍卖出让方案的批复

关于调整江川区九放路（大村至放马沟后山）农村公路工程项目范围内的林地调出调入的批复

关于玉溪市江川区委党校搬迁新建项目使用林地现场调查地类与林地“一张图”不一致的林地调入的批复

关于“绿竹云舍”等于个地名命名更名的批复

关于2017年安全生产行政执法工作计划的批复

关于收回JTC-2014-2号和JTC-2014-3号地块内32米城市规划道路用地使用权方案的批复

关于2户重大安全隐患企业摘牌的批复

关于收回和调整安排部分2017年债券置换资金的批复

关于江川区凹头山石料厂“11.5”一般物体打击事故调查人体放入批复

关于将公安信息化和道路交通基础设施建设纳入PPP项目建设的批复

关于玉溪市江川区2017年扶贫小额贷款贴息和动态管理专项扶贫资金分配方案的批复

关于玉溪市江川区2017年“四到县”财政专项资金分配方案的批复

关于玉溪市江川区城市建设投资有限公司相关资产有偿使用的批复

关于对玉溪市江川区广厦保障性住房开发投资有限公司增加

资本性投入的批复

关于对玉溪市江川区建子山固体废弃物处置有限公司增加资本性投入的批复

关于开展路居镇总体规划修编工作的批复

【区政府办重要文件】

关于印发玉溪江川区2016年度土地矿产卫片执法监督检查工作实施方案

关于印发玉溪市江川区贯彻落实省政府进一步促进全省经济持续平稳发展22条措施任务分解方案的通知

关于印发玉溪市江川区医疗机构设置规划（2016–2020年）的通知

关于印发玉溪市江川区医疗卫生服务体系规划（2016–2020年）的通知

关于全面推进公共服务事项简化优化服务改革的实施意见

关于印发玉溪市江川区学前教育管理暂行规定的通知

关于印发玉溪市江川区2017年烤烟生产收购责任状考核奖励办法的通知

关于印发玉溪市江川区城市管理局主要职责内设机构和人员编制规定的通知

关于印发玉溪市江川区2017年度地质灾害防治方案的通知

关于开展减证便民专项行动的通知

关于印发玉溪市江川区乡村教师支持计划实施细则（2015–2020）的通知

关于印发玉溪市江川区非警务类报警求助应急联动处置实施意见的通知

关于印发玉溪市江川区农村房地一体宅基地和集体建设用地确权登记发证试点工作实施方案的通知

关于玉溪市江川区人民政府办公室领导班子巡视整改暨党风廉政建设专题民主生活会方案的请示

关于印发玉溪市江川区重大行政执法决定法制审核暂行办法的通知

关于印发玉溪市江川区加强全区脱贫攻坚定类重点对象农村危房改造实施方案的通知

关于印发玉溪市江川区农村消防工作实施意见的通知

关于印发玉溪市江川区贯彻落实玉溪市政府办公室2017年政务公开工作要点分工方案的通知

关于调整办公室有关领导工作分工的通知

关于印发玉溪市江川区气象灾害防御规划（2016–2020年）的通知

关于印发玉溪市江川区2017年提升城乡人居环境专项整治行动方案的通知

关于切实加强今冬明春火灾防控工作的通知

关于印发玉溪市江川区突发环境应急预案等三个应急预案的通知

关于印发玉溪市江川区专项抗震救灾应对工作方案

关于印发2017年政府工作报告等任务分解方案的通知

关于转发区民政局各部门关于加强农村低保与扶贫开发制度衔接的实施细则的通知

关于建立困难群众生活保障工作协调机制的通知

关于印发玉溪市江川区森林防火应急预案的通知

关于印发玉溪市江川区森林防火工作要点的通知

关于印发2017年度全区政府系统政务信息工作目标任务考核办法的通知

关于印发玉溪市江川区区本级财政资金审批管理办法的通知

关于成立玉溪市江川区道路交通超限超载整治工作领导小组的通知

关于新一轮农林小额信贷贴息扶持畜牧业有关问题的通知

关于调整爱国卫生运动委员会成员的通知

关于印发玉溪市江川区2017年打击毁林开荒违法犯罪行为专项行动方案的通知

关于印发玉溪市江川区企业转贷应急周转资金管理办法的通知

关于成立江川区第一届残疾人工作委员会的通知

关于印发江川区易地扶贫搬迁整改工作方案的通知

关于印发玉溪市江川区化解地方政府债务规划的通知

关于印发玉溪市江川区债务风险应急处置预案的通知

关于表扬2017年度民政老龄工作先进集体和先进个人的通报

关于印发玉溪市江川区创建省级慢性病综合防控示范区实施方案（修订）的通知

关于表扬2017年度安全生产工作先进集体和先进个人的通报

关于印发玉溪市江川区残疾人精准康复服务行动实施方案（2017–2020）的通知

关于批复2017年部门预算的通知

关于印发玉溪市江川区2017年第一批次城镇建设用地项目被征地农民养老保险工作实施方案

的通知

关于印发玉溪市江川区全民科学素质行动计划纲要实施方案（2017-2020年）的通知

关于成立江川区大街街道雅春废轮胎回收站“4.28”一般机械伤害事故联合调查组的通知

关于印发玉溪市江川区2017年度政府集中采购目录及限额标准的通知

关于印发玉溪市江川区防治慢性病中长期规划（2017-2025年）的通知

关于印发两户烟花爆竹企业关闭退出原材料半成品复核清理工作的方案的通知

关于印发四户烟花爆竹企业关闭拆除工作的通知

关于印发2017年全区打击破坏林地资源违法犯罪专项整治行动实施方案的通知

关于开展编制自然资源资产负债表成立试点工作的通知

关于印发玉溪市江川区公路分局机械化养护和应急中心建设项目被征地农民养老保险工作实施方案通知

关于印发江川区变型拖拉机专项整治工作方案的通知

关于印发玉溪市江川区安全生产大检查工作方案的通知

关于印发玉溪市江川区“放管服”改革专项督查发现问题整改实施方案的通知

关于印发玉溪市江川区天然商品林停止商业性采伐工作方案的通知

关于印发《玉溪市江川区存在资金存放商业银行评价激励暂行办法》的通知

关于印发《玉溪市江川区实行区级行政事业单位会计代理记账暂行办法》的通知

关于印发星云湖流域“十三五”保护治理攻坚方案的通知

关于印发玉溪市江川区2017年维护烟叶收购秩序工作方案的通知

关于江川区政府信息公开网站下属单位网站专栏建设规范的通知

关于在市场体系建设中建立公平竞争审查制度的通知

关于进一步强化中介服务清理规范工作的通知

关于开展江川区住户调查样本轮换工作的通知

关于2017年度森林防火目标管理责任状考核情况的通报

玉溪市创建国家环境保护模范城市江川区2017年度工作方案

关于印发《玉溪市江川区人民政府关于编制2018年江川区部门预算和2018-2020年中期财政规划》的通知

关于进一步做好困难职工解困脱困工作的实施意见

关于建立涉钢企业全产业链长效监管机制严防“地条钢”违法生产经营的通知

关于印发玉溪市江川区星云湖主要入湖河道农业大棚治理工作方案的通知

玉溪市江川区贯彻落实云南省健康扶贫30条措施方案

关于印发玉溪市江川区医养结合工作实施方案的通知

关于开展农民工工资支付情况专项检查的通知

关于印发玉溪市江川区电线电缆专项整治工作方案的通知

关于印发玉溪市江川区人民政府挂牌督办安全生产重大隐患名单的通知

关于印发玉溪市江川区多证合一改革实施方案的通知

关于成立江川区“一部手机游云南”工作领导小组的通知

关于印发玉溪市江川区2017年国家重点生态功能区县域生态环境质量考核工作实施方案的通知

关于印发《玉溪市江川区关闭退出烟花爆竹企业原材料半成品成品销毁工作方案》的通知

关于成立云南交投建设集团第四工程有限公司澄川高速公路第三工业区“11.4”一般车辆伤害事故联合调查组的通知

关于成立江川区凹头山石料厂“11·5”一般物体打击事故联合调查组的通知

关于印发星云湖环境卫生管理实施方案（试行）的通知

关于印发玉溪市江川区2017年大气污染防治蓝天保卫攻坚战行动方案的通知

关于印发星云湖沿湖环境卫生管理工作考核办法（试行）的通知

关于印发玉溪市江川区畜禽养殖禁养区限养划定方案的通知

关于贯彻落实进一步构建解决农民工工资拖欠长效机制若干意见的通知

关于充实调整江川区金属非金属矿山转型升级工作联席会议制度的通知

关于印发玉溪市江川区危险化学品安全综合治理实施方案的通知

关于切实做好非煤矿山安全生产整改整治行动的通知

关于印发玉溪市江川区荷藕种植工作方案的通知

关于开展2017年度政府信息与政务公开工作考核的通知

关于印发玉溪市江川区河道沟渠保洁实施方案的通知

关于印发《玉溪市江川区涉金融领域失信问题专项治理工作实施方案》的通知

关于预下达2017年烤烟生产收购计划的通知

关于调整江川区打击涉烟违法犯罪工作领导小组成员的通知

关于开展全区森林防火督促检查工作的通知

关于成立玉溪市江川区“多规合一”工作领导小组的通知

关于成立玉溪市东片区暨“三湖”生态保护水资源配置应急工程江川段征占地协调小组的通知

关于成立玉溪市江川区小（一）型水库除险加固工程建设管理局的通知

关于成立玉溪市江川区东风水库径流区水污染综合整治工程领导小组的通知

关于成立玉溪市江川区规范九溪污水处理厂运行管理工作领导小组的通知

关于报送2016年江川区实行最严格水资源管理考核工作相关资料的通知

关于成立坚决遏制钢铁煤炭违规新增产能打击“地条钢”规范建设生产经营工作领导小组的通知

关于成立玉溪市江川区政府网站管理领导小组的通知

关于停止执行玉溪市江川区使用区级价格调节基金扶持农副产品平价商店建设试点和补助平价粮油销售点的通知

关于成立玉溪市江川区抚仙湖（星云湖）山水林田湖生态保护修复试点工作领导小组的通知

关于成立玉溪市江川区打击毁林开荒违法犯罪行为专项行动领导小组的通知

关于建立玉溪市江川区解决拖欠农民工工资问题联席会议制度的通知

关于成立星云湖国家湿地公园试点工作领导小组的通知

关于成立江川区“平安林区”创建活动工作领导小组的通知

关于建立江川区“先照后证”改革后加强事中事后监管联席会议制度的通知

关于成立玉溪市江川区滇中引水工程建设管理工作领导小组的通知

关于成立玉溪市江川区星云湖生态经济带规划建设推进工作组的通知

关于成立玉溪市江川区第三轮征地统一产值和片区综合地价补偿标准修订工作领导小组的通知

关于启用玉溪市江川区城市管理局相关印章的通知

关于成立玉溪市江川区市场改造工作领导小组的通知

关于成立玉溪市江川区矿业权联勘联审依法审批和矿山生态环境综合评估工作领导小组的通知

关于成立玉溪市江川区政府性债务管理委员会的通知

关于调整江川区防汛抗旱指挥部成员单位及其工作职责的通知

关于成立玉溪市江川区江城纸制品产业园区建设管理工作领导小组的通知

关于成立江川区比亚迪云轨项目建设工作协调领导小组的通知

关于对云南腾达机械制造有限公司及其关联企业债务重组进展情况的复函

关于成立星云湖南岸湿地湖滨带提质改造工程建设领导小组的通知

关于成立玉溪市江川区重大林业有害生物防控指挥部的通知

关于成立玉溪市江川区天然商品林停止商业性采伐工作领导小组的通知

关于成立玉溪市江川区高效节水减排工程建设管理局的通知

关于成立玉溪市江川区创建国家农业产业园工作领导小组的通知

关于成立玉溪市江川区九溪镇大营等四个村土地整治项目领导小组的通知

关于成立玉溪市江川区旅游市场秩序整治工作领导小组暨玉溪市江川区旅游市场监管综合调度指挥部的通知

关于再次调整2017年预下达烤烟生产收购计划的通知

关于建立江川区网络市场监管联席会议制度的通知

关于对玉溪市2017年市级领导挂钩帮扶企业进行调整的函

关于调整玉溪市江川区防治艾滋病工作委员会的通知

关于调整江川区鼠疫防治领导小组成员的通知

关于成立玉溪市江川区环境污染防治工作领导小组的通知

关于成立玉溪市江川区中民筑友（玉溪）装配式节能建筑产业基地项目建设工作领导小组的通知

关于成立玉溪市江川区北控产业投资工作领导小组的通知

关于暂停收取玉溪市江川区2017年度市政基础设施建设PPP项目临时接电费的函

关于成立江川区深化水资源管理体制改革工作领导小组的通知

关于成立江川区农田水利改革工作领导小组的通知

关于成立玉溪市江川区第二次全国污染源普查工作领导小组的通知

关于成立星云湖主要入湖河道综合治理工程建设领导小组的通知

关于加强林地动态监测管理的通知

关于成立玉溪市江川区国家重点生态功能区县域生态环境质量监测评价与考核工作领导小组的通知

关于成立玉溪市江川区2017年基层农技推广体系改革与建设项目工作领导小组的通知

关于印发《玉溪市江川区民营企业评议政府职能部门工作方案（暂行）》的通知

关于成立玉溪江川龙泉机场项目征地拆迁工作领导小组的通知

关于成立区政务公开领导小组组成人员的通知

关于成立玉溪市江川区2017年基层农技推广体系改革与建设项目工作领导小组的通知

关于成立玉溪市江川区突发事件预警信息发布系统项目建设领导小组的通知

关于成立玉溪市江川区供排水有限公司资源整合工作领导小组的通知

关于成立玉溪市江川区污水处理厂（厂网一体化）PPP项目绩效考核领导小组的通知

（张文丽　夏雁丽）

【区政府重要会议】

玉溪市江川区第二届人民政府第一次全体会议

玉溪市江川区第二届人民政府第一次廉政工作会议

玉溪市江川区2017年人大代表建议和政协委员提案交办会议

玉溪市江川区2017年安全生产工作会议

玉溪市江川区2017年重大项目推进会议

玉溪市江川区创建国家卫生城市工作会议

玉溪市江川区防汛抗旱工作会议

玉溪市江川区重点产业发展领导小组会议暨招商引资工作会

玉溪市江川区大街街道棚户区改造项目建设领导小组会议

玉溪市江川区2017年经济形势分析会议

玉溪市江川区扶贫开发攻坚领导小组会议

玉溪市江川区全面推行河长制工作会议

玉溪市江川区脱贫攻坚工作推进会议

玉溪市江川区2017年国土资源工作会议

玉溪市江川区“六城同创”暨“创卫”指挥部工作会议

玉溪市江川区法制政府建设工作推进会议

玉溪市江川区机场建设项目指挥部会议

（全家红）

【政府主要工作情况】

城乡建设　城市总规修编及控制性详细规划编制工作加快推进，区乡两级土地利用总体规划调整和303个自然村村庄规划编制全面完成，实现全区村庄规划全覆盖。投资14.8亿元的第一批市政基础设施PPP项目获市级批准实施，其中：龙泉大道南段、浪广路综合管廊、全民健身运动场馆等项目开工建设，老街兴农贸市场主体完工，大街农贸市场改造加快推进，档案馆片区小广场竣工验收，药王阁修缮即将完工，市政基础设施进一步完善。大街棚户区改造启动入户调查、测绘、评估和规划编制工作。云福山居、绿竹云舍一期开工建设，全年完成房地产投资11.07亿元，销售商品房12.9万平方米，房地产业健康发展。玉溪车管所搬迁江川，江川至红塔区新能源公交线路投入运营，玉江大道市政化改造快速推进，与玉溪主城区融合发展进一步密切。成立城市管理局，进一步理顺城市管理体制和运行机制。扎实推进“创文”“创卫”工作，城区实行网格化管理，启动停车泊位收费，静态交通秩序进一步好转；完成二类公厕改造15座，免费开放城市公厕44座，合理设置垃圾果皮箱675只，清理规范户外广告牌2383块，城市精细化管理成效明显。特色小镇和美丽乡村建设加快推进，江城棚户区改造启动拆除工作，钟秀铭苑、鑫园小区2个房源点开工建设，九溪、雄关完成特色小镇规划，5个美丽乡镇、78个“百村示范·千村整治”项目全面完工，完成“一事一议”财政奖补、美丽乡村建设项目21个。深入开展全面提升城乡人居环境行动，农村土地规划建设专管员实现行政村全覆盖，前卫社区金庙小区、九溪矣文村民小组等35个连片旧村改造项目全面启动，拆除城乡违法违规建筑16万平方米，安装太阳能路灯5114盏。罗合白村被国家民委授予“中国少数民族特色村寨”称号。

工　业　龙泉园区龙滨路、江源路、江鼎街竣工通车，核心区绿化亮化及排水工程顺利完工，27万平方米标准化厂房启动建设，园区基础设施进一步完善。欣宇机械、福胤钢构竣工投产，特固二期、升华电梯、中民筑友等5个项目开工建设，成功签约比亚迪等6个项目。江城纸制品产业园建设取得突破，云南回头客纸业、昆明力天贝贝等7个项目开工建设，工业园区“一园多片”发展格局基本形成。江磷集团与北京化工大学共同建成阻燃剂联合实验室，国城、恒众2户企业获得新型墙材认证，联塑科技、复烤二车间等4个技改项目有序推进。宏斌食品和龙华铜雕被认定为省级民营小巨人企业，市级成长型中小企业达20户。全区工业总产值突破百亿大关，实现规模以上工业增加值14亿元，增长22%。

农　业　投资3.1亿元建成各类水利工程2801件，新增灌溉面积4600亩，提升保障2.15万名农村群众饮水安全，建设高标准农田8600亩。惠农政策全面落实，兑付各类涉农补贴1179万元，争取市级农业产业发展基金3000万元。“2260”高端特色烟叶项目建设取得实效，全区实现烟农总收入2.66亿元；向星云湖投放鱼苗170吨，渔业产值增长明显；蔬菜、花卉产业进一步巩固提升。农业组织化程度不断提高，划定永久基本农田21万亩，新增农民专业合作社7个，培育农业龙头企业2户。实现第一产业增加值16.68亿元，增长6.3%。

第三产业　成功举办“三月雪·梨花醉”文化旅游节、“江川首届七夕文化旅游节”等活动，圆满完成“玉溪号”文化旅游列车宣传推介，江川开渔节获“国家级示范渔业文化节庆”称号，界鱼石公园改造提升二期工程竣工验收。旅游市场秩序整治、“一部手机游云南”工作扎实推进。全年实现旅游总收入34.39亿元，增长77.24%。商贸流通持续活跃，九溪润特物流完成3.6万平方米仓库建设，宏程物流项目开工建设，雄关农产品物流产业园正式签约云南云菜集团等3个项目，累计完成现代物流产业投资4.15亿元，辐射周边地区的现代物流中心雏形基本形成。村级农村电子商务信息实现全覆盖，丫眯食品、古训红糖等企业电商业务向好发展，完成电商销售额6952万元，增长15%。实现第三产业增加值43.66亿元，增长13.3%。

五网建设　突出抓项目、增投资、促发展的鲜明导向，供应建设用地2121.6亩，比上年净增1715亩，最大限度为项目落地提供土地要素保障；全年组织实施投资项目106项，完成规模以上固定资产投资75.5亿元，比2015年翻了一番。路网建设全面推进，改扩建黄磷路、九放路等农村公路85.1公里，江通高速、澄川高速、国道213线（江川段）改造工程进展顺利，老玉江线改造即将完工通车，城际铁路完成可研待批，完成交通基础设施投资24.4亿元。水网建设全面加速，治理河渠堤防148公里，完成77座小坝塘除险加固，新增蓄水库容32.54万立方米。能源网建设力度加大，新建改造输电线路83公里。互联网建设扎实推进，新建通信基站21座。航空网建设拉开帷幕，玉溪江川通用机场建设工程正式启动。

生态环保　星云湖保护治理力度持续加大，成功申报山水林田湖草试点项目，争取国家首批专项资金3亿元；南岸湿地湖滨带提质改造工程开工建设，环湖截污治污、底泥疏挖及处置等“十三五”规划项目加快推进，完成投资8.2亿元；通过“三湖”调水应急工程置换湖泊水体1387万立方米，星云湖总磷、总氮较上年分别下降4.24%和17.54%，湖泊水质有3个月达到Ⅴ类标准；河湖库渠四级河长制全面落实，水质监测、管护责任等制度建立施行，12条主要入湖河道综合治理工程全面开工；建立星云湖环境卫生网格化管理制度，拆除一级保护区内临违建筑87宗3834平方米、河道两侧农业大棚100亩。“两污”治理基础设施不断完善，区污水处理厂提标改造主体工程完工，新建海浒片区污水管网6公里。海绵城市九溪片区建设有序推进，完成管网改造8公里，湿地建设征租地基本完成。节能减排扎实开展，取缔“地条钢”产能0.8万吨，淘汰落后产能5万吨，关闭非煤矿山4座，万元生产总值能耗下降2.5%。“森林江川”建设深入实施，新增造林面积7057亩，治理水土流失18.14平方公里，星云湖国家湿地公园试点取得国家林业局正式批复。整改落实中央环保督察组反馈问题11件，成立大龙潭自然保护区管护局。开展畜禽养殖禁养区限养区划定工作，完成生态保护红线划定。

改革创新　扎实推进行政审

批、金融财税等重点领域改革创新，出台支持民营经济、县域经济、园区经济发展扶持政策，经济发展的活力和动能明显增强。全面推开“营改增”税制改革，累计减免税收1.28亿元；全力以赴防风险，争取债券置换资金2.01亿元；出台金融机构支持地方经济发展考核办法，全区金融机构各项存款余额124亿元，增长12.01%，各项贷款余额88.5亿元，增长24.15%，金融机构服务实体经济的积极性明显增强。制定企业转贷应急周转资金管理办法，为19户企业提供续贷资金9500万元。商事制度改革成效初显，“一照一码”新登记注册企业296户。不动产统一登记工作加快推进，发放不动产登记证1195本。农村土地经营权改革全面深化，流转土地2.9万亩。科教创新全面推进，建立院士工作站、专家工作站3个；成功申报省市科技项目40项，新认定高新技术企业1户、科技型中小企业14户；完成“江川大头鱼”地理标志证明商标注册，亚洲花卉科创谷落户九溪。招商引资取得新突破，实施招商引资项目83项，引进市外国内资金77.1亿元，增长12%。

社会事业　将脱贫攻坚作为首要政治任务，整合财政资金2.73亿元，投放扶贫贴息贷款2271.6万元，实施扶贫项目13项，917户建档立卡贫困户危房改造全部开工，安化贫困乡达到脱贫摘帽标准，6个贫困行政村脱贫出列，全区贫困发生率降至0.84%。创业促就业工作稳步推进，发放“贷免扶补”个人创业担保贷款1.27亿元，开发公益性岗位550个，新增就业2544人，转移农村劳动力就业2.2万人，城镇登记失业率控制在3.43%。社会保障覆盖面进一步扩大，发放各类社会保障资金3.26亿元，报销医疗保险资金1.83亿元，分配入住保障性住房592套，销售保障性住房256套。5所学前幼儿园开工建设，10个“全面改薄”项目竣工验收并投入使用。中医院综合楼完成主体工程，DRGs付费改革正式运行，“全面二孩”生育政策有效落实，成功创建省级慢性病综合防控示范区。李家山古墓群保护项目顺利启动，江川文庙二期修缮全面完工；江川彝族撒弦乐和铜器制作技艺列入省级非物质文化遗产名录。成功举办首届全民健身运动会等大型群众性体育活动，全区体育基础设施覆盖率达95%以上。申报各类老年服务建设项目34项，建成河咀社区、白石岩村委会2个居家养老服务中心，创建5个居家养老服务示范点。“七五”普法、“四五”依法治区继续深入实施，禁毒防艾、社会治安防控体系不断完善，各类社会矛盾有效化解，安全生产形势总体稳定，群众安全感和满意度进一步提升，“平安江川”建设得到巩固。统计、气象、人防、供销、民宗、侨台、残联、红十字、工青妇、老体协、防震减灾、国防动员、关心下一代、爱国卫生运动等工作健康发展。

（许竞旗）

【建议和提案办理】　2017年，共收到人大代表建议119件（涉及路居镇6件，由澄江县办理），均严格按照规定办理答复完毕，办复率100%。办理结果为：A类建议31件，占26.05%；B类建议46件，占38.65%；C类建议42件，占35.30%。代表对办理结果表示满意的112件，占94.12%；基本满意的7件，占5.88%。

2016年，共收到政协委员提案138件，内容相似作并案处理7件，实有提案131件。经审查，立案119件，不予立案12件，立案率为90.8%。其中：经济建设类80件，占67.2%；教科文卫体类25件，占21.0%；政法社会保障类14件，占11.8%。119件政协委员提案均按规定办理答复完毕，办复率达100%。从办理结果看：满意的115件，满意率达96.6%，基本满意的4件，基本满意率达3.4%。

（许竞旗　张梦石）

行政效能建设

【概　述】　紧紧围绕市委、市政府和区委确定的重点工作重大项目，以建设人民满意的政府为目标，改善行政管理，提高工作效能，不断优化发展环境，为圆满实现各项既定工作目标保驾护航。

【自身建设】　进一步规范机构设置，扎实开展控编减编，行政效能明显提升。持续深化“放管服”改革，积极推广“互联网+政务服务”，调整行政职能11项，梳理并公开公共服务事项136项，精简取消需当事人出具证明材料事项13项，效能政府建设得到提升。继续推行“双随机一公开”监管模式，随机抽查事项增加到279项。优化法律顾问制度，组建5个法律顾问团队。严格执行“三重一大”集体决策制度和重大行政决策责任追究制度，举行重大决策听证5项，重大风险评估8项，法治政府建设加快推进。坚决贯彻落实中央“八项规定”精神，加强行政监察和审计监督，审计核减工程投资6457万元。不断规范公共资源交易行为，节约资金7617万元。大力推进政务公开，公开政府信息9595条，通报重点工作118项，阳光政府建设得到增强。深入推进“两学一做”学习教育常态化制度化，坚决贯彻落实中央“八项规定”精神，“三公”经费下降2.13%。深入推进党风廉政建设和反腐败斗争，给予党纪政纪处分33人。

【督查工作】 一是紧紧围绕重点工作、重大项目进行督查督办。将省人民政府2017年重点督查的20个重大项目和20项重要工作、市人民政府2017年重点督查的20项重要工作及十件惠民实事完成情况、区人民政府工作报告主要任务分解和全区118项重点工作、重大项目纳入重点督查督办范围，并逐一进行跟踪问效。二是以产业发展、民生建设等重大决策部署为重点，全力做好专项督查工作。采取书面督查、电话督查、现场督查等方式，重点对全区经济指标、烤烟生产、森林防火、城乡人居环境综合整治、安全生产等16项重要决策部署进行专项督查，全年共印发《重点工作督查专报》24期，对督查发现的问题及时责令相关单位进行整改，推进各项工作落实。三是继续强化省、市领导批示件督查督办。全年共接收省、市政府主要领导批示件45件，办结45件，办结率100%。

（汪小龙　杭书亦　龚永达）

法制工作

【概　况】 2017年，紧扣中共中央、国务院《法治政府建设实施纲要（2015—2020年）》和省市相关要求，以“深入推进依法行政，加快建设法治政府”为总目标，组织召开玉溪市江川区政府法制工作会议、玉溪市江川区法治政府建设推进会议，印发《中共玉溪市江川区委玉溪市江川区人民政府关于印发〈玉溪市江川区法治政府建设实施方案（2016—2020年）〉的通知》（玉江发〔2017〕14号）、《玉溪市江川区人民政府关于印发玉溪市江川区重大行政决策责任追究暂行办法的通知》（玉江政发〔2017〕38号）、《玉溪市江川区人民政府办公室关于印发玉溪市江川区重大行政执法决定法制审核暂行办法的通知》（玉江政办发〔2017〕17号）等文件，积极探索运用法治思维和法治方式组织推进各项工作，进一步提高推进决策科学化民主化法治化水平，加强政府法制机构自身建设，健全行政复议、行政诉讼、行政执法监督机制，强化行政执法机关法治意识并规范行政执法行为，提升政府涉法事务服务保障水平，全力推进依法行政和法治政府建设，为全区经济社会发展创造了良好的法治环境。

【法制机构和制度建设】 2017年，根据《玉溪市江川区机构编制委员会关于设立玉溪市江川区法律顾问室并增加区政府办公室人员编制的批复》（玉江机编〔2017〕6号）要求，在区法制办公室加挂区法律顾问室的牌子，同时同意增加江川区人民政府办公室行政周转编制2名。

【政府常务会议学法】 区政府常务会议4次专题研究法制工作，并对相关法律法规进行学习。分别是：区政府二届2次常务会议专题研究进一步优化整合区委政府法律顾问制度有关事项；区政府二届5次常务会议专题传达学习2017年玉溪市政府法制工作会议精神，研究《玉溪市江川区法治政府建设实施方案（2016—2020年）（送审稿）》，并对省市法治政府建设实施方案主要内容进行学习；区政府二届8次常务会议研究《玉溪市江川区重大行政决策责任追究暂行办法（送审稿）》《玉溪市江川区重大行政执法决定法制审核暂行办法（送审稿）》，并对省市有关办法进行学习；区政府二届14次常务会议通报云南广星置业房地产开发有限公司行政复议有关事项，并对行政复议法相关规定进行学习。同时，区政府二届18次常务会议传达学习《消防安全责任制实施办法》。

【规范性文件监督管理】 2017年，按照国务院、省、市要求，开展对互联网+政务服务、放管服、“减证便民”涉及的规范性文件进行清理，共组织清理规范性文件25件，认定继续有效的规范性文件25件。

【行政执法案卷评查】 2017年10月23日，印发《玉溪市江川区人民政府法制办公室关于认真组织开展2017年行政执法案卷评查工作的通知》（玉江府法发

〔2017〕6号），及时召开区行政执法案卷评查工作会议，组织开展全区案件评查工作。从全区2016年办理过行政执法案件的16家单位所报的案卷目录中，随机抽取行政许可、行政处罚两类共44卷行政执法案卷进行评查，评出优秀案卷31卷、合格案卷13卷，无不合格案卷，案卷优秀率70.45%、合格率29.55%，制发行政执法案卷评查反馈建议书16份，行政执法案卷评查情况一卷一评表44份。同时结合评查情况，下发案卷评查通报，对存在的问题督促整改。

【推进决策科学化民主化法治化】 区政府（办）制定出台《玉溪市江川区重大行政决策责任追究暂行办法》《玉溪市江川区重大行政执法决定法制审核暂行办法》，强化决策的刚性约束，全面落实重大行政决策终身责任追究和责任倒查机制。对不按程序决策、决策失误造成重大损失、影响恶劣的，进行终身责任追究和责任倒查，确保每项决策都经得住历史、群众和实践的检验。2017年，区政府法制办组织重大决策听证5项，积极参与重大行政决策、重要事项研究、重要项目及合同谈判、起草及法制审查30余次，出具书面审查意见17份，起到了法制部门应有的参谋助手作用。

【行政复议】 2017年，共办理行政复议案件3件，均维持行政机关决定。

【推行法律顾问全覆盖工作】 2017年，在2015年实现政府及其工作部门、各乡镇人民政府（街道办事处）法律顾问全覆盖的基础上，统一聘任5个法律顾问团队共25名律师，为我区法律顾问团队，实现了区委、人大、政府、政协机关，各乡镇（街道）党（工）委、政府（办事处），区委和区级国家机关各部、委、办、局，各人民团体和企事业单位法律顾问全覆盖。印发《中共玉溪市江川区委玉溪市江川区人民政府关于印发〈玉溪市江川区法律顾问室法律顾问团队管理工作暂行办法〉的通知》（玉江发〔2017〕40号），进一步加强和规范法律顾问工作。自2017年4月统一聘任法律顾问以来，法律顾问共审查各类合同、规范性文件、行政执法案件100余件，接受日常咨询100余次，办理非诉行政案件5件、复议案件1件、诉讼案件1件，为依法决策，依法行政发挥了积极的作用。

（龚永达）

信　访

【概　况】 2017年，全区各级信访部门以贯彻落实《玉溪市2017年信访工作责任书》和《江川区信访工作目标管理责任书》为主线，以做好党的十九大信访维稳工作为重点，紧紧围绕区委区政府中心工作，充分发挥信访工作保稳定、促发展的职能作用，坚决服从和服务于江川经济社会发展大局，在全区经济社会快速发展、重点工程项目密集推进、历史遗留问题集中凸现的情况下，顶住压力、迎难而上、敢于担当，成功应对诸多挑战，及时妥善化解一大批涉及群众切身利益的信访问题。一年来，全区没有发生大规模集体进京上访事件，没有发生因信访问题引发的重大群体性事件，没有发生因工作不当引起的负面炒作事件，有效维护了全区社会平安和谐稳定。

【来信来访情况】 全年共受理群众信访总量424件/批次806件/人次，办结414件/批次，办结率97.6%。与上年同期相比减少109件/批次和198件/人次，分别下降20.45%和19.72%。其中：来访335批次717人次，来信9件，网上信访7件，人民网8件，手机信访1件，视频64件。

【上级交办件情况】 全年共办理上级交办件122件，其中：来信18件，语音26件，邮件28件，来访2件，网上信访件34件，微信7件，手机信访2件，人民网5件。

【书记区长接待日情况】 全年共开展“书记区长接待日”12期，接待来访群众145批次450人次，集体访27件294人次，转办75件，办结率100%。

【区委常委会研究信访工作】 2月22日，区委24次会议研究综治维稳信访工作；4月10日，区委26次会议研究玉溪市江川区2017年一季度信访工作；6月8日，区委第31次常委会研究基层治保信访工作；8月10日，区委第37次常委会研究十九大信访维稳工作；9月29日，区委41次常委会再次研究十九大信访维稳工作。

【区政府常务会研究信访工作】 2月27日，区政府第4次常务会听取区信访工作汇报，研究当前信访工作有关事项；7月10日，区政府第9次常务会研究伤残军人补助问题；9月27日，区政府第15次会议安排部署国庆、中秋期间及十九大信访维稳和安全生产工作；11月3日，区政府第16次常务会研究党的十九大信访维稳工作补助经费有关事项。

【区委区政府召开会议安排部署信访工作】 3月9日，召开全区信访工作会议，对上年度信访工作进行总结，对2017年工作进行安排部署。区委信访工作联席会议与各乡镇、街道签订2017年江川区信访工作目标管理责任书。8月11日，召开十九大安保动员部署及安全生产工作会议，对全区十九大安保维稳信访及安全生产工作进行安排，区委区政府与各乡镇（街道）、各单位签订十九大安保工作责任书。9月5日，召开迎接党的十九大安保维稳信访工作会，对深入做好信访维稳工作进行安排部署。9月18日，召开信访维稳工作会议，通报全区信访维稳工作情况，对下步工作进行安排。9月28日，召开全区十九大安保维稳信访工作推进会，对切实做好安保维稳信访工作进行再动员再部署。10月9日，召开全区十九大安保维稳信访工作紧急会议，再次对做好重点工作进行安排部署。

【区委信访联席会议制定印发重点工作方案】 区委信访联席会议于年初印发《关于做好各级两会和春节期间信访维稳工作的通知》，要求各乡镇（街道）、各职能部门切实做好春节和“两会”期间的信访维稳工作；6月印发《关于做好南博会期间信访维稳工作的通知》，要求各乡镇街道、各职能部门严格按照“属地管理”和“谁主管、谁负责”工作原则，切实把信访问题化解在萌芽状态，确保社会稳定；7月印发《关于开展信访工作“七大行动”的工作方案》，8月印发《玉溪市江川区党的十九大期间信访维稳工作方案》，对认真落实“七大行动”和全面做好十九大期间信访维稳工作提出要求。

【党政领导干部大接访大下访工作】 区委书记徐贤在江川区迎接党的十九大安保维稳信访工作会议上，对各级各部门落实领导包案和领导干部大接访、大下访等工作提出要求。区委信访工作联席会议印发《关于开展区级党政领导到信访接待场所接待群众来访及带案下访的通知》，对区级领导和各乡镇（街道）党政领导接待群众来访工作进行安排。从9月7日至10月27日，每天由一名区级领导到信访接待场所接待群众。在党的十九大会议期间，每天由一名区委领导和一名区政府领导接待群众。区级领导针对22件信访突出问题包保分解任务，主动深入基层开展化解、疏导和稳定工作，切实为群众解决困难和问题。信访部门主动承担起棚户区改造、旧村改造、星云湖环湖截污、高速公路等重大项目的信访维稳工作，成立专项信访工作组，把信访接待室搬到项目现场，贴近群众开展信访维稳工作，就地解决信访问题，开创信访接待室进项目、进村庄、进群众家中接访的工作格局，为全区经济社会发展发挥保驾护航作用。

【源头预防工作】 区委信访工作联席会议着眼于做好基层和源头预防工作，在与各乡镇（街道）和相关部门签订的信访工作目标管理责任书中，明确信访维稳工作目标、工作要求、责任主体、责任领导。各乡镇（街道）和相关职能部门通过与所属各村（社）、站、所签订相关责任书，逐级压实信访维稳工作责任。一年来，各乡镇（街道）和相关部门落实区委信访联席会议印发的各类工作方案，按照“属地管理”和“谁主管、谁负责”工作原则，在春节、全国和省市“两会”、南博会、党的十九大及其他特殊敏感时期，全力抓好全区重点人员和修路民工、“两援”人员、“四清”人员、民办代课教师、涉军群体等重点群体稳控工作。在压实责任、前期处置、劝访疏导、思想劝导、法制宣传等方面下工夫，明确包保责任领导和责任人，强化稳控方案和应急预案，完善稳控处置措施，确保全区在重点时期实现无进京越级上访目标。区委信访工作联席会议办公室针对民办代课教师、修路民工、退伍军人、“两援”民兵等重点群体在不同时期的不同动态，有计划、分阶段对各个群体的召集人进行座谈，及时对他们开展思想疏导、教育引导、政策宣传等工作，耐心细致讲解党的十九大等重点时期的信访维稳工作要求，有效化解各类重点群体和重点人员可能出现的越级上访隐患。

【越级访综合治理工作】 8月根据市委信访工作联席会议办公室安排，抽调公安机关一名警察参与市驻京办第三批轮值工作。对赴省到京非接待场所的有关人员，认真按属地原则落实教育管控措施，坚决防止出现反复上访问题。对因环保工程和工业项目引发越级访的人员，全部列入领导包案范围，明确责任领导、责任单位和责任人员，经多次开展疏导化解和教育稳控工作，实现把各类越级访人员稳控在当地的目标。

【领导包案化解工作】 区委区政府把化解信访积案工作作为加强信访工作的重要抓手，将化解信访积案作为践行“两学一做”重要途径，把握工作重点，认真开展工作。4月和8月，区维稳办、区信访局、市公安局江川分局等部门联合组成工作组，深入全区各个乡镇（街道）及人社、交通、环保、教育等重点行业部门，全面摸排可能影响社会稳定的信访突出问题和重大隐患。要求各乡镇（街道）、各部门按照市、区关于开展新一轮影响社会稳定矛盾纠纷排查调研工作的会议和文件精神，进一步扩大矛盾纠纷排查范围，做到底数清、情况明、早发现、早预防、早管控。在深入开展排查调研的基础上，区委信访工作联席会议先后印发《江川区治理信访突出问题任务分解》《江川区信访重点矛盾纠纷领导包案任务分解》两个文件，将全区22件信访突出问题逐一细化到相关区级领导包案化解。区委书记徐贤带头深入基层开展信访突出问题化解工作，带动其他区级包案领导的工作积极性，为确保各类信访问题得到顺利解决夯实了基础。对市级领导包案的信访问题，江川区也明确2名区级包案领导，明确责任单位和责任人，经市、区两级领导多次协商，有效推进信访问题化解进程。

【督促检查工作】 1月9日、18日，3月2日，7月4日对信访维稳工作开展4次日常检查。8月7日至10日，区维稳办、区信访局、市公安局江川分局等部门共抽调5人组成联合督查组，深入全区6个乡镇（街道）及民政、交通、环保、农业、教育等8个部门，采取“听、查、看、访”等方式，对贯彻落实信访维稳工作情况进行督查调研。针对各乡镇（街道）、各单位存在的问题提出整改意见，对促进各项信访维稳工作的落实起到积极作用。9月13日至15日，维稳办、依法治区及信访维稳工作督导组对全区存在的突出涉稳问题进行督导，提出解决办法和思路。区维稳办、区信访局结合实际工作情况，多次组织工作人员到各乡镇（街道）和相关部门开展督促指导，确保各项信访维稳措施落到实处。10月10日至11日，区委、区政府从区委督查室、区政府督查室、区委防范办、区维稳办、区信访局、区公安局抽调12人组成两个督查组，对全区6个乡镇（街道）和8个重点部门开展十九大安保维稳信访工作专项督查，对督查中发现的问题进行通报，提出整改要求，为确保全区党的十九大期间社会稳定夯实基础。

（宋　瑞）

政协玉溪市江川区委员会

【区政协主席、副主席、常委名录】

主　席　罗跃岗
副主席　杨吉英（女）
　　　　李绍华（2017.1离任）
　　　　曲绍庭（2017.7离任）
　　　　李忠海（2017.1离任）
　　　　顾　秋（2017.1任）
　　　　岳东芬（女，2017.1任，2017.10离任）
常　委（因换届离任、任职，按姓氏笔画排列）
　　　　马江艳（女，2017.1任）
　　　　王　秀（女，2017.1离任）
　　　　王忠明（2017.1离任）
　　　　王春华
　　　　石宝富（2017.1离任）
　　　　平雪刚
　　　　业东华（2017.1任）
　　　　白云波（2017.1任）
　　　　伏荣宽
　　　　刘云虹（女，2017.1离任）
　　　　刘长生（2017.1离任）
　　　　刘来华（2017.1任）
　　　　李文鹏（2017.1任）
　　　　李仙凤（女，2017.1离任）
　　　　李成学（2017.1任）
　　　　李竹贵（2017.1任）
　　　　李华同（2017.1任）
　　　　李江华（2017.1任）
　　　　李红章
　　　　李忠兴（2017.1任）
　　　　李佳强
　　　　李彦林（2017.1离任）
　　　　李艳华（女，2017.1任）
　　　　李程鹏
　　　　杨生明（2017.1离任）
　　　　杨晓春（2017.1离任）
　　　　张春茂

陈林柱
侯国芬（女，2017.1任）
赵金会（女，2017.1离任）
郭开明（2017.1离任）
钱鸿润（2017.1离任）
徐丽萍（女，2017.1离任）
徐　惠（女，2017.1任，2017.7离任）
曹春艳（女，2017.1离任）
释慧莲（女）
蔡广杰（2017.1任）
戴朝红

【区政协各委室机构负责人名录】

办公室
主　任　侯国芬
副主任　魏　伟

提案联络委员会
主　任　陈林柱
副主任　陆　叶

经济委员会
主　任　白云波
副主任　李彦林（2017.11离任）
　　　　张丽琼（2017.11任）

科教文卫体委员会
主　任　李文鹏
副主任　彭春云

人口资源环境委员会
主　任　王春华
副主任　付兴德

民族宗教法制委员会
主　任　李忠兴
副主任　潘兴建

文史委员会
主　任　徐　惠（2017.7离任）
　　　　李红有（2017.11任）
副主任　郭小平

【概　述】　2017年，在区委领导，区政府支持下，区政协常委会高举中国特色社会主义伟大旗帜，牢牢把握团结和民主两大主题，围绕中心、服务大局，团结带领全体政协委员和政协各参加单位，认真履行政治协商、民主监督、参政议政职能，为推动江川经济社会发展作出应有贡献。

【政协玉溪市江川区第二届委员会第一次会议】　政协玉溪市江川区第二届委员会第一次会议于2017年1月3日至7日在江川举行。会议审议并同意罗跃岗代表政协玉溪市江川区第一届委员会常务委员会所作的工作报告和杨吉英代表政协玉溪市江川区第一届委员会常务委员会所作的提案工作情况报告；会议听取王志华所作的《政府工作报告》，书面协商《玉溪市江川区人民法院工作报告》《玉溪市江川区人民检察院工作报告》《玉溪市江川区2016年国民经济和社会发展计划执行情况与2017年国民经济和社会发展计划草案的报告》《玉溪市江川区2016年地方财政预算执行情况和2017年地方财政预算草案的报告》；会议选举产生政协玉溪市江川区第二届委员会常务委员会主席、副主席、常务委员。会议期间，委员们通过分组协商、提交提案、参观视察，围绕全区经济社会发展和人民群众关注的重大问题，建净言，献良策，为区委、区政府科学、民主、依法决策提供有益参考。

【常委会议】　2017年，政协玉溪市江川区第二届委员会常务委员会举行第一次至三次常委会议。

7月7日，召开政协玉溪市江川区二届一次常委会议。会议传达学习省委书记陈豪在云南省学习贯彻省第十次党代会精神领导干部综合能力提升专题培训班上的讲话精神；听取各活动组汇报2017年上半年工作开展情况；审议通过《中国人民政治协商会议玉溪市江川区委员会专门委员会通则》《政协玉溪市江川区委员会2017年度重点协商计划》《关于全区烤烟生产工作的视察报告》；以“烤烟生产工作”为主题开展专题协商；进行人事免职。

11月20日，召开政协玉溪市江川区二届二次常委会议。会议专题学习中共十九大精神；审议通过《委员履职工作规则》《提案办理协商实施办法（试行）》《提案工作条例实施细则》《关于重点提案办理情况的视察报告》；专题协商星云湖渔业资源管理工作、澄江县撤县设立抚仙湖市；进行人事任免。

12月13日，召开政协玉溪市江川区二届三次常委会议。会议专题学习中共十九大精神；听取区政府2017年提案办理情况通报；审议通过《江川区村规民约执行情况调研报告》，专题协商村规民约工作；协商调整委员。

【政治协商】　常委会全面贯彻落实区委《关于加强人民政协协商民主建设的实施意见》《政协协商计划制定办法》，充分发挥政协协商民主的重要渠道和专门协商机构作用，突出问题导向，制定工作要点，扎实开展协商民主实践。

全会协商谏净言。二届一次全会期间，组织全体政协委员协商“一府两院”工作报告，审议政协常委会工作报告、提案工作报告。重视委员协商意见报送工作，本着“原汁原味反映委员协

商意见”原则，召开2次主席会议，审定报送政府工作报告协商意见356条、“两院”工作报告协商意见23条。区委高度重视，区政府及相关部门认真研究办理，“两院”逐一分解落实。

主席会专题协商献良策。按照区委安排，区政协全力以赴、全员参与，历时两个月精心组织综合目标考评专题调研协商。在认真研究市区历年综考方案基础上，确定考评对象、考评指标、考评方式、结果运用等调研重点，制定调研方案，组织66名政协委员，成立9个调研考察组，深入全区73个单位、奔赴5个邻近市县区进行调研考察，召开各类座谈会46次、报告审议会4次。主席会议邀请区委、区人大、区政府领导及11个职能部门负责人专题协商综考方案，最终向区委、区政府报送11条专题协商意见和6个调研考察报告，为制定2017年综考方案提供决策依据。区委高度重视，主要领导亲自作出批示：“区政协组织的调研协商务实，提出的建议意见很有针对性，新制定的2017年综考办法已充分采纳。区财政、人社等部门要认真研究区政协提出的意见，针对部门二次分配平均主义倾向由区综考办严格把关；并请区政协继续关注新的综考办法中存在的问题，真正让综合考评发挥‘指挥棒’作用”。

常委会专题协商聚热点。常委会注重发挥专题协商优势，增加协商频次，选取党政重视、群众关注的问题组织开展专题协商。针对城区交通违规违法现象突出、村规民约作用难以发挥、星云湖非法电鱼行为屡禁不止等社会关注的热难点问题，在组织专委会开展专题调研的基础上，分别召开专题协商会，就“城区交通法规执行”“村规民约作用发挥”“星云湖渔业资源管理”等议题，邀请区委、区政府联系领导和对口职能部门负责人共同协商，形成12条专题协商意见报送区委、区政府，并转交职能部门办理落实。

提案办理协商重实效。常委会注重抓好提案督办落实，逐步形成“区委重视、政府支持、政协主动、各方配合”的提案办理工作格局。对二届一次会议以来立案的119件提案，配合区政府召开提案交办会，扎实做好提案面商工作，委员提案面商率达100%；认真开展提案督办和重点提案视察，委员提出的“开通红塔区至江川区公交线路”“增加城区停车位”“设置沿街垃圾桶”等建议得到采纳和落实，委员满意率达99.16%。对路居活动组提出的涉及抚仙湖托管区的9件提案，积极对接澄江县政协做好提案转办工作，促成召开“关于理顺抚仙湖径流区统一托管工作”提案面商答复会，邀请江川、澄江两县区26个职能部门领导，协商讨论托管区学生入学、干部交流、交通环保等问题，助推托管区热点问题移交解决。对江川活动组在市政协四届五次会议期间提交的11件集体提案，配合市直承办单位开展面商答复，促使“搬迁市行政中心、市中医院到江川”“编制玉江路两侧控制性规划”“建立东风水库径流区生态补偿机制”等建议得以办理回复。

对口协商成常态。常委会按照对口联系工作制度，推动对口协商常态化。各专委会以调研视察为重点，主动向对口部门征选课题，邀请部门领导参加调研视察，征询部门对调研视察报告的意见建议，使双方工作互促互动；并与对口部门就卫生人才引进、城市公共交通建设、农贸市场污水治理等工作进行协商座谈，为推动部门工作建言献策，大街河综合治理、集贸市场建设等群众关注的热难点问题得到逐步解决。

【民主监督】 常委会遵循“尽职不越位，帮忙不添乱，切实不表面”要求，扎实开展专项监督、经常性监督。按照区委安排，抽调6名领导干部参与河道督察、重大项目、重点产业专项督导、政治巡察等工作，督促决策部署有效落实。组织委员参与公租房摇号、50路公交车营运、星云湖鱼苗投放等专项监督，促使惠民政策落实到位。由专委会牵头组织委员160余人次，开展烤烟生产、“创文创卫”、学前教育等7个课题的专题视察，报送区委、区政府视察报告7个、监督意见25条。区委主要领导对《烤烟生产视察报告》作出重要批示，烤烟生产工作中的相关问题得到各乡镇（街道）及职能部门重视和解决；区政府十分重视《学前教育视察报告》提出的“加快发展学前教育”建议，学前教育二期项目建设顺利推进。

【参政议政】 常委会认真组织开展调查研究，齐心协力参与重点工作，提高参政议政实效。组织开展山区特色农业发展、玉江大道提升改造工程及周边规划、分级诊疗制度改革等专题调研，报送区委、区政府调研报告4个、意见建议15条。区委主要领导对《分级诊疗制度改革调研报告》作出批示，区政府认真研究采纳，对《分级诊疗制度改革实施方案》作了优化调整。配合市政协做好“参政议政能力建设调研和新一届政协自身建设视察”，区政协“坚持委员‘五个一’活动、反映社情民意、加强制度建设、强化委员管理”等做法，被市政协作为典型经验写入调研视察报告。各委员活动组也结合实际，组织开展脱贫攻坚、北山寺公园建设和法院法官员额制等调研，提出推动工作的意见建议。坚持在协商中参与、在参与中服务，区政协领导挂钩联系乡镇（街道）基层党建、民营企业、河道治理、城乡人居环境整治等具体工作，深入联系点调研指导，帮助协调解决有关问题，同时抽调13名领导干部先后参与江城古镇棚户区改造、大街棚户区改造、高速公路建设、“创文创卫”等工作，深入一线，进村入户、耐心细致地做好群众工作，全力助推重点工作落实和重大项目建设。

【统一战线】 常委会认真学习贯彻《中国共产党统一战线工作条例》和习近平总书记在中央统战工作会议上的重要讲话精神，充分发挥爱国统一战线组织作用，聚焦民生问题和社会事业，为推动江川经济社会和谐发展凝聚力量。

扶贫攻坚勤作为。按照脱贫攻坚“挂包帮”工作要求，先后做好包村联系点安化新庄、大街河咀56户建档立卡户的帮扶工作，组织帮扶责任人入户调查走访300余人次，配合村组完成“找问题、补短板”“一户一册一卡”“贫困对象动态管理”等工作，挤出工作经费45万元补助扶贫任务较重的乡镇（街道），发动机关干部职工捐款2.4万元，慰问贫困户和困难老党员。引导政协参加单位捐资20万元，资助贫困大学生40名。做好市政协挂包安化乡的联络服务工作，协调争取市政协补助经费239万元，助推安化贫困乡脱贫摘帽。

热心公益献爱心。广大政协委员继承和发扬奉献社会、扶贫济困的优良传统，以“五个一”活动为载体，捐资出力行善举，雪中送炭献爱心。一年来，委员为全区脱贫攻坚和社会公益事业捐款达80余万元。

联络联谊聚合力。充分利用省市政协到江川开展园区经济、河道治理、脱贫攻坚、综治维稳等调研视察的契机，积极反映实情、提出建议，呼吁上级关注支持江川发展。主动与市政协协调、向区委汇报，促成召开市政协与江川区推进“百村示范、千村整治”行动协调座谈会，助推“百千行动”各项工作落实。热情做好吉林延边、广东惠东、重庆黔江、普洱等地政协到江川考察调研的接待工作，宣传推介江川发展，促进双方交流互鉴。组织干部职工参加全市政协系统第十五届职工运动会，加强与兄弟县区政协的联谊交流。完成省政协文史资料《徐霞客在云南》专辑中江川史料的收集报送工作；编辑出版《江川文史资料合集（第五卷）》《江川文史资料第三十辑》，发挥文史资料“存史、资政、团结、育人”重要作用。

【自身建设】 常委会主动适应新形势新要求，突出目标导向，细化工作措施，大力推进政协自身建设，不断提升履职能力和水平。

理论武装更加全面。按照推进“两学一做”学习教育常态化制度化、区委促学方案和学习型政协建设要求，切实加强政协干部、政协委员思想政治和业务能力建设。举行党组中心组理论学习6次，常委会专题学习4次，传达学习中共十八届六中全会精神、中共十九大报告、习近平总书记系列重要讲话精神等。开展高规格委员培训班2期，提升委员履职水平。先后选派政协领导干部21人次，到北京大学、浙江大学、省市党校、江苏武进等参加各类专题培训和学习考察活动。定期组织机关干部开展“政治学习日”集中学习，举行“政治学习日”58次，开列学习清单45个，明确学习内容300项，及时传达学习中央及省市区委重要会议、重要文件精神。组织“以讲促学”，委室主任、副主任讲授业务知识“微讲坛”14期；开展“以调促学”，紧扣重点工作深入调查研究，科级干部结合实际撰写调研报告14篇；落实“以考促学”，7名新提拔和符合职务职级晋升条件的干部通过考试。各委员活动组也通过集中学习、微信群交流等方式，就政协知识、“创文创卫”、脱贫攻坚等内容开展学习研讨，丰富了学习活动的形式，提升了委员的综合素质。

制度机制更加完善。结合全

面深化改革要求，以健全协商民主制度和机关工作制度为重点，抓好制度的“废改立”工作。废除不适应的制度7项，修订专委会、活动组、机关工作纪律等方面的制度7项，建立提案办理协商等方面的制度7项，进一步提升了政协工作制度化、规范化水平。

队伍建设更加有力。在市委、区委的重视支持下，区政协6名领导干部交流到市直部门、区直单位任职，选调4名领导干部充实到政协领导班子和专委会，干部队伍结构得到优化。结合委员岗位变动实际，及时依章免去13名政协委员资格、协商增补政协委员12名，政协委员队伍保持稳定。加大对委员履职的考核力度，激发委员履职热情，全年委员参与会议活动924人次，参与面、参与率明显提升。

日常管理更加规范。对照综考办法，逐项分解落实共同目标、职能目标、年度专项重点工作等考评指标，用好公务员平时考核、履职评议、单位二次考评“三把”尺子，形成责任到人、任务到岗的综考任务落实机制，全面推进机关各项工作。以改进工作作风为着力点，进一步规范办文办会、后勤管理，不断提高机关运转效率。重视新闻信息工作，编发《政协工作简讯》31期、198条，被省、市政协采用58条，区级采用59条；拍摄《政协委员风采录》第四辑，宣传政协委员13名；向区委、区政府整理报送社情民意信息18件。制定简便适用的考核细则，对乡镇（街道）活动组和机关活动组开展工作考核，鼓励先进发扬成绩、激励后进正视问题，督促各活动组改进工作。

（张　潇）

人民团体

工　会

【概　述】　2017年，玉溪市江川区总工会坚定不移走中国特色社会主义工会发展道路，围绕改革发展中心，把握中国工人运动的时代主题，把握和谐稳定大局，汇聚职工群众推动江川跨越发展的强大动力，主动作为、开拓创新，努力为建设宜居宜业和谐美丽新江川作出贡献。

【组织建设】　2017年，区总工会设主席1人，副主席1人，在编工作人员4人，聘用职工6人。下设事业单位区总工会职工服务中心一个，在编人员2人。全区现有工会组织236个，涵盖单位438个，其中：机关事业单位工会98个，涵盖单位141个；企业工会138个，涵盖企业297个，职工12508人，会员12472人。按照“三同时”原则，成立经审组织231个，女工组织118个，组建率达到了应建工会经审组织和女工组织的100%。

【召开区工会一届三次全委会议】　3月1日，玉溪市江川区总工会第一届委员会第三次全体会议召开，选举产生玉溪市江川区总工会第一届委员会主席。会议通过普朝鹏替补为一届委员会委员决议，选举普朝鹏为区总工会主席。

【举办工会干部综合素质培训班】　4月19日至20日，区总工会举办为期2天的工会干部综合素质培训班，全区各乡镇（街道）、机关、企事业单位的160名工会干部参加培训。培训包含十八届六中全会精神解读、工会民主管理、经费收支管理、基层工会建设、劳动法律法规应用及禁毒防艾等6个专题内容，区委副书记、党校校长张燕华出席开班仪式并提出工作希望：提高认识，切实增强学习培训的主动性和紧迫感；突出重点，不断提高履行工会基本职责的能力；端正学风，确保圆满完成学习培训任务。

【召开区工会第一次代表大会】　11月2日至3日，玉溪市江川区工会第一次代表大会在江川影剧院召开，大会选举产生玉溪市江川区总工会第二届委员会委员21名，经费审查委员会委员5名。工会委员会和经审委员会第一次会议选举普朝鹏为玉溪市江川区总工会第二届委员会主席，戴燕芬、王六生为副主席，郭世民为经费审查委员会主任。会上表彰20个先进职工之家，9个工会工作先进集体及5个“一活动一工程”先进集体。来自各行各业的197名正式代表及43名特邀列席代表参加会议。玉溪市总工会副主席陈杰、区委副书记张燕华、副区长王炳章、政协主席岳冬芬出席会议。

【工会改革试点工作】　11月2日至3日召开的玉溪市江川区工会第一次代表大会，在全市率先贯彻执行工会改革工作实施方案，优化改进工会领导人员构成和机构职能设置。在工会代表大会代表中，模范先进人物、一线职工和基层工会工作者占85.8%。区总工会第二届工会委员中模范先进人物、一线职工和基层工会工作者占72.7%；第二届常务委员中模范先进人物、一线职工和基层工会工作者占70%。同时，配备1名兼职副主席。进一步增强职工群众工作本领，创新群众工作体制机制和方式方法，推动群团组织增强政治性、先进性、群众性。

【“一活动一工程”】 2017年，区总工会围绕江川工作实际，制定工作方案，指导基层工会围绕“四争四促”，深入开展建功立业活动。选树5个“一活动一工程”市级示范点，扩大示范辐射带动范围，增强以点带面力量，推动活动深入开展。累计选树示范点29个，其中市级示范点17个，区级示范点12个。深入开展职工素质建设工程，完成市总下达的350人素质提升任务。依托社会培训机构，采取联合办班，定点办班，知识竞赛、引导性培训等形式，开展好各类培训，着力提高职工队伍综合素质。

【开展劳动竞赛技能竞赛活动】 2017年，全区3家企业，12个班组开展了劳动竞赛。12家企事业单位投入33.22万元竞赛经费，2230名职工参与了技术技能竞赛。30家单位248个班组，3728名职工参加“安康杯”竞赛活动。

【困难帮扶工作】 2017年，区总工会积极开展困难职工帮扶工作，努力为职工办实事、做好事，共帮扶慰问1220人次困难职工，发放帮扶资金99.31万元。

4月18日，江川区总工会在区委党校开展困难职工帮扶工作业务培训，各乡镇（街道）、系统工会主席、副主席、民政工作负责人、困难职工集中的企业工会负责人、原国有企业改革改制后帮扶工作热心同志共40余人参加培训。

6月20日，区总工会副主席戴燕芬一行4人，将汇集630位参互职工的爱心助款送到困难职工伏凤宽家中。

10月14日，区总工会2017年中秋国庆送温暖活动顺利结束。通过向上级财政、政府等多方筹资，共帮扶慰问困难职工292人，发放慰问金28.43万元。

10月区总工会开展全区脱困解困摸底调查工作，提请区人民政府办公室制发玉溪市江川区人民政府办公室关于《玉溪市江川区进一步做好困难职工脱困解困实施意见》，明确部门责任，完成137个困难职工解困脱困工作，完成30%的解困脱困任务。

【职工医疗互助】 江川区第十三期职工医疗互助活动参加单位共计150家，参加活动总人数10737人，共计收取职工医疗互助金871480.00元，共计补助1605人次，发放补助金额共计990428.00元。

【“生态文明之家”创建】 2017年共成功创建供销社、区政协两个“生态文明之家”。

【劳动法律监督】 2017年10月，区总工会组织开展全区劳动法律监督暨劳动法律宣传月活动，以云南省颁布实施《云南省工会劳动法律监督条例》为契机，广泛开展讲座、宣讲活动，共发放宣传册800余册。通过区总工会微信平台及职工服务窗口，扎实开展“送法进企”活动，着力劳动法律宣传，提高工会干部、职工群众和企业经营管理者的法律意识。

【厂务公开民主管理工作】 2017年11月4日至5日，玉溪市总工会厂务公开民主管理领导小组一行到江川区调研检查江磷集团、景湖酒店、大街阳光食品公司、大街红塔包装公司、前卫卓一食品公司等10家市级厂务公开民主管理示范单位管理工作，调研旨在及时和了解掌握情况，努力推进厂务公开民主管理工作制度化、法制化、规范化建设，努力推动企业民主管理工作取得创新发展。

【安全生产工作】 以“五一”劳动节，“六月安全生产月”为契机，走街道、走企业进行《安全生产法》《道路交通法》等法律法规宣传，努力营造以人为本、遵章守法，关爱生命的良好氛围。共发放宣传知识手册850余份，企业工会悬挂宣传标语83条。

【开展“安康杯”知识竞赛活动】 2017年，区总工会联合区安监局开展2017年“安康杯”竞赛活动，安排布置30家企事业单位，248个班组，3728名职工参与以“教育培训强基础，隐患排查保安康”为主题的“安康杯”竞赛活动。

【开展职工维权知识竞赛活动】 7月8日，区总工会主办以“普

及法律知识、强化维权意识、促进和谐发展”为主题的农民工《劳动合同法》《社会保险法》知识竞赛初赛，来自各乡镇、街道（总）工会及部分区直工会的350名农民工参加竞赛。竞赛采取闭卷笔试的形式，设考场7个，主会场由区总工会负责组织开展，其余分考场则由6个乡镇、街道（总）工会负责组织开展，以此增强职工对维权知识的了解，更好地用法律武器维护自身合法权益。

【法律援助及劳动仲裁】 2017年，区总工会聘用法律顾问，提升工会工作法治化建设水平，联合川和律师事务所，开展工会法律援助工作。全年开展法律咨询总人数30人次。

【普惠卡工作】 2017年，累计发放普惠卡11224张，采集信息12367人次，待办卡人数为686人。新增5家普惠卡加盟商家，从衣食住行来普惠广大工会会员，充分发挥工会会员卡的“连心卡”“信誉卡”的作用。

【职工疗（休）养】 2017年，区总工会分别于5月、6月、9月、10月组织完成河北北戴河、宁夏银川、福建厦门、广西桂林、昆明白鱼口五个批次255名干部职工的疗休养工作，在保护劳动生产力，调动干部职工工作积极性，保障干部职工的休息、休养和疗养的权利方面有了新进展。

【劳模管理】 截至2017年底，江川区共有各级劳模47名，其中全国劳模3名，省部级劳模17名，市级劳模27名。

2017年，云南省总工会为江川区李承根、徐宝祥、罗汉斗三位全国劳模发放“三金”（春节慰问金、生活困难补助金、特殊困难帮扶金）共9.7万元。

4月24日，区总工会开展“五一关爱劳模”免费体检活动，他们在江川区人民医院提供血糖、血脂、放射、心电图等18项内容的常规检查和健康知识咨询。

7月，区总工会按照上级要求做好推荐省第二十二届劳动模范工作，推荐红塔包装公司伏斌为省级劳模。

【开办职工心理健康大讲堂】 2017年，区总工会开展职工心理健康大讲堂活动，为职工普及心理健康知识，推进全区职工心理健康工作。

8月17日，区委宣传部联合区总工会举办江川区领导干部学习讲坛（工会职工心理服务大讲堂专场），全区600名领导干部职工到场聆听，讲座邀请云南技师学院、云南工贸职业技术学院宣教中心副主任唐立讲授《基层干部的工作压力及应对》讲座。

【“书香家庭”征文活动】 8月16日，区总工会组织开展的以“晒家庭美德、讲家庭和谐、展家人技艺、秀家庭梦想”为主题的“书香家庭”征文活动圆满结束。活动共征集文章88篇，评选优秀作品19篇。活动围绕促进家庭稳定、社会和谐为主线，以议论、随笔、散文等体裁形式，通过撰写阅读后的所思、所感、所悟，传承社会文明、弘扬家庭美德，打造“书香家庭”，让爱读书、会读书、读好书成为家风。

【“职工书屋”建设】 2017年，区总工会成功创建前卫镇渔村蓓蕾幼儿园工会和玉溪丫眯绿色休闲食品有限公司工会为市级“职工书屋”示范点。至2017年底，共创建全国“职工书屋”1个、省级“职工书屋”2个、市级“职工书屋”10个、区级“职工书屋”6个。

【志愿服务活动】 成立雷锋志愿者服务队。联合区妇联、团区委、区司法局等13个部门，开展以“三八维权周宣传”暨“3·5学雷锋”志愿服务活动为主题的宣传活动，悬挂标语6条，展出宣传板54块，发放各类宣传单（手册）16230份、宣传袋760个，受教育人次达1200余人。成立100余人职工志愿者服务队。参加创建国家卫生城市、全省全国文明城市志愿者宣誓大会，志愿者服务队深入街区，发放宣传资料，并对重要街道进行卫生死角整治，共发放宣传资料1000余份，为创建国家卫生城市达标营造出良好的氛围。在“三八”维权周、综治维稳月、安全生产月、国际禁毒日等活动日期间，组织志愿者走街头，开展宣传教育服务活动，营造学法、懂法、守法，健康文明的社会氛围。

【职工服务站规范化建设工作】 2017年，按照职工服务站规范化建设标准建成3个乡镇职工服务示范站，累计建立6个职工服务站，做到乡镇、街道工会职工服务站建设全覆盖，完善基础设施建设，为职工提供更好的服务。

【女工工作】 2017年以来，江

川区总工会将女工工作与妇女儿童工作相结合，做到同安排、同布置、同检查、同落实，充分履行好成员职责。

3月6日，区总工会、区妇联、团区委、区司法局等13个部门，联合在中心城区开展以“三八维权周宣传”暨“3·5学雷锋”志愿服务活动为主题的宣传活动，活动共悬挂标语6条，展出宣传板54块，发放各类宣传单（手册）16230份、宣传袋760个，受教育人次达1200余人。

3月7日晚，区总工会、区妇联、区文广体局在联合举办玉溪市江川区2017年健身健美操比赛。来自不同岗位的200多名妇女同胞组成11支队伍参赛。此次比赛共决出一等奖一名，二等奖二名，三等奖三名，同时五支代表队获得优秀组织奖。

10月12日，区总工会选派两名选手参加“喜迎十九大党在我心中”演讲比赛，其中一名选手获二等奖，一名选手获优秀奖。

【经费审查工作】 2017年，区总工会继续强化经审工作，切实履行经费审计职责。依托第三方审计机构对工会专项资金、回拨经费和工会资产进行审计，对2016年区本级工会经费收支预算进行审查，审计认为，总工会专项经费和工会经费的收支情况及资金管理安全、严格，审批手续齐全。对34家基层工会2016年经费收支情况进行审计，乡镇、系统工会审计面32%，区直单位工会审计面达12%。开展审计项目34个，出具审计报告34份，进一步规范工会经费收支管理相关工作。

【工会宣传】 2017年，全年收集基层工会信息222篇（条），上报各类工作信息54篇（条），其中，国家级采用2篇（条），省级采用3篇（条），市级采用2篇（条），区级采用17篇（条）。开设江川区总工会微信平台，同时与市总工会、玉溪日报社联系，开设县区直通车专栏，收集整理基层工会精神文明建设工作动态、创建成果、好人好事等情况，做到实时报道，开拓新思路，树立区总工会新形象。

【表彰奖励】 12月15日，云南江磷集团股份有限公司被玉溪市总工会评为“2017年度玉溪市‘安康杯’竞赛优胜单位”。江川翠峰鸿湖鸿有色塑料有限公司被玉溪市总工会评为“2017年度玉溪市‘安康杯’竞赛优胜班组”。江川区吉宏汽车运输有限公司吉青青、区人民医院史永前、前卫镇中学张倩被玉溪市总工会评为“2015年度玉溪市‘安康杯’竞赛先进个人”。

11月8日，云南宏斌绿色食品集团有限公司工会、九溪镇六十亩工会、玉溪市江川区地税局工会、玉溪市江川区人民检察院工会、江城镇童话幼儿园工会被玉溪市总工会评为“一活动一工程”市级示范点。

11月17日，江川区前卫镇渔村蓓蕾工会、玉溪丫眯绿色休闲食品有限公司工会委员会被玉溪市江川区总工会评为“2017年职工书屋区级示范点”。

12月12日，云南宏斌绿色食品集团有限公司工会、九溪镇六十亩工会、江城镇童话幼儿园工会被玉溪市总工会评为“玉溪市2017年度基层工会发挥作用先进典型单位”。

（郭世民）

共青团

【召开各类会议】 完成区青年联合会、区少先队工作委员会和区乡两级团委换届选举工作，搭班子建队伍，进一步提升青年工作者的领导能力和先进性建设。

召开构建“1+100”的联系青年工作格局专题会议，研究部署严格贯彻落实好《共青团玉溪市江川区委关于开展团干部“三个直接”活动的实施方案》，明确建立最直接联系青年、最直接引导青年、最直接服务青年的工作体系目标，切实加强团干部队伍建设，力求克服脱离青年的倾向。

中共江川区委副书记张燕华调研江川团区委，张副书记听取了江川团区委近期的工作情况、存在的问题以及下一步的工作重点的汇报后，对江川团区委工作给予了充分的肯定。她强调，江川团区委要继续按照团省委、团市委的要求开展好日常工作，做好今年的青联、少工委换届工作；要创新工作方法，变被动为主动，注重工作技巧、渠道的小创新、小改动，提升促进共青团工作开展的实际效果和影响，推动共青团工作不断进步；要积极融入党政中心工作，多找核心问题，多找突破点，不断提升共青团工作的影响力和覆盖面；要优化工作方式，加强沟通协调，充分整合工青妇群团组织力量，形成合力，全面促进共青团工作的发展。最后，她要求团干部要发挥好示范引领作用。

4月23日，团区委屈瑞书记代表共青团玉溪市江川区委在江川区“双创”工作动员会表态发言。屈书记强调，共青团将主动发挥“党有号召，团有行动”的优良传统，带领全区各级团组织、少先队组织合青年组织，积极投身江川“双创”工作。一要借力“青少年三项文明行动”计划，营造共同助力“双创”的浓厚氛围；二要立足自身职能，形成全员参与“双创”的强大合力；三要大力发展现代公益事业，形成“志愿+公益+‘双创’”的社会广泛参与格局。通过志愿服务等公益活动，亲身体验并了解社会，提高自身综合素质，进一步增强其社会责任感和社会实践能力，实现服务社会与自我教育的互动共赢。

组织召开团区委一届二次全体会议暨区少工委工作会，分别与各基层团委签订2017年团建工作责任书，为下一步各基层团委规范团务台账管理，切实履职尽责明确职责范围、列出任务清单。

2017年团中央完成改革，团省委、团市委改革方案相继出台，按照文件要求，县区一级在2018年上半年出台方案并完成改革。江川团区委积极做好改革准备工作，深入基层开展调研，召开团区委改革座谈会，针对“机关化、行政化、贵族化、娱乐化”等问题，形成改革方案。

【服务党政中心工作】　青春助力脱贫攻坚“四项行动”计划。累计投入资金14.94万元，广泛开展青年技能培训、劳动力转移就业培训、扶贫关爱等活动18次，受益人数1000余人。

“善行圆梦”助力贫困学子圆梦大学计划。组织玉溪太力包装有限公司等8位企业家及爱心组织江川巡山团汽摩俱乐部对我区14名贫困大学生共捐资10.6万元。

积极动员团员、青年、少先队员参与“节水抗旱、奉献爱心”、共青团希望水窖“1+×”公益捐款活动，共捐赠希望水窖资金51000元，用于农业生产水利设施建设修缮，助力产业脱贫攻坚，为全区打赢脱贫攻坚战贡献青春力量。

扎实做好“小额担保贷款”和“贷免扶补”工作。完成20户“小额担保贷款”审批发放工作，共计发放贷款200万元；完成70名“贷免扶补”审批发放工作，共计发放贷款676万元。

“青春无悔，激情创业”“奋斗的青春最美丽”等主题活动，邀请优秀创业青年分享个人创业经验和青春故事，鼓励青年们扎根基层，建设家乡。

着力引导、支持、服务广大青年投身创业实践，组织参与了“创青春”云南青年创新创业大赛。

青年电子商务创业大讲堂，历时3天，邀请云南阿朴电子商务有限公司的创业导师团队授课，全区创业青年共150余人参加培训。

补助乡镇（街道）团（工）委青年创业就业活动经费28000元，各自结合实际，组织开展各类青年就业创业培训，共组织农村实用技术培训、创业就业技能培训、育婴师技能培训、中式烹调师培训等各类培训30余次，培训2280余人。

通过“江川团区委”微信公众号等媒体，积极开展就业政策和就业信息宣传，发布相关就业信息20余条。

与全区有影响力的新兴媒体合作“同发青年之声”。成功将江川本地有影响力的新兴微媒体——大头鱼传媒发展成为团属创新活动的重要宣传阵地，更充分的吸纳社会爱心人士参与江川本地公益事业，营造良好全民公益的氛围。

【志愿服务工作】　联合区创文办成立玉溪市江川区志愿者协会，并担任协会的办公室工作，创建7个青年志愿者工作站、10支青年志愿者服务队，注册青年志愿者6013人，组建一批以服务烤烟生产、护林防火宣传、禁毒防艾宣传、“创文创卫”和特殊群体志愿服务等为重点的先锋队、突击队，积极投身江川经济社会发展各领域、各阶段工作。

2017年5月4日，举办江川区首届“五四”环星云湖绿色公益徒步活动。结合全区“双创”工作，借力“青少年三项文明行动”计划，面向全区社会爱心人士组织以“行走文明·历遍成长”为主题的首届环星云湖绿色徒步活动，活动中重温入团誓词，进行“双创”知识竞答打卡，召集青年志愿者57人参与大赛服务，建立“志愿+公益+‘双创’”的工作格局，面向社会组织近400人参加活动，开展交通文明志愿劝导、低碳生活宣传、倡导共建无烟城市等活动，营造助力“双创”的浓厚氛围，累计宣传达2100余人。

开展“仙湖卫士·青少年行动计划”，积极组织每月25日全区共青团组织参与入湖河道和城乡环境卫生整治统一行动日活动，创新开展“生态江川建设·青春建功行动”“小手拉大手”“一周一中队”“一周一支部”等环保活动，参与“森林江川”和“美丽江川”建设工作，为建设宜居宜业生态活力新江川贡献青春力量。

组织志愿者50余名开展“3.5学雷锋”志愿服务活动，共发放禁毒防艾宣传资料4500份，接受咨询320人次，为230名群众义诊，56名群众爱心义剪，依托江川区青少年事务社会工作服务中心，积极开展青少年安全自护教育、“共创平安校园”“访民情惠民生聚民意”文化进村、“邻里守望”义诊、交通及消防安全“进学校、进企业、进家庭”等活动，发放宣传资料近4000份。

【“青春情暖”行动】 投入资金57700元，组织20名山区留守儿童、11名城市青少年和8名青年志愿者，到广州参加历时7天的2017年“公益夏令营”活动，形成“青年志愿者+城市青少年+山区留守儿童”的“1+1+1”挂钩联系机制。此次夏令营从江川区出发，直达广东广州，在广州团市委和广州市学联的安排下，在何镜堂院士工作室与广州学联的主席、副主席等学生开展交流座谈，通过带领孩子们参观大学城和黄埔军校，带领孩子们在海边日出下唱国歌、让爱国主义思想根植于孩子们的内心，把努力读书终将改变命运的意识传达到每一个孩子心中。

组织开展“点亮眼睛”志愿服务活动，先后到3个乡镇开展“点亮眼睛·点亮未来”志愿服务活动，组织37名青年志愿者先后到雄关窑房小学、安化乡董炳小学、九溪中心小学，免费为531名小学生做视力筛查，及时地为33名近视学生免费配上眼镜。

组织带领少先队员到养老院进行“敬老孝老”活动，关爱帮扶弱势群体，开展爱心救助，慰问孤寡老人及残障人士“微心愿”等行动，先后发布3批次303个“微心愿”，截至2017年底，已有273个“微心愿”被认领，认领率达90.1%，认领人遍布全国各地，并有安徽、深圳等地爱心人士与部分留守儿童建立长期帮扶关系。

【预防青少年违法犯罪工作】开展了寒假、暑假期间的安全知识宣传活动，用数字媒体、互动参与等手段和仿真场景积极开展了防拐反拐等安全知识和自护自救常识宣传活动。

抓好“优秀青少年维权岗”创建工作。紧紧围绕“减少和预防青少年违法犯罪，促进青少年健康成长”这条主线，重点关注青少年的身心健康、犯罪预防、维护青少年合法权益等方面的问题，依托江城、翠峰、龙街3所中学建立青少年维权岗，组织法制宣传讲座6次，帮教违法青少年4人次，发放宣传资料900余份，有效遏制了青少年违法犯罪行为。

开展禁毒宣传教育。联合禁毒办、工会、妇联等多部门，利用国家禁毒日的契机，开展“禁毒防艾，共创平安校园”、禁毒宣传“流动课堂”、10.26”专题禁毒宣传等主题活动，向同学们发放江川区禁毒办主编的《携手抵制毒品全民参与禁毒》宣传手册，共展出展板890块，悬挂标语12条，播放禁毒教育宣传片400余次，发放宣传资料12200余份，展出毒品实物33次。联合教育局、政法委、云南省第三强制隔离戒毒所、职业中学等多家单位，在江川区职业中学组织开展“无毒青春，健康生活”毒品预防教育活动。

（宁　筠）

妇　联

【概　述】 2017年，江川区妇联紧紧围绕全区经济社会发展大局，扎实推进“两学一做”学习教育常态化制度化，坚持党建带妇建，深化妇联组织改革，充分发挥组织优势，在联系服务群众上下功夫，积极开展巾帼建功、巾帼维权、巾帼关爱、巾帼脱贫、巾帼家庭文明、巾帼共建美丽家园等工作，不断提高妇联工作科学化水平，助力美丽新江川建设，为建设宜居宜业生态活力新江川做出贡献，2017年妇联改革经验在全省推广。

【妇女实用技术培训】 推荐各1名种植养殖带头人（汪兴艳、叶丽仙）参加云南省种养殖女能手骨干培训推荐5名新型女农民（邢龙梅、华吉艳、蒋文英、王美艳、王红平）参加新型女农民培训班学习。组织区妇联执委，各乡镇（街道）妇联主席、副主席，部分村（社区）妇联主席共36人到昆明市妇女创业创新示范中心、红塔区妇联巾帼创新业示范基地、红塔区女性综合素养提升培训基地参观学习妇女创业就业工作。与团区委、区就业局、区电商办、邮储银行、农信社、

区市场监督管理局共同召开江川创业交流分享会。结合区域实际开展实用技术培训：开展为期一个月的育婴师（初级）培训班，参加培训86人；在安化彝族乡开展刺绣培训，指导安化乡刺绣女能手34名，其中建档立卡贫困妇女15人；开展信贷知识宣传15场次，参与妇女1200人；积极组织中式烹调师培训班，参加培训学员100余人，培训合格颁发职业资格证书；在朱家庄社区举办为期一天的家政服务技能培训，吸引60余名有意愿从事家政服务工作的女性参加。九溪镇妇联联合农科站邀请云南田尚科技有限公司技术总监开展草莓栽培技术培训，参训人员50余人；结合当前江川区创建文明城市契机，开展礼仪文明知识讲座培训，150名妇女参加。前卫镇妇联联合镇农业中心农科和畜牧兽医的科技人员，为全镇11个村（居）委会的创业妇女开展综合科技培训，参加培训创业妇女538人，其中建档立卡贫困户89人。雄关乡妇联邀请市农业局原植保站教师到下营村委会和上营村委会分别进行科技种植培训，100余人参加培训，其中60%是建档立卡贫困户。邀请江川区公安消防大队普进波到九溪镇马家庄、大营、大村3个村委会，前卫镇业家山村委会，安化彝族乡安化社区，江城镇龙街村委会开展消防安全宣传教育培训，参加培训人员450余人，发放宣传资料350余份。

【扶持妇女创业就业】 实施“贷免扶补”、小额担保贷款扶持项目。扶持贷免扶补贷款户110户，发放贷款1075万元，其中：妇女创业者62人，金额615万元；男性创业者58人，金额465万元；大学生4人，金额40万元；就业困难人员1人，金额10万元；复退军人1人，金额10万元；失业人员18人，金额180万元；返乡农民工79人，金额785万元；建档立卡户7人，金额55万元；少数民族22人，金额220万元；一产业104人，占94.5%，三产业6人，占5.5%。带动就业人数480人。扶持小额担保贷款80户，共发放贷款800万元，为52名妇女缓解创业资金短缺烦恼，解决287人就业问题。

【争先创优岗位建功】 大街街道妇联联合工会在云南红塔包装实业有限责任公司订箱车间开展劳动技能竞赛，32名职工参加，活动围绕“赛技能　增才干　建功业”开展，激励女职工在岗位上建功；推荐申报省级“巾帼创新业示范基地”1个，巾帼文明岗1家；开展巾帼文明岗摸底调查，全区“巾帼文明岗”共有7个，其中省级巾帼文明岗1个，市级巾帼文明岗6个。各乡镇（街道）妇联组织辖区内巾帼标兵召开联谊会共6次，构建交流平台、促进资源共享，带动更多优秀妇女创业。

【巾帼脱贫行动】 发挥妇女半边天作用，围绕区委、区政府中心工作，开展“巾帼脱贫行动”，制定《玉溪市江川区妇联2017年脱贫攻坚实施方案》，协调相关部门对全区贫困妇女进行入户调查、建档立卡，并针对贫困妇女制定具体帮扶计划。积极参与“江川区2017年农村劳动力转移就业暨春风行动招聘会”。以乡镇（街道）妇联为依托，举办种养殖培训、家政服务、化妆师、电脑技术、电商等技能培训，各级妇联组织举办各类培训20余期，培训妇女群众1883人次。创建市级巾帼创新业示范基地3个、巾帼脱贫示范基地2个、区级巾帼脱贫示范基地3个。举办巾帼创业发展素质提升培训，区部分行业、战线上的女企业家、女领导、女能人、巾帼建功负责人共35人到昆明巾帼创业园区参观学习。开展创业就业宣传30场次，发放宣传资料1432份，咨询人数574人；为建档立卡贫困户164人提供就业技术培训；扶持首次创业人员110户，其中妇女62人，建档立卡贫困人员7人。先后举办2期60余人参加的妇女居家刺绣培训、2期130余人参加的初级育婴师培训；选送2名绣娘参加市妇联组织的专业培训及参赛，分别荣获二等奖和三等奖。

【妇联改革】 8月圆满完成妇联改革选举工作，做到“早启动、早部署、快铺开、重成效”。及时出台《玉溪市江川区妇联改革实施方案》，并从妇联干部培养、交流使用、队伍建设、经费等方面给予保障。5月27日，江川区召开妇联改革动员大会，部分区直单位负责人、各乡镇（街道）党（工）委书记、分管领导、妇联主席，各村（社区）党总支书记、妇联主席等180多人参加会议。会议由区委副书记、区委党校校长张燕华主持，省妇联党组书记、主席和红梅，市妇联党组书记、主席杨丽萍出席会议并讲话，区委书记徐贤同志作动员讲话。妇联改革以扩大乡镇（街道）、村（社区）妇联组织成员为重点突破口，打破行政壁垒和条块的传统和界限，把人选拓展到与妇联工作密切相关的党政机关、企事业单位，广泛吸纳非公经济组织和新社会组织、专业市场、专业合作社、行业协会、各种女性社会组织、兴趣组织、联谊组织等领域的优秀女性加入妇联组织，逐步推动形成“专职精干、兼职热心、志愿者活跃”的基层妇联工作队伍建设格局。46个村妇代会全部改成妇联，17个社区通过增补执委，63个村（社区）妇联共配备主席63名，专兼职副主席126人，设执委1047人。11月25日，在省妇联组织召开的全省基层妇联组织区域化建设改革创新推进会上，区妇联主席花云芬代表江川区作经验交流。

【平安家庭创建】 发挥妇联职能作用，加大宣传力度，制定平安家庭创建责任书层层签订到户，建立平安家庭示范点。结合实际，在原来示范的基础上，2017年确定前卫镇为区级“平安家庭”创建示范乡镇，确定各个乡镇建立区级示范村5个，示范户50户，深入开展以“六防六无”为重点的“平安家庭”创建工作，将“平安家庭”创建工作向纵深发展，全区平安家庭创建活动知晓率达99%以上，平安家庭创建率达98%以上。深入全区6个乡镇（街道）开展“禁毒防艾反邪教”工作，对安化乡的6名吸毒人员开展帮教；组织妇联干部收看反邪教影片《回归——警惕邪教侵害》；组织农村党员干部观看《禁毒法讲解》《珍爱生命、拒绝毒品》《致命红豆》和《防范新型毒品的危害》等宣传教育碟片20场次，并通过召开村组干部会的形式发放“珍爱生命·远离毒品”“与法同行·守护生命”禁毒宣传资料10000张，由村组干部入户宣传，发放到户；联合区禁毒委开展“幸福人生·无毒无悔”宣传活动；巾帼志愿者参加江川区邪教犯罪案件涉案违禁物品销毁仪式。开展艾滋病防治知识宣传工作。在全区范围内开展艾滋病防治知识面对面宣传和农户问卷调查活动，共发放《艾滋病防治知识政策入户宣传单》1500份，1500人接受《江川区全国艾滋病综合防治示范区艾滋病知识问卷调查》。

【妇女儿童权益维护】 充分用好用活妇联系统现有的信访接待室、12338妇女维权热线、信访维权站、维权信箱，明确各级职责分工，有专人负责接待来访人员、受理信访案件。组织妇女干部参加省妇联组织的维权专题培训，进一步提高妇女干部维权能力；参与土地确权颁证工作，采集数据上报《云南省妇联系统土地承包经营权确权登记颁证工作报表》。充分发挥妇女儿童调解委员会、人民陪审员作用，加强与公安、检察院、法院、司法局联系，有效帮助妇女儿童维权。2017年，区妇联组织共接待来信来访23件，其中：家庭暴力案件8件，占信访总数的34%；婚姻关系案件6件（包括外遇、离婚骚扰、分居等），占信访总数的30%；其他案件9件（包含邻里纠纷、老人赡养、子女落户、土地权益等），占信访总数的39%。案件处理率达100%。

【普法宣传】 全面贯彻落实区委区政府关于依法治区的重大部署，制作并发放《妇女权益保护法》《反家庭暴力法知识问答》《未成年人保护法》等宣传资料，联合区司法局、区卫计局、区610办、区总工会、玉溪市公安局江川分局等多家单位，以“三八”“六一”、反邪教宣传日、禁毒宣传月、“12·4”等为契机，开展以“建设法治江川·巾帼在行动—维权服务进社区、进家庭、到身边”“崇尚科学珍惜生命关爱家庭反对邪教”“反家庭暴力法”“学习贯彻党的十九大精神维护宪法权威”等为主题的法制宣传活动，多角度、多层次、全方位地宣传男女平等基本国策、《妇女权益保障法》《未成年人保护法》《反家庭暴力法》。重点宣传男女平等基本国策、《妇女权益保护法》《未成年人保护法》《反家庭暴力法》等妇女儿童相关法律法规及禁毒防艾反邪教内容。同时，各乡镇（街道）妇联采用张贴标语、出黑板报、宣传栏、广播、开展文艺演出、知识竞答等方式大力宣传保护未成年人的法律法规，禁毒防艾、提升群众安全感等知识，为妇女儿童发展营造良好的法治环境。2017年来，各级妇联组织共开展法制宣传活动18次，发放各类宣传资料17000余份、宣传布袋子5000余个，张贴宣传标语600余条，出黑板报70余期，广播宣传保护未成年人法律法规80余次；制作平安家庭宣传围裙5000个将“平安家庭”创建宣传进家庭。

【反家庭暴力知识培训】 进一步宣传《反家庭暴力法》，

切实维护妇女儿童权益，积极开展反家庭暴力法宣传培训工作。在全区6个乡镇（街道）举办《反家庭暴力法》专题知识讲座，通过讲解什么是家庭暴力、哪些适用本法、遇到家庭暴力该怎么解决等知识，并列举生活中具体例子，向与会妇女群众宣传普及《反家暴法》，同时提高家庭成员的依法维权能力。以“三八”“六一”、反邪教宣传日、禁毒宣传月、“12·4”等为契机发放《反家庭暴力法》宣传单1000余份。9月15日，邀请玉溪师范学院法学院的师生为170余名妇女干部进行《反家庭暴力法》宣传模拟法庭演示。

【双创·巾帼在行动】 区妇联积极响应区委、区政府对“双创”和人居环境综合整治工作部署，以实际行动带动妇女参与“双创”，制定《江川区妇联参与创建全省全国文明城市、国家卫生城市实施方案》，为建设具有江川特色的现代宜居宜业生态城市积极发挥作用，贡献巾帼力量，确保各项创建任务完成。3月31日，区妇联联合区总工会、团区委、区文明办、区教育局、区卫计局等单位组织500余人在江川体育馆举行创建“国家卫生城市”和“全省全国文明城市”志愿者宣誓大会；4月27日，召集各乡镇（街道）妇联主席召开会议，专题安排此项工作，配发宣传资料10000多份；对照创建全省全国文明城市和创建国家卫生城市目标要求，结合工作对象和职责，制定江川区妇联“创文创卫·巾帼行动”活动计划；组织区妇联全体党员开展党员先锋“双创”宣誓活动；在育婴师（初级）培训班上开设“育婴师卫生行为养成与文明服务礼仪”专题培训，邀请区文明办、卫计局人员为77名育婴师授课，并发放创建国家卫生城市宣传资料272份；借助妇联改革之机，在各乡镇选举大会上做动员宣传；9月7日，召开“双创”工作推进会，各乡镇（街道）妇联副主席根据本区域存在的问题及建议畅所欲言，为每月开展的“双创”活动出谋划策。继续做好“秀美庭院”创建工作。开展“百村妇女争创秀美庭院”示范点工作，同时积极组织申报新示范点4个；在雄关乡白石岩村开展家庭卫生评比工作，发挥“生态文明劝导队”“生态文明巾帼志愿者”作用，对农户门前环境卫生开展评比和贴标签工作。一年来，共发放宣传环保布袋子2000余个、宣传单2500余份。

【建设文明家风】 江川区妇联制定《玉溪市江川区妇联关于广泛深入开展家风建设的实施方案》，做到“三围绕”“四坚持”“三融入”。5月25日，江川区妇联邀请昆明梦想园青少年心理健康研究所主任良辰在江川影剧院为510多名学生家长、女职工、女干部讲授一堂以“建设文明家风　培养优秀孩子”为主题的家教家风知识讲座；各乡镇开展“家风家训道德讲堂”，邀请区委党校冯孝忠等教师进行讲授。

【寻找“最美家庭”活动】 继续开展寻找“最美家庭”活动，推进家风建设。将活动层层宣传、部署到全区广大家庭中，推动形成家家争当“最美家庭”的良好社会风尚。2017年，江川区获市级“最美家庭”表彰1户，获市级最美家庭提名奖5户；区级“最美家庭”经层层推选上报34户；7月，九溪镇妇联召开2017年度“最美家庭”表彰大会，对27户事迹最感人、最具代表性的家庭进行了表彰。以培育和践行社会主义核心价值观为主题，在全区范围内开展五好文明家庭评选活动，2017年向区文明办推荐2户市级文明家庭。

【家庭教育工作】 研究制定《玉溪市江川区关于指导推进家庭教育的五年规划（2016—2020年）》，作为今后五年的指导性文件。精选讲课教师，各校讲课教师都由校长、骨干教师、德育主任担任，并聘请部分当地党政领导、公青妇、司法干警、老干部、老同志讲课，建立一支精良的家校教师队伍。精选讲课专题和教学内容。很多学校在原有基础上选取有针对性、实用性的专题。推荐5名教师（谢粉玲、付糯华、陈静、黄梅、史云鹏）参加市级家庭教育骨干培训。提升江川区教师开展家庭教育工作水平。区妇联作为家庭教育指导中心，一年来指导中心邀请昆明梦想园青少年心理健康研究所主任良辰进行家庭教育指导授课，全年办班指导培训家长10期，其中区妇联3期次，受益家长19949人；其它组织召开家长会120多次，指导家长32000多名。

【“三八”节纪念活动】 活动的主题是“巾帼心向党·喜迎十九大”。开展“三八”维权周宣传活动，共发放宣传资料5000余份。举办玉溪市江川区2017年健身健美操比赛，来自不同工作领域的200多名妇女同胞组成11支队伍参加比赛。积极参与江川区2017年农村劳动力转移就业暨春风行动招聘会，吸引40家来自上海、江苏、深圳的省外名优企业及省、市、区大中型企业入场招聘，提供15704个就业岗位，1000余名返乡农民工、农村富余劳动力、高校毕业生、城镇就业困难人员、残疾人到场求职，现场达成就业意向240人。关爱失足女性，玉溪市公安局江川分局与省第三强制隔离戒毒所联合，到第三强制隔离戒毒所女子大队，对198名女性戒毒学员进行《爱心润花蕾　绽放需自强》迎“三·八”帮教活动。开展表彰先进活动，大街街道下营社区、大街社区、上头营社区、伏家营社区等社区都分别在“三八”节期间表彰“双学双比”“巾帼建功”“女能手”“星级平安家庭”等多名优秀妇女同志（家庭）和优秀妇女干部，在全区挖掘江川区优秀妇女典型9名（张美琼、顾洁、周琼、普治芬、段华仙、郭艳波、孙琳、梁红、李燕）进行拍摄，并在江川电视台设置“巾帼风采”栏目专题播放宣传。

【“六一”儿童节庆祝活动】 六一期间，以“书香飘万家”为主题，面向儿童开展社会主义核心价值观教育，组织开展适合儿童特点、丰富多彩的庆祝活动。举办以“建设文明家风　培养优秀孩子”为主题的家教家风知识讲座。区委常委、宣传部部长赵琦，副区长、妇儿工委主任杨军苹，区人大副主任、总工会主席普朝鹏，区政协副主席顾秋，区妇联、区教育局、区残联、区关工委，九溪镇等相关部门领导参加九溪镇中心小学开展庆六一“喜迎十九大，高举队旗跟党走”系列活动。深入开展“书香飘万家”家庭亲子阅读活动；举办江川区第二届以“践行社会主义核心价值观，弘扬中华传统优秀文化”为主题的书法、绘画和诗词楹联朗诵比赛；在全区学校中开展“童心向党　幸福成长”系列活动。在九溪中心小学开展“女童保护”防性侵课程。全区在“六一”期间共开展“书香飘万家”亲子阅读25场，参与人数5638人；开展各类主题活动64场，23000人参与；张贴宣传标语501条，出黑板报125期，广播宣传保护未成年人法律法规152次；动员7531名儿童、巾帼志愿者打扫路面169米，清运垃圾30.94吨。

【关心关爱妇女儿童】 区妇联制定《2017年玉溪市江川区妇联留守妇女儿童服务管理工作要点》《玉溪市江川区妇联2017年度流动妇女儿童权益保护和服务工作要点》，通过开展“关爱民生、寒冬送暖”活动，走访慰问帮扶贫困户8户，对11名留守儿童困境儿童进行走访慰问；以“六一”儿童节为契机，在九溪小学开展女童保护讲座，200多名学生及家长聆听讲座；帮助6名农村贫困留守困境儿童实现微心愿，为九溪小学30名贫困留守儿童、美德少年每人送上200元慰问金；牵头组织相关单位部门对贫困、留守、美德少年开展慰问，共慰问人员4123人，慰问金额94786元。争取农村单亲贫困母亲“安居工程”项目，帮助1名单亲贫困妇女解决建房缺口资金问题。走访慰问省级“三八红旗手”宁会仙，为她送上慰问金。11月29日，联合区卫计局妇计中心慰问2017年适龄妇女免费宫颈检查暨HPV基因分型检测项目内的患病贫困妇女12名，慰问金额16000元。关心“两癌”贫困母亲，争取“贫困母亲两癌救助”方正健康发展基金、中华慈善总会“两癌”贫困母亲救助金及云南省“贫困母亲两癌救助”项目金2.3万元发放到江川区5户“两癌”贫困母亲手中。

【关注妇女儿童难点工作】 5月9日下午，区妇联在九溪小学开展女童保护培训讲座，请女童保护讲师及志愿者—安化小学教师黄梅对九溪小学200多名学生及家长进行授课。区妇联联合区卫计局妇计中心在全区范围内进行HPV免费筛查，共免费筛查1547人，筛查出患病妇女12人并对其进行慰问，慰问金额16000元；履行妇儿工委办公室职责，开展妇女儿童发展规划中期评估工作，对相关数据和信息资料进行收集、整理和分析研究，为制定和完善相关政策措施、修订行动计划提供可靠依据，促进妇女儿童工作发展。

【举办基层妇联干部培训班】 举办妇联改革业务培训班。各乡镇（街道）妇联主席、村（社区）妇联主席、妇代会主任及区妇联全体干部职工共计75人参加培训，同时也结合当前江川区“双创”、防艾等重点工作进行培训。举办妇联干部培训班，对

区、乡镇（街道）妇联执委、村（社区）妇联主席140余人进行培训。开展妇女儿童两纲规划业务知识培训，参加培训的人员有各妇儿工委成员单位分管领导，各乡镇（街道）妇联主席、专职副主席40余人。

【荣誉表彰】 2017年7月1日，大街街道河咀社区李小翠家庭被云南省国防动员委员会评为情系国防最美家庭提名奖；2017年7月28日，江川区妇联党支部被区直机关党工委评为先进基层党组织；2017年11月24日，云南金骏药业有限公司、云南卓一食品有限公司基地被玉溪市妇女联合会评为玉溪市巾帼脱贫示范基地；2017年9月20日，江城镇温泉村委会旱街二组的李粉焕家庭被市委宣传部、市文明办、市妇女联合会评为2017年玉溪市“最美家庭”；雄关乡人民政府的郭文林家庭、大街街道三街社区的王林媛家庭、前卫镇渔村村委会的郭芝玲家庭、九溪镇大营社区的白艳家庭被市委宣传部、玉溪市文明办、玉溪市妇女联合会评为2017年玉溪市“最美家庭提名奖”；2017年12月14日，认定玉溪丫眯绿色休闲食品有限公司、江川大头鱼酒店、江川丽羲花卉种植销售协会3家基地为区级巾帼脱贫示范基地。

（付糯华　罗艳芝）

关心下一代工作

【概　述】 2017年，区关工委充分发挥“五老”（老干部、老战士、老专家、老教师、老劳模）优势，积极协调和配合有关部门，主动开展社会主义核心价值观教育、养成教育、法制教育，努力开展“中华魂”读书活动、创建“五好”关工委活动、农村青年“学科技、奔小康”活动，大力推进未成年人思想道德建设，倾力做好宣传工作，为推动建设宜居宜业和谐、美丽新江川作出积极成就。2017年9月，区关工委被《中国火炬》杂志社评为宣传报道先进单位。

【签订包教儿孙协议书】 1月2至6日，大街、江城、前卫三个乡镇（街道）关工委“五老”签订包教儿孙协议书1496份，包教儿孙1587人。

【市关工委到江川考评指导工作】 1月4日，市关工委执行主任、司法项目指导小组组长刘邦元一行4人，到江川区考评指导，听取区关工委、项目办工作情况汇报，查看档案材料。肯定江川项目办工作总结认真，档案材料齐全，成效明显。

【开展“中华魂”读书活动】 2月4日，区关工委专题研究开展“中华魂”（遵纪守法，从我做起）读书活动。当年参加读书活动学生2.19万人，教师1000余人，写出征文2.1万篇，全区表彰一、二、三等奖读书活动优秀学生80人。

【开展民族团结教育活动】 3月3日，区关工委在安化彝族乡中心小学成立以校长为组长，副校长和德育主任为副组长，大队辅导员和各班主任为成员的民族团结教育工作领导小组，制定《民族团结教育活动实施方案》，开展第35个民族团结教育月活动，区关工委下拨1万元资金支持学校开展工作。

【未成年人司法项目工作推进会】 3月10日，江川区召开20多人参加的未成年人司法项目工作推进会议，市项目办领导到会指导。会议总结上年八个方面的工作成绩，明确今后任务，进一步加强对触法未成年人的关爱。

【开展社会主义核心价值观教育活动】 3月29日，前卫镇后卫中心小学关工委结合实际开展“听党的话，做好少年”主题系列活动，引导全校少先队员积极践行社会主义核心价值观。

【开展“关爱明天，普法先行”教育活动】 3月下旬，江城镇关工委配合法制副校长，邀请区司法宣讲员，巡回各中心小学进行“关爱明天，普法先行”教育活动9场次，5250个师生受到普法教育。

【李雪梅到大街街道指导示范点建设工作】 4月19日，市关工委秘书长李雪梅一行3人，到江川区大街街道关工委调研指导示范点建设工作，要求区关工委加强指导，确保年内出成效。

同日，大街小学关工委在一至六年级36个班2186名学生中举行“同心向党.书写经典”比赛活动，评选表彰360名优秀作品作者，给予表彰。

【开展第三届“江川美德少年”活动】 4月，江川区关工委、区文明办、团区委、区妇联、区教育局等单位，组织开展第三届“江川美德少年”活动，蒋欣烨等21名学生获此荣誉。

【开展贫困生救助活动】 4至6月，区关工委在深入调研贫困生情况的基础上，按照高中生1000元、初中生500元、小学生300元标准，救助31名学生，共发放救助费1.9万元。

【刘邦元到江川调研指导工作】 5月4日，市关工委执行主任刘邦元一行3人到江川区调研指导工作，区委副书记张燕华、区关工委执行主任杨生明、联系区关工委工作的副区长王柄璋等到会汇报关心下一代工作。

【市关工委四位副主任到江川调研指导工作】 5月10日，市关工委白爱明、施美凤、杨凤荣、黄满德4位副主任到江川关工委，对“党建带关建”、创建“五好”关工委、“留守儿童之家”建设等工作进行指导。

【江川区保护农村留守儿童集中月活动启动仪式】 5月31日，玉溪市江川区保护农村留守儿童集中月活动启动仪式暨“情暖童心，关爱成长，欢度‘六一’儿童节”活动在安化彝族乡中心小学举行，江川区四套班子主要领导出席，区关工委、教育局、民政局和安化乡中心小学、董炳、光山村完小等400多人参加活动。

【开展法治宣传教育活动】 5月至6月，由区关工委牵头，协调司法局、检察院、法院、教育局分别到九溪中学、职业中学、前卫中学开展法治宣传教育活动，展出各种法制宣传展板50多块，开展禁毒知识讲座3场，发放宣传材料4600多册，受教育师生3500余人。

【组织开展“六一”儿童节活动】 6月1日，前卫镇关工委配合镇妇联、共青团在“六一”儿童节，到前卫中心小学、后卫中心小学赠送价值7000余元的购书卡、书包等物品，向师生祝贺节日快乐。

同日，江城镇党委委员、镇关工委主任协调组织镇妇联、共青团和政协委员一道到三所中心小学，资助家庭困难学生122人，资助金额2.32万元。

同日，前卫镇渔村关工委常务副主任把本村“五老”捐献的500元钱送到渔村小学，慰问12名品学兼优、家庭困难学生。

【开展助医活动】 6月12日，大街街道三街社区居委会关工委，倡导“五老”和居民为高埂村九组患白血病的高中生赵静献爱心，捐资助医2.1万元。

【召开关心下一代工作会议】 6月21日，玉溪市江川区在景湖酒店召开关心下一代工作会议，区关工委成员单位，各乡镇（街道）主管领导、关工委常务副主任，区直机关关工委常务副主任，示范点、重点联系点村社常务副主任和中小学德育主任共120人参会；市关工委领导到会指导；副区长杨军苹主持会议，区委副书记张燕华到会讲话；区关工委执行主任杨生明总结上半年工作、安排今后的工作任务；会议还命名表彰大街河咀、前卫石河等11个村社“五好”关工委。

【召开乡镇和机关单位常务副主任会议】 7月6日，江川区关工委召开乡镇（街道）和区属机关关工委常务副主任等19人参加的工作会议，传达市关工委召开的“学党史、颂党恩、跟党走、喜迎十九大”座谈会暨上半年工作会精神，收集汇报和总结上半年工作，安排落实下半年江川区关心下一代工作任务。

【小学生孔星羽在北京演讲比赛中荣获特等奖】 7月17日，由区关工委推荐的大街小学四年级学生孔星羽，到北京参加全国“中华魂”（遵纪守法，从我做起）主题教育读书活动演讲比赛中，以98.22分的成绩居小学组第一名，荣获特等奖。

【玉溪市第十三届“关爱”夏令营江川分营开营活动】 7月18日，玉溪市第十三届“关爱”夏令营江川分营开营，全区荣获省、市、区“美德、孝心少年”，“中华魂”教育活动优秀学生，留守儿童、进城务工子女优秀代表和师生66人，参加“育禾苗、感党恩”夏令营活动。

【开展防邪教和禁毒法治警示教育活动】 8月11日，江川区九溪镇关工委组织大营社区45名青少年到云南省第三强戒所参观，开展防邪教和拒绝毒品法治警示教育活动，发放宣传材料300多份。

【开展助残培训活动】 8月24日，大街街道朱家庄社区关工委

举办60多人参加的残疾人蔬菜种植科技培训班。

【市关工委在江川召开三区县工作调研座谈会】 8月25日，玉溪市关工委在江川召开红塔、江川、澄江三区县关工委执行主任（常务副主任）参加的有关“五团”工作调研座谈会。市关工委执行主任、副主任、秘书长等10人参会。

【举行捐资助学捐赠仪式】 9月6日，江川区关工委在江城中心小学举行“杨磊郭艳铃捐资助学捐赠仪式”，由他们向江城中学、云岩小学等五所学校捐赠价值3万多元的2300本书籍。

【玉溪市少年军校第二十三期江川区军政训练在前卫中学举行结业典礼仪式】 9月15日，玉溪市少年军校第二十三期江川区前卫中学军政训练点举行结业典礼仪式，该校点481名学员排成11个方队，接受区镇相关领导检阅为期5天的军训成果。据统计，全区五所中学少年军校军政训练点共请教官60余人，军训学员2400多名。

【玉溪市公安局江川分局关工委剪辑《弟子规》作家风建设材料】 9月25日，玉溪市公安局江川分局党委支持局关工委经费5000元，剪辑《弟子规》印制成册700本，发给全局民警和协警员家庭，用经典中华传统文化引导开展家庭、家教、家风建设。

【市关工委领导到雄关中心小学开展交通安全宣传活动】 9月28日，玉溪市关工委、市交警支队直属大队，市、区道路交通安全协会及区交警大队，市区教育局等单位领导到江川雄关乡中心小学开展“玉溪市交通安全宣传进校园暨捐赠小黄帽仪式”，该校近400名师生参加活动。

同日，市关工委执行主任刘邦元等二人，在江川区雄关乡中心小学调研农村“留守儿童之家”建设情况，区关工委和学校领导参与调研。

【召开农村青年科技致富经验交流大会】 10月23日，区关工委召开2017年农村青年科技致富经验交流大会，各乡镇（街道）主管领导、常务副主任、驻会老同志，团区委、妇联、科协、农业局领导、区属机关关工委常务副主任，省、市、区农村青年教育示范点、重点联系点关工委常务副主任，农村青年科技致富代表等50多人参加会议。市关工委白爱民、施美凤、黄满德3位副主任到会指导。会议首先组织参会人员到雄关社区青年农民樊成的葡萄基地参观学习，然后在江川宾馆举行大会，由赵绍良、李垄、樊成、周艳玉、邢建才等6位科技致富带头人交流经验。

【江川区直属机关关工委与区关工委办公室合署办公】 10月30日，根据区委组织部通知，区直属机关关工委与区关工委办公室合署办公，实行“一套班子、两块牌子”运行模式。

【杨生明代表云南省县区参加《中国火炬》通联评判会议】 11月13至17日，区关工委执行主任杨生明应中国关工委邀请，代表云南129个县（市区）到安徽省庐江县参加2017《中国火炬》通联评刊暨通讯员培训会议，交流学刊用刊工作经验。

【开展“三史”教育活动】 11月15日，九溪镇关工委组织蒋元富等四位“五老”，到镇中心小学，为338名师生进行党史、国史、家乡史宣讲教育活动，激励师生戮力践行“手拉手，跟党走，立志向，报党恩”承诺。

【开展禁毒法治宣传教育活动】 11月15至17日，区关工委、区禁毒办、司法局、教育局等单位到大庄中心小学、玉溪市高新区龙泉工业园区联塑集团、前卫社区和龙街中学进行禁毒法治宣传，参加宣传教育活动青年2000多人，发放宣传材料2000多册。

【开展捐资助学活动】 11月28日统计，全区关工委共募集资金84.89万元开展助学兴教活动，资助困难学生731名。

【举行“中华魂”（辉煌与梦想）读书活动启动仪式】 11月30日，区关工委、区文明办、团区委、区教育局、区司法局在前卫中学举行“中华魂”（辉煌与梦想）读书活动启动仪式，全区中小学德育主任、各乡镇（街道）驻会老同志和前卫中学师生共150多人参加仪式，发放“中华魂”（辉煌与梦想）读本2000余册。

【关爱“留守儿童之家”工作】 截至11月30日，随着前卫、九溪、大庄3个关爱“留守儿童之家”的相继建成，在原建成安化、江城、翠峰、雄关4个关爱“留守儿童之家”的基础上，江川区关工委在全区乡镇（街道）至少建成1个“留守儿童之家”。

【网吧监督工作规范化】 2017年，江城、大街4个社区关工委11名“五老”对13家网吧，每星期监督检查3至4次，每季度填写报表一次，杜绝未成年人进网吧，优化青少年健康成长环境。

【宣传报道工作】 截至12月31日，当年全区关工委通讯员为各种刊物投发稿件近百篇，被《云岭春光》《玉溪春晖》《江川诗联》等刊物采用的稿件分别为12篇、52篇、23篇，区关心下一代工作委员会自办《简报》18期，采用通讯员稿件49篇。

（顾宝富）

工商联

【概　述】 2017年，区工商联坚持“团结、服务、引导、教育”方针，以服务非公有制“两个健康”为工作主题，认真履职，充分发挥工商联桥梁和纽带作用，努力当好政府管理非公有制经济的助手，为非公有制经济发展做出贡献。

【喻顶成到江川调研】 2月15日上午，云南省政协副主席、省工商联主席喻顶成，省工商联副主席夏云东等一行6人到江川调研非公有制经济发展情况。在玉溪市政协副主席贺光明，区委书记徐贤，区政协主席罗跃岗，区委常委、统战部部长李志刚等陪同下，先后深入云南腾达机械制造有限公司和云南合美通用航空实业有限公司进行调研。在座谈会上，徐贤主持会议，区委常委、常务副区长张文彬汇报江川区非公有制经济发展情况，区工商联主席戴朝红汇报区工商联工作。喻顶成肯定江川区非公有制经济发展和采取债转股化解中小企业融资难、促进产业整合升级、支持民营企业进园区发展方面取得的成绩。指出：江川非公有制经济要实现长足发展，在产业发展上要突出重点集中做大做强优势特色产业；要充分发挥好区位优势、资源优势，在文化旅游产业上取得突破；要持续推进产业整合，促进产业转型升级；要采取有效措施解决企业“融资难”等问题，支持好民营企业走出困境。

【换届选举】 3月16日，玉溪市江川区工商联第二次会员代表大会召开，会员代表131人、应邀列席人员73人参会。会议听取并审议戴朝红代表区工商联第一届执行委员会所作的题为《乘势而上　兴会实干　努力推动非公经济适应新常态实现新发展》工作报告，选举产生区工商联第二届执行委员会委员31名。召开工商联二届一次执委会议，选举产生出新一届领导班子，主席（会长）1名，副主席（副会长）6名，秘书长1名，商会副会长2名（其中主席（会长）高配政协副主席顾秋）。9名班子成员中，7名为非公经济人士。新班子平均年龄50.44岁，大专及以上学历7人（其中研究生学历1人）；妇女干部3人，党员4名。

【云南省“五好”县级工商联创建】 以全面履行江川区工商联职责、发挥作用为目标，区工商联围绕“两个健康”工作主题，坚持“团结、服务、引导、教育”工作方针，对标对表“领导班子好、会员发展好、商会建设好、作用发挥好、工作保障好”创建标准，坚持抓班子、强队伍、建阵地、夯基础，凝心聚力争创云南省“五好”县级工商联。2017年9月完成云南省“五好”县级工商联申报材料整理上报，2017年11月区成功获得云南省“五好”县级工商联荣誉称号，2017年12月被全国工商联认定为全国“五好”县级工商联。

【“四好”商会创建工作启动】 启动玉溪市江川区“四好”商会创建工作，结合江川商（协）会实际，制定《玉溪市江川区“四好”商会创建工作方案》，确定“一年精选样板树典型、二年示范引路抓带动、三年巩固提升建机制、四年整体推进全覆盖”工作思路，明确2017–2020年各年度创建目标任务。2017年，着力引导商会对照标准打实基础，在推进商会法人登记和管理工作有新突破，年底指导农资商会完成“四好”商会申报并创建成功，如期完成“一年精选样板树典型”任务。

【3户企业入围云南省非公企业100强】 继续开展江川区上规模民营企业调研，向上级工商联推进云南联塑科技发展有限公司、云南宏斌绿色食品集团有限公司、云南江磷集团股份有限公司3家企业参与百强评选活动，云

南联塑科技发展有限公司再次入围“云南省非公企业100强”企业、排名第91位，较2016年排名上升7位。

【召开非公经济人士“双创”工作动员会】 5月5日，区委统战部、区工商联联合召开江川区工商联（商会）“双创”工作动员会。区工商联全体执委，各乡镇（街道）商会、行业商会会长、副会长、秘书长，大街街道、前卫镇全体会员代表，统战部、工商联全体干部共100余人参加会议。区政协副主席、区工商联主席顾秋主持会议。区委常委、统战部部长李志刚出席会议并作动员讲话。会议向与会非公经济人士发出争当“双创先锋”倡议并作宣誓，引导广大非公经济人士自觉参与到创建工作中，力促以行业商（协）会为龙头，会员企业作表率，企业员工同参与的工作格局的形成，力促非公经济人士在创建国家卫生城市、全省全国文明城市征程中彰显新作为。

【“万企帮万村”精准扶贫行动】 引导2016年底签订“万企帮万村”精准扶贫行动帮扶协议书的云南阳光食品有限公司、云南天丽食品有限公司等8户企业，按照帮扶协议实施扶贫行动。截至2017年底，8户企业通过产业帮扶、就业帮扶、公益帮扶、技能帮扶、智力帮扶等多种形式帮扶矣文、白石岩、桐关、祁家营、光山等5个建档立卡贫困村和上头营、董炳等2个非建档立卡村，其中产业（商贸）帮扶投资983.6万，帮扶803人；就业帮扶投资391.1万，帮扶292人；公益帮扶投资17.5万，帮扶200人；技能帮扶（免费培训）投资19.5万，帮扶740人；智力帮扶投资0.8万，帮扶2人。

【开展光彩事业行“金秋助学”活动】 8月13～15日，区委统战部副部长、区工商联党组书记率领统战部、工商联有关干部对全区6个乡镇（街道）商会推荐上报的贫困大学生进行实地调查走访。经过筛选于8月23日对符合条件的15名贫困学子进行资助，分别给予每人3000元资助金，共资助金额45000元。

【动员企业界参与脱贫攻坚捐款】 结合全市脱贫攻坚工作，充分激发广大企业界人士的社会责任感，积极配合市工商联开展“民营企业助力全市脱贫攻坚战”工作，区政协副主席、工商联主席顾秋带队深入江川区规模以上企业做思想动员工作，共动员云南宏斌绿色食品集团有限公司、云南联塑科技发展有限公司、云南江磷集团股份有限公司、云南特固电气有限公司等4家会员企业参与捐赠，共计捐赠资金63万元。与区委统战部联合组织区企业界别人士积极参与江川区脱贫攻坚工作，共动员55家企业认捐，认捐资金90.71万元。2017年两次合计动员59户企业捐款，筹集资金153.71万元。

【落实扶持贷款政策】 2017年，区工商联对创业担保贷款工作早布置、早安排，抓住时间节点把任务分解到各乡镇商会、行业商（协）会，并加强与相关部门和银行之间联动，大力推进三项扶持贷款政策落到实处。全年完成“贷免扶补”创业担保贷款目标任务200户、发放贷款1977万元，个人创业担保贷款目标任务190户、发放贷款1900万元；小微企业创业担保贷款任务目标11户、发放贷款2005万元。三项扶持创业贷款达5882万元。

【招商引资】 2017年，区工商联与工业园区管委会合作引进“玉溪云上飞鹰航空设备有限公司云南江川捷克固定机翼飞机组装生产项目”，双方签订《江川区招商引资项目落实分成协议》。区工商联作为项目引进方占42%，合计引资5000万。

【会员管理与发展】 制定会员发展和组织建设规划及会员管理办法，建立健全会员入、退会办法和联系服务管理会员制度，对全区执委、会员、组织实行动态大数据管理，逐步实现会员规范化管理。2017年，以加强会员质量建设为目标，按照“吸纳一批、退出一批、提升一批”总体要求，对所属商会和会员进行全面清查，重点发展一批经济实力强、思想觉悟高、热爱工商联工作、热心社会公益事业的非公经济人士入会。截至年底，在册会员达886个（其中个人会员731个，企业会员140个，团体会员15个），会员结构和会员质量得到逐步优化。

【民营企业评议政府职能部门工作】 11月14日，江川区组织召开区民营企业评议政府职能部门工作动员会，全面启动2017年民营企业评议政府职能部门工作。

区民营企业评议政府职能部门工作领导小组，区工商联党组，规上企业、中小微企业、个体工商户三个层级的非公经济体代表共计70余人参会，区政协副主席、工商联主席顾秋主持会议并作动员讲话。11～12月，江川区三个层级58户民营企业通过“云南省民营企业评议政府职能工作管理系统”和评议通APP，围绕被评部门在在服务企业过程中的态度、质量、效率、廉洁等方面表现，对37个政府职能部门（对应到区级27个政府职能部门）进行线上评议。27个部门评价结果均为满意。

（张江艳）

文　联

【概　述】　区文联是在区委领导下的群团组织，下辖9个协会14个艺术门类（作家协会、戏剧曲艺协会、音乐协会、舞蹈协会、书法协会、美术协会、摄影协会、诗词楹联协会、演讲朗诵协会）。2017年，区文联发挥纽带和桥梁作用，履行“联络、协调、服务”职能，创造条件，搭建平台，围绕中心，开展活动，培育人才，激励创作，走向基层，服务群众，开展交流，营造氛围，开创江川文艺发展新局面。

2017年，区文联顺利完成9个文艺协会及文联委员会换届工作，共发展会员343名，其中国家级会员25名，省级会员43名，市级会员116名。坚持以人民为中心创作导向，围绕区经济社会发展“5366”总体思路，组织文艺活动。开展送文艺下乡、免费书赠春联、艾滋病防控宣传主题文学创作、参与610办公室反邪教创作等活动。编辑出版《星云》文艺季刊4期，《江川诗联》2期。组织摄影协会、书法协会、美术协会举办3次主题主题创作展。组织舞蹈协会16名会员到福州参加由“世界华人文化艺术联合会”举办的“福州杯”民间舞蹈邀请赛。举办传统文化进校园、普通话培训、残疾人专场演出等活动。

【江川区文学艺术界联合会第二次会员代表大会】　区文联9个协会换届工作于6月底全部结束，玉溪市江川区文学艺术界联合会第二次大会7月30日召开，31日闭幕。大会听取并学习区委领导、市文联领导重要讲话，明确江川区文联和文艺工作方向；审议通过江川区文联第一届委员会工作报告；修订《玉溪市江川区文学艺术界联合会章程》，选举产生区文联新一届领导机构。

【《星云》季刊】　编辑出版《星云》文艺季刊四期，刊登小说、诗歌、散文、小戏小品等各类文艺作品327篇（首、幅），计约730800字。

【《江川诗联》】　编辑出版《江川诗联》2期，发表诗联作品600首（副）。

【文艺作品成绩喜人】　摄影协会11名会员15件作品分别获得获“水乡·青铜·渔的故事”“三月雪，梨花醉”主题摄影比赛等级奖；1名会员作品入选玉溪市第二届“碧玉清溪是我家”摄影作品展览。沈丽兰《抚仙湖畔春意浓》、蔡怡玲《庄园奇遇》获“魅力抚仙湖　相约在悦莲”2017澄江荷花节摄影比赛入选奖。

舞蹈协会在江川区举办的庆祝“三八”国际劳动妇女节11个队参加的健美操比赛中，获得一等奖；组织16名会员于2017年3月21～27日参加由“世界华人文化艺术联合会”在福州举办的“福州杯”民间舞蹈邀请赛，《长长花腰彝》获大金奖、《阿老表》获三等奖。

音乐协会2017年7月19日组织10多名会员参加江川高原水乡合唱团赴玉溪市参加第五届聂耳合唱周比赛，江川代表队获特等奖。协会为江川区公安局谱曲《警徽映丹心——江川警察之歌》，制成MTV碟片。会员杨艳惠5月应“中国文艺工作者协会”邀请，赴泰国进行艺术文化交流考察；9月辅导学生参加玉溪市第五届“聂耳杯”乡村少年才艺大赛获江川区二等奖。

【为民书赠春联】　2017年春节期间，书法协会会员45人次自愿参加免费书赠春联活动，分别到江城、前卫、大街等为群众免费书赠春联1000多副。

【送戏下乡惠民演出】　2017年，戏剧曲艺、舞蹈、音乐协会共组织会员60多人次，分别到前卫镇、中心城区老戏台、白龙潭村等地，为群众演出歌舞、独唱、花灯、小品、管乐合奏等文艺节目。

【文联举办主题创作展】　2017年，区文联紧紧围绕区委、政府中心工作，于1月协调组织举办面向全省的“水乡、青铜、渔的故事”主题摄影赛，并分别在李家山青铜器博物馆和玉溪聂耳图书馆举办展览2次；于7月组织举办“庆七一，颂党恩”主题书画展；于10月联合区老干部书画协会、云南李家山青铜器博物馆举办“喜迎党的十九大、共建文明卫生城”为主题书画创作展。三个展览共征集到书画作品180多件，品选出参展作品150多件。

【作协继续参与第三轮全国艾滋病综合防治示范区工作】 加强与区疾控中心合作，继续推进艾滋病防控宣传主题文学创作活动，共创作防艾题材文学作品24篇（首），其中中短篇小说8篇，现代诗歌作品10余首，约10万字。挑选部分作品陆续在《星云》季刊发表。

【作协参与反邪教工作】 加强与区委政法委610办公室合作，组织5名会员创反邪教组织的专业和非专业稿件，其中被“云南青锋网”采用专业稿件和非专业稿件各2篇。

【星云书画苑喜迁新址】 星云书画苑搬迁至老工会活动中心，解决了书法家和美术家协会的活动场所，使两协会每周正常开展临帖活动，吸引广大书画爱好者积极主动参与，为全区书画爱好者学习交流提供场所，搭建平台。

【多件优秀作品入登国家级、省级、市级报刊】 截至2017年5月31日，共收到9个文艺家协会上报的作品669件。其中，国家级报刊作品发表9件，省级报刊作品发表共31件，市级报刊作品发表37件，共437件；获奖类的作品有：文学类作品获奖4件，艺术类获奖作品151件（其中国家级10件，省级19件市级82件，县级40件）。

【美术协会《民风景象》获市文联补助】 美术家协会编制的文艺创作精品《民风景象》绘画作品集项目，获市文联10万元补助。

【美术家协会多人作品入选多种展览】 杨云聪国画作品“六祖遗情”入选云南省美协、昭阳市文联主办的2017“写意昭阳”云南省美术骨干培训及写生，编入《写意昭阳》一书；国画作品《九溪土林》入选玉溪市文化馆主办的“碧玉清溪是我家”美术、书法作品展。

叶晓霞国画作品《星云小城》入选第七届云南省中国画大展；国画作品《千帆待发》入选第九届全体育美展，获入会资格奖；国画作品《海滨夏日》入选万年浦江全国人物画展，获入会资格奖；国画作品《吉祥社区》入选娄东太仓全国山水画作品展，获入会资格奖；国画作品《梦和远方》入选写意中国、大美辽宁第二届中国画水墨展；国画作品《小城故事》入选女性与时代百年女性作品展，国画作品《安居》参加献礼十九大（云岭丰碑）大型专题美术创作展；

付云龙雕塑作品“车水捕鱼”荣获云南省工艺美术第十一届“工美杯”精品评选银奖；雕塑作品“生命之门”获云南省工艺美术“玉溪文博·工美杯”精品评选一等奖；作品“乡愁—车水捕鱼”获二等奖；雕塑作品“古滇国后裔·花腰傣”被中国工艺美术馆收藏。

【杨艳惠获泰国“优秀国际艺术教育家”荣誉】 2017年8月中旬，舞蹈协会会员杨艳惠参加“第六届中泰金莲花国际文化艺术盛典”，古筝演奏获金奖，并获得泰国曼谷市教育局颁发的“优秀国际艺术教育家”荣誉称号。

【区戏剧曲艺协会为区残疾人举行专场演出】 2017年11月27日，在国际残疾人日（12月）到来之际，江川区福兴文艺队应江川区残联邀请，为辖区内残疾人举行专场文艺演出。

【江川区演讲朗诵协会举办普通话基础知识培训】 2017年9月11日至17日，江川区演讲朗诵协会联合江川区语言文字工作委员会、江川区青少年活动中心举办普通话基础知识培训。培训邀请国家级普通话测评员、中国语文现代化学会语言艺术专家委员会理事、云南省老推普员严希洪老师。严希洪为参与培训者讲解普通话基础知识、普通话的定义，现代汉语方言的分区，声、韵、调，语流音变，朗读、朗诵的提高等课程。社会各界普通话爱好者、工作者约600人次参加培训（其中最主要是区中小学校教师，约450人次）。

【开展传统文化进校园及贫困学生捐助活动】 2017年10月26日，由江川区文联组织书法家协会会员10余人，到大街街道大营小学开展“精准扶贫、传统文化进校园”活动。课堂上为小学生讲解楷体、草书、隶书等字体写法，在美术室进行“校训、励志、校名、古典诗词”等类别书写活动，学校广大师生轮流进行观摩。共为学校书写20余幅书法作品，为7名建档立卡学生捐款700元。

【区文联组织江川文学骨干参加市文联举办的文学笔会】 区文联组织江川区作家协会廖会芹、汤秀琼、李国琴、郑兰芬、张粉棠、何媛6位小说、散文骨干作者，参加由玉溪市文联、市作家协会于2017年10月13日至15日联合举办的2017年玉溪市小说散文创作笔会。笔会由著名作家、《美文》杂志常务副主编穆涛，《中国作家》编辑部方文，青年作家、《当代》编辑石一枫作专题文学讲座。三位著名作家和编辑分别结合各自的创作经验作了精彩讲解。穆涛作题为《先器石，后文艺：汉代的文章风气给今天的启示》讲座，方文讲述自己对小说散文创作的理解，从编辑角度介绍《中国作家》杂志的审美标准和选稿要求，并与参会作者进行互动。石一枫阐述自己的文学观，介绍文学创作中应该注重的基本原则。

【普辉到江川调研】 2017年3月10日，市文联主席普辉到江川区文联就文艺创作资源和文艺精品创作项目储备情况进行调研。市文联调研组采取现场听汇报、实地走访方式进行调研，深入到涉及文艺精品创作项目的现场进行走访，参观江川铜器工艺制品厂。区文联主席叶自林汇报区文联“一县一品”文艺创作方案和在精品文艺创作方面的思路和做法。普辉指出，江川地杰人灵，养育了许多优秀儿女，文艺创作资源丰富，区文联要深入挖掘当地具有广泛影响的文艺创作资源和重大文艺创作题材，围绕青铜文化和渔文化，认真梳理后填报《玉溪市文艺创作题材调查统计表》，为江川创作一批特色鲜明、风格突出、质量优秀的文艺精品做好基础工作。

（张旭刚）

科　协

【关爱民生寒冬送暖】 12月19日，江川区科协联合江川茂晟美椒产销协会到雄关乡窑房村开展走访慰问活动。全体人员分2个组深入到梅子铺、水箐村12户对口联系帮扶贫困户家中，将每户500元慰问金送到他们手中。

【科技、卫生、文化三下乡】 1月18日，江川区2017年三下乡活动在前卫镇开启。为群众开展咨询服务、现场医疗义诊、送书、送药、送春联活动，为当地群众送来一场文艺演出。共发放各类宣传资料53种12000多份，展出展板72块，书写赠送春联800幅，义诊350人次，发放价值4000余元药品。

【“双创”科普活动】 6月22日，区科协、老科协、总工会和江城镇计生办、综治办等单位在江城镇农贸市场举办“双创”特色科普活动。共发放科普、交通安全、禁毒防艾、反邪教、生殖健康等科普图书、资料14172份，发放印有反邪教、卫生、禁毒等科普知识围腰、袋子、扇子等物品1100份。展出展板78块。

【科普项目】 4月19日，由区科协主持，邀请区纪委、区财政局领导和同行专家组成验收组，对路居中坝村委会承担的2016年“云南省科普惠农兴村计划”项目和江川护源生态养殖有限公司承担的野生石蚌人工驯养繁殖项目进行验收。验收组认为，两个项目按照《云南省省级科学技术普及项目管理办法》《玉溪市科协关于加强中央和省级科普项目管理的通知》组织实施。各项指标均达到项目申报书和项目实施协议书中规定的目标任务。经费使用符合《云南省省级科学技术普及资金管理暂行办法》《玉溪市科协关于加强中央和省级科普项目管理的通知》要求。项目实施社会效益显著、经济效益较好，经费使用合理规范，档案资料完整，评定为“优秀”等级，同意通过验收。

【开通“V视快递”专栏】 2017年4月，江川区科协与江川区电视台签订《关于开通“V视快递”专栏的协议》。自2017年4月25日起，由江川区电视台每周安排播放科普微视频3个。每天播放3个时段。同时，江川区科协陆续通过“科普江川”微信公众号向公众做好V视推送工作。通过精准投送、实时反馈、定制传播、个性服务、实现全媒体、多终端覆盖等方式方法，普及与老百姓生活息息相关的科普知识，为公众提供全方位科普服务。

【中国科协流动科技馆云南玉溪江川站巡展活动】 “中国科协

流动科技馆云南玉溪江川”巡展活动，以“体验科学”为主题，于7月26日至8月30日在江川区综合档案馆免费开放。设声光体验、电磁探秘、运动旋律、生命奥秘和数学魅力5个主题展区50余件经典互动展品，向公众免费提供科学实践平台，展示科学原理，体验现代科技成果，感受科学的快乐。开馆期间共有4594人参观体验，日均参观151人次。

【微信有奖竞赛】 “玉溪市江川区双创科普知识微信有奖竞赛”于9月23日落下帷幕。竞赛活动采取网络竞赛和微信竞赛方式进行。活动在“科普江川”“江川区妇联”“江川共青团”“江川移动”“大头鱼传媒”微信公众号开展，一共7天，参加人数9402人。“科普江川”微信粉丝增长432%。

【“全国科普日”】 9月22日，云南省第二人民医院和云南省中医药学会专家到江川区开展义诊活动，落实云南省健康扶贫相关要求，方便基层群众就医。义诊活动以“济困扶贫、健康行动”为主题，共有来自云南省第二人民医院眼科、骨伤科、心脏内科和传染科和云南省中医药学会中医内科的多名专家参与。区科协、妇联、公安等部门积极到义诊现场开展宣传活动，通过发放资料和展出宣传展板的方式，向广大群众宣传文明城市创建、蓄禽养殖安全、道德建设、禁毒防艾等方面的知识。

【技术培训】 围绕全区中心工作，开展以农函大为重点的技术培训。农函大招生8个专业19班1484人，完成全年计划数1100人的134.9%。其中特色班6班724人，完成全年计划424人的170%。

围绕全区中心工作，大力开展以农函大为重点的农业科技推广和技术培训，科协系统举办培训班67个5810人（其中农函大招生1718人）。

【青少年科普教育】 在中小学生中举办“中国流动科技馆”征文活动，共评出一等奖10个、二等奖17名、三等奖27名。在32届青少年创新大赛中，江川区获得“校园周边环境调查与保护”省三等奖，“江川区水稻成熟期间鸟害防治报告”获市三等奖。宣传动员，积极组织33届创新大赛申报工作。

【项目申报】 上报“江川名优土著鱼人工繁育技术与推广应用”“安化乡光山村委会云南省科普惠农兴村计划”和“农函大培训”3个项目，争取省级资金30万元；争取中国科协基层科普行动计划项目3个资金14万元；申报市科协科普项目5项，争取市级项目资金18.4万元；反邪教工作经费1万元。累计向上争取资金63.4万元。

【《玉溪市三湖径流区生物多样性调查》出版】 组织江川区第一中学教师及专家，开展野外调查，收集整理标本，鉴定分类，编撰校对，经云南人民出版社出版发行，无偿发放全区机关事业单位及中心小学阅存。

【科普信息化】 推广“科普江川”公众号，粉丝人数2243人。比2016年增加1722人，增幅331.4%；与区气象局联合，利用气象信息网络发布科普信息82期，每期3条，共发布246条；建设校园E站、乡村E站、社区E站各1个。

【“科教引领、创新发展”大讨论、大行动】 开展“科教引领、创新发展”大讨论、大行动。参与工信局组织的企业创新人才工作调研、座谈，了解企业人才培养方面的问题和困难；调查掌握专业技术人员状况；对2014–2016年青少年科技创新大赛获奖单位和个人提请区委、区政府表彰。组织科技工作者撰写论文，上报市科协5篇，获二等奖、三等奖各1篇。

（张树良）

红十字会

【概　述】 2017年区红十字会弘扬“人道、博爱、奉献”红十字精神，依法履职，服务民生，推进改革创新，提高服务质量，在开展社会救助、筹资募捐、艾滋病预防宣传、青少年关怀、“三献”等方面充分发挥红十字会在政府服务民生方面的助手作用。

【“博爱送万家”活动】 春节期间，区红十字会携手团体会员单位筹资4.2万元资金，购买350床毛毯到大街、江城、安化等6个乡镇贫困户家中进行走访慰问。及时将省市下发的家庭包、棉衣等价值2.8万元物资发往安化彝族乡380户贫困群众手中。11月，筹资1.3万元慰问江城左卫上宝塔营村和江城大地村250名老年人。

【重大疾病贫困家庭人道救助】

在深入调查、核实基础上，区红十字会对江川区患白血病、癌症等重大疾病患者和突发灾难经济困难家庭给予人道救助和关怀，对符合救助条件的47户重大疾病患者特困家庭发放1500元至3000元不等救助金。一年来，开展三期人道救助，共计发放救助金72000元。

【卫生应急救护培训】 区红十字会先后深入到大街街道小白坡村、前卫镇杨家咀村、九溪镇六十亩村等5个村民小组，以发放学习纪念品形式，吸引农村老年人参与红十字下乡开展的公益性卫生应急救护知识培训；为老年人讲解高血压、心脑血病等老年常见病急救方法、止血包扎和心肺复苏等知识，让老年人在短时间内掌握急救知识技能。到云南联塑科技发展有限公司和江川区农机监理站开展应急救护培训。全年共计开展应急救护培训12期，培训人数3519人。

【开展“三献”工作】 区红十字会召开捐献造血干细胞宣传动员会和器官捐献动员宣传会，动员10名社会爱心人士志愿捐献造血干细胞，2名社会爱心人士志愿捐献人体器官；加强艾滋病预防宣传，开展驾驶员同伴教育艾滋病知识宣传活动29期，累计向3946名驾驶员宣传防艾相关知识，发放驾驶员防艾倡导书及宣传资料；发放《玉溪市江川区全国艾滋病综合防治示范区艾滋病知识问卷调查》3946份，收回问卷调查3661份，参训驾驶员艾滋病知识知晓率达92%；试行健康筛查与红会推动造血干细胞捐献和无偿献血工作结合起来，在动员造血干细胞捐献和无偿献血工作的同时，积极动员群众自愿进行HIV检测。截至10月底，共向驾驶员动员HIV检测29期，2850名驾驶员自愿参加HIV检测，检测率达72%。

【志愿者服务活动】 区红十字会共有志愿者442名，其中完成登记注册74人。2017年新发展志愿者20人，按照红十字会的服务领域组建宣传募捐、人文关怀、应急救援、防艾宣传4支红十字志愿服务队伍。2017年，区红十字会组织志愿者先后开展爱心帮扶宣传募捐活动、与山区儿童共庆六一、地震应急演练、创文创卫宣誓、参观市防震减灾科普馆等各种形式公益服务活动11次175人次。同时组织防艾宣传志愿服务队、应急救援志愿服务队开展两期专业技能培训，大力弘扬志愿精神，建立志愿服务专业化运行模式。在“5·12”市区两级实景地震应急演练中，区红十字会组织30名应急救援志愿服务队志愿者加入江川区代表方阵参加演练，全程模拟志愿服务、应急救援和捐赠物资接受、发放等工作。

【红十字青少年工作】 “六一”儿童节期间，区红十字会深入雄关中心小学开展“与爱同行、幸福六一”爱心主体系列活动，筹资1.5万元，帮助12名贫困学生圆梦微心愿，表彰12名弘扬红十字精神的文明好少年，发放学生游园活动奖品。帮助白血病儿童周柏羽等3名儿童争取到3万元国家红十字基金会救助，帮助先心病儿童彭彦彩获得2.3万元手术费，帮助覃继冉、周柏羽等儿童获得市区两级红会救助1.7万元。筹资2.64万元在九溪镇六十亩村建立“留守儿童博爱之家”。

【推进红十字“五进”工作】

区红十字会着力抓好大街街道伏家社区伏家营居民小组、前卫镇杨家咀村委会等市、区级红十字“五进”工作模范试点创建工作。两个示范点都组建一支以示范点群众为主体的多功能基层红十字队伍，开展人道帮扶及救助、志愿服务等工作；建立社区、小组红十字会，开办宣传栏，制作宣传展板20块，向群众宣传防灾避险、初级卫生救护、普及健康知识，宣传“人道、博爱、奉献”红十字精神；开展人居环境整治、慰问困难老党员、老干部、看望孤寡老人、扶贫帮困、红十字知识宣传等多项服务活动，发挥红十字服务基层作用。

（陈宝明）

军

编辑　余立言

人民武装

【概　述】　2017年，区人武部按照“高举旗帜铸军魂，围绕改革转职能，突出主业打基础，着眼大局保稳定”工作思路，围绕改革强军目标，扎实打基础，创新抓落实，努力探索国防动员建设新路子，在确保安全稳定基础上，圆满完成各项工作任务，人武部全面建设和全区国防动员建设呈现出良好发展态势。区人武部被玉溪军分区表彰为“践行强军目标先进单位”；区委常委、人武部政委曾宪涛被玉溪军分区表彰为“践行强军目标优秀主官”；保障科助理员李雄被玉溪军分区表彰为“爱军精武标兵”；雄关乡武装部部长李爱民和本部职工李林分别被玉溪市国防动员委员会表彰为“优秀专武干部”和“优秀职工”。

【党委（扩大）会议】　3月23日，召开部党委（扩大）会议，各乡镇（街道）武装部部长、专武干事及人武部全体干部职工参加会议。总结2016年工作，明确2017年工作思路：围绕党的十九大，大力加强思想政治建设；坚决执行命令指示，如期完成调整改革任务；聚焦职能使命转型，扎实做好国防动员准备；坚持全面从严治党，着力增强党组织凝聚力；注重精准高效标准，努力提升服务保障水平；扭住安全稳定底线，不断加强安全管理工作；切实加强工作指导，有效促进党管武装工作。会议要求：全体干部职工、专武干部及广大民兵要高标准抓好各项工作落实，努力开创江川区国防后备力量建设新局面。

【思想政治建设】　全年，按照全军统一部署，认真学习贯彻习主席系列重要讲话精神，以党的十九大精神为重点，将“两学一做”常态化制度化学习教育与年度教育相结合，抓好党委中心组带机关4个专题理论学习，党委班子带头抓、带头学、带头辅导。认真抓好“维护核心，听从指挥”主题教育，组织“四个全面”解读、使命意识研讨、强军实践体验，不断强化干部职工“四个意识”，激发争做新一代革命军人的政治热情和行动自觉。

【党委班子建设】　坚持把作风建设、先进性、纯洁性建设作为党委班子和干部队伍建设的重中之重。加强党员意识培养，从学习贯彻新《党章》做起，从按月交纳党费抓起，进一步强化了干部职工党员的党性观念。认真贯彻落实军队作风建设的一系列制度规定，完善党委工作、公务接待、经费开支、兵员征集等配套措施，把改进作风要求细化到具体工作中，增强作风建设实效性。传达学习中央军委有关违纪违法案件通报精神，集中观看《浴火强军》警示教育片，组织开展干部职工身边“微腐败”和不正之风问题专项整治，切实拉紧纪律红线。突出抓好廉洁征兵、经费使用管理等热点敏感问题监督。

【军事训练】　按照“能打仗、打胜仗”要求，扎实抓好军事训练，修订完善各类应急处突预案，开展针对性演练，开展应急处突、抢险救灾等综合演练8次，有效提升全区民兵应急应战能力。深入开展动员潜力和拥军支前潜力调查，健全动员预案，扎实抓好民兵编组。5月，出动区民兵常驻分队及九溪镇民兵应急排90余人，完成全市抗震救灾综合演练。12月，军分区对区人武部全体干部进行年终军事考核，所有科目成绩均达良好以上。

【民兵整组】 2017年民兵整组工作，以习主席关于国防和军队建设系列重要论述为指导，以《兵役法》《民兵工作条例》和上级的指示要求为依据，重点突出抓实区应急连、乡镇（街道）应急排。按“应急队伍、作战支援队伍、储备队伍”占比分别为33%、65%、2%进行编组，完成1120人基干民兵整组任务，编组应急队伍363人、支援队伍732人、储备队伍25人。

【兵役工作】 积极适应征兵工作调整改革新要求，牢固树立征兵打仗思想，主动作为，提前调研、提前筹划、提前宣传，以网上兵役登记为平台，以全民国防教育为抓手，以全方位、多手段征兵宣传发动为切入点，以确保兵员质量为核心。2017年全区共征集新兵115名（含2名直招士官），大学生入伍新兵比例达58.26%，完成市征兵办赋予任务。

【安全管理】 把依法治军、从严治军作为全局性、基础性、长期性工作紧抓不放。落实中央军委关于严禁违规宴请喝酒重要规定，学习贯彻军委国防动员部17条规定和部队管理6个法规，深入开展安全大检查和“百日安全”活动，汲取近年来国防动员系统发生的事故案件教训，注重借锤敲钟、举一反三，做到不撞“防火墙”，不触“高压线”。组织安全教育、形势分析和隐患排查，有效促进安全管理落到实处，深入开展枪弹专项清查整治和“回头看”活动，配合区有关部门做好春节、国庆、中秋以及十九大会议等时期应急信访工作。采取自查自纠、整改落实等方式，对各类库室进行反复清理，对涉密载体进行严格登记，有效防范安全问题发生，2017年江川区人武部被玉溪军分区表彰为“安全稳定工作先进单位”。

【国防教育】 全年，组织国动委成员单位，在全区范围深入开展“全民国防教育暨征兵宣传月”活动，滚动播放征兵宣传标语电子屏70余条，覆盖全区所有村委会。在公共场所张贴悬挂国防教育和征兵宣传标语、海报300余幅，出动流动宣传车一辆，发放宣传手册10000余份，现场为群众解答征兵政策300余人次。结合下乡调研、征兵、民兵训练等时机，多次开展献身国防教育，讲授军兵种知识，组织军事训练，增强广大应征青年和民兵队伍国防意识和爱国主义精神。9至10月，组织教练员对江川一中、江川二中、后卫中学、龙街中学4000余名学生进行军训，增强青年学生国防意识。

【八一军事日】 8月1日，江川区人武部邀请玉溪军分区副司令员余喜松大校，为全区100余名党政军领导干部开展题为“发展中的我们与当今中国国防”知识讲座，有效提升全区党政军领导干部国防观念和意识。

【参建参治】 9月，出动常驻民兵840余人次，连续奋战42天，在江通路小白坡、雄关乡高坡区域设置烤烟堵卡点，配合森林公安局，严厉打击非法收购、贩运、倒卖烤烟等违法行为，截获非法贩运烤烟6000余千克，劝返烟农非法外运烤烟20000余千克，挽回直接经济损失近60余万元。12月23日至25日，动用民兵60人，执行开渔节湖面管制任务。

【“双拥”共建】 广泛开展“双拥”宣传和拥政爱民活动，扎实抓好扶贫帮困、助学兴教、生态保护、文化下乡等工作，军政军民团结局面持续巩固发展，军民融合深度发展成果丰硕。投入资金5万余元开展三街街道精准扶贫、前卫镇人居环境综合整治、周官河及小井坝水库治理等项目，积极支援驻地经济社会建设。

（李　端）

法 制

编辑 余立言

政 法

【概 述】 2017年，全区政法部门贯彻中央、省市区政法工作会议精神，突出平安江川、法治江川为重点，以营造和谐稳定的社会环境迎接党的“十九大”胜利召开为主线，狠抓社会矛盾纠纷排查化解、社会治安突出问题集中整治、基层和行业平安创建等各项重点工作，为促进全区经济社会发展营造了平安和谐稳定的社会环境。

【深入推进平安江川建设】 根据区委二届三次全会和区委政法工作会议关于“深入推进平安江川建设”要求，区综治委印发《关于深入开展平安创建活动的通知》，对深入推进基层和行业平安创建工作进行安排。6月12日，召开全区平安建设工作推进会，对推进全区基层和行业平安建设工作进行安排部署。各乡镇（街道）、各行业平安创建主管部门继续抓好平安乡镇（街道）、平安村（社区）、平安家庭、平安医院、平安校园、平安文化市场、平安出行、平安旅游、平安小区、平安林区、平安边界、平安交通等20项基层和行业平安创建“细胞工程”，实现平安创建全覆盖，保证全区整体平安，实现由治安“小平安”向社会“大平安”提升。各级各部门深入挖掘、总结、推广“平安建设”工作新经验、新举措，组织开展“综治宣传月”和“秋季集中宣传月”活动，大力宣传平安建设各层面、各领域先进事例和典型，在全区范围内初步形成人人有责、齐心协力、共创平安氛围。6月13日，召开全区提升群众安全感和满意度工作会议，区委、区政府分管领导分别对提升群众安全感和满意度工作进行安排部署，又召开3次专项工作推进会，分析存在的问题和不足，围绕五个重点工作（加大宣传力度，营造浓厚氛围；夯实基层基础，加强治安巡防；深化平安建设，提升创建水平；加强治安防控体系建设，营造良好治安环境；加强政法队伍建设，提高执法办案质量）抓落实，全力提升群众安全感满意度。

【矛盾纠纷排查化解工作】 2月27日，区委全面深化改革领导小组第七次会议研究通过《玉溪市江川区完善矛盾纠纷多元化解机制实施意见》，并由区委办、区政府办印发实施。全区各级各部门严格执行矛盾纠纷排查调处协调会议纪要月报告制度，坚持从源头上抓排查，从根本上抓预防，从基础上抓化解，努力预防和减少社会矛盾纠纷和重大群体性事件的发生，尽力消除社会不稳定隐患。2017年1月至9月，全区共排查矛盾纠纷2672件，调解成功2399件，调解成功率为90%，累计调解案件涉及当事人5020人，防止纠纷转化为刑事案件3件14人。

【防控体系建设】 继续加强“平安城市”视频监控系统建设。自项目建设以来，全区共投资4400余万元，不断完善视频监控、出入城卡口、执法办案同步录像、执法勘测通和手机采集仪等系统设备，完成对乡镇视频监控系统、社会视频资源接入，建成PDT数字集群、“三位一体”及加油站卡口等项目。至2017年底，全区接入公安视频监控达1100路。全力推进社会治安防控网建设。围绕“365”工程建设，以反恐维稳工作为中心，以治安复杂地区为重点，积极构建“三级防控圈”，不断完善“五个机制”和“六张网”建设。建立公安、武警、巡特警联合武装巡逻机制，设置2个武装处突单元，建成治安岗亭5个、标准化警务室3个，巡特警和各派出所车巡、步巡、蹲点巡、便衣巡成为常态。加强群防群治工作，制定《群防群治组织一事一案一奖实施办法》，对举报案件线索、抓获扭送违法犯罪嫌疑人、矛盾纠纷化解等群防群治人员进行奖励。综治部门出台《关于加强群防群治“治安巡防”工作的意见》，为村（社区）配置两辆治安巡防二轮电瓶车用于村（社区）开展网格巡查、治安巡防、矛盾纠纷调处、综治宣传等工作，全年已完成采购下发60辆。全区基本形成一整套点、线、面相结合的防控体系，“空中有监控、地面有巡逻、路上有卡点、社区有联防、重点部位有技防”的治安防控新格局不断完善。

【网格化和“6995”平台建设】 自2013年开展网格化社会服务管理工作以来，区财政按每年不低于50万元的标准落实网格化专项工作经费，每年投资5万余元保障区乡两级平台专线畅通，在各村（社区）配备网格长和网格员，为他们配备移动终端，并按每台60元的标准统一补助通话费。全区共有1个区级中心，6个乡镇（街道）中心平台，10个村（社区）基层平台。在18个社区划分165个网格，在46个村划分305个网格。2017年全区网格化服务管理平台共录入楼栋数据73762条、房屋信息190616条、人口信息237669条，并按规定将卫生计生、矛盾纠纷、吸毒人员管理等纳入网格化系统。“6995”语音公众服务平台共完成组网1162组13081户，群众拨打电话700次。通过“6995”、网格化服务管理信息平台发送宣传信息326期362条，发送人数73683人次。

【十九大安保维稳信访工作】 一是提高政治站位，高度重视十九大安保维稳信访工作。8月11日上午，召开全区迎接党的十九大安保维稳信访工作会，区委书记徐贤作动员讲话，要求各乡镇（街道）要压实属地责任，及时就地解决群众合理诉求、化解矛盾纠纷，着力遏制信访增量、减少信访存量，保持社会和谐有序。组织、宣传、公安等部门要保持正面宣传强势，强化思想舆论阵地管理，依法整治网络传播秩序，营造积极健康、团结鼓劲的思想舆论环境。安监、公安等部门要扎实做好安全生产工作和公共安全工作，全面开展大检查，严肃推动大执法，强力推进大整改，坚决守住不发生重特大安全生产事故这条底线，严防重大公共安全事故发生，确保人民群众生命财产安全。二是层层签订安保维稳信访工作责任书。区委区政府与各乡镇（街道）、各单位签订十九大安保维稳信访工作责任书，要求各乡镇（街道）、各部门采取扎实有效措施，确保十九大期间全区社会和谐稳定。各乡镇（街道）、各部门分别结合实际制定相关工作责任书，并层层签订到所辖村（社区）和下属单位，确保各项安保维稳信访措施落实到最基层、落实到实际工作中。三是全面排查重大不稳定隐患，推进领导包案化解。各乡镇街道、单位部门结合全市开展的矛盾问题全面排摸调研和新一轮矛盾问题排查调研工作，认真组织开展“横向到边、纵向到底、不留死角”的重大矛盾问题和隐患排查调研，做到底数清、情况明、早发现、早预防、早管控。经全面摸排调研，共立入重大不稳定隐患清单36件，化解销号9件。对摸排调研出来的重大不稳定隐患、严格按照“五个一”的要求，落实“四包责任”。四是落实领导干部大接访下访机制。安排区级领导到信访接待室开展接访和带案下访工作，对22件信访突出问题进行包保分解，深入基层开展化解工作和疏导稳定工作，认真听取群众意见建议，切实为群众解决困难和问题。召聚各类重点群体和重点上访老户进行座谈，及时开展思想疏导、做好教育引导、政策宣传工作。

【重大事项社会稳定风险评估工作】 深入推进社会稳定风险评估工作全覆盖，完善社会稳定风险评估指导意见。加大对涉及人民群众切身利益的重大决策、重大政策、重大项目、重大改革和重大活动的风险评估力度，真正使各级党委、政府和各部门把社会稳定风险评估作为重大

决策前的必经程序，做到不评估不决策，不审批，不实施，努力从源头上预防和减少社会矛盾，推动形成社会稳定风险评估长效机制。有关单位部门按照《江川区关于进一步健全完善重大决策事项社会稳定风险评估机制的指导意见》和《江川区社会稳定风险评估问责办法（试行）》等文件，认真推动风险评估工作。一年来，完成重大事项社会稳定风险评估3项。

【反邪教工作】　利用各种媒体进行防范宣传。一是利用微信、显示屏进行宣传。协调联通公司、气象局，利用联通公司网格化宣传平台、气象局滚动显示屏进行反邪教宣传标语的宣传，同时组织全区广大党员、干部、群众积极参与“对邪教说不”网上反邪教签名活动。二是制作标语进行宣传。各成员单位利用各种活动将“热爱生活，关爱他人，反对邪教”“崇尚科学，反对邪教，拒绝邪教”“坚决依法打击邪教活动”“全党动员，全民参与，铲除邪教”“邪教毒害你我他，反邪要靠千万家”等反邪教宣传标语在活动地点进行张贴。三是在江川电视台固定时段播放反邪教公益广告。2017年10月4日～7日每晚18：00—19：00，播出反邪教影片《回归—警惕邪教侵害》并组织人员撰写观后感，进一步扩大宣传面。

【依法治区工作】　江川区早谋划、早安排、早部署，科学谋划布置好2017年依法治区工作。2016年12月29日召开的区委二届三次全会、2017年3月9日召开的江川区委政法工作会及6月6日召开的区委依法治区领导小组办公室会议，均对2016年依法治区工作进行总结，对2017年工作作安排部署。7月10日，以两办名义下发《玉溪市江川区2017年依法治区工作要点》，从依法执政、法律监督、依法行政、公正司法、法治文化建设、全民守法6个方面明确32项重点工作。7月17日，区委依法治区领导小组及区委依法治区办分别下发《玉溪市江川区依法治区工作考评办法（试行）》《玉溪市江川区2017年度依法治区工作考评细则》，明确考评对象、考评内容、考评方法、考评项目、评分标准等内容。8月21日，区委依法治领导小组制定印发《玉溪市江川区贯彻落实〈关于全面推进依法治省工作的实施意见（2016—2020年）〉的实施方案》，对贯彻落实省委全面推进依法治省工作作安排及要求。9月20日，严格按照《关于做好2017年依法治省重点工作书面督促检查工作的通知》（玉治市办电〔2017〕19号）文件要求，结合督查事项和内容，积极组织相关部门认真开展自检自查，并按时按要求完成相关材料上报工作。10月13日，制定下发《玉溪市江川区开展法治创建活动的实施方案》，要求各级各部门结合工作实际，采取强力举措，扎实抓好法治创建工作。

【政法队伍建设】　2017年，政法机关不断加强队伍建设，把社会主义核心价值观和政法干警核心价值观作为经常性教育的重要内容，在全体政法干警中开展深入学习，认真践行政法干警职业道德准则、职业行为规范，提振新时期政法队伍精气神。全面提升政法队伍法治素养，教育引导政法干警带头维护宪法法律权威，在尊法学法守法用法方面走在前、作表率。全面加强政法机关党的建设，完善政法机关党组织体系，构建条块结合、上下联动、有机衔接的党建工作格局。切实加强基层党组织建设，深入推进“两学一做”学习教育常态化制度化，严格落实“三会一课”、组织生活会、民主评议党员、党员积分制管理等制度，充分发挥基层党组织战斗堡垒作用和党员干警先锋模范作用。

【政法宣传】　区综治办于3月和7月组织全区开展综治宣传月系列活动，活动期间，区综治委组织各乡镇（街道）、各成员单位结合部门职能，整合资源、加强联动，营造浓厚综治宣传氛围。各乡镇（街道）积极推动综治及平安建设宣传进学校、进单位、进社区、进农村、进企业、进家庭、进场所。结合基层工作实际，开展社会治安综合治理、平安创建、反邪教、禁毒防艾、反恐怖、反家暴、缉枪治爆、交通安全、护林防火、消防安全等法律法规及相关政策的宣传。在辖区各中小学开展“普法进校园”活动，向青少年普及法律知识。各成员单位结合部门职能，整合资源、相互协作，开展综治宣传月活动。活动期间，向群众发放各类法制宣传挂历2万余份、宣传单4万余份、宣传布袋8000个、宣传扇6000个，普法围裙4000个、展出宣传展板688块，出动法制宣传车流动宣传46天，喷涂“创建平安村（社区），共享幸福生活”永久性墙体标语64条。

（李　平）

司法行政

【概　述】　玉溪市江川区司法局贯彻落实省、市、区政法工作会议和省、市司法行政工作会议精神，坚持稳中求进工作总基调，围绕统筹推进“五位一体”总体布局和协调推进“四个全面”战略布局，认真履行维护社会稳定，促进公平正义，保障人民群众安居乐业三大职责，不断开创司法行政事业发展新局面，为建设宜居宜业和谐美丽新江川创造一个良好的法治环境。

【健全普法工作机制】　制定印发《玉溪市江川区2017年普法工作要点》《贯彻落实2017年玉溪市江川区法治宣传教育工作要点的实施意见》《玉溪市江川区进一步加强国家工作人员学法用法制度的实施意见》《玉溪市江川区落实“谁主管谁普法，谁执法谁普法”责任制》等普法工作机制，为江川区较好落实“七五”普法规划奠定基础。

【领导干部在线学法用法考试工作】　全面加强党政群机关公务员、事业单位管理人员和专业技术人员学法用法制度建设，完善和落实在线学法用法考试等制度。建立领导干部法律考试题库（单选题、多选题、判断题、简答题共1110题），做到领导干部凡提必考。全年全区党政群机关公务员、事业单位管理人员和专业技术人员参与在线学法用法考试5959人，参考率100%。

【“双创”法治宣传】　区司法局围绕江川区创建全国卫生城市和全省全国文明城市开展法治宣传活动，活动采用出动宣传车播放录音巡回宣传、发放宣传材料、解答法律咨询等方式进行。期间，共出动宣传车宣传27次89人，发放宣传材料5000余份，解答法律咨询87人次。

【森林防火法治宣传】　为提高广大人民群众森林防火意识，从源头上预防森林火灾的发生，区司法局采取多种方式，广泛宣传《森林法》《森林防火条例》等法律法规。期间共出动宣传车6次27人，发放宣传材料1000余份，环保袋200余个，广播宣传300余次，解答法律咨询50余人次。

【“安全生产月”宣传】　区司法局围绕“全面落实企业安全生产主体责任”，着力开展《安全生产法》《国家安全法》等法律法规宣传。期间，共出动宣传车宣传7次26人，发放宣传材料1500余份，解答法律咨询20人次，张贴悬挂普法标语452条。

【烤烟生产法治宣传】　区司法局结合烤烟生产相关要求，开展以《烟草种子管理办法》《种子法》《合同法》为主要内容的法治宣传教育。期间共出动宣传车宣传131次534人，发放宣传材料31640份，环保袋1300余个，宣传围裙4000条，钱夹纸1000个，解答法律咨询909人次，广播宣传1051次，黑板宣传490期，调解烟农纠纷22件58人，编报烤烟生产法治宣传简讯29期122篇，图片120幅。

【禁毒法治宣传】　期间共出动宣传车宣传17次74人，开展禁毒宣传“流动课堂”20余场次，发放《中华人民共和国禁毒法》《云南省举报毒品违法犯罪奖励暂行办法》《戒毒条例》等各类禁毒知识宣传材料6500份，解答法律咨询102人次，展出展板20余块，悬挂宣传标语35条，发放禁毒宣传扇子350把。

【“三八”维权周法治宣传】　活动围绕“巾帼心向党·喜迎十九大”为主题，采取向过往群众发放宣传资料，展出展板，悬挂标语等形式，宣传内容涉及群众关心禁毒防艾和法律维权等知识。期间共发放宣传材料15000余份（册），展出展板34块。

【“3·15”国际消费权日法治宣传】　活动围绕“网络诚信消费无忧”为主题，发放反非法集资、法律援助条例等内容宣传材料2000份，宣传袋500个，解答法律咨询21人次。

【“6·5”世界环境日系列宣传】　区司法局围绕“绿水青山就是金山银山”主体，采取多种方式，广泛开展《中华人民共和国环境保护法》《中华人民共和国大气污染防治法》《中华人民共和国环境影响评价法》《云南省星云湖保护条例》等法律法规宣传。期间共出动宣传车宣传5次21人，展出宣传展板4块，发放宣传材料5000余份，环保袋200余个，解答法律咨询30余人次，黑板报宣

传64块128期，张贴悬挂普法标语264条。

【“全民国家安全教育日”主题宣传】 为提高全民国家安全意识，在“4.15”第二个全民国家安全教育日之际，区司法局通过印发《国家安全法》《反恐怖主义法》《反间谍法》宣传材料、录制mp3音频下发各司法所宣传和出动宣传车在人员聚集区播放录音等方式，广泛开展全民国家安全教育宣传活动。期间共出动宣传车宣传3次11人，发放宣传材料2000余份，展出宣传展板14块，解答法律咨询15人次。

【防范和处置非法集资法治宣传】 为提高广大人民群众和中小学生的金融法律知识水平和风险防范能力，增强依法维权意识，区司法局通过出动宣传车到人员聚集地宣传和开展送法进校园活动，广泛宣传防范和处置非法集资法律知识和政策法规。期间共出动宣传车宣传7次27人，发放宣传单1700余份，解答法律咨询30余人次，开展送法进校园活动3次2000余人。

【“12·4”国家宪法日宣传】 12月4日，区委宣传部、司法局组织区公安局、检察院、法院、民政局、国税局、地税局、安监局、统战部、农业局、旅游局、环保局、消防大队、住建局等15家单位60余人在城区财富广场开展以“大力弘扬法治精神，协调推进‘四个全面’战略布局”为主题的国家宪法日暨全国法制宣传日系列活动。期间共发放法律知识宣传材料59种13050份（册），发宣传环保袋2000余只，展出展版49块，解答群众法律咨询29人次。

【保密法治“宣传月”活动】 期间共出动宣传车宣传5次16人，发放宣传材料10000余份，环保袋500余个，宣传围裙300条，钱夹纸1000余个，播放音频宣传200余场，黑板报宣传128期。

【经常性法治宣传教育】 全区共进行法治宣讲50次7271人；广播宣传2149次，听众702230人次；学校上课9次，受教育师生3804人次；培训骨干30期1049人次；专业法宣传92天434人次；帮教青少年68次73人；开展法律咨询1033次1325人；展出图片38期680幅；黑板宣传64块808期；印发材料128期94177份；张贴悬挂普法标语7177条。

【民间纠纷调解】 2017年，全区各级调委会共组织矛盾纠纷排查92次，调解矛盾纠纷1431件，调解成功1419件，成功率为98.9%。防止民转刑3件14人，防止群体性上访1件36人，防止群体性械斗4件21人，矛盾纠纷涉及当事人3241人，涉及金额342.93万元。

【以案定补工作】 2017年，全区共办理以案定补案件1316件（其中简易纠纷754件、一般纠纷505件、重大纠纷57件），共兑现金额95920元。

【安置帮教工作】 通过不断健全完善各项制度和措施，确保区、乡镇安置帮教工作机构对刑释解教人员做到底数清、情况明，帮教记录、台账明晰。通过实施信息数字化管理，切实做好预放人员的信息核实和释放人员衔接工作。2017年，区司法局与家属到监所接领刑释人员103人，确保辖区内刑释人员衔接率达100%。对全区五年内接收在册的刑释解教人员964人和2017年接收的131人，在规定时限内进行有效帮教。为2名困难刑释人员争取低保，为4名刑释人员争取困难救助大米200千克，现金1000元。

【远程探视工作】 2017年，区司法局共接受服刑人员亲属申请56次，组织落实服刑人员家属进行远程探视168人。

【社区矫正工作】 截至2017年底，全区累计接受社区矫正人员1166人，解除矫正916人，在册250人。在做好矫正人员日常管控工作的同时，2017年，区司法局与公安、法院、检察院召开联席会议5次，进行联合执法检查5次。组织开展集中教育培训3期400余人次，开展公益劳动1次268人次，审批外出请假人员13人次，变更居住地6人。各司法所开展联合执法活动16次，走访社区矫正人员家庭1172次，单独教育学习1125人次，社区矫正人员参加社区公益劳动1584人次，指纹考评机录入指纹1635次。建议法院撤销缓刑收监执行3人，治安处罚3人，警告15人次。

【基层法律服务工作】 2017年，全区3个法律服务所共办理诉讼代理43件，非诉代理14件，调解纠纷52件，解答法律咨询1296人次，办理法律援助案件34件。

【公证工作】 2017年，江川公证处共办理各类公证385件，涉及标的4400万元，解答群众公证法律咨询399次1345人，代书、提出口头司法建议11条，草拟修改各类合同协议及有关公证法律文书209份，为老弱病残等特殊人群提供公证上门服务10余次，办理公证法律援助案件5件，减免公证费共计3000余元。

【律师工作】 2017年，江川区春和律师事务所共办理各类法律事务105件（其中刑事22件、民事和经济67件，行政代理2件，非讼代理14件），担任法律顾问16家，办理法律援助案件31件，代写法律文书252件，提供法律咨询821人次，涉及经济标的202万元，挽回经济损失183万元。

【法律援助工作】 2017年，江川区法律援助中心共办理法律援助案件123件，其中刑事案件79件（公安机关通知援助案件47件、检察机关指定援助案件19件、法院指定辩护案件13件），民事案件44件（诉讼案件42件，非诉案件2件），受援人总数123人（老年人27人、未成年61人、农民工2人、少数民族6人、妇女30人、可能判处无期徒刑或死刑人员19人、一般贫困者12人，军人家属1人），共兑现法律援助办案补贴145200元。

（廖江平）

公　安

【概　述】 2017年，玉溪市公安局江川分局以习近平总书记“对党忠诚、服务人民、执法公正、纪律严明”十六字总要求为指引，紧扣十九大安保维稳主线，围绕分局党委提出的“6+2”总体思路工作（即：一个中心，两个提升，三级防控圈，四项建设，五个机制和六张网加队伍建设、党风廉政建设），开展维护稳定、打击防范、管理创新和队伍建设等各项公安工作，为全区社会、政治、经济持续稳定作出贡献。

【组织机构】 2017年，江川分局行政编制数253人（含政法专项编制226人、社区民警控制数18人、工勤1人，2017年3月9日中共玉溪市江川区机构编制委员会新下达5名政法专项编给路居派出所、3名政法专项编给孤山派出所后的政法专项编234人），实有229人（含路居派出所、孤山派出所抚仙湖径流区托管的10人，男民警196人、女民警22人、男工勤人员1人），年内减少6人（调出6人）。机构编制数实有27个：指挥中心、政治工作办公室、警务保障室、信访室、刑事侦查大队、治安管理大队、经济犯罪侦查大队、禁毒大队、国内安全保卫大队、出入境管理大队、网络安全保卫大队、警务督察大队、法制大队、交通警察大队、巡特警大队、消防大队、看守所、拘留所、大街派出所、江城派出所、路居派出所（2016年3月29日，委托移交澄江县公安局管理）、前卫派出所、九溪派出所、雄关派出所、安化派出所、孤山派出所（2016年3月29日，委托移交澄江县公安局管理，恢复独立运行）、行政审批股。2017年12月25日玉溪市江川区机构编制委员会发文不再保留纪检监察室，年内减少机构1个。

【主要数据】

接处警数　2017年，江川分局接处警10266起，处置10266起，出动警力31560人次。

刑事案件　2017年，江川分局立各类刑事案件1104起（其中刑侦类945起、治安类13起、经济类22起、毒品类案件91起、交通类33起），破511起，破案率为46.3%，其中危害公共安全案件立37起破36起、命案立3起破3起、侵财类案件立880起破302起。全局破年前案件369起，破案绝对数880起。通过破案抓获各类犯罪嫌疑人347人，移送起诉299人。抓获逃犯57人。

经济案件　2017年，经侦部门受理各类经济案件24起，立案22起，破获15起，破案率68.2%。破获年前案件3起，破案绝对数18起。涉案总价值140.366万元，挽回经济损失15.37万元。

毒品案件　2017年，江川分局破获毒品案件91起，缴获毒品14981克（其中海洛因5347克、冰毒9634克），抓获嫌疑人65人（其中刑事拘留32人）。查处吸毒人员128人，强制隔离戒毒人员56人，收戒吸毒人员164人。

行政案件　2017年，江川分局受理行政（治安）案件2545起，查处1647起，其中受理治安案件2481起，查处1583起。查处违法人员1176人，其中拘留136人、罚款69人、其他处理885人。收缴罚没款和赃款赃物折合人民币740.497万元，其中罚款484.08万元。

交通事故　2017年，全区发

生交通事故1565起，死亡33人，受伤508人，损失235.9万元。

交通违法案件　2017年，交警部门受理违反道路交通管理法律法规的行政案件56668起，查处56668起。

车辆驾驶人数　2017年，江川区机动车拥有量71458辆、电动自行车拥有量14145辆、机动车驾驶人81224名。

火灾事故　2017年，全区发生各类火灾事故69起，死亡1人，烧毁房屋36间1236平方米，直接经济损失30.715万元。

拘押人员数　2017年，区看守所羁押各类犯罪嫌疑人344人，其中上年转117人、新收227人；出所256人，其中送监狱125人、送少管所2人、刑满释放35人、其他处理94人。区拘留所收拘232人，其中男性198人、女性34人，日均在拘7人。

【网络安全管理工作】　2017年，网安部门开展网络舆情监控工作，收集各类有害信息1185条。发挥网侦优势，积极主动挖掘提供案件线索200余条，查询相关涉案人员600余人次，协助各办案部门破案60余起，协助抓获犯罪嫌疑23人。完成互联网用户备案12家，注销备案2家。加强网吧实名制管理，查处网吧违法经营案3起并依法给予处罚，有效促进网吧规范经营。

【公安信访工作】　2017年，公安信访部门着力抓好源头治理，及时就地解决信访问题，攻坚信访积案化解，规范信访工作秩序，全力维护群众合法权益。接待群众来信来访26件，其中来访13件16人次，来信13件（含网上转办）。初信访19件、重复访7件。受理为信访事项办理4件，办结4件，导入办案部门按法定程序办理15件，当场答复7件，办结率100%，做到件件有回应，事事有答复。排查化解信访积案2起，发放救助金10万元。

【出入境管理工作】　2017年，受理普通护照3786人次、受理往来港澳通行证1578人次、前往港澳通行证2人次、受理大陆居民往来台湾通行证294人次。江川区常住境外人8人，其中越南籍2人、缅甸籍4人、老挝籍2人。办理非法居留案件2起。

【案件审核工作】　2017年，分局法制部门提请批准逮捕87件153人（其中批准逮捕83件141人、不批准逮捕4件12人），审核移送起诉案件178件299人，审核治安案件136件358人。无复议被变更、撤销、诉讼败诉案件。

【主要专项行动】

“打击盗抢骗”专项行动

为认真贯彻落实中央巡视组反馈有关问题以及公安部集中打击“盗抢骗”行动电视电话会议精神，进一步加大对“盗抢骗”犯罪打击力度，切实维护人民群众财产安全，江川分局于2016年12月1日开始组织开展为期四个月集中打击“盗抢骗”行动。2016年12月1日至2017年4月1日，全区共立刑事案件259起，破现案58起，破积案184起，破案绝对数242起，其中立“盗抢骗”案件249起，破现案50起，破案率为20.1%，另破积案177起，破案绝对数227起。与上年同期相比，全部案件发案数减少206起，下降44.3%，其中“盗抢骗”案件减少176起，下降41.4%，实现刑事案件总体下降的良好成效。

“春季缉毒攻坚”专项行动

根据市公安局统一部署，江川分局决定于2017年1月20日至4月20日集中三个月时间，在全区组织开展以打击零星贩毒、收戒吸毒人员为重点的“春季缉毒攻坚”专项行动。期间，共破获各类毒品刑事案件25件（确立省级目标案件1件），其中零星贩毒案件21件，无主毒品案件4件；缴获毒品8866克（海洛因2克，冰毒8864克），抓获毒品犯罪嫌疑人21人（其中刑事拘留10人，监视居住11人）；共查获吸毒人员75人，其中强制隔离戒毒35人，社区戒毒20人，行政拘留12人，刑事拘留8人。

“缉枪治爆”专项行动

2017年2月至12月，在全区开展“缉枪治爆”专项行动，通过全面排查、收缴追缴、整体联控、综合整治等措施，严厉打击涉枪涉爆违法犯罪行为，取得显著成效。行动中，收缴火药枪、气枪、射钉枪、仿真枪共27支，军用子弹、射钉弹等各类子弹681发，管制刀具380把、雷管9枚、爆竹5330件、黑火药78386千克、铁沙1494粒。

“扫黄禁赌”专项行动

2017年3月至12月，为严厉打击涉黄涉赌违法犯罪行为，分局在全区开展“扫黄禁赌”专项行动。通过公开检查和暗访等方式，发现“黄、赌”线索，锁定重点涉案嫌疑人开展集中打击，铲除黄赌社会丑恶现象。行动中，破获涉黄刑事案件1起，移送起诉2人。查处涉黄治安案件18起，行政拘留18人；查处涉赌案件40起，其中刑事案件4起，治安案件36起。抓获涉赌违法犯罪嫌疑人207人，刑事拘留24人，取保候审9人，逮捕13人，行政拘留37人，罚款46人，拘留并罚款76人，收缴赌资89.2万元，游戏机28台。

【摧毁恶势力犯罪团伙】 2017年1月，江川分局通过半年努力，成功摧毁一个恶势力犯罪团伙，抓获团伙成员10人，侦破案件3起。该团伙自2016年4月以来，在江川城区娱乐场所、居民区等地，任意寻衅滋事、随意殴打他人，共实施寻衅滋事案3起，致2人轻伤、3人轻微伤。7名犯罪嫌疑人被依法逮捕，3人被取保候审。

【建立客运站警务室】 2017年3月1日，汽车客运站实名制售票工作启动以来，为维护良好客运秩序、保障旅客人身财产安全，江川分局在客运站建立驻站警务室，配2名民警、5名辅警及一个PTU处置单元，实现人护、人防常态化。设置23个内部监控探头，实现技防工作固态化。在多次实地调研基础上，制定车站警务工作制度，建立应急处置预案，通过软硬件设施建设，车站客运秩序得到进一步提升。

【开展“迎接十九大、忠诚保平安、跨越式发展、铁警勇争先”主题教育实践活动】 2017年3月下旬至年底，在全局深入组织开展“迎接十九大、忠诚保平安、跨越式发展、铁警勇争先”主题教育实践活动。主题教育实践活动分为深化放管服、改革勇争先；强力抓整治、维护好形象；全力保平安、迎接十九大；铁腕治铁警、忠诚敢担当四个专题。通过强化思想政治建设，筑牢“铁”的理想信念，激励全警干事创业，锤炼“铁”的担当精神，提升管理服务效能，强化“铁”的宗旨意识，抓实纪律作风建设，严守“铁”的纪律规矩。

【派驻税务部门联络机制办公室成立】 2017年4月17日，江川分局分别在区国税局、地税局挂牌设立“玉溪公安局江川分局派驻玉溪市江川区国税局、江川区地税局联络机制办公室”。选派的驻联络机制办公室人员将与税务部门工作人员共同承担起联络沟通、组织协调、分析研究、情报研判和督导指挥等职能任务，更好地维护税收征管秩序。

【召开“放管服”媒体见面会】 2017年4月20日，玉溪市公安局江川分局召开深化“放管服”工作媒体见面会，向社会公布江川分局在深化“放管服”改革中推出的44项便民利民服务措施。区外宣办、江川新闻网、江川电视台、江川网4家新闻媒体记者及分局相关部门参加会议。见面会上，分局党委委员、政治工作办公室主任汪文勇代表局党委向各级媒体就深化“放管服”44项便民利民措施进行介绍。44项便民利民措施涉及交警、治安、出入境、消防等领域，其中简政放权类4项，优化服务类26项，创新管理类14项。

【开展“双创先锋行动”文明交通执勤活动】 为充分发挥基层党组织和党员在全国卫生城市、全省全国文明城市创建过程中的引领示范作用，5月19日，玉溪市公安局江川分局抽调30余名民警，在江川城区开展文明交通劝导活动。按照“定人、定岗、定时间”计划部署深入到城区主要路段，对行人、非机动车不遵守道路交通法律法规、闯红灯、逆向行驶等行为进行耐心劝导，面对面地与群众讲解不遵守道路交通法律法规带来的危害。活动当日，全体民警共劝导不文明交通行为100余起，处罚交通违法行为5起8人。

【侦办传销案】 2017年6月9日，江川分局根据省公安厅、市公安局开展统一收网行动工作部署，及时对涉嫌组织、领导传销活动案的“昆明华夏老年养生协会”江川工作站毛某某等七名犯罪嫌疑人进行抓捕取证工作。7名犯罪嫌疑人被全部抓获，查获台式电脑1台、笔记本电脑2台及大量宣传资料等证据材料。

【销毁危爆物品】 2017年9月以来，玉溪市公安局江川分局联合安监、消防、交通、卫生、环保、工信等部门，分批次在龙泉工业园区后山空旷地带，安全销毁各类危爆物品530余吨，其中黑火药28.55吨、爆竹295吨、爆竹内筒33.8吨、烟花8.8吨、引线19.7吨、亮珠53吨、电雷1.6吨、礼花弹16600余发、驱鸟弹8000余发、成品礼花7395件。经过精密组织、拆装、投料、燃烧、引爆等工作，定点定责坚守岗位，

及时消除安全隐患。销毁物品主要来源："缉枪治爆"专项行动收缴；江川烟花爆竹企业重组整合期间，各厂长期储存且有较大安全隐患的原材料清理。销毁方式采取焚烧、深坑爆破法分多次实施，聘请爆破专家参与现场指导，历时31天，共出动警力230余人次。

【开展非警务类报警求助应急联动处置】　为加强全区社会应急联动工作，规范建立非警务类报警求助应急联动机制，按照"信息化、综合化、一体化"要求，江川分局指挥中心下设非警务类报警求助应急联动处置指挥中心。区非警务类报警求助应急联动处置中心依托公安110指挥中心建立，承担非警务类报警救助事项指挥调度、通报协调、装备调用、检查指导等职权，履行接报警和应急联动指挥协调职能，确保非警务类警情及时科学合理分流。

【开通江川公安网上警局】
2017年12月20日，玉溪市公安局江川分局召开新闻发布会，向社会宣布江川公安网上警局开通上线。会上，玉溪市公安局江川分局新闻发言人黄良副局长向参会媒体介绍江川公安网上警局的目的意义及相关功能。江川公安网上警局具有派出所导航、表格下载、警务地图、便民服务、办事大厅、寻人寻物、证件到达查询、法律课堂、权责清单等9大模块，集警务信息宣传、法律法规宣传、办事服务、证件查询等功能于一体，为群众提供"一站式"服务。群众可登录网上警局查阅公安机关目前开展的8类共计57项涵盖户政业务、治安管理、交通管理、消防审批等公安审批审核的业务流程和业务办理所需材料、办理费用、办理时限等相关信息。并设有局长信箱、在线咨询、网上信访、线索举报、请您协助、投诉监督和公安微博7项栏目对公安机关执勤执法等警务活动进行监督、投诉和互动交流。网上警局的开通上线将实现群众足不出户就能了解警务信息、办理公安业务。玉溪市公安局政治部、江川区委宣传部、江川电视台、云南法制报、玉溪日报、玉溪加油周刊、江川新闻网、江川网等多家媒体参加发布会。

【重大安保工作】
七夕文化旅游节安保　2017年8月27日、28日，江川区首届七夕文化旅游节在前卫镇业家山村、阿豆村举行。在安保工作中，把防暴恐、防拥挤踩塌、防交通事故作为工作重点，根据安保工作方案及突发事件应急预案，做到定时、定人、定岗、定责。共计投入警力60余人次，全体参战民警认真履职，圆满完成安保任务。

环抚仙湖高原国际超级马拉松赛安保　2017年9月30日，为确保2017环抚仙湖高原国际超级马拉松赛安全顺利举行，分局领导高度重视，精心组织，提前开展澄川线、环湖东线、环湖西线实地踏勘工作，明确赛道隔离设施布设点位。以防盗抢、防毒、防暴恐、防拥挤、防交通事故、防聚众闹事为保卫工作重点，确保不发生影响社会稳定的突发性事件和群体性事件，不发生针对赛事的大要案件，不发生重特大火灾、交通、治安灾害事故，不发生侵害参赛运动员、来宾及工作人员人身财产安全的涉外案（事）件。参战民警履职到位，文明、规范执法，圆满完成安保任务。

国际自行车赛安保　2017年11月6日，2017第四届"七彩云南格兰芬多国际自行车节"玉溪站开赛，比赛规模大、级别高，人员多，有国内外运动员、媒体记者等1500余人参加活动。为确保赛事活动安全顺利举行，江川分局提前谋划，精心组织，成立赛事安全保卫工作领导小组，按照"谁主管、谁负责""属地管理"和定时间、定人员、定岗位、定任务、定责任、保安全"五定一保"工作原则，严格落实责任。出动警力160余人全力护航，以最高水平、最优形象全力以赴投入到安保工作中。

"十九大"安保　自全面启动十九大安保维稳工作以来，分局始终严格按照省厅"44353"和市局"44653"总体部署，不折不扣抓落实，多次召开党委会、局务会、动员会、誓师会和战时动员会，专题研究和安排部署十九大安保维稳工作。全区公安机关启动一级防控勤务模式，各部门一线执勤力量80%以上上勤，全警取消休息、正常上班并24小时备勤，将主要警力投入到反恐防恐、打击违法犯罪、矛盾纠纷排查化解、重点人员管控、街面巡防、卡点查缉、公共安全管理和应急值守备勤工作中。以"五个严防"和"三个不发生"为目标，牢固树立忧患意识、责任意识和大局意识，密切协同配合，整体发力，构建全国“一盘棋”的格局，强化责任担当，科学安排督导，严格落实奖惩，层层压实工作责任，围绕重点狠抓措施落实，有效确保全区社会治安大局总体平稳。

“开渔节”安保　为做好江川第十三届开渔节（高原湖泊水产品交易会）举办期间各项活动安全保卫工作，公安分局领导高度重视，周密部署，全警参与，共出动警力2000余人次、车辆650余辆次，确保“开渔节”期间无重大安全事故（案件）发生。节前，公安分局组织人员对开幕式、开渔仪式现场；羽毛球邀请赛、广场舞大赛、户外活动、乡村旅游活动；鲜鱼展、拿鱼赛、铜器展、长街宴及群众文艺展演进行实地察勘、召开专门会议、制定安保方案、成立领导小组，设置8个工作组，采取定岗、定人、定时、定责，安保措施到位。

【领导调研】

交通运输部、公安部工作组到江川区督导检查车站实名售票工作　2017年3月8日，交通运输部运输服务司城乡客运管理处处长孟秋、公安部治安局十九处副处长殷杰一行在云南省公安厅治安总队刘克其副处长等领导陪同下，到江川区检查指导客运站实名售票暨驻站警务室建设工作。检查组一行先后到江川汽车客运站对实名售票工作及驻站警务室建设相关制度措施落实情况、执勤警力部署情况、便民服务器材配备情况等进行了解和检查。重点检查旅客进站实名购票、安检、入站人员盘查等措施落实情况以及重点区域武装值守、突发案事件应急处置等工作。检查组领导对江川区在全市率先实行客运站实名售票工作暨驻站警务室建设给予肯定，并对进一步加强交通客运治安秩序管控提出工作要求。玉溪市公安局治安支队政委陈彪及江川分局相关部门领导参加检查工作。

任军号到江川调研工作　2017年4月15日，云南省公安厅党委书记、厅长任军号在玉溪市政法委书记明正彬、玉溪市公安局局长朱家伟等陪同下到江川调研公安工作，江川分局局长牛旺林及在家的全体党委成员参加调研。任厅长一行先后到大街派出所、指挥中心实地查看办证大厅、执法办案中心和视频监控大厅工作情况，询问民警工作中存在的困难和问题。任军号要求：结合当前正在开展的“放管服”改革最大限度简化手续，方便群众，让各项公安改革更惠民、便民。进一步强化“互联网+公安政务服务”建设，最大限度方便群众，服务群众。以“迎接十九大、忠诚保平安、跨越式发展、铁警勇争先”主题教育实践活动为契机，营造比、学、赶、超的良好氛围，通过便民利民服务，优化公安效能等措施开展“打擂”比赛，促进江川公安跨越式发展。

朱家伟到江川调研工作　2017年4月11日，玉溪市副市长、市公安局局长朱家伟，警令部副主任杨峰一行到江川分局调研“迎接十九大、忠诚保平安、跨越式发展、铁警勇争先”主题教育实践活动深化放管服工作。江川分局局长牛旺林及相关部门领导参加调研会。朱家伟要求：江川分局要在队伍建设管理、社会矛盾纠纷排查稳控、经验能力转化、大局思维能力养成、执法风险评估等方面加强学习研究，争取在全市公安队伍中树立排头兵形象，让深化放管服改革最大限度贴近人民群众的所需所求，真正实现服务群众、方便群众。12月24日下午，副市长、市公安局党委书记、局长朱家伟率市公安局党委委员、副局长杨江云，市公安局党委委员、交警支队支队长王景明等领导到江川调研第十三届开渔节安保工作，江川区副区长、市公安局江川分局局长牛旺林，江川分局副政委胡尚辰陪同实地调研。

刘刚到江川调研农村道路交通安全管理工作　2017年6月6日，云南省公安厅交警总队副总队长刘刚一行，深入江川区九溪镇六十亩村和江城镇调研农村道路交通安全管理工作。刘刚通过座谈交流和实地查看方式，了解六十亩村和江城镇交通安全隐患排查治理、宣传教育、交通违法行为劝导等工作，听取交警大队和乡村干部在推行党员积分管理抓道路交通安全和党政同责、以考促干工作中取得的成效和存在的困难等。刘刚指出：九溪镇六十亩村和江城镇在农村道路交通安全管理工作中，领导重视、勇于创新、亮点突出，成效明显，形成了自己特有的农村道路交通安全管理工作先进经验，在下一步工作中要注重打造典型、推广经验，促进工作开展。玉溪市公安局党委委员、交警支队长王景明和政委聂波，江川区副区长、市公安局江川分局局长牛旺林、交警大队长胡尚辰等领导陪同调研。

【公安宣传工作】 分局政治工作办公室认真学习贯彻执行党的十九大精神，将公安机关在打击犯罪、维护稳定、服务群众中取得的成效、经验、措施和先进人物事迹等，通过国家省市区四级的电视、报刊、网络媒体进行对外宣传报道，树立江川公安良好形象，推动公安工作全面发展。2017年，被采用新闻535条，其中电视国家级2条、省级6条、市级26条，区级48条（期），报刊国家级4条、省级67条、市级141条，省级新媒体241条；发布《江川警方微信》新闻415条。

【表彰奖励】 2017年，市公安局江川分局被全国老龄委评为第二届全国“敬老文明号”，被云南省老龄委评为云南省“敬老文明号”，圆满完成“2017环抚仙湖高原国际超级马拉松赛”安保任务被云南省公安厅通令嘉奖，全市2016年度县级公安机关综合考评荣获第一名，被市公安局评为2016年度公安工作争先创优先进集体；交警大队被云南省公安厅评为全省公安交通管理部门执法规范化建设示范单位，巡特警大队被共青团玉溪市委评为2017年度市级“共青团员先锋岗（队）；业保华参加中共云南省委宣传部、云南省禁毒委员会办公室举办的云南省禁毒微视频摄影大赛中的摄影作品《截断毒流》（打击毒品犯罪类）荣获一等奖，参加全省公安机关“警察魂，忠诚颂”喜迎党的十九大系列文化活动的摄影作品纪实类《广场警务亭》（组照）获三等奖，白平祥在十九大维稳安保工作中成绩突出被省公安厅评为通报表扬。刑侦大队、治安大队、禁毒大队、大街派出所、前卫派出所被市公安局记集体三等功，沈昌、宋泽彦、汪文勇、李晓胤、杭松跃、郭锦洋、石亚江被市公安局记个人三等功7人、杨伍孝等20名民警被市公安局嘉奖，赵红磊、褚绍权、张伟（小）、普保龙、李正春被区委区政府记个人三等功（连续三年年度考核为优秀等次）、51人年度考核为优秀等次、51人嘉奖。

（孙 琳）

检 察

【领导名录】

检 察 长 资云坤
副检察长 龚劲松
钱 瑜
平雪刚

【概 述】 2017年，玉溪市江川区人民检察院紧紧围绕江川经济发展、社会稳定大局，忠实履行宪法和法律赋予的法律监督职责，各项检察工作取得新进展。

【组织机构】 2017年，区检察院编制数47人。实有在职人员46人，招录2人、调入2人、调出2人。其中，男性30人，女性14人；入额检察官14人，检察辅助人员23名，司法行政人员6名，司法警察3名，党员31人。共设反贪污贿赂局、反渎职侵权局、公诉科、侦查监督科、职务犯罪预防科、民事行政检察科、控告申诉科、检察技术科、刑事执行检察局、办公室、政治处、纪检组、人民监督员办公室、环境资源保护检察科、法警队、案件管理办公室16个科、局、室。

【刑事检察】 准确把握党和人民对社会稳定的新要求、新期待，积极推进平安江川、法治江川建设，依法惩治犯罪，切实服务社会发展大局。批准逮捕各类犯罪嫌疑人148人，提起公诉300人，移送玉溪市人民检察院审查起诉19人。坚决惩治暴力犯罪，起诉故意伤害、强奸、绑架等犯罪33人；从严打击严重影响人民群众安全感犯罪，起诉“两抢一盗”、电信诈骗、金融诈骗等犯罪58人；服务保障民生，起诉危害食品药品安全犯罪2人；巩固禁毒人民战争成果，起诉毒品犯罪18人，移送玉溪市人民检察院审查起诉11人；强力推进缉枪治爆专项行动，起诉涉枪涉爆犯罪3人；加大生态环境司法保护力度，起诉非法占用农用地等破坏生态犯罪20人。

【刑事诉讼监督】 立足检察机关法律监督地位，充分发挥检察刑事诉讼监督职能，保障法律正确统一实施，切实维护司法公正，维护司法公信。积极引导侦查，提前介入重大刑事案件侦查活动9次。依法开展刑事立案监督、侦查活动监督，监督侦查机关立案8人，撤案11人，追加漏捕漏诉12人，切实提升案件侦查质量。强化对刑事审判活动的监督，坚持落实检察长列席法院审判委员会、量刑建议、刑事判决裁定审查等制度，检察长列席同级审判委员会1次，向法院提出量刑建议215人次，切实保障法律正确统一实施，促进审判活动公开公正。

【职务犯罪侦查】 坚决贯彻党中央、省市区委对反腐败斗争的重大决策部署，坚持反腐无禁区、全覆盖、零容忍，坚定不移“打虎”“拍蝇”。立案侦查职务犯罪案件10件14人，其中贪污贿赂案件9件13人，渎职侵权案件1件1人，为国家挽回直接经济损失118万元。严肃查办发生在征地拆迁、惠农扶贫领域，群众反映强烈、损害群众利益的贪污受贿犯罪5件9人；查办“为官不为”玩忽职守犯罪1人。

【职务犯罪预防】 积极开展职务犯罪源头治理，结合司法办案开展预防调查，撰写案例剖析材料4份，其中杨某某等3人受贿、挪用公款一案职务犯罪调查报告被评选为省级优秀职务犯罪调查报告。针对办案发现的突出问题，发出检察建议4份。报送区委的预防职务犯罪年度综合报告，得到区委主要领导重视并作出批示。开展宣传警示教育40次，受教育1500余人。受理行贿犯罪档案查询1006次，服务社会诚信体系建设。积极完善预防职务犯罪警示教育基地建设，烟草、电力等系统员工318人次到基地接受廉政文化教育熏陶。开展工程项目同步预防，对区中医院综合大楼建设工程项目重点环节跟踪预防。服务脱贫攻坚，投资3万余元在安化乡全乡设置预防职务犯罪宣传展板12块，探索建立扶贫资金集中的整乡预防模式。

【民事行政检察】 玉溪市江川区人民检察院审查处理各类民事行政案件112件，组织案件当事人进行听证3件，发现并移送职务犯罪案件线索3件。其中审查民事行政生效裁判、调解监督案件4件，作出终结审查4件；办理行政执法监督，督促履行职责类案件47件，提出检察建议47份，发现并移送职务犯罪案件线索3件；办理支持起诉类案件4件，作出支持起诉决定4件；办理民事行政执行监督案件44件，提出检察建议44份，办理审判程序违法监督案件11件，提出检察建议11份，办理公益诉讼诉前督促案件2件，提出检察建议2份。

【控告申诉检察】 深化创新控申维稳工作机制，畅通举报、控告、申诉等信访渠道，以争创全国文明接待室为契机，建成集接访、听证、咨询等多种功能的文明接待室功能用房及一站式服务窗口。健全依法化解矛盾纠纷机制，引导和支持当事人坚持依法处理涉法涉诉信访问题工作机制。坚持检察长接待日、联合接访、下访等制度，办理各类来信来访案件43件62人，其中来信4件4人，来访39件58人。刑事申诉案件中司法救助6件，发放司法救助金90000元。检察长接访26次，参与书记区长接待日接访群众146批次364人。

【刑事执行检察】 以“四个维护”刑事执行检察工作理念为引领，全面履行刑罚执行、监管活动监督、社区矫正监督检察、羁押必要性等刑事执行活动法律监督等职能，对生效交付执行和刑罚变更执行实行“一案一审查”，全年审查生效判决案件73件266人，检查“三证”“三书”646份，发现并纠正有错误法律文书5份。针对监管活动存在违法和安全隐患情况，发出《检察建议书》11份。针对社区矫正人员违法，矫正对象脱管、漏管、虚管，重新犯罪及在监管活动存在的管理不到位，责任性不强等问题，共向江川区社区矫正领导小组办公室发出书面检察建议书40份，口头建议14次。启动羁押必要性审查程序审查案件9件9人，其中8件被采纳，变更强制措施为取保候审或监视居住。通过驻所检察工作，依法维护监管秩序，保障了监管安全，保证刑罚依法执行，切实发挥监所在刑事诉讼和刑罚执行中的监督制约作用。

【综治维稳工作】 牢固树立总体国家安全观，积极参与社会管理综合治理工作，有力推进平安江川建设。积极开展群众安全感和人民满意度宣传。3次深入乡镇督促指导综治维稳和禁毒工作。坚持以“综治维稳宣传月”“举报宣传周”“宪法宣传日”等活动为平台，深入社区、村组、学校及企业开展法治宣传，发放宣传资料5000余份，切实增强群众知法、守法意识。对董子涵等4名违反社区矫正规定罪犯建议司法局启动收监执行程序。连续保持13年“零上访”工作目标。

【案件管理】 2017年，受理案件262件，接收卷宗415卷，共制作电子卷宗187件326册，监管涉案物入库3507件，出库2713件，涉案款入库177.76万元，出库54.14万元，确保涉案款物安全。统一接收公安机关、法院回执、判决书、出庭通知书、释放通知书等文书材料673份。办理流程监

控案件106件，及时发现办案中存在的违法违规情形，其中采取口头提示87件、发送《流程监控通知书》9件。加强案件信息公开宣传工作，充分发挥案件信息公开系统的效能和作用。做好辩护人、诉讼代理人接待工作，依法落实辩护人、诉讼代理人执业权利，接待辩护人共计63人次。

【检务公开】 深化检务公开，以公开促公正，推进阳光检察，自觉接受社会监督。利用互联网，依托统一业务应用系统，以案件信息公开系统为平台，向社会发布重要案件信息30条，公开案件程序性信息、法律文书595条，通过利用“两微一端”，发布检察信息116条。建立网上查询、电话查询、触摸屏自助查询和案管岗位查询相结合的多元化信息查询机制。

【司法改革】 2017年，玉溪市江川区人民检察院根据上级安排部署，强力推进司法体制改革。全面贯彻落实司法责任制、深化内设机构和办案机制改革、积极支持配合监察体制改革。积极适应人财物上划省级统一管理，完善人员分类管理和绩效考核。根据遴选办法和程序，经逐级审核审批，遴选15名入额检察官，其余人员按检察辅助人员、司法行政人员分类管理。按照“谁办案谁负责、谁决定谁负责”原则，制定检察官权力清单，检察官在授权范围内独立办案，严格执行检察官办案责任终身负责制和错案责任追究机制。完善检察官考评机制，全面考核检察官办案数量、质量、效果等情况，对检察官实行科学动态管理。根据改革要求，16个内设机构初步调整合并为5个大部，设立11个检察官办公室，6个检察官办案组。全面实行入额院领导和科室负责人带头办案制度，检察官办案定期通报制度，确保检察官向办案一线岗位配置。按照中央、省、市、区委及上级检察院关于国家监察体制改革决策部署和要求，切实提高政治站位，加强思想政治工作，确保改革过程中思想不乱、队伍不散、工作不断，改革工作有序推进。积极配合区纪委进行反贪反渎预防部门整体转隶工作。

【检察队伍建设】 加强意识形态工作，牢牢把握党对意识形态的绝对领导。深入开展“两学一做”学习教育，牢固树立政治意识、大局意识、核心意识、看齐意识。认真落实党风廉政建设“两个责任”，持之以恒地落实中央八项规定精神，防止“四风”问题反弹，严格执行检察人员八小时外行为禁令，运用监督执纪“四种形态”，抓苗头、抓预防，以零容忍态度正风肃纪。加强素能建设，坚持以提升检察官司法办案能力为核心，切实加强检察官、检察官助理培训的针对性、专业性，组织检察人员参加各类培训236人次。

【检察文化建设】 紧密结合检察工作主题，区检察院持续深入贯彻落实《公民道德建设实施纲要》文件要求，繁荣检察文化，加强检察宣传和理论调研，微信公众号编发信息38期128条，《今日头条》20条，让“两微一端”成为沟通对话新通道和新的重要舆论场；编发检察信息16期106篇；撰写检察文化文章4篇，检察理论调研文章2篇。1篇调研文章获玉溪市检察院重点调研课题三等奖。

【荣誉表彰】 2017年，院党总支被区直机关工委表彰“先进基层党组织”、龚劲松获“优秀共产党员”、刘原获“优秀党务工作者”称号；普丽娟被评为全国检察机关反渎侦防能手，反贪局被玉溪市人民检察院授予集体三等功。

（林 辛）

审 判

【领导名录】

院 长 王建文（2017.1任）
副院长 毕金彪（2017.7离任）
潘文保
张秋红
王 睿（2017.9任）
张艳波（2017.9任，挂职）

【概 述】 2017年，玉溪市江川区人民法院围绕“努力让人民群众在每一个司法案件中感受到公平正义”目标，把握司法为民公正司法工作主线，忠实履行宪法法律赋予职责，抓党建带队建促审判，全面推进司法体制改革，自觉服从和服务区委中心工作，各项工作取得进步。共受理各类案件2619件（含旧存，下同），审结2396件，结案率91.5%，审限内结案率100%，结案标的金额2.8亿元。结案数量、结案标的同比分别上升9%、55%，结案率同比上升9.8个百分点。

【组织机构】 至2017年12月，区法院共有各类工作人员58人。其中男36人，女22人；党员35人，团员9人；员法官17人，司法行政人员9人，法警8人，其他人员24人；正、副院长4人、专职审判委员会委员2人，部门机构领导14人。内设机构16个，包括民事审判一庭、民事审判二庭、刑事审判一庭、刑事审判二庭、行政审判庭、审判监督庭、立案庭、环境资源审判庭和执行局9个审判业务机构及政治处、监察室、办公室、研究室、审判管理办公室、司法警察大队、执行指挥中心7个综合管理机构，有江城法庭1个派出法庭。不再设区人民法院纪检组，设区纪委驻区人民法院纪检组。

【刑事审判】 坚持宽严相济刑事政策，强化人权司法保障理念，贯彻疑罪从无原则，严格执行非法证据排除制度。受理刑事案件214件383人，审结205件354人，其中，审结公诉案件182件312人，审结自诉案件23件42人。依法严惩抢劫、强奸等严重暴力犯罪，盗窃、抢夺等多发性侵财产犯罪和毒品犯罪，切实增强人民群众安全感，共审结此类案件74件187人。依法严惩职务犯罪，促进反腐败斗争深入开展，审结贪污、贿赂等职务犯罪案件5件8人，对大街街道朱家庄社区小龙潭小组原支部书记、组长杨春明利用职务之便实施的受贿、挪用资金行为分别以受贿罪、非国家工作人员受贿罪、挪用资金罪判处有期徒刑七年，对2名行贿人分别判处有期徒刑二年零四个月、两年。维护社会主义市场经济秩序，对骗取30余名受害人资金630余万元，用于投资股票、期货的中国建设银行江川支行原职工李竹玲判处有期徒刑十四年，并处罚金12万元，责令退赔被害人损失。重视人权司法保障，对过失犯罪和主观恶性较小、犯罪情节轻微的被告人依法从轻、减轻处罚，对147名被告人依法适用缓刑。坚持“教育、感化、挽救”原则，切实维护未成年被告人的诉讼权利，判处未成年罪犯26人。

【民商事审判】 坚持维权与维稳并举，贯彻保护产权、尊重契约自由、倡导诚实守信原则，调判结合，快捷处理民商事纠纷。受理民商事案件1745件，审结1619件，调解撤诉1049件，调撤率为64.8%。关注当事人的身份利益、财产利益、人格利益、安全利益和情感利益，维护和谐婚姻家庭关系，审结婚姻、赡养、抚养及继承纠纷271件。平等保护市场主体合法权益，规范市场秩序、维护交易安全，促进社会诚信体系建设，审结买卖、借款、承包、租赁等合同纠纷279件。维护房地产市场秩序，保障房地产权利人合法权益，促进房地产业健康发展，审结商品房预售合同纠纷26件。助力城乡人居环境综合整治，维护业主和物业服务企业的合法权益，妥善化解物业服务合同纠纷，受理的668件案件调解撤诉658件，调撤率达98.5%。

【行政审判】 充分发挥行政审判维护行政相对人合法权益，支持监督行政机关依法行政，推进法治政府建设。受理行政案件5件，审结3件。在加强行政行为合法性审查的基础上，通过走访座谈、司法建议等形式，规范行政行为。加大非诉行政案件执行的审查和协调力度，审查非诉行政案件7件，依法支持行政管理行为。

【执行工作】 维护宪法法律权威，推进执行强制性、执行信息化和执行规范化建设，“用两到三年时间基本解决执行难问题”取得实质性进展。受理执行案件655件，执结569件，同比分别上升37%和46%，执行标的金额10667万元。在区委政法委牵头协调下，率先在全市召开由30余个部门领导参加的江川区“基本解决执行难”工作推进会，进一步健全常态化的党委领导、政法委协调、人大监督、政府支持、法院主办、部门配合、社会参与的基本解决执行难工作大格局。全面运用执行网络查控系统，破解长期存在的“查人找物”难题，实现对银行存款、机动车辆等信息查控，查询被执行人财产1037批次1357人，冻结存款87笔430余万元，网络划拨12笔27万元。加大联合惩戒力度，240名失信被执行人信息纳入全国联网数据库，其中，在江川电视台播出131名。公布的失信被执行人在市场准入、融资信贷、交通出行等方面受到限制。开展执行攻坚“迅雷”行动和“对目标、补短板、强执行”专项活动，对标补齐“基本解决执行难”第三方评估指标体系中短板，不断提高执行质效。开展为期一个月的“涉民生案件专项执行”，切实维护职工、农民工等弱势群体合法权益。

【司法为民】 始终把为民作为

司法工作的出发点和落脚点，不断拓展司法为民新领域，丰富司法为民新举措。着力打造诉讼服务中心“升级版”，为群众提供“一站式”立案查询、材料收转、信访接待、投诉举报等诉讼服务，加强诉讼指导和风险告知。推进案件繁简分流，在立案庭设立调解速裁中心，立案调解114件，速裁判决5件。落实立案登记制，保障当事人诉权，当场登记立案率达99.1%。积极推进涉诉信访工作机制改革，接待处理群众来信来访2386人次。对经济确有困难的33件案件当事人依法缓、减、免诉讼费0.36万元，对符合司法援助条件的7件刑事案件被告人指定辩护人10人，对9件生活困难的15名执行申请人给予司法救助18万元。开展巡回审理7件，就地解决纠纷，方便群众诉讼。

【司法公开】　以公开促公正，以公正促公信，不断提升人民法院司法公信力。依托“云南法院司法信息网”，打造“审判流程、庭审活动、裁判文书、执行信息”四大公开平台。在中国庭审公开网直播庭审案件215件，在中国裁判文书网发布裁判文书1399篇。法院微信公众号、门户网站成为展示法院工作的平台、了解法院工作的窗口，在微信公众号发布信息40期93篇。法院大楼内外LED显示屏，发挥公布法院信息，宣传法院工作阵地作用。入驻淘宝网，建设江川区人民法院司法拍卖平台，对房屋、车辆实施7次拍卖，以网络电子竞价方式公开处置涉案标的物。加强人民陪审工作，扩大司法民主，共1346人次人民陪审员参审案件693件。在立案登记制实施两周年之际，邀请人大、政协等14家单位代表走进法院，体验立案登记流程、诉讼服务项目，感受法院变化。

【信息化运用】　构建网络化、阳光化、智能化的法院信息化体系，推进系统建设，加强应用推广，支持全业务网上办理，全流程审判执行要素依法公开，促进审判体系和审判能力现代化。实现信息化3.0版，初步建成智慧法院。信息化办公办案平台深度运用，裁判文书录入率、电子卷宗制作率、电子卷宗归档率、非上诉案件生效率均达到100%。对中心机房进行智能化升级改造，扩展司法审判信息资源库容量。改造原有法庭，实现全院11个法庭数字化，建成4个网络直播法庭。完善执行指挥查控平台，“总对总”对接银行、证券单位和工商、车管等政府职能机构。自主开发安检导诉平台，实现对来访人员的身份、事由及现场拍照的自动录入、案件信息查询，节省来访人员等待时间。通过挖掘全国四级法院内网网站有效资源，人工采录数据，与玉溪市中院联合开发对全国内网资源的综合性导航平台，方便干警访问内网资源和办公办案。

【司法体制改革】　切实增强“四个意识”，遵循司法规律，以司法责任制落实为中心，推进司法体制改革任务精准落地，促进司法公正高效权威。一是落实司法责任制，抓好司法改革“牛鼻子”。以“让审理者裁判、由裁判者负责”为目标，抓好司法责任制改革“牛鼻子”。颁布实施《江川法院审判组织设置及职责若干规定》，促进人力资源优化配置和扁平化管理，明确审判职责。坚持权力、责任、监督三位一体，把审判权放到位的同时强化对审判权的有效监督：一方面，坚持法官办案主体地位，确保放权到位，改变传统裁判文书签署机制，院庭长对未直接参加审理案件的裁判文书不再审核签发；另一方面，坚持提升审判质效，确保监督到位，将审判监督的内容、方式从微观的一般个案审批、文书签发，转向宏观的全院、全员、全过程的审判质效监管。落实院领导办案制度，院领导办理案件235件。二是落实人员分类管理，法官单独职务序列改革稳妥推进。按照法院队伍正规化、专业化、职业化的建设要求，制定《江川法院人员分类管理规定》，对法官、审判辅助人员和司法行政人员以审判责任清单化模式进行管理。实行法官单独职务序列改革，实现法官等级与行政职级脱钩。完成44名法官职务套改、20名员额法官等级确定和16人次员额法官等级晋升工作，配套的绩效奖金等职业保障落实到位，法官的职业尊荣感和使命感得到加强。三是逐步完成省级以下人财物统管，各项工作统筹推进。认真做好机构部门、人员编制、领导职数的上报核定工作，人财物的省级统管逐步推进，机构编制上划完成。财务工作全部纳入省级财政核算，作为省级财政部门一级预算单位，按照预算管理规定，向省级财政部门编报预决算，实现日常支出的正常拨付和定期考核。做好财物统管的相关准备工作，资产统一管理的清理统计工作有序推进。

【人民陪审员培训】 为提高人民陪审员综合素质和履职能力，10月19日至20日，玉溪市江川区人民法院对今年新任命人民陪审员和任期中人民陪审员共计86名，开展为期两天综合素质提升培训。采取专题讲座、参观学习、交流座谈等形式，对人民陪审制度的功能、作用，如何发挥人民陪审员作用等内容进行了培训学习。

【初步建成全国综合性内网导航平台】 为有效整合法院系统内网网站功能，实现其价值最大化，玉溪市中级人民法院与江川区法院联合开发，搭建法院系统内网导航网站，初步建成覆盖全国内网资源的综合性导航平台——“星云导航”。“星云导航”通过全部人工采录数据，挖掘全国四级法院内网网站有效资源，整合后构建成为集最高法院、高院、中院、基层院和综合五个导航模块。至2017年底，已收录链接25家高院、183家中院及1085家基层法院网站。并建立办案辅助、数字图书馆、法律查询、休闲娱乐等功能链接模块。

【网络庭审直播工作步入规范化、常态化轨道】 自中国庭审公开网开通以来，区法院党组高度重视，以问题为导向，统一法官思想认识，积极开展直播培训，增强法官庭审驾驭能力，同时建立庭审直播考核机制，完善庭审直播实施办法，庭审直播工作步入规范化和常态化轨道。2017年庭审直播案件数量达66件。

（王玲芬）

经济管理

编辑　余立言

发展和改革

【国民经济和社会发展计划执行情况】　2017年，主要经济指标完成情况：全区现价生产总值完成90.8亿元，增长13%；地方一般公共预算收入完成7.1亿元，增长21.9%；规模以上固定资产投资完成75.8亿元，增长31.5%；社会消费品零售总额完成24.7亿元，增长12.5%；城镇居民人均可支配收入33936元，增长8.8%，农村居民人均可支配收入12172元，增长9%。金融运行保持平稳，全区金融贷、存款余额分别达88.5亿元、124亿元，存贷比达71.3%。物价水平、就业形势基本稳定，居民消费价格指数控制在103%以内，城镇登记失业率3.43%。

【农业经济】　2017年，江川区自然灾害频发，特别是进入汛期以来，持续强降雨带来的严重洪涝灾害对全区农业生产造成较大损害，其中烤烟产业受损尤为严重。面对严峻形势，全区上下高度重视，采取有力措施积极应对，取得明显成效，汛期洪涝等灾害对农业生产的损失降至较低水平。全区共收购烟叶873万千克，完成收购任务的86.48%，烟农收入26629万元，同比减6481万元，均价30.49元/公斤，同比减3.06元/千克（含政策性调价因素）；高原特色农业发展成效明显，农业产业结构调整步伐加快，玉溪亚洲花卉科创谷规划建设工作高位推动、有序推进，蔬菜、花卉、畜牧、渔业、经济果木林等特色优势产业继续保持较强增长态势；农业基础设施建设不断完善，病险小坝塘除险加固等工程积极推进，全年共完成各类农业水利工程2801件。全年农业总产值完成27.8亿元，增长4.4%；第一产业增加值完成16.7亿元，增长6.3%。

【工业经济】　2017年，江川区工业经济波动幅度较大。上半年，受经济下行压力增大及骨干企业增加值率下调等政策性因素的影响和叠加，企业产能释放不足，工业经济增速急剧下滑，三季度以来，随着国家供给侧结构性改革深入推进，稳增长政策持续发力，宏观经济形势有所好转，江川区规模以上工业经济整体回暖向好，工业经济下滑的不利局面得到有效遏制和扭转：一是龙泉工业园区聚集效应明显，塑胶制品、机械制造等产业保持较强增长势头；二是招商引资工作取得突破性进展，园区经济有望进入高速发展的快车道。龙泉园区实行一体化管理，基础设施建设加速推进，升华电梯、中民筑友、合续环保等一批项目先后签约并开工建设，新能源电池、新能源汽车、智能手机等一批新兴产业项目引进工作正在积极推进；三是传统产业景气度明显回升，磷化工、纸制品及农产品加工等行业生产平稳，主要产品销售量及价格均有所回升，有利于企业降低成本，增加利润，云南回头客纸业、昆明力天卫生用品等8户企业落户江城纸制品产业园；四是中小微企业和民营经济的扶持工作成效显著。扩大企业信贷应急周转资金规模，制定扩产促销补助政策，扶持培育特固电器、丫眯食品等市级民营小巨人企业5户，其中宏斌食品和云南龙华铜雕被认定为省级民营小巨人企业，积极帮助万利包装等停产企业恢复生产。

全年工业增加值完成25.5亿元，增长16.4%，其中：规模以上工业增加值完成14亿元，增长22%。第二产业增加值完成30.5亿元增长16.4%。

【第三产业发展情况】 文化旅游产业加速发展，旅游基础设施不断完善，星云湖国家湿地公园获国家林业局批复，北山森林公园、星云湖南岸湿地湖滨带提质改造工程、新河咀铜工艺特色旅游村等旅游项目进展顺利，节庆假日旅游接待能力稳步提升。预计全年接待游客471万人次，同比增长32%，实现旅游总收入34.39亿元，同比增长77.2%；物价总水平基本稳定，消费市场繁荣活跃，消费对经济增长的拉动作用不断增强。全年社会消费品零售总额完成24.7亿元，同比增长12.5%；房地产业企稳回暖迹象明显，云福山居、绿竹小区等项目积极推进，完成房地产投资11.07亿元，销售商品房面积12.9万平方米；现代物流产业健康发展，宏程物流项目稳步推进，九溪润特物流主体工程完工，云南世吉农产品冷链物流、滇中智慧农业产业园等项目落户雄关农业物流园。

【固定资产投资管理】 受重点项目前期工作滞后以及统计口径变化等因素影响，在2017年1～6月规模以上固定资产投资呈现负增长严峻形势下，采取一系列措施狠抓项目管理，从项目前期、审批、开工、统计入库等全过程进行跟踪落实，工作取得成效，三季度增速实现扭负为正，全年完成规模以上投资75.8亿元，同比增长31.5%。

全年共组织实施在库项目达106项，其中，年初人代会安排的44个5000万元以上固定资产投资项目，有效组织实施26项，完成投资60.49亿元，占年度计划的77.9%；组织实施计划外项目80项，完成投资15.36亿元。

【行政审批】 本着简化审批程序，减少审批环节，缩短审批时限，提高审批效率的总体要求，努力做好为企业、为项目服务的各项工作。2017年，共办理审批项目127个，估算总投资20.1亿元（其中规模以上项目65个，估算总投资19.2亿元，规模以下项目62个，估算总投资8968万元）。备案项目58个，估算总投资49.97亿元。上报并对接协调上级有关部门并获得审批的项目12个，办理项目节能报告批复2个。同时，认真做好云南省投资项目在线审批监管平台的运行工作，本年度在平台同步录入、审批项目63个。

【价格收费管理】 积极稳妥地推进价格改革，保持价格总水平基本稳定。认真贯彻执行各项价格政策措施，综合运用多种手段调控价格，促进经济结构调整，注重对市场价格的引导和规范。充分发挥价格管理的基础性作用，围绕江川区社会经济工作目标和促进经济平稳较快发展的中心任务，严格控制价格调整项目。积极配合做好全区公立医院价格综合改革工作，认真贯彻执行国家、省市关于加强药品价格管理要求，夯实公立医院价格综合改革基础。积极稳妥推进资源性产品价格和环保收费，贯彻执行农产品生产流通环节用电价格政策。四个陈旧农贸市场提档升级工程已竣工，在市级规定的时间内完工并投入使用。

【价格监督检查】 开展价格监督检查、价格监测和预警工作。2017年，开展“元旦、春节”“中秋、十一”两节期间商品价格、旅游市场价格、农村电价、商品房价格明码标价、供水供电供气价格、涉企收费等专项检查。根据12358价格举报系统举报线索，依法妥善处置三起价格纠纷。

定期不定期地对江川区的主要集市市场的物价开展检查、巡查和价格政策宣传，规范经营者价格行为；按时上报《玉溪市重要商品价格监测周报表》《玉溪市部分药品价格监测季报表》和《云南省建材价格专项监测月报表》，准确反映我区价格变动情况。

【价格认证工作】 依法做好价格认证工作。根据《云南省涉案财物价格鉴证管理条例》有关规定，遵循客观、公正、科学原则。2017年，依法对公安等部门委托的68件案件的涉案物品进行价格认定，标的金额73.31万元，认定无复核案件，配合公安、财政、纪委等部门对部分涉案物品进行处置（销毁）。6～12月，参加区政府组织的价格评估小组，对关闭的大庄、王牌、金龙三个烟花火炮厂原材料、半成品、成

品价格进行评估。

【大中型水库移民后期扶持工作】 大中型水库移民开发工作扎实开展，全年共争取移民专项扶持项目资金451.8万元，实施移民工程建设项目4件，受益移民3240人次。

【扶贫攻坚】 脱贫攻坚成效显著。坚持以脱贫攻坚统揽经济社会发展全局，紧紧围绕“两不愁、三保障”脱贫总体要求，严格对照贫困人口、贫困村、贫困乡出列摘帽“695”指标体系，突出问题导向和目标导向，全面实施整乡整村推进项目，大力实施基础设施、产业发展、农村危房改造、易地扶贫搬迁及劳动力培训转移等扶贫项目，切实加强义务教育、医疗保障、社会低保等社会公共服务体系建设，扎实抓好精准扶贫措施落实。2017年，共投入各级专项扶贫资金3268.47万元。实施易地扶贫搬迁、整乡推进、整村推进、产业发展项目13个，发放到户贷款2271.6万元，贴息29.87万元，实施建档立卡贫困户技能培训1019人次，新增转移就业213人。安化贫困乡达到脱贫摘帽标准，6个贫困行政村脱贫出列，917户建档立卡贫困户危房改造全部开工，全区累计减贫1518户5447人，贫困发生率从4%降至0.85%。

【粮食事务】 2017年，全区购进粮食（混合粮）2751万千克，购进油脂52.4万千克，其中国有粮食企业购进粮食1391万千克、油脂36万千克（含兑换加工）；完成市级下达我区的储备规模任务，稻谷储备400万千克（含30万千克成品粮大米）、玉米储备100万千克、小麦储备50万千克、菜油储备25万千克，区级储备粮规模已全部到位。国有粮食企业实现销售收入4116万元，比去年增363万元，同比增9.67%，实现盈利185万元，同比增123%。依法开展粮食流通市场监督检查，维护粮食市场秩序，全年开展粮油库存专项检查8次，出动人员26人次，累计检查库存粮油库存231万千克，有效防止粮油食品安全事故发生。加强社会粮食流通统计和粮情预警分析，做好粮油市场信息收集、供需监测、分析工作，为政府和上级粮食主管部门宏观决策提供依据。

（施函成）

统　计

【概　述】 2017年，区统计局紧紧围绕区委区政府重点工作，履行统计信息、咨询、监督职能，以提高统计数据质量为核心，加大统计监测力度，不断提升对全区经济预警研判和统计服务能力，完成各项统计工作任务。

【机构设置】 区统计局是全区统计和国民经济核算工作的政府职能部门。2017年，玉溪市江川区统计局共有行政编制12名，机关工勤人员编制1名，其中，设局长1名，副局长2名。内设机构6个：办公室、综合统计股、工业能源投资股、服务业统计股、县域经济发展统计监测股、统计执法队。玉溪市江川区地方统计调查队为玉溪市江川区统计局所属财政全额拨款的事业单位，共有事业管理编制5名，设队长1名，由区统计局1名副局长兼任。2017年末，玉溪市江川区统计局实有工作人员11人，其中：公务员11人，机关工勤人员0人；玉溪市江川区地方统计调查队实有工作人员3人。

全区6个乡镇（街道）设统计工作站，为区统计局派出机构，核定事业编制15名，机构性质为财政全额拨款事业单位。大街统计工作站事业编制4名，江城统计工作站事业编制3名，前卫、九溪、雄关、安化、雄关统计工作站事业编制各2名。2017年末，全区6个统计工作站实有工作人员12人，其中：大街工作人员2人、江城统计工作站工作人员3人，前卫统计工作站工作人员2人、九溪统计工作站工作人员2人、雄关统计工作站工作人员2人、安化统计工作站工作人员1人。

【主要统计数据】

综　合　2017年全区完成地方生产总值908475万元，按可比价格计算增长13%。分产业看，第一产业增加值166846万元，增长6.3%；第二产业增加值305055万元，增长16.4%；第三产业增加值436574万元，增长13.3%。一、二、三产业分别拉动GDP增长1.2、5.5、6.2个百分点，对经济增长的贡献率分别为9.6%、42.8%和47.7%。三次产业结构由2016年的19.7：32.6：47.7发展变化为2017年的18.3：33.6：48.1，其中：第一产业比重比2016年下降1.4个百分点；第二产业比重提高1个百分点；第三产业比重提高0.4个百分点。全区人均地方生产总值31599元，增长12.6%。2017年全区非公经济增加值514295万元，增长13.7%，占GDP的比重为56.6%，比2016年上升0.1个百分点，拉动全区经济增长7.84个百分点，对全区经济增长贡献率达60.5%。

主要行业发展势头较好。从国民经济核算经济结构来看，工业、农业、批发零售和住宿餐饮业、非营利性服务业、建筑业五大行业是国民经济增长的主要支撑行业。工业增加值占全区GDP比重为28.1%，拉动GDP增长4.7个百分点；农林牧渔业增加值占全区GDP比重为18.9%，拉动GDP增长1.3个百分点；批发零售业和住宿餐饮业增加值占全区GDP比重为16.2%，拉动GDP增长2个百分点；非营利性服务业增加值占全区GDP比重为15.2%，拉动GDP增长2个百分点；建筑业增加值占全区GDP比重为5.7%，拉动GDP增长0.8个百分点。

年末常住人口28.78万人，其中：城镇人口12.38万人，城镇化率43%。按公安户籍人口统计的年末总人口为282923人，比2016年增长0.8%。其中：乡村人口173533人，城镇人口109390人。本年出生人口4485人，死亡人口2200人，人口自然增长率为8.11‰。在总人口中，汉族人口261455人，占总人口的92.4%；少数民族人口21468人，占总人口的7.6%。

农　业　2017年，全区推进农业供给侧结构性改革，加快高原特色现代农业建设，农林牧渔业生产保持良好发展态势。全区完成农林牧渔业总产值277890万元，增长4.4%；完成农林牧渔业增加值171763万元，同比增长6.3%，增速比上年同期提高0.25个百分点。从农业生产情况看，全区粮食总产量4436万千克，增长0.35%。烟叶产量1256万千克，下降0.5%。肥猪出栏321373头，增长7.1%；家禽出栏1970582头，增长13.3%。肉蛋奶总产量50057吨，比上年增长8.1%。其中：猪肉产量25233吨，增长8.4%。

工　业　2017年，全区工业总产值完成1061752万元，比2016年增长17.7%，其中：规模以上工业产值634799万元，增长25.2%。全部工业增加值完成254952万元，按可比价计算，同比增长16.4%，增速比上年同期提高0.4个百分点。其中：规上工业增加值140398万元，增长22%，增速比上年加快1.8个百分点，拉动GDP增长3.8个百分点，是工业经济增长的主要支撑。

建筑业　2017年全区建筑业增加值51638万元，按现价计算增长23.5%。资质以上建筑企业15户，完成建筑业总产值118562万元，增长34.1%。全区商品房销售面积129664平方米，增长30.7%。

固定资产和房地产　2017年全区500万元以上固定资产投资758466万元，增长31.5%。从三次产业看，第一产业完成投资1.12亿元，下降47.4%；第二产业完成投资12.24亿元，增长3.6%；第三产业完成投资62.49亿元，增长42.9%。从所有制关系看：国有单位完成56.45亿元，增长73.1%；集体单位完成0.28亿元，下降96.8%；其他单位完成19.12亿元，增长15.5%。

从主要行业看，工业投资完成122417万元，增长3.6%；房地产开发投资109964万元，增长92.5%；交通运输、仓储和邮政业投资完成275184万元，增长167.6%；水利、环境和公共设施管理业投资完成212946万元，增长40.6%。

全区房地产开发投资109964万元，比上年增长92.5%。商品房销售面积99244平方米，增长30.7%，比上年加快11.8个百分点。

服务业　2017年，全区服务业（第三产业）增加值436574万元，增长13.3%，占GDP的比重达48.1%，服务业增速近五年首次突破13%，服务业对经济的增长优势明显，对全区经济增长的贡献率达47.7%，拉动GDP增长6.2个百分点。

一是消费品市场稳步增长，批发业增速加快。2017年，全区社会消费品零售总额246764万元，增长12.5%。增速比上年提高1.3个百分点。按经营单位所在地分，城镇市场实现消费品零售额212097万元，同比增长11.9%；乡村市场实现零售额34667万元，同比增长16.6%。乡村快于城镇4.7个百分点，但城镇消费依然是消费品零售的主要市场。按消费类型分，餐饮收入53788万元，增长18.8%；商品零售192976万元，增长10.9%。商品零售占消费品零售总额的78.2%，是销售市场的中坚力量。从营业收入看，批发业销售额65299万元，增长31%，零售业销售额240571万元，增长16.7%，住宿业营业额22055万元，增长17.2%，餐饮业营业额95306万元，增长18.5%。

二是财政收支增长加快，民生支出力度加大。2017年，全区地方财政收入103441万元，增长28.8%；一般公共预算收入71062万元，增长21.9%。地方财政支出200050万元，增长3.4%；一

般公共预算支出184023万元，增长5.7%。其中：八项支出完成173574万元，增长37.8%，占GDP的比重达19.1%。民生支出力度加大，比重继续提升。教育支出、住房保障支出、社会保障和就业支出、医疗卫生与计划生育支出四大民生类支出合计85512万元，占一般公共预算支出的比重的46.5%。

三是金融运行平稳。12月末，各项存款余额1240877万元，增长12%，比上年同期提高0.2个百分点；贷款余额885169万元，增长24.2%，比上年同期提高11个百分点。存贷比71.3%，比上年同期提高6.9个百分点。

城乡居民可支配收入　城镇居民人均可支配收入33936元，增长8.8%。农村居民人均可支配收入12172元，增长9%。

居民消费价格指数　全年居民消费价格比上年上涨1.3%。其中：水产品涨幅最高，达10.4%，畜肉最低，下降6.2%。

能源降耗　2017年，全区规模以上工业能源消费量为36.63万吨标准煤（等价热值，下同），同比上升14.01%，规模以上工业用电量7.72亿千瓦时，同比上升15.18%。单位GDP能耗1.0228吨标准煤/万元，下降2.65%。

【统计服务】　2017年，贯彻省、市、区统计局对统计工作要求，围绕区委、区政府重点工作，转变观念、树立优质服务理念、改进工作作风和工作方法，加强统计调研和分析研究，为区委、区政府科学决策、预警研判提供统计服务。一是围绕区委、区政府稳增长决策部署，做好全区统计监测工作，当好“计分员、监测员、服务员”。开展GDP、工业、服务业、固定资产投资、社会消费品零售总额、农村居民人均可支配收入、城镇居民人均可支配收入等重点基础指标月度监测分析预警工作，及时反映全区各项指标发展水平，并适时通过江川统计网及时向社会发布，为各级党委、政府和社会公众全面了解全区经济发展提供统计服务。同时积极开展劳动力抽样调查、人口变动情况抽样调查、全区粮食生产情况等专项调查、小康社会监测、自然资源资产负债表试编制工作等专项调查，为党委、政府和有关部门科学决策提供翔实的统计调查依据。二是按月、按季提供江川区国民经济和社会发展情况的统计资料，编撰提供《2017年江川区季度国民经济主要指标手册》《2016年江川区统计年鉴》《江川区2017年经济发展主要基础指标重点任务月度“挂图监测”一览表》。三是及时发布《2016年江川区国民经济和社会发展统计公报》。四是深入开展统计调研分析。主要围绕经济社会现象，紧扣党政领导关心的热点、焦点问题，开展统计调研分析。2017年撰写《江川统计》54期、《江川统计信息》138期。

【统计信息化建设】　2017年，高度重视政府信息公开，加快网络信息系统的升级改造，提升统计信息化水平；健全完善网络管理制度，强化技术防护，确保网络安全，为统计改革和企业联网直报工作提供技术支撑。按照国家、省、市统计局统一部署，抓好“四大工程”建设的落实，为全面开展联网直报和建设统一数据采集处理软件系统做好网络环境准备。进一步加强统计门户网站建设，积极推进网上政务公开，树立统计门户网站形象。加强网络安全管理，抓好统计资料灾难备份系统建设。重视统计信息化建设，加大培训力度，不断强化统计人员业务培训和统计职业道德教育，提高基层统计人员素质，努力打造一支政治强、作风硬、业务精的统计干部队伍。2017年，通过江川区统计局门户网站“政府信息公开”专栏主动公开统计分析、财务预决算公开、统计信息等56条。

【统计执法】　进一步改进统计工作，加强统计执法检查工作，提高政府统计公信力，充分发挥统计在国情国力调查、指导国民经济和社会发展上的服务保障作用。严格贯彻落实《中华人民共和国统计法》《中华人民共和国统计法实施条例》。坚决贯彻执行中央《关于深化统计管理体制改革提高统计数据真实性的意见》和《统计违纪违法责任人处分处理建议办法》。一是加大统计执法检查工作力度。3月20～23日，区统计局积极配合省统计局投资处数据质量核查组和市统计局对江川固定资产投资项目随机抽样20个进行数据质量核查；4月13日，区统计局配合市统计局工业科对江川工业统计数据质量进行随机抽样检查；8月24日—25日区统计局配合市统计局统计执法检查组对江川规上限上企业随机抽样11户进行执法检查。二是组织3人参加2017年度全国统计执法资格考试，并通过考试和资格审查取得统计执法证。三是组织干部职认真学习贯彻国务院5月28日公布的《中华人民共和国统计法实施条例》，结合12月“全省法治宣传月”“12·4”国家宪法日和“12·8”统计法颁布纪念日深入开展统计法治宣传活动。

【统计基层基础建设】 进一步夯实统计基层基础，提高统计数据质量，提升统计服务水平，加强推进统计基层基础建设工作。

乡镇（街道）统计机构建设 贯彻落实《玉溪市人民政府关于进一步加强和改进统计调查基层基础工作意见的通知》（玉政发〔2012〕178号），抓好乡镇（街道）统计站建设工作，确保统计源头数据质量。加强对基层统计业务指导、考评，强化统计基层基础建设工作检查，推进基层统计工作标准化、规范化建设。

部门统计 切实加强与部门统计工作合作，落实部门统计职责，强化协调配合，有效保证统计目标任务完成。加强与经济、社会主管部门协调与配合。指导推动部门加强内部统计机构建设，健全统计基础工作，规范使用统计标准，畅通统计资料报送渠道，进一步整合统计资源，增强工作合力，提高统计整体效率。

规范企业统计 建立部门和企业统计人员备案制，确保基层统计队伍的稳定性和连续性。指导、督促、帮助企业办理统计登记，设置统计人员，健全原始记录、统计台账和各项统计管理制度，规范统计资料填报、报送程序，确保源头数据质量。

企业纳规和纳限 切实抓好企业纳规和纳限工作。全区企业符合纳规和纳限条件的，全部纳入规模和限上统计。2017年全区纳规和纳限3户，其中：纳规1户，纳限2户。

管理和培训 深入部门、企业和调查户加强业务指导，抓实业务培训工作、统计职称考试考评等工作，不断提高基层统计人员的知识水平和工作能力，适应新常态统计形势发展的需要，2017年全区报名参加统计专业技术职称考试的人员有9人。

【第三次全国农业普查】

普查对象 江川区第三次全国农业普查的登记对象是江川区境内的农业经营户、农业经营单位、居住在农村且有确权（承包）土地的住户；填报对象是列入农业普查范围的村（居）民委员会、乡镇（街道）；遥感测量对象以农作物种植地块为主，并包括其他与之相关的普查区土地覆盖要素。

普查内容和时间 第三次全国农业普查的主要内容包括：农业从业者基本情况；农业土地利用与流转情况；农业生产与结构情况；新型农业经营主体与农业规模化、产业化发展情况；新农村建设情况；农村人居环境与农民生活方式变化情况。

普查的标准时点为2016年12月31日24时，普查时期为2016年1月1日至2016年12月31日。

按照国家、省、市农普办统一部署，江川区第三次全国农业普查工作有序推进，2017年1月1日，在玉溪市江川区大街街道启动全区第三次全国农业普查入户登记工作。完成入户登记、查缺补漏、PDA数据录入上报、数据核查上报工作。为保证此次普查数据质量，区农普办将数据质量控制工作贯穿于普查全过程，从前期筹划、普查小区划分到入户登记、数据录入等环节，对数据质量提出了明确要求，实行全过程管理，严把数据质量关。兑现乡镇（街道）市区两级的两员补贴和普查工作经费。开展区第三次农业普查数据质量核查工作。对普查数据认真分析、科学研判，确保高质量完成全区第三次全国农业普查工作。

【住户调查】 按照国家、省、市文件要求，2017年进行住户调查大样本轮换工作。全区有序开展宣传、培训、摸底、选户、试记账等工作，圆满完成住户调查样本轮换工作；在全区7个乡镇（街道）抽中14个村（居）委会，抽取140户城乡住户作为调查记账户，其中：省级样本70户、市县级样本70户。

【贫困监测】 按照《玉溪市人民政府办公室关于开展贫困监测抽样调查工作的通知》和《江川区人民政府办公室关于开展农村贫困监测抽样调查的通知》文件要求，区统计局按照玉溪市扶贫办和市统计局的安排部署，2016年12月，在全区4个乡镇（街道）、15个调查点，从2013年全区4158户农村建档立卡贫困户中随机抽选118户调查户（大街街道37户、江城43户、九溪23户、安化15户）贫困户作为调查对象，开展监测工作。2017年1月调查户正式进行记账，按月完成农村贫困监测抽样调查数据审核、汇总上报工作。

【区领导调研统计工作】 6月6日，区委书记徐贤，区委常委、常务副区长张文彬，区委常委、区委办主任邓春元到区统计局调研，召开座谈会听取区统计局工作汇报，徐贤对统计工作提出新要求。

【省统计局督导工作】 8月15日，省统计局调研组李俊萍等4人，在市统计局副局长蔡伟陪同下对江川2017年自然资源资产负债表编制试点工作进行调研。调研组听取江川统计局对自然资源资产负债表编制试点工作的情况汇报，对编制自然资源资产负债表过程中出现的问题进行解答；并针对编制过程中遇到的困难、存在的薄弱环节及相关资料收集、提高编制质量、总结试点经验提出意见建议。

（赵维新）

审　计

【概　述】 2017年，区审计局围绕"十三五"审计机关全面规划格局，统筹推进"五位一体""四个全面"战略布局，树立和贯彻落实新发展理念，以提高发展质量和效益和中心，以推进侧结构性改革为主线，围绕"发展、改革、安全、绩效"目标，大力推进有重点、有步骤、有深度、有成效的审计全履盖，紧扣县委政府经济工作重心，以服务江川经济科学发展和谐发展跨越发展为审计工作第一要务，充分发挥审计"免疫系统功能"和建设性作用。截至12月底，完成审计项目124项，其中：固定资产投资审计107项、经济责任审计6项、预算审计3项、专项资金5项、信息系统审计2项、环境资源审计1项、查出主要问题金额16472万元，处理处罚金额7859万元，其中：核减工程投资万元6457万元、收缴财政1396万元、归还原渠道资金及调账处理6万元。

【机构设置】 2017年底区审计局编制总数22名，其中：行政编制15名、事业编制6名、工勤编制1名。领导职数为局长1名，副局长2名。年末实有21人，其中行政编制19人（公务员编制18人、工勤编制1人），事业编制2人。内设四股一室一中心：经济责任审计股、固定资产投资审计股、财政金融审计股、综合审计股、办公室、江川区投资审计中心。

【财政预算执行审计】 加大财政审计力度，强化预算执行审计主线。以推动财政政策落实，促进科学合理编制预算，强化财预算刚性约束，提高预算执行效果，提升财政资金使用效益，推进建立完整协调的政府预算体系为目标。重点关注财政决算的真实性、合法性及效益性，财政资金的管理使用、政府非税收入及政府债务等情况，客观揭示基本支出、项目支出、存量资金等方面的突出问题，注重从体制机制制度层面提出建设，推动实现预算执行审计全履盖，提升部门预算执行审计监督的层次和水平。全年完成江川区扶贫系统2016年度预算执行情况审计、江川区2016年度区本级预算执行情况及效益审计。审计后，对由于政策变化原因未作出兑付处理的债券876.9万元作出调整使用处理意见；并针对年初预算行不到位、债务系统存量余额不实等问题提出改进意见及建议。

【固定资产投资审计】 促进节约资金和提高资金使用效益，开展固定资产投资审计。及时跟进政府重点工作、继续扩大投资审计覆盖面，对县委政府安排的重点工作和项目及时做好事前、事中、事后审计监督，全力推进基础设施建设项目前置审计、跟踪审计、竣工决算审计的能力和水平。截至12月底，完成投资建设项目107项，其中：决算审计70项、前置审计37项、审计核减工程投资6457万元、项目资金结余收缴财政1285万元。

工程决算审计　完成70项。累计核减工程投资4829万元，收缴财政项目结余资金1285万元。存在的主要问题：一是工程量不实，重复计价、部分主材价格偏高，定额子目套用错误等。江川区保障性住房2011、2012年配套开发项目，送审结算7531.6万元、审定结算7129.3万元、审计核减402.3万元；江川区九溪镇污水处理厂及配套管网工程工程，送审结算2962.9万元、审定投资2895.2万元、审计核减67.7万元；星云湖大街河环境综合整治工程，送审结算1316.8万元、审定结算1253.6万元、审计核减63.2万元。二是项目资金结余，责成收缴财政盘活财政存量资金1108万元。江川区西河一库除险加固工程，项目资金结余155.8万元、责成收缴财政155.8万元；江川区新民坝水库除险加固工程，项目资金结余149.6万元、责成收缴财政149.6万元；区检察院办公楼修缮工程，项目资金结余7.9万元、责成收缴财政7.9万元。

前置审计　完成37项，核减投资1628万元。九溪镇中心小学食堂、学生宿舍工程，送审招标控制价315.3万元、审定招标控制价274.8万元、核减40.6万元；路居中坝社区甸尾路居中学泥石流地址灾害治理工程，送审招标控制价644.9万元、审定招标控制价619.3万元、核减25.6万元。

【专项资金审计】　围绕资金的管理使用情况，促进提高资金使用效益，专款专用。截至2017年底，完成5项，即：江川区2013年至2015年烤烟扶持资金管理使用情况专项审计、农村环保能源工作站农村能源建设项目专项资金审计、江川区2015年扶贫项目资金专项审计、江川区2016年度至2017年地方债券资金管理使用情况跟踪审计、全省五大基础网络建设项目专项审计调查。审计后，责成烟办督促收缴财政各乡镇发放领导班子成员的烤烟奖7.4万元、归还烤烟抗旱项目原渠道资金3.7万元；交回区财政沼气池服务网点项目结余经费2.5万元；返回区财政债券资金结余70.75万元。

【政策资金跟踪审计】　稳增长调结构惠民生促发展政策落实情况跟踪审计事项。围绕市县两级政府2016年20项重点工程建设项目和10件惠民实事的开工建设及有关专项资金的管理使用情况，适时跟进审计工作。配合省市审计机关开展江川区大众创业万众创新政策措施落实情况跟踪审计、地方债务管理使用情况审计、“五网建设”政策资金跟踪审计、精准扶贫等稳增长政策措施的跟踪审计。

【领导干部经济责任审计】　着力权力制约和责任落实，开展领导干部经济责任审计。全年计划完成6项。即：区统计局局长胡宇翔任期经济责任审计、区人民医院院长李有宏任期经济责任审计、区残疾人联合会原理事长马宇飞任期经济责任审计、区大街街道办事处三街社区主任杨建明任期经济责任审计、区原大街街道办主任胡正鸿任期经济责任审计、区环保局局长李华同任期经济责任审计。全年已完成6项。审计查出问题金额1611万元、违规金额67万元、管理不规范金额1544万元。主要问题是：扩大开支范围、违规收费、违规采购等方面问题。其余项目已进入审计报告阶段。

【资源环境审计】　全年首次探讨性完成大街街道办主任胡正鸿任职期间自然资源资产情况进行审计。重点审计胡正鸿任职期间2014～2015年两年间，所辖土地资源、林业资源、农村生态治理、环境保护等方面情况。审计查实：大街街道办存在违规改变临时设施用地7.23亩、大庄天云花炮厂占用林地未按规定办理林地审批手续约50亩、基本农田划定与林地划定重合、入湖河道水质不达标等问题。

【数字化审计】　全年完成区人民医院信息系统审计、区残疾人口基础数据管理信息系统审计。审计后，针对区人民医院信息系统容灾备份不可靠、机房管理不到位、HIS系统医疗耗材不精准、电子病历系统转包不规范等方面的问题提出整改意见及建议。针对区残疾信息系统未建立相关工作制度、实施信息化管理的计算机未进行互联网隔离、残疾人口基础数据动态管理更新不及时等问题人家提出意见建议，得到区残联采纳。

（李华英）

市场监督管理

【概　述】　2017年，市场监督管理局以“服务经济发展、强化市场监管”为主线，着力抓好服务升级、管理创新、体制转型，加强队伍建设，各项工作都取得好成绩。

【机构设置】　区市场监督管理局行政编制70人，机关工勤3人，事业编制13人。其中设局长1名，副局长4名，行政执法大队长1名，内设股室12个：办公室、政策法规股、行政审批股、行政执法大队（副科级）（投诉举报中心）、食品生产流通监督管理股、综合协调应急与食品餐饮监督管理股、质量计量标准监督管理股、特种设备安全监察股、药品、医疗器械、保健食品、化妆品监督管理股、市场规范监督管理股、商标广告监督管理股、机关党总支。派出机构6个（副科级）：大街管理所、江城管理所、前卫管理所、九溪管理所、路居管理所、雄关管理所、安化管理所。2017年底，全局实有人员：行政编制61人，机关工勤3人，事业人员6人，共70人。

【商事制度改革】 2017年，按照“一套材料、一表登记、一窗受理”工作模式，从2015年9月29日、2016年9月29日到2017年10月1日三个时间节点内，分别进行“三证合一”“五证合一”到“多证合一”登记制度改革。从10月1日实施“多证合一”以来，全区共发放“多证合一”企业营业执照28户，个体工商户340户。共办理加载统一社会信用代码“一照一码”个体营业执照4280户，其中新开业2536户，变更或换照1744户。共发放“一照一码”营业执照1624户，其中新设立登记674户，变更换照登记950户。

【个人独资企业监管】 一是向企业发放告知书和签定承诺书688份，向个体工商户发放告知书和签定承诺书2300份，履行“双告知”职责，为相关部门协同监管，避免出现监管真空和灰色地带作出良好开局，形成信息共享、互联互通、齐抓共管新格局。二是做好涉企信息归集共享和联合惩戒。2017年，共协助各级法院对法院判决生效后不执行判决，被法院列入失信名录的公司股东不予办理变更和注销登记手续10件。三是做好全区“僵尸企业”强制退出工作。通过对被列入异常名录三年未年报和税务申报的27户企业、15户农民专业合作社进行清理工作，在清理中采取“唤醒一批，规范一批、吊销一批”方法进行。共唤醒和规范企业23户，7户农民专业合作社补办年报信息和注销登记手续。

【食品药品安全监管】 一是强化综合协调。强化食品药品安全综合协调功能，健全食品药品生产经营者第一责任人制度，推动食品药品安全主体责任落实。二是完善常态监管。加强对食品、药品生产经营全程监管，做到监管重心下移、前移，充分利用抽验、快检等技术监管手段，强化市场整治，提高行政执法威慑力，推进食品药品安全监管平台建设，探索利用技术和信息化手段做好食品药品安全监管工作。三是推进社会共治。构建政府部门、行业组织、新闻媒体、社会群众共治体系。畅通投诉举报渠道，激发群众参与热情，强化社会监督。发挥行业协会作用，促进行业诚信自律。推动部门间食药安全资源与信息共享，强化行政执法与刑事司法对接，对食药领域违法行为零容忍。

【三品一械监测工作】 一是认真开展节假日专项检查工作，开展“元旦、春节、五一、国庆、中秋”期间药品、保健食品、化妆品、医疗器械专项检查，落实节日期间24小时值班制度，针对群众反映的焦点、热点及监管薄弱环节开展检查，打击非法销售行为，确保节日期间全区人民用药用械安全。二是规范高效做好行政许可及GSP认证工作。发放《药品经营许可证》3家，二类医疗器械经营企业备案4家，2017年全区共有医疗机构164户，药品生产企业3户，药品零售经营户115户，保健食品经营户110户，化妆品经营户40户，医疗器械经营户45户。三是积极落实各项专项整治工作。认真开展角膜塑形用硬性透气接触镜、毒性中药材、祛斑类化妆品、保健食品等专项整治。四是认真开展不良反应监测工作。2017年共上报药品不良反应140例，医疗不良事件43例，化妆品不良反应6例。五是完成3批次医疗器械、2批次保健食品、2批次化妆品抽检任务。

【违法案件查办】 一是加强对食品生产经营违法行为查处力度，提高食品生产经营者违法成本。已查处食品违法案件25件，结案25件，案值47.2万元，罚款9.34万元。二是加强药械保化违法行为查处力度。2017年共出动执法人员213人次，出动执法车辆112辆次，检查药品、医疗器械、保健食品、化妆品生产经营单位429户次。立案查处药品、医疗器械、保健食品、违法案件8件，结案8件，罚没款14.9万元。三是加强特种设备、质量、计量违法案件查办力度。2017年，共查处违法案件5件，案值1.83万元，罚款2.4万元。

【食品药品抽检】 完成国省市抽任务128批次（其中国抽任务45批次，省抽任务74批次，市抽任务37批次，3个批次不合格，合格率97.66%，不合格率2.34%）；完成食用农产品240个批次监督抽检，已检测的100个批次全部合格，合格率100%。开展以米线、卷粉为重点的鲜粮制品专项抽检23批次，14批次不合格，合格率39.13%，不合格率60.87%。开展粮食重金属污染情况风险监测，抽取大米、玉米等粮食66个批次送检，其中61批次为江川区61个村委会（社区）自产粮食，5个批次为市场销售外地粮食，经检验均合格。开展小作坊等投诉举报抽样9个批次，其中白酒6批次（6个批次均不合格，不合格率100%），食用植物油3批次（均合格）。开展全区小作坊生产散装白酒及流通环节散装白酒抽检，抽取样品83个批次，55个批次不合格，不合格率66.3%，不合格项目为酒精度、总酸总酯，未涉及安全性指标。完成46批次药品抽检任务，不合格5批次，立案处理3批次，罚没款1900元。

【工业产品质量监管】 强化工业产品巡查制度落实，夯实质量监管工作基础。严格工业产品生产许可证证后监管，确保产品从原材料入厂到产品出厂整个环节质量保障，强化企业产品质量意识，强化企业质量安全主体责任。共出动执法人员90余人次，检查企业25家次。对获取工业产品生产许可证的12家企业进行重点巡查。严厉打击生产销售“地条钢”行为。依法对违法生产销售“地条钢”的玉溪市江川区金源铸钢厂实施断电断水、拆除中频炉等措施手段，达到在江川境内遏制违规新增产能生产销售“地条钢”生产行为。对辖区内的农资、建材、危化品、烟花爆竹等产品进行监督抽查，共抽取工业产品样品43个送检，其中：化肥7个（合格7个）、危化品3个（合格3个）、塑料管3个（合格3个）、食品相关产品2个还在检验中，其他产品12个（合格9个），定量包装商品16个（合格14个）。产品合格率比上年同期均有提高，完成全年抽样计划目标和省、市级监督抽查任务。

【特种设备安全监察】 一是与6个乡镇人民政府签订《江川区2017年特种设备安全生产目标责任书》、与全区特种设备使用单位（企业）签订《特种设备安全管理承诺书》，签订率为100%。二是深化“打非治违”和隐患排查整治，开展安全生产大检查。2017年，共出动车辆105台（次），执法人员280人（次），检查全区特种设备使用单位120家（次），排查治理事故隐患18起，下达特种设备安全监察指令书18份，事故隐患整改18起。三是开展电梯监管工作。进企业、进小区开展电梯安全知识宣传，发放电梯警示牌165块，落实电梯使用管理安全主体责任，做好电梯日常维护保养工作。四是加强对江通、澄川高速等重点工程工地起重机械监管，辖区内4个重点工程建设工地起重机械使用登记率、定期检验率、作业人员持证上岗率在95%以上。五是加强特种设备安全监管平台应用。应用特种设备监督管理平台开展特种设备业务管理工作，录入和修改相关工作信息，完善数据，摸清特种设备底数。2017年，共办理开工告知109件；办理使用登记证131台，其中，锅炉5台，压力管道1台，电梯33台，起重机械24台，压力容器59台，场内机动车9台。

【企业标准化管理】 大头鱼地理产品保护申报工作按标准要求组织实施，已向国家完成申报，等待审批。开展江川铜器地理标志产品筹备工作，于3月15日邀请省标化院专家及有关领导现场指导，该项工作有序进行。做好九溪鲜花农业标准化示范区验收准备工作，已基本完成。

【计量、认证、认可监管】 一是开展“计量惠民”活动。对集贸市场、商店、超市在用计量器具进行检定，检定电子计价称20台，台称10台，合格率为100%。与眼镜店、餐饮、超市、加油站等签订诚信计量承诺书30余份。二是加强江川区医疗单位计量器具周期检定管理工作。对全区2家企业进行能源计量检查，促进全区节能减排任务完成。三是加强认证认可监管工作。加强认证认可单位台账管理，积极开展主题为“认证认可助力质量提升”世界认可日宣传活动，发放宣传资料50份，到6家企业进行认证认可相关法律法规宣传，对江川区的4家实验室和2家机动车检测站进行定期巡查，做到资质合法有效，确保检测公平公正。

【旅游、农资、钢材、烟花爆竹、拍卖会等各类市场监管及平安市场创建工作】 一是对辖区内5家旅行社（含服务网点）、2家星级宾馆、4家特色饭店、2个旅游景点围绕“吃、住、行、游、购、娱”旅游消费开展联合执法检查行动，实现假日旅游“安全、有序、效益、文明”的旅游市场秩序监管目标。二是对大街街道和城郊结合部的25家农资经营户进行检查，对发现的隐患和问题要求经营者现场进行整改。三是本着条件成熟一家，创建一家，以点带面，逐步辐射，营造良好购物环境。依法检查钢材市场38个次，经营户151家次，其中钢筋16户。依法对违法生产销售“地条钢”的玉溪市江川区金源铸钢厂实施断电断水、拆除中频炉等有效措施手段，达

到在江川境内遏制违规新增产能生产销售“地条钢”生产行为。四是春节前夕，对恒丰烟花炮竹公司、皇壮烟花爆竹有限公司、万家乐精品烟花等10户经营户进行安全检查；对中心城区烟花爆竹销售门店及临时摊点进行监督检查，对无照经营户进行清理取缔。办理火炮销售商委托当地生产商更换产品包装一案，共收缴罚没款3685元。五是2017年8月将“江川乾景商业中心”申报为2017年省级平安市场创建单位；“江川宝泰购物广场”申报为2017年市级平安市场创建单位。六是全程参与江川公务用车（三批次）、玉溪市江川区宁海民居小区保障性住房开发项目、玉溪市江川区城区道路1723个停车泊位5年经营权6场公开拍卖会监督执行，确保拍卖会公平、公正、公开进行。

【商标广告综合治理】　一是指导办理商标注册申请、变更、续展咨询50多件。二是“江川大头鱼”象征性地理标志证明商标成功注册，打破江川商标史册上地理标志零记录。三是继续深入开展“双打”专项执法行动工作，检查知著名商标经营户20余户次。对2件商标权人维权诉求，1件假冒他人厂址、厂名改装火炮包装案件进行处罚。四是依法办理辖区内1户企业广告发布登记工作，并将登记信息在网站上进行了公示。五是对辖区内虚假违法广告进行专项整治，严厉打击利用户外、印刷品、店堂发布虚假违法广告的行为。

【维护消费者权益保护工作】　一是开展“3·15国际消费者权益日”宣传活动，现场发放各类宣传材料1.1万余份；同时在各乡镇（街道）设立3·15国际消费者权益日纪念活动分会场6个，为广大农民群众送去法律咨询和消费相关知识。活动中，销毁物品有三无产品（冷冻鸡脚等）15件（300千克）、过期食品40件、不合格中药制剂、针济11件过期药品56件，总价值约11万元。二是2017年接到消费投诉38件，受理38件，成功调解38件，为消费者挽回经济损失1.58万元，涉及商品质量消费投诉26件，涉及服务消费投诉12件；受理电话咨询160件，举报11件，消费者投诉调解成功率100%，回访满意率100%，举报电话案件查处率100%。三是开展先行赔付制度工作。在集贸市场、建材、家电等大型商场、超市13个“消费维权服务站”开展先行赔付制度工作。

【打击传销、巩固无传销城市工作】　与16家单位签定《打击传销巩固无传销城市目标责任书》。与公安部门合作对昆明华夏老年养生协会在江川开展颁奖活动进行调查和驱散，驱散来自四川、安徽、西藏、广东、湖南、重庆、甘肃等省市自治区及云南省昆明、保山、大理、红河、德宏、普洱等地州参会人员264人，调查骨干分子5人。配合公安机关清理排查打击整治MMM金融互助平台涉嫌传销行为活动。出动执法人员24人次、执法车辆8车次，检查相关经营单位25个次。联合公安部门开展“黑茶”涉嫌传销进行调查，江川销售“黑茶”经营户1户，检查茶叶经营单位18户次，未发现涉嫌传销。加强直销经营日常监管。对江川5家直销企业进行现场检查。

【开展禁毒和扫黄打非工作】　严格审查市场准入资格，重点防范查处网吧、“KTV”、宾馆酒店和出租房无固定居住地和经营地址流动人员，检查经营户158户，未发现非法生产、销售和吸毒毒品人员。联合区公安分局、安监局对全区30户企业进行拉网式检查，重点对危险化学品购贷和使用全面清查，并进行规范。开展“扫黄打非”活动，检查出版物和音像制品经营单位200户。

（蒋函希）

安全生产监督管理

【概　述】　2017年，江川区安全生产工作以习近平总书记、李克强总理关于安全生产的重要指示批示精神为指引，坚持人民利益至上，牢固树立安全发展观念和红线意识，坚持标本兼治、综合治理、源头管控，以防范遏制安全生产事故为重点，切实落实企业主体责任、部门监管责任、党委政府领导责任，狠抓依法治理、基础建设、专项整治和安全宣传教育，着力提升社会整体安全水平，努力实现事故总量继续下降、死伤人数继续减少、促进全区安全生产形势持续稳定向好，确保“十三五”安全生产工作稳步推进。

【安全生产指标控制情况】　2017年，全区安全生产考核控制指标类别事故共发生5起（其中3起生产经营性道路交通事故，2起工矿商贸事故），造成5人死亡，1人受伤，直接经济损失138.86万元。与前3年平均数相比事故起数减少3起，下降42.85%；死亡人数减少1人，下降16.66%；受伤人数减少1人，下降66.66%；直接经济损失增加31.98万元，上升29.9%。全区安全生产控制指标控制较好，安全生产形势持续稳定。

【安全责任体系建设】 年初，召开全区年度安全生产工作会议，总结回顾2016年工作、安排部署2017年安全生产工作。与13个部门、6个乡镇（街道）、9户企业签订安全生产责任书，政府主要领导与分管领导签订目标责任书7份。从政府领导到部门、乡镇（街道）、工业园区、企业，“党政同责、一岗双责、齐抓共管、失职追责”安全生产责任体系得到层层落实。

【安全生产大检查长效机制管理系统建设】 为主动适应经济发展新趋势下对安全生产工作的新要求，按照省、市安监部门要求，江川区积极开展安全生产大检查长效机制管理系统建设工作，利用“互联网+安全监管”，转变监管方式，通过“1+3+5”工作模式，拧紧企业自检自查、政府综合督查、部门专项检查各个关键环节，确保政府、部门、企业安全责任层层落实。江川区纳入系统企业共计105户，截至2017年年底共停产14户，其余91户企业按照“一企业一标准”要求，制订安全检查标准，做到100%备案。企业自查隐患共5062条，整改5062条，整改率100%；共录入部门专项检查情况229条，检查企业229户次，查出整改隐患733条；录入专家检查情况5条，检查7户企业，查出整改隐患52条；录入综合督查情况24条，检查15户企业，查出整改隐患30条。

【联合执法】 始终保持高压态势，坚持把“打非治违”、安全大检查贯穿于全年安全生产工作之中，强化政府监管责任，完善联合执法、跟踪查处机制。共深入企业2746户次，整治安全隐患6769条；治理纠正违规违章行为209起，责令改正、限期整改、停止违法行为480起，没有违法所得、非法生产设备7起，责令停产整顿25起，罚款29起，共处罚款35.9万元；其余能当场整改的当场教育整改并停止非法违法行为；整治道路交通违规违章行为25807起。对3项重大安全隐患分别上报市、区政府挂牌督办，并按照“五落实”要求，督促企业抓好整改工作，有效消除事故隐患，确保安全生产。

【专项整治】 继续推进非煤矿山转型升级工作，严格按照《非煤矿山转型升级实施方案》严格执行，并排查整治问题及隐患98条；深入开展烟花爆竹生产专项整治工作，严厉打击企业“三超一改”“三违”行为；严厉整治“三库四防”基础设施，立案处罚4起非法违法行为，罚款3.55万元；整治安全隐患401条，销毁处置原材料、半成品（折合药量）214.3吨。深入开展工贸行业粉尘涉爆专项整治及较大危险因素辨识管控能力提升，整治安全隐患362条，整治非法违法行为5起，罚款2.9万元。深入开展职业病危害专项整治工作，对年初制定的26户企业进行检查，共整治安全隐患161条，整治非法违法行为1起，罚款1.2万元。

【应急救援演练】 成功举办6期应急救援演练，演练结合江川区特点，突出烟花爆竹、危险化学品、汛期地质灾害、工矿商贸、人员密集场所等重点行业领域，共200余人参加，投入3.7万元。修订《玉溪市江川区安全生产事故灾难应急预案》《玉溪市江川区危险化学品事故灾难应急预案》《玉溪市江川区烟花爆竹生产安全事故应急救援预案》《玉溪市江川区非煤矿山生产安全事故应急预案》《玉溪市江川区冶金等工贸行业企业生产安全事故灾难应急预案》5个应急预案，在应急预案中，针对组织领导、工作原则、通讯联络、处置流程、报告程序等方面提出要求，提升预案针对性、操作性、实用性。

【宣传教育】 开展以“全面落实企业安全生产主体责任”及“安全生产法”为主题安全生产宣传活动，相关部门、单位、企业悬挂宣传标语，营造宣传活动氛围。共发放安全生产宣传彩页、宣传册1万余份，展出宣传展板36块，出动宣传车1辆。深入企业、基层开展安全知识讲座2期。并依托市劳动保护科学技术学会培训“三项岗位”人员600余人，培训烟花爆竹经营人员70余人。

【安全生产经济政策落实】 根据《云南省安全生产监督管理局 云南省财政厅关于取消企业安全生产风险抵押金的通知》要

求，落实全区非煤矿山、危险化学品、烟花爆竹等企业风险抵押金508.9万元清退工作，截至年底全区企业风险抵押金全部退清。

【安全生产许可】 贯彻落实《安全生产许可证条例》等法律法规和规章，依照法定程序和条件，严格许可证核发工作，把好安全许可准入关。2017年，农药零售安全许可新办证5户、延期换证23户、注销0户；加油站新办证0户；气体经营延期换证0户、注销0户。非煤矿山安全生产许可证注销2户、延期换证1户。烟花爆竹经营（零售）许可证核发79户。

【重点时段安全工作】 元旦、春节、五一、汛期、中秋等旅游旺季重要时段，是安全生产事故易发多发时期。针对特殊时期，采取特殊手段，前移安全检查关口，盯紧高危行业，抓牢重点部位，按照“横到边，纵到底”的工作思路，及时消除各类隐患，严防安全生产事故，确保安全生产。

【烟花爆竹质量检验】 全国乡镇企业烟花爆竹质量检测安全监督中心云南站2017年抽查全省16个州（市）、县所属82家批发经销企业和生产企业的烟花爆竹产品107个批次，退回不在抽查范围内的B级产品1个批次，实际开展检验106批次，签发检验报告106份。本次共抽检烟花爆竹7个大类产品106批次，不合格产品25个批次，产品抽查不合格率为23.58%。

（张俊松）

国土资源

【概　述】 2017年，玉溪市国土资源局江川分局资源管理工作，按照2017年全区国土资源工作会议确定的各项工作目标，按照中央、省、市国土资源管理新论述、新要求，科学分析，因地制宜，突出特色，紧扣区委、区政府经济社会发展目标，不断创新国土资源管理工作，努力做到保护资源更加尽职尽责，利用资源更加节约集约，维护群众权益更加尽心尽力，为促进全区经济社会发展提供坚实保障，江川跨越发展作出新贡献。

【永久基本农田划定】 2017年，江川区积极开展全域永久基本农田划定工作，按时完成永久基本农田划定工作各项目标任务，成果于2017年7月7日经云南省国土资源厅、云南省农业厅《关于玉溪市红塔区等（9）个县（区）永久基本农田划定成果的验收意见》验收，共划定基本农田14017.73公顷。

【落实耕地保护责任】 依据《玉溪市土地利用总体规划（2006-2020年）调整方案》，市级下达全区的基本农田面积不得低于14016公顷，耕地保有量不得低于20174公顷。江川区将这两项数据进行分解落实，确定各乡镇基本农田面积和耕地保有量面积。签订永久基本农田保护责任书368份，其中区对乡镇7份，乡镇对村69份，村对组292份。健全耕地保护责任和考核评价体系，将耕地和基本农田保护工作纳入政府领导绩效考核和离任审计。制定《江川县乡镇人民政府耕地保护责任目标考核办法》，建立耕地保护共同责任制。

【落实占补平衡】 2017年全区批准用地77.7903公顷，耕地29.1545公顷（其中：水田24.0136公顷、旱地5.1409公顷），均经省级国土资源主管部门核实合格，并挂钩相应耕地质量等别的补充耕地项目，在耕地占补平衡动态监管系统中挂钩确认。上报至省国土厅待批用地16.2892公顷（其中：旱地0.1277公顷），全部落实耕地先补后占措施。2017年江川区占用耕地项目和补充耕地项目补充耕地数量和质量均能满足占补平衡要求。

【土地整治】 开展江川区九溪镇大营等4个村土地整治项目，该项目位于江川区九溪镇大营、中营、大村、马家庄4个村境内。项目区建设总规模261.1657公顷，项目总投资890.30万元，为省级投资项目，项目于10月10日开工建设，正开展土地一平整，已平整土地1850多亩。按要求补录和确认提质改造信息。

【国土资源规划管控】 完成县、乡土地利用总体规划编制，县级规划经云南省人民政府（云政复〔2017〕51号）批准，乡级规划经玉溪市人民政府（玉政复〔2017〕107号）批准，待省厅备案。推进第三轮矿产资源总体规划、“十三五”土地整治规划编制和审批。积极开展村级土地利用规划试点。选取大街街道小白坡村和路居镇石岩哨村（不在托管区）作为村级土地利用规划试点村。

【矿政管理】 完善矿业权市场交易规则和制度化，落实矿业权有偿取得、计划投放制度，严格执行矿产资源规划和矿业权设置方案，出让计划报经政府批准，矿业权出让进入公共资源交易中心。2017年共办理变更登记（含已受理正在办理中）矿业权8个，整合或利用原有生产系统扩大开采范围的毗邻区域。以协议方式出让，收取采矿权价款（收益金548.43万元）。

【矿业权联勘联审】 成立玉溪市江川区矿业权联勘联审依法审批和矿山生态环境综合评估工作领导小组工作机制。实行矿业权审批联勘联审，全区23家矿山涉及到期办理延期和扩大变更采矿权的一律实行联勘联审，开展矿山生态环境综合评估3家。组织全区23家矿山开展矿业权人勘查开采信息公示工作培训和填报。按照云国土资〔2017〕32号文件要求，实地抽查区域内县级发证采矿权开采信息公示2家。

【绿色矿山建设】 落实矿山地质环境恢复治理保证金制度。截至2017年12月，历年累计缴存矿山地质环境保护恢复治理保证金962.79万元，占应收取金额的74%；累计退还矿山地质环境保护恢复治理保证金79.1万元，其中2017年缴存矿山地质环境恢复治理保证金151.14万元。已经单独或合关编制矿山地质环境恢复治理方案和土地复垦方案18个，占81.3%。

【节约高效用地】 切实保障近五年供地率达到60%以上，江川区前五年（2012年–2016年）批准项目19个，批准面积384.7814公顷，截至2017年12月，已供应面积234.4404公顷，供地率为60.93%。为有效提高城区土地利用率和土地开发强调，进一步推进城市化进程，加快城区提质扩容，2017年江川区收购低效利用土地3宗，面积为5.3086公顷（其中：玉溪通程检测有限公司大车检测线2.6616公顷、前卫农村信用社0.0757公顷、金塔实业2.5713公顷）。

【矿山“三率”标准】 在矿业权人勘查开采公示信息实地核查工作中对矿山“三率”工作进行考核量化。开采总量控制矿种的矿山有云南江川天湖化工有限公司清水沟磷矿，每季度报告一次开采量，2017年全年未发现超指标开采，年开采设计总量50万吨，实际开采不足50万吨。按时、按质完成矿产资源开发利用年报数据报送、上报数据错误率低于5%。

【降低工业用地成本】 2017年，江川区认真落实免缴坝区耕地质量补偿费，降低企业用地成本7583.1744万元。其中，江川区2016年第一批次城镇建设用地（A、B、C、D、H、I地块），免缴坝区耕地质量补偿费4471.5904万元；江川区2016年第二批次城镇建设用地（A、B、D、P、R地块），免缴坝区耕地质量补偿费3111.584万元。

【耕地后备资源调查】 根据玉国土资发〔2017〕67号文件，江川区及时开展2公顷以上集中连片可开发耕地、可复耕采矿用、可复耕村庄和可提质改造耕地补充调查，并按要求上报调查成果。形成《江川区土地后备资源调查评价分析报告》《江川区耕地后备资源补充调查宜耕可行性报告》等成果。江川区耕地后备资源总规模为2213.23公顷，建设规模为1430.38公顷，预计6个项目新增耕地77.3公顷，复垦和提质改造后水田总量达1713.85公顷。

【维护征地农民利益】 严格按法定程序征地，加大征地信息公开力度，严格执行征地统一年产值标准和区片综合地价，严格执行征地社保资金制度，足额落实被征地农民社保资金。江川区2017年批准项目2个，正在省厅审批项目2个，总面积94.0795公顷，均严格按照《玉溪市人民政府办公室关于进一步完善被征地农民养老保险政策有关事项的通知》（玉政办发〔2016〕77号）文件要求，已将被征地农民社保资金全额2822.3850万元资金缴入玉溪市江川区人力资源和社会保障局社保专户。

【地质灾害防治】 落实地质灾害防治责任制，健全地质灾害应急处置机制，开展地质灾害应急演练工作，各乡镇（街道）共组织开展地质灾害应急演练10次，990人参加演练。开展地质灾害排查、巡查、检查工作。全年共出动车辆209次，巡查人数571人次，巡查点次441个。

按时完成年度地质灾害防治工作任务，共投资62.6万元对14个小型地质灾害点进行治理。共

组织开展9次地质灾害知识宣传培训，覆盖全区6个乡镇（街道），参加人员423人，共发放宣传材料1200余份，“两卡一书”发放到位，各乡镇、街道办发放《防灾工作明白卡》90份、《防治避险明白卡》1164份、《防灾工作通知书》33份。在地质灾害危险区域设立警示牌32块，撤离路线醒目，避险场所安全。严格规范地质灾害防治工程项目管理。积极组织申报因地质灾害搬迁避让项目8个。对路居东大河特大型泥石流地质灾害治理项目开工建设情况进行重点监管，对九溪镇六十亩地质灾害治理项目完工报告及审计进行认真督促做好矿山地质环境恢复治理项目的组织实施和竣工验收工作。

【不动产数据整合】 江川区围绕市局明确的2017年不动产登记数据整合、汇交的重点开展各项工作，制定《江川区不动产登记数据整合工作计划及实施方案》，完成16000件地籍纸质档案和18453件房产纸质档案扫描、整理和林权相关档案资料收集整理工作。完成江川区不动产登记存量数据整合服务项目招投标工作，昆明云金地科技有限公司中标承担江川区存量数据整合，按照《云南省不动产登记数据整合方案（试行）》要求，已完成中心城区19533宗存量数据整合工作，并已2017年10月31日向省国土资源厅进行数据汇交，数据汇交质检等级为B1级。严把数据整合成果资料审核，确保汇交信息平台数据质量，截至2017年12月完成4207件系统登簿量，3380件成功接入国家信息平台，接入成功率达到96.83%，有力推进不动产登记工作持续前行。

【压缩不动产登记时间】 缩短不动产登记办理时限，主动将国有建设用地使用权、国有建设用地使用权及房屋所有权、林地使用权及林木所有权、林地使用权及林木使用权的首次登记、变更登记、转移登记、注销登记办结时限由法定30个工作日压缩至15个工作日；更正登记、变更登记压缩至10个工作日；将抵押权的首次登记、变更登记、转移登记压缩至5个工作日，抵押权的注销登记压缩至3个工作日；查封登记、注销查封登记办结时限实行即日办结。于2017年9月1日向社会进行公开承诺，自觉接受社会各界监督，执行至年底，未发生超过承诺期限办理情况，也未被举报或投诉情况。

【林权类不动产登记发证】 根据玉溪市国土资源局和玉溪市林业局联合下发《关于明确林权类不动产登记有关事项的通知》文件精神，区国土局主动加强与区林业局协商，形成共同配合做好林权登记工作意见，于2017年9月13日颁发江川区首本林权类不动产权证书。截止2017年底，已核发林权类不动产权证11本。

【“房地一体”试点】 根据市局下达任务，江川区积极启动试点工作，制定下发《玉溪市江川区房地一体农村宅基地和集体建设用地使用权确权登记颁证试点工作方案》，确定玉溪市江川区大街街道办事处土官田村委会为试点区域，依据国土资源部《农村地籍和房屋调查技术方案（试行）》，编制《玉溪市江川区房地一体农村宅基地和集体建设用地使用权确权登记技术方案》，通过政府采购方式确定昆明云金地科技有限公司为专业调查队伍，作业队于2017年7月22日进场开展收集试点区域内土地、房产现有调查、登记资料，村庄布局点规划资料以及户籍人口等相关信息，截至年底完成试点区域的外业调查、内业核查、张榜公示、数据入库等工作，进入颁证工作，已核发不动产权证3本。

【日常执法监察】 完善执法监察共同责任机制，建立和完善国土、公安、工商、乡镇等部门联合执法机制，开展动态巡查，建立落实日常巡查工作台账、国土资源违法行为台账、立案录入上报等综合统计台账和报告。全年共开展常态化巡查200余次，重点巡查40余次，及时发现制止土地违法违规行为70余起，按村规民约拆除50余起。强化土地矿产执法监察，严肃开展土地矿产违法行为查处工作，全年共立案查处土地违法案件17件（2件正在办理中），行政处罚48997元；查处矿产资源违法案件5件，行政处罚75000元，已全部结案。

【卫片执法】 开展土地矿产卫片执法监督检查工作。建立江川区卫片执法工作领导小组，制定卫片执法工作方案，下发通知，组织实施。江川区2016年度土地变更调查认定新增建设用地图斑70个，图斑面积1029.9亩，耕地面积783.8亩。根据土地卫片执法政策审核认定认定填报违法用地图斑27个，图斑面积89.8亩，耕地面积72.1亩，违法占耕比例约为11.4%（其中托管区违法占耕比例为3.4%，江川区违法占耕比例约为8%）。2016年度土地卫片执法共立案查处图斑16个、宗数15宗，查处面积45.3亩，耕地面积29.1亩；拆除恢复土地原状图斑1个、恢复土地面积1.1亩，收缴罚没款4.8997万元，并提出处分建议，由纪检监察部门对3名科级及以下干部诫勉约谈，对2名村组干部诫勉谈话。2016年度矿产卫片图斑6个，其中托管区图斑2个，江川区图斑4个。分局已依法对江川区涉及的3个违法图斑（2个越界开采、1个无证开采）进行立案查处，行政处罚6.5万元，已全部查处结案。

【打非治违】 贯彻落实省厅、市局关于严厉打击私挖盗采行为深化矿产资源“打非治违”工作精神，制定专项行动方案，成立领导小组，对省厅挂牌督办的大街街道螺蛳铺小营后山、雄关杨柳坝后山、江城温泉后山及庄科村后山4个非法盗采点进行专项集中整治，并按照一点一卷整治工作要求于2017年11月上报市局、省厅分别进行销号。开展全区范围内“打非治违”综合整治，截至2017年12月，区分局先后联合公安机关、市场监督管理部门与各乡镇（街道），通过夜间巡查、蹲点值守、群众举报、联合执法等方式，集中对辖区内无证照经营与非法盗采行为进行联合执法，先后重点打击查处无证开采、越界开采矿产资源违法行为13起，由市场监督管理局行政处罚8起，实施行政处罚13.35万元，没收矿产品1500余吨，没收违法所得14.3万元；分局立案查处5起，行政处罚7.5万元，共计罚款20.85万元，没收违法所得14.3万元。

【安全生产】 开展国土资源领域安全生产工作，区分局成立安全生产工作领导小组，层层落实，签订责任书，健全制度，制定《玉溪市国土资源局江川分局开展汛期安全生产专项检查工作实施方案的通知》《玉溪市江川区2017年地质灾害防治方案》和《玉溪市国土资源局江川分局开展安全生产大检查工作实施方案》，2017年组织检查366人次，查出一般隐患21项，整改21项，限期整改4项，已整改。做到巡查记录详实，问题整改到位。做好“安全生产月”宣传活动，共张贴标语40条，发放材料360余份。

（邓绍辉）

建设·环保

编辑　徐凡清

住房和城乡建设

【概　述】　2017年，区住房和城乡建设局围绕“生态宜居文明幸福的魅力之城”，以市政基础设施建设为重点，大力开展城乡人居环境整治、农危房改造、百千工程、棚户区改造等工作，优化生态环境，努力建设宜居宜业生态活力新区。至2017年底江川区建成区面积5.8平方千米，城镇化率43%，供水管道107.834千米，日供水能力1.8万立方米，年供水总量534.39万立方米，日处理污水能力2万吨，污水处理率89.51%，生活垃圾无害化处理率100%。

【市政基础设施建设】　2017年，江川城区纳入玉溪市城市总体规划修编，与红塔区共建玉溪市中心城市，深入推进海绵城市、联合国人居环境奖暨国家节水型城市、全省文明城市、国家环保模范城市、国家智慧城市、国家创新型城市等“六城同创”工作，全面铺开市政基础设施、公用事业、环境治理等“硬件”项目新建改造，中心城区功能不断完善；利用撤县设区机遇，加快补齐市政基础设施短板。投资14.8亿元的第一批市政基础设施PPP项目获市级批准实施，其中：龙泉大道南段、浪广路综合管廊、全民健身运动场馆等项目开工建设，老街兴农贸市场主体完工，大街农贸市场改造加快推进，档案馆片区小广场竣工验收，药王阁修缮完工，市政基础设施进一步完善。

【城乡人居环境综合整治】　2017年，江川区提升城乡人居环境行动，主抓“违法违规”治理，坚决遏制新增违法违规建筑数量，依法有效治理违法违规建筑存量。排查出违法违规建建筑4823宗，建筑面积194787.63平方米，治理违法违规建筑3962宗，治理建筑面积为167750.45平方米；2017年以美丽乡镇规划、“百千工程”建设为抓手，从村容镇貌整治提升、集中供水设施建设、生活污水处理设施建设、生活垃圾处理设施建设、农贸集贸市场改造提升和群众文体活动广场建设6个方面，对全区6个乡镇（街道）基础设施进行提升完善，完成九溪、雄关完成特色小镇规划，5个美丽乡镇、78个“百村示范·千村整治”项目全面完工，完成“一事一议”财政奖补、美丽乡村建设项目21个。深入开展全面提升城乡人居环境行动，完成太阳能路灯安装4100盏，农村土地规划建设专管员实现行政村全覆盖，前卫社区金庙小区、九溪矣文村民小组等35个连片旧村改造项目全面启动。各乡镇建成镇区2座及以上公厕，辖制63个建制村中，完成建制村村委会所在地建成（改造）1座及以上公厕目标。实现镇区公厕覆盖率和建制村公厕覆盖率达到100%，镇区污水处理设施覆盖率达80%；实现污水有效治理共40个（含大街街道），建制村污水有效治理率达63.49%。

【供排水工作】　2017年，实现安全供水534.39万立方米，水质达标率达100%。处理污水446.49万吨，化学需氧量888.14吨，五日生化需氧量394.27吨，总磷21.68吨，总氮154.41吨，氨氮110.24吨。用水户25762户，新增用水户1832户。完成新建5.7千米污水配套管网工程建设目标任务。

【保障性安居工程】 2017年，完成江川2008年以来建设公共租赁住房4291套全部分配入住，超额完成年度目标入住率100.1%；完成江城古镇棚户区改造项目基本建成1247户。江城古镇棚户区改造占地253.27亩，涉及拆迁户数1960户，拆迁面积138283.46平方米，安置方式为100%货币化安置，项目估算总投资88117.24万元。完成棚改签约户数为1434户，基本建成超额完成187户，完成资金兑付905户，资金兑付累计金额为313670984.90元，完成交验房屋528户，拆除房屋100宗；完成大街街道棚户区改造项目新开工753户。大街街道棚户区改造项目棚户区占地范围530.98亩，总拆迁面积490835.50平方米，总拆迁户数5310户，货币安置户数为5250户，实物安置户数0户。估算建设投资为287005.94万元。正在开展外业测绘工作，已测绘调查2004户，实际分户4207户。上级补助资金共计4560万元，根据《玉溪市家园建设投资有限公司关于请江川区人民政府尽快落实江川区棚改项目相关事宜的函》要求，将4360万元（不含以奖代补资金）拨到玉溪市家园建设投资有限公司作为棚改项目资本金，剩余200万元以奖代补资金将用于棚户区改造补助。

【农村危房改造】 2017年，省级下达江川区任务数为400户，全区达到开工率229%，竣工率178%。市下达区任务数为当前建档立卡危房户数量917户。其中：大街179户、江城160户、前卫138户、九溪135户、雄关103户、安化202户。开工917户，开工率达100%、竣工825户，竣工率达89.97%。为加快建档立卡贫困户农村危房改造工作，区住建局协调农村信用社，结合建房成本、上级补助，按照“放得出、管得好、收得回”原则，对建档立卡贫困户拆除重建户提供优惠贷款支持，最高贷款限额5万元，贷款期限8年期，其中政府连续贴息补助5年，农户固定承担2%利率，其余利息由省、市、区三级按照1：1：1比例承担。经农户自愿申请，村委会推荐、乡镇、区住建局审核，报信用社审批后，及时提供贷款，共发放贷款185户829.5万元，有效缓解拆除重建贫困户建房经济压力。

【房地产业】 2017年，完成房地产投资11.07亿元，商品房销售面积129664平方米，增速31%；地产业城镇单位就业人员311人，同比增长14.76%；地产业房地产业城镇单位就业人员劳动报酬14886千元，同比增长20.93%；完成商品房备案登记635件，面积为10.1万平方米，销售总价5.00亿元，均价4950元/平方米。二手房成交面积为6.6万平方米，二手房成交金额为2.14亿元；房地产开发项目16个，新开发房地产有云湖山居、绿竹小区两个项目，商品房累计可售面积为44.84万平方米，住宅共计1629套。商品房去库存数为10.1万平方米，住宅去库存套数为635套。办理预售许可证3件，预售面积为20.04万平方米。共有20个维修资金专户，维修资金专户定期存款金额数为3700万元，活期925.47万元。

【燃气管理】 2017年，开展燃气安全检查4次，做现场燃气安全检查记录35份，对各换瓶点燃气安全经营状况进行现场拍照317张，提出各项安全整改意见和措施58条。

【建筑业】 2017年，完成资质以上建筑业总产值11.85亿元，增长34.1%。年初召开江川区建设工程质量安全工作会议，与17家建筑施工企业、4家监理企业签订安全生产目标管理责任书21份，层层落实制定安全生产目标管理责任制。全年检查工地400个/次，查出一般质量安全隐患455条，较大安全隐患32条，严重安全隐患25条；发安全监督告知书5份，对5个在建项目下发停工整改通知书，对4个在建项目的项目负责人进行工程质量安全警示约谈，对在建工程质量安全提出各项整改意见和措施592条。办理建筑工程施工许可证19个，累计总建筑面积220484.28平方米，总投资33495.35万元。接件企业项目合同初始备案118件，审批项目合同初始备案118件；接件企业项目季报初始上报105件，审批企业项目季报初始上报105件；接件企业季报初始上报55件，审批企业季报初始上报55件。

【招投标管理】 2017年，玉溪市江川区有形建筑市场进行招投标工程建设项目62个项目（72个标段），项目估算总投资

30323.19万元，招标限价（拦标价）29926.75万元，中标合同价为27080.3万元，浮动率为-9.51%。

【稽查执法】 2017年，行政审批项目29项，行政处罚520项，行政强制2项，行政征收1项，行政检查10项，其它执法28项。结合行政执法，全面推进行政处罚规范化建设，依法查处行政案件96件（含综合执法局），罚款总额39377元，依规定对7件行政处罚案件的处理结果进行信息公开。执法水平不断提高，实现“零复议、零诉讼”。

【人民防空】 2017年，人防工作以平战结合为抓手，不断提高人民防空和防震减灾能力。积极做好防空地下室建设项目审批和涉及防空地下室建设的前期服务工作。对不适宜修建防空地下室的项目进行易地建设行政审批，2017年办理3件，应收取易地建设费全额缴入财政专户。

【人大建议和政协提案】 自觉接受人大法律监督、政协民主监督。2017年办理县人大代表建议案及县政协委员提案30件（其中：人大代表建议9件，政协委员提案21件）、信访件12件，做到件件有答复、事事有回音，满意率达100%以上。

（郑文红）

住房公积金管理

【概　述】 玉溪市住房公积金管理中心江川管理部是隶属于玉溪市住房公积金管理中心的派出机构。2017年，江川管理部以贯彻执行国务院《住房公积金条例》为主线，紧紧围绕实现住房公积金自身科学发展为主题，积极推进住房公积金制度建设，不断强化民生保障作用，进一步提升为民服务水平，为全区经济社会发展、职工住房条件改善、群众生活水平提升作出积极贡献。

【主要经济指标完成情况】
住房公积金归集情况。全区2017年归集住房公积金18119万元，比上年同期增长3327万元，增长22.5%。全区累计归集总额119737万元，归集余额42215万元。全区共有247个单位7507名职工正常缴存住房公积金。

住房公积金使用情况。全区支取住房公积金11836万元，比上年同期增长633万元，增5.65%。发放个人住房公积金贷款18383万元，比上年同期减少9142万元，减2.19%，贷款减少的主要原因是2017年比上年可售楼盘较少。累计发放贷款总额93408万元，贷款余额58760万元，存贷比139.19%，无不良贷款和逾期贷款。

【增点扩面】 强化措施加大住房公积金政策宣传力度，管理部积极推进以非公企业为重点的住房公积金制度建设。2017年全区新增缴存单位25户，缴存职工130人，其中个人缴存6人。按市中心相关政策，与财政、人社部门协调沟通，举办住房公积金调整变更工作会，完成年度审核审批工作。在对职工住房公积金年审中认真核实缴存基数、缴存比例，住房公积金缴存归集始终严格遵守《玉溪市住房公积金缴存、提取暂行办法》，并根据《玉溪市住房公积金管理委员会关于调整住房公积金政策的通知》的有关规定，完善公积金年审制度。按照玉溪市统计部门和人社部门公布的月平均工资和最低生活保障费，严格执行缴存基数的上下限标准。

【政策调整要点】 从2017年2月1日起执行以下政策：将“2016年单职工住房公积金个人住房贷款最高额度50万元，夫妻（家庭户）住房公积金个人住房贷款最高额度100万元，及正常缴存公积金的父母和子女双方共同购买住房的可以按人均50万元累计计算贷款额度”的规定调整为“夫妻（家庭户）购买住房，住房公积金个人贷款最高额度为100万元；单职工住房公积金个人贷款最高额度为50万元”。

将“购买库存商品房，放宽住房公积金贷款次数限制，公积金贷款总额控制人均50万元以内。在此贷款额度内，再次购房可再次申请贷款，贷款额小于（或等于）贷款总额减去贷款余额”的规定调整为“已经有一笔住房公积金贷款的，再次申请住房公积金贷款必须结清该笔住房公积金贷款后方可申请”。

当住房公积金存贷比达到85%，暂停办理商业住房贷款置换住房公积金贷款。即2017年度江川区暂停商业住房贷款置换为公积金住房贷款业务。

（段红梅）

环境保护

【概　述】 2017年，区环保局贯彻落实全国、省市环保工作会议和区委二届三次全会精神，以星云湖保护治理为重点，深入落实中央环保督察问题整改，认真开展省委、省政府环保督察，加大污染减排和环境监管力度，强化队伍建设，提升服务水平，改善环境质量，保障了辖区环境安全。2017年，《星云湖"十三五"水环境保护治理规划》实施的15项治理工程，开工13项、开展前期工作2项，开工率86.7%，完成投资68322万元，到位资金19109万元。审批建设项目29个，办理"三同时"环保建设项目验收手续34个，完成环境影响登记表网上备案32个。加大环境执法力度，出动执法人员598人次开展288场次现场环境监察，依法征收排污费102.55万元。全年，主城区环境空气质量一级天数210天、二级天数146天。加大环境宣传教育力度，开展"六五"世界环境日系列宣传活动。

【星云湖保护治理】 以《星云湖流域"十三五"水环境保护治理规划》为指导，坚持"外源与内源治理并举、工程项目与管理措施并重、重点突破与整体推进结合"工作思路，突出工程治理，实施星云湖环湖截污治污、污染底泥疏挖及处置、水体置换、农业高效节水减排、"两污"建设等15项治理工程。同时大力推进沿湖产业结构调整，发展生态休闲观光旅游业等，实施星云湖南岸湿地湖滨带提质改造工程等湖泊治理与产业发展兼顾的项目，持续抓好管理措施，逐步改善星云湖水质，着力建设宜居宜业生态活力新江川。一是牵头认真开展星云湖"十三五"保护治理攻坚，制定《星云湖流域"十三五"保护治理攻坚方案》，明确责任领导、责任股室和责任人，严格按照"排时间表、画线路图、盯责任人、销任务号"工作要求，全力推进星云湖保护治理。二是成功申报国家山水林田湖草试点项目，争取国家首批专项资金3亿元。三是稳步推进星云湖环湖截污治污、污染底泥疏挖及处置2项PPP项目及星云湖南岸湿地、湖滨带提质改造工程实施。四是"十三五"规划项目前期工作进展顺利，星云湖湿地湖滨带提升改造工程、星云湖藻类收集蓝藻水华治理工程（藻水分离站）完成可研报告、环评报告并获批。五是NAC系统除藻船及相关配套设施建成并于2017年10月投入正常运行。六是开展星云湖基础调查研究，启动星云湖流域水文水环境调查、星云湖湖体氮磷迁移转化机制2项课题研究工作。七是加强已建环保治理设施运行管理，建立星云湖流域已建环保治理设施运行管护保障机制。对已建的72台（套）环保设施采用社会化管理模式，强化管理措施，落实管理责任，确保各项治理设施"既建得起来、还要管得好"，发挥应有环境效益。八是开展流域污染隐患排查和整治，对存在的污染隐患及时采取有力措施进行整治，针对薄弱环节，完善工作措施、建立长效管理机制，并定期进行排查，广泛开展宣传教育。

【星云湖环湖截污治污工程】 对流域23个村委会107个自然村实施综合整治，实现星云湖流域村落环境综合整治全覆盖，建设调蓄分配生态化农灌系统，提高灌溉效率、减少农业面源污染，新建19.2千米环湖调蓄截污干渠，构筑起星云湖保护治理末端屏障。2017年1月开工建设，截污干渠全面开工，启动村落治理，完成投资26150万元。

【星云湖污染底泥疏挖及处置工程】 在星云湖8.98平方千米、污染层厚度超过50厘米的重污染区清除污染底泥728万立方米并妥善处置。已完成一条污泥机械脱水生产线建设及清淤船组装、联机调试及纳泥场选址，完成投资22549万元。

【星云湖南岸湿地、湖滨带提质改造工程】 将星云湖南岸十里长堤以下区域建成生态景区，包括湿地生态观赏区、民俗文化体验区、湖滨休闲娱乐区三大主题功能板块。2017年7月开工建设，完成2.7千米主体工程人工岛、截污渠、自行车道基础、人行道基础、绿化等工程内容，完成投资6045万元。

【环境监察执法】 认真执行《江川区关于加强环境监管执法的实施意见》《江川区环境监管网格化实施方案》，强化环境管理责任。按照环境执法监管"双随机一公开"和环境监管网格化管理要求，扎实开展"污染源日常检查""减排专项检查""建设项目'三同时'检查、"玉溪市'三湖'专项检查"、纳污坑塘专项排查、屠宰行业专项排查、"排污许可证专项检查""集中式饮用水源""辐射专项检查"等环境执法检查活

动，严厉处罚环境违法行为，加大环境执法力度，有效遏制环境违法行为，保障辖区环境安全，为江川经济社会健康发展保驾护航。2017年，共计出动598人次，开展现场监察288场次，形成环境监察现场记录288份，立案查处环保违法案件4件，其中，1件依法移送公安处理，对检查发现的企业环境违法行为，下达《责令改正环境违法行为决定书》11份，责令相关企业停止环境违法行为进行环保整改。收缴罚款18.1万元；调查处理污染投诉案件43件，处理率为100%。

【排污费征收】 贯彻执行排污收费制度，充分用好排污收费重要经济杠杆，促进企业加强污染治理，减少污染物排放。全区44户企业开展排污申报，共征收排污费102.55万元。

【大气污染防治】 全面实施大气污染防治行动，区政府印发《玉溪市江川区2017年大气污染防治蓝天保卫攻坚行动方案》，把大气环境污染治理作为重大民生工程，全面治理，突出重点，综合施策，强化监管，精准治污，创新机制，考核问责。全面开展城市扬尘治理、优化产业空间布局、重点工业企业污染防治、机动车污染防治等工作，坚决打好环境空气污染综合防治攻坚战，不断提高绿色发展和生态环境质量水平。严格把好燃煤锅炉准入关，全面禁止新改扩建烧煤锅炉，原有燃煤锅炉按照省市统一计划逐步淘汰，2015年以来，区人民政府所在地未新建过燃煤锅炉；加强对饭店油烟排放监管，全区80%以上饭店均安装油烟净化装置；深入推广秸秆综合利用及禁烧工作；加强施工扬尘监管，积极推行绿色施工；重点企业主动公开大气污染物排放、治污设施运行情况等环境信息，严格落实重点监控企业自行监测及环境信息强制公开制度，全区5家重点监控企业定期在云南省重点污染源监测信息管理系统公布自行监测信息，接受社会的监督。江川新天力现代农业装备制造有限公司安装了有机废气收集处理设施，加油站油气回收治理工作按计划实施，早街加油站、龙街加油站按计划完成油气回收改造，所有加油机均安装了油气回收装置。2017年，主城区环境空气质量一级210天，二级146天。

【县域生态环境质量考核】 2017年国家（省级）重点生态功能区县域生态环境质量考核工作圆满完成。按照2017年国家重点生态功能区县域生态环境质量监测、评价与考核培训会的精神和要求，制定工作计划，培训技术人员，抓住2017年考核新变化，严把数据、材料质量关，认真组织资料，填报数据，圆满完成2017年国家重点生态功能区县域生态环境质量考核工作。

【污染减排】 2017年，减排项目共有7项（工业源2项，污水处理厂2项，农业源3项）。3个农业源减排项目，江川区苹果源养殖场、孙小华养殖场、江川区元生养殖场按要求完成建设养殖废物治理设施。污水处理厂减排项目，星云湖南片区污水处理厂2017年全年正常运行，日处理污水约0.92万吨；星云湖北片区污水处理厂进水量、进水浓度较上年有所提高；江川翠峰水泥有限公司1号线脱硝工程减排项目因停产未建设已实施无期限停产措施，2号线脱硝设施因停产未运行。

【创建国家环保模范城市】 全面分析创模各项指标，结合江川实际，制定《玉溪市创建国家环境保护模范城市江川区2017年度工作方案》，把任务逐项分解至各成员单位，确保工作量化到位、责任落实到位。召开玉溪市江川区创建国家环境保护模范城市工作推进会，签订目标责任书，各牵头单位对各项指标进行全面分析落实，完成创模年度工作任务。

【水污染防治】 开展星云湖环湖截污治污、污染底泥疏挖及处置、水体置换、农业高效节水减排、两污建设等15项治理工程。严把项目准入关，严格环境准入，严控高耗能、高污染项目建设，杜绝水资源保护区入驻向水体排放污染物的企业。加大执法力度，做好日常监察执法工作，落实已建环保设施运行管护保障措施，加大对排污企业的监督检查力度，确保治污设施正常运行，污染物达标排放。完成江川区畜禽养殖禁养区、限养区划定工作，新建养殖场均要求建设雨污分流，粪便污水资源化利用设施，2017年度完成3户养殖企业污染减排设施改造。加油站双层罐改造工作有序推进。加强南、北片区污水处理厂的运行及管理，出水水质均达到《城镇污水处理厂污染物排放标准》（GB18918–

2002）一级A排放标准。污水处理厂污泥进入建子山垃圾填埋场无害化处置。按照监测规范要求，开展城区集中式饮用水水源地水质监测工作，2017年城区集中式饮用水水源地水质达到《地下水环境质量标准》（GB/T14848-93）Ⅲ类标准。

【生态文明体制改革】 2017年9月印发《中共玉溪市江川区委 玉溪市江川区人民政府关于贯彻落实生态文明体制改革总体方案的实施意见》，并抓好改革相关工作，配合省垂改领导小组做好垂改调研。推进资源税从价计征工作，按照《中华人民共和国环境保护税法》，做好前期工作，确保2018年环境保护税开征工作顺利启动、平稳推进。根据《2017年玉溪市生态环境监测方案》，开展生态环境监测。开展三湖径流区生物多样性调查，覆盖941种野生动植物，编制《玉溪市三湖径流区生物多样性调查》。

【生态建设】 积极推进省级生态文明区创建，前卫镇、九溪镇、安化乡被省政府命名为第十批云南省生态文明乡镇。组织辖区内学校、社区申报省级绿色学校（社区），加大检查指导力度，落实各项创建工作。2017年，1所学校、3个社区已成功命名为“云南省绿色学校（社区）”。截至2017年底，全区成功创建省级绿色社区4个、市级绿色社区7个；省级绿色学校13所，市级绿色学校25所；71个村（社区）被命名为“市级生态村”；6个乡镇（街道）中，5个乡镇被命名为“云南省生态文明乡镇（街道）”。

【建设项目管理】 贯彻落实国务院和省市简政放权有关精神，以高效化为目标，全面优化审批流程，提高审批效率。对重点推进的重大项目和民生工程开启绿色通道，主动介入，主动服务，精简办事流程。2017年，对24个项目环评登记表进行网上备案，对20个项目环评报告表（书）进行审批，完成34个建设项目的环保验收，所有审批、验收时间均在法定时限的三分之一以内。

【排污许可证办理】 2017年，以重点行业为突破口，实施网上申报、公开核发新排污许可证工作，督促指导江川丰茂纸业有限公司、云南省江川恒昌造纸有限责任公司、云南翠峰纸业有限责任公司三家造纸企业完成了排污许可证网上申报和核发。同时，完成14户企业排污许可证年检工作，正常核发玉溪市万力包装有限公司排污许可证。

【危险废物转移】 加强对危废转移工作的指导，2017年，指导云南江磷集团股份有限公司、江川前卫电镀厂、云南联塑集团有限公司、云南腾达机械有限公司等企业完成2016年度危险废物申报登记工作；审核批准并办理云南联塑集团有限公司转移2吨废矿物油，云南腾达机械制造有限公司转移3吨废矿物油，云南江磷集团股份有限公司转移2017年度5000吨泥磷手续，江川区涉及产生危废的工业企业均纳入了系统管理。

【政务公开】 贯彻落实《中华人民共和国政府信息公开条例》和市区关于政府信息公开工作的安排部署，以依法公开、诚实守信、注重实效、服务社会、公平公正、有力监督为原则，紧紧围绕环保工作重点、热点以及人民群众普遍关心的环境问题，紧密联系环保工作实际，大力推进信息公开工作，不断拓展公开内容，创新公开形式，完善公开制度，全年公开各类环境质量信息200余条。

【环境监测】 一是开展中心城区环境空气质量监测，对中心城区二氧化硫（SO_2）、二氧化氮（NO_2）、一氧化碳（CO）、臭氧（O_3）、可吸入颗粒物（PM_{10}）、细颗粒物（$PM_{2.5}$），气象五参数（温度、湿度、气压、风向、风速）、能见度等指标开展24小时连续自动监测和评价；二是开展水环境质量监测，对辖区内的13条主要入湖河道开展水质监测，对中心城区集中式饮用水水源地廖家营、大龙潭每月开展23项水质例行监测和年度39项全分析监测。三是组织专项监测，对纳入河长制管理的湖泊、河道、水库75个监测断面进行水质监测，为河长制工作提供及时、准确、真实的监测数据；积极配合市环境监测站完成星云湖水体置换工程水质监测；开展中心城区声环境质量监测，对116个网格夜间、昼间各监测1次，监测数据928个，为创卫及环境噪声功能区区划及管理提供了数据支撑；四是开展污染源监测，对3家国控、省控重点污染源按季度进行监督性监测，对已安装在线监测系统的3家重点污染源按季度开展比对监测，为重点污染源在线监测体系建设和环境信息建设提供科学有

效的依据；五是开展应急监测，完成环境监察送样和投诉、纠纷应急监测8次。

【创建国家卫生城市】 一是加强宣传，营造氛围。制作健康教育宣传栏，悬挂创卫宣传标语，营造浓厚氛围；二是加强干部职工健康教育，落实工间操制度；三是加强控烟工作，设置控烟提示牌，粘贴禁烟标识；四是开展“清洁家园”行动，落实创卫网格化职责，对责任片区进行走访调查，召集责任片区内的小区居民小区、个体户召开动员会，呼吁居民和商户增强责任感；每周认真开展“清洁家园”活动；五是加强与环境保护达标组各成员单位的沟通联系，督促并协调其他责任单位完成各项指标任务。六是切实履行创卫环境保护达标工作指挥部办公室职责，收集整理创卫档案资料。

【创建全省全国文明城市】 成立创文工作领导小组，制定《玉溪市江川区环境保护局创建全省全国文明城市实施方案》，明确了工作目标和任务分工；2017年5月22日，召开动员会议，安排部署创文工作。一是营造氛围。每周一的干部会学习创文文件相关知识，制作宣传中国梦、社会主义24字核心价值观、未成年人思想道德建设、健康知识等内容的宣传栏2个、铁艺小景13个，文化牌30个、横标2幅，分别安装在办公楼门口、楼道内、办公楼前。二是开展生态环保宣传，提高全民环保意识。利用世界环境日、节能宣传周、12·4法制宣传日等契机，开展“四清”保洁、环保宣传、法制宣传活动。三是开展环境卫生综合整治活动。认真组织全体干部职工开展环境卫生综合整治工作，每周定期清理公共区域卫生，不定期到包村村委会同村组干部、群众开展“三清”活动；四是以网格化管理推进创建工作，向管理片区内的住户和企业宣传创文的重要意义，发放宣传手册100余份，制作社会主义核心价值观宣传栏一个。

【省委省政府环保督察】 省委省政府环保督察是指向地方的一把利剑，旨在解决群众关心的突出的环境问题，督促地方政府认真落实环保责任，彰显了省委省政府保护生态环境的坚定决心。为顺利迎接省委省政府的环保督察，在区委区政府的领导和重视下，坚持问题导向，注重落实问效。督察前，组织人员对环保问题进行再梳理再排查，为迎接督察打好前战。督察期间，向省委省政府第一环境保护督察组先后报送调阅资料八批共600余份文件资料，同时，围绕督察组提出的重大部署是否贯彻、环保职责是否落实、环境监管是否到位、污染问题是否解决的督查要求，自查自纠存在的问题，组织人员拉网式的开展污染问题排查，及时调查处理群众关心、媒体关注的热点、难点问题，下达责令立即改正2件、限期整改2件、立案1件、责令停产2件、关停取缔1件，罚款0.5万元，调查处理5件督查组交办的环保投诉件，全部按时限要求办结，办结率为100%。

【环境信访】 重视环境信访工作，及时调查处理污染投诉，切实解决群众身边的环境问题。受理各类投诉43件，处理率为100%，结案率为100%。做到件件有落实，事事有回音，及时地化解矛盾，消除不稳定因素，维护和保障了群众的环境合法权益，促进社会的和谐发展。

【环境宣教】 加强环保宣传教育，开展“六五”世界环境日、节能宣传周、12.4法制宣传日系列宣传活动，普及环境保护知识和法律法规，增强广大群众的环境保护意识和环境保护法制观念。悬挂宣传标语，布设宣传展板，营造浓厚环保氛围；分别在财富广场、九溪镇、江城镇、雄关乡开展环保宣传咨询活动，放置环保宣传展板15块、发放环保袋1000余个、《大气污染防治小常识》《水资源知识100问》《爱护地球科普知识问与答》《云南省星云湖保护条例》《农村环境保护知识手册》《大气污染防治法》《公民环保行为手册》《环保科普系列手册》等宣传资料20余种，共计1万余份，宣传相关环保知识及创建国家环境保护模范城市的主要内容及重大意义，号召市民共同行动，争当“创模”的推动者。并与群众面对面交流宣传，解答群众关心的问题，接受群众的来访、咨询。开展以“科学认识电磁辐射，畅想绿色通信生活”为主题的宣传活动，对电磁辐射基本、通信设施保护法律知识等进行宣传。

【人大建议、政协提案办理】 办理人大建议6件、政协提案7件。内容涉及星云湖保护、环境治理、大气环境等方面。专题研究部署，明确分管领导和承办人员，通过现场调研，与人大代表、政协委员面对面交流等方式，代表委员满意率达100%。

（刘　波）

星云湖管理

【概　述】　2017年，区星云湖管理局进一步加强星云湖渔业资源综合管理，巩固和提升江川渔产品、渔文化品牌效应，贯彻落实《云南省星云湖保护条例》，以加快转变经济发展方式为主线，以生态文明建设为引领，以改善民生为根本，以奋力跨越为关键，按照区政府工作思路和部署，结合本局实际，切实履行工作职责，坚持全面从严管湖，深化渔政管理体制改革，突出渔业管理和环境保护，加强执法队伍建设，净化执法环境，开创全局工作新局面，认真做好星云湖渔政管理和环境保护“两大”重点工作。

【主要经济指标】　2016年12月25日至2017年1月23日星云湖开湖捕鱼30天，共办理捕捞许可证619本，征收渔业资源增殖保护费2797880元（4520元/证），2016年星云湖鱼产量2288吨，产值约3889万元；2017年度开湖，预计鱼产量约2425吨，按均价17元/千克计算，预计产值4123万元。

【星云湖鱼苗投放】　严把质量，完成星云湖2017年鱼苗投放工作。2017年共投放鱼苗170430.3千克，金额1775655元，其中：鲢、鳙鱼144723千克（占投放总量85%），鲤鱼19733千克，滇池高背鲫鱼5974.3千克。整个投放工作在区有关部门及部分渔民代表共同参与监督下，管理局精心组织，统一指挥，确保符合规格要求、体质健壮、无鱼病的鱼苗按时投放湖中。

【法律法规宣传教育和贯彻落实】　为严厉打击电鱼、下网等非法捕捞行为，有效保护星云湖渔业资源，实现渔业资源的可持续发展，确保我区广大渔民的合法权益，星云湖管理局立足工作实际、突出工作重点、坚决打击一切违法偷捕行为。要求做到进村入户摸底调查，做好渔民群众思想教育引导工作，采取各种形式大力宣传《渔业法》《云南省星云湖保护条例》等相关法律法规，发放宣传材料378份，提高沿湖群众的遵纪守法意识。宣传发动期间，各乡镇共召开村组干部、渔民代表大会28次，参会人员796人，为星云湖渔政管理专项整治行动工作开展提供良好社会环境。

【星云湖渔业资源管理】　一是完善制度，抓好制度建设和内部管理。修改完善《江川区星云湖管理局综合目标管理考核办法》和完善《江川区星云湖管理局内务管理规定》，通过各种规章制度实施，进一步树立队伍形象，规范职工行为，增强责任心、工作积极性、主动性和创造性。二是领导重视，深入基层指导工作。结合工作进展实际，以开展“两学一做”学习教育为载体，研究解决渔政管理中存在的各种问题，并经常深入各分站了解情况，同职工一道出湖巡逻，了解掌握第一手资料。管理局领导还分别对不同时期、不同地点工作，进行安排部署，如政策宣传、鱼苗投放、湖面清理、市场监管、日常执法等做到深入细致分析研究，措施得当安排落实。三是重点时期，及时清理排草。根据星云湖排草现状及渔业资源管护实际，星云湖管理局于5～6月组织渔政站全体职工、沿湖渔民代表清理整治星云湖周边排草。

【渔政执法】　加大渔政执法力度。根据工作实际，调整常规、注重灵活、主动出击、点面结合，加强对重点偷捕地段、流动偷捕团伙监控，并对一些偷捕者进行事前教育，有效遏制偷捕案件发生。针对2017年一些不法分子为牟取利益，在星云湖水域进行电鱼、下网捕鱼等非法捕捞活动，开展星云湖渔政管理专项整治行动，采取措施，抓住“三个重点”，做到“三个结合”，即抓住重点对象（历年偷鱼贯犯）；重点地段（偷鱼者经常实施偷捕地段，主要以星云湖十里长堤、麻地咀一带为打击重点地段）；重点时期（鱼汛期），努力做到集中整治与长效管理相结合，惩治和教育相结合，自查和督查相结合，认真开展打击非法偷捕行为，并对偷捕者进行严厉惩处，将整治工作有关情况作总结并向区政府分管领导汇报，通过宣传震慑违法人员，教育广大群众。2017年，全局共出动执法车检查270次，执法人员520人次，执法船3831次，执法人员7620人次，共查处偷捕星云湖渔业资源案件90起，涉案人员90人，收缴各类网具18123张，地笼2929个，收取渔业资源损失赔偿费140000元。

【加快生态修复】 一是强化星云湖湖面保洁。制订《星云湖湖面保洁工作方案》《星云湖环境卫生长效管理实施方案》，深化落实湖泊保护管理责任制，巩固并深化湖泊保护，开展星云湖湖面保洁工作，确保湖面清洁干净。结合星云湖现状，认真制定星云湖湖面保洁工作方案。以改善星云湖湖面生态环境为目标，全面加强湖面环境卫生工作，有效实施湖面漂浮物打捞，实现湖面清洁干净。

二是认真完成星云湖水葫芦打捞工作。2017年，对星云湖湖面和沿岸湿地、湖滨带的水葫芦约800亩、水白菜约1790亩进行一次彻底清理打捞。

三是抓好星云湖沿湖环境卫生长效管理机制。按照“属地管理、分级负责、全面覆盖、责任明确”原则，以区、乡镇（街道）、村（社区）、管护人员为责任主体，合力构建“横向到边、纵向到底”的星云湖环境卫生网格化管理体制，提高管理效能，加大管理力度，形成部门联动、齐抓共管工作格局。以改善沿湖生态环境卫生为目标，全面加强沿湖环境卫生管理工作，有效杜绝破坏自然生态环境行为，实现湖面清洁干净，沿岸湿地湖滨带和裸露湖滩整洁清新、绿色生态、文明和谐新目标。

四是加强对星云湖一级保护区禁止事项的巡查和监管，强化星云湖一级保护区管理。对在星云湖一级保护区内新建、改建、扩建的建设项目进行教育、制止；对在湖边禁止的洗菜、洗动物等进行教育宣传；对在湖边畜禽养殖及简易房的清理整治。

五是加大鲢鳙鱼投放力度。积极争取2017年鱼苗投放资金，合理搭配放湖品种，增加投放量，对消耗蓝藻有明显作用的滤食性鲢鳙鱼投放145吨。

六是以“六五”世界环境日，党员活动日开展星云湖沿湖周边环境卫生清理。2017年6月6日，组织全体干部职工，到包村点渔村村委会开展“四清”保洁活动，对入湖河道、村庄环境卫生、沿湖河滩红白垃圾、星云湖湖面污染物、杂草等进行彻底清洁整治。发动沿湖渔民代表40余人参与，出动环保船15条、执法船4条。为把星云湖环境卫生常态化，星云湖管理局把每月的15日定为星云湖环境卫生清理日，主要做好星云湖边、湖面塑料垃圾、废弃物等清理。

【渔业安全生产】 为全面营造和谐健康的社会生活环境，确保全局干部职工生产、生活安全，一年来，星云湖管理局从健全制度、与渔政站签订《江川区星云湖管理局2017年度创建平安先进单位及综治维稳目标管理责任书》、搞好宣传、丰富活动等方面入手，狠抓平安建设和综治维稳工作，并认真开展安全生产教育，做好水上交通安全。本着预防为主，把安全隐患消灭在萌芽状态的工作要求，加强教育，让全体职工树立安全生产观念，增强安全意识。一年以来，水上交通和燃油储存使用等方面，坚持按严格操作规程，发现问题及时整改，做到无安全隐患，正常、有序、安全工作。

（李朋利）

城市管理

【概　述】 2017年，区城市管理局贯彻落实中央城镇化工作会议、中央城市工作会议精神，以“五位一体”总体布局和“四个全面”战略布局为引领，深入推进城市执法体制改革改进城市管理工作，全面提升城市治理能力和水平，全面开创江川城市管理新局面。

【城市管理执法体制改革】 2017年2月，玉溪市江川区城市管理局获玉溪市人民政府批复成立；2017年4月，玉溪市江川区人民政府办公室正式下发区城管局“三定”规定；2017年5月，区委书记徐贤为区城管局揭牌授印，标志着区城管局正式成立。同月，原区住建局所属的区环境卫生管理站、区园林绿化管理站、区城市管理监察大队三个事业单位正式划转区城管局管理，江川城市管理执法体制改革迈出重要一步。

【队伍建设】 集中开展队伍整训工作，着力提升城管队伍执法和服务水平。通过整训，清理和辞退不合格协管员11名。加强执法执勤培训，不断提升行政执法能力。组织参加行政执法资格培训，所有执法人员实现持证上岗、亮证执法。组织开展全员内部执法培训4期，参加培训人员370人次。全年未发生行政投诉或行政诉讼案件。

【城市监察管理】 一是整治脏、乱、差现象。查处占道经营5768起，其中批评教育5655起，证据先行登记保存61起，行政处罚52起（一般程序15起、简易程序37起）。二是加强户外广告和小广告治理。按《江川区户外广告设置规划》要求，规范设置审批户外广告872起，比2016年同比增长409%。完成中心城区不规范、破旧广告2383块17248.4平方米清理整治；清理整治小广告18847条，查处乱张贴小广告违法行为6起。三是加大“泼、撒、滴、漏”整治力度。查处散体物料运输“飘、撒、滴、漏”违法行为314起，给予行政处罚78起，教育责令改正236起。四是做好中心城区空气污染治理。为123户餐饮商户办理环评审查手续。五是加强城市噪音治理。查处噪音扰民案件30起，其中证据先行保管登记4起，责令整改26起。六是规范野生菌交易市场。对抚仙路农贸市场野生菌交易占道经营行为进行彻底整治，并规范引导经营户到大街农贸市场内经营。

【“双创”工作】 2017年是江川区“双创”工作的开局之年，为打赢国家卫生城市复审攻坚战，区城管局立足本职工作主动作为，强势出击，积极组织开展“双创”工作。一是营造浓厚创卫氛围。率先向沿街经营户发放《玉溪市江川区迎接国家卫生城市复审倡议书》2500余份，开展入户宣传15000余人次。二是与城区2460户商户签订门前五包责任书，并完成门前五包责任牌上墙工作，监督实施，形成长效机制。三是建立“双创”工作曝光公示栏，建立每日督查巡查制度，全年组织开展内务管理和“双创”工作督查200余次，发督查通报189期，整改问题486起。

【违法违规建筑治理】 一是按照江川区违法违规建筑治理工作安排，对中心城区建成区国有土地上的违法违规建筑进行大排查，摸排出违法违规建筑1066户26607平方米，组织拆除236户10036.26平方米。二是对宝凤路、翠大线、景新路等19条主次干道的187处占道护坡进行清理整治，清理违规设置护坡538.29平方米，清运建筑垃圾156吨。三是做好公职人员违建的清理整治工作，与纪委等相关部门密切配合，全力推进中心城区公职人员违法违规建筑的清理整治工作，391名公职人员主动申报违法违规建筑。

【路灯和市政设施管护】 一年来维修路灯624盏。处理车辆撞毁路灯杆、隔离栏事故30次，追缴赔偿款34.97万元。2017年8月，将城区交通信号灯移交市公安局江川分局交警大队管理。完成金元巷与防洪大堤、渔文化广场太阳能路灯安装工程，切实提高路灯照明有效覆盖率，路灯安装率达100%，亮灯率达95%。完成城区9条市政道路修复招投标工作。在中心城区人行道、王字街、老戏台等适合区域，施划非机动车停车位5500余个、停车区域91个、安装U形管287根574米、非机动车停放标志标牌45块。

【交通秩序管理】 为进一步做好城区静态交通秩序管理，区城管局根据玉溪市公安局江川分局交通警察大队委托，收集人行道上乱停放机动车违法行为证据2150起，移交交警大队处理。

【停车泊位收费】 从2017年8月1日起全面开展中心城区机动车临时停车泊位收费管理工作，城区停车泊位利用率明显提高，群众出行环境大幅改善，绿色出行的环保理念正在逐步形成。

【园林绿化】 一是完成死亡乔木补植补栽工作，补栽乔木78株。二是进一步加大园林绿化管护承包方的督查考核力度，全年发现问题400余个，整改率100%，有效保障城区绿化景观效果。三是对城区11.38万平方米绿篱、22188株乔木、2.56万平方米草坪喷洒农药7遍，施肥4次，并安排专人负责病害监测和喷药管理，避免病虫害大面积发生。

【环境卫生】 一是环境卫生整治工作常态化、制度化。围绕“双创”工作，加大环境卫生整治力度，每日对垃圾中转站、垃圾厢放置点的冲洗、消杀、除四害工作，及时清运垃圾，清洗果皮箱，做到垃圾日产日清，全年清运生活垃圾17155吨。二是健全环卫督查考核机制。对城区清扫保洁承包方实行“日督查、周评、月评、年终总评”机制，全年开展周考评24次、月考评12次并严格兑现奖惩。三是加大生活垃圾处理收费工作力度。全年收取生活垃圾处理费132.38万元，比2016年增收70.59万元，增长214%。四是安装果皮箱583只，结束城区无果皮箱历史。

【信访和建议提案办理】 2017年共办结信访件15件；承办政协玉溪市江川区二届一次会议委员提案7件，玉溪市江川区第二届人民代表大会第一次会议人大代表建议2件。建议提案办理满意率均达100%。

（李伟宏）

工商企业

编辑　徐凡清

工业商贸和科技信息

【概　述】　一年来，区工信局围绕上级安排部署，扎实开展工作，推动区内工业、商贸、科技、信息领域取得进一步发展。年内江川区实现全年规模以上工业增加值14亿元，增幅22%，全市排名第三；实现社会消费品零售总额245842.4万元，同比增长12.5%，增速并列全市第二；实现不变价非公经济增加值完成528283万元，增速13.70%；完成非电工业固定资产投资121857万元，同比增长10.64%。年内区工信局党委完成换届。

【工业经济运行】　2017年，江川区实现工业总产值106.2亿元，同比增长17.7%。其中规模以上工业实现63.5亿元，同比增长25.18%。实现工业增加值23.6亿元，增幅16.4%。其中规模以上工业实现14亿元，增幅22%，增幅比上年提高1.8个百分点，居易门、元江之后，全市排名第三。实现主营业务收入49亿元，比上年增长11.91%，完成市下达全年目标49亿元的100%。实现利税总额4.3亿元，比上年下降7.2%，完成市下达全年目标5.2亿元的82.7%；亏损面10.87%，比上年下降5.4个百分点。新增规模以上企业1家，规模以上工业企业总数46家。

（张本发）

【规模以上工业固定资产投资完成情况】　2017年全区完成规模以上工业固定资产投资122417万元，同比增长3.63%，其中非电工业固定资产投资121857万元，同比增长10.64%，占全区规模投资758466万元的16%，占固定资产投资总额的比重与上年同期下降4.5个百分点，完成年度工作目标任务12.1亿元的101%。

【淘汰落后产能】　根据中央、省、市、关于开展钢铁行业化解过剩产能打击“地条钢”工作的相关文件精神，2017年3月13日上午，玉溪市江川区坚决遏制钢铁煤炭违规新增产能打击‘地条钢’规范建设生产经营工作领导小组下设工作推进组成员单位相关负责人一同到金源铸钢厂，对其实行拆除。6月8日，县区“地条钢”工作推进组对金源铸钢厂拆除地条钢进行验收，6月12日，市“地条钢”工作推进组对金源铸钢厂拆除地条钢进行验收，6月28日，省验收工作组对金源铸钢厂拆除地条钢进行验收。

【工业项目投资备案】　2017年，区工信局在企业投资建设项目备案工作中，贯彻落实“限时办结，免费服务”制度，严格遵守法定时限，每个项目备案时间不超过3个工作日。全年共办理备案项目21个，计划总投资48753万元。

【工业用电量】　江川区2017年全社会用电量为101977.21万千瓦时，同比增长18%，工业用电量为82565.66万千瓦时，同比增长19%，占全社会用电量的80.97%。其中：第一产业用电量为1677.42万千瓦时，同比增长22%；第二产业用电量为84682.49万千瓦时，同比增长20%；第三产业用电量为5612.12万千瓦时，同比增长9%；城乡居民用电量为9941.49万千瓦时，同比增长5%。

2017年，参与电力市场化交易的企业累计40家，市场化交易电量累计达79770.62万千瓦时，占全社会用电量比重达78.23%，为企业减少电费支出8203.65万元。

【争取各类扶持项目发展资金】 2017年，共为企业争取市级以上工业和信息化发展政策扶持资金累计1306.95万元。

【云南福光包装有限公司获评省级节水型企业】 2017年3月，省工信委资源综合利用处和市工信委资源综合利用科对云南福光包装有限公司（原江川县丰茂纸业有限公司）的节水型企业建设，进行现场核验，云南福光包装有限公司评定为省级节水型企业。

【企业技术中心认定】 云南联塑科技发展有限公司和云南红塔包装实业有限责任公司通过市级企业技术中心认定。

【航空装备制造业发展】 云南合美通用航空实业有限公司和玉溪云上飞鹰航空设备有限责任公司建成投产，2017年6月组织企业参加2017南亚东南亚国家商品展暨投资贸易洽谈会。

【参加第四届全省工业企业暨工业园区职工技能大赛玉溪选拔赛】 组织选拔参加2017年9月27～28日在玉溪技师学院举行的第四届全省工业企业暨工业园区职工技能大赛玉溪选拔赛江川代表队选手，分别参加数控车工和焊工比赛。云南腾达机械制造有限公司杨金瑞取得数控车工第二名，云南腾达机械制造有限公司邓余兵取得数控车工第六名。我区选手杨金瑞将代表玉溪市参加省决赛。

【参加第十九届中国国际工业博览会】 组织云南腾达机械制造有限公司、玉溪新天力农业装备制造有限公司等五家装备制造业企业参加第十九届中国国际工业博览会。

（韩海萍）

【无线电管理宣传活动】 全年组织开展宣传活动3次。分别是参加由市工信委、市环保局、市移动公司牵头在江川渔文化广场举办的主题为“科学认识电磁辐射，畅想绿色通信生活”重大宣传活动1次，组织电信、移动、联通公司开展的诚信主题月实践活动、无线电管理宣传月重大活动2次。活动期间，以江川区政府信息公开网、江川工信局微信公众号为宣传阵地，发布《中华人民共和国无线电管理条例》；发放《玉溪市无线电管理宣传手册》《电磁辐射ABC》《认识电磁辐射　畅想绿色生活》等4种宣传手册1500份，展出展板12块，通信运营商利用电子显示屏每天滚动播出“认真贯彻落实《中华人民共和国无线电管理条例》”“保护频率，人人有责”等主题宣传口号。发放印有“自觉遵守无线电法律法规”宣传口号的购物袋800个，印有认真贯彻落实《中华人民共和国无线电管理条例》等宣传口号的抽纸面巾324盒。区工信局还邀请两名市工信委无线电管理专家到三街村对15名村民普及无线电电磁辐射知识。

【频率占用费征收工作】 江川区工信局于5月11～25日，对云南玉泉酒店有限公司、江川瑞文酒店等7家设台单位开展频率占用费征收工作，完成频率占用费征收任务。

【表彰奖励“数字企业”创建达标企业】 按照《中共江川县委　江川县人民政府关于加快民营经济发展的实施意见》精神，梳理评审江川区数字企业，表彰奖励云南江磷集团股份有限公司、云南阳光食品有限公司、云南卓一食品有限公司、云南宏斌绿色食品集团有限公司、玉溪丫眯绿色休闲食品有限公司5户达标数字企业，各表彰奖励2万元，共计10万元。

（罗海清）

【节能目标任务完成情况】 据统计部门数据，2017年，江川区单位生产总值能耗比2016年降低2.65%，超额完成市政府下达我区年度单位生产总值能耗降低2.5%的节能目标任务。

2017年，江川区规模以上工业企业综合能源消费量为189373吨标准煤，同比上升12.92%；产值634799万元，同比上升25.18%；万元产值能耗0.2983吨标准煤，同比下降9.8%。

【节能审查工作】 2017年完成固定资产投资项目节能登记21户。

【玉溪市江川区2017年全国节能宣传周活动】 2017年6月11日至17日全国节能宣传周（6月13日为全国低碳日）期间，江川区围绕“节能有我，绿色共享”节能宣传周主题，开展以建设生态文明为主线，以动员社会各界参与节能降碳为重点，通过群众喜闻乐见的各种宣传形式，广泛动员全社会参与节能减排降碳。一是在城周边交通要道和城中心主要街道醒目位置悬挂宣传布标。二是制作我区节能宣传周宣传视频，于节能宣传周期间在城区乾景商业中心2个电子广告屏和财富广场对面电子广告屏滚动播放节能宣传视频。三是在区工信局微信公众号“江川区工信局”上推送2017年节能宣传周视频。四是为区工信局联系村和帮扶户发放大功率节能灯、小功率节能灯等节能灯具。四是组织指导各乡镇（街道）农经中心和企业联系实际，围绕节能宣传周主题组织开展系列宣传活动。

据不完全统计，节能宣传周期间制作和悬挂宣传横幅布标41幅、张贴大小标语201条、刊出黑板报宣传栏44期、发放大功率节能灯700只、小功率节能灯195只、灯座895个，在企业员工中广泛宣传节能常识2731人次。

（童学碧）

【元旦、春节安全生产检查】 区工信局高度重视元旦、春节安全生产工作，成立元旦、春节两会安全领导小组，制定实施方案，明确检查目标和重点。检查组先后对江川供电局、玉溪珊瑚民爆公司江川公公司、江磷集团、江川天湖化工有限公司等进行安全生产大检查，对检查出的安全隐患能整改的现场进行整改，一时不能整改的，明确整改责任人、整改时间。

【“打非治违”专项大检查】 为严厉打击各类非法违法生产经营建设行为，有限预防和减少各类安全生产事故发生。区工信局领导及时成立“打非治违”安全生产领导小组，制定实施方案，明确责任，副局长付瑞带队对玉溪珊瑚民爆公司江川分公司、江川供电局、江磷集团、江川天湖公司等企业进行“打非治违”专项大检查。

【汛期安全大检查】 为全力做好汛期灾害防范工作，确保工信系统企业汛期安全生产形势平稳，区工信局成立汛期领导小组，制定实施方案，明确责任及检查重点。检查中按照“全覆盖、零容忍、严执法、重实效”总要求，对玉溪珊瑚公司江川分公司、江磷集团、江川天湖公司、江川供电局站、所、辖区内42条10KV线路、3条35KV、2条110KV输电线及16家重点保供单位进行安全大检查。共查出隐患1 5起，现场整改13起。

【中秋、国庆期间安全大检查】 区工信局高度重视中秋、国庆、十九大期间安全生产工作，成立安全领导小组，制定实施方案，按照“党政同责、一岗双责、齐抓共管”安全生产责任制，重点对供玉溪珊瑚民爆公司江川分公司、江川供电局、江磷集团等企业的安全生产隐患、安全生产责任制落实情况等进行检查，通过检查有效防范和遏制了各类安全生产事故发生。

（刘光启）

【对外贸易】 2017年全区实现进出口总值4499万美元，同比下降27.7%，其中：出口4343万美元，进口156万美元。完成市年度目标任务6909万美元的65.1%。

从进出口商品看，磷化工系列产品实现贸易进出口1519万美元，同比下降7.4%；以蔬菜为主的农产品实现进出口2150万美元，同比下降45.5%；花卉实现进出口500万美元，同比增长34%；机电及工业产品实现进出口325万美元，同比增长23.6%；其他加工类产品实现进出口5万美元。

从进出口企业类别看，私营企业实现3999万美元，同比下降31.7%；外资经营企业实现500万美元，同比增长34%。

【内贸流通】 全年实现社会消费品零售总额245842.4万元，同比增长12.5%，增速并列全市第二。其中：批发业实现销售额65298.6万元、增长31%，超全市平均增幅17.2%13.8个百分点，居全市第三；零售业实现销售额241814.2万元、增长16.7%，超全市平均增幅15.1%1.6个百分点，居全市第三；住宿业实现营业额22054.9万元、增长17.2%，低全市平均增幅18.1%0.9个百分点；餐饮业实现营业额95306.3万元、增长18.5%，超全市平均增幅18%0.5个百分点，别全市第一。

【成品油管理】 全年共计销售成品油42592吨。其中：92号汽油销售19950吨，95号汽油销售2475

吨，98号汽油销售480吨，柴油销售19687吨。

【元旦春节期间商贸监测】 根据省、市商务部门安排，自2017年1月22日至2月3日，在江川同欣食品有限公司、江川供销社财务中心、大街市场服务中心启动主要生活必需品监测预报机制。1月27日至2月2日，对百信江川购物广场、华联超市江川店、江川每家乐平价超市、江川宝泰购物广场和海元生活超市江川店等5家大型超市启动零售商业销售运行监测，据监测分析，春节期间5家超市累计实现销售额271.66万元，同比增长25.83%。在节日期间，全区各类肉、米、面、油、蛋等生活必需品价格基本稳定。

【加油站安全检查】 一是贯彻落实区委、区政府、市商务局在安全生产、消防安全工作方面文件精神，并根据各单位工作特点在“安全生产年”“重点行业三项行动”期间抓好《安全生产年活动实施方案》《安全生产月活动方案》等安全工作落实。二是加强安全生产责任的落实。以提升石化行业从业人员消防安全素质为目标，组织员工消防安全大培训，重点加强对从业人员的消防“四个能力”培训，着力提升其检查消除隐患能力、组织扑救初起火灾能力、组织人员疏散逃生能力和消防宣传教育培训能力。继续做好安全防范工作，并针对加油站特点，总结安全防范经验，落实安全生产责任。三是结合行业特点，落实流通环节安全。落实安全生产主体责任，确保安全生产责任制得到落实；切实做好流通环节商品流通安全，维护社会稳定局面。

【云南合美通用航空公司实现自营进出口】 2016年5月28日，由美中投资基金公司投资的云南合美通用航空实业有限公司在江川龙泉园区揭牌成立。2017年3月，云南合美通用航空实业有限公司进口80万美元直升机整机套件，这是该公司获进出口权后的首列自营进口项目。

【科技型企业培育】 2017年，云南阳光食品有限公司被认定为云南省2017年高新技术企业；玉溪市江川区牧川养殖有限公司、云南双招中药饮片有限公司、玉溪市江川区林辉农业发展有限公司、云南湖源种植有限公司、玉溪大头鱼酒店、云南秋庆种业有限公司、云南特固电气有限公司、云南滕鹏果蔬进出口有限公司、玉溪壹万软件科技有限公司、云南古训红糖有限公司、云南恒大药业有限公司、玉溪田野农业发展有限公司、云南联塑科技发展有限公司、江川峰华科技开发有限公司等14户企业被认定为云南省科技型中小企业。

【创新人才培育】 玉溪云星生物科技有限公司杨春梅通过2017年省技术创新人才出站评价；玉溪云星生物科技有限公司阮继伟、单芹丽入选2017年省技术创新人才培养对象；玉溪云星生物科技有限公司单芹丽入选为第六批玉溪市中青年学科技术带头人；云南欧德佳数控精密机床制造有限公司参加“第六届中国创新创业大赛云南赛区暨第三届云南省创新创业大赛”获企业成长组优秀奖；江川职中的《江川职中“校园周边环境调查与保护”科技实践活动》获得第32届青少年科技创新大赛省三等奖。

【科技项目申报】 2017年，江川区共申报国家、省、市科技计划项目60个，其中：国家级科技项目2个、省级科技项目28个、市级科技项目30个；实际获得立项34个、项目资金共计551.12万元，其中：国家级科技项目1个、补助资金40万元，省级科技项目10个、补助资金271.12万元，市级科技项目23个、助资金240万元。

【科技平台建设】 云南卓一食品有限公司续建孙宝国院士工作站，云南腾达机械制造有限公司建立陈云飞专家工作站；玉溪市江川区人民医院建立缪应雷专家基层科研工作站；云南江绿园生态农业科技开发有限公司“江绿园星创天地”被认定为云南省星创天地；云南联塑科技发展有限公司、云南红塔包装实业有限责任公司被认定为2017年市级工程技术中心。

【“知识产权宣传周”活动】 开展知识产权进学校、企业活动。教育部门组织学校知识产权宣传活动，向学生普及知识产权知识；科技部门深入到联塑集团、欣宇机械、新天力、天云化肥、天一包装、昊源墙材、万利包装、恒大制药等企业开展知识产权工作宣传，积极协调玉溪市知识产权援助中心有针对性的下企业，为企业策划申请专利，解决企业在专利申请方面的问题。

文体广电局在“江川电视台”每天滚动播出知识产权宣传标语和知识产权宣传视频3条（次），共计21条（次），宣传知识产权保护知识；对文化市场生产、经营户进行知识产权知识宣传，检查印刷包装企业12家、网吧12家。市场监督管理局制作宣传布标分别悬挂于区城投办公大楼及大街街道宁海路百信超市门口，开展一次驰名商标、著名商标、知名商标、地理标志商标企业回访座谈。玉溪公安局江川分局发放宣传单、宣传手册1000余份，接受咨询300人次，展示假冒伪劣商品5种，发放警民联系卡50份，受教育人达5000余人。组织全国科普教育基地——云南李家山青铜器博物馆免费向公众开放，接待入馆公众1000余人次，发放各种科普宣传材料300余份。

【“科技活动周”活动】 开展防灾减灾系列科普活动。开展军地联合地震应急综合演练，模拟地震发生后，区抗震救灾指挥部启动《玉溪市江川区地震应急预案》，做出Ⅱ级应急响应；组织学校发放各种防灾减灾宣传知识手册2000余份，制作科普宣传专栏64版，电子字幕宣传67期次，组织开展防灾应急演练321场次，开展主题班会（队会）活动课843节，开展防灾减灾隐患排查治理92点次。各部门开展专题科普活动。区农业局组织农技人员到前卫农贸市场开展宣传活动，出动车辆7辆次，人员30人，展出展板8块，向群众发放农业科技宣传资料20多种9200份，接待群众咨询50多人次，展示、推介各类肥料、种子10多个品种，免费发放种子150千克、肥料200千克。组织科技示范区开展“玉米高产栽培技术”科技宣传培训927人次，田间栽培技术指导1364人次，发放《2017年江川玉米高产栽培技术要点》15000份、《2017年江川区玉米地膜栽培技术要点》15000份、《2017年江川玉米测土配方施肥建议卡》15000份；区共青团开展科普知识进学校活动，共计出黑板报26块，广播宣传40余次，摆放宣传展板34块，开展“点亮眼睛，点亮未来”公益活动，走进安化董炳小学，免费为121名小学生检测视力和眼镜，为9名近视学生免费配上眼镜；区气象局利用气象电子显示屏发布科普知识，共发布科普信息12285条次；区教育局利用升旗仪式和国旗下讲话对学生进行环境保护节能教育63场次，开展“践行绿色生活”主题班会活动150余节次，制作环境保护知识黑板报或橱窗300余块（期）；区林业局深入城镇、林区开展林业科普宣传活动，累计发放各类宣传单0.5万份，制作板报及宣传栏2版，发放宣传资料和技术手册1.2万册，接受现场咨询121次，接受办公和信息咨询服务50余次，进行广播电视宣传120小时。组织专题培训5期，培训基层林业管护人员161人、培训林农群众700余人。各乡镇（街道）积极开展科技服务“三农”科普活动。大街街道在街头发放书籍300余本、宣传资料2000余份，服务群众1000余人。组织科技人员进村入户进行宣传，发放《施肥通知单》20000余份，组织烟站技术人员到田间地头进行烤烟管理技术指导；前卫镇在镇文化广场举办科技宣传咨询活动，发放资料9000多份，摆放宣传栏18块，现场解答群众生产问题50多项，组织160多人开展防震应急避险的现场演练；江城镇在农贸市场举办了科技宣传咨询活动，发放宣传资料1500余份（册），摆放展板30余块，解答群众咨询160余人次。

【“科技三下乡”活动】 1月23日，在市委宣传部组织的“2017年科技、卫生、文化三下乡”活动中，市科技局和江川区工信局积极参与，购置价值1万余元的2台电脑和科技书籍，送到江川区大街街道，并且向赶街群众开展科普宣传，发放种植技术、养殖技术、知识产权、卫生防疫、禁毒防艾，食品安全、防震减灾相关宣传资料500余份，接受群众咨询10人。

【科普统计】 全区共有科普活动专职人员114人、兼职人员247人、注册科普志愿者3人；非场馆类科普基地10个，科普展览区面积6233平方米，当年参观人数128480人次；农村科普（技）活动场地204个，科普宣传专用车4辆，科普画廊1个，国家级科普（技）教育基地1个，参观人数126500人次；科普统计部门内可专门用于开展科普工作管理、研究以及开展科普活动等经费251.22万元；全年出版科普图书1种3000册，光盘发行总量1000张，电视台播出科普（技）节目时间为90小时、电台播出科普（技）节目时间为120小时，科普网站3个，发放科普读物和资料411229份，电子科普屏数量56块；全年共举办科普（技）讲座74次，参加人数17730人次，举办科普（技）展览38次，参观人数26902人次，举办科普（技）竞赛12次，参加人数1728人次，成立青少年科技兴趣小组28个，参加人数580人次，科技活动周开展科普专题活动52次，22050人次参加，全区举办各类实用技术培训312次，参加人次147771人次，举行重大科普活动11次；举办创新创业培训14次，参加人数736人次。

【专利申请工作】 2017年1～12月申请专利97件，其中：发明26件，实用新型65件，外观设计6件；获得专利授权40件，其中发明3件，实用新型31件，外观设计6件。

【专利资助工作】 专利权人申请省、市各种专利资助、奖励，2017年共申请16件，涉及金额32000元，兑现发放2016年市级专利奖励69000元、区级专利奖励12500元。

【2户企业建成市级企业技术中心】 7月19日，由市工业和信息化委员会孙汝泽副主任带队，市财政局、市科技局、市地税局、市科技发展中心等部门领导一行8人组成市级企业技术中心考评验收组，对云南联塑科技发展有限公司、云南红塔包装实业有限责任公司进行市级企业技术中心认定。考评验收组对2户企业技术中心进行现场核查、听取汇报、审查材料，一致通过联塑集团、红塔包装公司的市级企业技术中心认定。

截至2017年底，江川区共有省级企业技术中心2家，分别是云南江磷集团股份有限公司和云南宏斌绿色食品集团有限公司；市级企业技术中心共计4家，分别为云南联塑科技发展有限公司、云南红塔包装实业有限责任公司、云南卓一食品有限公司、云南腾达机械制造有限公司。

【建立孙宝国院士工作站】 7月21日，云南省院士专家工作站管理委员会审议通过，批准江川区续建孙宝国院士工作站。孙宝国院士工作站建站单位为云南卓一食品有限公司，合作单位为北京工商大学。双方曾于2013年1月至2015年12月在云南卓一食品有限公司建立玉溪市第一家院士工作站，此次双方再度合作，共同实施《云南高原特色香辛料的提取技术及其运用研究》项目，对云南高原出产的花椒、小茴香、小黄姜等3种香辛料风味物质开展应用研究，开发出云南高原特色香辛料固态、半固态、食用调味油风味调料产品并实现产业化生产。项目总投资1860万元，其中省科技厅专项经费补助180万元。

【建立陈云飞专家工作站】 7月21日，云南省院士专家工作站管理委员会审议通过，批准江川区建立陈云飞专家工作站。陈云飞专家工作站建站单位为云南腾达机械制造有限公司，合作单位为东南大学。双方开展科技合作共同实施《高档数控机床智能制造关键技术研究及产业化》项目，对高档数控机床智能制造的关键技术及其产业化进行研究，利用世界先进的测试仪器对研究的理论成果进行实验验证。同时，结合云南腾达机械制造有限公司已有的技术基础，完善相关理论，为提高数控机床智能制造技术水平提供指导。项目总投资11866万元，其中省科技厅专项经费补助90万元。

【建立缪应雷专家基层科研工作站】 12月5日，云南省人力资源和社会保障厅举行云南省第四批专家基层科研工作站授牌仪式，玉溪市、江川区人民医院“缪应雷专家基层科研工作站”获得授牌。江川区人民医院进站专家缪应雷主任还入选2017年“国家百千万人才工程”，被授予“国家有突出贡献中青年专家”荣誉称号。

【启动北京化工大学——江磷集团阻燃剂联合实验室建设工作】

8月22日，江川区召开北京化工大学——江磷集团阻燃剂联合实验室工作启动会议，云南江磷集团股份有限公司副总经理王六生致欢迎词，云南江磷集团股份有限公司总经理万荣惠、玉溪市科技局副局长赵静、玉溪市工信委副主任孙汝泽、北京化工大学材料科学与工程学院张胜教授、江川区政府常务副区长张文彬讲话，参会领导和专家为联合实验室揭牌，现场观看阻燃剂在生产生活中的运用对比实验。

联合实验室为北京化工大学、江磷集团双方共建的科研机构，地点分别设在北京化工大学与云南江磷集团股份有限公司，双方挂牌，名称为“北京化工大学—江磷集团阻燃剂联合实验室”。

【签订闻邦椿院士工作站建站协议】 10月23日，中国科学院学

部委员（院士）闻邦椿与玉溪新天力农业装备制造有限公司院士工作站建站签字仪式举行。

【举办首届“中以花卉专业技术交流会”】 5月15～16日，由云南省农业科学院花卉研究所和以色列丹姿格公司联合举办的主题为“创新·共享”首届“中以花卉专业技术交流会”在玉溪市江川区九溪镇云南农业科技园举行。来自全国的130余名花卉科研者及生产者参加活动。

以色列丹姿格花卉公司Michal Shafransky Fridman女士、Daniel Kaufman先生等5位花卉专家，分别就“营养繁殖概述”“脱毒种源组培生产技术”“切花轮锋菊栽培技术”等主题作报告和技术交流。省农科院花卉研究所副所长李绅崇介绍花卉所基本情况、取得的最新研究成果。

中、以双方还分别展示“新、特、优”花坛花卉及新切花品种。省农科院花卉所与丹姿格公司双方达成战略协议，将联合组建“中—以花卉创新中心”，开展双方的花卉新品种试种筛选，相互推广应用，并构建高效且相互信任的品种推广体系和品种保护生态环境，推动各自优势花卉品种在全球范围推广应用。

【6个科技项目计划通过验收】 2017年9月13日，受云南省科技厅委托，由玉溪市科技局组织，邀请市农科院、市农产品质检中心、市会计管理局、玉溪建福集团机床有限公司等相关专家组成专家验收组，对江川区玉溪云星生物科技有限公司、云南荣盛实业有限公司、江川县雄达包装有限公司3家企业承担的3个省级科技项目，以及江川天一包装有限公司、云南腾达机械制造有限公司、江川新天力现代农业装备制造有限公司进3家企业承担的3个市级项目进行检查和验收。

考核组认为，江川区企业承担的科技项目验收材料齐备，项目资金到位，经费使用合理，技术创新突出，管理措施到位，圆满完成科技计划合同书规定的各项考核指标，同意6个科技项目通过验收。

【2个市级科技项目通过验收】 2017年11月24日，由玉溪市科技局主持，邀请玉溪市质量技术监督综合检测中心、玉溪农业职业技术学院、玉溪市知识产权援助中心、江川区财政局等相关专家组成项目验收组，对江川区云南维美鑫生物科技有限公司、云南宏斌绿色食品集团有限公司承担的2个市级科技项目进行检查验收。

项目验收组认为，江川区2个企业承担的科技项目验收材料齐备，项目资金到位，经费使用合理，技术创新突出，圆满完成科技计划合同书规定的各项考核指标，同意2个科技项目通过验收。

（龚绍祥　叶红梅）

【民营经济增加值】 2017年全区非公经济实现现价生产总值908475万元，实现现价非公经济增加值514295万元，不变价非公经济增加值完成528283万元，增速13.70%；完成了市政府下达增长10%的目标任务。从产业结构看，实现的514295万元增加值中，第一产业完成47223万元，占9.18%；第二产业完成266311万元，占51.78%，；第三产业完成200761万元，占39.04%。

【工商登记从业人员】 截至2017年年底，全区私营企业、个体工商户总户数达15884户（其中：私营企业1579户，个体工商户14305户），同比增长17.86%；非公经济户数占全区企业总户数的98.62%；注册资本资金及资金数额607546万元（其中：私营企业注册资本金471987万元，个体工商户资金数额135560万元），同比增长18.92%；工商登记从业人员63238人（其中：私营企业26300人，个体工商户36938人），同比增长12.43%。完成市政府下达目标任务，在全市排列第二位。

【微型企业培育工程】 新一轮“两个10万元”微型企业培育工程——贷款和贴息工作：微型企业通过网上申请、承贷银行贷前调查、联席会议会审等程序，会审微型企业35户，通过20户，发放贷款710万元。其中：农信社通过16户，发放贷款670万元，邮储银行4户，贷款40万元。加强小微企业后续服务，做好企业服务券发放前期工作，按程序通过小微企业网上申请服务券企业23户；经区民营办初审及区联席会议通过企业17户，通过金额50万元；市级复审通过获得服务券企业16户，市级复审通过获得金额47万元。

【非公企业数量】 2017年，全县销售收入5000万元以上重点非公经济企业共计21户，其中：5亿元以上2户，2亿元至5亿元2户，

1亿元至2亿8户，5000万元至1亿元9户。21户重点非公经济企业共实现销售收入403656万元。

【非公企业项目申报工作】 2017年，按照省市民营经济暨中小企业发展专项资金申报工作通知要求，上报省级财政扶持项目3项，上报市级财政扶持项目5项，已获得省级扶持项目2项，资金扶持155万元；市级申报项目5项，现已获得市级补助项目4个，扶持金额60万元。

（赵志鹏）

招商合作

【招商引资主要目标任务完成情况】 2017年，玉溪市人民政府下达江川区招商引资目标任务为市外国内资金75亿元，其中省外国内资金65亿元；外资300万美元。

2017年，全区在建项目83个，其中结转项目27个，新增项目56个。引进市外国内资金770789万元，同比增长12%，完成全年任务数的102.8%。其中省外国内资金663393万元，同比增长7%，完成全年任务数的102.1%。未有外资项目引进。

【项目开发情况】 开发储备项目57个，评审编制上报项目51个（与上年比新增27项目），其中：装备制造项目8个；新能源、新材料项目1个；生物制药项目4个；现代商贸物流、电子服务业项目5个；现代农业项目6个；文化旅游项目16个；基础设施项目8个；特色小镇项目4个。按产业划分为一产业8项目；二产业6项目；三产业30项目；其它8项目（市政基建）。列入省级重点项目1个，为《云南江川航空配套装备2万（套装）制造产业链项目》；上报市招商局2017年度第一批市级重点招商引资项目11个，分别为云南江川航空配套装备2万（套装）制造产业链项目、江川龙泉园区装备制造产业园项目、江川区农业机械设备制造3万套装及配套产业园开发项目、云南九溪润特物流仓储中心项目、江川区雄关现代农业物流园区项目、江川区星云湖十里长堤生态旅游区项目、江川区星云湖南岸生态景观改造工程项目、雄关乡白石岩旅游村建设项目、江川安化彝族特色风情旅游带建设项目、江川龙泉园区3万平方标准化厂房建设项目、玉溪市江川区大铁线改扩建项目；上报市招商局2017年度第二批市级重点招商引资项目9个，分别为江川中高端数控机床智能制造数字化车间项目、江川汽车内外饰5万套装生产基地项目、江川年产200吨天然植物提取物项目、江川北山公园旅游景区项目、玉溪市江川农特产品电子商务平台项目、云南江川九溪仁溪美食小镇建设项目、云南江川江城古滇文化小镇建设项目、云南江川青铜文化小镇建设项目、江川安化彝族特色（乡镇）风情园建设项目。特色小镇4项目最终评审市重点项目。

编印制2017年《玉溪市江川区投资指南》42个项目（1500册）向社会各界推介。其中先进装备制造6项目、高原特色农业2项目、现代商贸物流3项目、旅游文化项目17项目、航空产业2项目、磷化工1项目、特色小镇4项目、生物制药3项目、市政基础设施4项目。第三批上报市招商局特色小镇4项目：云南江川九溪仁溪美食小镇建设项目、云南江川江城古滇文化小镇建设项目、云南江川青铜文化小镇建设项目、江川安化彝族特色（乡镇）风情园建设项目。深度开发2项目：云南江川江城古滇文化小镇建设项目、云南江川青铜文化小镇建设项目。

【对外招商、洽谈对接活动】 由区委区政府主要领导带队，相关部门领导组成的招商工作组，开展赴外招商活动12次，分别到成都、深圳、河北省廊坊市、北京市、湖南长沙市、安徽芜湖等地考察、对接、洽谈活动。加强项目宣传推介工作，经过同客商反复洽谈深入对接22个项目，有14个项目签约成功。落地新开工3000万元以上工业项目7个。

（李世文）

工业园区

【概　述】 2017年，玉溪市江川工业园区管理委员会适应经济发展新常态，应对各种重大风险挑战，把握园区经济社会发展主动权，推动园区经济建设、文化建设、社会建设、生态建设和党的建设取得重大进展，使园区各项工作再上新台阶。

【经济指标】 2017年，园区企业实现工业总产值13.74亿元，同比增41.1%；实现主营业务收入12.98亿元，同比增40.8%；实现工业增加值3.1亿元，同比增48.1%，完成市目标任务2.63亿元

的117.8%。园区企业从业人员990人。园区完成固定资产投资10.97亿元，同比增41.4%，完成区目标任务9.5亿元的115.5%，完成市目标任务8.92亿元的123%。其中：工业投资3.70亿元；基础设施建设投资7.27亿元。园区完成招商引资额16.1亿元，同比增54.7%，完成区目标任务13亿元的123.9%，完成市目标任务10.83亿元的148.8%。其中：省外国内资金14.9亿元，完成区目标任务12亿元的124.2%。园区储备项目6个，完成区目标任务6个的100%。

【招商引资】 打造服务园区，改善投资环境，加强招商引资工作力度。一是加大园区宣传和推介力度，完善园区网站，提高园区吸引力、承载力、知名度。二是全力推进在谈项目。与深圳合续、雪域飞鹰、中民筑友科技集团、北京申华电梯、新海宜、比亚迪、星能股份、林之汇智能残障辅助设备、特固扩建、中国联塑电商、河南环宇赛尔新能源科技有限公司、弘顺龙电子科技、美旗控股集团（养老）、神州航天汽车、国雅智能、信卓誉科技、远大住工等17家企业进行洽谈。三是在谈项目促签约。与雪域飞鹰、北京申华电梯、特固扩建、深圳合续、中民筑友、比亚迪等6个项目成功签约。四是签约项目促开工。成功完成雪域飞鹰捷克轻型固定翼飞机组装、江川龙泉彩印包装、云南宏程物流、北京申华电梯、深圳合续、特固扩建、园区标准化厂房及孵化大楼等7个项目开工建设。

【征地拆迁】 园区加大征地拆迁工作力度，不断提高征地、供地服务能力和水平，完成自来水厂建设用地41.36亩勘测定界、权属调查认定、地类划分、地上附着物调查、签订征地补偿协议等工作；完成三街社区居委会736.62亩范围内坟墓搬迁；办理1000亩征地范围内林木砍伐证，并进行林木砍伐；完成皇壮牧业和中恒养殖2个猪厂资产评估、协议签订和拆迁；对即将拆迁的2户烟花爆竹生产企业和2户经营企业地上构筑物评估进行招投标、对王牌、星云湖畔2户烟花爆竹生产企业原材料、半成品、成品进行核查登记、销毁。

积极推进江滇路、江源路、龙尚路3条道路遗留果园问题解决。对三街五组原山水新城征地15户果园户进行地上附着物重新核查，并进行多轮商谈，最终成功解决赵明亮、李绍明、贺锁贵等果园长期遗留补偿问题，打通江源路、江滇路；成功解决业庆华遗留问题，使路坝合一龙尚路具备开工条件。

2017年以来，园区成功完成云南宏程物流、北京升华电梯、深圳合续、臣鹏燃气、博能燃气、特固扩建、中民筑友7个项目土地报批、挂牌、移交。

【基础设施建设】 2017年以来，园区全面加快基础设施建设步伐，累计完成基础设计建设投资12968万元。其中：投资832万元完成了园区核心区排水、德兆道路、试飞场场平、老关窝坝新建四级抽水站等建设工程；投资3578万元完成园区仙水大道、龙泉大道、江义街绿化工程；投资4679万元完成园区电缆通道土建工程；投资798万元完成园区太阳能风光互补路灯工程；投资107万元完成江城小微企业创业园场地平整工程。成功实现龙滨路、江鼎街2条道路5月建成通车目标；完成总投资136000万元的园区标准化厂房及孵化大楼建设工程和总投资10131万元的深圳合续标准化厂房建设工程前期工作，实现2个项目开工建设。

园区完成自来水厂建设、污水处理厂建设2个项目方案设计、项目选址论证、初步选址、地形图测量等前期工作。并对污水处理厂建设项目土地利用总体规划调整进行报批，落实20亩拟建设用地指标。

【企业服务】 园区加强对入园企业实行“五个一”定向定责服务机制，即一个项目、一名领导、一班人马、一抓到底、一次考核，通过目标倒逼、限时办结和代理帮办等有效措施，建立全方位经常性服务体系，为企业排忧解难。共为企业解决各类问题27个。特别是为腾达机械解决资金、股权转让等问题多方协调，为万利包装解决资金困难想尽办法，为让联塑二期尽快启动积极与联塑总部多轮磋商，为特固能扩建主动上门排除各种困难，为福达钢构、欣宇机械尽快建成投厂解决水电路问题，为消除德兆环保因资金短缺带来的不稳定因素做好协调工作。各项服务工作得到企业认可，让入园企业有归属感，获得企业一致好评。

【社会事务】 安全生产常抓不懈。成立安全生产领导小组，制定和完善各项《安全管控方案》

《日常安全检查制度》等，通过签订安全生产目标责任书，把安全生产责任落实到企业、落实到个人。组织各类安全生产检查11次，排查隐患23处，下发安全生产现场检查19份。及时排查和调处各类社会矛盾，对涉及群众切身利益的信访案件，查找问题症结，研究制定解决办法；对征地拆迁、各类基础设施建设中的不稳定因素进行分析评估，对贺锁贵、业庆华、曲来顺等果园户可能发生的群体事件和上访苗头提前介入，努力将矛盾纠纷化解在萌芽状态；积极为前卫镇赵官村争取公益事业建设补助资金230万元，为大街街道三街社区争取公益事业建设补助资金188万元。切实为被征地村组解决公益事业建设中存在的困难和问题。

（黄华平）

供　电

【概　述】 2017年，玉溪江川供电局统筹推进各项工作，为江川区全面建成小康社会提供电力保障。截至2017年12月31日，区供电局运行维护5座110千伏变电站，2座35千伏变电站，总变电容量42.5万千伏安。运行110千伏输电线路2条，总长30.97千米；35千伏输电线路5条，总长70.403千米；10千伏配电线路48条，总长730.172千米；0.4千伏及以下线路1270千米。配电变压器1723台，总容量37.54万千伏安。

【经济技术指标】 完成售电量10.18亿千瓦时，同比上升17.87%；主营业务收入3.55亿元，同比增长51.06%；客户平均停电时间9.9小时/户；完成固定资产投资3206.12万元；最高日电量392万千瓦时，同比上升12.97%；最高负荷为200兆瓦，同比上升17.65%；综合电压合格率99.418%；综合线损率1.75%。

【电力安全生产】 以风险管控为主线，完成安风体系综合提升计划28项、生产安全系统建设工作措施110项，强化电网、设备、作业风险管控。利用自媒体平台和移动视频技术开展现场作业安全监督检查953次。运用安全数据平台对605项检查发现问题进行闭环跟踪。开展涉电公共安全隐患专项治理工作，排查涉电公共安全隐患121起，整改完成率100%。开展电气火灾专项治理工作。参加玉溪市全市2017年“5·12”防灾减灾日地震应急综合演练，调配发电车2台、发电机10台、应急车21台次，投入应急抢修人员85人次。成功应对强降雨等灾害，实现灾区快速复电。圆满完成“十九大”“抚仙湖高原国际超级马拉松赛”特级保供电任务。荣获“江川区2017年度安全生产先进单位”。

【电力供应】 全力做好市场化交易组织实施工作，支持江川区重点工业企业恢复和扩大生产，2017年累计参与市场化交易410户次，成交电量7.95亿千瓦时，为企业节省电费开支7321万元。解决螺蛳铺变电站主变容量受限问题，将螺蛳铺变电站县水泥厂线、实龙线移至棋盘变电站供电后，螺蛳铺变电站供电情况得到缓解，江磷集团4号炉10000千伏安变压器于2017年5月5日得以投入使用，每月平均增长电量700万千瓦时。完成江川客运站充电桩、前卫镇王官村30座密集型电烤烟烤房等配电项目建设，累计完成电能替代898.38万千瓦时。售电量首次突破10亿千瓦时大关。

【电力优质服务】 全区设立兼职客户经理59名，建立“客户经理服务”微信群29个，入群客户人数约1000人，信息、业务、理念等知识高效传递。加大内部“三项机制”过程传递考评，提高客户诉求闭环处置能力，大服务意识及服务能力得到显著提高，第三方客户满意度达80分。执行业扩“减证便民”政策，业扩居民装表时限压缩至2个工作日、非居民装表时限压缩至3个工作日。重点关注10千伏及以下有损线损完成情况，进行分压线损监控，筛选出异常问题的低压台区，同时联动生产部门完成高损耗变压器增容、改造工作，0.4千伏线损率4.814%，同比下降1.47个百分点。拓宽电费缴费渠道，2017年玉溪电网首家电费结零。

【电网规划】 编制完成《基于三层概念网架的江川区城区配网网格化规划》《江川区主城区地下综合管廊配套电力规划》《江川区“十三五”中低压配电网规划修编》及《江川区“十三五”新一轮农村电网改造升级规划修编》，规划总投资共计1.23亿元。申报110千伏早街变2018年二期增容项目。配合完成澄川高速公路、环湖路等线路迁改项目及龙泉工业园区电缆沟管设计方案审查。

【电网建设】 全年完成投资总额2653.65万元，完成江川区小城镇、中心村农网改造升级工程（第一批）18个中心村项目，江川欣宇机械实业有限公司、江川王官村电烤房等3个业扩延伸项目建设任务，新建和改造10千伏线路11.954千米、0.4千伏及以下线路62.982千米，新增及改造配电变压器143台、变电容量41600千伏安，有效改善台区重过载及电压质量偏低问题。完成74台智能断路器加装项目，配网自动化应用水平得到提升。截至2017年年底中压线路联络率达85.29%，馈线可转供电率达70.59%。

【电力标杆建设】 2017年，区供电局综合标杆评价得分在玉溪电网两区七县排名第一，并代表云南电网85家县级供电企业参加综合标杆建设经验交流会，推广工作经验。在前卫、九溪“五星供电所”创建成果上，发挥“标杆班组”示范辐射作用，组织供电所班组骨干到网内五星标杆班组对标学习，全面梳理台区线损异常率、配网数据质量合格率、优质服务等方面存在差距及问题，弥补自身不足。

【电力经营管理】 实时关注有损线损率、站线变户关系和台区运行状况，10千伏及以下有损线损率5.83%，同比下降2.26个百分点，成为云南电网首家“两个异常率”为零县级供电企业。规范营销财务对账流程，完善电费资金安全管理自查自纠机制。制定专项监督工作计划，开展大修技改项目、电费抄核收专项监督工作。配合完成生产调度通信综合大楼财务决算审计。建立法律风险提示预警机制，以诊促规、以案思管，不断提升依法治企能力。

（海　霞）

供销合作

【概　述】 玉溪市江川区供销合作社联合社为参照公务员法管理的事业单位，机关编制8人，年末实有在职干部职工6人，遗属10人，退休干部12人，下辖玉溪市江川区供销合作社联合社农业生产资料有限公司、玉溪市鼎兴资产管理有限公司2个全资公司和江城、路居、九溪、大街、前卫5个基层供销社。

2017年，江川区供销合作社联合社在省、市供销合作社指导下，围绕中心，服务大局，全力深化供销合作社综合改革，推动供销合作事业持续健康发展。

【经济指标】 2017年，全系统完成经营总额85854万元，比上年增长52.88%。其中完成销售总额84485万元，比上年增长51.35%；完成农副产品销售额13932万元，比上年增长50.88%。全年购进肥料123408吨，供应肥料121713吨；购进农药2988吨，销售2952吨；农膜销售756万元。农副产品销售额13932万元，售给农民的农业生产资料55901万元，连锁经营销售额11240万元，电子商务销售额283万元。

【综合改革】 2017年，江川区供销合作社实行一系列改革举措：完善供销合作社经营服务体系。主要是加快基层供销社改造建设，领办创办各类专业合作社，加强村级综合服务社建设，支持发展行业协会等社团组织。巩固拓展供销合作社经营服务领域。主要是构建农业生产服务网络，构建农产品流通服务网络，构建日用消费品服务网络，大力发展农村电子商务，加快食用菌产业发展，稳步开展农村合作金融服务。理顺供销合作社组织管理体制。主要是构建联合社主导的行业指导体系，构建社有企业支撑的经营服务体系，理顺联合社与社有企业的关系，设立供销合作社合作发展基金。

【资产盘活】 对社有资产情况进行深入调研，全面摸清底数，建立《江川区供销合作社联合社社有资产经营管理清册》，实行动态管理。制定完善《江川区供销合作社社有资产盘活处置工作方案》。着力加强与各乡镇（街道）及国土等部门对接协调，加大历史遗留问题解决力度，因地制宜，分类施策做好社有资产确权、不动产登记和盘活工作。加快资产盘活改造项目实施，蔬菜公司（区社办公所在地）环境提升改造工程全面完成，机关环境面貌改观；九溪社鸡窝购销点（九溪供销合作社鸡窝村综合服务社）提升改造工程完工，村级综合服务社示范试点建设初见成效。完成九溪供销社、土产公司、大街供销社三街店3个项目扫尾及验收工作。完成九溪镇喜乐庄购销店资产公开拍卖处置。配合指挥部做好江城古镇棚户区改造涉及供销社社有资产拆迁和群众工作，各项工作完成。

【农资改革】 抓好农资储备供应工作，完成市下达目标任务，确保农资储备和供应正常，保障农业生产需要。制定出台《创新农资服务方式推动农资销售与技术服务有机结合试点经验复制推广工作实施方案》，抓好改革试点经验复制推广工作。谋划创新农资服务项目，加快庄稼医院提升改造、农资经营网点店面改造等工作。成功举办“农资实用技术”培训班，培训人员230人。

【农村电商发展】 针对农村电子商务发展滞后情况，制定出台《关于加快发展农村电子商务的实施方案》，与苏宁物流集团、云南商盟等企业对接，着力探索推动农村电子商务发展。注册成立玉溪市江川金农电子商务有限公司，推进经营服务平台建设，与市供销社电商公司合作，以花卉线上销售为突破口，探索开展业务。举办农村电子商务专题培训，培训300余人次。

【农民专业合作社建设】 研究制定《江川区供销合作社联合社关于支持农民专业合作社发展的意见（试行）》，区供销社拿出部分资产收益，对原创办的专业合作社及新办专业合作社进行补助，2017年共补助8万元。上半年发展江川区腐楠蔬菜种植、江川区锦妍花卉种植等农民专业合作社6个；发展农民合作社联合社1个，农民专业合作社示范社1个，年度目标任务完成。推进“补改股”工作，以上级补助入股玉溪同鑫食用菌生产专业合作社，密切与合作社利益联结。

【信访工作】 做好资产处置涉及改制下岗职工和村民的信访和稳定工作。一年来，妥善应对江城棚户区改造涉及原江城供销社89名干部职工及4户群众信访维稳工作，做好九溪喜乐庄社有资产拍卖180余名群众信访稳定工作，做好大街街道棚户区改造5户改制下岗职工信访稳定工作，妥善化解矛盾纠纷，切实维护社会稳定。

（徐舒虹）

城市建设投资

【项目建设】 （一）完成2014年保障性住房项目建设。江川区2014年保障性住房项目规划总用地面积为14.187亩，共592套，总建筑面积37973.98平方米。总投资9799.89万元。项目于2015年3月20日正式开工，工程于2017年5月16日全部竣工并验收合格，达到入住条件，592户保障对象已配租入住。

（二）完成2013、2014年保障性住房配套开发项目建设。2013、2014年保障性住房配套开发项目，总用地面积16.33亩，总建筑面积约15335.70平方米，总投资2998.43万元，土地成本850.73万元，资金公司自筹。项目于2015年3月20日正式开工，工程于2017年5月16日全部竣工并验收合格，已公开拍卖。

（三）九溪镇农贸市场建设项目。项目总用地面积19.02亩，规划总建筑面积15161.55平方米，绿地面积507.26平方米，停车位77个，基本满足2000人的日交易需求。预计投资4300万元，资金公司自筹。项目于2017年8月10日开始施工，已完成主体施工，正进行竣工验收准备工作。

（四）钟秀铭苑——江城棚改房源点建设项目。项目总用地面积为33.42亩，总建筑面积29570.12平方米，预计总投资11123.53万元，自筹3623.53万元，银行贷款7500万元。项目于2017年11月9日正式开工，正在进行主体施工。

【资产经营管理工作】 （一）完成2014年保障性住房分配工作。公司于2017年6月19日至23日对648套房源按保障对象选房顺序号进行分配。

（二）完成2013、2014年保障性住房配套项目销售工作。经区政府同意，公司聘请拍卖公司对2013年、2014年保障性住房配套项目59套住宅进行公开拍卖，销售收入8445.14万元。

（三）做好国有资产经营管理。对到期商铺面向社会进行公开招租，并竞拍成交商铺87间。

（四）根据区人民政府要求，公司对租住超过一年的保障房住宅建筑面积的20%进行销售，已售252套。

【其他工作】 2017年，城投（广厦）公司累计上缴税金1544.52万元，上缴财政收入947.33万元。

（靳嘉玲）

农林·水利

编辑　徐凡清

农　业

【概　述】　玉溪市江川区农业局加挂玉溪市江川区畜牧兽医局、玉溪市江川区乡镇企业局牌子。局机关现内设一室五股，即：办公室、生产综合股、发展计划财务股、法规股、行政审批股、畜牧兽医股；下属设置16个事业单位，即：玉溪市江川区农业技术推广站、玉溪市江川区植保植检站、玉溪市江川区土壤肥料工作站、玉溪市江川区种子管理站、云南省农业广播电视学校玉溪市江川区分校（加挂玉溪市江川区农民科技教育培训中心牌子）、玉溪市江川区经济作物工作站、玉溪市江川区经营管理站、玉溪市江川区农村环保能源工作站（加挂玉溪市江川区绿色食品管理办公室牌子）、玉溪市江川区农机监理站、玉溪市江川区农机化技术推广服务站、玉溪市江川区农业机械化技术学校、玉溪市江川区水产技术推广站（加挂玉溪市江川区水生动物防疫检疫站牌子）、玉溪市江川区动物卫生监督所、玉溪市江川区动物疫病预防控制中心、玉溪市江川区畜禽改良站（加挂玉溪市江川区草山饲料站牌子）和玉溪市江川区农产品质量安全检测站。年末实有在职人员122人，其中机关工作人员18人（行政人员16人，工勤人员2人），事业人员104人。具有大专以上学历的107人，占干部职工总数的87.7%，事业人员中拥有专业技术职称的84人（其中高级职称36人、中级职称32人），占实有事业人员的80.77%。

2017年，江川区以农业供给侧结构性改革为主线，以五大发展理念为引领，深入贯彻落实省、市关于发展高原特色农业的系列部署和各项强农惠农政策，深化改革，转变农业发展方式，推进农业结构调整，构建新型农业经营体系，促进产业转型升级，发展生态型、精品型、示范型、外向型、休闲型高效优质农业，提高农业综合生产能力和市场竞争力，促进农业增效，农民增收。为实现“十三五”良好开局奠定基础。全年实现农牧渔业总产值265810万元，同比增长6.3%；实现农牧渔业增加值163212元，同比增长6.28%。农村居民人均可支配收入达12172元，同比增9%。

【种植业】　2017年实现种植业总产值达158466万元，比2016年增加5672万元，增幅3.7%；农民人均种植业收入达7242.6元，比2016年增加255.37元，增幅3.65%。全区粮经种植比例为23.06：76.94，与上年的23.81：76.19相比，粮食作物比重基本持平。

1.粮食：2017年粮食总播种面积92435亩，比2016年增加266亩；粮食单产达480千克，比2016年减少1千克；粮食总产达4435.67万千克（其中大春3573.49万千克，小春862.19万千克），比2016年增加1.51万千克；粮食总产值达13975万元，比2016年增加253万元；农民人均粮食收入638.72元，比2016年增加39.48元。

2.油料：2017年油料播种面积40124亩，比2016年增加2549亩；油料总产量达842.74万千克，比

2016年增加43.78万千克；油料总产值达4113万元，比2016年减少157万元；农民人均油料收入187.98元，比2016年减少10.59元。

3.蔬菜：2017年蔬菜种植面积170812（含复种）亩，比上年增加10231亩；蔬菜总产量39415.72万千克，比2016年增加3393.92万千克；蔬菜总产值77628万元，比2016年增加11487万元；农民人均蔬菜收入3547.95元，比2016年增加523.34元。

4.花卉：2017年花卉种植面积8192亩，比2016年增加1312亩；花卉总产值23673万元，比2016年增加2164万元；农民人均花卉收入1081.96元，比2016年增加28.2元。

5.其它农作物：2017年其它农作物种植面积686亩，比2016年增加135亩。

【畜牧业】 突出养猪优势产业，积极发展规模化、标准化生产，加快结构调整，转变生产方式，加强基础设施建设，强化疫病防控，努力巩固仔猪生产基地县创建成果，做大做强畜牧产业，使全区畜牧业生产保持健康稳定发展。2017年，全区完成肉蛋奶总产5005.7万千克，同比增8.09%。其中肉类总产量3315万千克，禽蛋产量1690.7万千克。出售仔猪68.58万头。实现畜牧业现价总产值96235万元，同比增8%。

1.畜禽存栏：年末大牲畜存栏6480头（匹），其中牛5259头、马417匹、驴375匹、骡429匹；生猪存栏231327头（其中能繁母猪存栏36628头），羊23001只，家禽1970582只，兔4398只。

2.畜禽出栏：全年完成大牲畜出栏3516头（匹），其中牛2793头，马395匹、驴230匹、骡98匹；生猪出栏321373头，羊15786只，家禽3210922只，兔4314只。

【渔业】 充分发挥江川水产资源优势，围绕江川土著鱼保护与开发利用，调整渔业供给侧结构，立足水产提质增效和渔民增收，在保护水域环境前提下，大力引导发展无公害水产养殖。积极开展濒危土著鱼类人工驯养繁殖试验研究及推广，推进江川渔业由数量型向质量型转变，打造以大头鱼、抗浪鱼、星云白鱼、云南倒刺鲃（青鱼）、抚仙四须鲃等为主的特色水产品品牌，提高特色水产品价值，发展高原特色渔业。全年全区渔业水面面积161708亩，其中捕捞面积103000亩（为抚仙湖面积），养殖面积58708亩（其中星云湖52000亩、水库4669亩、坝塘1574亩、池塘465亩）。全年累计生产水花鱼苗4700万尾，鱼种410吨，投放鱼种475吨。完成渔业产量4350吨，其中抚仙湖556吨，星云湖2300吨，水库池坝塘1494吨。全年实现渔业总产值11109万元。

【水稻高产创建】 2017年，通过实施水稻高产创建项目，集成多项技术及组织措施，稳定播种面积，提高单产，保证总产。示范区安排在江城镇、前卫镇、九溪镇、大街街道等乡镇，共完成示范面积10603亩，涉及12个村委会，百亩核心区安排在后卫村委会小后卫村民小组，面积110亩。经技术人员测产实际产量，“百亩方核心区”加权平均亩产754.6千克，“千亩片示范区”加权平均亩产689.7千克，“万亩区示范区”加权平均亩产659.2千克。示范区加权平均亩产660.7千克，比非示范区加权平均亩产638.6千克增22.1千克，增3.5%。完成辐射带动亩增产3.5%。

【农作物（粮食）间套种技术推广】 2017年，江川区充分利用自然气候条件较好、多种作物共生期长以及作物种收时空间隙，继续实施农作物（粮食）间套种技术推广项目，共完成农作物（粮食）间套种面积15.16万亩，其中小春季完成7.1万亩，大春季完成8.06万亩。经统计折算，大小春两季增加粮食产量841.9万千克，平均亩增粮食55.3千克，完成项目指标。平均亩新增产值115元，间套种新增总产值3336.4万元以上。

【晚秋作物种植】 2017年，江川区完成晚秋作物种植4.07万亩，其中晚秋粮食作物2.04万亩，包括玉米0.9万亩（部分作鲜食用），秋马铃薯0.52万亩，晚秋荞0.35万亩，晚秋杂豆类0.27万亩。晚秋经济作物种植2.03万亩，包括鲜食豆类、蔬菜、辣椒等。项目区折算成粮食亩单产324千克，实现粮食产量661.3万千克以上。

【病虫草鼠害防治】 2017年，组织人员在全区辖区内开展红火蚁、水稻细菌性条斑病、玉米退绿斑驳病调查工作，结果为全区均未发生红火蚁疫情和水稻细菌性条斑病、玉米退绿斑驳病。全年印发《江川植保信息》10期，共计132份；印发水稻、玉米病虫

害综合防治措施明白卡各2万份；开展农作物病虫草鼠害防治116.7万亩次，挽回粮食损失3698.6吨，重大病虫害防治面积占应防面积98%以上，粮食作物损失率控制在4%以下，经济作物损失率控制在7%以下。

【农村劳动力转移和绿色证书培训】 2017年，江川区认真组织农广校和农机校开展好农村劳动力转移培训工作，根据农业技术需求和培训人员地域等具体情况，灵活选择县级培训和进村培训，围绕粮食、蔬菜、花卉、烤烟、仔猪等方面的科技实用技术，一年来共举办蔬菜种植、水产养殖、家政服务、农机服务等岗位培训班，开展农村劳动力培训2416人，转移1118人。以新型职业农民培育、农业综合开发科技培训为载体，组织开展农民科技培训暨“绿色证书”培训，全年共举办蔬菜栽培、农机操作等专业33个培训班，培训农民1954人。

【新型职业农民培育】 2017年，江川区继续被农业部列为新型职业农民培育示范县区。培育的总体目标是按照“科教兴农、人才强农、新型职业农民固农”战略要求，根据高原特色农业和江川区优势产业发展需求，以粮食、蔬菜、生猪等特色优势产业为重点，以种养大户、家庭农场、农民专业合作组织、农业庄园、农业社会化服务体系骨干为培育对象，培养一批有文化、懂技术、会经营的新型职业农民，实行教育培训、认定管理和政策扶持“三位一体”培育，开展生产经营型、专业技能型、社会服务型“三类协同”发展的人才培养，建立初级、中级、高级“三级贯通”的证书等级制度。2017年，累计完成新型职业农民培育253人。跟踪服务335人。

【农业综合开发项目培训】 围绕推广农业新技术、普遍提高项目区农民科技素质、推广农业新技术工作思路，对项目区所涉及的江城镇黄营村委会、白家营村委会、大地村委会和前卫镇周官村委会、小街村委会规模种植情况，以村、组为单位开展培训，根据各村生产特点选择培训内容，通过采取召开村组干部会、选聘优秀培训教师、制定培训计划、发放培训教材等多项措施，有效开展培训，共计培训农民2673人次，发放《高标准农田建设项目科技培训资料》2000册，《十字花科蔬菜病虫害防治》《葱姜蒜病虫害防治》等光碟200片。

【农业信息化建设】 坚持以“服务农村、服务农业、服务农民”为宗旨，认真组织信息源，及时利用江川农业信息网和新农村建设信息网及“三农通”手机平台向外传递江川区农产品市场供求信息，向用户传递农业生产最新科技信息，为农业增效、农民增收提供信息保障。全年在江川农业信息网发布信息5630条；在数字乡村网发布信息1992条；完成新农村建设信息网网页更新及基础数据报表更新364个；发布农产品供求类信息27条，农产品价格信息29期。利用手机平台向3万多农户发送农业科技、惠农政策、农产品供求、用工需求、群众生活等手机“三农通”信息423条。

【蔬菜生产信息监测】 根据农业部安排，2017年，区农业局继续在全区开展蔬菜生产信息监测工作，负责对全区的大白菜、花椰菜等40多种蔬菜品种的种植面积、产量、地头批发价等各项指标分别按旬度、月度、年度进行定点、定时连续监测上报。全区选定10个监测点，监测总面积632亩。全年共计上报旬度表36份、月度表12份、年度表2份、采集点登记表1份、信息2条、项目申报书1份、蔬菜生产情况及形势分析1份、蔬菜生产信息监测工作总结1份。

【测土配方施肥】 2017年，江川区围绕“测土、配方、配肥、供肥、施肥指导”五个环节，坚持“增产、经济、环保”施肥理念，以推广使用配方肥为核心，积极创新资金使用新机制，采取对种粮大户等新型农业经营主体使用配方肥进行补贴模式，引导企业、新型农业经营主体和社会化服务组织参与配方肥生产、供应和推广服务。全年举办培训班7次，培训技术骨干410人次，现场观摩会1次，发放宣传资料1000份，制定玉米、水稻配方14个，印发水稻、玉米的施肥建议卡4.22万份，覆盖全区60个农业村（居）委会，涉及农户6.25万户，累计推广测土配方施肥面积16.12万亩，蔬菜5万亩，油菜1.5万亩，马铃薯0.8万亩，烤烟5.95万亩，水稻1.37万亩，玉米1.5万亩。

【农业投入品监管】 全年共出动农业执法人员1377人次，检查各类农产品生产企业和农资生产经营企业、单位、网点2251家次。立案查处各类农业违法案件5件，其中兽药3件、农药1件、种子1件，查获假农资17.8公斤，实施行政罚没款27369元。发放各类宣传资料2.63万份，开展动物防疫、渔业船舶安全应急演练，提升安全应急处置能力。

【农产品质量监测】 全年从基地、超市、农贸市场共抽取3567个样品进行农药残留快速检测，合格率98.8%；实施农药抽样检测4个样本、不合格1个，对检测不合格的经营门市进行查处；实施“瘦肉精”抽样检测280个样本，合格率100%。全区实施产地检疫畜禽113.6646万头（只），跨省调运检疫鸡13870只、检疫生猪400头；完成定点屠宰检疫生猪51854头，无害化处理检疫不合格生猪144头，做到生猪屠宰检疫率、检出不合格产品无害化处理率达100%。同时在全区全面推行二维码标识佩带工作，共进行戴标操作159523套，重大动物疫病防疫责任书》和《食品安全责任书》各500份，在51个畜禽规模养殖场建立定点联系制度。由于各项监管措施到位，确保全年未发生重大农产品质量安全事故。

【“三品一标”监管】 2017年，全区累计通过认证的有机食品1个，绿色食品3个，无公害农产品2个。依法规范无公害农产品、绿色食品、有机食品及地理标志产品“三品一标”标识使用行为，切实维护生产者和消费者合法权益。一是突出源头监管。对取得“三品一标”认证的生产单位的产品、产地采取定期和不定期方式进行监督检查，重点检查获证企业是否按质量控制措施和生产技术规程进行管理和生产，是否有出入库记录，生产加工是否符合相应认证加工技术规程要求等。二是加强对市场流通领域检查。全年组织对城区内华联超市、宝泰购物广场等超市、各大超市开展专项检查，累计检查用标产品120个，对不规范用标、过期用标以及疑似超范围和假冒“三品一标”标志产品进行逐一登记上报。

【龙头企业】 截至2017年末，江川区获国家级重点龙头企业称号的有云南宏斌绿色食品有限公司1个企业；获省级重点龙头企业称号的有云南阳光食品有限公司、云南隆宇农产品商贸有限公司、云南卓一食品有限公司、云南雄鑫农产品商贸有限公司、云南荣盛实业有限公司共5个企业；获市级龙头企业称号的有玉溪市九川食品有限公司、江川同力橡胶有限公司、玉溪文记爱群农产品发展有限公司、云南滕鹏果蔬进出口有限公司、云南秋庆种业有限公司、玉溪丫眯绿色休闲食品有限公司、玉溪恒丰万里花卉有限公司、玉溪天丽食品有限公司、江川县古滇彝家酒业有限公司、云南茂晟食品有限公司、云南江川汇海农产品有限公司共11个企业。在龙头企业中，从事农副产品加工的有16个，鲜切花销售1个，其中：蔬菜制品11个、玉米种子1个、鲜花饼1个、调味品生产1个、橡胶加工1个、酿酒1个。全区龙头企业从业人数2205人，实现总产值23.8亿元，实现销售收入22.28亿元，利润总额8462万元，上缴税金1551万元，完成出口交货值35690万美元。带动农户数147171户，农户从事产业化经营增收总额3750万元。

【农民专业合作社】 2017年，全区农民专业合作社累计达54个。按从事行业划分：从事种植业41个，畜牧业9个，渔业1个，服务业3个。在农民专业合作社中，拥有注册商标1个，获得无公害农产品认证2个，创办加工实体2个，被农业主管部门认定为示范社7个。合作社统一组织销售农产品总值4958万元，统一购买农业生产投入品的总值849万元，组织培训成员和农户8040人次。全区加入农民专业合作社的成员达10617户，带动非成员农户12436户。

【农产品加工企业】 2017年，全区农产品加工企业88个，从业人数6318人，现价总产值358694万元，同比增幅10.22%。

【农机推广和服务】 2017年，全区农机总动力达271588.05千瓦特，拥有各型拖拉机4765台，其中大中型拖拉机716台，小型拖拉机4049台；拥有耕整地机械10786台（套）、农用排灌机械8310台（套），节水灌溉面积39231.6亩，拥有农产品初加工动力机械1431台，拥有各种配套农机具2386部，其中大型配套农机具228部，小型配套农机具2158部。全区乡村农机从业人员15715人，其中拖拉机驾驶从业人员5043人，农用运输车驾驶从业人员1707

人；具有农机维修点91个，农机经销点12个。年内完成中央财政农机购置补贴资金200万元，共补贴各类机具396台，受益农户366户。同时组织全区农机人员及农机具积极投入抗旱、春（秋）耕作业等生产环节，充分发挥农机在抢农时、抢节令、抵卸农业自然灾害方面的重要作用。全年累计完成机耕面积215434.65亩，农机深松作业面积3192.4亩，机电灌溉面积143850亩，机械植保面积365472.3亩，机收面积17600亩，农机运输作业量达到4224.17万吨·千米，全区主要农作物耕种收综合机械化水平达50.52%。完成水稻育插秧推广示范面积800亩。

【农机监理】 以农机“推丘”工作为契机，紧紧围绕源头管理、执法监控、宣传教育等主要环节，在全区开展农机安全大检查活动，加大农机安全执法力度，加强农机安全隐患排查治理，从源头上确保农机安全生产管理。全年共办理小型拖拉机注册登记15台、检验拖拉机1059台，签订安全责任书1059份；办理驾驶证到期审验换证797本；培训拖拉机驾驶员1期，制作驾驶证63本。在全区开展农机安全宣传、隐患排查、打非治违活动，共出动宣传车24次，出动人员96人次，悬挂安全宣传横幅24条，摆放宣传展板24次，查出拖拉机一般安全隐患16条，当场整改13条，限期整改3条，排查驾驶员246人次，排查农业机械357台次。一年来全区无农机作业伤亡及特大农机道路交通安全事故发生。

【农村集体资金资产资源和财务管理】 一是继续稳定和完善村级会计委托代理服务，保证村级会计委托代理服务长期规范发展。截至2017年末，各乡镇（街道）农经中心共代管村组账目507套，资金55746万元。二是继续加强农村集体“三资”委托代理服务，对集体“三资”漏记、内容不全、登记错误等方面进行完善，督促各乡镇农经中心适时更新“三资”监管平台信息库资料，保证群众看到最新“三资”信息。三是抓好农村财务公开，确保群众知情权、参与权和监督权。督促各乡镇农经中心严格按照逐笔公开要求，及时编制村组财务公开表，由负责的分会计督促各村组在财务公开专栏及时向群众公布，公布率达100%。四是严格农村集体“一事一议”筹资筹劳审核，防止面向群众乱收费、乱集资、乱摊派现象发生。全年共对23个村民小组的“一事一议”筹资筹劳进行审核备案。其中：筹资人数15919人，筹资金额31万元，筹劳9890人。

【农民负担监督管理】 一是认真贯彻减轻农民负担政策，切实把减轻农民负担政策不折不扣落到实处。全年完成中央农业支持保护补贴面积为123010.15亩，补贴资金5590552.11元；完成农机购置补贴资金110.485万元；采取由财政部门按月审核、按月拨付再由供精站和配种服务站点在养殖户领用猪精液时直接折兑补贴方式支付补贴资金187.2万元；能繁母猪保险参保16506头，受理保险责任范围内死亡母猪597头，支付保险赔偿资金62.9835万元；实施种植业保险投保面积3.345万亩，其中水稻1.345万亩，保费262275元，涉及农户35984户；玉米2万亩，保费330000元，涉及农户38780户。二是严格农村集体“一事一议”筹资筹劳审核，防止面向群众乱收费、乱集资、乱摊派现象发生。全年共对23个村民小组的“一事一议”筹资筹劳进行审核备案。其中：筹资人数15919人，筹资金额31万元，筹劳9890人。三是在大街、江城、安化、前卫4个乡镇设置监测点，对25户农户实际收支情况进行动态跟踪监控，及时掌握农民负担动向；四是认真做好群众来信来访工作，积极配合有关部门做好涉农收费和价格的专项检查，按时上报各项调查资料。

【农村土地承包经营及管理】 2017年，全区家庭承包经营的耕地面积为118070亩，家庭承包经营农户70191户，家庭承包合同65392份，颁发土地承包经营权证65392份，机动地面积341亩。全年家庭承包耕地流转总面积29405亩，其中出租（转包）26551亩，转让206亩，互换199亩，股份合作2038亩，其他形式411亩。按流转去向分：流转入农户16269亩，流转入合作社1073亩，流转入企业12063亩。按土地流转服务情况分：农户间自发流转9817亩，乡村组织提供信息流转9287亩，委托乡村组织流转10301亩。土地规模经营（50亩）以上的面积16723亩，其中50亩～100亩的4819亩，100亩～300亩的2665亩，300亩～500亩的3317亩，500亩～1000亩以上的1400亩，1000亩以上的4522亩。全区拥有区级仲裁委员会1个，仲裁委员会人数23人，聘任仲裁员12人；拥有乡镇（街道）仲裁委员会6个，仲裁委员会人数79人。

【农村土地承包经营权确权登记颁证】 农村土地承包经营权确权登记颁证于2015年1月开始准备工作，正式作业是2015年7月。涉及耕地面积共31.89万亩（第二次土地调查耕地面积），涉及农户7万多户，农业人口24万多人，计划投资总额为1588万元。2017年完成大部分村组二榜公示工作，全区完成权属确认面积18.76万亩，占国土二调面积59%。

【种植业保险】 2017年，江川区继续开展种植业保险工作，按照水稻每亩19.5元、玉米16.5元保费进行投保，其中中央、省、市、区分别承担保费金额的40%、13%、25%、22%。全年完成水稻投保面积1.345万亩，保费262275元，涉及农户35984户；玉米投保面积2万亩，保费330000元。涉及农户38780户。

【动物防疫】 2017年，江川区畜牧兽医部门结合辖区内畜禽饲养状况、养殖密度、养殖规模及各病种疫情风险等实际，对规模养殖场（养殖小区）开展程序化免疫，对农村散养户开展春秋两季集中免疫和常年补针。全年重大动物疫病累计免疫猪瘟54.52万头（次），高致病性猪蓝耳病50.8万头（次），牲畜口蹄疫57.98万头（只、次），家禽禽流感408.88万只（次），重大动物疫病免疫密度达应免数的100%。常规动物疫病累计免疫仔猪副伤寒16.01万头，猪肺疫12.82万头，猪伪狂犬病14.43万头，猪细小病毒2.15万头，禽霍乱209万只、法氏囊193.8万只、鸭瘟11.32万只、羊痘1.51万只、兔瘟0.26万只，狂犬病0.1885万只。全区猪、大牲畜、羊、家禽疫病死亡率分别控制在3%、1.5%、2%、6%以内。

【动物疫病监测】 2017年，继续在全区推广应用动物疫病免疫抗体及动物疫病病原检测技术，对免疫质量和病原情况进行监测评估，及时作出预警预报，提高动物疫病防疫能力和水平。全年对6个乡镇（街道）的畜禽养殖场（户）、屠宰厂、农贸市场开展采样1711份，监测5306份次。其中：开展抗体监测3719份次（含国家定点监测），病原学监测1587份次（含国家定点监测）。对监测中发现的阳性畜及同群畜严格按规定无害化处理。

【畜禽规模养殖】 2017年末，全区共有各类适度畜禽规模养殖场（户）645户。其中：能繁母猪存栏5头以上314户，存栏能繁母猪8738头；肥猪出栏50头以上61户，出栏肥猪12258；蛋鸡存栏2000只以上48户，存栏开产蛋鸡111.5万只；肉鸡存栏2000只以上12户，存栏肉鸡12.79万只；山羊存栏30只以上169户，存栏山羊13535只；肉牛存栏10头以上41户，存栏肉牛890头。

【畜牧贴息贷款】 2017年江川区继续做好2017～2019年度信贷扶持畜牧业发展项目发放工作，全区2017年度畜牧贴息贷款发放任务为3000万元，按年息5.46%向养殖户发放贷款（其中：市级财政承担2.0%，区级财政承担1.0%，养殖户承担2.46%），由中国农业银行股份有限公司玉溪江川支行承贷1500万元、中国邮政储蓄银行股份有限公司玉溪市分行江川支行承贷1500万元。

【能繁母猪保险】 2017年度，江川区继续实施能繁母猪保险强农惠农政策，全区能繁母猪保险投保母猪16506头，每头能繁母猪保险金额为1000元，每头保费60元，其中：中央财政每头补助30元、省级财政补助3.6元、市级财政补助6.4元、区级财政补助8元，养殖户承担12元。全年共受理保险责任范围内死亡母猪597头，死亡率为3.6%，累计支付养殖户保险赔偿资金62.9835万元。

【农村节能】 截至2017年末，全区农村户用沼气池保有量为22367口，全年组织开展沼气池巡查22367口，维护2670口，开展沼气安全使用知识培训1500余人次，发放宣传资料8000余份；村级沼气池服务网点共57个。在安化乡及前卫镇推广太阳能热水器931户、节柴改灶800户。在江城镇推广太阳能热水器500套，大街街道推广太阳能热水器300套，省级补助资金1000元/套，合计补助80万元。在江城镇推广农村节能改灶500户，省级补助资金300元/户，合计补助15万元。

【畜禽规模养殖场节能减排】 根据市政府与区政府签订的年度节能减排工作目标责任书，全区2017年列入减排对象的畜禽规模养殖场有玉溪市江川区苹果源养

殖场、玉溪市江川区元生养殖场、玉溪市江川区孙小华养殖场。按照节能减排相关要求，3户养殖场共建设尿液储存池1031立方米、粪便储存池262.5立方米、雨污分流管道（沟渠）2510米、焚烧炉3个、填埋井3个。

【土著鱼保护及开发利用】 2017年，江川区不断加强土著鱼保护与开发利用力度，积极开展濒危土著鱼类的人工驯养繁殖试验研究及推广养殖，推进江川渔业由数量型向质量型转变，打造以大头鲤、抗浪鱼、星云白鱼、云南倒刺鲃（青鱼）等为主的特色水产品品牌，积极组织申报“江川大头鱼”地理标志产品保护，提高特色水产品价值。调整渔业供给侧结构，发展高原特色渔业，全年共向星云湖放流大头鲤大规格鱼种3374千克，夏花鱼苗100.3万尾。特有土著鱼类保护工作成果丰硕，《抚仙湖杞麓鲤人工驯养繁殖技术》分别获得2016度云南省科技进步三等奖，2015年度玉溪市科技进步二等奖、农业技术推广二等奖。《玉溪市土著鱼关键技术集成与推广应用》项目获玉溪市农业技术推广奖二等奖。江川开渔节获国家级示范性文化节庆荣誉。

【提案和议案办理】 2017年承办区政协委员提案3件，承办区人大代表提议1件，办理答复均为满意。

（李泳黎）

烟草专卖

【机构设置】 江川区烟草专卖局（分公司）设综合办公室、人事劳资科、财务室、专卖监督管理室（稽查大队）、生产科技室、现代烟草农业基础设施建设办公室、督察考评室、监察科、安全保卫科、区域市场部、卷烟物流中转站11个职能部门，江城、安化、前卫、大街、九溪、雄关6个烟叶工作站，周官、光山2个烟点。在册在岗职工101人（含市管干部6人），年内调出0人，调入8人（其中市管干部2人）。其中，女性26人、男性75人。

【概　述】 2017年，江川区烟草专卖局（分公司）推动烤烟生产和科技措施各项工作落实，持续加强打击涉烟违法犯罪打击力度，着力破解卷烟销售难题，全年实现税收13728.83万元，其中国税7140.43万元，地税6588.4万元。

【烤烟生产收购】 2017年，全区共规划种植烤烟192片，面积7.3万亩，计划收购量1010万千克，其中指令性计划939万千克，出口备货计划71万千克。由于全区遭遇涝—旱—涝和长期阴雨连绵极端天气，给全区大面积烤烟生产带来严重影响，导致全区共计收购烟叶873.44万千克，其中指令性计划完成802.44万千克，出口备货计划完成71万千克，完成年初合同计划的86.47%，完成合同计划调整后的88.22%；均价30.49元/千克，比上年下降3.06元/千克，下降9.12%；上等烟比例66.17%，比年初计划少4.33%。全区共计完成烟叶交售金额2.66287亿元，比上年减少0.6481亿元，实现烟叶税0.58583亿元，比上年减少0.14258亿元，是自1999年以来全区第一次没有完成烟叶收购目标任务年份。

【卷烟销售】 面对经济下行、消费疲软、零售客户积极性下降等不利影响，江川分公司贯彻国家、省、市烟草专卖局提出的“六个严禁、一个严控”和“六个坚决禁止”要求，以专卖网格化建设为基础，以专销联动为载体，及时做好两部门工作协调，紧密加强专销联动工作，确保卷烟销售工作能够严格按照国家、省、市烟草专卖局要求规范开展。2017年，全区销售卷烟7621.0125箱，同比上年增长142.0787箱，增幅1.90%；累计销售收入2.342亿元，同比增加0.186亿元，增幅8.63%。一类卷烟销售1626.3400箱，同比上年增长186.3344箱，增幅12.94%；单箱销售收入达30738元/箱，同比增幅6.68%。

【烟草专卖管理】 2017年，江川区烟草专卖局（分公司）与公安、市场监督管理等执法部门配合，加大市场检查力度，共出动执法人员892人次，执法车辆188台次，检查工商经营户3275户次，查获各类涉烟违法案件117起（无证经营移送工商部门处理36起，简易进货28起，一般案件53起，其中5万元以上大要案17起），较上年同比增长21.9%；合计涉案金额271万元，同比增长137.3%。查获烟叶31.12吨，同比减少22.5%；查获卷烟13447.8条，同比增长327.5%。打击各种涉烟违法行为，卷烟市场得到进一步规范，市场净化率、市场占有率不断提高，达到95%以上。面对夺回卷烟市场空间的严峻形势和繁重任务，区烟草专卖局围绕“盘活一个资源、抓住两大战机”工作思路，坚决打赢夺回卷烟市场空间攻坚战，完成夺回卷烟市场空间任务52.73箱，比市烟草专卖局下达任务超额完成5.73箱，全市排名从第九位上升到第四位。

（李　纯）

【烤烟种植轮作规划】　2017年，江川分公司制定烤烟种植规划实施方案，各烟叶站和乡镇、村组严格按计划做好烤烟种植面积规划，突出规划轮作，做到规划定面积、定农户、订合同。全区计划种植田烟面积33700亩，地烟面积39300亩，落实连片种植188片，比2016年减少19片。连片种植规模增加，所有连片面积均达到100亩以上，其中连片面积200亩以下36片，占8.03%；连片面积200～500亩112片，占46.48%；连片面积500～1000亩33片，占32.97%；1000亩以上7片，占15.52%。实现规模化种植、机械化作业。

【烟用物资调供】　2017年，江川分公司做好烟用物资调供，供应育苗类物资，其中：设置漂育苗点28个、大棚70个、小棚6770个，育成烟苗13140万株，可供移栽面积7.3万亩，专业化商品化育苗率100%；基质650立方米，小棚1200套；供应农药及微肥：3%阿维菌微胶囊剂1000千克、钾霜锰锌5000千克、18%丙唑·吗啉胍可湿性粉1500千克、40%氟节胺水分散剂1500千克、24%混脂·硫酸铜水剂600千克、40%菌核净可湿性粉剂1500千克、保得生物肥500千克、富万钾2500千克、有机钾肥2500千克、硫酸锌7000千克。供应化肥：复混肥3452.91吨，硫酸钾1797.4吨、提苗肥219吨。供应包装物：麻片219771套，麻线6.6吨，布标签269060张。烟用物资及时供应，确保烤烟生产顺利进行。

【烤烟抗旱移栽】　2017年，全区统一机械深耕20469亩，缩短烤烟移栽翻田、碎垡时间，移栽集中度高，同一片区1～3天完成移栽；加大适时抗旱集中早栽技术宣传和培训推广力度，为大田最佳节令集中移栽赢得充足时间，5月4日烤烟移栽全面结束；同一田块、同一片区通线理墒，定点深栽，株行距合理。

【膜下小苗移栽】　完善膜下小苗移栽技术经验收，全区所有地烟均实行膜下小苗移栽，并向田烟推广，全区膜下小苗移栽面积达6.0029万亩，占计划面积的82.23%。

【有机肥推广应用】　加强有机肥推广应用工作，全区共计推广应用面积6.17万亩，其中烟农自制堆捂农家肥4724.29吨，施用面积0.86万亩；商品有机肥6327.19吨，施用面积5.31万亩。

【蚜茧蜂防治烟蚜】　2017年，江川区烟蚜茧蜂防治工作由烟株应用转向大农业推广应用。区公司设置7个夏季繁蜂点，设立大棚1638平方米、小棚540个；设置2个冬春季繁蜂点，小棚120个。全区防治烤烟种植面积7.3万亩，占烤烟计划种植面积的100%，将蚜株率降到3%以下，降低烟叶农药残留量，提高烟叶安全性；防治大春非烟作物9万亩、小春非烟作物9万亩。实现防治由单季向三季防治、由烟草走向大农业转变。

【优化烟叶结构】　2017年，江川区继续全面实施推行优化烟叶结构工作，清除田间不适用烟叶，下部叶清除面积7.3万亩，完成率100%；上部叶积极推行留叶毁型，完成面积7.3万亩，完成率100%。

【烟叶田间管理】　2017年，江川区切实落实测土配方施肥工作，全区共计开展测土配方施肥面积7.13万亩；引导烟农科学合理用药，严禁使用除草剂和推荐范围外农药；根据烟株长势长相、土壤肥力、施肥量、气候、品种等因素实地指导烟农封顶打杈，全面推行高封顶、多留叶、彻底抹杈，田烟留叶数22片，地烟留叶数20片，全面推广化学抑芽技术。

【上部叶一次性采烤】　2017年，江川区落实以成熟采烤为中心的烟叶采收管理，要求上部4-6片叶成熟后一次性采烤。全区共计开展上部叶一次性采烤面积7.3万亩，占烤烟种植面积100%。

（刘　芳）

【烟水配套、机耕路项目】　2017年，江川区烟水配套、机耕路项目共批复42件工程。其中水池34件，容积5600立方米；管网2件，长8.295千米；泵站2座；机耕路4件，长度5.89千米；批复烟

草行业补贴投资470.73万元。2017年烟水配套、机耕路工程于2017年11月开工。项目受益面积5500亩，受益农户334户。

【烟叶调制设施项目】 2017年江川县密集烤房建设项目于2017年7月1日开工，至2017年7月30日完工。完成卧式密集烤房建设210座，共投入烟草行业补贴资金630万元。

【育苗设施项目】 2017年江川县可移动式育苗小棚建设项目于2017年11月11日开工，于2017年11月22日完工。共完成长、宽、高分别为5.6米、1.4米、0.9米的全钢架结构可移动式育苗小棚1200套，投入烟草行业补贴资金378000元，全额为烟草行业补贴资金，项目受益面积10800亩。

（张　林）

【卷烟新品培育】 2017年，区烟草专卖局（分公司）以市场导向为原则，以地区差异化为前提，以客户自愿订购为基础，制定以“红塔品牌—玉溪（108）、玉溪（初心）、玉溪（高配）、红塔山（经典二代）为主，以红云红河品牌—云烟（细支珍品）、云烟（74mm大团结）、红河（A7）”为辅的品牌培育思路，开展新品卷烟品牌培育工作，取得阶段性效果：全年累计销售新品卷烟139.972箱，所有品牌均为一、二类卷烟，为销售收入及单箱销售收入完成作出贡献。

【零售终端建设】 严格按照省、市烟草专卖局要求，以零售客户自愿参与为前提，以公平、公正、公开为原则，采取全面调查、科学评分、顺序筛选方式，选定零售终端目标客户开展终端建设工作。选取2户客户作为江川区“旅游终端”建设目标，选取27户客户作为“品牌终端”建设目标。

【专销联动】 2017年，区烟草专卖局（分公司）以专卖网格化建设为基础，以专销联动单为载体，加强专销联动工作，做好规范经营监管工作，杜绝虚拟客户、虚假订单、卖大户、倒买倒卖等情况发生。按照“控制大户、扶持中小户”工作要求，严格控制销售量前20%客户、千条户销售占比、量比。截至年底，千条户占比1.81%、量比22.52%，前20%客户销量占比56.20%，前20%客户销量占比得到有效控制。

（官　磊）

【专卖零售许可证管理】 2017年，区烟草专卖局（分公司）按照公开、公正、透明、高效、便民原则，依据法定程序严格管理烟草专卖许可证。全区共有卷烟零售户959户，其中新办163户、变更10户、延续192户、停业0户、歇业127户、依职权注销186户。959户零售户中，超市类14户，商场类6户，食杂店637户，便利店192户，烟酒店22户，娱乐服务类16户，其它类72户。业态分类规范、准确。

【专卖法律法规宣传】 加强对烟草专卖法律法规宣传，营造共同遵守和维护烟草专卖执法环境。组织参与“3·15”“12·4”等法制、法律宣传日活动，宣传专卖法律法规，共发放宣传资料2000余份，展示10多个品牌真假卷烟，并对鉴别方法进行现场讲解，咨询群众300余人。烟叶收购期间，与区司法局沟通协调，加大对《烟草专卖法》等相关法律法规宣传力度，增强群众守法意识，维护烟叶收购秩序。

【烟叶生产经营管理】 2017年，区烟草专卖局（分公司）按《云南省烟草行业商业企业内部专卖管理监督工作规范》要求，对烟叶生产经营全过程，分环节进行事前、事中、事后监管，联合江川区各相关单位设立高坡、小白坡、桐关、玉江路、雄关杨柳坝等5个市级卡点，7个区级卡点和2个流动卡点，防止烟叶非法流通。共查获非法运输烟叶车辆44辆，烟叶27.6吨；配合各烟站做好收购秩序维护，为收购工作保驾护航。

（张冲平）

林　业

【概　述】 玉溪市江川区林业局机关内设办公室、计划财务股、林政股、森林防火股（森林防火指挥部办公室）。局属设置玉溪市江川区森林公安局（正科级）、玉溪市江川区大龙潭自然保护区管护局（副科级，2017年5月成立）、云南江川星云湖国家湿地公园管理局（2017年12月成立）及7个事业单位，即：玉溪市江川区森林病虫害防治检疫站（推公管理）、玉溪市江川区林木种苗站、玉溪市江川区经济果木林推广站、溪市江川区营林工作站、玉溪市江川区林业科学技术推广站、玉溪市江川区林政稽查大队、玉溪市江川区林权管理服务中心。共核定编制102名，2017底实有在职干部职工70人，其中，行政人员23人（公务员8人，工勤人员2人，森林公安局8人，森防站推公管理5人），事业人员47人（专业技术人员22人，技术工人25人）。

2017年，牢固树立创新、协调、绿色、开放、共享发展理念，坚持“生态建设产业化，产业发展生态化”和“保护优先”思路，以建设生态文明为总目标，以发展生态林业、民生林业为总任务，以造林绿化为重点，以改革创新为动力，以科技兴林为支撑，以依法治林为保障，着力改善林业生态环境，构建绿色生态屏障，加快推进森林江川建设步伐。

【森林防火】 坚持“预防为主，积极消灭”方针，贯彻落实国务院、省、市森林防火工作会议精神及领导批示要求，围绕目标任务，突出重点，狠抓严管，预防上积极主动、宣传上形式多样、管理上权责结合，采取层层落实防火责任、强化防火宣传攻势、严格控制野外用火、重点部位靠前驻防、加大督查检查力度等工作方法，协调调动一切积极因素，坚决打好2017年森林防火攻坚战，完成省、市、区森林防火目标责任指标。共接到12119报警电话4起，较上年下降6起，报警率下降60%，出警处置森林火情0起，处置卫星热点0起，全区没有发生任何森林火情和火灾，森林防火工作取得历史最好成绩。一是认真落实防火责任制。全区共层层签订各类责任书67215份，落实森林防火工作经费200万元。二是强化宣传培训，提高防火意识。通过会议、培训、标语、广播电视、宣传车、手机短信等进行广泛宣传。共印发森林防火挂历户主通知书7.8万册，编写防火简报32期，张贴戒严令2676份，设置警示标牌2062块。三是强化火源管理，减少火灾隐患。共设临时性防火检查站、哨、卡点56个，堵卡人员118人，对进入林区的人员实名登记84025人次，收缴火种（具）1442具；全区116名护林员对全区重点林区、重点地段严防死守。四是强化应急反应，加强专业队建设。及时修订完善应急预案，组建专业队1支、50人，6个乡镇（街道）也按要求组建应急扑火队6支、95人，组建民兵义务扑火队57支1765人，组建10名瞭望台工作人员。五是投资77.7万元建设并投入使用老尖山瞭望台、安化大山瞭望台2套视频监控设备，对安化、江城片区森林进行扫描监控。

【绿化造林】 加强星云湖径流区森林资源保护，着力推进生态植被修复，增强生态功能，防止水土流失，改善区域生态环境。一是完成星湖径流区林业生态建设人工造林4057亩，其中：大街街道上头营张家大塆灾后恢复人工造林1450亩，大街街道兰田村委会棋盘山星云湖面山人工造林497亩，大街街道小白坡村委会老尖山周围、前卫镇七星塔2016、2017年度异地造林植被恢复人工造林2110亩。二是在路居镇实施新一轮退耕还林项目，完成人工造林800亩。三是在前卫镇实施低效林改造项目，完成中幼林抚育3000亩。四是完成义务植树62.53万株，参加植树人数16.75万人。

【林木种苗】 开展林木种苗生产经营许可证制度及育苗技术培训，规范林木种子市场。对辖区内14个育苗单位进行监督、管理、技术指导，为江川完成年度夏季造林提供苗木准备。订购、调运、发放云南松种子800千克、华山松种子350千克。调运、发放核桃苗木15.6万株。开展苗木检验65.5万株，其中：区级义务植树的旱冬瓜苗木产地检验二次、验收、调运苗木5.5万株，火烧迹地更新造林华山松地苗产地检验二次30万株，异地造林华山松袋苗20万株、云南松袋苗10万株。换发玉溪泰怡园林绿化责任有限公司《苗木生产经营许可证》一份。

【林政资源管理】 加强林地征占用管理，规范林木采伐、木材运输许可证审核审批，木材经营许可证审验，加大林政执法力度。一是加强林木采伐管理。共审核发放《木材采伐许可证》87份，采伐面积564.124公顷，采伐蓄积54574.5立方米，出材量28559.69立方米。办理运输证632份，运输木材6511.3立方米。并向云南省林业厅申请专项追加采伐限额指标7.3198万立方米，完成2016年雨雪冰冻灾害桉树灾害木采伐许可、林木清理采伐及监督工作。二是严格林地管理。严格执行林地征占用定额指标管理制度，积极配合、服务并指导好各项目建设单位林地征占用审核

报批工作，完成澄江至江川高速公路、国道G213线改建重大工程项目永久征收103.8632公顷林地组件上报审批工作，前卫镇阿豆村渡槽建设项目先行使用1.9公顷林地审批工作，国道G213未批先占违法使用阳山庄近70亩集体林地案件查处及重新组件上报审批工作。三是对全区30家申办《木材经营加工许可证》经营户开展检查工作，进一步规范全区木材经营加工秩序，提高木材经营加工户依法经营意识。

【林业行政执法】 始终坚持以生态文明建设为主题，深入开展“无火清明”武装巡护、“打击破坏野生动物资源违法犯罪专项行动”和“非煤矿山专项整治”等一系列打击涉林违法犯罪专项行动，有效遏制涉林违法犯罪案件频发、多发势头，保护全区森林和野生动植物资源安全，确保林区社会治安秩序稳定。共查处林业刑事案件9起（其中非法占用农用地案6起，盗伐林木案1起、滥伐林木案2起），查处林业行政案件55起（其中擅自开垦林地案16起、擅自改变林地用途16起、盗伐林木案5起、滥伐林木案5起、无木材运输证运输木材1起、承运无木材运输证的木材1起、毁坏林木案3起、未经批准临时占用林地案3起、临时占用林地逾期不归还4起、过失引起森林火灾尚未造成重大损失1起）。处理人员70人次（取保候审12人，林业行政处罚58人次），罚没款179.64万元，木材变卖款2900元、没收木材14.258立方米、责令补种树木2254株，救助野生动物126只（条）；协助电力部门排除安全隐患26起。

【林业有害生物防治检疫】 一是积极开展林业有害生物监测工作。对全区49.0149万亩云南松、主干道两侧2400余亩杨树及桃树开展大规模林业有害生物监测工作，32.8294万亩云南松林区开展松材线虫病春季普查工作。林业有害生物危害寄主植物面积为11.658万亩（病害危害寄主植物面积2.73万亩，虫害危害寄主植物面积8.928万亩）。二是积极开展病虫害防治。于2017年5月23日、24日区林业局组织前卫镇政府林业站及林权所有者对前卫镇唐家山、业家山一带受松树金龟子危害的2500余亩云南松进行喷粉防治。三是植物检疫工作。调运检疫木材6282立方米，苗木41200株。产地检疫苗圃16家，面积3907.7亩，涉及苗木180余万株，产地检疫率达100%。四是野生动植物工作，组织星云湖湿地野生动物疫源疫病监测、深入野生动物养殖场开展疫源疫病监测、对海门村分布的68株古树开展调查，深入全区的6家野生动物养殖场进行疫源疫病监测。

【林业科技】 结合国家、省、市造林及森林抚育管护项目实施，深入基层开展林产业发展、营造林、经营管护、病虫害防治、森林防火、林木种苗繁育、资源管理及林业方针政策、法律法规等林业科技服务培训工作。共规划建设核桃示范样板基地2个，面积530亩；开展新栽和历年来种植核桃规范化管护面积2.43万亩，其中：定干整形0.95万亩，修技打杈0.66万亩，病虫害防治1.12万亩，防霜冻0.22万亩，施肥0.96万亩，浇水0.64万亩。开展经果林修剪、嫁接及盛产期管护700余亩，实施老果园改造50亩；组织专题培训5期，培训基层林业管护人员161人、培训林农群众和林区种植大户共700余人。累计发放各类宣传单0.5万份，宣传资料和技术手册1.2万册，制作板报及宣传栏2版，接受现场咨询121次。

【森林生态效益补偿】 2017年，江川区启动天然商品保护工程，区划天然商品林停伐保护面积10.67万亩，参照公益林森林生态效益补偿政策纳入中央财政支出项目，使江川区森林生态效益补偿面积扩大至45.23万亩，其中国家级公益林18.66万亩，省级公益林15.9万亩，天然商品林停伐保护10.67万亩。每年可争取中央、省财政投入江川森林保护资金655.8万元，改善了江川森林管护资金短缺压力。

【林权配套改革】 组织林权抵押贷款贴息发放工作，申报林业小额贴息贷款18户，贷款面积合计3306亩，贷款金额569万元，贷款期限为二至五年。做好宣传、发动及林木权属确权登记及发证工作，共发证5本。

【林业产业】 结合安化乡“整乡推进，精准脱贫”战略实施，在安化乡4个村委会、1个社区共9个村民小组完成木本油料产业发展项目0.5万亩建设任务，涉及种植经营农户1437户5173人，其中建档立卡贫困户119户贫困人口423人。做好林产企业管理服务工作，组织3家林农专业合作社申报第五批云南省林农专业合作社省级示范社；完成江川区第四批申报认定的1家林农专业合作社省级示范社10万元奖补资金拨付及调查管理工作；组织开展江川区已获第九批省级林业产业龙头企业认定的1家林产企业周期复评认定工作；组织2家林产龙头企业和2家林农示范社申报2017年市级林产业贷款贴息及扶持资金项目，经评审共获得45万元发展扶持资金；组织1家核桃专业合作社及4户种植大户参展云南省核桃博览会；动员和组织2家林产龙头企业加入玉溪市林业龙头企业自愿加入产业扶贫救助队；筛选5家林业企业及合作社加入“玉溪市林产业协会”。

（陈花艳）

水　利

【组织机构】　2017年末，区水利局实有在职干部职工51人，其中：行政人员13人（公务员12人，工勤1人），事业人员38人（专业技术人员26人，工人10人，职员2人）。局机关设4个内设机构，即：办公室、江川区防汛抗旱指挥部办公室、水政水资源股（江川区水政监察大队）、行政审批股。设置下属事业单位4个，即玉溪市江川区水利工程建设质量安全监督站，玉溪市江川区防汛抗旱站（与“玉溪市江川区工程管理站”实行两块牌子一套工作机构），玉溪市江川区水土保持工作站，玉溪市江川区水资源调度管理中心。

【概　述】　2017年，江川区围绕上级水利部门工作要求，坚持“依法治水、深化改革、突出民生、加快发展、行稳致远”总体思路，适应新常态，抢抓新机遇，开创新局面，为加快建设宜居宜业和谐美丽新江川提供水利保障。

1.有效灌溉面积。全区有效灌溉面积达99197亩（不含路居托管，下同），占总耕地面积的百分比达87.85%，比上年下降0.61个百分点。

2.节水和除涝灌溉面积。全区节水灌溉面积累计达61787亩，占全区耕地有效灌溉面积99197亩的62.28%。全区除涝面积累计达57138亩，占全区易涝耕地面积59380亩的96.22%。

3.水土保持治理。全区累计治理水土流失面积232.77平方千米，占全区水土流失面积380.83平方千米的61.12%（含托管区域）。

4.堤、闸建设。全区累计建成达标堤防42.09千米，占河堤总长199.24千米的23.72%；建成小型水闸160座。

5.农村饮水安全人口。全区农村饮水安全人口达23.02万人，占全区总人口的89.75%。

6.水利供水工程建设。全区累计建成水利供水工程38167件。（1）蓄水工程。累计建成水库坝塘309座（其中：中型水库1座，小（一）型水库14座，小（二）型水库47座，小塘坝247座），总库容达8280.06万立方米，年设计供水能力4781.9万立方米。（2）引水和其它水源工程。累计建成引水工程36处，年设计供水能力达2009万立方米；累计建成小水窖24972件，年设计蓄水能力达38万立方米；累计建成水池1412口，年设计蓄水能力达11.42万立方米。（3）机电井和泵站工程。累计建成机电井937眼（其中：规模以上浅层地下水机电井37眼，规模以下浅层地下水机电井898眼）；累计建成泵站工程386处，总装机容量达17968.2千瓦，其中：中型（1000千瓦以上）1处，装机容量达1440千瓦，小（一）型（100—1000千瓦）泵站28处，装机容量达6326千瓦，小（二）型（100千瓦以下）泵站357处，装机容量达10202.2千瓦。

7.水利工程供水情况。全年水利工程为各行、各业供水量达5213.33万立方米，其中，水利工程为农业供水量3888.27万立方米，为城乡居民生活供水量910.46万立方米，为工业供水量297.4万立方米，为生态环境供水量117.2万立方米。

【农田水利基本建设】　2017年，全区共计完成各类水利工程2724件，完成水利建设投资31210万元，新增耕地灌溉面积0.46万亩，新增高效节水灌溉面积3.01万亩，治理水土流失面积18.14平方千米，巩固提升农村饮水安全人口2.15万人，建成“山区五小水利”0.16万件，完成江河堤防治理9.63千米，新增蓄水库容32.54万立方米，完成小（二）型病险水库除险加固工程竣工验收7件。

【小坝塘除险加固工程】　2017年，小坝塘除险加固项目涉及77座小坝塘，概算投资5440万元。为加快建设进度，江川区小坝塘除险加固项目采用设计施工总承包方式推进，设计施工单位为玉溪市水利建设大队。截至2017年12月31日，完工49件，在建28

件，完成投资4824万元。

【中央财政小型农田水利重点县项目】 2017年小农水重点县项目建设地点在九溪镇，项目批复投资2222万元。该项目一标至三标于2017年4月通过招标后，5月完成项目建设工程《合同》签定，随后即进入雨季，致使无法开工；市水利局通知该项目省级配套资金调减300万元，2017年4月该资金到位，并新增农业高效节水面积2000亩建设内容。区水利局对新增资金及建设内容开展设计、招投标等工作，截至2017年9月完成第四标段招投标工作。受雨季及资金增减影响，该项目实际开工时间为2017年10月，项目批复工期10个月，截至2018年12月底，项目整体推进顺利，完成建设任务63%。

【2016年农业高效节水减排项目】 项目原计划采用PPP模式建设，经2017年8月24日区政府常务会第13次会议研究讨论，取消PPP建设模式，变更为传统建设模式。变更后的项目批复投资2370万元，建设地点为大寨水库片区，改善灌溉面积0.9万亩。项目于2017年11月10日开工建设，计划工期5个月。截至2018年12月底，约完成项目工程建设任务40%。

【组织实施农村饮水安全巩固提升工程】 2017年，全区投资814.1万元，在安化、九溪、江城、前卫、雄关5个乡镇实施农村饮水安全巩固提升工程18件，铺设管网73.6千米，配套水处理消毒设施一套，安装机电设备6套，新建圆形蓄水池10个，巩固提升农村饮水安全人口25110人，占市级下达目标任务125%。

【水利改革工作】 深化水资源管理体制改革。成立玉溪市江川区水资源调度管理中心，整合茶尔山水库管理所和大街抽水站18名人力资源编制，逐步实现全区水资源统一调度管理。进一步深化江川区小型水利工程管理体制改革。将“水资源调度管理中心”下属的一座中型水库、14座小（一）型水库、1座抽水站及2座小（二）型水库临时管理人员经费、日常维修养护经费和基础设施设备运行维护经费纳入区财政预算，经营性水费收入全部上交区财政，实现财政收支两条线管理。

【抗旱工作】 2017年，全区农作物受旱面积12060亩，小坝塘干涸8座。因旱造成直接经济损失757万元，其中：因旱粮食损失145吨，金额48万元；因旱经济作物损失709万元。全区各级各部门加强领导，组织干部群众投入到抗旱救灾第一线，掀起抗大旱、保民生、促春耕、夺丰收抗旱工作热潮。据统计，全区共计投入抗旱救灾资金172万元（群众自筹），抗旱用电72.89万度，抗旱用油121.23吨；抗旱共计浇灌面积9645亩，临时解决5373人饮水困难问题。初步估算，抗旱共计挽回直接经济损失414万元，其中挽回粮食22吨，经济损失7万元；挽回经济作物损失407万元。

【防汛工作】 2017年汛期，全区严格按照“防大汛、抢大险、抗大灾”要求，组织做好防汛抢险救灾各项具体工作。一是按照防汛抗洪工作行政首长责任制要求，层层签订江川区2017年防汛目标管理责任书，加强对防汛工作组织领导，确保防汛工作顺利进行。二是未雨绸缪，防患于未然，扎实备汛，确保水利工程安全度汛。三是加强对防汛值班工作管理，确保汛情及时上报和上情及时下达，保证防汛抗洪工作上下联系畅通。四是加强同气象等部门联系，随时掌握天气状况，及时指导防汛抢险工作。五是加大对全区水库、坝塘监控力度，确保水利工程安全度汛。六是突出重点，全力以赴做好防汛抢险救灾工作。2017年，全区受灾人口18342人，受灾面积9531亩，倒塌烤房、民房18间，造成直接经济总损失913.02万元，因洪涝灾害减产粮食216吨。灾情发生后，全区各级组织高度重视，采取有效措施，充分发扬自力更生、生产自救的精神，多渠道多方面筹集资金和物资，全力以赴投入防汛抢险救灾工作，确保灾区人民群众生命财产安全，促进全区经济发展、社会稳定。据不完全统计，整个汛期全区共计投入防汛抢险救灾人数15869人次，避免粮食减收32吨，减少受灾人口1549人，减灾经济效益238.41万元。

【行政执法及行政审批工作】 一是围绕“落实绿色发展理念，全面推行河长制”主题，开展“水日水周”水法律法规宣传教育活动，提高广大干部群众水法意识，扩大水行政执法社会影响。二是加大水行政执法监督检查力度，严肃查处各类水事违法案件。全年共计审批开发建设项目水土保持方案5个，验收生产建设项目水土保持4个，征收水土保持设施补偿费87万元，征收水资源费41.1万元。三是努力推进行政审批制度改革，认真落实“接、管、服”工作。在推行的权责清单制度中，梳理出行政权力事项共5类87项，并向社会公布。四是全面推进“双随机、一公开”监管，推进综合行政执法改革，实施企业信用信息统一归集、依法公示、联合惩戒、社会监督等工作。

【水生态文明建设工作】 一是全面落实最严格水资源管理制度。明确全区“三条红线”控制指标，围绕严格水资源“三条红线”管理与考核，加大监管力度，倡导建设节水型社会，严格地下水管理和保护，加强地表水、地下水统一管理，建立健全地下水监测体系，加强动态监测，实行地下水取用总量和水位双控制度，严厉打击地下水非法和超量开采。二是全面推行河长制。制定《中共玉溪市江川区委 玉溪市江川区人民政府关于全面推行河长制的实施意见》，在全区河湖库渠全面推行区、乡、村、组四级河长制，各乡镇（街道）分别制定出台二级河长制工作方案，设立区级河长29名，乡级河长82名，村级河长99名，组级河长416名，责任明确、协调有序、监管严格、保护有力的河湖库渠管理保护机制基本构建，四级河长制工作进一步落实。三是启动实施星云湖主要入湖河流环境综合治理工程。按照“绿色视廊、生态湿地、达标水体、休闲通道、城乡景观”要求，结合主要入湖河道入湖口按照湿地公园标准建设要求，统筹整合项目资金，进一步修改完善“十二五”期间已完成流域治理的大街河、东西大河、渔村河及螺蛳铺河4条主要入湖河道综合治理方案，深化学河、周官河、旧州河、大庄河、大寨河、小街河、周德营河、大龙潭河8条主要入湖河道规划设计和综合整治。对全区15条河道开展地形测绘工作，为今后治理工作打好基础。四是大力实施星云湖外流域补水。2017年，完成向星云湖补水量1387万立方米。

【三道沟水库除险加固工程竣工验收】 三道沟水库除险加固工程批复概算投资157.33万元。主要建设内容：坝体、坝基及坝肩防渗、上游坝坡整形，下游坝坡培厚并增设排水棱体，上游死水位以上采用砼预制块护坡、下游植草护坡；改造溢洪道；改造输水涵洞。工程于2013年10月26日开工，2014年9月23日竣工，2017年4月10日竣工验收。施工单位：峨山县泰航建筑工程有限公司；监理单位：云南鼎权工程项目管理有限公司。完成主要工程量：土方开挖4266.95立方米，土方回填23.29立方米，土石方回填57.69立方米，石方支砌400.65立方米，混凝土浇筑460.76立方米，钢筋制安19.98吨，坝土钻孔406.6米、灌浆233.3米，基岩钻孔205.8米、灌浆170.1米。完成工程总投资165.75万元。

【木凹田水库除险加固工程竣工验收】 木凹田水库除险加固工程批复概算投资259万元。主要建设内容：坝体、坝基及坝肩防渗、上游坝坡整形，下游坝坡培厚并增设排水棱体，上游死水位以上采用砼预制块护坡、下游植草护坡；改造溢洪道；改造输水涵洞。工程于2013年10月1日开工，2014年10月26日竣工，2017年4月10日竣工验收。工程施工单位：云南兴辉水利水电工程有限公司；监理单位：云南鼎权工程项目管理有限公司。完成主要工程量：土方开挖4646.7立方米，土方槽挖436.8立方米，沟槽石方开挖941.02立方米，土石方开挖27.2立方米，土方回填301.6立方米，土石方回填501.08立方米，石方支砌499.02立方米，混凝土浇筑582.24立方米，钢筋制安11.381吨，坝土钻孔745.1米、灌浆337.3米，基岩钻孔407米、灌浆375.3米。完成工程总投资207.56万元。

【底姆坝水库除险加固工程竣工验收】 底姆坝水库除险加固工程批复概算投资143万元。主要建设内容：上游坝坡整形护坡，下游坝坡培厚加固，坝体霹裂式灌浆；输水涵洞改造加固，更换闸阀。工程于2014年12月12日开工，2015年3月1日竣工，2017年4月10日竣工验收。工程施工单位：云南玉溪水电集团有限公司，监理单位：云南鼎权工程项目管理有限公司。完成主要工程量：土方开挖回填3218.15立方米，石方支砌203.55立方米，混凝土浇筑586.68立方米，钢筋制安12.771吨，坝土钻孔571.6米、灌浆461.3米，基岩钻孔26.7米、灌浆26.7米，管理房新建50平方米，更换涵管DN200球墨铸铁管63

米、管道闸2道。完成工程总投资131.74万元。

【西河一库水库除险加固工程竣工验收】 西河一库水库除险加固工程批复概算投资90万元。主要建设内容：坝体整修加固、改造扩建溢洪道、输水涵洞和更换金属结构、增设观测设施、新建水库管理用房。工程于2013年12月20日开工，2015年5月24日竣工，2017年4月10日竣工验收。施工单位：云南玉溪水电集团有限公司；监理单位：云南明通水电建设监理有限公司。完成主要工程量：土方开挖2595.39立方米，土方回填782.11立方米，石方支砌30.97立方米，混凝土浇筑190.87立方米，坝土钻孔21.00米、灌浆21.00米，基岩钻孔40.94米、灌浆21.00米，更换凡尔闸2道，新建管理房50平方米。完成工程总投资81.23万元。

【新民坝水库除险加固工程竣工验收】 新民坝水库除险加固工程批复概算投资131.85万元。主要建设内容：坝体劈裂式灌浆，坝基及坝肩帷幕灌浆防渗处理，下游坝坡整形、增设排水棱体、植草护坡，增设岸坡排水沟，坝顶上游设置路沿石，改扩建溢洪道，新建管理用房。工程于2013年7月13日开工，2014年2月20日竣工，2017年4月10日竣工验收。施工单位：云南浩翔建设工程有限公司，监理单位：云南云润工程项目管理有限公司。完成主要工程量：土石方开挖回填1873.3立方米，石方支砌8.92立方米，混凝土浇筑391.9立方米，钢筋制安3.646吨，坝土钻孔210.1米、灌浆114.1米，基岩钻孔93.7米、灌浆93.7米，新建管理用房53.74平方米。完成工程总投资90.39万元。

【双龙水库除险加固工程竣工验收】 双龙水库除险加固工程批复概算投资65.8万元。主要建设内容：坝体及坝面整修、下游增设贴坡排水、改造加固输水涵洞、改扩建溢洪道、增设水位观测设施。工程于2013年12月20日开工，2015年5月24日竣工，2017年4月10日竣工验收。施工单位：云南玉溪水电集团有限公司，监理单位：红河州水利水电工程监理有限公司。完成主要工程量：土方开挖2247.92立方米，土方回填1026.66立方米，混凝土浇筑400立方米，钢筋制安12.42吨，坝土钻孔376.40米、灌浆307.04米，基岩钻孔359.10米、灌浆344.46米，新建管理房49.9平方米。完成工程总投资131.1万元。

【围埂小河坝水库除险加固工程竣工验收】 围埂小河坝水库除险加固工程批复概算投资192.5万元。主要建设内容：坝体劈裂式灌浆、坝基防渗分段循环式帷幕灌浆，下游坝坡清除表层杂物、剥离表土并清基，下游植草护坡；坝体上游坡清除杂草，增设防浪墙、预制混凝土防浪板；对下游坝坡进行清基、风化料培厚、草皮护坡；对原排水棱体进行部分翻新，增加棱体下游坡脚；溢洪道利用原溢洪道，对障碍物进行清理；输水低涵出口段管道延伸至涵洞边缘，增加镇墩，安装Φ300闸阀，改造出口段。工程于2013年9月10日开工，2014年5月30日竣工，2017年4月10日竣工验收。施工单位：云南天宝建筑有限公司；监理单位：红河州水利水电工程监理有限公司。完成主要工程量：土方开挖1964.63立方米，土方回填8.65立方米，石方支砌507.57立方米，混凝土浇筑261.92立方米，钢筋制安0.59吨，坝土钻孔704.09米、灌浆599.35米，基岩钻孔1058.10米、灌浆1009.15米。完成工程总投资180.18万元。

（罗留芝）

交通·邮电

编辑 徐凡清

交通运输

【概　述】 2017年底，区交通运输局及所属事业单位人员机构编制数为49名，实有人数37名，其中，局机关编制14名，实有人员13名，局属事业单位编制35名，实有24名（其中，地方段编制19名，实有15名；路政大队编制9名，实有6名；隔河船闸所编制7名，实有3名），共缺编人员12名。一年来，区交通运输局围绕区委、区政府、市交通运输局确定的交通发展目标，团结协作，开拓创新，努力抓好交通运输科学发展、和谐发展，较好完成各项工作任务。完成江通、澄川高速、国道213征地工作、老玉江线大修工程、农村公路建设等交通工程建设、固定资产投资任务、招商引资任务、向上争取资金任务。推进效能政府建设，加强行业管理，全面履行部门职责，做好道路养护、路政、船闸、运政管理等交通工作。

【江通高速公路】 2017年底，全线完成建安产值165939.9万元，征地拆迁费49853.23万元，其中江川段完成建安产值32776.46万元，征地拆迁费17288.269万元。

【澄川高速】 2017年底，完成投资30.05亿元，其中建安费27.26亿元，征地拆迁费2.79亿元，其中江川段完成建安16.9亿元，其中累计完成征地拆迁费2.4558亿元。

【国道213道路改造】 起于江川与玉溪交界的十三千米处，止于江川区九溪镇阳山庄村，全长49.46千米，经江川境内6.1千米。估算总投资94707.15万元。该项目由玉溪市规划建设，江川区负责征地拆迁作。2017年底，江川区完成全部征地拆迁工作，累计完成征地拆迁费2178.6177万元，并正常进入施工阶段。

【农村公路建设】 2017年，江川农村公路建设分通村油路项目建设，建制村通畅工程库外项目建设，2016～2017年30户以上贫困发生率在35%以上自然村道路项目建设，2017年撤并建制村、窄路面加宽项目建设。

通村油路建设　根据《玉溪市交通运输局关于转下达云南省交通运输厅2017年通村油路建设预计划的通知》文件，江川区下达计划项目有12条道路共23.4千米，总投资1757万元，分别为伏旧路1.2千米、雄麻路2.8千米、北秧路5.5千米、小陆路1.9千米、六十亩村公路0.6千米、侯下路1.1千米、码东路1千米、六前路2千米、江星路2.6千米、江地路1.3千米、大环路1.2千米、翠小路2.2千米。

以上12条道路中由于伏旧路、小陆路、码东路、侯下路、大环路、六十亩村公路、江地路、雄麻路、翠小路9条道路江川区已提前实施。经市局批复同意将以上9条道路调整为雄大路1.31千米、澄江至江川公路（牛摩至尹旗村）4.94千米、岳大路（岳家营至大地上）0.45千米、卯政府至校场坝（文庙路）0.58千米、侯大路（李家营至光山）1.3千米、翠三路（翠峰至北山寺）4.94千米6条道路项目实施。其余北秧路、六前路、江星路继续实施。

2016年建制村通畅工程库外项目　根据《玉溪市交通运输局关于转下达全省建制村通畅工程库外项目投资计划的通知》文件，下达江川区建制村通畅工程库外项目7项，里程64.557千米，省级补助资金1937万元，具体为：大中路2.869千米、老玉江路21千米、老澄川路9.671千米（其中澄江托管区内有3.671千米由澄江县实施，其余6千米由江川负责、翠峰公墓至三百亩公路4.883千米、黄烂路10.591千米、中围路（三家至围埂段）4.088千米、鸡扯路11.455千米。

2016-2017年30户以上贫困发生率在35%以上自然村道路　根据《玉溪市交通运输局　玉溪市扶贫开发办公室　玉溪市财政局关于下达玉溪市2016-2017年30户以上贫困发生率在35%以上和“直过民族”户占30%以上自然村农村公路建设计划的通知》文件，下达江川区30户以上贫困发生率在35%以上自然村道路项目39项计103.459千米，总投资9453万元。其中猪嘴山至坟山、三百亩村至黄家弯弯、小瓢山至龙潭村、红石岩至石柱脑包、大岔路5条共7.246千米位于澄江县托管区内，江川区实际剩余34条96.213千米。

江川区实际建设34条道路，其中有22条道路59.959千米存在地方已提前硬化或线路规划不合理等情况，经市局批准，将22条道路59.959千米调整为33条道路61.026千米进行建设，其余12项道路按原计划建设。

江川区实际建设项目为45项94.375千米，具体为：

原计划部分12项33.349千米：摆马路6.802千米、清梁路4.096千米、磷立路1.197千米、上立脚至下立脚0.886千米、晋龙路2.835千米、关大路2.426千米、北阿路2.108千米、落水洞至黑山脚新村0.449千米、施雷路4.047千米、大铁线至毛家坟0.637千米、酒厂至青龙山公墓3.287千米、香新路7.84千米。

调整部分33项计61.026千米：黄营至云岩寺一组公路0.531千米、磷大路（磷矿至大凹子）1.3千米、古埂村至马鞍山公路2.036千米、岳家营至湾心沟公路0.543千米、朱捧路（朱家庄至旧州中学段）0.63千米、前马小学至前营公路0.38千米、磷芹路（磷矿至芹菜塘）0.226千米、周上路（周家石岗至上麦冲）1.742千米、陈茅路（陈家湾至下茅草湾）1.6千米、陈茅路（上茅草湾至松园路）1.45千米、雄关乡小田绕村公路0.353千米、古城至喜罗线公路0.83千米、伏家营至小房子公路1.47千米、晋大路（江通路至大寨水库段）0.63千米、浑水塘至翠三线公路1.119千米、浑水塘至翠三线公路（浑水塘至重楼基地段）2.022千米、小雨路（雨西摆至天井凹）3.361千米、朱火路（朱家庄至白玉寨段）0.38千米、老矣田公路2.4千米、六阳路（六十亩至阳山庄）4.446千米、黄磷路至西门关山公路1.03千米、黄磷路（黄营至立脚）10.109千米、侯大路（侯家沟至李家营）5.78千米、小甸村至塔冲村公路（青龙山公墓至塔冲段）1.0千米、马老路（马家庄至老尖山段）2.502千米、香下路（下麦冲至上麦冲）2.719千米、江老路（江华路至烂泥箐村段）0.276千米、桃溪至小营公路2千米、中古路（中营至古城）0.98千米、麦雄线到象山公路1.0千米、三岔路至中营公路2.14千米、白义线至水箐沟村公路0.59千米、龙老路（太和至老尖山）3.558千米。

2017年撤并建制村、窄路面加宽项目　根据《玉溪市交通运输局关于转下达云南省交通运输厅2017年撤并建制村、窄路面加宽、直过民族村道路、重要县乡道改造建设计划的通知》文件，下达江川区撤并建设村硬化路项目5项计15.4千米，分别是清水路2.423千米、香下路4.669千米、周上路1.921千米、雄大路1.634千米、下爬路4.753千米；下达窄路面加宽项目3项合计7.308千米，分别是九小路1.041千米、中古路2.007千米、中喜路4.26千米。

【老玉江路大修】　2017年2月，投资1878.5万元对该公路进行沥青路面大修。全长14.272千米，山岭重丘区三级公路，计算行车速度30千米/小时，路面结构为39厘米厚水泥稳定碎石基层+沥青透层+3厘米厚细粒式沥青砼上层+沥青粘层+5厘米厚中粒式沥青砼下层，路基宽度7.5米，路面宽度7.0米。路线起于老玉江路玉溪市红塔区与江川区交界处13千米，起点里程为K11+934.68，途经江川区六十亩村、九溪镇上、鸡窝村，止于老玉江路土官田村，止点里程为K26+205.45。

【窄加宽农村公路】　2017年6月，投资245万元对中围路4.103千米农村公路进行改扩建；投资687万元对鸡扯路11.4977千米农村公路进行改扩建。

【公路修复】 全区养护公路270条717.02千米，其中县道11条98.98千米，省道1条18.162千米，乡道229条550.003千米，村道30条49.875千米。全年投入资金1582.64万元进行小修保养工程、大（中）修工程及安防工程等项目建设。

小修保养工程投入资金258.96万元，其中投入资金7.2万元进行大铁线、白金线零星路基灾毁修复工程；投入资金9.9万元进行北前线零星路基灾毁修复工程；投入资金28万元进行麦雄线零星路基灾毁修复工程；投入资金41.9万元进行北前线小修保养；投入资金2.6万元进行大铁线（气象站——螺蛳铺段）路肩、水沟清理；投入资金40万元进行北前线高危路段安全隐患路段处置工程；投入资金1600元进行北前线水毁清理；投入资金1.9万元进行嵩玉线（螺蛳铺——海门桥）破损路面修复。大铁线零星路基灾毁修复工程投入资金3.7万元。北前线、老晋思线（杨家咀至五岔路口）小修保养投入资金19万余元。北前线小修保养投入资金45.5万元。白石岩路小修保养投入资金10万元：杨林至路居（杨柳坝至雄关乡）（原麦雄线）小修保养投入资金14.1万元。环湖线小修保养投入资金16.5万元。北前线K32+910左侧路基倒塌、路面损坏水毁抢修工程投入资金18.5万元。

中修工程投入资金525.85万元进行龙街学校至小甸桥（K0+000–K6+000）段中修工程。

大修工程投入资金217万余元进行老晋思（K46+650–K48+600）段大修工程。

安防工程全年投入447.07万元完成安防工程。其中，翠三路投入资金164.44万元，黄烂路投入资金82.59万元；早烂路投入资金94.04万元，中围路投入资金106万元；投入资金126.22万元进行了九小路大村桥危桥改造工程；其他工程投入7.54万元，其中农村公路行道树苗木采购6.6万元；零星标志、标牌工程投入资金0.94万元，农村公路千米桩、百米桩零星安装工程投入资金1.5万元。

【公路养护】 2017年，全区共投入日常养护资金159.6万元，其中乡镇（街道）146万元，县道13.6万元，嵩玉线投入资金2.7万元，环湖线投入资金0.9万元，北前线投入资金3.6万元，老晋思线投入资金0.9万元，麦雄线投入资金2.2万元，大铁线投入资金3万元。

【公路产权】 一年来，组织开展2次道路环境专项整治活动，出动执法人员64人次，出动各种机械8台次，清理拆除公路上非法标志标牌14块，拆除非交通搭接口6处，整治公路乱占乱堆乱放行为48起，清理公路乱堆乱放堆积物30吨，清理取缔以路为市占道经营24起，清理取缔违法加水站点3处，拆除违章建（构）筑物2处23平方米。查处路政案件50件，案件立案率100%，查处率达99%，制止各种侵占路产路权行为765起，公路两侧红线控制率达到99%，有效地维护公路路产、路权。

【治超工作】 一年来，共检测运输车辆103741辆，其中超限超载车辆3657辆，收取超限运输罚没款57.9万元，卸载或驳货653吨。在开展治理超限同时，自4月24日起，对过往江川区境内的超限运输车辆进行交通运输部62号令超限新规宣传，共发放宣传材料6235份。

【道路环境整治】 区交通运输局以开展“六月安全月”宣传活动为契机，组织路政工作人员在公路沿线开展《公路法》《公路安全保护条例》等法律法规广播宣传，发放“清门户、除垃圾、保畅通、还路权、美家园”“爱路护路之行为规范”“勿超限超载行驶”宣传册600份；对公路相关违法行为、事项进行执法整治，下发《违法行通知书》16份，责成相关责任人进行整治；对公路桥梁进行安全隐患排查，对道路急转弯、临崖、事故多发地段指示标志标牌进行检查，校正修复指示标志牌12块；对江华江通一级公路2处非交通标志标牌（广告牌）实地进行检查，及时排查安全隐患；组织路政执法人员20多人次，每月到道路施工地段进行安全生产检查，对施工单位存在安全指挥人员、防护措施不到位情况，现场督促施工单位进行整改，从而有效预防遏制交通事故发生。

“泼、洒、漏”环境整治全年出动治理泼、洒、漏环境工作执法人员430人次，执法车辆70台次。针对江通、江华高速公路泼洒漏严重，污染公路影响公路安全的江通、澄川高速公路施工车辆进行泼洒漏整治，共检查车辆3187辆，其中超限超载车辆156辆，查处“泼、洒、漏”车辆135

辆，通过整治，砂石材料运输车辆覆盖率达到98%以上，投入资金70多万元对翠大线K10+850M（原星云收费站）流动检测点进行改扩建，以提升治超站点检测设备装备及场地条件，规范治超站点基础设施建设。

【路产修复】 投入50万元对全区高等级公路、农村公路的损坏路产设施进行全面恢复维修（其中：安装路沿石905米，安装标志牌55平方米，修复安装波型护栏板930米，端头2个，安装限速标志8块。）

【行政审批】 全年共受理公路路政行政许可事项8件，共审批行政许可事项3件。

【客货运输】 截至年底，全区共拥有普通货物运输经营业户10961户（新增1806户），货运车辆10106辆（新增1135辆、转入255辆），客运车辆527辆（班线车辆134辆、公交车211辆、出租车182辆），道路危险货物运输车辆122辆，维修业户175户，道路运输从业人员达19304人。全年公路货物运输总量1481万吨，比上年增13.31%；货运周转量266598万吨千米，比上年增15.53%；公路旅客运输总量209万人，比上年增6.09%；客运周转量110811万人千米，比上年增12.51%。

2017年春运期间，全区共计投放客运车辆7273辆次（其中加班68辆、包车67辆），总客位数达16.4528万座，输送旅客达12.1724万人次，比上年同期减少6.6个百分点。未发生道路交通事故和人员伤亡，服务质量得到提高，投诉事件零发生。

【客货市场整治】 全年，共出动运政稽查人员2170人次对非法运营“黑车”和非法从事危险货物、普通货物的道路运输经营行为进行稽查治理，稽查中共查处违章车辆295辆，处理违章案件192起，其中一般程序处罚案件192起，罚款金额1185900元。

【新能源公交车】 投资900多万元，建成充电站一座（20个充电桩、48只充电枪）保证新能源公交车开通。6月1日，江川区到玉溪新能源50路公交电动车正式开通，共投入运营纯电动公交车辆48辆；12月22日，江川区大街至江城镇新能源51路公交电动车正式开通，共投入运营纯电动公交车辆33辆，标志着江川城市公交车开始进入纯电动车零排放时代。

【创新创优指标】 全年超额完成各项目标任务。超额完成年初区政府下达交通局招商引资任务7.5亿元，实际完成14.14亿元，完成目标任务的188.5%；完成向上争取资金任务为0.297亿元，实际完成0.8741亿元，完成目标任务的194.3%；完成固定资产投资任务23亿元，实际完成24.45亿元，完成目标任务的106.3%。

【燃油补贴】 2017年，完成客运燃油补贴1184.94万元，其中农村客运56.72万元、城市出租车159.26万元，城市公交补贴968.96万元。

【绿化租地费用】 2017～2018年度，绿化用地租金，按照田3300元/亩、地1800元/亩标准，给予全额兑付，兑付租金共计448.4万元。

【工程质量监督】 2017年，区交通运输局围绕农村公路建设工程等，加强质量管理，采取一系列措施，确保工程质量，主要措施是：一是明确质量目标，质量责任落实到人。区交通运输局以“江川区公路建设开发公司”为项目法人单位，按照项目法人制、工程招投标制、社会监理制、合同管理制以及工程质量责任终身制总体要求，建立健全公司规章制度，全方位实行“质量、进度、资金、安全”控制与管理，明确质量目标，签订质量目标责任书，建设质量终身责任制档案。二是健全质量保证体系，把好市场准入关，为工程质量管理打下基础。把好施工及监理单位准入关。各项工程项目施工均在招标办、发改局等部门监督下进行，均面向社会进行公开招标，通过招标择优选择施工单位；把好施工人员及队伍准入关，做到持证上岗；健全质量保证体系，全面推行“施工自检、专业监理、业主管理、政府监督”四级质量保证体系，为工程质量管理打下坚实基础。三是精心组织施工，加强质量全过程控制。以创建精品工程为核心加强质量宣传，制定细致的控制措施，在工程实施过程中认真予以落实，加强施工质量过程控制。四是强化工程（交）竣工验收程序，全面完成工序管理。加强工程质量管理，坚持从每一道工序、每一个环节、每一个细微部分抓起，每道工序完成都要通过严格验收程序。强化监理职能作用，特别在施工中注意规范监理行为，严格监理签字验收程序，严格对监理的工作督查与考核，确保工程质量全部达到合格。

【安全生产】 一年来，贯彻落实运输安全监督管理措施，开展道路隐患排查、道路综合环境整治、超限运输治理、交通建设工程安全检查、客货运站场和企业安全检查等工作。组织开展6月安全生产月活动，在活动期间，采取发放安全宣传材料、办培训班、到施工现场监督检查安全生产工作等多种形式，展开安全教育工作，不断提高全体干部职工的安全防范意识。通过对交通运输相关企业、系统相关人员宣传、教育及督促整改等措施，督促运输企业全面履行安全生产主体责任、驾驶人员和工作人员认真履行安全职责，把安全措施落到实处，确保江川区客运、货运、交通工程建设、超限运输及客运管理等平稳发展，没有发生重特大安全事故，安全生产实现0伤亡，0事故，交通运输系统保持平安、和谐发展势头。

【人大代表、政协提议、信访答复】 2017年度，认真办理和答复人大代表建议18项、政协提案13项、回复信访件8件，满意率达100%。

【荣誉称号】 2017年度，玉溪市江川区交通运输局荣获云南省公路局“2017年养护管理先进单位”荣誉称号。

（周 愚）

公 路

【概 述】 江川公路分局隶属玉溪公路局，原名江川公路管理段，2016年9月5日更名至今，是公益性一类事业单位。截至2017年12月底，有在职职工47名，拥有各种养护机械设备64台（辆），下设2个公路管理所（竹城公路管理所、侯家沟公路管理所），负责管养江川区境内干线公路44.449千米，桥梁4座（小桥）。其中，G245巴中－金平K347+432～K381+476共计34.075千米二级水泥混凝土路面；S221禄丰－江城K246+358～K256+732共计10.374千米，二级水泥混凝土路面1.248公里，三级沥青混凝土路面9.126公里。2017年，江川公路分局荣获玉溪公路局颁发的2017年度“安康杯”竞赛第一名、公路养护机械操作技能竞赛“团体优秀奖”，竹城公路管理所荣获玉溪公路局颁发的“文明先进班组”等荣誉称号。

【公路养护】 2017年，江川公路分局全年共完成处理油包681平方米；处治泛油117975.5平方米；罩面处治裂缝50平方米；修复纵横裂缝59896米；铣刨机铣刨路面6957平方米；沥青混合料处治坑塘24263.73平方米；沥青混合料处治沉陷27551平方米；沥青贯入式处治坑塘599平方米；沥青贯入式处治沉陷2764平方米；击碎水泥路面破碎板6421平方米；级配料处治沉陷14468.5平方米；V型开槽5547米；橡胶沥青灌缝5127米；采备耗用沥青280.08吨，乳化沥青3.3吨，汽油5689升，柴油62584.69升，耗用砂石3507.9立方米，煤75.19吨。

重视路基养护，继续执行“养路面不如养水沟路肩”理念，加大清挖水沟、清理桥涵力度，保障排水系统畅通无阻。

全年共完成清扫路面2474900平方米；清理水沟42.39千米；水沟路肩除草187.295千米；清理整修路肩6933平方米；清理路肩堆积物352立方米；清理涵洞54.9立方米；清理桥梁河床93立方米；清理坍方959.3立方米；清理挡墙外高草120平方米；修复损坏挡墙10立方米；修补隔离带1256米；清洗隔离带34100米；植树（乔木）110株，植树（灌木）7250平方米；修树枝46吨；粉刷行道树11000棵。全年公路技术状况指数（MQI指标）90，路况优良路率达85%。

【超限治理】 江川公路分局以确保公路安全畅通为最终工作目标，切实履行好流动稽查工作使命。

深入持久开展治超宣传工作。制作悬挂宣传标语，在治超点、相邻各县区厂区发放宣传单，为治超工作营造舆论氛围。加强对超限超载治理，对超载超限车辆进行必要卸载、遣返，遏制大型车辆对国省干线公路的损坏；依法行政，严格执法程序。加大对超限超载车辆治理，坚持卸载与处罚相结合原则，严格遵守车辆检测与处罚程序。开展联合治超。根据区委区政府安排，自2017年6月开始，由区交通运输局等七家单位组建一支联合流动稽查队，依托各治超检测站点在公路主要干线上进行高密度、高

频率流动稽查，依法打击绕道、打时间差、逃逸、冲卡的超限超载车辆。共检测超限超载运输车辆为4387辆，卸载车辆数为3辆，卸载货物吨位为38吨，收取路产赔偿费为16.18万元（支出6.63万元），共处理损坏路产赔偿费案子45起，发放宣传资料1200份。

【应急保通】 5月；分局管养公路禄江线K248+058处公路路面发生沉陷50余米，发现险情后，江川分局高度重视，组织机械和人力进行安全保通，并设置警示标志6块、爆闪灯2盏、施工标志一套，并上报整改方案。由于受降水侵蚀，该路段沉陷不断加剧，通过市局养护科和安管科指导，江川公路分局在争取省局补助资金的同时，定期对该隐患点进行处理，有效消除行车隐患，确保过往车辆、人员安全。

（龚艳红）

电　信

【概　述】 2017年，为贯彻落实集团和省、市公司部署“坚定不移做大规模，坚持不懈加快发展”总体工作要求，中国电信江川分公司围绕份额提升，加快规模发展，实现移动生存线突破，着力提升公司收入和用户市场份额及规模，宽带转守为攻、移动加快反抢，以高效执行促经营结果，进一步推进“划小承包经营”工作，加快公众客户群发展，加大政企项目转收及应用拉动力度，重视移动、宽带存量用户客保工作，全面实现量、收双跨越目标。

【工作完成情况】 2017年1～10月，业务收入完成收入2201万元，同比增长12%，绝对值80.3万元。

【重点产品发展情况】 移动业务：1～12月发展7425户；宽带业务：1～12月发展3548户。

【网络建设】 在全市率先完成全光区县建设、率先完成800M基站开通入网、部门成员全部通过现场综合化维护人员认证。完成电信移动网建设和优化，对部分基站进行流量、话务量调优，4G基站到达120个，3G基站到达95个，新建800M基站为69个。通过推进城域网新建扩容40G、动环监控系统改造，新老局电源改造，全区TDM退网，SDH传输E1退网，SDH传输优化改造、密波新建环二、环四，IPRAN新建站点78个，扩容20G，城市WIFI新建站点33个，全区AP总数为178个，FTTH工程新建端口6504个，全区FTTH总端口数已达52776个，移动基本覆盖全区97%行政区，宽带覆盖全区72个村委会。在1～10月的网络部纵向一体化考核中，每月都居前三名，顺利承接省、市公司各项专项工作。

（邓　琼）

移　动

【概　述】 2017年，中国移动云南公司江川分公司围绕市分公司提出的各项工作目标，开展公司经营工作，公司转型和发展取得可喜成绩。

【市场发展】 2017年，江川移动分公司年净增手机客户6563户，在网手机客户达到18.1万户，客户份额80.90%；4G用户年累计净增2.1万户，到达客户数为11万户；年累计宽带净增6千余户，宽带到达客户数为2.2万户。

【网络建设】 2017年，江川移动分公司继续推进网络建设，完善网络覆盖。截至2017年底，江川共有基站574个，其中2G站点172余个，4G基站402个，杆路总长488千米，管道56千米。

2017年宽带乡村建设，共覆盖江川区6个乡镇和72个行政村、326个自然村有线宽带，建成8万多端口。

【企业建设】 2017年，江川分公司重视企业文化建设工作，开展多种形式的业务活动，推进“以客户需求为中心”服务文化建设，完善“客户化”行为手册，做到内容可执行、有成效。工会、党支部、团支部利用业余时间组织各类活动20余次，通过开展爬山、跑步、篮球赛、羽毛球赛、徒步、沿湖捡拾垃圾等一系列活动，职工团队合作精神得以加强。通过开展省级“文明单位”“青年文明号”“学雷锋示范岗”创建活动及“道德讲堂”活动、“幸福1+1”员工关爱活动等，切实把建设社会主义核心价值体系根本任务落实到基层，强化员工思想道德内涵，形成良好文明风尚，提高全体干部职工参与创建活动的自觉性和责任感。

（金　琳）

财政·税务

编辑　徐凡清

财　政

【概　述】　2017年，区财政局落实上级财政改革部署，紧扣财政工作目标，以组织收入为中心、以强化征管为手段，严格控制财政支出，加强财源建设，强化财政监督，深化财税体制改革，扎实做好各项财税工作，为推动全区经济社会平稳较快发展努力作出新的贡献。全区地方财政收入完成103441万元，比上年增23106万元，增28.8%，其中：地方一般公共预算收入完成71026万元，比上年增12784万元，增21.9%；地方一般公共预算支出完成184023万元，比上年增9864万元，增5.7%。

【非税收入】　2017年，按照“电子开票、银行代收、全程跟踪、源头控制”征管程序，全面加强财政票据电子化和非税收入“收支两条线”管理，非税收入收缴管理信息系统实现全覆盖，确保应收尽收。非税收入完成34159万元，比上年增8600万元，增33.6%。

【争取上级资金】　2017年，江川区共争取上级资金153334万元，其中：争取中央和省级资金124498万元，市级资金28836万元。

【预决算信息公开】　2017年，继续加大预决算信息公开力度，政府预决算及全区63个部门预决算和“三公”经费等信息全面公开。

【盘活存量资金】　2017年，盘活财政存量资金23501万元，其中：预算单位的部门预算结转结余资金19091万元，财政专户存量资金4410万元。

【国库集中支付电子化改革】　2017年，江川区被列为国库集中支付电子化改革试点县区之一。区财政局采用先试点取得经验、后推广加强管理方式，财政国库集中支付电子化业务顺利运行。实现财政资金审批、拨付“无纸化”，财政资金更加安全、便捷、高效支付，信息反馈更加及时，财政资金监管得到进一步加强。

【行政事业单位会计代理记账】　2017年，实施行政事业单位会计代理记账，30家预算单位会计账务在10月纳入预算单位财政服务平台，由财政局国库集中支付中心代理记账。

【教育投入】　2017年，全区完成教育支出42772万元，足额落实城乡义务教育保障“三免一补”、农村义务教育学生营养改善计划等政策资金，加快义务教育薄弱学校改造和8个幼儿园建设，加大普通高中资金投入，改善高中办学条件。

【社会保障和就业】　2017年，社会保障和就业财政支出27601万元，比上年增7008万元，增34.03%。

【支持医疗卫生事业】　2017年，医疗卫生和计划生育支出14594万元，比上年减9819万元，减40.22%。

【社会保障基金】　2017年，完成社会保障基金（资金）财政专户收入50629万元，比上年减13850万元，减21.47%。地方税务

局收缴基金31304万元、财政补助企业养老保险基金70万元、财政补助城乡居民基本医疗保险基金902万元（本级）、各级补助再就业资金271万元、各级财政补助城乡居民社会养老保险基金3952万元。收入大幅度减少的主要原因是新农合财政补助收入比上年减少9120万元；社会保障基金（资金）财政专户支出51281万元，比上年减8698万元，减14.5%。基金（资金）滚存结余52791万，上年累计结余53443，本年收支结余-652万元。

【支持文体事业】 2017年，全区文化体育与传媒支出2529万元，保障“三馆一站”免费开放，支持村（社区）级文化活动场所、图书馆、文化（馆）站等公共文化服务体系项目建设和文物保护项目建设，保障广大群众基本文化权益。

【支持地质灾害防治】 2017年，全区投入财政资金686.71万元用于全区地质灾害防治工作，其中：向上对接地质灾害搬迁避让项目资金560万元，重点支持九溪大村第二小组滑坡、江城云岩寺第三村民小组滑坡、江城陈家湾村滑坡112户400人搬迁避让工作，保障地质灾害搬迁避让项目点群众安全度过讯期；筹措资金126.71万元用于小型地质灾害防治及群测群防工作，确保全区地质灾害监测、排查及日常管理工作顺利开展。

【支持交通基础设施建设投入】 2017年，全区投入交通基础设施建设资金21636.14万元，其中：澄川高速（江川段）项目、江通高速（江川段）项目资金17991万元，国道213（江川段）改造项目800万元，农村公路建设项目资金977万元。

【强农惠农补贴】 2017年，全区兑付农村危房补贴资金2081.6万元、惠及农户2318户，农村危房改造农户贷款贴息资金215.72万元、惠及农户3356户，石油价格改革财政补贴1234.94万元，农业支持保护补贴559万元、惠及农户71605户，农机购置补贴200万元，惠及农户367户。

【支持烤烟生产发展】 2017年，全区烤烟生产投入财政资金3317万元，主要用于烤烟生产扶持奖励、“2260”优质烟叶工程、绿色生态烟叶发展、烤烟生产有机肥补助等，为烟农增收、财政增长创造条件。

【支持星云湖保护及渔政事业发展】 2017年，拨付星云湖保费及渔政事业发展经费828.72万元。其中：水葫芦打捞经费270万元、鱼苗投放资金186.8万元、星云保护经费94万元、星云湖环境卫生专项经费40万元。

【公共安全投入】 2017年，全区完成公共安全支出39629万元，比上年增21283万元，增116%。不断提高对政法机关经费保障水平，改善执法办案条件。

【政府采购】 2017年，全区完成采购预算6509.89万元，实际采购支出5902.83万元，节约资金607万元，节约率9.33%。

【政府性债务】 2017年初全区债务余额为17.37亿元，截至2017年底，债务余额为16.61亿元，比上年减少0.76亿，减4.38%。置换债券20127万元（含专项债券1400万元，一般债券18727万元）。

【农业综合开发】 2017年，投入1259万元，完成2016年前卫镇周官片区、江城镇黄营片区高标准农田项目，建设高标准农田8600亩，促进农业提质增效。

【一事一议财政奖补】 2017年，投入1717.2万元，实施一事一议财政奖补普惠制项目20个、美丽乡村项目1个、村级“四位一体”试点项目1个及彩票专项公益金扶持项目21个。

【会计管理】 2017年，全面推进行政事业单位内部控制建设，211个行政事业单位完成内部控制报告编报；组织140个行政事业单位和区属20个企业开展会计基础管理评价；举办农村财会人员财政支农政策培训，共计450人；加强对代理记账机构的监督管理，做好代理记账机构申请、换证及年度备案。

【国有资产管理】 2017年，江川区加强国有资产管理，确保闲置国有资产保值增值，无偿划拨65辆公务车到区机关公务用车服务中心；公开拍卖86辆公务用车、报废57辆公务用车和2辆国有企业业务用车，拍卖收入182.53万元及报废收入5.12万元上缴财政专户。报废危房11幢（处）（账面原值500.96万元），对94台（套、件、个等）（账面原值41.1万元）办公设备进行无偿划拨，70台（套、件、个等）（账面原值141.98万元）办公设备审核并确认报废。对县供排水公司截至2017年7月31日资产进行清查，将账面原值为930.47万元固定资产划拨至新组建的项目公司（玉溪桑德星源水务有限公司），作为该公司注册资本。

【财政监督】 2017年，进一步加大财政监督力度。一是开展2017年度财务检查。对区委宣传部、区交通运输局、区畜牧兽医局、区供销社、区星云湖管理局、前卫镇、区粮食收储有限公司2016年1月1日至12月31日期间的财务收支执行情况进行重点检查。二是开展财政专项资金使用及2016年项目资金结余结转情况专项检查。采取查阅资料、实地查方式，对6个乡镇（街道）及相关部门财政专项资金使用及2016年项目资金结余结转情况进行专项检查，共收缴结余结转资金52.63万元。

（周芸莹）

国　税

【税收完成情况】 2017年，玉溪市江川区国税局共组织税收收入42528万元，同比增收11821万元。

【收入特点】 2017年，区国税局共组织税收收入42,528万元，同比增收11,821万元。国税部门负责征收的五个税种呈现“四增一持平”：增值税累计入库34841万元，同比增收10560万元；企业所得税入库7576万元，同比增收1236万元；消费税入库42万元，同比增收12万元；个人利息所得税无税款入库，同比持平；车辆购置税入库69万元，同比增收12万元。

【税源分析】 增值税增收因素：烟叶累计入库税款5512万元，同比增收2013万元；营改增累计入库12351万元，同比增收6584万元，其中：建筑业累计缴纳增值税7526万元，房地产累计入库税款2182万元，生活服务业累计产生税款296万元，金融业累计入库615万元，其他营改增项目中交通运输业累计入库722万元；化学原料及化学制品业累计入库2727万元，同比增收692万元；农副食品加工业入库722万元，同比增收199万元，增幅38.01%；商业批零累计入库5358万元，同比增908万元，增幅20.40%；电力入库1991万元，同比增收100万元，增幅5.28%；非金属矿物制品业入库860万元，同比增收480万元，增幅126.22%；造纸及纸制品业入库523万元，同比增收100万元，增幅23.66%；其他行业累计入库1023万元，同比增收330万元，增幅47.71%。

增值税减收因素：橡胶塑料制品业入库2209万元，同比减收540万元；非金属矿产品入库1565万元，同比减收306万元，减幅16.38%。

企业所得税情况分析：2017年企业所得税入库7576万元，同比增收1236万元。

【出口退免税】 2017年办理出口退（免）税登记纳税人22户，实际发生出口业务企业8户。2017年涉及出口总额24629万元，其中：申报免税出口额12858万元；申报退（免）税出口额1868万元，发生免抵退税额296万元（其中：退税额49万元，免抵税额247万元）；申报征税出口额9903万元。

【风险管理】 2017年，开展国地税联合稽查及联合风险管理工作，联合对云南卓一食品有限公司、云南江磷集团股份有限公司、云南龙恩制药有限公司三户企业进行国地税联合稽查，共计补缴税款266.50万元；开展打击发票违法犯罪活动专项整治工作，共检查5户纳税人，其中有问题4户，非法发票196份，金额1482.57万元，补缴增值税187.62万元，滞纳金1.96万元，罚款2000元；积极开展税收风控识别，自行推送税收风险疑点17户，有问题户17户，共补缴税款55.91万元（其中增值税37.34万元，消费税14.99万元，所得税3.38万元，罚款0.2万元），滞纳金5.2万元。

【农产品收购发票检查整治】 2017年，对开具农产品收购发票的20户企业进行检查（其中2户移送司法机关进行查处，2户稽查在查、2户稽查查结、7户进行纳税评估，7户进行税务核查），对开具的农产品收购户发票检查率达80%以上。其中：税警联合检查查处虚开增值税专用发票8份，虚开农产品收购发票122份，涉及出口骗税税款合计65.81万元；稽查部门共计查处虚开增值税专用发票139份，税额179.46万元，已补缴入库，虚开农产品收购发票413份，税额372.04万元，已入库税款

8.16万元，应缴未缴36.39万元；对纳税评估及税务核查中发现的各类不规范问题进行规范和处理；对15户农产品收购企业进行专项整治，并对涉及农产品收购发票虚开、增值税专用发票虚开、出口骗税4户企业进行立案检查。

【落实税收优惠政策】 采用多元化宣传方式，确保税收政策宣传到位，走访、调研，对重点税源企业提供政策辅导，开展小微企业政策宣传辅导，加强科技创新企业优惠政策宣传，落实企业研发费用加计扣除、设备加速折旧等优惠政策，确保优惠政策落到实处。2017年，区国税局共计减免税金8717万元，其中：企业所得税减免1880万元，增值税减免6114万元。落实小型微利企业优惠政策及固定资产加速折旧所得税优惠政策，实现小微优惠受惠面100%工作目标。

【依法治税】 2017年，区国税局落实行政审批改革，依法依规开展税务行政审批改革工作，在"云南省人民政府重点工作通报网站""江川区政府信息公开门户网络"全面公开本级税务行政审批事项目录，参与云南省行政审批网上服务大厅上线运行各项工作，落实一次性告知制度，及时受理审批申请，实行"集中受理、内部流转、限时办结"审批方式，对已取消和下放的税务行政审批事项加强后续管理；开展行政执法案卷评查工作，共对2016年形成的199件行政执法案卷进行查阅，评查结果（分数）最高为100分，全部为优秀案卷，同时对案卷存在问题进行反映和整改。

【税收共治】 通过建立涉税信息采集管理和交换机制，及时获取第三方涉税信息，先后与工商、地税部门建立户籍信息交换、共享制度，与地税、公安、检察院等部门通过多方联制会议方式定期加强信息交流和反馈，与政府联合成立协税护协队伍，促进纳税遵从，实现涉税信息快捷、便利交换，规范征纳行为，保障税收及时、足额入库。2017年，区国税局利用公安烟花爆竹流向管理信息系统数据，对7户烟花爆竹行业纳税人申报数据进行比对分析，共查补税款41.77万元，加收滞纳金3.55万元。

【纳税服务】 2017年，区国税局办税服务厅持续开展便民办税春风行动，提升纳税服务质效，以便民利民为原则开展委托邮政双代工作，推行"一窗一人一机"办税模式，推广电子税务局，研发代开小程序和"一表集成"，实现"纳税人、国税、地税"三方共赢；依托"互联网+税务"，优化网上办税服务厅、推广电子税务局，实现"线上线下"服务互补互促，有效运用"江川税务"公众微信号，联合地税统一发布税收资讯，通过公众号平台收集纳税人疑难，畅通征纳沟通渠道，快速响应纳税人需求。

【国地税合作】 参加省国税局组织的信用评定视频培训会，组织信用等级评定人员以座谈会形式学习评定办法和相关内容，加强国、地税评定相关部门人员沟通协调，2017年国地税共联合评价209户纳税人信息，其中产生9户A级纳税人，169户B级纳税人，26户C级纳税人，5户D级纳税人。4月13日上午在江川区影剧院国地税联合组织开展税收宣传月启动仪式暨2016年企业所得税汇算清缴培训，辖区内500余人次参加培训。协同配合地税追缴欠税，派出2名专业骨干协助区地税局清缴欠税，共同入户对企业负责人进行约谈，为企业开出完清欠税的"良方"。

【数字人事系统】 组织全局干部顺利完成2017年上半年现实表现测评、2017年前三季度领导评鉴与办税服务厅现场评价、2016年新录用公务员试用期任职定级测评。完成系统数据多次全面核查修改、业务能力模拟套档、年度数据扎帐等工作。做好试点运行工作分析总结，收集各部门意见建议，上报《江川国税数字人事软件问题反馈表》，向市国税局反馈相关意见建议7条。整理上报《关于"数字人事"系统运行情况的调研——以江川区国家税务局为例》《浅谈干部管理工作中的问题及数字人事对其的影响》等调研报告。

【机构设置】 内设机构8个，即：办公室、人事教育科、监察室、征收管理科、税政管理科、收入核算科、政策法规科、办税服务厅；事业单位1个，即：信息中心；派出机构1个，即：大街税务分局。至2017年12月31日，有离退休干部25人，在职干部职工68人，其中，党员36人，占总人数的52.94%；大学本科以上41人占总人数60.29%，专科22人占总人数32.35%，高中1人占1.47%；年龄30岁以下14人，31-40岁7人，41-50岁18人，51-60岁29人。

【精神文明创建】 2017年开展一期国税道德讲堂、两期国地税联合道德讲堂，承办江川区道德讲堂总堂2017年第一期活动。

开展创建文化走廊和党员活动室工作，使文化走廊和党员活动室成为区国税局文明创建工作的一个亮点。

开展学雷锋活动，把形式多样的学雷锋服务活动和本职工作有机结合、坚持不懈。2017年，区国税局有7名干部获玉溪市国税系统2016-2017年度精神文明先进工作者；江川区国地税联合办税服务厅被中共玉溪市委宣传部、玉溪市文明办授予“玉溪市第三批学雷锋活动示范点”荣誉。

（李秋宇）

地税

【概　述】 2017年，区地税局转变税费征管思路，创新税费征管手段，抓住组织收入中心不放，采取各种征收管理措施，做到税费收入应收尽收。

【机构设置】 玉溪市江川区地方税务局内设办公室、政策法规股、计划财务股、征收管理和纳税服务股、税政股、规费管理股、科技信息股、监察室、人事教育股九个股室，稽查局一个直属机构，下辖一分局、二分局、三分局、四分局四个派出机构。共有干部职工69人，大专以上学历67人，占职工人数97.1%；党员31人，占职工人数44.93%。

【税费收入完成情况】 2017年度入库各项税费63350万元，同比增长27.68%，增收13734万元。税收收入28621万元，同比下降7.55%，减收2338万元，完成市局下达预期目标27600万元的103.70%，其中区本级收入19605万元，同比下降11.86%，减收2638万元。征收社会保险费32915万元，比上年同期增收14927万元，增幅82.99%。征收工会经费553万元，比上年同期增收39万元，增幅7.72%。征收残疾人就业保障金367万元，比上年同期增收216万元，增幅142.41%。征收地方水利建设基金893万元。

【国地税深度合作】 一是国地税联合开展金税三期数据质量检查工作。按照国家税务总局要求，为不断推进税务系统数据质量管理工作，从源头改善数据质量水平，区地税局高度重视数据质量修正检查工作，加强国地税合作，确保修正检查工作完成。二是国地税联合做好纳税信用评价工作。区地税局对辖区内符合条件的纳税户进行纳税信用等级评定工作。2016年度纳入信用管理户数为502户，不予评价户数293户，评价户数209户，其中，国地税联合评价A级纳税人9户，B级纳税人169户，C级纳税人26户，D级纳税人5户。三是国地税联合开展追缴欠税工作。区国税、地税主要负责人直接抓欠税管理和联合追缴欠税工作。在区国税局对小规模纳税人发票开具金额月超过3万元、季超过9万元，未按规定申报营业收入或销售收入的纳税户进行税款追缴，对43户未申报纳税进行催报催缴，催缴入库税款2.9万元。

【水利建设基金开征】 区地税局及时召开规费专题会议，研究如何做好地方水利建设基金征收工作，重点对地税部门登记注册的企事业单位和个体工商户的各项基础信息，与江川供电局对供电区域范围内收取电费的企事业单位和个体经营者进行比对分析，积极采取措施，确保水利建设基金开征工作顺利推进。地税部门积极主动与江川供电局开会研究，形成共识，大家各司其职，整体推进，地方水利建设基金顺利征收，2017年共征收水利建设基金893万元。

【做好环境保护税开征准备】 根据国家部署，2018年1月1日开征环境保护税。为切实做好江川区环境保护税开征准备工作，区地税局配合区财政局、区环保局着力开展各项准备工作：配合相关部门组织学习《中华人民共和国环境保护税法》，开展下户调研工作，成立环境保护税法专项领导小组，制定多部门分工协作工作制度，完成江川区36户环境保护税纳税人环境保护税档案交接工作。

【依法行政】 一是全面推行权力清单、责任清单制度。梳理权力事项，明确权力边界，做好权责清单编制和实施工作，并实行动态管理，积极配合有关部门做好推行负面清单相关工作，并形

成《玉溪市江川区地方税务局权力清单和责任清单》。二是全力推进“双随机一公开”监管工作。2017年，区地方税务局制定并印发《玉溪市江川区地方税务局双随机一公开监管工作实施办法的通知》，细化双随机的抽取规则、时限、频次、检查措施等。2017年运用双随机随机抽取系统共抽取6户纳税人、12名检查人员开展随机检查工作。通过检查，查出企业多申报缴纳税费4.38万元，更正企业印花税税目适用错误2条。三是推进“放管服”改革，提升纳税服务水平。积极开展“减证便民”专项行动。以全面落实取消行政审批事项、推行“三证合一、一照一码”登记制度改革、落实权责清单制度、推行“双随机一公开”税务检查制度、推行行政许可事项推行标准化和规范化等，开展“放管服”改革自查工作。四是积极开展税务执法案卷评查。区地方税务局组织相关人员通过集中评查方式，开展2017年税务行政处罚案卷评查工作，共完成5件行政处罚案卷评查工作，评查面达到100%，所有案卷都达到优秀案卷标准。

【阳光稽查】 2017年，区地方税务局稽查局深入开展整顿和规范地方税收秩序，已组织查结户数为149户，其中：立案检查5户，自查144户，已查补入库税款465万元。一是紧紧围绕全省地方税务系统2017年稽查工作要点，以查处税收违法案件和组织税收专项检查为重点，抓好违法举报案件受理调查，加大检查和处罚力度，深入整顿和规范地方税收秩序；二是继续加大与公安、国税等部门协调配合，成立联络机制办公室，严厉打击制售假发票行为，进一步规范稽查执法行为，充分发挥稽查“以查促管、以查促收”职能作用。三是认真开展专项检查工作。启动全区行政事业单位2014年至2016年个人所得税缴纳情况自检自查工作，并成立自查辅导小组，圆满完成个人所得税自检自查工作。

【落实税收优惠政策】 加强减免税管理，确保各项税收优惠政策落实到位。2017年，区地税局落实各项税收优惠政策，按照法定权限加强优惠政策的事前、事中、事后管理，规范减免程序，简化减免手续，盯准时间节点，继续贯彻执行好各税种减免税政策。为全力支持区委区政府加快发展新兴产业，开辟新兴税源，区地税局及时做好政策服务，发挥税收政策在扶持中小微企业发展、助力创新和创业、加快产业结构调整步伐等方面“加速器”作用，全年共减免地方各税5250.71万元。

（张艺云）

金融·保险

编辑 徐凡清

人民银行

【概 述】 2017年，准确把握稳健中性的货币政策内涵，结合实际和发展优势，保障实体经济融资需求，支持实体经济振兴发展。年末，江川银行业金融机构人民币各项存款余额为1,240,877万元，比年初增133,043万元，增12.01%；人民币各项贷款余额为885,169万元，比年初增172,168万元，增24.15%。

【金融风险处置】 深入推进互联网金融风险专项整治，在地方政府领导下，积极配合，主动作为，确保专项整治工作与全省同步完成。落实好非银支付领域互联网金融风险整治，依法处置违法违规行为，净化支付环境。年末，江川区不良贷款余额43,838万元，绝对额比2016年12月末下降6,644万元，不良率同比由7.08%下降为4.95%，下降2.13个百分点。

【便民金融服务】 重点推动、积极催生普惠信贷创新产品。针对下岗工人、城乡妇女就业创业等民生问题，推动下岗失业人员小额担保贷款、妇女小额担保贷款等政策性信贷产品创新发展，本年累计发放创业贷款15683万元。其中，发放“贷免扶补”创业小额贷款467户，共4583万元；发放个人创业担保贷款810户，共8095万元；发放小微企业创业担保贷款16户，共3005万元。

【优化金融生态环境】 1.积极推进农村信用体系建设。引导涉农金融机构加快农户电子信用档案建设进度，推进农户信用评价和农村信用体系实验区建设，规范“信用户、信用村、信用乡镇”创建。2017年，全区共建立1个少数民族信用乡镇，评定信用户2281户，评定信用村3个，评定信用组21个，累计采集农户信用信息7.41万户。在地方法人金融机构建档立卡农户数2441户，本年累计为建档立卡农户贷款6610万元，金融生态环境得到有效改善。2.积极推进企业信用体系建设。积极征集中小企业信息，建立中小企业信用信息档案库，组织开展中小企业信用评价。结合财税金融政策，通过信用培植等方式，引导金融机构加大对中小企业的信贷支持。自推广应用应收账款融资服务平台系统以来，全区累计在平台上注册用户10户、成交笔数10笔、融资额50.51亿元，主要支持投向江川区教育、水电、进出口企业和中小企业。

【普惠金融服务站建设】 为持续推进普惠金融服务站建设，年初，人行江川支行工作人员深入辖区29个惠农点走访调研，积极做好建站选点、建站核查等工作，按照建站标准流程，严格规范各环节资料审批，加强业务指导培训。先后组织召开各涉农金融机构与公安机关等多层级的专题会议，集中学习上级行指导意见和工作实施方案，听取普惠金融服务站建设工作中存在困难和意见。稳步推进普惠金融服务站建设，截至2017年11月，辖内两家金融机构申请建立的5个普惠金融服务站已有4个成功挂牌。

【国库管理】 认真做好国库日常核算。准确及时地办理中央、地方共享收入按比例划分入库，以及税收返还等工作。全年共办理预算

收入53,464笔，金额145,238万元；拨款13,841笔，金额241,967万元；退库200笔，金额4114万元；其他21,422笔，金额17,053万元。

【反洗钱和人民币反假工作】一是建立并完善辖区内反洗工作联系机构，明确职责、细化分工，要求各金融机构按季报送非现场监管资料。二是加大反洗钱培训教育力度，进一步提高反洗钱从业人员的遵纪守法意识和抵御洗钱工作的自觉性，防止内部或外部相勾结的洗钱犯罪活动。三是加大人民币反假工作力度，引导辖区内金融机构加强柜面堵截、假币收缴工作力度。全年柜面共收缴假币面额140,600元，公安收缴6,190元。四是积极开展反假人民币宣传活动。深入城乡社区、江川区第一中学、江川六十亩党仙农家店和江川九溪金有富民农资店惠农点等人群集散地进行宣传。共发宣传册10000份，宣传画1000张、宣传单3000张。五是做好人民币流通状况监测预警工作。及时准确把握县区流通中人民币市场需求，有针对性地采取切实可行措施，合理调节流通中人民币券别结构，进一步增强计划调拨工作的前瞻性、主动性。

（徐　锴）

建设银行

【概　述】2017年末，建行玉溪江川支行在职员工26名，内设办公室和客户部两部门，下设营业部和建川分理处两个对外营业网点；共有星云路、宁海路、乾景商业中心、湖滨路、阳光海岸5个自助银行服务区，为全区人民提供24小时不间断金融服务。

2017年，建行玉溪江川支行围绕省、市分行经营管理导向及工作会议精神，按照省分行“党建铸根　管理铸基　转型铸力　文化铸魂”方针和“一二三四五六七”工作要求，以打好“六大战役”为总体经营管理思路，通过提升员工服务经营能力、强化内控合规管理和信贷风险防控，各项业务稳健发展，为全区社会经济发展做出贡献。

【业务经营概况】2017年，建行玉溪江川支行各项工作继续保持良好发展态势。年末时点存款19.96亿元，较上年增长3.92亿元，增长率24.47%，其中：对公存款11.29亿元，较上年新增3.07亿元，增长37.3%；个人存款8.67亿元，较上年新增0.86亿元，增长11.02%。各项贷款余额6.45亿元，较上年增长2.02亿元，同比增长44.65%。其中公司类贷款余额4.46亿元，较上年增1.44亿元。全年实现拨备前利润0.4亿元。

【支持棚改工作】2017年，江城棚户区改造，支行作为棚改资金代理兑付银行，精心组织，妥善安排，抽调支行业务精英长期驻守江城棚改指挥部，组织专项工作小组，参与棚改相关工作，确保代理资金兑付工作顺利进行，截至年末，共完成代理资金兑付约3.1亿元，确保江城棚改工作有序推进。

【表彰奖励】2017年，支行共获得上级行授予的“最美网点”“对公不良贷款处置突出贡献团队”等20项团队奖励，个人获得“畅想互联”金点子创意大赛二等奖等11项个人奖励。

（杨留柱）

农业银行

【概　述】农行玉溪江川支行坚持以合规经营、防范风险为保障，以发展为主线、利润为目标，重服务质量和专业化手段，积极扩展市场，服务社会与客户，实现各项业务稳步健康发展，为江川区社会经济发展做出贡献。

【业务经营】2017年末，农行江川支行人民币各项存款余额205652万元，比年初增加26944万元，增幅13.10%；贷款余额190210万元，比年初增加69020万元。各项存款存量市场份额19.03%，比年初提升0.18个百分点，增量市场份额20.25%（四行一社比较）；各项贷款存量市场份额23.55%，比年初上升4.92个百分点，增量市场份额43.92%，比年初上升55.62个百分点（四行一社比较）。实现中间业务收入748万元；拨备后利润569万元。

【优化信贷结构】与江通高速公路有限公司签订江通项目25年固定资产借款合同，对江通高速公路有限公司全年累计放款8亿元。发放“创业促就业”小额担保贷款160笔，金额1600万元。

【企业文化】继续完成面向“三农”、服务城乡使命；打造建设城乡一体化全能型国际金融企业；推行诚信立业、稳健行远核心价值观；维护社会公众给予银行业“三铁”美誉名称；展示农行良好形象，突出国有品牌。

（周　良）

农村信用合作联社

【概　述】　2017年，区联社围绕省联社、玉溪办事处工作思路和区委区政府经济发展目标，以“稳中求进，提质增效”为发展总基调，以服务江川区域经济和“三农”发展为主线，着力于管好方向、带好队伍、精细管理、谋求发展、控好风险、树立形象，为云南农信二次腾飞而努力工作，各项业务呈现平稳可持续发展态势。截至2017年末，各项存款余额58.13亿元，较上年增加5.64亿元，增10.75%，占全区金融机构各项存款市场份额46.85%；各项贷款余额39.94亿元，较上年增加4.77亿元，增13.56%，占全区金融机构各项贷款市场份额的46.7%；实现营业收入3.4亿元；实现净利润1275.06万元；成本收入比控制在36.33%。

【管理模式调整】　2017年，区联社管理模式由二级管理模式调整为扁平化管理为主体、二级管理模式为补充的组合型网点管理模式。

【增容扩面工作】　2017年，区联社贯彻落实省联社“一体两翼”经营格局构建要求，做实“支农支小”主体业务，做优“公司业务和资金业务”两翼工作，印发并落实《个人贷款增容扩面实施方案》，培育、稳固并争取到更多优质客户。年末农户小额信用贷款余额6.4亿元，占农户贷款35.11%；累计建立农户经济档案7.67万户，建档率93.62%；给予7.23万户农户贷款授信，授信金额60.76亿元，评级授信率88.26%；农户贷款用信1.84万户18.30亿元，用信率22.44%。

【普惠金融工程】　2017年，区联社不断加强“信贷普惠”投入，提升“服务普惠”质效，年内发放扶贫小额信贷469户、金额2311万元；贷免扶补贷款496户、金额4873万元；失业人员小额担保贷款100户、金额995万元；小微企业创业担保贷款（劳动密集型小企业贷款）15户、金额2885万元；基层党员带领群众创业致富贷款345户、金额2807万元；微型企业培育贷款17户、金额720万元；四类重点对象危房改造贷款185户、金额893万元；2家惠农支付点商户升级为普惠金融服务站，为偏远山区农户提供更加便捷、高效金融服务。

【信用体系建设】　2017年，区联社精选并打造雄关乡白石岩村委会、江城镇陈家湾村委会两个“信用村”，以《信用村构建合作协议》形式，固化对守合同、重信用农户的最大贷款利率优惠。

【业务创新】　2017年，区联社针对不同客户群体需求，精准推出个人理财代理销售业务、“惠警贷”“农业产业化贷款”“公积金贷款”等新型业务品种。年内理财代理销售业务签约76户，交易笔数82笔，金额3932.9万元；办理“惠警贷”72户，授信1970万元，用信658万元；办理“农业产业化贷款”7户，金额360万元；办理公积金贷款34户，金额2149.6万元；办理个人住房按揭贷款132户，6829.8万元。

【合规建设】　2017年，区联社制定下发《“合规建设年”活动实施方案》《“合规建设年”活动计划分解表》，组织科技、财管系统、案件防控暨警示教育、舆情处置暨消费者权益保护等各类培训学习32次，参训人员1125人（次）。针对信贷管理薄弱、财务管理粗放、基建工程、大宗物资采购、中间业务、不良资产处置、绩效考核体系、风险管理、舆情处置等问题，新建并修改完善相关制度办法37个。

【安全保卫】　2017年，区联社离行式自助银行重点区域实现上电视墙监控管理；互锁联动门和运钞车位、报警事件实现弹屏对接；全市首家信用社实现与公安局110指挥中心IP对讲。

【表彰奖励】　2017年，区联社各条块工作得到上级部门肯定，屡获殊荣。2017年1月，荣获省联社玉溪办事处举办的2017年“迎新春、展风采”文艺汇演二等奖；2017年10月，荣获全市农村信用社“合规建设年”知识竞赛一等奖；2017年11月，荣获玉溪市银行业协会职工趣味运动会季军；2017年12月，荣获玉溪市银行业协会“2017年度信息宣传”三等奖。

（李金玲）

邮储银行

【概　述】　2017年，邮储银行玉溪市江川区支行按照“强发展、重效益、控风险、稳质量”发展思路，以严控风险为核心，以发展为第一要务，扎实推进各项业务发展。围绕年初制定的工作目标和措施，各项经营发展工作总体平稳。

2017年，江川区支行共有员工27人，内设综合管理部、信贷营业部两个部门，下设星云路支行一个自营网点及5个邮政代理网点。截至12月31日，全区邮储存款余额为69418万元，贷款余额20447.15万元，完成业务收入1290万元。

【信贷业务】 截至12月31日，全区共发放个人贷款13268.80万元，发放小企业贷款2280万，个人贷款余额20447.15万元，小企业贷款余额2629.12万。其中小额贷款余额486.23万元，商务贷款余额2860.94万元，消费贷款余额4268.77万元，再就业贷款余额10408万元，畜牧贷款余额1425万元，扶贫贷款余额500万，微型企业培育工程贷款余额476.07万元。

【个人金融业务】 2017年，个人储蓄余额60740.09万，较年初净增1740.09万元；销售理财产品19288.78万元；代办保险39.88万元；销售基金211.73万元；信用卡累计发放1741张。

【公司业务】 2017年12月31日，公司业务余额8678.35万元，较年初负增长511.65万元。

（周　兰）

红塔银行

【经营情况】 截至2017年12月31日，云南红塔银行江川支行一般性存款余额35592万元，其中：对公存款余额21520万元，储蓄存款余额达14072万元；各项贷款余额17467万元。

【主要工作】 截至2017年12月31日，向江川区办理公务卡754张，销售理财产品39498万元；向小微企业和民营实体经济发放“易商贷”“易信贷”等贷款2050万，惠及居民210余户；向烟农发放“香叶贷”信用3494万元，惠及烟农1100户；向卷烟零售商户发放“香悦贷”614万元，惠及商户44户；向江川区发放保障性住房项目贷款10000万元。

（李晓庆）

工商银行

【概　述】 2017年，坚持党建工作和经营管理同部署、同落实、同检查、同考核，实现两手抓、两手硬、两不误、两促进；开创党建工作与业务发展相互贯穿，融合共进新局面。

2017年，全行在职员工32人，内设机构为综合管理部、市场拓展部、营业室。主要指标实现三个大幅增长:各项存款日均余额达8.7亿元，较上年增长2.8亿元；净利润大幅增长，实现净利润1987万元，比同期增长197%；个人金融资产大幅增长，年末个人金融资产达7.4亿元，比年初增加1.5亿元。实现三个改善:业务核算质量较上年有所改善，2017年网点业务运营风险等级由D-级跃升为C级；服务质量较上年有所改善，客户满意度大幅提升；员工绩效收入有较大改善，较往年实现翻番。一个大幅提振:全体员工的信心士气得到大幅提振，各项业务进入良好快速发展状态。

【经营转型】 一是本着发展依靠员工，发展成就员工思想，从员工思想行为入手，着力提升员工信心士气；二是调整培育营销团队，提升网点产品营销和客户服务能力；三是从机制建设入手，着力提升零售业务竞争力；四是从外拓营销入手，着力提升获取客户能力；五是从存量维护入手，着力提升粘住客户能力；六是紧盯中间业务收入短板，算好重点产品账、潜力产品账、创新抵补账，推动传统业务与新兴业务并举，客户拓展与盈利能力共进，业务规模与发展质量同升，不断提高中间业务收入水平。

【基础管理】 夯实“五大发展基础”，坚持“四项重点建设”。夯实客户发展基础、渠道服务基础、风险管理基础、科技信息基础和体制机制基础，促进支行经营管理水平提升，持续加强党的建设、干部队伍建设、人才队伍建设和企业文化建设，为支行经营发展提供强劲的内生动力。

【资产质量】 在拓展市场的同时，江川支行全力做好稳质量工作，严格把关，强化风险防范。2017年不良贷款余额305万元，不良贷款率为0.37%，完成市分行下达控制目标。

（周占明）

农业发展银行

【概　述】 中国农业发展银行玉溪市江川区支行于2010年成立，2017年在职员工16人，内设办公室、信贷业务部和会计结算部三部门，营业网点一个，位于大街街道大庄路3号，服务江川、通海、华宁、澄江四个县区。

【业务经营概况】 2017年，中国农业发展银行玉溪市江川区支行立足支持服务地方“三农”实际，切实完善制度管理，压实责任，各项业务稳健发展，存贷款年末余额实现双增，推动整体工作实现快速发展。截至年末，各项存款余额为34629.70万元，比年初增加11506.36万元，增49.76%。全年累计发放各类贷款19248.8万元，累计收回各类贷款14744.2万元，年末贷款余额23848.67万元，比上年末增4505万元，增23%，无不良贷款。

（孙艺月）

人寿保险

【概　述】　2017年，人寿保险江川区支公司共有在职职工11人，营销员114人，公司所辖中国人寿保险股份有限公司江城营销服务部、九溪营销服务部、前卫营销服务部、路居营销服务部。内设6个部室：经理室、办公室、个险销售部、团体业务部、银行保险部、客户服务部。围绕上级公司提出的“紧扣一个主题，把握两大重点，谋求三大目标，强化四项措施”经营思想，在确保规模基础上，朝着“业务转型，提升价值，强化队伍，文化建设”发展目标，加强管理，拓展市场，取得较好成绩。全年实现总保费收入4783万元，其中长期寿险全年保费收入3974万元，短期意外险全年保费收入809万元，赔付意外伤害、死亡、满期给付等各类案件3000余件，综合赔付率87%。

【防范非法集资工作】　公司按照保监会及上级公司2017年防范非法集资专题工作方案要求，开展防范非法集资专题宣传活动，对社会公众（保险消费者）宣传教育，在公司大门悬挂“树立风险意识、远离非法集资”宣传条幅向社会公众进行宣传。公司发挥保险代理人队伍作用，将防范非法集资宣传教育嵌入产品销售、业务办理等环节，加强对保险消费者直接宣传，加强对老年人、农村居民等易受非法集资侵害群体宣传，加强对投资理财、养老服务等领域利用保险名义实施非法集资行为的风险提示和宣传教育。并对保险从业人员（员工和营销员）宣传教育，积极宣传非法集资举报奖励制度，积极鼓励社会公众和保险从业人员对发现线索进行举报。

【反洗钱工作】　公司积极履行反洗钱义务，根据《反洗钱工作管理办法》《洗钱和恐怖融资风险评估及客户分类管理办法》和《客户身份识别和身份资料及交易记录保存反洗钱工作管理规定》，结合监管要求及公司实际进一步完善公司反洗钱内控制度；做好客户身份识别、客户身份资料和交易记录保存、客户洗钱风险等级划分、大额和可疑交易报告等工作，并借助微信等网络新型方式积极开展反洗钱宣传工作。

【诚信展业】　启动以“诚信我为先”为主题的销售人员职业道德与诚信合规教育，注重销售人员诚信合规文化建设，利用销售人员早会培训学习时间，以一首诚信歌、一本《行为规范手册》、一面诚信墙、一个《营销员信用品质管理办法》、一年一考试，为长效机制，不断加强营销员队伍信用品质建设。

【人寿保险服务】　公司秉持专业和真诚的客户服务理念，依托覆盖全区服务网点和上级公司各项服务平台支持，从公司开始推出“国寿1+N”增值服务。2017年，在此基础上为不同层级客户新增不同内容、不同层次的增值服务（健康好帮手、国寿资讯通、提高通知服务能力、特色客户活动、推进“微回执、微回访”使用）

【幸福和谐晚年老年保险】　与区民政局、老龄办联合推出“幸福和谐晚年老年人意外伤害保险”，全市收取保费88万元，老龄渠道成为团险第四大渠道。

（邢榕玲）

人保财险

【概　述】　2017年，人保财险江川支公司有在职员工29人，公司经理室下辖办公室、理赔分部、出单分中心、农网部、直销部、个代部、客户服务部、交叉销售部。个代部下辖江城营销服务部、前卫营销服务、路居营销服务部。公司全年保费收入4958万元，赔付各类案件7272件，综合赔付率85.35%。

【荣誉表彰】　2017年，人保财险江川支公司被人保财险云南省分公司评比表彰为“金牌服务示范窗口”“标杆县区支公司”，被人保财险玉溪分公司评为“综合经营管理一等奖”“档案管理先进单位”“综治维稳、信访工作先进单位”“党风廉政建设先进单位”“信息宣传先进单位”。

【农房统保工作】　2017年，共受理农房案件297件，为农户挽回经济损失52.9万元。

【能繁母猪承保】　2017年，共受理能繁母猪案件784件，涉及能繁母猪795头，为养殖户挽回经济损失83.47万元。

（史春丽）

教育·气象·防震减灾

编辑　徐凡清

教　育

【概　述】　全区共有公办学校64所（不含托管区），其中：中心小学11所，村完小37所，教学点2个，乡镇中学10所，普通高中2所，职业高中1所，区幼儿园1所。另有教师进修学校1所，青少年学生校外活动中心1个。有教学班1082个，其中：幼儿学前班228个，小学494个，初中230个，普通高中92个，职业高中38个。在校生39107人，其中：在园（班）幼儿数7619人，小学14979人，初中10450人，普通高中4683人，职业高中1376人。

小学毛入学率102.64%，小学学龄儿童入学率99.99%，辍学率0.01%，毕业率99.71%，小学毕业生升学率98.73%，年巩固率99.74%，新招一年级新生受过一年学前教育99.5%，学前幼儿毛入园（班）率90.14%，15周岁初等教育完成率99.89%。

初中毛入学率117.53%，初中毕业率99.57%，初中辍学率0.77%，年固率99.28%，17周岁初级中等教育完成率98.92%。

现有教职工2234人，专任教师合格率高中100%、初中100%、小学99.21%。

学校占地面积857203平方米，校舍建筑面积467115平方米，小学生均校舍建筑面积11.72平方米；中学生均校舍建筑面积16.55平方米，其中初中12.89平方米。小学生均占地22.35平方米；中学生均占地29.49平方米，其中初中20.47平方米；小学生均图书26.78册，初中生均图书35.78册，高中生均图书12.57册。

【成立深化教育改革领导小组】　为切实加强对全区教育改革工作的组织领导，进一步提高江川区教育质量，成立江川区深化教育改革领导小组。组长：龚桂存；副组长：张祖权、赵琦、杨军苹；组员：唐光华、张荣华、杨志伟、杨兴华、张丽梅。全面开启江川教育发展的新征程，重点在五个方面实现新突破：一是在深化教育改革方面实现新突破。要借势发力，借助区委成立深化教育改革领导小组的优势，加强调查研究，出台破解江川教育发展瓶颈的改革措施；二是在教师队伍建设上取得新突破。要改变传统的教师培训方式，加大师训力度，要合理调配全区教师资源，逐步解决学科不均衡问题，充分发挥学科骨干在引领学科发展中的重要作用，促进教师专业成长；三是在师德师风建设上取得新突破。大力加强师德师风建设，倾力打造“四有”好老师；四是在学校管理上取得新突破。全面实施学校精细化管理，向管理要质量，学习借鉴衡水中学、曲靖一中等学校的先进管理经验，全力提高学校管理水平；五是在学校考核评价上取得新突破。加大对学校的考核奖惩力度，想方设法调动校长、学校中层以及广大班主任、科任教师的工作积极性。

【党建工作】　2017年是教育系统党建年，经区委组织部批准成立了教育局党工委，21个乡镇中小学党组织划归教育局党工委管辖，规范、理顺基层党组织关系。全区教育系统35个支部（含

3个民办幼儿园支部），党员793人，女性党员358人，占45.1%。教育系统以“围绕教育抓党建 抓好党建促教育”的思路，以“三融入三开放”党建理念为指引，即：党建工作融入学校教育教学管理、融入师德师风建设、融入学生德育工作全过程；向学生开放、向家长开放、向社会开放。实施“六个一”党建工作制度，即：每个月向党工委汇报一次党建工作、每两个月检查一次党建工作、每个季度开一次党建分析会、每半年举办一次党务干部培训、每年进行一次“以测促学”考试、每年举行一次党建述职。2017年8月5日，基层党组书记、党务工作者赴华东师范大学参加党务培训。11月15日开始，组织局机关党员干部19人到全区25所学校宣讲党的十九大精神。2017年11月23日，15名党组织书记进行党建现场述职，并进行当场提问和点评，14名党组织书记书面述职。

【义务教育实现基本均衡目标】 在2016年实现义务教育基本均衡的基础上，制定城乡义务教育一体化改革发展的贯彻落实意见。一是根据国务院教育督导委员会办公室提出的整改意见，制定并上报了整改方案，全力进行整改，巩固提升义务教育基本均衡成果，促进义务教育城乡一体化发展。二是加大教育法律法规的学习宣传，杜绝因学校和教师原因导致学生流失，依法保障适龄儿童少年的就学权利。三是加大依法控辍力度，健全学生辍学责任追究制度，关注特殊儿童，保障进城务工随迁子女就学权益，实现就学公平。四是全面落实农村义务教育经费保障机制，落实“三免一补”、学生营养改善计划和学生资助等惠民政策，实现义务教育阶段学生“三免”全覆盖。五是政策和制度上向薄弱学校倾斜。在招生政策、生均公用经费安排、教师队伍配置、教师职称评聘和评优评先上对山区、边远学校倾斜。六是进一步优化调整学校布局，全面完成九年一贯制学校改造。2017年9月，后卫柏池古小学已收并到赵官小学，大街街道海浒小学初中部已收并到伏家营中学办成海浒校区。通过采取这些扎实有效的措施，按期实现了义务教育基本均衡目标，并向优质均衡的目标努力。2017年，全区义务教育阶段进城务工随迁子女100%安排在公办学校就读，农村留守儿童少年小学、初中入学率均为100%，残疾儿童少年入学率98.48%，比2016年提高0.92个百分点。

【队伍建设】 一是加强师德师风教育。2017年开展“立德树人·为人师表”主题教育活动。二是通过人才引进、提前招聘和公开招聘等方式，把好教师入口关。2017年，提前招聘高中阶段教师21人，公开招聘教师27人，从外县区选调教师16人，区幼儿园公开招聘校医1人，共65人。三是强化校长和校领导班子建设。2017年，调整中小学校长11人，提拔7人担任校长职务，学校中层领导调整64人；四是加强教师培训。实施“国培计划”，开展区级培训和校本培训，完成了新教师“五项技能”考核、安全主任培训，2017年8月5–11日组织全区教育系统学校党组织书记、校长及党工委办全体人员到华东师范大学进行培训，全面提高教师综合素质和实施素质教育的能力。五是实行教师顶岗和支教制度，促进优质教育资源共建共享；六是继续抓好各级学科带头人和骨干教师管理，提出学理论、搞教改、出成果、成名师的要求，有计划地培养适应素质教育的骨干教师、学科带头人和名教师队伍；七是抓好青年教师培养。通过开展新课程、新教材培训、新老教师拜师结对、青年教师课堂教学竞赛等活动，激发青年教师研究课堂教学的积极性。目前，我区有省级名师工作室2个，全区专任教师中有正高级专业技术人员1人，副高级专业技术人员816人，中级专业技术人员1049人；有3人参加过国家级骨干教师培训，有省特级教师2人，省级学科带头人2人，省级骨干教师11人，市级学科带头人10人，市级骨干教师39人，区级学科带头人74人，区级骨干教师540人。

【学校管理】 整体提升学校办学水平。进一步落实《江川县教育局关于进一步提升学校管理水平的实施意见》，推进“美丽校园、活力学校、提升质量”工作要求的实施，加强教育科研，细化常规管理，着力提高课堂教学效率，推动学校实现系统、科学、有序、高效的管理目标，增强学校办学活力。进一步规范和完善学校考评制度，发挥目标管理考评的导向作用，修改《江川县学校综合目标管理考评方案（试行）》，出台《玉溪市江川区学校综合目标管理考评方案》

（玉江教发〔2016〕22号），激活学校管理潜能。2017年6月13—15日，组织6个考评组对全区各级各类学校2016—2017学年综合目标管理进行了考评。目前，我区已有省级文明学校7所，市级文明学校14所，有省一级学校9所；区教科所成为云南省首批一级一等县级教研机构，区教师进修学校被认定为云南省示范性进修学校。

【德育工作】 突出“德育为首”理念，重队伍建设，抓活动载体，已形成校内校外齐抓共管、覆盖全面、职责明晰的德育工作网络，建起了师德好、业务精、责任心强的学校和社会德育工作队伍，形成了德育工作合力。全区现有关工委组织78个，校外德育辅导站23个，共聘请法制副校长33人、校外德育辅导员130人，已开办家长学校24期。考评申报大街中学、大街小学、后卫小学为玉溪市法治教育示范学校；组织“诗联文化进校园”活动，投入资金210多万元，改善办学条件，悬挂诗词楹联作品，开展了经典诵读、诗联创作、课题研究、讲座等活动，大街小学已经被认定为全国楹联文化教育示范基地；前卫中学、伏家营中学、安化中心小学、江城中心小学被考评认定为省级绿色学校。

【支教工作】 2017年，贯彻实施《江川县教育系统教职工调配交流办法（试行）》《江川县教育局关于城镇中小学骨干教师到农村定期支教的实施意见》《江川县中小学顶岗教师管理要求》，继续实施支教（顶岗任教）工作，共派出支教（顶岗任教）教师55人，校长交流6人，辖区村完小交流141人，重点引导骨干教师到边远、薄弱学校支教，边远、薄弱学校选派年青教师到城区学校、优质学校顶岗任教，促进教师资源合理配置，增强教师队伍整体活力，提升教育质量，缩小区域、城乡、校际之间差距。

【营养改善计划】 2017年实现了牛奶及大宗食品（米、油、肉等）由区营养办统一招标采购，保障了资金、食品和人员安全，建立营养改善计划长效工作机制。2017年，为21750名学生提供营养改善计划补助经费1740万元。

【校安工程】 完成2016年“全面改薄”建设项目的续建工作，现项目已全部建成并投入使用。2017年“全面改薄”项目，涉及学校8所，实施项目9个，建筑面积8748平方米，投入资金约1035万元。伏家营中学海浒初中部食堂和厕所、大庄小学厕所、温泉小学食堂、龙街中学附属设施、龙街中心小学附属设施、侯家沟小学附属设施已经建成并投入使用，伏家营中学螺蛳铺分校综合楼、尹旗小学综合楼正在建设。

学前教育二期建设项目2017年新开工幼儿园5所，建筑面积10299平方米，投入资金约3470.31万元。周德营幼儿园、后卫村幼儿园已竣工验收。前卫镇中心幼儿园、大庄幼儿园、马料庄幼儿园正在建设。2017年开展前期工作幼儿园3所，江川区第二幼儿园正在进行地上附着物清理，九溪镇中心幼儿园已经完成招投标，江城镇第二幼儿园正在进行图纸审查。

江川区第一中学扩建二期建设工程征地71.26亩，新建校舍10幢36964.19平方米，附属工程；江川区第二中学排危新建工程新建校舍4幢21783.06平方米，修缮改造校舍4幢11782平方米，附属工程；投入资金约2亿元。2017年项目完成了竣工验收并投入使用。

【教育信息化建设】 我区在全市率先完成了数字化校园建设项目终验工作；每月按时更新教育信息化工作进程信息系统；网络覆盖全区各中小学，其中高中、职中、初中、大街小学分别为200M，其余学校均为100M；教师在玉教云平台注册率为100%；学生注册率为100%；所有学校应用玉教云平台开展网络备课教师数达100%；各学校应用应用玉教云平台教师助手进行课堂教学的教师数达70%以上；所有学校应用玉教云平台开展主题研讨活动，发起数超过200次，参与数超过2000次；全区各中小学仪器设备和图书开箱摆放达100%；各学校均运用“云南省教育技术装备管理系统”对中小学教育技术装备进行管理；教育局组织对教育技术装备管理人员、实验教师进行培训3次（139人次）。

【学校安全】 一是启动校园警务室建设，加大人防、物防、技防力度。二是明确安全责任，层层签订目标责任书。区教育局与学校，学校与教职工，班主任与学生、家长签订了安全管理目标责任书。细化目标管理，层层落实责任。三是抓好平安创建，推进示范学校建设。充分利用板报、专栏、校园广播、电子屏幕开展校园安全文化建设，推进消防安全、交通安全、防震减灾、无邪教示范校园创建工作。今年，九溪中学被确定为“交通安全示范学校”，后卫小学确定为省级平安校园、市级“防震减灾示范学校”，全区中小学（幼儿园）确定为“无邪教校园”。四是突出重点管理，强化安全隐患排查治理。开展校园及周边的安全大检查和专项整治21次，及时消除安全隐患，有效预防了校园较大安全事故发生。五是加强应急演练，增强应急防范意识和能力。学校组织防震应急疏散演练153次、消防应急演练131次、反恐防暴演练80次、饮食等安全应急演练19次。2017年无重大安全事故发生。

【教育精准扶贫】 为确保全区扶贫脱贫工作按期完成，区教育局成立扶贫攻坚脱贫摘帽工作领导小组，组建十二个工作小组，加强对全区教育扶贫攻坚工作的组织领导。通过入户调查，全区从学前幼儿到大学各学段有建档立卡贫困户在校生（不含托管区）1514人，其中学前在校生129人、小学在校生481人、初中在校生419人、普高在校生128人、中职在校生152人，大学及以上在校生205人，上述学生中有365人在区外就读。截止2017年12月，全区脱贫退出1029户3603人，经审定建档立卡贫困户子女义务教育阶段无辍学。全区建档立卡贫困家庭学生受助情况为：学前教育儿童享受省政府助学金、减免学费、保育费等共7.48万元，义务教育阶段学生共免补资金109.07万元，高中阶段共免学杂费、补助国家助学金和生活费85.82万元，大学阶段共资助5.85万元。二是做好贫困乡、贫困村自查工作。加强宣传动员，营造脱贫攻坚氛围，编印《玉溪市江川区教育精准扶贫口袋书》，下发到学校、单位和干部，依规依纪开展各项教育扶贫工作。三是多次组织局机关中层以上领导到29户建档立卡贫困联系户家中进行走访调查，了解其生产经营情况，分析致贫原因，重点对危房改造、子女就学、生产经营情况进行详细了解，出谋划策，开展帮扶脱贫活动。四是为江城镇的200余名大学生办理了生源地信用助学贷款、还款、注册和宣传等服务。五是为黄营村安排扶贫工作经费1万元，用于开展扶贫攻坚相关工作。

【高中教育】 普通高中办学规模不断扩大。2015年启动江川一中、二中排危新建暨改扩建工程，江川一中征地71.26亩，项目10个共36146平方米，预计投入资金1.15亿元；江川二中项目4个20636平方米，预计投入资金0.65亿元，现已基本完工，2017年9月将全面投入使用，学校办学条件大大改善。在不断扩大办学规模的同时，更加注重学校内涵发展，努力提高教学质量。2017年高考成绩稳中有升，总上线率95.27%，比2016年提高1.12个百分点；一本人数54人，比2016年增加10人，提高0.45个百分点，居全市同级同类学校第二；本科上线882人，上线率47.86%，比2016年提高5.61个百分点；600分以上4人，比2016年增2人，居全市县区学校第一。普通高中录取1926人，其中市属高中录取271人，玉溪一中录取83人；玉溪师院附中录取65人；市民中录取77人；玉溪实验中学录取34人；其他高中录取16人。本区高中录取1655人，其中江一中录取991人；江二中录取664人。

【职业教育】 职业教育逐步走上良性发展轨道。江川职中坚持以服务为宗旨，以就业为导向，按照“积极发展、深化改革、创新机制、激发活力”的思路，以“出口畅，进口旺”为目标，建立有效的学校管理机制，拓宽职业教育发展空间，探索“2+1”培养模式，实现了“订单式”培养，学校规模不断扩大，2017年在校生人数1376人，毕业生就业率达97.4%，已连续九年超过96%。江川职中在2017年云南省职业技能竞赛中获一、二等奖各一名、三等奖三名。2017年招生任务基本完成，秋季招生正在进行中，2018届毕业生已全面安排进入实习单位，江川职中已成为培养应用型技能人才和农村劳动力转移培训的基地。区职业中学农产品保鲜与加工实训中心项目已完成市级立项、规划、地质勘察、图纸设计，正在向上争取项目和补助资金，已到位市级前期工作经费30万元。

【学前教育】 坚持发展、规范、提高并重的指导方针，努力办好公办园，积极鼓励和引导社会力量办园，初步形成了以公办园为示范，社会力量办园为主体

的发展格局。目前，全区共有幼儿园、学前班54所（点），其中独立建制的公办幼儿园1所，民办幼儿园（学前班）24所，其他学前教育点29个。新招一年级新生受过一年学前教育达99.5%，学前三年毛入园率为83.51%，比2016年提高6.86个百分点，超目标5.51个百分点。学前教育二期项目8所幼儿园进入装修3所（马料庄幼儿园、后卫村幼儿园、江城镇周德营幼儿园），在建2所（前卫镇中心幼儿园、大庄幼儿园），进入招标1所（九溪镇中心幼儿园），其余2所（区第二幼儿园、江城镇第二幼儿园）已完成勘测定界、地形测量、设计规划方案、可研评审、地质灾害危险性评估，进入地上附着物清理。

【招生考试工作】 一是完成2017年高考的报名和考务组织工作。从2016年11月15日开始报名，经资格审查，全区共有1966人报名，通过审核，随迁子女考生没有受限考生，全区共有148人符合相应的加分照顾条件。针对今年高考安全稳定的严峻形势，区招考办早安排、重落实，精心筹划，科学安排考务工作。在各级领导和考试考务人员及广大监考教师的共同努力，高考于6月8日下午顺利安全完成。二是完成2017年3月和9月高考英语听力和口语考试的报名和考务组织工作。全区听力考试报名考生3537人，口语测试考生689人，分别在江川一中和大街中学两个考点完成。三是完成2017年1月和7月高中学业水平考试的报名和考务组织工作，共有16400人（科）次报考文化科目，1545人次报考信息技术科目。四是完成2017年3月初中学业水平体育科目考试的报名和考务组织工作。共有3404人报考，其中男生1696人、女生1708人，报考率为93.61%，考试自3月3日开始至3月15日结束，平均分93.1分，及格率98.06%，满分率55.21%。五是完成2017年初中学业水平文化科目考试的组织工作。全区初中九年级文化科目共有3108人报考，报考率为85.08%，八年级文化科目和信息技术共有3434人报考，报考率为97.5%。六是完成全年自学考试的报名组织工作。全年自学考试共有16人报名、123科次。完成了成人高考报名工作全区共有300人报名考试。完成了初中体育艺术特长生考试报名和组织工作。七是完成2018年高考报名1723人。

【中小学生运动会】 玉溪市江川区第二届中小学生运动会，于11月13日开始至12月04日结束，历时22天，参与学生达900余人，裁判及工作人员达200余人。来自全区24所中小学的学生分学段分级别的参加了小学生田径赛、初中生篮球赛、高中生足球赛。各参赛队秉承“参与、快乐、和谐、进取”的运动会宗旨，文明参赛、团结协作、顽强拼搏，赛出了友谊、风格和水平，展现了各校团结进取、奋发向上的良好精神风貌，展示了我区严格贯彻党的教育方针，全面推进素质教育所取得的丰硕成果。

【青少年学生校外活动中心】 中心自成立以来，始终把全面推进青少年素质教育作为中心的重要任务来抓，精心设计和广泛开展生动活泼、怡情益智的课外培训教育活动。在开展各类教育培训的活动中，要求教师在课堂教学活动，以健康向上为主题，力求形式多样，寓教于乐，让丰富多彩的文艺、体育、科技活动伴随青少年快乐成长，为他们提供展示独立个性、体验校外生活的广阔舞台。

2017年1月，积极组织中心17名学员参加云南省“七彩云南”全民健身运动会暨“体彩杯”云南省青少年车辆、建筑模型大赛中，获得一等奖6名、二等奖4名、三等奖6名、五等奖六等奖各一名、优秀奖6名，包含一金一银三铜的优异成绩；2017年2月，在通海举行的玉溪市市青少年校外科技体育模型大赛中，分别获得一等奖1名、二等奖2名的优异成绩。

【教育科研】 一是开展了青年教师（男45周岁、女40周岁以下）教学基本功大赛。全区154位教师参加了相应学科的角逐。评委们从构建有效课堂、教师自我反思的角度，分教学设计、教学课件、教学实施、师生互动、教学成效、教学板书、课文朗读、教学反思八个方面进行评价。评选出小学一等奖15人，二等奖23人，三等奖：16人；初中一等奖18人，二等奖34人，三等奖24人；高中一等奖12人，二等奖12人。二是选拔教师参加玉溪市教育局举办的“2017年玉溪市中小学（幼儿园）‘秋韵杯’中青年教师课堂教学评比活动。我区参赛的24名教师努力拼搏，徐春艳等8位教师荣获一等奖，杨艳梅等10位教师荣获二等奖，念晶晶

6位教师荣获三等奖。三是成功举办江川区第二届“彩云杯”中小学师生国学经典诵读比赛。全区21所学校、40名师生参加了比赛。大街中学的施佳辰、龙街中学的段译涵、伏家营中心小学的宋清源和大街小学的李苒敏同学获得学生组一等奖。大街小学的张文蓉、大庄小学的龚美仙、雄关乡窑房小学的杨静、江城中学的李晓光和前卫中学的顾文琛老师荣获教师组一等奖。四是实施名师带动策略。充分发挥区、市、省级学科带头人、骨干教师的带动作用，采取任务驱动方式，通过以老带新、以师带徒、岗位训练、提升自我等方式，加强对教学新秀的培养；有计划地组织开展了名师观摩课、骨干教师巡回教学、送“优质课”下乡到校、课堂诊断与教学研讨等活动，积极搭建沟通桥梁，放大优质资源；组织骨干教师参与教科所教学视导活动，充分发挥骨干教师队伍的作用，带动全区教师成长。五是深入开展片区学校教学开放日（周）、校际交流等活动。以“教学开放日（周）”活动为平台，积极组织教师参与观摩研讨活动，通过开放活动传播先进的教学理念和课堂教学模式，以点带面，促进教师课堂教学水平的整体提高。并进一步拓宽“教学开放”活动的途径和空间，实现了区级开放、片级开放、校级开放和校际联动等形式多元并存。六是发挥教育科学理论研究的职能，引领教育教学改革。江川一中李滨主持的区级“十二五”第五批教育科研立项课题《高中英语“一少两多”课堂教学模式研究》，大街小学杨聪明主持的区级“十二五”第五批教育科研立项课题《小学诗词楹联校本教材开发与应用研究》，大街小学叶宏芬主持的区级“十二五”第五批教育科研立项课题《小学低年级加强写字指导的研究》，大街小学李春仙主持的区级“十二五”第五批教育科研立项课题《小学低年级学生数学书写规范的养成研究》，大街小学秦吉焕主持的区级“十二五”第五批教育科研立项课题，《小学低年级汉字书写水平的策略研究》，大街小学杨蓉主持的区级“十二五”第五批教育科研立项课题《体艺特色教育对提高人文素养的影响》，大街小学周丽娟主持的区级“十二五”第五批教育科研立项课题《小学语文开放性作业的设计研究》等6个课题，顺利通过了区教育科研规划领导小组的结题验收。

【教师培训】 一是进行学科教师培训。今年3月、12月对全区中考科目学科教师进行了专题培训（共1200人次）。培训内容：学科复习思路及方法；学科命题趋向、复习重难点透析；复习备考建议。总结分析2017年初中学业水平考试命题规律及其特点；分析当前教学过程中存在的主要问题；课堂高效复习策略与方法及学校管理创新的理论与实践。二是提高学历教育工作。为拓展自身发展空间，更好为我区教育和经济建设服务，与省开放大学联合办学，向上“借智”“借力”。开办了汉语言文学、英语、教育管理、学前教育等专业本科班；开办了教育管理专业、学前教育专业、计算机专业、会计学专业等专科班，解决了教师及其它行业人员学历提高问题。目前在读学员160人。三是实施新教师“技能”考核。为使新教师进一步掌握教育教学常规，树立专业思想，提高教育教学水平，做一名合格的人民教师。对2016年参加工作的68名教师进行了“五项技能”（上课、教案、说课、评课、论文）考核。考核合格率100%。四是加大中小学校长培训。为进一步提升校长领导力，提高学校教育教学管理水平，继续推动我区教育工作的科学、创新发展，玉溪市江川区举行了中小学校长培训。全区中小学校长、中心小学副校长，完小校长，共70人参加了培训。这次校长培训班邀请了两位省内教育专家作专题报告，围绕校长办学观、学校管理、有效课堂、学生核心素养等方面进行了深入浅出的讲解。五是开展高中教师信息技术应用能力提升远程培训。为贯彻落实《玉溪市高中教师信息技术应用能力提升培训实施方案》精神，组织了江川一中、江川二中、江川职业中学共计419名教师参加了这次远程培。培训合格率100%。

（陈江华　黄　毅　张本林）

气　象

【机构设置】 年内，区气象局内设办公室、法规科、防灾减灾科3个管理机构，区气象台（江川国家气象观测站）、区气象服务中心2个直属业务单位。辖区人工增雨防雹办公室、区防雷装置安全检测中心。

【气候评价】 2017年江川区气候特点：2017年玉溪市江川区大部降水略多至偏多，气温偏高，光照略偏少。年降水量1119.8毫米，比历年偏多32%；平均气温16.9℃，比历年偏高1.0℃。年内暖冬现象突出，冬春干旱偏轻，初夏干旱较近年来偏重发生，雨季开始期偏晚，进入6月中旬后“旱涝急转”，降水过程偏多，夏季“阴雨寡照”天气突出，汛期内大范围洪涝灾害不明显但局部暴雨洪涝突出，秋季9～10月出现两次连续阴雨寡照天气过程，雨季结束期偏早。

2017年玉溪市江川区热量条件和水分条件较好，光照条件稍差。年内出现一次低温霜冻，但无“倒春寒”天气影响，干旱影响偏轻，水稻抽扬期无夏季低温影响，雨季开始特晚，夏、秋季“阴雨寡照”及局部暴雨洪涝突出。综合而言，2017年玉溪市江川区气象条件对湖泊和库塘蓄水、森林防火工作及交通、旅游较有利，对农业生产属中等略偏差年景。

【基本气候概况】

气温 1. 年平均气温。年平均气温为16.9℃，比历年同期偏高1.0℃，比2016年同期偏低0.1℃，属偏高年份。年极端最高气温为31.5℃（7月30日）；年极端最低气温为-1.6℃（12月31日）。

2. 气温时空变化。气温的季节分布为冬季（2016年12月～2017年2月）偏高；春季（3～5月）和夏季（6～8月）正常略偏高；秋季（9～11月）偏高。全区各月平均气温与常年同期相比，1月偏高2.6℃，属特高年份；2月、3月、6月、9月、11月和12月偏高1.0～1.8℃，属偏高年份；4月和7月偏低0.2℃，属正常略偏低年份；其余各月偏高0.2～0.8℃，属正常略偏高年份。年内冬季（2016年12月～2017年2月）暖冬现象突出，无明显低温霜冻出现，冬季平均气温11.6℃，比常年同期偏高2.2℃，为1961年以来仅次于2013年（11.8℃）年的第二个高值年，与2010年（11.6℃）并列。11月中旬平均气温15.5℃，较常年同期偏高3.0℃，与2013年并列为有记录以来同期最高记录。1月平均气温创1961年以来同期最高值记录。

降水 1. 年度概况。2017年各乡镇（街道）大部降水量略多至偏多：前卫1446.0毫米，安化1266.1毫米，雄关1232.0毫米，路居1101.3毫米，大街1016.9毫米，江城930.3毫米，九溪846.2毫米。与常年同期相比，前卫偏多70%，路居、大街、雄关、安化偏多20～49%，九溪与常年接近，江城偏多10%。日最大降水量为82.8毫米（7月31日），最长连续降水日数为11日（6月25日～7月5日，雨量合计105.9毫米）。

2. 降水时空分布。2017年降水季节分布为冬季（2016年12月～2017年2月）正常略偏多；春季（3～5月）正常略偏少；夏季（6～8月）偏多；秋季（9～11月）正常略偏少。平均各月降水量与常年同期相比，1月、3月、4月和6月特多，其中1月偏多117%，3月偏多84%，4月偏多67%，6月偏多66%；7月、8月偏多，其中7月偏多47%，8月偏多23%；2月、5月和12月分别偏少56%、73%和71%，属特少年份；10月偏少38%，属偏少年份；11月偏少4%，属略偏少年份；9月偏多9%，属正常略多年份。降水绝对量以6～8月偏多及5月偏少明显。

年内冬春干旱较常年偏轻，初夏干旱接近常年；雨季开始期特晚；汛期内大范围洪涝灾害不明显，但单点性强对流天气引发的局部洪涝灾害及冰雹大风灾害较多。全区各乡镇（街道）主汛期6月下旬至8月降水偏多至特多，持续“低温阴雨寡照”天气突出；秋季9月上旬及10月中下旬出现两次连续阴雨寡照天气；雨季于9月下旬结束，属偏早年份。

日照 1. 年度概况。2017年日照时数为1952.2小时，比历年同期偏少237.2小时（-11%），比2016年同期偏多96.4小时（5%），属略偏少年份。

2.日照的时空分布。2017年日照时数季节分布为冬季（2016年12月～2017年2月）、夏季（6～8月）、春季（3～5月）和秋季（9～11月）均略偏少。日照时数与常年同期相比，4月及7月偏少2～3成，2～3月、6月及8～10月偏少1～2成，1月、5月、11月和12月与常年接近。春季3月下旬～4月冷空气和南支波动系统较活跃，阴雨日数较多，日照时数异常偏少，日照时数创1961年以来同期最少记录；夏季7～8月受辐合区、切变、台风等天气系统影响，出现持续阴雨寡照天气；秋季9月上旬及10月中下旬出现两次连续阴雨寡照天气，达到秋季连阴雨标准，对秋收秋种带来一定不利影响。

夏季日照时数相对不足：夏季日照时数为342.3小时，比2016年同期偏多24.1小时，比历年同期偏少68.4小时（-17%），属略偏少。从图4可知，6月上旬和7月下旬是整个夏季贡献最大，占41%，其他时段由于阴雨日数较多，日照相对不足，寡照明显，影响烤烟的产量和品质。

【主要气候事件】 2017年主要气候事件有暖冬现象突出、初夏阶段性干旱、雨季开始期偏晚、夏季阴雨寡照、秋季连阴雨等。

暖冬现象突出。2016/2017年冬季冷空气活动偏少，影响偏弱，暖冬现象突出，冬季平均气温11.6℃，比常年同期偏高2.2℃，为1961年以来仅次于2013年（11.8℃）年的第二个高值年，与2010年（11.6℃）并列。

初夏阶段性干旱。受高压环流影响，6月上旬至中旬初出现高温少雨天气，上、中旬平均气温比常年同期偏高1～2℃。6月1～13日累积降水量比常年同期偏少87%，出现轻到中度气象干旱。

雨季开始期偏晚。江川国家气象观测站6月14日进入雨季，比常年偏晚25天，仅次于历史最晚年份1977年（6月20日雨季开始），为近40年来雨季开始期最晚的年份。

2017年各乡镇（街道）6月14日前均出现不同程度的旱情，大部轻旱，局部重旱，雨季一再推迟。自6月14日开始，江川强降水天气过程频繁发生。14日大街雨季开始，比常年推迟25天；16日除九溪外其它乡镇进入雨季，乡镇区域气象观测站最大累计降雨量为安化片区为116.2毫米，雨季比常年推迟27天；20日九溪最后进入雨季，九溪雨季比常年推迟28天。14～19全区发生旱涝急转，6月19日江川区全面进入主汛期。

4月、夏季阴雨寡照。4月冷空气和南支波动系统较活跃，降水天气过程较多，阴天雨日较多，日照时数仅为180.2小时，创1960年以来同期最少记录。

主汛期内6月中旬至9月上旬，降水特多，日照时数偏少，持续“阴雨寡照”天气和局部暴雨洪涝灾害突出。6月中旬至8月降水日数（不含微量降水）平均为67天，比常年同期偏多13天，是1972年以最多的一年。

秋季连阴雨。秋季9月上旬及10月中下旬出现6～10天秋季连阴雨天气，达到秋季连阴雨标准。

【主要气象灾害及影响】 2017年气象灾害主要有暴雨洪涝、地质灾害、大风冰雹灾害、干旱、低温霜冻等。

阶段性高温、干旱。受高压环流影响，6月上旬至中旬初出现高温少雨天气，6月上、中旬平均气温比常年同期偏高1～2℃。6月1～13日累积降水量比常年同期偏少87%，出现轻到中度气象干旱，部分烤烟等作物受灾。截至2017年6月15日，2017年全区农作物受旱面积12060亩，其中，轻旱面积11101亩，重旱面积959亩，人畜饮水困难人口5373人，小坝塘干涸8座。

低温霜冻。2017年12月20～22日受辐射降温影响，出现低温霜冻天气，过程最低气温出现在玉溪市江川区九溪镇，为零下4.5度，雄关乡最低气温为零下3.3度，前卫镇最低气温为零下1.5度，致使前卫镇、雄关乡发生霜冻灾害。全区共受灾4450亩，成灾4350亩，绝收900亩，主要受灾作物为菜豌豆、蚕豆、油菜和洋芋，经济损失1615万。

暴雨洪涝。2017年汛期（5—10月），江川国家气象观测站大雨（25毫米）以上的强降水天气为9次，比常年同期平均值偏多近2次，比2016年偏多3次。6月16日、6月19～21日、26～28日，7月3日、8～9日、20～21日及31日，8月14～15日、24～25日、28～29日，9月6～7日、21～22日，10月23日出现13次中到大雨局部暴雨天气，局部发生洪涝灾害，影响较大的暴雨灾害天气过程如下：

1.受辐合区影响，6月16日出现局部大到暴雨天气，致使安化、江城、大街、雄关等6个乡镇（街道）发生洪涝灾害。据统计，此次降雨过程造成全区农作物受灾面积2538亩，其中：粮食作物590亩，粮食损失132.68吨，经济作物1948亩；受灾人口5912人。因洪涝灾害造成直接经济总损失达427.95万元。

2.受辐合区影响，6月19～20日大部出现大到暴雨局部特大暴雨天气，九溪、江城出现不同程度洪涝灾害。

3.受西南暖湿气流影响，7月31日5：10至8：00，江川普降中雨，局部大雨、局地大暴雨。由于降雨时间相对集中，致使江川大街、江城、前卫3个乡镇（街道）不同程度遭受洪涝灾害。据统计，此次降雨过程共造成全区农作物受灾面积4148亩，其中：粮食作物420亩，粮食损失66.00吨，经济作物3728亩；受灾人口9955人。因洪涝灾害造成直接经济总损失达312.11万元。

4.受切变线和辐合区影响，8月14日16时至15日11时，受切变线影响，普降大雨至大暴雨天气过程，并伴有雷暴、短时强降水等强对流天气，致使安化乡、江城镇、前卫镇局部出现洪涝灾害。此次降雨过程共造成全区农作物受灾面积1264亩，其中：粮食作物110亩，粮食损失17.10吨，经济作物1154亩；受灾人口1765人。因洪涝灾害造成直接经济总损失达133.76万元。

5.2017年9月21日7时至14时，玉溪市江川区受切变线影响，普降大雨，局部暴雨天气过程，时段降雨量最大是的江城片区77毫米。由于降雨时间相对集中，致使江川大街、江城、前卫镇不同程度遭受洪涝灾害。据统计，此次降雨过程共造成全区农作物受灾面积525亩，其中：经济作物525亩；受灾人口720人。因此次洪涝灾害造成的直接经济损失达32.64万元。

6.2017年10月23日，受冷空气和西南暖湿气流共同影响，玉溪市江川区普降大雨，局部暴雨，致使玉溪市江川区江城镇不同程度遭受洪涝灾害，局部出现山体滑坡，农作物受灾面积275亩。

风雹灾害。年内冰雹、大风灾害主要出现在2～3月及6～9月，其中8月23日影响范围较大。

【气候对相关行业的影响】

气候与农业。2017年江川大部气温偏高，降水较常年略偏多至偏多，光照条件较常年偏差。年内暖冬现象突出，低温霜冻影响偏轻；无“倒春寒”影响，冬春干旱较常年偏轻；5月降水特少，雨季开始期异常偏晚，初夏干旱较近年来偏重发生；夏季无大范围洪涝灾害发生，但“低温阴雨寡照”天气和局部暴雨洪涝灾害突出。2017年小春作物生长期间，江川水、热条件较好但降雨时空分布不均，光照条件稍差。由于暖冬现象突出，作物春化作用不明显，对花芽形成和花器发育略有不利影响。2～4月光照条件持续比常年偏差，对产量、质量形成略有不利，今年小春气候适宜度总体为中等略偏好年景。

2017年雨季开始期特晚，对水利条件较差的部分山区、半山区烤烟及玉米等大春作物适时栽种、成活及生长影响较大。5月～6月上旬气温偏高，日照充足，有利水稻分蘖生长。雨季开始后，6月下旬至8月出现持续阴雨寡照天气，对作物光合作用及产量、质量形成影响较大，主汛期大雨、暴雨等强降水天气偏多，局部洪涝、冰雹、大风灾害偏重。秋季9月上旬及10月中下旬出现两次连续阴雨寡照天气，对大春粮食作物收晒入库略有不利。2017年大春气候适宜度总体为中等偏差年景。

综上所述，2017年气候条件对农业生产而言属中等略偏差年景。

气候与林业。在2017年干季（1～4月及11～12月），1～4月降水总量比常年同期偏多5成以上，11～12月降水总量比常年同期偏少2成。年头降水偏多，但降水相对集中，期间1月中下旬、2月下旬～3月中旬、降水持续偏少，1月上旬、2月中旬、3月下旬及4月中旬降水偏多，气候条件对森林防火工作总体有利；年尾11～12月虽然降水偏少，但由于前期9～10月降水总量及降雨过程较多，土壤和植被含水率高，森林火险气象风险等级相对偏低。年内除1月中旬～3月中旬、5月上旬～6月上旬两个时段降水持续偏少而对森林防火不利外，其余时段降水较多，空气湿度较大，年内气候条件对森林防火总体有利。

气候与交通旅游。2017年玉溪市江川区降水偏多，气温偏高，冬季无冰冻雨雪灾害影响交通，春、秋季气候适宜，有利于旅游，夏季阴雨天气较多，对旅游略有不利影响。汛期内强对流天气引发的局部洪涝灾害突出，但大面积洪涝灾害不明显，除局地强降水引发山洪暴发造成部分道路堵塞、塌方外，基本未出现严重影响交通、旅游的天气、气候事件。年内“春节”“五一”“国庆”等重大节假日天气较好，对交通旅游有利。本年气候条件对交通、旅游总体较有利。

【气象灾害防御体系及气象为农服务体系建设】 继2016年争取中央专项资金45万元之后，又于2017年争取中央专项资金38万元，实施《玉溪市江川区气象局2017年“三农”气象服务专项》。项目按照气象为农服务及气象防灾减灾体系建设的总体要求，加强业务能力，强化保障粮食安全和重要农产品供给气象服务；加强与涉农部门合作，强化面向新型农业经营主体“直通式”服务；优化高原特色农业服务，加强农业气象服务能力建设；推进乡镇气象信息服务站和气象信息员队伍建设，推动基层气象防灾减灾组织体系融入式发展，增强基层气象防灾减灾能力，继续建立长效的政府支持机制，以标准化乡镇建设为抓手；推动气象为农服务及气象防灾减灾体系建设。

【气象灾害监测预警】 规范玉溪市江川区灾害性天气“内响应外联动”工作流程。“内响应”规范玉溪市江川区气象台监测到有灾害性天气征兆时，值班人员通过电话向区气象台台长、值班局领导等相关人员提醒关注天气情况行为；“外联动”明确江川气象台监测到灾害性天气将要发生或已经发生、有可能造成灾害性结果时，相关人员通过短信、电话、传真等方式向政府领导、重点责任单位和灾害性天气发生地的乡镇、街道、村、社区等应急责任人、联络员、气象信息员等报告或通报灾害性天气情况，提醒做好防范措施。

【升级改造九溪、安化六要素区域自动气象站】 2017年3月，区气象局对九溪、安化两乡镇进行自动气象站升级，将原有温度、雨量两要素自动气象站升级为气压、气温、相对湿度、降水量、风向、风速六要素的区域自动气象站。

【云南省一键式气象信息发布系统投入运行】 2017年1月，区气象局启用云南省一键式气象信息发布系统，系统集成手机短信、国家突发公共事件预警信息发布平台、传真、邮件、显示屏、微博、微信、声讯电话等信息发布系统的一键式发布。实现一键式气象信息发布系统与省、州（市）、县国家突发公共事件预警信息发布系统对接。2017年，区气象局利用云南省一键式信息系统发布重要天气消息35期，大风蓝色预警18期，雷电黄色预警32期，暴雨蓝色预警17期，霜冻黄色预警1期，霜冻蓝色预警3期，寒潮蓝色预警2期，约发布预警信息32万条，气象灾害监测预警防御成效明显。

【人工影响天气工作】 1.根据《玉溪市江川区人民政府关于玉溪市江川区2017年人工影响天气工作实施方案的批复》，2017年人工影响天气工作于6月1日开始，根据江川的天气气候特点和影响江川冰雹的路径及江川多年开展人工影响天气的实践经验，计划布设11个人工影响天气固定作业点和2辆WR-1D型火箭流动作业车，共计13个人工影响天气作业点。

2017年，玉溪市江川区共投入人工影响天气工作经费225.469万元，区财政投入188.969万元，占总投入的83.82%；中国人寿财产保险股份有限公司云南省分公司拨入36.5万元，占16.18%。

2017年6～9月，共申请人工影响天气作业396次，允许作业次数311次，实际作业次数294次（其中人工增雨21次，人工防雹273次），作业点数为13个。共发射各类人工影响天气火箭、高炮弹4145发（枚）。保护烤烟种植面积达7.3万亩，其它农作物种植面积3.4万亩。

2.新建前卫大平地人工影响天气作业点。5月8日，玉溪市江川区第二届人民政府第7次常务会议研究决定由玉溪市江川区财政局安排40万元资金新建前卫大平地人工影响天气作业点。作业点建设达《人工影响天气固定作业点建设》（DB53/T 678-2015）标准，6月通过省、市气象部门验收并投入使用。

（谢仲瑞）

防震减灾

【地震活动】 据云南省正式地震目录，2017年1月至12月江川区境内共计发生0.0级以上地震21次（见附表、附图），其中0.0～0.9级1次，1.0～1.9级19次，2.0级以上1次。最大地震为7月6日星云湖2.1级，最小地震为8月4日江城0.9级。与2016年同期相比地震强度相当、频度大幅增加。江川区2017年度地震活动5月发生5次，4月、9月和10月各发生3次，1月、3月和8月各发生2次，12月发生1次，其它月份则处于平静状态。地震活动空间分布较为集中，在雄关乡、大街街道、前卫镇和星云湖水域形成一个北西走向的地震活动密集区，共发生地震17次，占全区地震总数的81%。行政区划内的江城、安化、九溪和路居（抚仙湖水域）等乡（镇）各有1次地震。

【地震预测】 江川区防震减灾局2016年所编写的《云南省2017年度地震趋势研究报告》对云南地区作出预测尺度为一年的地震活动趋势预测，其预测结论为：

一、云南省2017年度发生地震的最大震级Mmax≤7.0级（CFi=0.85）。

二、云南省2017年度地震危险区：

1.滇西保山–昌宁–永平–巍山–弥渡–大理–漾濞–祥云–洱源–宾川–剑川–鹤庆–永胜–丽江–宁蒗一带，MS6.0～7.0级，CFi=0.85；

2.滇南—滇西南弥勒—华宁—江川—通海—峨山—建水—开远—石屏—个旧—红河—墨江—宁洱—普洱—江城景洪—勐海—澜沧一带，MS5.5～6.5级，CFi=0.85；

3.滇东北永善–大关–昭通–彝良–鲁甸–巧家–会泽–东川与四川相邻地区，MS5.0～6.0级，CFi=0.75。

2016年9月1日至2017年8月31日，云南省发生的最大地震震级为大理漾濞5.0级地震，未达到7.0级最大地震预测强度，第一条预测意见准确。所圈定的三个地震危险区中，滇西保山—宁蒗危险区发生大理漾濞5.0级地震，比预测震级偏小，但预测基本准确。其余2个危险区发生的最大地震为昭通巧家4.6级和玉溪峨山4.0级地震，震级偏小为虚报。综上所述，江川区防震减灾局2017年度中期预测对应率为33%。

【地震宏观观测点调整】 1月，区防震减灾局为解决安化乡地震宏观观测空白，使全区地震宏观观测网络更趋完善，并依据江川区地震地质构造分布特点，对全区宏观观测点进行调整。根据情况将大街街道捧寨水库观测点撤销，新增安化乡早谷田温泉、新庄水库、光山李家营机井和大街街道土官田盐水塘等4个宏观观测点，使全区地震宏观观测点达24个。

【防震减灾工作联席会】 2月23日，玉溪市江川区人民政府在区防震减灾局地震应急指挥大厅召开2017年度防震减灾工作联席会议。会议由区政府办副主任刘娴主持，区人大常委会副主任何眉、区政协副主席杨吉英，区抗震救灾指挥部成员单位和各乡镇（街道）分管领导共50余人参加会议。区人民政府副区长杨军苹出席会议并作讲话。

区防震减灾局局长付纲传达2017年度国务院、省政府和市政府防震减灾工作联席会议精神，通报云南省、玉溪市和江川区面临的震情形势，总结2016年度江川区防震减灾工作，并提出2017年的重点工作安排建议。杨军苹代表区政府分别与区防震减灾局、各乡镇（街道）分管领导签定《玉溪市江川区2017年度防震减灾工作目标考核责任书》。

杨军苹从六个方面安排部署2017年度防震减灾工作：做好地震监测预报各项工作；加强震害防御宣传管理；组织抗震救灾演练；加强地震应急准备工作；加大防震减灾“十三五”规划实施力度；强化防震减灾工作保障机制。

与会人员还观看《地震的秘密》《唐山地震》两段科普教育短片。

【仪器更新】 3月9日，在系统检查的基础上，云南省地震局专家应骁睿对江川局江川台“十五”水温观测仪器和探头进行整体更换，解决此前水温观测经常生成大量低值或负值等不稳定前兆数据和大量错误数据问题。

4月13日，云南省地震局监测中心专家应骁睿、起卫罗等一行3人将此前经常发生故障，导致数据多次中断，经多次维修都未能完全排除故障的DRSW–1型水位水温综合观测仪更换为新一代“十五”仪器，分别为SWY–Ⅱ数字式水位仪和SZW–Ⅱ数字式温度计。并将气象三要素观测仪HCS–PTC更换为RTP–Ⅱ型。

【“5·12”地震应急综合演练】 5月12日，在全国第九个“防灾减灾日”到来之际，玉溪市人民政府在江川区开展了一次地震应急综合演练。演练由玉溪市人民政府主导、江川区具体承办，市区两级抗震救灾指挥部成员单位参加，地点设在江川区龙泉工业园区。演练背景为：模拟玉溪市江川区大街街道土官田村一带发生6.5级地震，造成严重人员伤亡、部分房屋倒塌和基础设施破坏。演练具有以下特点：

规模较大。此次演练，分成市级和区级两个地震应急指挥部。江川区各参演单位融入市级相应抗震救灾指挥部成员单位演练中。整个演练共有军分区、武警、消防、防震减灾、公安、民政、广电、卫计、住建、供电、交通、红十字会等12家市区两级部门，以及云南省地震局和红塔集团2个特邀单位参加。市区两级人大、政府、政协有关领导，市政府秘书长，市委、市政府联系副秘书长，各县区分管领导、防震减灾局长、民政局长观摩演练，动员70名志愿者参加。演练出动应急指挥车3台，装载机、压路机、挖掘机8台，应急发电车、电视直播车、通讯保障车、后勤保障车和消防车6台；医疗救护和卫生防疫车辆7台；警用特种车辆8台。组建综合性野外微型医院1个；搭建应急指挥、灾民救助、医疗服务、工作保障和单兵帐篷近100顶；动用大量应急救援、应急发电和地震现场监测等设备；并使用3台无人机对整个演练现场进行适时监控。参加此次演练人数达1000余人。同时，江川区大街街道、九溪镇和安化乡等乡镇（街道）也同步组织开展地震应急演练。其中，大街街道应急演练在预设震中附近的土官田村进行，参演人数达235人。

市政府副市长、市抗震救灾指挥部指挥长蔡四宏和中共玉溪市江川区委常委、常务副区长、区抗震震救灾指挥部指挥长张文彬分别主持市、区两级地震应急桌面推演。

科目齐全。此次演练是玉溪市历次地震应急演练中设置演练科目最为齐全的一次，共设置应急指挥联动、帐篷搭建、废墟救援、道路抢通、地震监测、灾害评估、医疗救护、交通管制、治安巡逻、应急通信、应急供电、后勤保障和灾区应急卫生处置等共计13个大项43小项。

贴近实战。演练完全按照实战化要求进行，利用已拆除的三街火炮厂设为灾区现场，不编写演练脚本，桌面推演根据灾情进行现场进行。演练实现市、区两级应急指挥部联动互通，视频信号适时传输；武警救援队将3名战士预先掩埋在废墟和报废车辆中，开展废墟救援、竖井救援和车辆填埋救援，过程中模拟演练爆炸和余震等不同背景下的应急处置措施；消防救援队根据“灾情”实情演练了孤岛救援、房屋支撑、墙体破拆和深沟填埋救援等科目；红塔集团演练了建筑物破拆、消防灭火和有毒物品紧急处置等科目；医疗卫生部门演练伤员紧急救护、安全转运、模拟手术、医疗救治和灾区消毒；供民部门保障了整个应急演练区的供电；通讯部门演练了通讯机站维修、通讯线路保通；交能部门演练了道路清障等科目。无人机对整个演练现场进行全程监控，将“灾区”现场和救援进展等实况画面适时传送至指挥部，指挥部根据情况及时调整救援方案和应急资源配置。

【渔村观测站防雷技术改造】 8月1日，以前卫镇渔村村委会进行大寺周边环境改造为契机，区防震减灾局对渔村观测站进行防雷技术改造，对防雷技术网进行重新布局和焊接。当天下午，玉溪市防震减灾局正处级调研员黄家富、市监测预报中心主任沈坤等一行4人来到观测站，对改造后的防雷网进行技术检测。经过现场检测，新焊接的防雷技术网接地电阻为2.65Ω，达到相应技术指标。

【地震群测群防培训】 区防震减灾局于8月18日上午组织开展全区地震群测群防培训，参加培训的人员包括各乡镇（街道）防震减灾助理员、各村（社区）防震减灾联络员和地震宏观联络员共91人。

培训创新方式，组织群测群防人员参观玉溪市防震减灾科普馆，现场听取市科普馆讲解员演示和讲解。走进地震小屋，感受震后遭埋压及不规则狭小空间的恐怖心理状态。依次站上地震体验平台，感受7～8级大地震强烈震感。

【“11·6”防震减灾宣传日活动】 11月6日，区防震减灾局牵头组织区消防大队、区民政局、区科协、区气象局、区红十字会和区供电公司等单位，在江川中心城区宁海路开展以“防震减灾，科学应对”为主题的“云南省防震减灾宣传日”活动。活动通过设立宣传咨询服务台、展出宣传展板、发放宣传资料等方式，就防震减灾法律法规、防震避震、消防安全、气象科学、卫生防疫和用电安全等相关知识进行宣传。活动共计发放各类宣传资料3000多份，宣传资料袋300个，宣传手册800多份，防震避震科普知识光盘100余张。

【金志林到江川调研】 11月10日下午，玉溪市防震减灾局局长金志林、正处级调研员黄家富到江川区防震减灾局调研。金志林实地查看渔村观测站观测环境改造工作进展情况，检查前兆仪器设备工作状态。区防震减灾局副局长郑忠党汇报近期工作情况、渔村观测环境改造进展和工作中存在的问题。金志林对江川防震减灾工作提出要求，并对渔村观测站改造提出意见和建议。

【杨春亮到区防震减灾局参观】 12月6日下午，曲靖市师宗县分管防震减灾工作副县长杨春亮带领县防震减灾局局长陆慧及领导班子成员、县安监局领导一行7人，到玉溪市江川区防震减灾局参观访问。杨春亮一行参观江川

区地下流体前兆观测设施和区地震应急指挥平台。江川区防震减灾局副局长郑忠党介绍前兆观测机井、地下流体前兆监测仪器系统和应急指挥平台功能基本情况。双方并就如何开展地震前兆监测基础设施建设、做好县（区）级地震监测预报进行交流。

【表彰奖励】 2017年11月，区防震减灾局副局长郑忠党荣获省地震局授予的“2017年度全省州（市）县防震减灾工作综合考核先进个人”称号；2017年12月，区防震减灾局在全市防震减灾工作综合考核中荣获综合考核三等奖，《云南省2017年度地震趋势研究报告》连续9年荣获全市评比第一名和强震动台评比优秀奖；李秋艳荣获玉溪市防震减灾局授予的“玉溪市2017年度防震减灾工作先进个人”称号。

（李　祥）

附表

玉溪市江川区2017年度地震目录

序号	年	月	日	时	分	秒	经度	纬度	震级	震　中	震源深度（千米）
1	2017	01	19	13	22	34.8	102° 46′	24° 18′	1.5	大　街	12
2	2017	01	22	11	05	28.4	102° 39′	24° 20′	1.4	九　溪	5
3	2017	03	09	17	17	40.2	102° 50′	24° 16′	1.4	雄　关	19
4	2017	03	25	12	21	53.7	102° 41′	24° 21′	1.5	前　卫	5
5	2017	04	13	17	21	00.1	102° 49′	24° 14′	1.2	雄　关	22
6	2017	04	18	12	34	36.0	102° 43′	24° 20′	1.2	前　卫	4
7	2017	04	24	10	12	23.9	102° 51′	24° 22′	1.6	抚仙湖	13
8	2017	07	04	17	44	35.2	102° 47′	24° 19′	1.4	星云湖	5
9	2017	07	06	06	36	08.1	102° 48′	24° 18′	2.1	星云湖	15
10	2017	07	06	17	03	58.8	102° 48′	24° 21′	1.5	星云湖	5
11	2017	07	18	04	16	26.7	102° 46′	24° 15′	1.9	大　街	12
12	2017	07	27	11	35	10.4	102° 43′	24° 20′	1.5	前　卫	6
13	2017	08	04	03	32	18.3	102° 49′	24° 28′	0.9	江　城	7
14	2017	08	07	13	05	05.7	102° 44′	24° 19′	1.4	前　卫	10
15	2017	09	02	03	57	40.0	102° 47′	24° 13′	1.5	雄　关	6
16	2017	09	18	17	50	10.8	102° 46′	24° 17′	1.2	大　街	5
17	2017	09	29	22	32	28.6	102° 44′	24° 16′	1.7	大　街	5
18	2017	10	13	13	17	50.4	102° 48′	24° 17′	1.2	大　街	6
19	2017	10	18	12	04	19.7	102° 46′	24° 19′	1.2	星云湖	2
20	2017	10	25	07	50	23.0	102° 39′	24° 26′	1.0	安　化	5
21	2017	12	09	15	17	43.5	102° 41′	24° 21′	1.8	前　卫	5

附图：玉溪市江川区2017年度地震震中分布图

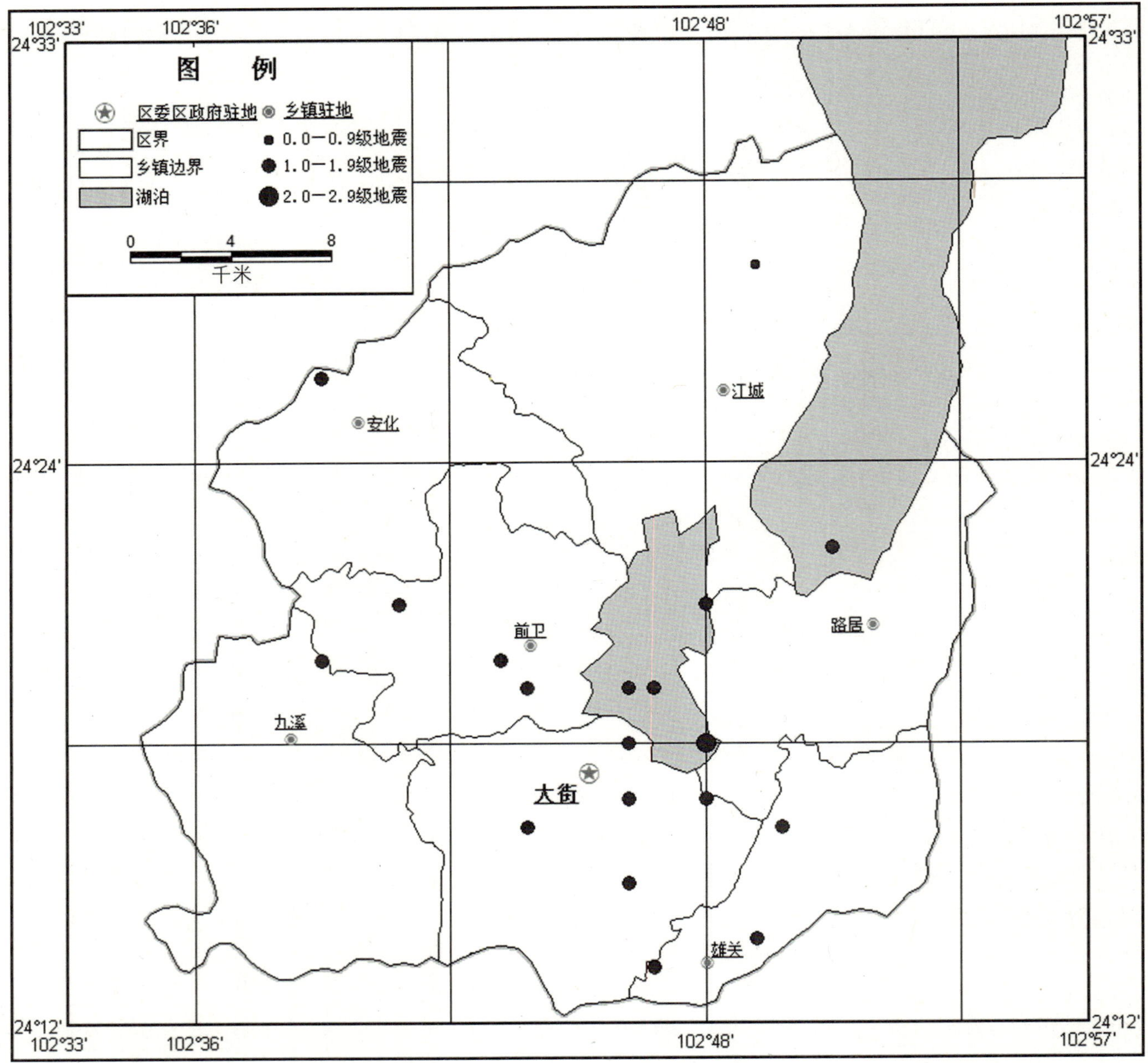

文广体·旅游·卫计

编辑　徐凡清

文　化

【概　述】 2017年以来，区文广体局推进江川公共文化服务体系建设，实施“文化惠民”工程，加强乡村文化施建设，以满足群众参加文化活动的基本权益，促进全区文化工作持续健康发展。

【区图书馆推进数字图书建设】

为适应现代化步伐，区图书馆和玉溪市其他图书馆共同建立图书馆联盟，采购数字图书数据库和电子图书借阅机、报刊机，开通微信客户端，搭建kuke音乐图书馆、博看微刊、中华连环画及展览平台，利用网络及现代科技手段，让图书资源在不同区域内与读者共享，以促进全民阅读和书香社会的建设。2017年数据库与电子借阅机访问量为8172次，有数字图书12000册。

【“水乡·青铜·渔的故事”主题摄影比赛作品展在博物馆开展】

1月24日，玉溪市江川区第十二届开渔节主题摄影比赛作品展在云南李家山青铜器博物馆举行开展仪式。区委常委、宣传部部长赵琦致辞并宣布开展。区文广体局、旅游局、市摄影家协会领导及来自昆明、红河、玉溪等地获奖作者及摄影爱好者60余人参加仪式。展览作品，从来自省内摄影家和摄影爱好者一千余件参赛作品中精选70件进行展出。包括一等奖作品2件，二等奖作品3件，三等奖作品5件，优秀奖作品60件。

【区图书馆联合红塔区、华宁县开展文化共享工程设备和文化网络及终端技术培训】 2月15～17日，区图书馆联合红塔区、华宁县开展文化共享工程设备和文化网络及终端技术培训。涉及两区一县各乡镇文化事务中心骨干、各优秀农家书屋管理员及各县区管理人员67人参加培训。

【2017年非物质文化遗产大会】

3月31日，江川区在文化馆演出厅召开2017年非遗保护大会。全区76位非遗传承人参加会议，会议由区文广体局副局长王熙红主持，局长何俊作指示。省级传承人安正雄和市级传承人傅云龙代表传承人进行发言。文化馆馆长赵天平与4位省级传承人和10位市级传承人签订2017年传习协议。会后进行非遗项目展示，展示传承人作品156件，省级项目“撒弦乐”进行表演。

【举办基层公共文化培训班】

4月28日，由玉溪市文化馆和江川区文化馆联合举办为期2天的基层公共文化培训班。培训内容有4项，即小戏小品创作、舞蹈编导、如何做好基层免费培训活动服务工作、摄影视频制作。培训教师由国家一级编剧李钟发、国家一级编导储永英、市文化馆副馆长朱建锋、市文化馆摄影部主任胡云松四位老师担任。参加培训的学员来自江川区文化馆（站）工作人员和基层业余文艺队文艺骨干共53人。

【中国文联调研组一行参观博物馆】 7月25日，中国文联党组成员、副主席、书记处书记左中一率调研组在市委常委、宣传部部长杨兴荣，江川区委常委、宣传部部长赵琦陪同下到江川参观李家山青铜器博物馆。区文广体局局长何俊进行讲解。

【举办民族民间舞蹈培训班】为落实好公共文化服务工作，文化馆于8月15日至18日面向辖区内的文艺团队骨干举办民族民间舞蹈培训班。结合江川地方特色，开设云南花灯和藏族民间舞蹈两部分课程，由文化馆专业人员进行授课，培训学员36人。

【区图书馆开展各项图片展活动】 9月，与区邮政分公司举办“中国梦　集邮情”嘉年华集邮展，共展出13部22框，4月、9月、10月在馆内开展“两会”新闻、《砥砺奋进的5年》《撸起袖子加油干　凝心聚力奔小康》《铭记历史　开创未来》图文展，共展出图片8块24篇127组，共有4000多人次观看。

【组织节目参加市文艺汇演暨新剧节目展演】 根据《玉溪市2017年文艺汇演暨新剧节目展演方案》通知要求，结合江川实际，挑选出近几年创作作品，于8月24日开始集中排练，9月6日玉溪市节目审查组对江川区排练节目进行审查，9月24日参加“市文艺汇演暨新剧节目展演”。男女声小合唱《星云梦开始的地方》获一等奖、舞蹈《星湖一汪水》获二等奖、花灯说唱《俏老奶》和小品《我叫农民工》获表演奖。

【组织文艺小分队慰问一线公安民警】 10月19～20日，受玉溪市公安局江川分局委托，组织文艺小分队，为坚守在国庆中秋和党的十九大期间工作在安保维稳第一线的公安民警进行慰问演出。深入到全区派出所、消防大队、看守所、交警大队、安检卡点等，共演出9场，演职人员12人，慰问第一线公安干警200余人。

【开渔节“双创杯”广场舞大赛选拔赛暨群众文艺演出节目选拔】 为举办好玉溪市江川区第十三届开渔节，12月10日至15日，区文广体局领导和文化馆文艺室人员下乡到安化乡、九溪镇、江城镇、大街街道、前卫镇和雄关乡，挑选25日“群众文艺演出”节目和24日举办“双创杯”广场舞大赛文艺队。“双创杯”广场舞大赛，全区共68支广场舞队参加选拔，挑选14支队伍参加决赛；“群众文艺演出”全区共26支业余文艺队参加选拔，挑选8个节目参加演出。参加选拔和演出的演职人员2300余人，观众达10000余人次。

【“双创杯”广场舞大赛】 12月24日，在鱼文化广场举办“双创杯”广场舞大赛。经过挑选，14支文艺队295名选手参加比赛。大街代表队《织锦织景》和江城镇代表队《崴花灯》获一等奖；雄关乡代表队《彝家儿女心向党》，大街代表队《爱我中华》《弹起烟盒跳起舞》获二等奖；大街街道代表队《桃花朵朵开》，江城镇代表队江城镇代表队《欢乐侗乡》《烟盒声声》，九溪镇代表队《高山阿里郎》获三等奖。

【江川区第十三届开渔节群众文艺演出】 第十三届“开渔节”群众文艺演出于12月25日在文化广场举行。此次开渔节由江川区文广体局承办，主题为“鱼跃人欢·幸福江川”。全区各乡镇（街道）12支文艺队参加，演出具有江川特色文艺节目16个，演职人员380余人，观众1万余人次。

【春节系列活动】 大年初一组织全区各乡镇（街道）彩车、龙灯、高台、威风锣鼓队、歌舞队、彩绸队、花环队、彝族腰鼓队等特色民俗表演队12支，在县城主要街道进行大型民俗文化巡回表演，观众达40000余人次；大年初一至初三中午至下午在老戏台举行欢度春节群众性文艺演出，全区共组织47个业余文艺队参加，演出节目79个，观众达25000人次；大年初一至初三中午至下午在文化馆展览厅举办2017年“迎新春”书画展，参观人次共800人次；大年初一至初三晚在怡心园广场举行露天电影放映，放映宣传纪录片五部、放映三部故事片，观众达6000人次。

【江川古滇文物精品亮相国内外重大展览活动】 云南李家山青铜器博物馆落实习近平总书记“让文物说话、把历史智慧告诉人们”讲话精神，加强与国内外文博机构协作交流，深入挖掘江川古滇青铜文化资源，精选馆藏古滇精品文物积极参与国内外大型博物馆系列重大专题展览活动。一是馆藏4件文物2016年12月至2017年4月参加成都博物馆举办“丝绸之魂——敦煌艺术大

展暨天府之国与丝绸之路文物特展”，并与成都博物馆、昆明市博物馆相互缔结为友好博物馆；二是“祭祀铜贮贝器”和“剽牛祭祀铜扣饰”2件江川李家山出土古滇青铜器于3～7月参加国家文物局与美国纽约大都会艺术博物馆联合举办的“秦汉文明展”；三是“三骑士铜鼓”等5件（套）古滇文物精品于5月至8月参加在首都博物馆举办的“美·好中华——近二十年考古发现展”；四是9～11月，馆藏的3件文物亮相中国国家博物馆，参加由文化部、国家文物局主办的“秦汉文明展”。

【“闻一多纪念特展”走进江川】 9月1日，云南李家山青铜器博物馆联合昆明市盘龙区文物管理所特别策划“闻一多纪念特展”。这是“闻一多纪念特展”到首次江川展出，展览由六大部分组成，通过57块展板展出照片150幅，18余份书信手稿、闻一多先生赴滇途中速写画16幅、篆刻印章6枚、诗集等实物。

【第十届汉语桥“文明之路·青铜之光”之鉴宝青铜馆积分赛在博物馆举行】 10月22日，第十届“汉语桥”十强体验赛玉溪分赛区“文明之路·青铜之光”之鉴宝青铜馆第一场积分赛云南李家山青铜器博物馆拍摄点结束。此次赛事是第十届“汉语桥”世界中学生中文比赛玉溪第一中学承办的第五场“感知中国——十强体验赛”之“文明之路·青铜之光”主题实景体验及现场比赛。来自欧洲的十强体验赛选手和玉溪一中参与“玩转青铜扑克牌”“聚焦李家山——古滇珍品现眼前”游戏及“物以类聚——青铜器分类”积分赛活动。

【李家山古墓群保护与利用新建项目】 2017年2月，云南省人民政府文件《云南省人民政府关于同意江川李家山古墓群文物保护总体规划的批复》，同意《云南省江川李家山古墓群文物保护总体规划》；2017年5月，玉溪市发展和改革委员会文件《玉溪市发展和改革委员会关于下达2017年旅游提升工程中央预算内投资计划的通知》，下达李家山古墓群新建看守房、展示用房等中央预算内投资资金480万元。江川区积极推进和编制新建项目及温泉村（李家山片区）旅游建设项目概念性规划及施工设计，完成招邀标工作。

【上营药王阁修缮及周边环境改造项目】 此项工程包含营药王阁古建筑修缮、配套房屋建盖、美化绿化等内容。由大理辉耀建筑工程有限公司中标建设，中标价约276万元，工期9个月。工程于2017年3月25日举行开工仪式；于4月8日开工。

【江川文庙主体建筑修缮】 江川文庙修缮工作主要是主体建筑修缮，投资800余万元。工作于2015年12月25日正式开工，至2017年9月已竣工。

【编制《江川区不可移动文物》一书】 2017年3月，编制《江川区不可移动文物》书籍，概述江川87处不可移动文物基本情况，为广大人民群众了解江川文物情况提供便利。

【野外贝丘遗址调查】 2017年6～8月，配合玉溪市文物管理所对江川区范围内进行一次全覆盖的贝丘遗址调查工作。共发现贝丘遗址39处，进一步摸清江川区贝丘遗址分布情况，为研究江川区古人类生存、生活提供实物依据。

【博物馆完成历年书画藏品和碑刻拓片资料整理普查工作】 从2017年6月起，云南李家山青铜器博物馆抽调专业技术业务人员，组织开展馆内历年书画藏品和碑刻拓片资料装裱整理保护工作。这是继全国第一次可移动文物普查工程总结验收后，云南李家山青铜器博物馆自主实施的一次藏品规范化保管整理普查工作。此项工作主要分为两大类，一类是博物馆开馆以来接受捐赠或重大参观接待活动中相关领导、名人、学者的题字和江川籍书法家的书画作品；一类是2003年博物馆组织专业技术骨干对江川范围内碑刻进行大规模调查拓印的拓片资料。历经近半年时间，于11月中旬完成全部工作，共集中整理普查书法作品399件、画作34件、剪纸作品34件、碑刻拓片115件（组）。

【重点文物保护单位及其它不可移动文物保护和管理工作】 2017年10月，对江川区有条件的67处不可移动文物进行挂牌保护，并与有关单位签订《文物安全责任书》，制定《江川区各级重点文物保护单位消防安全方案》《江川区夏季重点文物保护单位文物消防安全实施方案》等。

【开展全区文物消防安全大检查】 贯彻国家有关文物消防安全法律法规，做好文物建筑消防安全工作，开展文物消防安全大检查工作。2017年1月，开展春节文物消防安全检查；2017年5月，开展夏季文物消防安全检查；2017年6月，开展全区文物安全大排查；2017年8月、9月、10月，开展夏季、“双节日”、迎接“十九大”等文物安全检查工作。

【行政审批工作】 截至2017年底，江川区共有出版物零售单位和个人46家（其中书报刊零售19家，音像制品零售单位和个人27家），经年检审核后，出版物零售单位和个人还有33家（其中书报刊零售单位和个人14家，音像制品零售单位和个人18家）。互联网上网服务场所和娱乐场所53家，其中互联网上网服务营业场所26家，娱乐经营场所27家（其中歌舞娱乐场所26家，游戏游艺场所1家）。经年检审核后，互联网上网服务营业场所还有19家，歌舞娱乐场所14家，游戏游艺娱乐场所1家。

【文化市场管理】 坚持“一手抓管理、一手抓繁荣”方针，依法管理文化市场，严把市场准入关，认真开展“扫黄打非”和文化市场专项治理整顿工作，组织开展迎接十九大“扫黄打非”专项整治行动，充分调动各种社会力量参与文化市场监督管理，严厉打击“网吧”接纳未成年人和出版物市场侵权盗版行为。截至10月，全区文化市场管理经营户共有123户，其中包装装潢印刷企业26户，歌舞厅22户，游艺娱乐场所1户，网吧28户，书报刊18户，音像制品27户，电影放映1户；已年检72户，未检14户；注册资金261941200元，经营面积519780.12平方米，从业人员3098人；2017年审批网吧2户、歌舞厅4户、书报刊零售2户、游艺娱乐场所1户、阿里巴巴（淘宝）网上书店备案1户；办结率达到100%。文化市场执法检查共出动车辆62车次，检查歌舞娱乐场所、网吧经营户199户次，印刷包装、复印、出版物市场134户次，受理举报4次，立案调查12件，办结案件7件，处罚12家，罚款33000元。期间区文广体局联合区市场监管局、区公安分局、消防大队和大街派出所等相关部门共同联合执法10起，关停5家无证经营娱乐场所，收缴24台点歌、监控、电脑主机，17台电脑显示器；查处没收非法出版物、盗版、涉政书籍57本；关停无证经营电影院1家、5家无证经营娱乐场所，扣押收缴24台点歌、监控、电脑主机，17台电脑显示器，并对相关负责人进行约谈，要求其对其违法违规经营行为及时整改，确保文化市场健康有序发展。

【“扫黄打非·护苗2017”专项行动检查】 7月3日与玉溪市江川区委宣传部、文化广电和体育局、区教育局、公安局江川分局、共青团、大街小学共同在玉溪市江川区大街小学组织开展“扫黄打非”护苗2017专项行动绿色书签进校园活动，倡议同学们要“尊重知识，保护版权，支持正版，抵制盗版、远离有害出版物”；开展“校园周边环境和安全”专项整治和排查，查扣二次元非法出版物6本，收缴“口袋书”24本。

【“扫黄打非·净网”“扫黄打非·清源”专项行动检查】 8月15～23日文化市场执法人员开展对我区印刷包装、复印进行“清源”专项检查；对网吧开展“净网”专项检查；并对各经营户发放重点安保维稳工作文化市场安全自检自查表，要求认真自查，排查安全隐患。

【“扫黄打非·秋风2017”专项行动检查】 8月31日18：30时，按照区“扫黄打非”领导小组部署，本次专项行动由区文化市场综合行政执法大队、市公安局江川分局、区消防大队、区市场监督管理局、区城市管理局等多家相关执法部门联合开展“秋风”专项行动；并请示市文化市场执法支队支持，抽调红塔区、高新区执法人员配合此次专项行动。组织220余名执法人员分四个专项检查组对全区范围非法经营歌舞娱乐场所、电影放映企业进行清查整治。查封无证经营歌舞娱乐场所3家、电影放映场所1家、游戏经营场所1家。扣押点歌系统和监控设备11台。

（吴冬美）

广　播

【概　述】 2017年，区广播电视台坚持把牢方向导向，科学谋划规划，创新方法手段，努力求真务实，着力凝聚发展正能量，弘扬时代主旋律，唱响好声音，讲好江川故事，确保安全播出“零事故”，保障十九大和各重

保期间广播电视节目安全优质播出，采写制作播出电视新闻1120条、制作播报广播新闻4517条，播出各类公益广告12000多条次，各项工作取得新进展、新成效。

【政治导向】 以正面宣传为主，在思想上、行动上同党中央保持高度一致。继续做好十八大、十八届三四五中全会精神、习近平总书记系列讲话精神和考察云南重要讲话精神、社会主义核心价值观、中国梦等宣传，深入开展十九大及中央省市区有关会议精神宣传报道，把党的十九大精神和中央、省市、区委决策意图、目标任务及具体措施传达到千家万户，做到家喻户晓，发挥广播电视喉舌作用，体现党的意志，反映党的主张，做到舆论导向正确，团结稳定鼓劲。

【主题宣传】 以区委、区政府中心工作为重点，着力抓好主题宣传报道。精心组织、圆满完成玉溪市江川区第二届人民代表大会第一次会议、政协玉溪市江川区第二届委员会第一次会议宣传报道任务，做到当天新闻当天播出，全方位向全区人民播报“两会”盛况，宣传大会精神，营造一心一意谋发展良好氛围；突出基层特色，用心、用情、用力做好十大宣传报道，在全区掀起迎接、学习、宣传、贯彻、落实十九大高潮；围绕中心，在工业园区建设和发展、棚户区改造、城乡人居环境整治、法制江川建设、创建“国家卫生城市”、创建“全省、全国文明城市”、扶贫攻坚、科教引领创新发展大讨论等方面进行全面深入报道，为推进全区重难点工作鸣锣开道；发挥职能作用，对社会各界涌现出来的优秀人物、先进典型，对群众关心、社会关注的热点事件，对一些违法违规和不文明行为进行报道，通过正面宣传引导社会舆论。

【重点宣传】 坚决贯彻“创新、协调、绿色、开放、共享”五大理念，按照“创新引领、生态优先、兴园强工、城乡融合”发展思路，紧扣建设宜居宜业生态文明美丽新江川总体目标，积极开展重点宣传报道，集中精力，精心策划，在广播电台、电视台《江川新闻》节目中分别开辟《砥砺奋进的五年》《喜迎十九大》《学习贯彻党的十九大精神》《人居环境综合整治在行动》《创建国家卫生城市》《扶贫攻坚进行时》《科教引领创新发展大讨论大行动》《落实中央环保督察江川在行动》《曝光台》《关注重点项目》《政协委员风采录》《寒冬送温暖》《善行义举助圆梦》等专栏，讲好江川故事，传播江川声音，点亮江川、添彩江川，为江川发展提供良好精神文化条件和有力思想舆论保证。

【特色宣传】 在单位挑选优秀记者、编辑和播音员组建栏目中心，栏目中心首个专题节目《建设美丽新江川特别节目》于2017年11月13日正式播出，节目每周播出一期，围绕中央、省、市重大决策和区委、区政府中心工作，对江川的重点发展产业、开展的重点工作、实施的重大项目等进行深度宣传报道，让广大群众充分了解江川发展思路、发展方向、发展目标和任务，团结鼓舞全区干部群众，振奋精神，砥砺前行，拼搏实干。

【公益宣传】 充分发挥公益广告宣传对社会主义物质文明和精神文明建设的积极作用，在电台、电视台黄金时间安排播出“社会主义核心价值观”“中国梦”、孝老爱老等公益广告，把习近平总书记治国理政思想、社会主义核心价值观和中国梦、中华优秀传统文化、民族团结进步、生态发展理念等贯穿公益广告宣传全过程。结合江川经济社会发展实际，认真精选，精心制作播出“预防森林火灾”“禁烟控烟”“禁毒防艾”“防治慢性病”“反恐”“反邪教”以及“双创”、税务、交通安全、消防安全、打击“黑广播”、打击非法集资等公益广告，使公益广告宣传成为鲜明的价值导向和凝聚崇德向善的强大力量。

【对内宣传】 2017年，江川人民广播电台共播报新闻4517条；播出《一分钟论坛》播出针砭时弊的理论文章156篇；播出时政类栏目《星抚之声》《聚焦三农》《法治在线》节目137期；播出服务类栏目《广播书场》351期、《健康生活》节目138期；江川电视台共播出新闻1120条，播出新闻专栏节目15个276期；播出专题节目《建设美丽新江川特别节目》5期。播出各类公益广告12000条次。

【对外宣传】 2017年，江川区新闻节目共被市级以上新闻媒体采用531条次，其中被省广播电台采用19条，被市广播电台采用225条，被省电视台采用3条，被市电视台采用301条。其中，《玉溪星云湖首次进行湖泊内源污染清理》在中央人民广播电台《中国之声》栏目播出，《甘棠箐旧石器遗址入选全国十大考古新发现》荣获第33届云南新闻奖三等奖。

【公共服务体系建设】 精心做好中央3套、省1套和市2套广播电视节目无线覆盖工程设施设备维护和节目转播发射工作。稳步推进户户通置换村村通工作，对江川区户户通工作进行查缺补漏，深入全区置换200套户户通，有效解决偏远山区群众收看电视难问题，使江川区广播电视覆盖率达100%；配合市广电部门做好设备安装和调试工作，成功开通玉溪交通旅游广播87.7MHz，丰富江川区广播节目，满足广大人民群众文化需求；以扶贫攻坚为契机向上级争取230套户户通接收机，组织技术人员先后深入6个街道（乡镇）进行安装，确保建档立卡贫困正常收看广播电视节目，赢得建档立卡贫困群众赞誉。

【安全播出】 认真学习贯彻上级有关文件精神，结合中央、省、市关于十九大安全播出有关文件要求，进一步强化安全播出组织保证和制度保证。在十九大及“春节”“全国两会”“十一”等各重保期间，坚持24小时值班制度和“零”报告制度，实现广播电视节目优质、安全、不间断传输预定目标，圆满完成各项安全播出任务。

【广电改革】 按照区委、区政府要求，有计划、分步骤实施广电改革，办理完成江川区广播电视台组建成立各项手续，办理法人变更、职工调动等手续；深入开展调研，通过调研会议、个别座谈等方式听取职工对广改革工作意见，充分解职工心声、诉求和对广电改革意见建议；广泛动员，多层次、多形式开展动员工作，使全台职工充分认识广电改革的必要性、紧迫性，为广电改革顺利推进奠定思想基础；制定广电改革方案，确保广电改革按步骤，有序推进。

【队伍建设】 8月29日，《玉溪市江川区机构编制委员会关于部分机构事业编制调整的通知》文件对江川区部分事业机构事业编制进行调整，玉溪市江川区广播电视台增加编制2名，调整后编制数为44名。2017年7月17日，区长王志华主持召开玉溪市江川区第二届人民政府第11次常务会议，会议研究区文广体局招聘编外人员有关事项。会议认为，广电部门是一个专业性较强的部门，招聘编外人员对缓解在编人员不足，解决部门人员人员紧张，加快全区文化、广电事业发展具有积极作用。会议决定，原则同意区文广体局招聘编外人员6名，聘用人员工资由区文广体局自行解决。

【电台节目调整】 12月4日，对江川人民广播电台节目进行调整，调后广播节目仅保留《江川新闻》《广播书场》和《天气预报》。

【筹备“平安江川”栏目】 9月12日，中共玉溪市江川区政法委与玉溪市江川区广播电视台签订《电视栏目合作协议》，区政法委、区公安分局、区法院、区检察院、区司法局与江川区广播电视台合作创办《平安江川》电视栏目。《平安江川》栏目每期节目总时长15分钟，共设《江川警方》《法庭内外》《为您讲法》《平安故事》四个分栏目，按照每月的周顺序制作播出。第一年合作费用为24.8万元，其中器材采购补助3万元，栏目包装费用5元，栏目制作经费每期3500元，一年共计16.8万元。所需经费由中共江川区政法委、区公安分局、区法院、区检察院、区司法局五家单位共同承担。

【筹备“一周说”栏目】 8月24日，区长王志华主持召开玉溪市江川区第二届人民政府第13次常务会议，会议研究江川区广播电视台开设《一周说》栏目有关事项。会议决定，原则同意江川区广播电视台开设《一周说》栏目，原则同意区财政安排15万元资金作为《一周说》栏目开办经费。要求区文广体局要充分调研，精心策划，抓住“讲真话、说实情”这个重点，以社会新闻、政情民意、群众建议等为基础内容，切实将《一周说》打造成精品栏目。

（吴冬美）

体　育

【概　述】 2017年，江川体育部门围绕开展“建群众身边的场地，抓群众身边的组织，搞群众身边的活动”促进工作。一年来，组织和开展群众性体育活动、运动会和单项比赛12次；组团（队）参加市级比赛7次，省级比赛1次；举办各类体育培训5次，安装全民健身路径53套，安装篮球架14付；体育馆进行地板、顶部、音响修缮工作。

【第七届“开渔节·庆元旦·体彩杯”羽毛球邀请赛】 2016年12月31日至2017年1月1日，江川区文化广电和体育局在体育馆举办第七届“开渔节·庆元旦·体彩杯”羽毛球邀请赛。来自玉溪、昆明的羽毛球爱好者共23个代表队260余人参加比赛，比赛项目设混合团体。荣获前八名的代表队分别是：通帆软件、皓羽俱乐部、新平一队、玉溪师院一队、暴风队、江川一队、玉溪羽客、峰羽同舟。比赛结束，江川区文广体局、江川羽协领导为获奖代表队颁发证书和奖金。

【体育健身器材移交】 2017年1月10日，江川区“七彩云南全民健身基础设施工程”移交工作在体育馆前大门举行，分别将2015年“七彩云南全民健身基础设施工程”全民健身路径或篮球架移交给安化乡、江城镇、前卫镇、雄关乡、九溪镇、大街街道办1个街道5个乡镇的53家村委会或村民小组。健身器材经过政府招投标后购买，价值约65万元。

【组队参加“玉溪杯”2017玉溪市首届足球比赛】 由中共玉溪市委、玉溪市人民政府主办，玉溪市体育局、玉溪市教育局、玉溪市总工会、玉溪日报社承办的“玉溪杯”2017玉溪市首届足球比赛，于2017年1月7～13日在玉溪师范学院体育学院举行。来自七区两区的14支男子足球代表队报名参加比赛。江川区政府和区文广体局抽调26名人员组成江川足球队代表江川区参加本次比赛。江川足球队荣获第七名，并荣获优秀组织奖和体育道德风尚奖。

【2017年国际妇女节健身健美操比赛】 在第107个“三八”国际劳动妇女节来临之际，2017年3月7日，区妇女联合会、区总工会、区文化广电和体育局联合在体育馆举办玉溪市江川区2017年健身健美操比赛，来自五个乡镇、四个机关单位和两个群体组织共11支代表队200多名运动员参赛。荣获一等奖的代表队是激情广场健身协会，荣获二等奖的代表队是教育局、大街街道，荣获三等奖的代表队是舞之韵、卫计局、江城镇，优秀组织奖是公安局、九溪镇、雄关乡、前卫镇、交通局。参加开幕式部分领导为获奖代表队颁发奖牌。

【组队参加第五届县（区）乡镇（街道）篮球大联赛】 2017年3月27～30日，2017年“七彩云南全民健身运动会”玉溪市第五届县（区）乡镇（街道）篮球大联赛在元江县举办，来自七县二区的16支男、女篮球代表队报名参加比赛。江川区抽调20名运动员组织男、女队参加本次比赛。江川篮球队男、女队均获二等奖，并荣获男、女队优秀组织奖。

【举办工间操骨干培训班】 由区文广体局、区卫计局、工会、团区委、妇联共同举办的玉溪市江川区工间操骨干培训班于5月9～11日在江川体育馆举行。来自全区85个不同单位的学员160人参加培训。

【组队参加市少儿田径赛】 7月20日至23日，由玉溪市体育局、玉溪市教育局主办的2017年玉溪市少年儿童田径比赛在玉溪师院体育学院举行，共有9个代表队参加比赛。江川区文广体局、江川区教育局联合委托大庄中心校组队参加比赛。荣获女子儿童组60米第二、三名，女子儿童组100米第一、二名，女子儿童组200米第一名，女子儿童组跳高第二名，女子儿童组跳远第二名，女子儿童组2000米竞走第一名，男子儿童组三项全能第一、二名，女子少年组铅球第一名，女子少年组三项全能第二名，男子少年组三项全能第三名及团体总分第七名（119分）成绩。

【组队参加市少儿游泳赛】 7月28日至30日，由玉溪市体育局、玉溪市教育局主办的2017年玉溪市少年儿童游泳比赛在华宁县举行。江川区文广体局、江川区教育局联合委托龙街中心校温泉小学组队参加比赛。荣获女子7岁组50米蛙泳腿第一名；自由泳腿第三名，男子7岁组50米蛙泳腿第一名；自由泳腿第一、三名，女子8–9岁组50米自由泳、100米自由泳腿第二名；男子8–9岁组50米仰泳第一名；100米自由泳腿第三名，女子10–11岁组自由泳全能第三名，男子10–11岁组自由泳全能第二名；仰泳全能第三名。男子团体总分第六名，女子团体总分第五名的成绩。

【组队参加市少儿篮球赛】 7月26日至31日，由玉溪市体育局、玉溪市教育局主办的2017年玉溪市少年儿童篮球比赛在峨山区举行。江川区文广体局、江川区教育局联合委托江川区少体校组队参加比赛。江川少儿篮球队荣获女子组第五名、男子组第六名。

【举办“全民健身日”系列活动】 在第九个“全民健身日”来临之际，区文化广电和体育局组织开展体育系列活动，主要内容有：少体校于7月25日至8月30日，分别举办青少年乒乓球、游泳、羽毛球、篮球培训班。8月8日举行健步走活动；场馆免费向公众开放，接待健身群众300余人次；免费开展国民体质监测活动，监测100余人；晚上7时，在体育馆正大门广场举行体育健身项目展演，展演项目包括：健身气功八段锦、跆拳道、柔乐球、健美操、二十四式太极拳、广场舞赶花街等6个项目。

【少体校开办第十期阳光青少年体育俱乐部培训】 由区少体校开办的“2017年第十期阳光青少年体育俱乐部暑期培训班”历时一个半月，分别将乒乓球、羽毛球、游泳三个项目培训完成。其中：乒乓球7月25日至8月4日进行，招收学生30人；游泳8月2～11日进行，招收学生34人；羽毛球8月8～17日进行，招收学生38人。男女篮球项目于8月21日至30日举办。

【李家富到江川调研】 8月2日，市体育局局长李家富在区政府副区长杨军萍、雄关乡乡长曹春艳等陪同下，到雄关乡综合文化站、白石岩村委会小田村民小组、少体校、体育馆和拟建体育场现场进行实地查看。

在听取杨军萍、曹春艳等汇报后，李家富对江川区体育工作给予肯定。他指出，希望区、乡两级政府继续支持体育工作，为玉溪的体育事业再做贡献添光彩；要把全民健身基础设施工程质量关把好、落到实处，使老百姓享受到体育发展的成果。

【“七彩云南·全民健身”运动会举办】 江川区2017年全民健身运动会于10月12日在体育馆举行开幕式。运动会共设工间操（第九套广播体操）、拔河、5公里计时跑、10千米计时跑、3千米家庭乐趣跑、篮球、中国象棋、气排球、羽毛球九个项目。来自全区各机关、乡镇、学校、共22个代表团900余名运动员参加此次运动会。

【举办2017年篮球裁判培训班】 10月25日，区文广体局联合区教育局邀请玉溪师范学院体育学院党委书记、国家级裁判员杨志龙，在区教育局教科所四楼举办2017年篮球裁判员培训班。来自全区的裁判员、体育教师和计录员40余名篮球工作者参加培训。

【举办“七彩云南·全民健身”长跑比赛活动】 10月28日上午，由江川区文化广电和体育局主办，江川区自行车运动协会、江川区捷安特自行车店承办的“‘七彩云南·全民健身’玉溪市江川区2017年长跑比赛”在江川城区举行。长跑比赛设男、女子5千米，男、女子10千米，亲子组五个项目，共有来自云南悦跑团、玉溪跑吧、玉溪蜗牛快跑团、玉溪跑协、通海跑团、通海螺峰跑吧以及全区各乡镇（街道）、各部委办局健身爱好者280人报名参加比赛。

【组队参加玉溪市首届广场舞大赛】 由玉溪市全民健身指导协调委员会主办，玉溪市体育局、玉溪市体育总会承办，玉溪市各区（区）文化（旅游）广电和体育局、云南宏量文化传播有限公司协办的“舞动的云南全民健身运动会庆十九大·玉溪市首届广场舞大赛”于10月31日在玉溪市聂耳文化广场举行。江川区少体校组织16人代表队参加比赛，并荣获“优秀奖”。

【举办“七彩云南·全民健身”江川区第二届篮球争霸赛】 由玉溪市江川区文化广电和体育局主办，玉溪市江川区体育总会和玉溪市江川区少体校承办的“七彩云南·全民健身”玉溪市江川区“金骏杯”篮球争霸赛于10月30日在少体校灯光球场拉开战幕，来自全区的28支男子篮球代表队、10支女子篮球代表队报名，共500余人参加比赛。经过17天105场角逐，完成所有赛程。11月15日晚在少体校灯光球场举行颁奖仪式，区委、区政府、区文广体局、区篮协及赞助商领导为获奖代表队颁奖。

【举办玉溪市江川区第二届小学生田径运动会】 由区文广体局、区教育局共同举办的“玉溪市江川区第二届小学生田径运动

会”于11月18日、19日在江川一中举办，来自全区的11家中心小学参加比赛，大庄小学、后卫小学、大街小学分别获得团体总分第一、二、三名成绩。

【举办2017年气排球比赛】 由玉溪市江川区文化广电和体育局主办，玉溪市江川区少体校承办的“七彩云南·全民健身”玉溪市江川区2017年气排球比赛于11月20日至23日在少体校训练馆举行。荣获前三名的代表队分别是：老体协一队代表队、老体协二队代表队、教育代表队。区文广体局领导为获奖代表队颁发奖牌。

【组队代表玉溪参加“七彩云南”第二届大众篮球争霸赛】 由云南省体育局主办，云南省社会体育指导中心、云南省篮球协会承办，各州市、区（市）区文体局协办的“七彩云南”第二届大众篮球争霸赛于2017年11月27日至12月4日在大理州下关市举行。来自全省16个地区的32支男、女代表队报名参加比赛。江川区文广体局抽调12名运动员组织女队代表玉溪市参加比赛。江川篮球队荣获女子组第七名。

【组队参加市青少年足球精英赛】 2017年12月29日至2018年1月1日，由玉溪市体育局主办，玉溪市青少年足球训练中心、玉溪市足球协会承办的2017年玉溪市青少年足球精英赛在玉溪六中举行。江川区文广体局、江川区教育局联合委托江川区足球协会牵头，大街小学、九溪小学分别组队参加男子U11和女子U11组别比赛。

【协助县级单位组织活动】 一年来，江川区少体校为江磷集团、法院、大街街道、工行、复烤厂、育英幼儿园、公安局、政协、人大等单位提供体育场地并协助组织各种运动会和活动。

（吴冬美）

旅　游

【机构设置】 2017年，玉溪市江川区旅游发展局共有行政编制7名，机关工勤编制1名，其中，设局长1名，副局长2名；下属财政全额拨款的事业单位玉溪市江川区旅游发展服务中心，核定事业编制5名，设主任1名。2017年底，玉溪市江川区旅游发展局实有内设股室3个：办公室、旅游事业发展股和行政审批股，有下属财政全额拨款事业单位1个：玉溪市江川区旅游发展服务中心；实有在职干部职工10名，其中：行政人员5名，机关工勤人员1名，事业人员4人。

【政府推动产业发展】 2017年，区旅游产业发展按照“创新引领、生态优先、兴园强工、城乡融合”发展思路，以建成旅游强区为目标，以推进旅游业供给侧结构性改革为主线，充分挖掘江川资源优势，协同推进全域旅游发展，做强企业、做大产业，精准营销“滇国故里高原水乡”旅游目的地形象。

1月16日，区政府下发《玉溪市江川区人民政府办公室关于印发2017年政府工作报告等任务分解方案的通知》，提出要打造旅游强县，加快推进第三产业发展，在旅游服务上奋力突破，要加快推进北山公园建设，支持乡村旅游发展，实现2017年旅游总收入20亿，增长16%的目标任务。副区长王柄璋代表区政府与各乡镇（街道）、相关部门签订《玉溪市江川区2017年旅游产业发展目标责任书》，将2017年的旅游工作任务分解到区旅游产业发展各成员单位，整合全区力量，全力推进旅游强区工作。

6月30日，《云南省人民政府关于印发云南省加快推进旅游产业转型升级重点任务的通知》中将江川区列入省级全域旅游示范区创建单位。

【经济指标完成情况】 按照抚仙湖统一托管统计口径不变原则，2017纳入江川区旅游统计口径的为未托管前江川辖区范围内旅游企业，主要包括：3家A级景区、界鱼石公园、星级饭店、非星级饭店和乡村农家乐。

2017年江川区共接待海外游客597人，同比增14.15%，接待国内游客471.39万人次，同比增32.22%，实现旅游总收入34.39亿元，同比增77.24%；完成住宿业营业额2.21亿元，同比增17.2%。

其中春节黄金周期间，江川区共接待游客55821人次，比上年同期增33.66%，旅游总收入2400.98万元，比上年同期增54.71%。清明共接待游客23198人次，比上年同期增26.83%；旅游总收入1026.93万元，比上年同期增13.38%。“五一”共接待游客98699人次，比上年同期增14.35%；旅游总收入3971.28万元，比上年同期增16.88%。“端午”共接待游客43646人次，比上年同期增22.91%；旅游总收入1884.99万元，比上年同期增12.69%。“十一”共接待游客10.4126万人次，比上年同期增30.93%；旅游总收入5103.31万元，比上年同期增46.81%。第十三届开渔节期间共接待39.81万人次，同比增7.74%，实现旅游收入15029.39万元，同比增21.13%。

【旅游规划】 《江川北山公园旅游基础设施建设项目可行性研究报告》：2017年6月启动编制，通过各相关单位意见征询后于12月完成报告编制，目前等待组织评审。

《玉溪市江川区全域旅游总体规划》：市级全域旅游规划编制资金300万元已于12月由玉溪旅游文化体育投资有限责任公司拨至区旅发局，下一步通过招投标确定规划编制单位。

《江川旅游特色村修建性详规》：为大力发展乡村生态旅游，重点打造精品旅游村，对安化光山村、招坝村、旱谷田村、烂泥箐村，九溪罗合白村、阳山庄村、六十亩村，雄关小田村，江城温泉村，大街李福堂村10个特色旅游村进行规划设计，12月完成招投标工作。

【界鱼石公园提升改造】 界鱼石公园位于玉溪市江川区江城镇玉带河（隔河）中部，分二期进行改造提升。一期改造提升项目面积约405平方米，总投资117.3万元，于2016年4月完成养心斋装修改造，新建AA级旅游厕所1座、室外休憩亭2座，同年8月通过竣工验收。二期提升改造项目于2017年2月启动，总投资约191.17万元，主要涉及游路、广场、围墙、花架、桥、石碑、园林护栏、公园大门、照壁、展览石窟提升改造，老厕所拆除，一期厕所、休憩亭修缮，增设园区绿化、照明、旅游标识牌、宣传栏，同年9月通过竣工验收。截至2017年12月，两期工程进入审计阶段，并启动三期设计工作。

【旅游厕所建设】 江川区江城镇翠峰村委会北山寺旅游厕所（AA级）：位于江川区江城镇翠峰村委会北山寺，厕所建筑面积48.6平方米，计划投资35万元，性质为新建，市级补助资金25万元于8月份下拨至江城镇政府，12月已完成招投标工作并开工建设。

江川区江城镇温泉村委会徐家头小组神鱼泉旅游厕所（A级）：位于江川区江城镇温泉村委会徐家头小组神鱼泉，厕所建筑面积68.53平方米，计划投资20万元，性质为改扩建，市级补助资金20万元于8月份下拨至江城镇政府，12月开工建设。

江川区星云湖沿湖旅游厕所（AAA级）：位于江川区前卫镇下大河咀村委会，厕所建筑面积122.09平方米，计划投资40万元，性质为新建，市级补助资金25万元于8月份下拨至前卫镇政府，12月完成土地征用并开工。

江川区雄关乡白石岩村委会小田村旅游厕所（AA级）：位于江川区雄关乡白石岩村委会小田村，厕所建筑面积56平方米，计划投资30万元，性质为新建，省级补助资金30万元于11月下拨至雄关乡政府，12月开工建设。

【重大旅游项目建设】

星云湖南岸生态景观改造工程 工程围绕水系渠道建设水系生态护坡护岸，水域整治总面积约68万平方米，生态护坡护岸总长度约9000米，安全护栏约3500米；绿化景观工程总面积为539925平方米，主要为植被恢复和新造生态林；湿地面积386722平方米，主要为湿地整理、更新及修复；道路广场面积98883平方米，其中车行道70596平方米，人行步道及游道28287平方米。总投资4.4181亿。区旅游发展局编制《星云湖十里长堤生态文化旅游区招商手册》，并将江川区星云湖生态湿地文化旅游区建设项目上报市级作为重点招商引资项目；区林业局编制《云南省江川区星云湖国家湿地公园总体规划（2016年—2020年）》，已通过省级、国家级专家组评审，预计2018年开工建设；区环保局编制《星云湖南岸生态景观改造工程》相关规划及可研，负责工程具体实施，至年底工程主体为星云湖南岸1.4千米景观改造，已完成该部分前期工作并进入施工阶段，截至12月累计完成投资5000万元。

新河咀铜文化特色旅游村 项目规划面积为37.74公顷，包括新河咀村庄周边农田和星云湖西侧部分湿地，规划期限为2016年至2020年共5年，总投资约5000万元。项目内容为实施旧村改造，建设特色街区，发展铜工艺制作，建设铜工艺特色旅游村。与旧村改造工程同期进行，2017年完成44.56亩土地调整并对38亩土地进行征用补偿工作，同时完成整村规划编制，目前等待评审

中。截至12月，征地款兑现165家（共200家），累计完成投资594万元。

云湖山景　位于江中路地块项目地址和四至界线：东邻江通公路，南面与公租房项目相连、西邻宁海路与厂房、北邻江通公路与宁海路交叉口。项目内容为建设时尚酒店、旅游商品集散中心、康体服务中心、特色商贸街区、精品住宅等集休闲体验、养生度假的旅游综合服务区。玉溪泰怡园林绿化工程有限公司公司于2013年6月21日租赁约1570亩土地用于苗圃基地建设，完成各类苗木60万棵及云湖庄园农庄建设。截至2017年12月，露营地建设19.8万元，商铺围挡137万元，累计完成投资8156.8万元。

【旅游安全】　区旅发局制定下发《江川区旅游发展局2017年旅游安全大检查工作实施方案》。5月19日，组织区内旅游企业召开“2017年‘中国旅游日’宣传暨江川区旅游安全生产工作会”，对2017年江川区旅游安全生产工作提出要求，以促进江川区安全生产形势持续稳定，局长刘世培代表区旅发局与各旅游企业签订《玉溪市江川区2017年旅游安全生产目标责任书》；5月22日，组织辖区旅游企业进行消防安全知识培训，学习灭火消防知识，提高火灾防范意识；6月13日，与景湖酒店联合举行火灾事故应急演练，提升全区旅游行业灾害事故应急处置能力；8月14日，副区长、公安分局局长牛旺林带队，对北山公园进行安全生产联合检查。

强化日常检查和重大节假日专项检查，全年共出动执法人员50余人次，完成岁末年初安全生产大检查和节假日排查治理等安全检查工作工作；做好“十九大”期间安全生产和“赴京”旅游团报告工作；扎实开展汛期安全检查工作，健全值班制度和突发应急预案；2017年江川区无旅游安全事故发生。

【旅游市场秩序整治】　2017年江川区下发《玉溪市江川区人民政府办公室关于成立玉溪市江川区旅游市场秩序整治工作领导小组暨玉溪市江川区旅游市场监管综合调度指挥部的通知》《玉溪市江川区人民政府关于印发玉溪市江川区旅游市场秩序整治工作方案的通知》，贯彻落实省政府旅游市场秩序整治22条措施，进一步加强江川区旅游市场秩序整治，提升江川区旅游市场形象。

1月23日，区旅发局、市场监管局、公安局、国税局对“不合理低价游”进行联合检查；4月15日，举办“玉溪市江川区旅游市场秩序整治启动仪式”，要求贯彻落实省政府旅游市场秩序整治22条措施并同旅游企业签订旅游市场秩序整治承诺书；5月25日，区旅发局同发改局收费科、价监科组织辖区20家旅游企业相关负责人召开2017年江川区旅游市场价格专项整治工作会，要求各旅游企业对所提供旅游商品及服务要明码标价，不得超范围加收费用和提供多余服务；6月22日，在公安局召开整顿旅游市场秩序专题会议，并于6月23日对界鱼石公园的旅游环境和秩序进行联合检查；9月28日，组织召开旅游市场秩序整治暨假日旅游安全生产工作会，并于9月29日开展了国庆中秋旅游市场整治联合执法检查。12月6日、12月19～20日分别组织发改、公安、市场监管、安监、文广体、交通6家部门开展旅游市场秩序综合整治“秋冬会战”联合检查。2017年江川区旅游市场秩序稳定。

【旅游服务质量提升】　3月23日，江川区举办首届服务业礼仪培训，玉溪师范学院商学院旅游管理系副教授唐玲萍担任本次培训教师，对大街街道、安化乡、九溪镇、江城镇、古滇国文化园、博物馆、江川职中、青铜协会及各旅行社推荐的学员进行专业授课；4月7日，在瑞骐酒店举办“2017年江川区旅游饭店服务技能大赛”，锻炼培养江川区旅游专业人才和树立旅游饭店服务质量标杆；4月19日参加在新平嘎洒举办的“玉溪市第九届旅游饭店服务技能大赛”并获得优异成绩，荣获一等奖2个，三等奖2个，优秀奖3个，促进旅游行业服务技能交流与学习，提升江川区旅游饭店员工业务素质和饭店服务水平；8月9日举办江川区旅游行业从业人员培训，来自江川25家旅游企业的70余人参加，从旅游市场秩序整治、安全生产、行业管理等相关政策法规、服务礼仪对学员进行培训；11月10日下午，举行江川区2017年度旅游行业从业人员“创文创卫”、消防安全知识培训会。

【旅游宣传营销】　旅游节庆活动。3月25～26日，在大平地优质红梨基地举办2017江川区江城镇大平地“三月雪、梨花醉”文化旅游节摄影大赛暨“驿路梨花”主题自驾游活动。7月15～17日，借助“火把节”契机，在江川区江城镇安化乡举办“玉溪·江川·安化2017年彝族火把节”活动，以安化“斗牛”为活动亮点，吸引游客参与。8月27～28日，在前卫镇业家山村举办中国·江川首届七夕文化旅游节。意在保护和传承好江川区前卫镇七夕节习俗，发挥传统节日在弘扬中华民族优秀文化和加强公民思想道德建设中的载体作用，教育和引导人民群众树立正确的爱情观、婚恋观，促进家庭和睦和社会和谐，并打造特色地域旅游文化，提升提升乡村文化品位。12月23日，以“诗画江城草莓添香”为主题，在翠峰村梁王生态农庄，举办江川区第十三届“开渔节”系列活动“江川区江城镇翠峰村梁王生态农庄草莓采摘节”。12月24日，以“古驿雄关好客小田”为主题，举办“2017江川区第十三届‘开渔节’暨雄关乡小田村主题周末游活动”，意在带领游客感受乡村田园生活，同时丰富江川第十三届“开渔节”活动内容。

对外宣传活动。4月23～24日，开展“玉溪号”文化旅游专列旅游宣传活动。9月5～12日，根据玉溪市旅游发展委员会安排，赴武汉、长沙、贵阳三地，进行玉溪旅游宣传推介活动。9月20～27日，赴广州、佛山、桂林开展宣传营销活动，在桂林站进行江川旅游宣传推介。12月21～24日，开展“玉溪号”文化旅游专列宣传及广州推介营销活动，组织区委宣传部、区旅发局、区招商局等部门和相关企业进行“玉溪号”列车宣传，对在乘旅客宣传江川，到达广州后参与现场宣传活动。

旅游交易会，6月12～18日，参加在昆明举办“2017南亚东南亚国家商品展暨投资贸易洽淡会”，发放旅游宣传资料3000余份，旅游纪念品2000余件。11月17～19日，带领江川旅游企业参加“2017年中国昆明国际旅游交易会”，配合市旅发委做好玉溪旅游宣传工作。

（徐　洁）

卫生和计划生育

【概　述】 2017年，江川区卫生和计划生育工作围绕省、市决策部署，深化医疗卫生体制改革、推进基本公共卫生计生服务项目，加强计划生育工作管理，各项卫计工作稳步推进。全区年末人口252333人，出生人口3124人，出生率12.43‰；人口自然增长率6.56‰，政策内生育2925人，符合政策生育率93.63%。期末已婚育龄妇女45359人，期末采取各种避孕节育措施38280人，综合节育率84.39%；出生婴儿性别比为114。全区共有卫生机构177个，其中区级医院2个、其它医院1个、卫生院6个，妇幼保健院1个，疾病预防控制中心1个，卫生监督机构1个。卫生技术人员1561人，其中执业医师和执业助理医师553人，注册护士817人，其他191人。医院和卫生院编制床位746张，实有床位827张。乡镇卫生院6个，编制床位235张，实有床位251张，在职卫生技术人员171人。村级卫生室63个，乡村医生218人。

【放管服改革工作】 加强行政审批制度建设。健全和完善服务承诺制度、首问负责制度、一次性告知制度、限时办结制度、AB岗工作制度等制度，保障行政审批规范运行。严格落实限时办结制。对所有行政许可事项办理承诺事项全部缩短法定时限的三分之一。截至2017年底，全区医疗机构电子化注册达100%、医师电子化注册达97%、护士电子化注册达97%。严格执行国家有关清理规范行政审批中介服务事项决定，对行政审批涉及的中介服务事项进行全面清理，对无法律法规依据的一律取消；对清理规范后保留的10项中介服务事项实行清单管理，建立目录清单，明确中介服务事项名称、设定依据、中介服务实施机构、处理意见等要素；10项中介服务事项只有1项即“医师执业注册健康体检证明”收费，其余9项均免费服务；凡未纳入清单的，一律不再作为行政审批受理条件。建立计生监督“双随机，一公开”工作机制，随机抽查事项清单、检查对象名录库和执法检查人员名录库的“一单两库”，实施事中事后监管。2017年，按照省卫生计生委随机抽取的公共场所卫生、学校卫生、医疗卫生、放射卫生、消毒产品和传染病防治6个专业的45户检查对象和执法人员开展执法检查。

【慢病创建】 2017年11月，江川区被云南省卫生计生委命名为省级慢性病综合防控示范区。

【国家基本公共卫生服务项目】 2017年，全区共完成城乡居民

规范化电子档案建立269395人，建档率96.76%。发放各种各类健教印刷材料155种6.15万份；播放音像资料共计时长731小时；更新宣传栏169期次；开展健康教育咨询活动22次；举办知识讲座160场次。常规免疫各类疫苗接种率在96%以上，疫苗冷链运行正常，14岁以下儿童无麻疹病例报告。全区传染发病率为108.5/10万，传染病疫情网络直报综合率100%。全区共报告各类突发公共卫生事件达到分级标准3起（3起均为Ⅳ级），及时报告率为100%，全部事件均得到及时处置，及时处置率达100%。全区累计管理65岁以上老年人27643人；35岁以上高血压患者18082人；35岁以上Ⅱ型糖尿病患者4416人；重性精神病患者1285人。老年人中医药健康管理人数16286人，儿童中医药健康管理人数7788人。

【实施妇幼健康计划】 2017年全区孕产妇系统管理3275人，系统管理率达97.79%，住院分娩率100%，剖宫产率29.62%。3岁以下儿童系统管理8158人，系统管理率98.74%，7岁以下儿童保健管理17439人，管理率达98.83%。全区无孕产妇死亡，活产数3349人，婴儿死亡15人，死亡率为4.48‰，5岁以下儿童死亡20人，死亡率为5.97‰。农村孕产妇住院分娩实际补助2486人，补助金额99.44万元。婚前医学检查1149人。新婚人员HIV和梅毒检测率达100%。完成叶酸增补2079人。新生儿疾病筛查3286人，筛查率为98.12%，听力筛查3284例，筛查率为98.06%。

【基础设施建设】 2015～2017年度中央预算内投资的卫生计生减少项目共有两个：妇计中心业务用房项目，共投资820万元，已完工；江川区中医医院改扩建项目，建设主体工程完工，正进行二次装修及附属设施建设。截至2017年12月31日，完成投资2854万元。

【病媒生物防治】 2017年9月21日，云南省卫计委专家到江川区实地检查病媒生物防制情况后，同意江川区为苍蝇、蚊子防治示范区。

【区级公立医院药品让利】 区人民医院、区中医医院继续推进公立医院改革，取消药品加成，药品实行零差率销售。区人民医院2017年药品让利群众410.05万元、区中医医院2017年药品让利群众66.22万元。

【家庭医生签约工作】 2017年，江川区共组建签约医生团队71个，团队医生总人数达276人，参与签约服务全科医生23人。全区与有需求的居民签订家庭医生服务协议110960人，签约率达44.69%。签订重点人群68960人，完成率80.14%。86名计生特殊困难人员、7198名建档立卡贫困人口、5252名低保户和305名五保户等重点人群签约率均达100%。各基层医疗机构累计为签约居民开展诊疗服务38146人次。

【分级诊疗工作】 2017年，继续按照“基层首诊、双向转诊、急慢分治、上下联动”分级诊疗模式开展工作。全区通过分级诊疗累计开展双向转诊2715人次。其中区级医院向上转诊1992人次，向下转诊47人次；乡镇卫生院向上转诊666人次。区内各级医疗机构共接受上级医院下转患者57人次。

【DRGs付费制度】 区人民医院及区中医医院全面推开DRGs付费制度改革工作，截至2017年底，区人民医院通过DRGs运行，住院总费用3352.72万元，DRGs付费总额3762.75万元，总费用与DRGs支付标准差410.02万元；进入DRGS分组9734人，入组391组，占全部组数73.63%。

【健康扶贫工作】 截至2017年底，全区现有建档立卡贫困户人口7198人，经对接市级提供数据系统自动调整及江川区手工补录信息有误人员后，参保率达到100%。确保建档立卡贫困人口100%参加基本医保和大病保险。切实落实建档立卡贫困人口基本医保倾斜政策、大病保险倾斜政策、医疗救助制度、建立医疗费用兜底保障机制，确保建档立卡贫困人口通过基本医保、大病保险、医疗救助、医疗费用兜底保障等报销后，符合转诊转院规范住院治疗费用，自付比例不超过当地农村居民人均可支配收入，住院费用实际自付比例小于10%。江川区建档立卡贫困户中现有9类15种大病患者184人，其中罹患重性精神病的患者160人，罹患儿童白血病、儿童先心病、食管癌、终末期肾病患者24人。结合全区医疗卫生资源等实际情况，截至年底，共组织覆盖全区所有区域的4次大病集中救治工作。2017年度，9类15种大病人员救治率为96.19%。落实县域内定点医疗机构住院先诊疗后付费制度。确定区人民医院、区中医医院、区妇计中心、6家乡镇（街道）卫生院为江川区实施“先诊疗后付费”工作定点医疗机构，2017年度全区享受“先诊疗后付费”政策建档立卡贫困人员305人。区内定点医疗机构9家，均开通“一站式”结报，开通率为100%。

【艾滋病示范区工作】 全年共新发艾滋病感染者/艾滋病患者49例（外地羁押人员21例），累计报告艾滋病感染者/艾滋病患者451例（外地羁押人员54例）。全区完成艾滋病病毒检测份数共计75069份，其中确证阳性数68份（外地羁押人员44例）。完成暗娼（FSW）人群HIV抗体检测和梅毒检测187人次，HIV抗体及梅毒抗体检测为阴性；完成男男同性恋（MSM）人员检测61人次，2人梅毒检测为阳性（为既往阳性）。每季度对感染者随访1次，江川区累计报告HIV感染者/AIDS患者应随访480例，已随访476例，随访率为99.2%；累计报告感染者随访检测CD4应检测363例，已检测335例，检测率92.3%；配偶本年检测应检测90例，已检测82例，检测率为91.1%。结核病检查应检查361例，已检查360例，检查比例为99.2%。开展防艾宣传培训约43场次，参观培训人数达25000余人；电视滚动播出防艾宣传短片，共537余条次。我区累计为112例感染者/病人办理了低保，其中18例死亡、7例中断领取、目前实际领取低保人员87例。

【卫生技术人才培养】 2017年共组织卫生专业技术资格考试新考83人，补考73人；护士执业资格考试80人，共办理执业（助力）医师资格考试报名90人。共组织5名医护技人员参加县级医院骨干医师培训、1名儿科医师参加儿科医师转岗培训、1名医师（云南省选派传染病医护人员）赴上海参加进修、1名医师参加沪滇合作项目第二期云南卫生管理干部培训、1名医师参加全科医生转岗培训，组织72名乡村医生参加村卫生室急诊急救知识培训，组织102名乡村医生和基层医务人员参加基本药物暨合理用药培训。

【落实计生惠民政策】 2017年审批一次性奖励金24人，兑现资金1.44万元；独生子女升学一次性奖励金130人，兑现资金14.92万元；审批义务教育阶段奖学金458人，兑现资金22.116万元；应享受奖励扶助金880人，兑现资金89.424万元；应享受特别扶助金61人，兑现资金23.46万元；失独家庭2户，兑现资金1万元；升学加分113人；城镇居民未享受退休金养老扶助54人，兑现资金5.46万元；符合享受独生子女保健费619人，兑现资金7.261万元。各类计生惠民政策资格认定准确率、兑现率均达100%。

【“诚信计生”】 2017年共立案处理计划生育案件74件，其中征收社会抚费案件33件，行政处罚41件，立案率达100%，征收社会抚养费91.3万元，罚没款33.65万元，二者合计124.95万元。申请法院强制执行1件。

【流动人口公共服务均等化管理】 健全“一盘棋”工作机制，实现“一站式服务”“一证式管理”。有大街街道、江城镇、前卫镇、雄关乡流动人口综合服务站；大街街道下营社区、大街社区、大庄社区、江城镇江城社区被市级命名为先进示范站。流动人口进行健康档案建档，江川区纸质建档人数3077人，建档率达77.3%，电子建档人数2092人，电子建档率为55%。健康教育覆盖人数1434人，覆盖率36%；儿童预防接种人数893人，接种率98.3%；孕产妇人数49人，管理数49人，管理率100%；0～6岁儿童数908人，管理数908人，管理率100%。全区共设立计划生育技术服务机构8个，免费药具发放87个，提供“五免费”服务4543人，免费药具发放2182人，随访服务715人，免费孕检、生殖保健396人，免费孕前优生检查87人，提供咨询和技术服务1076人，发放流动人口均等化、计划生育法律法规、健康教育等宣传资料15000余份，宣传教育覆盖率达95%。2017年开展免费放取环45例、人流37例、孕环情检查110人、四术覆盖率达100%，婚前免费医学检查38人。

【实施“全面二孩”政策】 积极稳妥实施“全面二孩“生育政策。通过会议部署、各种媒体、宣传栏、全面宣传“全面二孩”生育政策；做好妇幼和计划生育技术服务工作和优生健康教育，加强对二孩生育妇女的孕前健康检查和生殖缺陷干预工作；畅通办证渠道，彻底解决办证难问题。2017年，全区共登记办

理一孩生育证1167本、二孩生育证1726本，申请办理三孩生育证96本。

【计划生育协会服务能力建设】 目前全区共有计生协会组织75个，其中：区级计生协会1个，企业协会1个，乡镇级计生协会6个，大街街道办流动人口协会1个，村级计生协会63个，大街街道朱家庄社区、江城镇江城社区、前卫镇前卫社区流动人口协会3个；会员共计27998人。计生家庭意外伤害保险工作进展顺利。2017年全区共投保42530份，保费收入170.12万元。扎实开展以计划生育基础知识教育、宣传品、先进事迹、舆论环境宣传、技术服务进社区等为内容的宣传教育，提高宣传教育品位。各计生协召开主题座谈会60余场次，慰问独生子女困难户39户、双女困难户13户、困难计生工作者6个、困难残疾人会员20户、空巢或失独家庭9户、其他计生困难家庭59户，发放慰问金、慰问品共计折合资金30656元；文艺演出36场次、观众约13550人次，广播宣传203次，出板报132期，发放各类计生宣传资料28172份，查环、查孕523人次，义诊、量血压等14365人，发放避孕套2408盒，组织培训4623人次，咨询群众6381人次。2017年共计上报协会信息32条，被市计生协采用6条、省计生协采用6条。抓好计划生育“少生快富”帮扶项目。为解决六十亩村花卉连片种植难题，在2016年区计生协积极向省计生协申请帮扶资金10万元、帮助六十亩村10户花卉种植户进行连片种植基础上，2017年区计生协向市计生协申请帮扶资金10万元，帮助六十亩村6户花卉、草莓种植户进行连片种植。

【开展爱国卫生运动】 2017年新春佳节之际，在区爱卫会办倡导和布置下，全区各街道、乡镇，各级各部门认真组织，治理所辖区域环境卫生脏、乱、差现象。据统计，城区清运垃圾781吨，清理乱贴乱画小广告2100条，清理占道经营860余起；乡村清扫街道156120米，清除卫生死角703处，清理沟渠149100米，清运垃圾1871吨。

【开展第二十九个爱国卫生月活动】 2017年4月是全国第二十九个爱国卫生月，江川区以迎接“国家卫生城市”复审工作为契机，掀起爱国卫生运动新高潮。活动期间，卫计系统出宣教展板30块，出黑板报50期，发放宣传资料13747份；教育系统各中小学校出宣教展板166块，出黑板报214期，发放宣传资料13212份；江城镇广播宣传260次，出黑板报68期，发放宣传资料10911份；安化乡出黑板报5期，悬挂横幅5条，张贴标语60条，发放宣传资料1000份；大街街道出宣教展板8块，出黑板报16期，发放宣传资料1900份。

【禁烟、控烟工作】 江川区爱卫办深入开展禁烟、控烟工作，下发《玉溪市江川区关于开展创建“无烟学校”“无烟医院”“无烟机关”活动的通知》，指导学校、医疗卫生机构、党政机关开展无烟学校和无烟机关建设工作。2017年5月20日，由区爱卫会及相关部门组成检查组，对申报创建“无烟单位”的单位进行检查验收。有60家学校，10家医疗机构、达到标准要求，并被命名为无烟单位。9月，区爱卫会对区委办、区人大办、区政府办、区政协办等74个申请单位进行检查验收，达到“无烟单位”标准要求，被命名为“无烟单位”。

【昆明医科大学第二附属医院巡回义诊】 2017年7月29日，昆明医科大学第二附属医院赵刚教授等20余位专家到江川区前卫镇中心卫生院进行巡回义诊，义诊内容包括授课和在卫生院院内开展义诊活动。专家们对卫生院医务人员和卫生室的乡村医生进行知识讲座培训，参加培训人员共计60余人，培训内容为《骨质疏松症的防治》和《野生菌及农药中毒的防治》。同时结合《中华人民共和国中医药法》内容进行宣传。共接待门诊患者121人次，发放宣传资料200余份。

【开展“济困扶贫、健康行动”大型义诊活动】 2017年9月22日，云南省红十字会医院心内科、眼科、骨科、感染科以及云南省中医学会中医内科委员会共计28名专家到江川区大街街道中心卫生院门前（老戏台）开展以“济困扶贫、健康行动”为主题义诊活动，共为江川区33名因病致贫返贫建档立卡贫困户及800多名群众进行义诊；同时，区卫计局组织医疗机构现场提供健康咨询百余人次、发放各类健康知识宣传资料10000余份、手提袋1000余个，摆放宣传展板20块。

【开展创建卫生村活动】 根据《玉溪市人民政府办公室关于印发玉溪市卫生村检查考核管理办法（试行）的通知》，按照云南省卫生村检查评比标准及考核管理办法，积极开展创建卫生村活动，2017年11月通过市专家组考评，大街街道旱街社区、上头营社区获得“玉溪市卫生村”称号。

【开展产儿科急救技能实战演练】 2017年11月2日下午，区卫计局在区人民医院组织开展产儿科急救技能实战演练，区人民医院产儿科及其他科室医护人员20余人参加演练，全区妇幼人员现场观摩。市卫生计生委郭敏副主任及市人民医院、市妇计中心专家现场对演练进行指导。本次演练模拟某孕妇入院就医病情加重，区人民医院产儿科对产妇和新生儿实施抢救，最终病情好转。

【开展“疑似人感染H7N9禽流感”应急演练】 2017年12月12日下午，江川区卫计局组织开展“人感染H7N9禽流感防控应急演练”，督导检查全区医疗卫生机构各项预案、应急准备和防控措施的落实情况。演练共设置首诊病人、病例转运、接收病人、卫生监督、疫情确认5个环节。防控演练从门诊预检分诊疑似病例开始，到确诊病人离开发热门诊转运至隔离观察病房结束，严格按照禽流感防控流程，真实模拟禽流感救治现场。对预检分诊、消毒隔离、流行病学调查、标本采集、信息报告、病人转诊、个人防护等应急响应工作项目进行实战演练。核查专业队伍车载装备、药品及耗材等物品完好运行情况。

（李　伟）

人民医院

【概　况】 玉溪市江川区人民医院是江川区唯一一所公立性二级甲等综合医院，医院核定事业编制315人，2017年年末共有职工474人，其中：编外职工202人，编内职工272人，编内职工272人中研究生2人，本科160人、专科94人、中专及以下16人；卫生技术人员258人（正高7人、副高33人、中职108人、初职67人、未定职称43人）、工勤人员14人。

全院编制床位300张，实际开放350张。医院占地24135平方米，总建筑面积33993平方米。医院开设有内一科（心血管、神经内科）、内二科（呼吸、消化内科）、外一科（即普外科）、外二科（分设泌尿外科、神经外科、胸外科3个专业组）、骨科、眼耳鼻喉科、妇产科（分设产科、妇科、计划生育3个专业组）、儿科、急诊科、感染性疾病科（门诊）、精神科（门诊）、中医科、皮肤科、口腔科、麻醉科、血液透析室等16个临床科室；有药剂科、检验科、输血科、病理科、放射医学影像科、超声医学影像科、供应室等7个医技科室；设有14个行政职能科室。其中，骨科、妇产科为省级重点专科。

现有飞利浦64排螺旋CT、飞利浦DR机、GE透视X线机、全自动血球计数仪、全自动生化分析仪、电解质分析仪、血凝仪、尿液分析仪、酶标仪、彩超、电子胃镜、结肠镜等设备，临床各科室配备有进口呼吸机、除颤仪、除颤监护仪、多功能床旁监护仪、微量注射泵、微量输液泵等设备，手术室配备有进口麻醉机及麻醉工作台、进口心电监护、高清腹腔镜、高频电刀、全方位手术床、全自动电动止血仪等设备，诊疗业务能满足群众基本医疗需求。

【业务相关指标】 2017年全院门诊379908人次，出院17162人次，手术2685台次。全年共完成总收入11696.05万元，比上年同期（下同）增0.05%，其中医疗收入10545.63万元（含药品收入3154.20万元）；财政补助收入实现1083.26万元，比上年同期减10.86%；其他收入74.57万元。医疗支出为10668.62万元。收入结构进一步合理，西药收入占医疗收入比29.36%，比上年同期下浮21.39个百分点；百元医疗收入消耗卫生材料（不含药品收入18.90元）比上年同期下浮32.55%；医院资产负债率大幅下降，2017年为26.64%，较2016年下降18.213个百分点。医疗服务各项指标均进一步优化，其中：入院病人三日确诊率>98.36%；入出院诊断符合率99.11%；手术前后诊断符合率100%；临床与病理诊断符合率100%。平均住院日6.31天。医院感染发生率0.69%。治愈好转率>95.15%。急危重病人抢救成功率93.7%。病床使用率87.54%。药品零加成全年让利百姓410.05万元。

【医院质量管理】 医院把加强医疗质量管理，保证患者就医安全作为医院管理的重中之重，每

月开展医疗质量大查房，从基础质量、环节质量、终末质量入手，加强对重点专业、重点领域、重点部门、重点人群的质量控制与管理，严格落实18项医疗护理核心制度，严格遵守医务人员规范服务守则、医疗文书规范管理、护理质量评价标准与方法，促进医院服务质量普遍提高。

【服务水平和医疗质量提升】 医院领导带领职能部门负责人应用行政查房方式深入基层、现场办公、解决问题，促进科室管理科学化、标准化、规范化。针对检查中发现的隐患和薄弱环节以及科室提出的困难与问题，进行现场落实整改，不能现场解决的问题要求相关科室限期拿出整改方案，着力解决，以切实保障医院质量和医疗安全及维护患者健康权益。其中，提升服务、双创、安全生产、改善服务、护理质量等多个主题行政查房成效明显，存在的问题迎刃而解。通过强化管理，优化工作流程，促进科室建设和业务素质的提高，确保医疗服务质量，推动医院可持续发展。

【学科建设和人才培养】 加强医院重点学科建设，提升诊疗水平和专业特色。继骨科之后，妇产科参加全省重点学科PK，以全省第一高分通过省级重点专科评审。加大对专科人才培养和培训力度，医务科全年共组织医师外出进修、学习培训106人次，护理部共组织外出进修、学习培训219人次。招聘大学本科生16名，区外调入专业技术人员1名，聘用正高级职称人员3名，副高级职称人员6名，中级职称9名。通过人才引进、送培进修、师承教育、推介名医等外引内培方式，建成医术精湛、素质高尚的中青年专业技术骨干队伍，使人员队伍结构得到不断优化，人才队伍建设得到不断加强。

【教学、科研工作】 全年共接收昆明医科大学、昆明职业技术学院、玉溪卫校、普洱卫校、红河职业学院、楚雄医药高等专科技术学院等院校医学实习生、见习生共计180余人。全年共组织院内理论讲座44次，实践技能操作21项，教学查房和病历讨论8次。开展继续医学教育活动，举办“处方点评与临床合理用药”市级继教班，共培训260余人次。发展新技术、新项目，成功开展骨科PKP手术、无痛胃镜、鼻窦内窥镜手术、口腔科树脂嵌体贴面等10余项新技术新项目，其中，腰椎管狭窄手术及脊柱矫形手术，填补了江川区脊柱手术的空白，在全市县级医院中处于领先水平。市级科研项目“干预用药对可比药占比及医疗费用的影响研究”（负责人：李亚捷）、“快速康复外科在剖宫产产妇中的应用”（负责人：李艳兰）等2项课题顺利通过验收。

【优化“无缝隙”护理服务流程】 根据二级甲等医院护理工作的各项指标，制定护理质量控制方案，定期对护理效果进行总结、分析、评价，不断优化护理方案。进一步将核心工作制度落实到位，强化无缝隙管理，为病人提供从入院到出院的全程优质护理服务和温馨病房等特色护理服务，体现人文关怀。2017年11月在市卫生和计划生育委员会、市总工会举办的全市医护人员临床技能大赛中，区人民医院护师张蓉获护理团体组二等奖，宋明艳、苏秀芬获护理团体组三等奖。

【感染管理工作】 认真落实医院感染管理制度、消毒技术操作规范和工作标准，医疗废物按规定分类收集并进行交接记录，预防和控制院内交叉感染，严格落实院内感染控制措施和工作流程，加强对手卫生管理，强化对供应室、手术室、内镜室、血液透析室、口腔科等重点科室的管理，消毒、灭菌、隔离与医疗废物处置基本符合标准要求。加强消毒药械和一次性使用无菌医疗用品管理工作，使消毒药械、一次性使用无菌医疗用品管理符合要求。强化多重耐药菌监测和生物监测，定期进行细菌耐药监测和压力蒸汽灭菌器进行生物监测，并向临床科室提出预警及防控措施。加强医院感染病例监测关注，全年共监测住院病人17164人次，发生医院感染118例次，医院感染发病率0.69%，处于较低发病率水平。

【临床药事管理】 建立健全药事管理组织，严格执行《处方管理办法》《麻醉药品和精神药品管理条例》《药品管理法》等文件规定，处方书写规范、用药基本合理；麻醉药品、精神药品的使用管理规范，相应的采购、保管、发放记录齐全，符合相关要求。执行国家、省、市药品相关政策，落实药品集中带量招标采购、网上平台交易、“两票制”等政策，对重点监控目录品种进行限量采购、供应。常态化开展I类切口手术抗菌药物预防性应用专项点评、中药注射剂专项点评、门急诊静脉输液点评、重点药品点评等工作。为控制药品费用过快增长，建立临床用药预警机制，对各科药占比核定用药比例，严格执行奖惩制度，使医院住院病人总体药占比下降到29.36%。

【硬件建设】 2017年，医院投入257万元用于新信息化系统软硬件建设，包括His（医疗信息系统）、pacs（数字影像信息系统）、lis（检验信息系统）、emr（电子病历信息系统）、病案管理系统、财务管理系统、院内感染管理系统等，为方便患者的就医流程，提高医务人员的工作效率提供保障；投入600余万元购置医疗设备，包括“移动式C型臂X射线机”“新东风DR（数字化X线摄影系统）”“全数字化高端彩色多普勒超声诊断仪”，使设施与服务水平与广大患者需求相适应，医院运行环境改善，提高医院的综合实力和诊疗水平。

【DRGs付费】 2017年1月1日玉溪市作为全省的DRGs试点市，医保中心与区人民医院的结算方式改变为DRGs付费，医院开始实施DRGs付费，以DRGs付费改革为契机，加强病案建设并独立成科，促进病案质量的书写规范，改善医疗质量，对运行中出现的一些问题，与医保中心沟通、反馈。2017年医院DRGs共医治14161人次，参与DRGs结算11779人次，总出院费用4059.93万元，支付标准4563.91万元，结余503.97万元，月结余41.99万元，总权重11208.04，平均权重0.95。结余最多的为内科系列，超支的为外科系列，从全市排名来看DRGs付费整体成效较明显。

【医共体医联体建设】 区人民医院与昆华医院建立昆华医疗联合体医疗帮扶与技术合作、与昆明市儿童医院建立云南儿科合作联盟、与云南省第二人民医院建立红会医联体骨与创伤外科专科联盟、与玉溪市人民医院建立对口支援医院及医疗联盟、与玉溪市第二人民医院建立了精神专科联盟，打通省市三级医院与我院的双向转诊、技术指导、人员培训工作，同时医院与各乡镇卫生院签订双向转诊协议畅通县区与乡镇的分级诊疗及转诊有效通道，并就医院重点专科、优势病种双向转诊方面已达成共识，双向转诊较为通畅，医疗服务受到辖区服务人群认可。

【医德医风建设】 制定《江川区人民医院医德医风专项整治活动实施方案》，切实加强医院医德医风建设，抓好医院内部医德医风专项整治工作，提高医务人员职业道德素养和医疗服务水平，维护人民群众的健康权益。加强医德医风考核力度，按照医务人员医德医风考核方案，每月进行日常考核，年底进行综合考评，将考核结果同评奖评优挂钩。加大患者信访投诉接待力度，做到投诉有接待、经过有登记、违规有处理、结果有答复，患者满意度较高。

【医院文化建设】 医院继续加强文化建设，活跃职工文化生活，营造心齐气顺、风正劲足良好氛围，增强广大职工爱院意识。开展送温暖活动，看望生病住院职工26人，救助困难职工5人，开展生日慰问和各种节日慰问；关心、关注、关爱离退休职工，召开“九.九”敬老节退离休职工座谈会和春节退离休职工慰问；开展技能竞赛，举办护理操作技能竞赛、护理临床带教老师讲课比赛、“三基”培训及技能竞赛、临床医技讲课比赛及培训综合考核、“安康杯”竞赛活动；开展群众性文体活动，举办“三・八”节趣味系列运动会、“六一”节游园暨青少年普法宣传活动、“5・12”国际护士节活动、工间操竞赛活动、冬季运动会比赛活动等。通过这些活动，丰富医院文化建设内涵。

【健康扶贫】 区人民医院落实健康扶贫工作的决策部署，加大健康扶贫各项政策宣传力度，不断提高贫困户对健康扶贫政策的认识，确保健康扶贫工作落到实处，并紧密结合自身工作实际，多措并举，将党的健康扶贫政策深入群众心中。包括认真贯彻落实《云南省农村贫困人口大病专项救治工作方案》《玉溪市医疗保险健康扶贫工作方案》等文件精神，推进全区农村贫困人口大病专项救治工作的开展，为农村贫困人口大病专项救治工作落实到位；方便病人就医，本着“病人不动，专家动”的原则，医院派出医疗小分队汇同各乡镇卫生院人员到江城、雄关、安化、九溪、大街6个乡镇对建档立卡人员

进行9类15种大病的下乡医治，针对每天一位大病患者制订一人一方案；本着“让数据多跑路，让群众少跑腿”的原则，为方便病人报销，开通一站式服务结算，包括民政结算、医保结算、保险公司结算，减少病人到多部门报销环节；凡建档立卡人员到医院就医，均可享受绿色通道，在门诊或住院部出示建档立卡的相关证件，医院系统能自动识别，建档立卡人员即可在医生站、护士站、领药、检查等环节享受全方位、无缝隙的诊疗服务等措施。

【开展大型公立医院巡查】 2017年6月30日至7月2日，以市人民医院副院长蔡德芳为组长的玉溪市大型医院巡查第三组一行9人对区人民医院进行全面巡查。在3天的巡查时间里，专家组分为纪检监察、医院管理、经济管理共3个小组，通过“查阅资料、个别访谈、列席会议、实地查看、座谈会、问卷调查、统计资料分析”等方法，对医院展开现场巡查。巡查工作中，专家们对医院党风廉政建设情况、推进公立医院改革、落实“三重一大制度”、院务公开执行情况、改善患者就医感受、提高医疗质量、确保医疗安全、加强后勤保障等工作内容进行检查和评价。

【省卫计委督查安全生产工作】 2017年9月15日，根据省卫生计生委关于开展2017年度全省卫生计生系统安全生产大检查的通知要求，楚雄州卫生计生委督导组副主任起自敏带队一行4人交叉到江川区督查医院安全生产工作。检查中，督导组通过听取汇报、查阅资料、现场检查等方式，对医院的组织机构、人员状况、制度建设、治安保卫、消防安全、医疗废物处置管理、危化品管理等方面进行专项检查，对取得的成绩加以肯定，并对检查中发现的问题提出整改要求。

【开展人感染H7N9禽流感防控全员培训和演练】 为做好人感染H7N9禽流感的防控、传染病及医院感染管理工作，区人民医院于2017年2月22日下午组织全院干部职工在门诊医技楼六楼大会议室举行人感染H7N9禽流感防控知识培训。并于2017年3月21日下午14：30时由业务副院长组织医务部、护理部、控感办、预防保健科、急诊科、感染科、120急救站、门诊部、检验科、放射科等部门和科室人员进行现场实战模拟演练。

【成功办理首例医保跨省异地结算】 2017年9月9日，一名来自新疆昌吉市的退休职工向某某到我院内一科住院治疗，患者在住院的同时办理住院联网登记手续及其他住院登记手续，通过医院治疗，2017年9月14患者病情好转办理出院，该患者持有新疆维吾尔自治区职工医保卡，住院总费用3582.84元，统筹支付费用2638.33元，患者仅支付自付费用944.51元，成功实现网上直报异地结算。这是江川区第一例跨省异地结算成功案例。

（李亚捷）

中医医院

【概　述】 玉溪市江川区中医医院人员编制112人，现有职工178人（其中在编80人，编外98人），其中：副高职称以上的14人，中级职称20人，初级职称140人，高级工3人，职员1人；硕士学历1人，本科学历46人，大学专科学历83人，中专及以下学历48人。设有19个专业科室，编制床位120张，实际开放120张；拥有先进的医疗设备80余台，截至2017年12月31日，全院固定资产1590.61万元。是一所集医疗、预防、保健、康复、科研、教学于一体的县级二级乙等中医医院，同时也是城镇职工基本医疗保险、城镇居民基本医疗保险、中国人寿保险公司及江川复烤厂的定点医疗机构。

【医疗质量监测】 2017年，全年总诊疗人次77698人次，门诊人次73201人次；全年住院患者出院4497人，其中：内科有1469人，外科322人，针灸科1303人，骨伤科869人，肛肠科534人，手术人次788人次。年总收入3480.46万元，其中医疗收入1986.43万元，人均门诊费用82.6元，住院人均费用3072.59元。病床使用率87.5%，入院与出院、术前与术后、临床与病理诊断符合率都在98.5%以上，治愈好转率98%，诊断符合率98.8%，病人平均住院日8.97天。单病种治愈好转率达到卫生部颁布的病种质量控制标准。各科护理质量指标达到百项指标考核标准：基础护理合格率97%，无菌护理技术操作合格率≥96%，急救物品完好率100%，五种表格书写合格率≥98%，出勤率98.6%，住院患者满意度≥91%，技术操作培训率合格率100%，参与率99%，全年护理差错事故发生率为零。

【中医药健康管理服务】 2017年内，区中医医院到雄关、安化、前卫等6个乡镇卫生院进行乡镇级和村级项目工作人员进行中医药健康管理服务项目培训，全年共培训6次，培训人次93人次，培训内容包含65岁及以上老年人、0-36个月儿童中医药健康管理技术规范。辖区内65岁及以上老年人26332人，完成个人信息采集、体检、老年人生活自理能力评估并将部分信息上传共享群16286人，服务率达62%；0-36个月儿童9014人，完成基础信息采集、服务登记、体检、中医药健康管理服务宣传7788人，服务率86%。

【人才培养】 为进一步强化医院内涵建设，突出中医特色和优势，加快中医药现代化进程，结合区中医医院实际情况，制定以普及、提高、继承、创新为目标的“十二五”中医人才培养5年计划。2017年，区中医医院以培养急诊、康复治疗为重点，安排护理人员23人，医师6人，分别到云南省第一人民医院、云南省中医医院、佛山市中医医院等医院进行培训和进修。

【医疗服务价格调整】 为适应玉溪市城乡居民医疗保险市级统筹，规范全市县级公立医院医疗服务价格，自2017年1月1日起，新型农村合作医疗同城镇居民医疗保险合并，玉溪市江川区中医医院于2017年1月10日对专家门诊诊查费、住院诊查费、以33开头手术治疗类项目、4开头的中医及民族医诊断类项目及21、22开头的医技诊疗类项目服务价格进行调整。

【中医学知识培训】 区中医医院举办中医药知识培训。理论授课内容：阴阳学说、五行学说、眩晕病、外感发热、尪痹、消渴、项痹病、胆胀、混合痔、中医护理病历书写。培训班和学术讲座共30学时，其中院部安排培训22学时，科室安排培训11学时，培训内容包括中医理论、中医护理技术、中医护理病历书写、科室中医护理查房等。院参培非中医类别人员共有87名，实际培训87人，培训率100%，全年培训11次。

【下乡义诊】 2017年，区中医医院以“中医中国行”“中医药适宜技术”“三下乡”“学雷锋”“急救知识宣传”等主题下乡义诊8次，包括血压测量在内的基本体检、接受群众病情咨询、问诊等，累计健康咨询600余人，义诊患者800余人，免费发放药品金额近1.3万元。发放《中药合理用药知识教育宣传手册》《中医健康教育处方》等宣传折页共2000余份。

【改扩建项目（医技、住院综合楼）建设】 占地面积2369.38平方米，建筑面积7763.22平方米的医技、住院综合楼，2017年4月底完成主体工程竣工。8月3日CT、DR防护工程通过竞争性磋商完成招标，安庆市安铅辐射防护工程有限公司中标。9月3日完成二次装修前置审计，9月15日二次装修消防审查通过，11月15日前手术室及SICUC净化工程通过区审计局控制价审计、招标，11月21日污水处理工程审批、招标，12月5日二次装修预审、招标。

【药品采购】 2017年1月1日，全市公立医院药品集中采购平台启动，2月份区中医医院采取双平台操作，新旧药品交替，保证平稳过渡，3月份正式启用集中采购平台。2017年全院平台采购药品量占全院采购药品总量的95.93%，基本药物采购量占全院采购药品总量55.39%。

【医疗设备更新】 2017年11月，区中医医院麻醉科采购LED进口无影灯3台总价65.58万元，电动液压手术台1台价值19.85万元；医技科采购全自动生化分析仪1台价值83.6万元，全自动化学发光分析仪1台价值35万元。

（杨　薇）

妇幼保健计划生育服务

【概　述】 江川区妇幼保健计划生育服务中心坚持“以保健为中心，以保障生殖健康为目的，保健与临床相结合，面向群体、面向基层和预防为主”的工作方针。设有妇女保健科、儿童保健科、婚前保健科、妇产科、基层科、计划生育科、检验室、B超室、放射室、护理部、医务科、妇幼卫生信息科、健康教育科等13个临床保健科室；设有办公室、财务科、后勤科、信息设备科等4个行政后勤职能科室。

中心核定编制74人，2017年末实有在职职工60人，年内退休2人，新招录用5人。有执业医师

27人，执业助理医师4人，注册护士10人，药剂师1人，检验技师（士）5人，其它卫生技术人员3人，统计师1人，经济师3人，助理会计师1人，技师1人，高级工3人，中级工1人。

2017年，完成门诊诊疗68730人次，实现业务收入695.38万元，比上年增114.92万元，完成省、市、县下达的各项任务指标。

【育龄妇女死亡监测】 2017年全区共有育龄妇女64950人，上报育龄妇女死亡31人，死亡人数比上年减5人，死亡人数占育龄妇女总数的0.05%，无孕产妇死亡。31例育龄妇女死亡中，意外死亡8人，占育龄妇女死亡总数的25.81%；各类癌症死亡7人，占育龄妇女死亡总数的22.58%；脑出血死亡6人，占育龄妇女死亡总数的19.35%；糖尿病死亡2人，占育龄妇女死亡总数的6.45%；脑炎、脊髓病、血管疾病、智障、肾炎、自杀、类风湿性关节炎、右下肢横纹肌瘤各死亡1人，各占育龄妇女死亡总数的3.23%。

死因排位：31例育龄妇女死亡中意外死亡8人，居第一位；各类癌症死亡7人，居第二位；脑出血死亡6人，居第三位；糖尿病死亡2人，居第四位；脑炎、脊髓病、血管疾病、智障、肾炎、自杀、类风湿性关节炎、右下肢横纹肌瘤各死亡1人，居第五位。

【孕产妇保健】 2016年10月至2017年9月，全区共有产妇3765人（农业户籍产妇3228人，非农业户籍产妇537人），建孕产妇保健手册3765人，产妇建册率100%，与上年同期持平；产妇产前检查5次及以上3764人，健康管理率99.21%，比上年同期上升0.13%；产妇孕早期产前检查3712人，孕早期产前检查率97.84%，比上年同期下降0.22%；产妇孕产期血红蛋白检测3765人，检测率100%，筛查出孕产期贫血275人，患病率7.30%，比上年同期下降2.27%，其中中重度贫血6人，中重度贫血患病率0.16%，比上年同期下降0.10%；产妇艾滋病病毒检测3765人，检测率100%，孕产妇艾滋病病毒感染1人，感染率0.03%，比上年同期下降0.03%；产妇梅毒检测3765人，产妇梅毒感染5人，感染率0.13%，比上年同期下降0.06%；产妇乙肝表面抗原检测3765人，检测出乙肝表面抗原阳性41人，阳性率1.09%，比上年同期下降0.03%；产后访视3765人，产后访视率99.24%，比上年同期上升0.10%；产妇系统管理3712人，系统管理率97.84%，比上年同期下降0.22%。出生活产数3794人，新法接生活产数3794人，新法接生率100%，与上年同期持平；住院分娩活产数3794人，住院分娩率100%，与上年同期持平；剖宫产活产数1112人，剖宫产率29.31%，比上年同期上升0.61%；筛查出高危产妇2118人，高危产妇筛查率56.25%，比上年同期上升1.62%；高危产妇管理2118人，管理率100%，高危产妇住院分娩2118人，高危产妇住院分娩率100%；低出生体重儿151人，发生率3.98%，比上年同期上升0.11%；巨大儿118人，发生率3.11%，比上年同期上升0.82%；早产儿165人，发生率4.35%，比上年同期下降0.03%；死胎死产16人，发生率0.42%，比上年同期上升0.17%；早期新生儿死亡3人，死亡率0.79‰，比上年同期下降1.43‰；围产儿死亡19人，死亡率4.99‰，比上年同期上升0.24‰；无新生儿破伤风发病人数和死亡人数。孕产妇死亡0人，死亡率为零，比上年同期下降31.75/10万。

【5岁以下儿童死亡监测】 2016年10月至2017年9月，全区共有出生总数3810例，其中出生活产3794例，死胎死产16例。5岁以下儿童死亡22例，死亡率5.80‰，比上年同期下降1.18‰；其中男孩死亡12例，死亡率5.93‰，女孩死亡10例，死亡率5.65‰。1岁内婴儿死亡17例，死亡率4.48‰，比上年同期下降1.23‰；其中男孩死亡9例，死亡率4.45‰，女孩死亡8例，死亡率4.52‰。28天内新生儿死亡8例，死亡率2.11‰，比上年同期下降0.75‰；其中男孩死亡4例，死亡率1.98‰，女孩死亡4例，死亡率2.26‰。7天内早期新生儿死亡3例，死亡率0.79‰，比上年同期下降1.43‰；其中男孩死亡1例，死亡率0.49‰，女孩死亡2例，死亡率1.13‰。早期新生儿死亡占新生死亡数的37.50%，新生儿死亡占婴儿死亡数的47.06%，婴儿死亡占5岁以下儿童死亡数的77.27%。

22例5岁以下儿童死亡中，第一位为意外死亡6例（溺水3例，意外窒息2例，交通意外1例），占死亡总数的27.27%；先天性心脏病死亡4例，占死亡总数的18.18%；早产或低出生体重死亡3例，占死亡总数的13.64%；肺炎、脑膜炎、消化系统疾病各死亡2例，各占死亡总数的9.09%；出生窒息、颅内出血、急性黄胆型肝炎各死亡1例，各占死亡总数的4.55%。

5例1～4岁儿童死亡中，第一位为意外死亡4例（溺水3例，交通意外1例），占死亡总数的80%；第二位为先天性心脏病死亡1例，占死亡总数的20%。

17例婴儿死亡中，第一位为早产或低出生体重、先天性心脏病各死亡3例，各占死亡总数的17.65%；意外窒息、肺炎、脑膜炎、消化系统疾病各死亡2例，各占死亡总数的11.76%；出生窒息、颅内出血、急性黄胆型肝炎各死亡1例，各占死亡总数的5.88%。

8例28天内新生儿死亡中，第一位为早产或低出生体重死亡3例，各占死亡总数的37.50%；肺炎、出生窒息、意外窒息、先天性心脏病、消化系统疾病各死亡1例，各占死亡总数的12.50%。

3例7天内早期新生死亡中，第一位为新生儿肺炎、早产或低出生体重、新生儿出生窒息各死亡1例，各占死亡总数的33.33%。

【儿童保健】 2016年10月至2017年9月，全区共有7岁以下儿童19932人，健康管理19712人，健康管理率98.90%，比上年同期上升0.01%。3岁以下儿童9308人，系统管理9197人，系统管理率98.81%，比上年同期上升0.04%。5岁以下儿童14770人，身高体重检查14625人，检查率99.02%，比上年同期上升0.06%，筛查出5岁以下儿童低体重167人，5岁以下儿童低体重率1.14%，比上年同期下降0.29%；5岁以下儿童生长迟缓99人，5岁以下儿童生长迟缓率0.75%，比上年同期下降0.07%；5岁以下儿童超重58人，5岁以下儿童超重率0.40%，比上年同期上升0.17%；5岁以下儿童肥胖13人，5岁以下儿童肥胖率0.09%，比上年同期上升0.02%；5岁以下儿童血红蛋白检测10872人，筛查出5岁以下儿童贫血患病448人，5岁以下儿童贫血患病率4.12%，比上年同期下降1.02%，其中5岁以下儿童中重度贫血患病32人，5岁以下儿童中重度贫血患病率0.29%，比上年同期下降0.24%。新生儿访视3788人，新生儿访视率99.84%，比上年同期上升0.25%；6个月内婴儿母乳喂养调查3771人，母乳喂养3708人，母乳喂养率98.33%，比上年同期上升0.97%，纯母乳喂养2932人，纯母乳喂养率77.75%，比上年同期下降0.28%。

【出生缺陷监测】 出生缺陷监测基本情况：全区2017年共监测围产儿2559例（男1357例，女1202例），发现出生缺陷儿49例（男21例，女28例），其中1例城镇男性缺陷儿孕周不满28周，缺陷名为枕部包块，出生缺陷发生率187.57/万，比上年同期上升115.2/万。监测到城镇围产儿2331例，发现城镇缺陷儿43例，出生缺陷发生率为184.47/万；监测到农村围产儿228例，发现农村缺陷儿5例，出生缺陷发生率为219.30/万。

49例出生缺陷顺位：外耳其它畸形、先天性心脏病各9例，各占缺陷总数的18.37%；多指6例，占缺陷总数的12.24%；并指、无耳道、小耳各3例，各占缺陷总数的6.12%；腭裂、马蹄内翻足、肢体短缩、多趾并趾各2例，各占缺陷总数的4.08%；直肠肛门闭锁或狭窄（包括无肛）、尿道下裂、唇裂、下牙龈中部包块、右侧下颌小肉赘、双侧侧脑室积水、脚趾排列不整齐、胎儿心胸比增大和左肺较小各1例，各占缺陷总数的2.04%。

49例出生缺陷儿畸形确诊时间及诊断依据情况分布：

产前确诊4例，占8.16%，产后七天内确诊45例，占91.84%。超声诊断12例，占24.49%；临床诊断37例，占75.51%。诊断为出生缺陷后治疗性引产4例，占8.16%。

出生缺陷儿母亲孕早期及家庭史情况：

孕早期病毒感染2例，占缺陷总数的4.08%；感冒8例，占缺陷总数的16.33%；服过抗生素2例，占缺陷总数的4.08%；接触过农药1例，占缺陷总数的2.04%。产妇异常生育史：自然流产11例，1例生育过缺陷儿；49例产妇家庭中均无遗传史，也无近亲婚配史。

出生缺陷儿性别及转归分布：49例出生缺陷儿中，男21例，女28例，男女发生率为1：1.33。转归情况：存活45例，治疗性引产4例，无七天内死亡。

【产前筛查和新生儿疾病筛查工作】 2017年，全区共有产妇3765人，出生活产3794人，孕产妇产前筛查3521人，产前筛查率93.52%，比上年同期上升1.88%；筛查出高危113人，高危率3.21%，产前诊断74人，诊断率1.97%，孕产妇产前诊断确诊4人，确诊率5.41%。新生儿苯丙酮尿症筛查3724人，筛查率98.15%；新生儿甲状腺功能减低症筛查3724人，筛查率98.15%；新生儿听力筛查3723人，筛查率98.13%。

【免费婚前医学检查工作】 2016年10月至2017年9月，全区共有新婚人员4556人，婚前医学检查4450人，婚前医学检查率97.67%，比上年同期上升6.05%；检出疾病359人，疾病检出率8.07%，比上年同期上升2.37%，其中指定传染病83人，占检出疾病总数的23.12%，指定传染病中性病28人，占指定传染病总数的43.59%；生殖系统疾病271人，占检出疾病总数的75.49%；有关精神2人，占检出疾病总数的0.56%；其它疾病3人，占检出疾病总数的0.84%。对影响婚育的疾病提出医学意见76人，婚前卫生咨询4450人。

【农村孕产妇住院分娩补助项目工作】 2016年10月至2017年6月，全区共有农村户籍产妇2486人，住院分娩2486人，住院分娩率100%；农村孕产妇住院分娩补助2486人，补助金额99.44万元；其中正常产补助1728人，补助金额69.12万元，占补助人数的69.51%；阴道手术产补助8人，补助金额0.32万元，占补助人数的0.32%；剖宫产补助750人，补助金额30万元，占补助人数的30.17%。

【预防艾滋病、梅毒和乙肝母婴阻断项目工作】 2017年1～12月，全区共有婚前保健人员4387人，接受HIV抗体自愿咨询检测4387人，自愿咨询检测率100%；检测人员中，检出HIV抗体确认阳性12人，阳性率0.27%；接受梅毒检测4387人，检测率100%，检出梅毒感染14人，感染率0.32%。孕产妇接受HIV抗体自愿咨询检测2883人，自愿咨询检测率100%；检出HIV抗体阳性孕产妇4人，阳性率0.14%。孕产妇接受梅毒检测2883人，梅毒感染确认5人，感染率0.17%；孕产妇乙肝两对半检测2883人，检出乙肝感染孕产妇35人，感染率1.21%；乙肝感染产妇28人，乙肝感染产妇所生活产28人，及时注射乙肝免疫球蛋白和乙肝疫苗28人，及时阻断率100%。

【农村妇女宫颈癌免费检查项目工作】 2017年，市级下达江川区农村妇女宫颈癌检查任务数1500人，实际检查1547人，任务完成率103.13%。检查人员中以往接受过宫颈癌检查的人数147人，占9.50%。结案1547人，结案率100%。结案人员中正常的有898人，占58.05%；异常有的649人，占41.95%。异常人员中宫颈细胞学检查503例，检出异常或可疑病例27例，追踪27例。醋酸或碘染色检查1044例，筛查出异常或可疑病例35例。电子阴道镜检查62例，检出异常或可疑病例24例。宫颈癌筛查中需作组织病理检查24例，实查24例，检出低级别病变（CIN1）1例，高级别病变（CIN2和CIN3）6例，原位癌（AIS）5例。宫颈癌癌前病变共11例。早期诊断11人，早诊率100%；宫颈癌及癌前病变检出率711.05/10万；宫颈癌及癌前病变随访11人，随访率100%；宫颈癌癌前病变追踪转诊11例，追踪转诊率100%；宫颈癌癌前病变转诊至上级综合医院治疗11例，宫颈病变治疗率100%。查出生殖道感染647例，占41.82%。其中：滴虫性阴道炎12例，检出率0.78%；外阴阴道假菌丝酵母菌病140例，检出率9.05%；细菌性阴道炎25例，检出率1.62%；粘液脓性宫颈炎19例，检出率是1.23%；宫颈息肉42例，检出率2.71%；宫颈炎642例，检出率41.50%。生殖系统良性疾病：子宫肌瘤37例，检出率2.39%；其他良性疾病6例，检出率0.39%。

【免费孕前优生健康检查项目工作】 2017年1～12月，共完成免费孕前优生检查3142人（男方1571人，女方1571人），目标任务完成率101.35%。评估咨询、指导服务3142人。其中高风险472人，面对面咨询指导或电话咨询545人。完成早孕随访3000人次，妊娠结局随访739人次。新增叶酸服用人数2682人，免费叶酸发放16092瓶，发放优生知识读本1580本。

【计划生育服务工作】 2017年1～12月，区妇计中心共做1021例宫内节育环放置手术，1286例宫内节育环取出术，1057例计划外终止妊娠术。开展计划生育手术术后随访（B超生殖健康检查）1800余人次。

【危急孕产妇救助】 2017年共救助4例危急孕产妇，最高救助金额35000元，最低救助金额4000元，救助金额共计5.54万元。

【贫困孕产妇救助】 2017年1月26日，在区妇计局四楼会议室召开江川区2016年贫困孕产妇救助基金兑现会，对符合补助标准的86名贫困孕产妇进行补助，最高补助1700元，最低补助500元。补助金额共计6万元。

【出生医学证明管理】 2017年，共办理出生医学证明2352张。其中：机构内首次签发2295张，机构外首次签发9张，换发13张，补发22张，废证13张，废证率0.55%，办证率100%。

（周艳萍）

疾病预防控制

【参加“三下乡”活动】 2017年1月18日，区卫计局、区疾控中心派出工作人员参加“三下乡”活动，活动共发放卫生知识、艾滋病防控知识、健康常识、食品药品安全等53种宣传资料、1230份，展出展板72块，发放价值4000元药品。

【艾滋病防治知识宣讲】 2017年2月17日，江川区疾控中心工作人员到区卫生监督局组织的美容美发专业人员培训班开展艾滋病防控宣讲活动。来自全区80余名美容美发专业人员参加活动。疾控中心党支部书记郭正雄对中国、云南、玉溪、江川区等艾滋病疫情进行通报，并对艾滋病传播途径，艾滋病对个人、家庭、社会的危害，艾滋病防治情况进行讲解。

【开展健康教育活动】 2017年3月5日是第54个“学雷锋纪念日”，3月6日，江川区疾控中心按照区委文明办安排和要求，围绕“弘扬雷锋精神，开展志愿服务，共建文明城市”主题，4名工作人员走上街头携带宣传画、宣传册、折页和环保袋，同时摆放宣传展板，向群众宣传防艾、慢性病防治、合理膳食等卫生和健康知识，设立咨询台。发放各类宣传材料2000余份，摆放宣传展板18块，出动宣传车一辆。

【开展大学生村官防艾培训】 2017年3月8日下午，江川区在区党校会议室开展大学生村官禁毒防艾知识讲座，44名大学生村官参与。培训围绕“预防与宣传”为主，通过理论结合实际案例、小测试、发放宣传材料等方式进行。

【召开推进省级慢性病综合防控示范区创建会议】 2017年3月16日，江川区召开江川区省级慢性病综合防控示范区创建工作推进会，江川区将在上年取得成效的基础上，采取有效措施，加大工作力度，全力推进省级慢性病综合防控示范区创建工作，争取2017年8月顺利通过省级验收。会议对各部门职责分工、省级慢性病综合防控示范区建设指标体系做分解。副区长杨军萍代表区人民政府与各有关单位和部门签订《江川区创建省级慢性病综合防控示范区目标责任书》。会议要求，各有关单位和部门要结合实施方案目标体系分解任务和所签责任状内容，按照各自工作职责，制定相关防控措施，加强协调配合，形成综合治理；要强化领导和人力、财力保障，不断增加公共财政投入，逐步扩大慢性病防控范围，进一步完善保障机制；要抓好示范，积极开展慢性病防控示范乡镇（街道）和全民健康生活方式活动示范社区、示范单位、示范餐厅、示范食堂创建，带动整体发展，引导人们养成健康生活方式。

【省爱卫办专家组到江川区开展国家卫生城市复审督导检查工作】 为确保江川区2018年顺利通过国家卫生城市复审，2017年3月16～17日，由卫计委疾控局局长、省爱卫办副主任李永等一行10人组成的国家卫生城市复审督导检查组，对江川区国家卫生城市创建和迎审工作进行复审检查。副区长杨军苹以及区卫计局、爱卫办、教育局、城管局、工信局、环保局、市场监管局、卫生监督局、交通局、大街街道办等部门有关负责人陪同检查。复审专家组先后深入江川区环城水系、污水处理厂、自来水厂、农贸市场、客运站、社区、新旧居民小区、机关单位、学校、医院、公园、广场、餐馆旅店、食堂、超市、建筑工地、城中村、城郊结合部等场所，按照新的国家卫生城市考核标准，对全区爱国卫生组织管理、健康教育和健康促进、市容环境卫生、环境保护、重点场所卫生、食品和生活饮用水安全、公共卫生与医疗服务、病媒生物预防控制等方面工作进行实地督导检查，听取有关负责人汇报，并查看相关工作资料。市卫计委主任马跃武、市爱卫办主任黎明燕，区委书记徐贤、区人大主任龚桂存、区政协主席罗跃岗、区政府副区长杨军苹，区城乡人居环境综合整治工作督导组领导，以及区政府办等国家卫生城市创建达标工作指挥部成员单位的主要负责人及分管领导出席国家卫生城市复审督导反馈会。反馈会上，检查组8名专家结合3月16日实地督导检查情况，提出54条整改意见。李永指出，江川区委、区政府高度重视国家卫生城市复审工作，做了大量工作，取得一定成绩，但也存在不少问题。下一步，要进一步围绕新国标，狠抓重点、难点工作的整改，力争各项工作达到复审标准，确保国家卫生城市复审取得成功。徐贤表示，督导组实事求是、一针见血地指出江川区创建工作中的问题和不足，对进一步查找薄弱环节、改进工作具有很大促进作用。各级各部门要把迎接国家卫生城市复审作为当前最重要最紧迫的工作任务，争分夺秒，真抓实干，重拳出击，全力以赴，确保顺利通过国家卫生城市复审。

【开展“世界防治结核病日”宣传活动】 2017年3月24日是第22个“世界防治结核病日”，宣传主题是“社会共同努力，消除结核危害”。为提高广大群众对结核病防控知识的认识，区疾病预防控制中心3月24日在大街宁海路北段开展宣传活动。

在现场开展宣传咨询、讲解防治结核病核心信息、发放宣传折页、宣传实物等多种形式宣传，医务人员还提供免费测血压服务。据统计，本次活动共有100余名群众前来咨询，共发放4种500余份宣传资料。

【区妇联举办艾滋病防治知识讲座】 2017年3月24日，区妇联开展艾滋病防治知识讲座。培训采用多媒体授课方式，向参会群众讲述“什么是艾滋病？艾滋病的传播途径有哪些？如何预防艾滋病？”等方面知识。进行《江川区全国艾滋病综合防治示范区艾滋病知识问卷表》调查，共发出调查问卷86份，收回86份，艾滋病防治知识知晓率100%。

【禁毒防艾“流动课堂”进企业】 2017年3月30日，区总工会联合江城镇总工会在区吉宏汽车运输公司开展以“依法禁毒，构建和谐”为主题的禁毒防艾“流动课堂”活动。区总工会邀请区禁毒大队和区疾控中心专业人员为该公司40名职工授课，内容包括艾滋病的含义、艾滋病传播的途径、艾滋病的危害、艾滋病的预防措施等知识。活动共发放宣传资料220余份，艾滋病知识问卷调查表40份，知晓率100%。

【志愿者服务队】 2017年3月31日，江川区“创卫·创文”志愿服务活动启动仪式在江川体育馆举行。学生志愿者服务队、社会青年志愿者服务队、巾帼志愿者服务队、职工志愿者服务队、红十字志愿者服务队500余人参加。会后，“双创”志愿者服务队在江川中心区域启动志愿服务主题活动，有“城乡环境卫生综合整治”“文明行为劝导”等服务内容。

【工会干部开展防艾知识专题培训】 2017年4月19日，玉溪市江川区工会干部综合素质培训班在区委党校举办。区疾控中心书记、主治医师郭正雄对全区160余名工会干部进行防艾知识专题培训。

培训通报江川防治艾滋病工作目前面临的严峻形势，同时要求工会干部要高度重视预防艾滋病工作，发挥工会优势，投身到防艾人民战争中来，为2020年实现“三个90%”（90%的感染者被发现，90%已经诊断的感染者接受抗病毒治疗；90%接受抗病毒治疗的感染者病毒得到抑制）的第四轮防艾人民战争目标而作出积极贡献。

【开展免疫规划及疟疾预防宣传活动】 4月25日是全国儿童预防接种宣传日，主题是“规范疫苗接种　公建健康中国”，4月26日是第4个“全国疟疾日”，主题是“消除疟疾　谨防境外输入”，江川区疾病预防控制中心组织人员开展2个卫生日宣传活动。宣传活动，共发放各类宣传资料500余份。

【开展国家基本公共卫生服务宣传月活动】 为进一步落实省卫计委、市卫计委关于做好国家基本公共卫生服务项目宣传月的指示精神，让居民了解国家基本公共卫生服务项目和政府优惠政策，使居民提高认识，主动参与，按照区卫计局通知要求决定，江川区于2017年4月10日至5月10日在全区范围内开展《国家基本公共卫生服务项目宣传月》宣传活动。宣传月期间，在辖区内设置宣传点，悬挂宣传条幅、放宣传材料，开展宣传活动。全区各乡镇设立6个宣传点，开展宣传工作，印制发放22750份宣传材料，内容涉及“国家十二项基本公共卫生服务项目”“国家基本公共卫生服务项目知识宣传”“预防接种服务项目知识宣传”“职业病防治”“疟疾防治知识”等。利用电视、广播进行宣传。在江川电视台播放、江川人民广播电台播出国家基本公共卫生服务项目公益广告。举行户外活动，4月25日江川区疾控中心联合大街卫生院在大街老戏台广场，免费宣传项目开展宣传活动，发放健康教育资料等；开展健康教育工作，发放宣传材料500份、环保袋200个，普及基本卫生知识，引导居民建立科学文明健康的生活方式。

【开展“防治碘缺乏病日”宣传活动】 第二十四届“防治碘缺乏病日”宣传活动于5月15日在大街老戏台广场举行。活动围绕“每天一点碘，健康多一点”主题，区疾控中心和大街卫生院的8名宣传人员向在场群众发放宣传资料，宣讲碘缺乏病防治的相关知识，解答群众提出的问题；活动共发放宣传画200张，环保袋200个。

【开展“5.31世界无烟日”宣传活动】 5月31日是世界卫生组织发起的第30个世界无烟日，根据省、市、县要求；5月31日上午，区卫生计生局、区爱卫会、区医院、区中医医院、区疾控中心、大街卫生院及江川客运站联合在客运站举办以“无烟·健康·发展”为主题的第30个世界无烟日宣传活动，通过开展戒烟咨询、义诊活动、知识问答及发放宣传资料等多种形式活动，有助于促进经济发展，积极推进江川区“双创”工作建设。活动发放控烟环保袋100个，各类控烟宣传材料15种700份，出动宣传车1辆，工作人员17人。

【改善医疗服务行动】 根据《玉溪市进一步改善医疗服务行动计划》和《江川县进一步改善医疗服务行动计划工作方案》的要求，加强医德医风建设，严格落实树立先进典型，推进落实医德考评。为减轻群众费用负担，中心5月来为全区提供免费公共场所监测7家；免费为695名从业人员体检和办理健康证；水质检测193件和食品监测6件；发放灭鼠毒饵400个。同时在全区范围内开展多种形式健康教育活动、讲座，共开展各种讲座191次，参加人次5676人次。发放控烟警示牌12块，禁烟标识10000张。

【召开乡镇村妇女主席创卫培训会】 2017年6月6日，江川区妇联举办妇女创建国家卫生城市工作培训会。邀请江川区疾病预防控制中心主任凌剑波作专题业务培训，全区75名乡镇村妇女主席参加培训。

【开展重症精神病患者筛查】
2017年6月5～9日，江川区疾控中心联合市二院、区人民医院、乡镇卫生院按照精神病人筛查要求开展调查，并同时做好评估、体检复核诊断等工作。乡村医生通知患者，组织精神病人及家属到乡镇卫生院参加筛查复核诊断、评估及药物治疗指导工作。此次共筛查、评估精神病患者1066人。其中，新增复核诊断63例；筛查复核诊断、评估工作5天，聘请市二院精神科专家3人，区疾控中心业务骨干6人，区人民医院2人，车辆2台，6乡镇卫生院防保科和村卫生所的乡村医生参与。市二院精神专家回答患者和家属提出相关问题，并为患者和家属进行一次心理健康咨询疏导活动。

【玉溪市创建国家卫生城市工作指挥部组织健康教育专业组到江川区指导创卫工作】 2017年7月10日，玉溪市创建国家卫生城市工作指挥部组织健康教育专业组到江川指导创卫工作，专业组由玉溪市疾病预防控制中心副主任张铁群等一行4人组成。指导工作首先由张铁群对照《国家卫生城市标准指导手册（2014版）》“健康教育和健康促进”标准对各成员单位进行培训解读。培训结束后，专家组听取江川区就2017年3月份省爱卫办组织专家组对江川区创建国家卫生城区工作检查中指出的涉及“健康教育”问题的整改落实情况。同时专家组还深入学校、社区、企业、医院、文广体局、健康步道、健康主题公园进行现场指导。

【市督导组对江川区慢病综合防控示范区创建工作进行督导】
2017年8月30日，由市疾控中心副主任李六九、慢病科科长魏如清及蒋雪莹组成的市慢性病综合防控督导组一行3人在江川区卫计局、区疾控中等领导陪同下，对江川区创建省级慢性病综合示范区进行现场督导。

督导组首先对创建慢性病示范区所涉及的政策完善、环境支持、体系整合、健康教育、慢性病全程管理、监测评估、创新引领7大块内容的资料逐一进行审核。随后，分别到健康餐厅/食堂（宏香园餐厅、浪广坝食府、大街小学食堂），健康学校（大街小学），健康小屋（星云大药房、江川医药有限公司），健康

步道、健康一条街、健康主题公园进行实地查看。现场询问餐厅/食堂厨师对控盐、控油等知识，查看健康小屋工作人员日常对居民测量血压、血糖的登记台账等情况。最后，督导组对本次督导中存在的问题进行反馈，并对下一步工作提出要求。区卫计局局长杨春文针对督导组提出的问题，指出下一步江川区将加大人力、物力，尽快完成慢性病示范区创建工作，并联合多部门，尽快完善相关资料，提高全区的创慢氛围，对考评标准再熟悉，齐心协力确保江川区在2017年内创建省级慢性病综合防控示范区成功。

【“全民健康生活方式日”宣传活动】 2017年9月1日是第11个“全民健康生活方式日”，活动宣传主题为“三减三健，迈向健康”。全民健康生活方式日活动当天，在大街镇老戏台小广场设立“全民健康生活方式日”活动宣传点，并悬挂宣传活动横幅，区疾控中心和大街卫生院工作人员发放“践行健康生活方式防控慢性病、合理膳食、全民健康生活方式行动、了解糖尿病预防糖尿病、人到四十须防无症状冠心病、远离烟草珍爱生活、动则有益贵在坚持”等宣传材料各300余份及中国居民膳食宝塔、运动金字塔各30份。同时利用江川气象平台电子屏，向全区中小学校、机关事业单位及镇乡、村委会（社区居委会）广泛宣传。

【召开省级慢性病综合防控示范区创建乡镇（街道）工作推进会】 2017年9月5日，江川区省级慢性病综合防控示范区创建乡镇（街道）工作推进会在区卫计局召开，区卫计局局长、慢性病综合防控领导小组办公室主任杨春文出席。会议由区卫计局副局长周双有主持，区卫计局局长杨春文指出，省级慢性病综合防控示范区创建工作是2017年区政府的重点工作之一，各乡镇（街道）要提高认识，高度重视迎检工作，按照创建慢性病综合防控示范区实施方案的职责分工和考评指标，结合存在问题，查缺补漏，做好迎检筹备工作，确保全区2017年慢性病综合防控示范区创建工作顺利通过省级验收，持续改善和提高居民的健康水平。

【开展第29个“全国爱牙日”活动】 第29个“全国爱牙日”，宣传主题是“口腔健康，全身健康”。为提高公众对口腔健康、牙齿保健以及口腔疾病防治的认识，增强公众的口腔健康观念和自我保健意识，2017年9月20日，区疾控中心联合白德新口腔诊所、唐保柱口腔诊所、江川远强口腔诊所、刀云聪口腔诊所开展义诊宣传活动。

【开展全国高血压日、世界精神卫生日宣传活动】 10月8日是全国第20个“全国高血压日”；10月10日是第26个“世界精神卫生日”。区疾控中心根据省、市的要求联合大街卫生院举办以“知晓您的血压”“心理健康，社会和谐”为主题的宣传活动。此次活动共发放宣传材料13种500份，出动宣传车一辆，工作人员6人参与。

【健康知识进企业】 2017年10月18日，江川区卫计局、区疾病预防控制中心在联塑集团设置健康知识展板开展“平衡膳食、戒烟限酒、科学运动、心理平衡、计生知识”等方面的健康知识宣传，在联塑集团员工食堂设置宣传版画14块，同时更新宣传栏2块，并向图书室提供《健康素养66条》手册30本。

【开展世界“世界厕所日”宣传活动】 2017年11月19日，是第五个“世界厕所日”。为深入推进农村无害化卫生厕所改造工作，江川区组织开展以“使用卫生厕所　享受健康生活”为主题的2017年世界厕所日宣传活动。结合江川区实际，开展多种形式的“世界厕所日”宣传活动。

江川区按照省市围绕今年宣传活动主题，把“世界厕所日”宣传活动与当前的爱国卫生运动、冬季重点传染病防控、巩固国家卫生城市等工作紧密结合起来，采取媒体宣传、深入社区现场开展宣传，确保宣传活动实效。充分发挥爱国卫生运动的优势，动员广大公众参与，普及卫生防病知识。营造良好的宣传氛围。通过开展咨询活动和发放宣传材料积极开展“世界厕所日”活动，活动中共发放宣传材料500份，粘贴宣传画50张。

【第11个“世界糖尿病日”宣传活动】 2017年11月14日是第11个“世界糖尿病日”，宣传主题是“女性与糖尿病—我们拥有健康未来的权利”。为了进一步提高更多女性对糖尿病的认识，推进早期筛查、早期诊断，做好糖尿病的健康教育工作，江川区疾控中心在世界糖尿病日来临之际，联合大街街道卫生院开展2017年世界糖尿病日大型宣传主题活动。共发放宣传折页8种640余份。宣传糖尿病防治知识，推进糖尿病早期筛查、早期诊断。

【开展“预防脑卒中日”宣传活动】 10月29日是“世界卒中日”，区疾病预防控制中心联合大街街道卫生院开展宣传活动。10月29日，在单位门前利用电子屏幕宣传，在活动人群较多的老戏台悬挂条幅、摆放宣传板、发放关于脑卒中的宣传折页、发放宣传材料700份（脑卒中防治知识宣传折页、慢性病防治知识宣传折页、7种高发癌症最青睐的人群知识宣传折页、健康生活方式宣传折页、三减三健宣传折页，受益群众700余人。

【“世界艾滋病日”宣传活动】 根据江川区全国艾滋病综合防治示范区项目的要求，结合《玉溪市江川区防治艾滋病工作委员会办公室关于开展2017年第30个“世界艾滋病日”宣传活动的通知》，2017年12月1日联合区防艾委部分成员单位（市公安局江川分局、区妇联、团区委、区红十字会、区卫计局）各1名工作人员，区疾控中心、妇计中心、大街街道卫生院相关人员相关人员在老戏台开展世界艾滋病日宣传活动，此次活动进行艾滋病防治知识公众宣传，发放宣传单、印刷资料、计生用品、布置横幅、展板等。各单位工作人员向过往群众宣讲防艾知识，发放禁毒防艾宣传小册子以及妇女健康手册，告诉群众认识艾滋病，掌握预防艾滋病的相关知识，避免危险行为，切断传播途径，从自身做起，从家庭做起，筑起防艾的第一道防线。活动当天摆放禁毒防艾展版40余块，共发放艾滋病、性病、梅毒、丙肝防治宣传单10000余份、防治艾滋病防治知识宣传草莓袋子1000余只、安全套2400只。

【艾滋病确证实验室验收】 为提高艾滋病确证实验室工作能力，促进江川区完成“3个90%”目标，区疾控中心于2017年9月30日收到艾滋病确证检测的相关设备，于2017年10月完成《艾滋病确证实验室申请表》，经审批提交至云南疾病预防控制中心艾滋病确证中心实验室，省中心定于2017年12月4～5日由省级专家杨朝军和杨敏，市级专家鲁建波、蔡英和董文斌到区疾病预防控制中心艾滋病确证实验室进行验收，通过对建筑和环境，人员条件，仪器设备，实验室制度、标准操作程序、现场盲样的考核、实验室质量控制、报告的出具等方面进行现场查看。省市两级专家按实验室验收的程序，经过首末次会议和多方面评定，一致同意区疾控中心成立艾滋病确证实验室。

【“慢性病地方病防控工作”督导考核工作】 2017年12月9日，玉溪市疾病预防控制中心对江川区慢性病地方病防控工作进行现场督导考核。在矣成江的带领下，由范芝宏、赵微、蒋雪莹、李娅婕等5人组成的督导考核小组在区疾控中心慢病科全体人员陪同下，随机抽取雄关乡雄关卫生室和大街街道三街卫生室，分别在9号上午和下午进行现场督导考核工作。根据《2017年玉溪市疾病预防控制工作业务督导书及目标管理责任书》要求，督导考核小组对雄关和大街现场考核内容包括：65岁以上老年人、高血压、糖尿病患者管理的真实性、有效性和规范性；严重精神障碍患者报告患病率、管理率、规范管理率、诊断评估和救治救助等情况，村级须有管理（筛查、随访、体检）台账；死因监测：查阅收集妇幼保健院婴幼儿死亡名单、民政局死亡名单与网络录入进行真实性核实及漏报调查，核实粗死亡率、死亡漏报率、报告及时率、及时审核率、死因编码错误率、死因诊断符合率、身份证填写完整率、多死因链填写完整率等情况；肿瘤随访登记报告：查阅相关文件、实施方案、台账，核实任务指标完成情况、录入数据库、填报卡片质量等情况，根据市级返给各县区肿瘤患者名单开展漏报调查；心脑血管事件登记报告：查阅相关文件、实施方案、台账，核实任务指标完成情况，核查填报卡片质量。

【市、区两级卫生计生2017年疑似人感染H7N9禽流感应急综合演练】 为提高江川区卫计系统工作人员应对突发事件应急处置的能力和整体实战水平，有效控制和消除各类突发公共卫生事件的危害，切实保障广大人民群众的身体健康，维护社会稳定，12月12日，演练由区卫计局组织，区人民医院、区中医医院、区疾控中心、区卫计局卫生监督局及

各乡镇（街道）卫生院共同组织人员参加，共设置首诊病人、流行病学调查、组织指挥、病例转运、接收病人、卫生监督、疫情确认演练7个环节。

（杨　虎）

卫生监督

【概　述】 2017年末，区卫生和计划生育局卫生监管局编制人数15人，在职人数9人，其中：男4人、女5人。研究生学历1人、本科学历7人、大专学历1人。局内设办公室、卫生许可审核科、卫生监督一科、卫生监督二科4个科室。2017年，卫生监督局着力强化队伍建设、作风建设、能力建设、项目建设，加大卫生监督执法力度，严厉打击非法行医，狠抓医疗卫生、放射卫生、公共场所卫生、学校卫生、生活饮用水卫生、传染病防治及卫生监督协管服务等工作，各项工作取得新突破。

【宣传培训】 2017年，卫生监督员共计参加省、市、区举办的各类培训班17期，参培人数达37人次；培训各类从业人员896人，培训合格率100%；编印卫生监督信息31期；为加强全区医疗卫生机构管理工作，持续推进创卫、创文工作，举办全区医疗机构主要负责人培训班，于2017年2月28日、2017年4月30日、2017年6月30日、2017年8月30日、2017年10月30日、2017年12月30日对全区个体诊所开展培训，培训人次400余次，发放创卫、创文宣传材料400余份。2017年5月18日对全区卫生院、村卫生室开展培训，培训88人次，发放宣传材料88份。2017年，江川区分类别对不同公共场所从业人员进行培训，提高经营者创卫意识、责任意识以及卫生管理水平；制作宣传材料2000份发放至监督对象，材料内容涉及医疗机构、公共场所、学校卫生、生活饮用水，以及创卫知识、健康教育等多方面。

【许可审核】 2017年1～12月共计审发许可证76户（新办43户），其中：医疗机构新设置审批15户、理发27户（新办13户）、歌舞厅4户（新办1户）、生活美容14户（新办7户）；住宿13户（新办4户）、新办商场超市1户、新办书店1户，游泳池换证1户。

【卫生监督】 2017年全区共有各类管理相对户660户，建档660户，建档率100%，其中：医疗机构174户、公共场所324户、学校72所、托幼机构51所、集中式供水单位12户、二次供水单位9户、医疗放射单位8户、职业病健康体检机构1家、餐饮具集中消毒单位3户、消毒产品生产企业6户。全年监督660户、999户次，监督率151%、覆盖率100%，其中：医疗机构监督174户、207户次，监督率119%、覆盖率100%；公共场所监督324户、589户次，监督率182%、覆盖率100%；学校监督72所，监督覆盖率100%；托幼机构监督58所，监督覆盖率100%；集中式供水单位监督12户、36户次，监督率300%、覆盖率100%；二次供水单位监督9户、21户次，监督率233%、覆盖率100%。；医疗放射单位监督8户，监督覆盖率100%；职业病健康体检机构监督1户，监督覆盖率100%；餐饮具集中消毒单位监督3户，监督覆盖率100%；消毒产品生产企业监督6户，监督覆盖率100%。

【监　测】 2017年开展枯水期饮用水监测1次，抽检样品41个，合格40个，合格率97.56%，开展现场饮用水快速检测1次。开展丰水期饮用水监测1次，抽检样品41个，检测合格24件，合格率58.53%，不合格指标主要为主要为浑浊度、耗氧量等非生物学指标。对全区农村生活饮用水开展集中整治以及消毒剂专项整治，取得全区农村供水的基础资料，为下一步加强饮用水管理打下基础。

【行政处罚】 2017年，江川区卫生监督局加大卫生监督执法力度，1～12月共有违反医疗机构卫生法律法规的行政处罚案件5件，罚款金额合计人民币29000元。其中医疗机构案件4件、非法行医案件1件。处罚违反《食品安全法》相关规定的餐饮具集中消毒单位1户，处罚金额为5000元；对托管区2家餐饮具消毒单位给予警告的行政处罚。处罚违反《公共场所卫生管理条例》相关规定的公共场所经营单位6户，处罚金额为6000元。对监督抽检不合格的2户二次供水单位给予行政处罚，共罚款1500元。

【打击非法行医工作】 2017年，江川区卫生监督局继续加大打击非法行医力度，以社会各界投诉举报、日常监督检查、各乡镇卫生院卫生监督协管上报信息及以往因非法行医受过行政处罚的人员（场所）名单为主要线索，开展监督检查。2017年共查处无证行医案件1件，罚款金额合计人民币5000元。

【卫生监督协管服务工作】 2017年江川区有乡镇卫生院7户、村卫生室71户，共有卫生监督协管员24人。全年应报卫生监督协管服务信息报表12次、时报12次，上报率100%；应巡查660户、实巡查2345户次，巡查率94.25%；应考核卫生监督协管站7个、实考核7个，共抽查村卫生室56个，对检查中存在的基础档案资料不全、信息报送数量不足、卫生监督协管巡查记录及书面整改意见文书书写不规范等问题现场提出整改意见，要求立即整改。

【公共场所艾滋病防控】 按照区卫计局的统一部署及要求，开展重点地区、重点人群和薄弱区域推套防艾工作，开展防艾专项督查。2017年，江川区卫生监督局加强对辖区内住宿场所、文化娱乐场所推广使用安全套监督执法及宣传工作，共发放卫生监督意见书140余份，督促以上场所摆放安全套，卫生监督覆盖率100%。2017年10月20日组织全区公共场所开展艾滋病防控知识培训。

【农村饮水工程普查】 2017年开展农村饮水工程普查，普查大庄社区居委会抽水站、江川区水利局仙人洞水站、九溪中营集中式供水工程、安化董炳村饮水工程、前卫镇杨家咀供水工程、江城祁家营集中供水工程、雄关下营、中营饮水工程、九溪鸡窝饮水安全工程、九溪六十亩饮水安全工程、前卫庄子饮水工程共10家，为下一步做好农村饮用水安全工作打下基础。

【维护医疗市场秩序】 2017年在“3.15”期间，出动车辆1台，于2017年3月15日上午在江川区电视台的参与下，将收缴的非法行医药品、器械30余箱，价值约为3万余元，统一在前卫镇垃圾处理厂作全部焚烧处理。销毁的药品、器械为近年来打击非法行医行动中现场收缴的针剂、片剂、丸剂、中药饮片等。

【春秋两季学校卫生监督】 为进一步加强学校卫生管理，确保学校卫生规范和广大师生身心健康。2017年3月、9月，由区教育局牵头，区公安局、区市场监督管理局、区卫生监督局联合组成检查督查组，对全区学校、托幼机构开展全面检查。江川区卫生监督局以学校医务室、常见传染病防控、生活饮用水卫生、教室环境卫生、学生健康体检等为监督检查重点，共检查中小学72所，下达卫生监督意见书72份；检查托幼机构51所，下达卫生监督意见书51份，对部分学校及托幼机构存在的传染病防控工作台帐登记管理不够规范，内容缺项、漏项比较普遍；学校自建水源管理不够规范，饮用水源保护存在安全隐患；民办幼儿园卫生设施不够规范，传染病防控工作不到位等问题，提出整改意见，要求及时整改。

【全面开展“双随机一公开”工作】 为认真贯彻《关于推进“双随机一公开”全覆盖进一步强化事中事后监管的通知》，2017年卫生监督局制定“两库一单”，按照国家、省、市、区的要求，组织开展医疗机构、传染病防治、消毒产品、公共场所卫生、饮用水供水单位、学校卫生等国家“双随机一公开”监督抽检工作，及时将抽检结果进行公示，顺利完成“双随机一公开”工作。

【规范医疗废物的监督管理】 2017年，江川区共有174家医疗机构（个体医、医务室、公立医院、卫生院、卫生室、门诊部），医疗废物处置服务合同签约率100%，从签约合同上看2/3的医疗机构签订玉溪市易和环境技术有限公司，1/3的签订玉溪兴洁环境技术有限公司，139家医疗机构交由玉溪易和环境技术有限公司处置，17家交由玉溪兴洁环境有限公司处置，18家未产生医疗废物（中医诊所不产生医疗废物），全年共产生医疗废物104987.47千克，月平均产生量为8749.06千克，已全部由两家公司收集处置，处置率100%。

【梳理行政许可事项】 2017年，江川区卫生监督局按照玉溪市江川区行政审批制度改革领导小组办公室文件《关于修订完善办事指南和业务手册加快推进审批服务标准化的通知》，梳理行政许可简版办事指南模板、行政许可完整版办事指南模板、行政许可业务手册。规范行政许可审批事项，精简办事环节，压缩办事时限，降低企业、群众办事成本。

（黄　蓉）

社

编辑　徐凡清

人力资源和社会保障

【概　述】 2017年，江川区人社局围绕“民生为本，人才优先”工作主线，深入实施“促就业、重保障、惠民生、强人才”工作战略，坚持“对标一流，争先进位”，深化改革、务实创新、勇于担当、狠抓落实，全区各项人社事业发展成效明显。

【公务员培训】 完成2017年度公务员和参公人员的人才统计上报工作。开展以扶贫攻坚能力提升为重点的在职培训，参训人数963人。组织27名新录用的公务员初任培训和65名公务员任职培训。

【专业技术人员教育培训】 2017年对150名2016年事业单位新进人员开展初聘培训，经考试合格，作为事业单位新进人员按期转正定级和聘用的重要依据。

【人才推荐】 推荐科技兴乡贡献奖人才2名，大街街道农业服务中心赵正宏同志获得2017年科技兴乡贡献奖。

【放宽基层专业技术人员聘任】 贯彻落实《关于放宽基层专业技术人员职称评聘条件的通知》，严格按照政策对专业技术人员职称申报条件和论文要求进行放宽，属放宽政策聘任的高级专业技术人员500人，其中区级事业单位24人（女年满50周岁，男年满55周岁的14人，连续工作满30年的10人），乡镇事业单位476人（教育系统437人，卫生系统7人，农林水系统29人，文化系统2人，环境系统1人）。2017年中小学教师职称制度改革，乡镇及以下中小学教师，可不受岗位数额限制申报高级教师，共有297名中小教师申报高级教师，评审通过267人。

【事业单位岗位设置】 对区属16个事业单位、2个乡镇事业单位的专业技术职务高中级岗位结构比例进行重新申报核定，6个乡镇的社会保障服务中心开展专技术职务评聘工作。累计共完成事业单位岗位设置144个。

【基层专家工作站申报工作】 区人民医院成功获批专家基层工作站，合作专家为云南省昆明医科大学第一附属医院消化内科主任医师缪应雷（博士研究生），缪应雷主任2017年入选“国家千百万人才工程”，并授予“国家有突出贡献中青年专家”荣誉称号，是江川区柔性引才引进的又一名高技能人才。

【公务员年度考核】 完成政府口975人年度考核（不含市考核的政府口县处级领导10人和区委组织部考核的乡镇、街道副科以上领导58人）。考核结果为：优秀199人，称职752人，不称职1人，不定等次23人。

【专业技术人员年度考核】 完成事业单位3803名工作人员年度考核。考核结果为：优秀557人，合格3052人，基本合格4人，不合格2人，未定等次188人。

【铜器制作】 组织30名铜器制

作手工艺人参加2017年云南省职业技能大赛手工铜器制作，包揽初赛前10名，并代表玉溪市参加云南省职业技能大赛手工铜器制作项目决赛，杨攀林获得第一名，张庆成获得第二名，杨常平获得第三名。

【军队转业干部安置工作】 做好全区56名企业军队转业干部的维稳与解困工作，发放25名企业军转干部的困难生活补贴共433896元，春节慰问困难企业退休军转干部8人，慰问金额4000元，“八一”建军节走访慰问高龄、困难企业退休军转干部8人，慰问金额6400元。

【毕业生就业指导】 2017年共有986名应届高校毕业生登记报到。组织供需见面会2场次，提供就业岗位18058个，签订就业意向380人，参加求职2100人次。目前，尚未就业的大中专毕业生922人，其中：应届毕业生871人，往届毕业生51人。

【人事代理】 截至2017年末，江川区人事代理共1488人，其中，事业单位聘用1418人，其他70人。

【事业单位人员流动管理】 2017年共办理流动213人，其中，区内调动167人（含教育系统内部流动）；调入区内34人；调出区外12人。

【事业单位人事考录】 2017年事业单位公开招聘工作人员152名，其中：卫生系统招聘42名；教育系统招聘51名；其他系统公开招聘48名。2017年定向招聘服务期满高校毕业生11名。

【公开选调事业单位工作人员】 完成公开选调34名，其中，区外选调21名，区内选调13名。

【规范高校毕业生人事档案管理】 2017年共接收大中专毕业生报到986人。其中，研究生7人，本科493人，专科372人，中专114人。截至2017年共保管高校毕业生档案15262册，其中，大中专毕业生11677册，大学生村官档案43册，个私人员29册，辞职辞退人员41册，“三大生”、技校生2054册，聘用人员1418册。流动档案1575册，其中，2017年大中专毕业生档案转入1217册，转出312册，流动人员46册（转入34册，转出12册）。

【大学生村官管理服务工作】 截至2017年末，在岗大学生村官40人，自2017年1月开始为大学生村官购买住房公积金。

【高校毕业生见习工作】 2017年共安排就业见习基地17个，落实就业见习人员34人。

【启动金融社保卡置换工作】 江川区医保中心于2017年5月17日启动以医保参保信息为基础的全区一代社保卡（医保卡）置换为加载金融功能的社会保障卡（二代卡）工作。完成二代社会保障卡发放及置换10.54万余张，累计发放25.87万张。

【城乡居民社会养老保险养老金发放突破2亿元】 截至2017年末，全区城乡居民社会养老保险养老金累计发放2.6588亿元。从2018年1月开始，每月发放给60周岁以上老人的城乡居民养老保险基础养老金从每人每月75元提高到85元，个人缴纳部分根据积累总额另行计算，多缴多得，长缴多得。

【开通跨省异地就医医疗费用直接结算工作】 2017年江川区共对9人跨省异地就医患者进行审批结算，其中：北京2人、上海4人、河南1人、四川1人、哈尔滨1人。

【DRGs付费制度运行初见成效】 江川区自2017年1月在江川区人民医院试运行DRGs付费制度至今，江川区医保中心已按DRGs付费方式支付区人民医院2623.81万元，其中职工医保支321.53万元，城乡居民医保支2302.58万元。

【抓诚信，惩失信】 2017年共上报诚信企业5户、失信企业2户在玉溪市人社局网站公示，让失信企业“一处失信，处处受限”，提高企业失信违法成本，让诚信守法企业有更多的经营空间。

【“治欠保支”】 2017年共排查本区域在建工程项目42个，检查用人单位36户，对各类用人单位进行54户次巡查，发出限期整改指令书5份。共追讨清欠农民工工资2322.88万元，涉及农民工1076人。

【事业单位2018年绩效工资总量核定】 对187家事业单位进行

2018年绩效工资的部署、审核、汇总，并要求各单位科学制定考核方案和考核办法。

【江川区为村“三委”干部办理社会保险】 从2016年6月起，江川区任职满一年的村（社区）“三委”成员，按照每人每年600元的标准，由区财政出资缴纳城乡居民养老保险保险费，已经参加企业职工养老保险的，补助600元。共为576人办理城乡居民养老保险；补助参加企业职工养老保险126人，为“三委”干部老年生活提供养老保障。

【事业单位定向招聘大学生村官】 经报名、资格审查、笔试、面试、考核、体检、考察、公示、聘用，5名新聘人员走上工作岗位，江川区2017年事业单位定向招聘大学生村官工作圆满完成。

【稳步推进高风险企业按项目参加工伤保险】 2017年启动实施建筑高风险企业按项目工程税前造价的1‰计费比例参加工伤保险工作。截至2017年底，全区32户建筑企业442人，非煤矿山企业34户505人，其它火炮等高风险企业68户2174人参加工伤保险，按工程项目参加工伤保险55户，收取工伤保险费59.67万元。

【建档立卡人员三次补偿工作】 江川区医保局及时将三次补偿费用兑付至558名建档立卡人员，费用188994.3元。

【公立医疗机构药品耗材集中采购费用医保代付工作】 2017年，共支付公立医院药品采购费用3665.28万元，其中：医疗保险基金结算支付2483万元，医院二次清算资金支付649.53万元。

【规范工资收入分配制度】 江川区自2017年5月开始，组织全区相关业务人员139人对云南省工资福利信息管理决策支持系统进行培训，同时按照相关要求和标准，对全区4618名机关事业单位工作人员的基本信息进行核对和录入。2017年，职务变动晋升工资和事业单位岗位变动1045人；办理特殊岗位津贴变动69人；179人见习人员办理转正定级手续。办理护理费15人次。办理丧葬抚恤费及遗属困难补助39人。

【退休审批】 机关事业单位按政策办理退休共100人，其中因病提前退休1人。企业及自谋职业者187名职工办理正常退休手续，其中特殊工种、因病退休23人。

【工伤认定和劳动能力鉴定】 2017年共收到工伤申请151件，受理151件，其中，个人申报的5件。由市人力资源和社会保障局认定151件，其中：属于工伤的147件，不属于工伤4件。需要劳动能力鉴定53人，经市劳动能力鉴定委员会已鉴定53人，其中：因工鉴定43人，因病10人。因病完全丧失劳动能力9人。

【就业再就业】 城镇新增就业2544人，城镇失业人员再就业896人，特殊困难群体再就业756人，开发公益性岗位550人，城镇登记失业率控制在3.43%以内。农村劳动力转移就业人数22390人，建档立卡培训1283人，失业保险参保人数7687人，职业技能培训1053人。

【企业养老保险】 企业基本养老保险参保415户，其中：国有89户，集体7户，外资1户，其他企业（含股份制和私营企业）318户。企业参保10410人，企业离退休人员参保3639人。企业职工基本养老保险应收缴基金8842元，实际收缴8789万元，收缴率99.4%；发放3639名企业离退休职工养老金8604.69万元，发放率100%。

【机关事业单位养老保险】 机关事业单位参保户数178户，参保职工4650人，机关事业单位离退休人员参保1937人。应收缴基金11297万元，实际收缴11289万元，收缴率100%。发放1937名行政事业单位离退休职工养老金9497.29万元，发放率100%。

【被征地农民养老保险】 2017年，共为998人办理被征地农民养老保险，收取个人保险费及政府补贴收入499万元；为5252人发放被征地农民养老保险养老金316.34万元。

【城乡居民养老保险】 城乡居民社会养老保险参保人数达到15.06万人，参保率99.1%。累计为3.5万名60岁以上老年人累计发放养老金3620万元。办理城乡居民养老保险退保1632人，支付退保金146.07万元。

【城镇职工基本医疗保险】 参加城镇职工基本医疗保险的单位

491户，参保人数14842人（在职10754人，退休4088人），其中：机关事业单位7311人，企业单位7531人（含农民工1198人），灵活就业人员1423人（含退休671人）。应征缴基金6436.92万元，实际征缴基金6423.6万元，征缴率为99.79%，其中：单位缴5080.77万元（其中财政负担5080.77万元），个人缴1342.84元。纳入基金分配6423.6万元，其中：划入统筹基金2843.53万元，占44%，划入个人帐户3580.07万元，占56%。基金支出6731.11万元（结算数据），其中：统筹基金支出2806.51万元（含特慢病支出602.73万元），占总支出的41.69%，个人账户基金支出3924.60万元，占总支出的58.31%。基金超支307.51万元。

大病补充医疗保险。参保单位491户，参保人数14842人。应征缴基金293.46万元，实际征缴292.09万元（含财政负担），理赔费用303.72万元，基金红书11.63万元。

公务员补助医疗保险。参保单位202户，参保人数7512人。应征缴基金2577.93万元，实际征缴2577.93万元（其中财政负担2577.93万元）。

特殊人群医疗费。现有特殊人群47人（2016年末52人），其中：离休人员32人，二等乙级以上伤残军人15人。医疗费支出175.11万元。

【城乡居民基本医疗保险】 参加城乡居民基本医疗保险223983人。实收基金13819.75万元，其中：各级财政及民政补助资金10460.00万元，个人缴费3359.75万元；基金支出11522.68万元（含一般门诊支出1278.48万元，特慢病门诊支出276.49万元），基金结余2265.91万元。

大病补充医疗保险。参保人数223983人，理赔费用823.41万元。

【失业保险】 参加失业保险的人数有7687人，失业保险费收入439.88万元，1284人次领取失业保险金，发放失业保险待遇93.8万元，为593人次失业人员代缴医疗保险18.25万元。

【工伤保险】 全区工伤保险参保人数有15702人，其中企业参保10351人，机关事业单位参保5351人。工伤保险基金应收缴641.71万元，实际收缴635万元，收缴率为99%；工伤保险待遇支付581.68万元，其中，支付企业职工539.19万元、机关事业单位职工42.49万元。

【生育保险】 生育保险参保10355人，其中企业参保4935人，机关事业单位参保5420人。生育保险应收缴基金294万元，实际收缴291万元，收缴率99%；生育保险待遇支付707.75万元，其中，支付企业职工582.88万元、机关事业单位职工124.87万元。

【劳动合同登记备案】 严格按照合同登记备案的要求，对562户用人单位7738人的劳动合同进行登记备案，劳动合同签订率95%。审核5个区域性和2个行业性工资集体协商合同，覆盖企业249户；单独签订的工资集体协商合同63户；共涉及劳动者6923名，集体合同签订率达93%。

【劳动人事争议案件处理】 共办理劳动人事争议案件57件，涉案金额87.11万元。其中，调解32件，裁决22件，不予受理3件。结案率100%。基层调解组织调解案件9件，涉及金额122.07万元。调解成功率65%。

【全省“百佳十强”家庭服务企业】 组织2户企业参加2017年度全省“百佳十强”家庭服务企业（单位）系列活动，玉溪幸福家园家政服务有限公司、玉溪市江川区姝彤家政有限责任公司被评为2017年度云南省“五十佳”家庭服务企业称号。

【信访工作】 2017年共接待涉及工资、工伤、福利等问题咨询政策群众300余人次，处理其他部门转办来信11件，已全部结案，涉及来访者180余人。

【社会保险登记】 截至2017年底共办理发放社会保险登记证829户，其中机关和社会团体88户。2017年，共发放社会保险登记证17份，其中事业单位3份，个体14份。符合“多证合一”条件的单位实行网上推送后人社部门接收处理，不需再办理社会保险登记证。

【劳动监察】 开展以农民工工资支付、清理整顿人力资源市场、用人单位遵守劳动用工和社会保险法律法规情况等为内容的专项检查5次，检查用人单位36户次。对各类用人单位进行54户次巡查，发出限期整改指令书5份。

对巡查中存在问题的用人单位现时要求整改。及时协调解决14起欠薪来访事件，为140名农民工追回所欠工资64.6万元，立案查处2起拖欠工资投诉事件，其中移送公安机关处理1起。

【劳动执法年审】 2016年度劳动保障执法年审江川区共有478户单位，其中机关事业单位199户、企业及个体工商户254户和其他用人单位25户，涉及用工人数6492人。

【农民工工资保证金】 截至2017年末，76户建设单位缴存工资保证金25038554.18元。

【加强社会保险稽核】 2017年，共开展医保两定机构稽核180次，责令整改5家，拒付不合理费用3908.6元。开展养老保险书面稽核12户860人，工伤保险12户2193人，生育保险12户1391人；开展养老保险实地稽核5户1019人，工伤保险5户1453人，生育保险5户1170人。

【企业退休人员社会化管理服务】 全区建立自管学习大组8个，以各社区、村（居）委会建立自管学习小组75个，全区纳入社会化管理服务退休人员3946人，其中：机关事业单位退休工人334人，企业退休人员36112人。全区实现企业退休人员社会化管理率100%，社区管理率99.23%。春节开展送温暖活动慰问困难企业退休人员39人；敬老节开展活动慰问离休工人7人、90岁以上企业退休人员41人，分别发放慰问金1000元和500元。全年走访看望生病住院退休人员803人次；看望慰问伤亡退休人员家属并协助办理丧事74人次；为企业退休人员生病住院医疗互助代报销服务109人次。落实新政策内国有企业改革改制的继续享受遗属生活困难补助18人，发放金额14040元。

（龚美伶）

机构编制

【概　述】 2017年，区委编办以“五位一体”总体布局和“四个全面”战略思想为指引，围绕全区“建成全市绿色发展示范区、对外开放门户区、“三湖”城市先行区、文明和谐幸福区”的宏伟目标，牢固树立新发展理念，落实稳中求进工作总基调，突出问题导向和目标导向，在控编减编、推进简政放权、深化行政管理体制改革、政府职能转变、综合行政执法改革、相关重点领域体制改革、部门自身建设等方面取得成效，为全区经济社会发展提供强有力的体制机制保障。

【减编控编】 把控编减编工作摆上日常重要工作，主动作为，及时制定下发《中共玉溪市江川区委办公室、玉溪市江川区人民政府办公室关于印发〈玉溪市江川区开展超编制超职数专项清理整治工作方案〉的通知》，分析江川区控编减编形势，采取措施，确保全区编制总量不突破省市核准的总量。市编办共下达江川区编制6541名，其中：党政群系统行政编制772名、政法专项编制272名、机关工勤编制99名、事业编制5398名（含35名群团使用事业编制）。截至2017年12月底，江川区实有在职在编人数为5396人，其中：党政群系统在职在编人数756人、政法系统在职在编人数264人、机关工勤在职在编人数97人、事业单位在职在编人数4279人（含群团使用事业编制人数）。全区编制总量控制较好，未突破市编委下达江川区的编制总量。

【机构编制管理】 一是坚持集中统一管理，严格按章办事，严格依照法定的权限和程序履行职责，坚持机构编制“一支笔”审批，严禁违反机构编制审批权限和程序决定机构编制事项。一年来，共召开编委会议4次，政府常务会议4次，区委常委会议3次对涉及机构编制的问题进行研究。二是做好机构编制统计工作，完善“7个台账1个系统”基础信息管理，及时、准确掌握全区机构及编制数量。三是坚持“改善结构，紧缺急需，核得出去，收得回来”的原则，将周转编制的使用与消化超编人员结合起来，提高行政周转编制使用效率。四是区委编办每月23日、24日联合财政、人社、税务部门进行工资集中审核，把住机关事业单位人员“进口关”，从源头上杜绝各单位超编进人和“吃空饷”现象。五是履行机构编制监督检查职能，加大机构编制监督检查力度，严禁“条条干预”、超限额设置机构、不按程序或越权审批机构等行为。六是统筹安排编制使用计划，做到既控制好总量增长，又满足工作需要。

【生态文明建设管理体制改革】

推进抚仙湖环境资源保护管理体制改革，探索生态文明建设新机制。完成星云湖资源环境保护与可持续发展体制机制调整调研工作。设置玉溪市江川区大龙潭自然保护区管护局、云南江川星云湖国家湿地公园管理局等机构。

【综合行政执法改革】 为适应江川区城市发展、城市综合执法、城市管理及“双创”工作的需要，设置玉溪市江川区城市管理局为区政府工作部门，主要职责是市政管理、环境管理、交通管理、应急管理、城市规划实施管理等工作。并将区住建局所属事业单位区城市管理监察大队、区环境卫生管理站、区园林绿化站划转到区城市管理局管理。增加城市管理监察大队编制15名、环境卫生管理站编制5名、园林绿化站编制5名。城市管理综合执法力量明显加强。

【医疗卫生体制改革】 突出医疗保险经办与监管并重，进一步提升医疗保险决策能力、执行力和经办服务能力，将玉溪市江川区医疗保险基金管理中心更名为玉溪市江川区医疗保险管理局，加挂玉溪市江川区医疗保障基金管理中心牌子。在人社局成立社会保险股，将城乡居民养老保险局的职责并入社会保险局。成立药品安全监测评价中心，核定事业编制11名。在玉溪市江川区疾病预防控制中心加挂玉溪市江川区健康教育和促进中心牌子。

【纪检监察体制改革】 根据《中共玉溪市江川区委办公室印发〈关于加强区纪委派驻机构建设的意见〉的通知》精神，经编委研究，设置区纪委派驻纪检组11个，其中7个综合派驻纪检组，核定行政编制21名，设组长7名（副科级）；4个单独派驻纪检组，核定行政编制3名，沿用政法专项编制7名，设组长4名，副组长1名。设置区直机关纪工委，核定行政编制2名，设书记1名（副科级）；撤销区纪委原5个派出纪工委，区监察局4个监察分局；不再保留区人民法院纪检组，区人民检察院纪检组，市公安局江川分局纪委、纪检监察室，收回区纪委5个派出纪工委原有行政编制12名。根据《玉溪市江川区深化国家监察体制改革试点工作实施方案》，完成监察体制改革试点工作方案。

【巡察机构设置】 组建中国共产党玉溪市江川区委员会巡察工作领导小组办公室，为区委工作部门，核定行政编制4名。完成4个区委巡察组的设置，核定行政编制8名，设组长4名（正科级）、巡察专员4名（副科级），并报市编委审批。

【水利部门机构改革】 成立水利安全生产办公室，牌子加挂在防洪抗旱指挥部办公室；在水利局加挂玉溪市江川区河长办公室牌子；成立水资源调度管理中心，撤销茶尔山水库管理所和大街抽水站，将茶尔山水库管理所和大街抽水站的职能编制及人员成建制划入水资源调度管理中心。

【机构撤并改立】 成立人居环境整治中心，核定事业编制10名。在法制办加挂法律顾问室牌子，增加政府办周转编制2名。在司法局办公室加挂公证律师管理股和行政审批股牌子，增设社区矫正安置帮教股。在公车服务中心加挂机关事务管理中心牌子，增加事业编制6名。在政务服务局增设内设机构综合业务股。成立妇女儿童发展中心，核定事业编制4名。成立客商投资服务中心，核定事业编制7名。成立电子商务中心，核定事业编制6名。将江川区会计核算中心更名为江川区财政局国库支付中心，核定事业编制25名。在财政局增设教科文股和债务管理股。成立重大项目推进储备中心，核定事业编制15名。成立科级成果转化中心，核定事业编制5名。在玉溪市江川工业园区管理委员会增设安全生产科。

【机构上划】 完成检察院、法院、审计局机构编制管理上划到省。完成玉溪市国土局江川分局上划到市。

【加强乡镇（街道）力量建设】

在乡镇（街道）设置扶贫开发办公室。并分别增加各乡镇（街道）农业综合服务中心、农村经济管理服务中心、规划建设和环境保护中心、文化事务中心、社会保障服务中心等单位的事业编制共59名。

【机构调研】 深入开展星云湖资源环境保护与可持续发展体制机制调整调研，经过多次深入相关部门、村组和群众代表、人大代表、政协委员座谈调研，准确掌握星云湖流域面积、流域生态现状、机构设置、职能定位、资源环境保护规划及综合整治工程、环湖林业生态建设、农业产业结构调整、入湖河道治理，巩固提高水利基础设施等基本情况，综合分析，形成《关于深化星云湖资源环境保护与可持续发展体制机制改革的实施意见》，为上级机构编制部门提供决策依据。

【核定学校教职工编制】 根据基础教育均衡发展和向农村边远地区倾斜的要求，重新核定江川区学校教职工编制共2493名，实行教职工编制总量控制，三年一调。

【生产经营性事业单位改革】 根据《中共玉溪市委办公室　玉溪市人民政府办公室关于印发〈玉溪市从事生产经营活动事业单位改革实施方案〉的通知》及省委编办2017年10月24日全省从事生产经营活动事业单位改革工作会议精神，江川区结合实际制定《玉溪市江川区从事生产经营活动事业单位改革实施方案》，将区中小企业融资担保服务中心、区供排水有限公司、区市场服务中心3个生产经营性事业单位纳入改革范围。2017年年底，完成玉溪市江川区中小企业融资担保服务中心改革任务。

【事业单位登记管理】 采取事业单位自查、举办单位审核、网上申报、登记管理机关网上审查的方式做好事业单位登记管理工作。2017年，江川区共登记事业单位165家，新登记16家，注销1家，变更登记40家，年检157家。

【统一社会信用代码赋码】 加快推进全区单位法人统一社会信用代码工作，提高公益服务水平，研究制定适合统一社会信用代码工作的办理流程，缩短办理时限，提高工作效率。截止2017年12月，共办理统一社会信用代码证书，机关单位59本，群团组织9本，其他机构2本。

【“放管服”改革】 做好简政放权。进一步完善《江川区行政许可事项清单》承接136项，取消38项，调整39项；梳理出公共服务事项136项，内部审批事项27项。保留中介服务事项62项。清理规范评估评审等技术性审查服务事项22项。推进审批提速。深化相对集中行政许可权改革，部门的行政许可职能全部交由“行政审批股”承担。推行直接受理制度，梳理出直接受理事项303项。推进“互联网+政务服务”，网上政务服务大厅梳理录入政务服务事项5910项。开展“减证便民”，全区精简取消向当事人索要的证明材料13项、取消对外开具（核发）的证明材料1项，保留向当事人索要证明材料11项。建立向服务对象“一次性告知”制度，编制行政许可办事指南简版325个，完整版297个，业务手册296个，服务指南94个。稳步推进“三证合一”“五证合一”“多证合一”登记制度改革，全区共发放企业“一照一码”营业执照1820户，发放“多证合一”企业营业执照92户，个体工商户587户。完成8户企业全程电子化登记营业执照。

（储　晶）

民　政

【行政区划】 江川区共有1个街道、4个镇、1个乡、1个少数民族乡，74个行政村（其中，有21个社区，53个村委会），340个自然村；464个村（居）民小组（其中，有居民小组168个，村民小组296个）。

【社会事务】 全区共有社团和民办非企业单位86个，100%通过年检；全年结婚登记2339对，离婚登记758对；依法办理收养登记9起。

【城乡低保标准再次提高】 从2017年6月1日起，江川区城市居民最低生活保障标准从456元/月·人提高至506元/月·人，城市低保对象人均补助水平从342元/人提高至352元/人；农村居民最低生活保障标准从2904元/年·人提高至3420元/年·人，农村低保对象人均补助水平从172元/人提高至187元/人。进一步加强精准施保工作，其中A类（重点保障户）低保对象补助水平不低于285元/人·月，B类（基本保障户）低保对象补助水平不低于170元/人·月，C类（一般保障户）低保对象补助水平不低于133元/人·月。

【城乡低保发挥脱贫兜底保障职能】 2017年农村低保资金支出1026.02万元，全区累计发放农村低保对象为55865人次，人月均发放低保金184.71元，年底还有在册的农村低保对象2933户3641人；2017年1～12月农村低保对象共新增521户782人，退出3038户3091人，其中：因死亡退出425人，因其它（主要是子女有赡养能力）退出36人，因生活好转脱贫退出2630人。2017年城镇低保资金支出837.1万元，累计发放城市低保对象24259人次，人月均发放低保金346.53元，年底还有在册的城市低保对象1516户1689人；2017年城市低保对象共新增194户227人，退出951户1171人，其中：因死亡退出72人，因其它退出46人，因生活好转脱贫退出1053人。根据12月份信息比对结果，全区建档立卡扶贫对象有低保对象918人，2017年1～12月发放低保资金240.97万元，其中：农村低保对象754人，城市低保对象164人。

【医疗救助】 区民政局2017年对特困人员按标准进行全额资助参保参合；城乡低保对象和建档立卡的贫困人口按照每年80元标准定额资助，其余部分由个人承担；规范重特大疾病医疗救助程序，建立健全重特大疾病医疗救助基金档案管理制度，切实将具有本辖区户籍的贫困人口全部纳入重特大疾病救助范围，对其经过基本医疗保险、城乡居民大病保险和各类补充医疗、商业保险等及优抚医疗救助报销后个人负担的合规医疗费用给予救助，取消贫困人口医疗救助起付线，年度累计救助封顶线不低于10万元；在辖区内定点医疗机构设立综合服务窗口，实现基本医保、大病保险、医疗救助等“一站式”信息交换和即时结算。使贫困患者就医更加方便快捷，并最大限度地减轻贫困患者自付的住院治疗费用；建档立卡贫困人口符合转诊转院规范住院医疗费用，政策范围内的经基本医保、大病保险、大病救助保险报销后达不到90%的，通过医疗救助报销到90%。

【医疗救助解决看病难问题】
2017年对14598人次进行城乡医疗救助，发放救助资金412.66万元。一是对11971人困难群众参加居民医疗保险进行资助，发放医疗资助金97.95万元，其中资助建档立卡的贫困人口7248人，发放医疗救助资金57.98万元；二是对患重特大疾病的城乡困难群众254人次进行医疗救助，发放金额114.52万元，其中救助建档立卡的贫困人口38人次，发放医疗救助资金17.15万元；三是实行“一站式”医疗救助即时结算，向定点医疗机构结算救助对象1684人次，发放医疗救助金额169.81万元，其中救助建档立卡的贫困人口131人次，发放医疗救助资金14.28万元；四是对建档立卡贫困人口符合转诊转院规范住院医疗费用，政策范围内的经基本医保、大病保险、大病救助保险报销后达不到90%的，救助689人次，发放救助资金39.38万元。

【落实特困人员供养政策】 依照救助供养对象认定的程序和办法，在乡镇人民政府（街道办事处）、村（居）民委员会协助下，按照直观、简便、易操作原则，对特困人员的生活自理能力进行客观评估。将符合条件的困难群众全部纳入特困人员救助供养，2017年1～12月全区共有特困人员供养对象302户311人（含建档立卡贫困对象15户19人），其中：一级残疾63人，二级残疾78人，供养标准为分散供养506元/月·人，集中供养650元/月·人，一、二级残疾对象人均每月分别补贴70元、40元护理费。2017年1～12月发放特困人员供养救助金和护理费199.21万元；全区共有农村敬老院9所，目前只有6所农村敬老院正常运营，床位311张，其中：龙街敬老院正在改扩建成“江城镇中心敬老院”，该项目3层主体工程已基本完工，现正在对房屋进行室内装修，12月底投入使用，前卫镇政府预计投资70万元对前卫镇敬老院进行提升改造，现已支出改造费用50.28万元，12月底完成整个提升改造工程；妥善解决农村敬老院存在用工不规范、工资待遇低、工作人员年龄偏大的问题，辞退敬老院现有工作人员24人，合计发给一次性安置补助费52.47万元，重新招聘敬老院工作人员22人，落实薪酬待遇，2017年1～12月区财政支付新招聘工作人员的工资和社会保险费用67.85万元，人月均落实薪酬待遇2570元；对全区农村敬老院下拨运营维护费用57万元，其中：江城镇敬老院15万元、前卫镇敬老院12万元、雄关乡敬老院6万元、大街敬老院12万元、九溪镇敬老院8万元、安化乡敬老院4万元。

【临时救助保障贫困人口基本权益】 区民政局出台《玉溪市江川区临时救助实施方案》，对遭遇突发事件、意外伤害、重大疾病或其他特殊原因导致基本生活陷入困境，其他社会救助制度暂时无法覆盖或救助之后基本生活

暂时仍有严重困难的家庭或个人及时进行救助。2017年1～12月发放城乡临时救助困难人员867人，发放临时救助金89.61万元，人均发放临时救助1033元，期中：发放建档立卡扶贫对象143人，发放金额21.35万元；发放福彩助学贫困大学生55人，人均救助3000元，合计发放助学金16.5万元，其中：建档立卡贫困对象5人，发放助学金1.5万元。

【落实残疾人两项补贴】 建立和完善标准统一、便民利民的申请、审核、补贴发放机制，做到阳光透明、客观公正；注重与社会救助、社会保险、公益慈善衔接，形成残疾人社会保障合力。标准为困难残疾人生活补贴每人每月50元；重度残疾人护理补贴一级每人每月70元、二级每人每月40元。做到应补尽补，确保残疾人两项补贴制度覆盖所有符合条件的残疾人。发放2017年1～12月除路居镇的6个乡镇（街道）符合条件的27695人次残疾人两项补贴，发放金额210.226万元。同时，2017年1～3月份调查落实补发2016年度1～12月的7个乡镇（街道）符合条件的3600人残疾人两项补贴215.9574万元。

【“留守儿童和困境儿童信息管理系统”启动】 2017年10月19日，通过举办全国农村留守儿童和困境儿童信息管理系统启动工作培训班，江川区6个乡镇街道展开全国农村留守儿童和困境儿童信息管理系统录入工作，截至2017年11月15日，完成数据录入留守和困境儿童100%，逐步更新和完善信息，进一步巩固农村留守儿童关爱保护和困境儿童保障工作成果，全区共签订委托监护确认书367份。排查发现未落户9名留守儿童的5人落实户口，有4名儿童家长到其他地方落户。选送1名农村留守儿童共同参加玉溪市“共享关爱，快乐成长”夏令营。

【社会组织参与精准脱贫百日攻坚活动】 2017年8月，区民政局印发《关于印发玉溪市江川区社会组织积极参与精准脱贫百日攻坚战倡议书的通知》，全区社会组织积极行动，携手为脱贫攻坚添砖加瓦。江川作家协会、诗联协会、书法家协会为4名贫困山区贫困学生捐款4300元，社会组织共捐款10300元。

【社会组织管理】 全面启动社会组织“两证合一”和“多证合一”换证工作，已换证41个；依法登记社会团体6个，民办非企业单位1个；完成社会组织年检74个，年检合格率100%，变更社会组织4个，合并1个。以教育部门牵头，民政部门、公安、食品安全等多部门协作联合对全区幼儿园开展检查活动，对发现的安全隐患及时处理，督促整改。行业协会社会组织开展涉企收费自查自清减轻企业负担工作，不存在向企业乱收费、乱摊派行为。

【儿童福利开展】 对符合条件的孤残儿童、事实无人抚养儿童进行数据采集、逐级申报审批，切实做好全区孤残儿童生活补助。2017年全区在册登记孤儿30名，共发放孤残儿童基本生活保障补助187842.6元。

【做好停征婚姻和收养登记费工作】 2017年4月1日起江川区停征婚姻和收养登记费，开展停征相关工作，减轻群众负担。

【开展退役士兵短期培训及一年以上职业技能培训】 2017年共有42名退役士兵报名参加职业技能培训，其中参加玉溪市汽车驾驶技术培训学校23人，玉溪市农业职业学院15人，云南爱因森学院4人。全年付学费和学员生活补助40人23.4万元。

【足额发放各类抚恤补助对象定期抚恤和生活补助金】 根据中央、省、市调整优抚对象、出国参战民兵民工抚恤和生活补助标准文件，全区享受定期抚恤、生活补助对象的重点优抚对象2764人，其中伤残人员101人、“三属”26人、在乡复员军人182人、带病回乡退伍军人41人、参战退役人1551人、60岁以上农村籍退役士兵700人、烈士子女20人、出国参战民兵民工143人。全年社会化足额发放定期抚恤和生活补助27791人次1643.91万元。

【完成城镇部分生活困难重点优抚对象补助发放工作】 城镇部分重点优抚对象生活困难补助实行动态管理，全年社会化发放城镇部分重点优抚对象生活困难补助888人次43.28万元（标准400元/人、月）。

【完成新增60岁农村籍退役士兵的申报工作】 完成2017年新增年满60周岁农村籍退役士兵摸底调查、申报、登记、审核、录入上报工作，共计新增31人。

【开展优抚对象医疗保障服务及解“三难”工作】 开展“关爱功臣”活动，帮助优抚对象解决“三难”7人2.1万元，为重点优抚对象缴纳参合费2527人37.91万元，全年优抚对象医疗保障“一站式”住院补助586人次58.99万元。

【组织优抚对象疗养】 根据市民政局安排，区民政局于9月11～25日，组织9名重点优抚对象到玉溪市光荣院进行为期15天免费疗养。

【完成省民政厅下达的优抚对象信息数据核查任务】 2017年省民政厅下达江川优抚对象核查任务519人，江川区建立优抚信息数据核查规范化、常态化工作机制。优抚安置工作人员深入各乡镇、街道采取集中与分散入户方式，利用便携式终端机现场采集本人身份证和现场拍照，截至6月底，100%完成核查任务。

【完成退役士兵接收安置任务】 2016年底至2017年6月，共接收退役士兵96人，经查阅档案、发函调查、审核把关，符合城镇安置政策的11人（11人均是三期以上转业士官），市下达2017年度中央、省直驻玉单位接收安置退役士兵计划岗位1个，经报经政府批准，区编办下达10个城镇退役士兵安置编制使用计划，经量化评分，召开现场会选岗，11人走上新的工作岗位；发放自主就业一次性经济补助85人117.72万。

【建立退役士兵数据库】 2017年2月制定《玉溪市江川区退役士兵相关数据采集工作实施方案》，按照方案，采集1978年以来所有符合政府安排工作条件的转业志愿兵、士官和义务兵，共采集1003名退役士兵信息，建立退役士兵数据库，推动安置工作信息化，为实施精细化服务提供基础数据支撑。

【节日期间走访慰问部队官兵】 2017年春节、“八一”建军节，区委、区政府组织对驻江部队、武警官兵进行走访慰问，为部队送去慰问金13万元。举行拥军优属及“八一”座谈会，召开双拥领导小组会议、议军会，共商江川发展大计。

【节日期间走访慰问优抚对象】 在2017年春节、“八一”建军节期间，对全县享受国家抚恤、生活补助优抚对象发放人均标准200元的一次性慰问金5257人次105.14万元。春节、“八一”建军节、九九敬老节慰问军休干部和无军籍职工43人次1.89万元。

【开展为优抚对象送春联年画送温暖活动】 2017年开展为优抚对象送日历送年画送温暖活动，共发放年画、春联3820份（其中年画3200张、春联620对）。

【完成义务兵家属优待金和立功奖励金发放工作】 2017年发放义务兵家属优待金223人191.4万元（标准8583元/每户）；做好现役军人立功受奖喜报送达，收到部队寄来立功通知书45人45份（荣立三等功16人、荣获优秀士兵或士官29人），喜报已组织乡镇街道送达立功军人家属手中。发放优秀义务兵家庭立功奖励金13人0.39万元。

【江川烈士陵园提档升级改造项目完成80%以上】 自2016年9月1日启动江川烈士陵园提档升级改造项目以来，计划投资318万元对烈士陵园进行一次全面改造。累计投入资金184.4万元，至2017年底烈士陵园提档升级改造项目工程完成率80%以上。

【做好烈士褒扬工作】 江川区在清明期间，做好烈士家属和社会各界扫墓接待工作，接待祭扫烈士家属26人、部队官兵17人、学生80人、机关干部18人，开具到文山、红河祭扫介绍信8份48人。在“4.28”“4.30”祭扫期间（“4.28”是对越老山作战纪念日、“4.30”是对越者阴山作战纪念日），开具扫墓介绍信16份92人。

【开展烈士纪念日活动】 江川区开展纪念日系列活动。2017年9月30日上午9：00，在烈士陵园开展烈士公祭活动，参加此次活动的有区四套班子领导及区属各单位和中央、省市驻江单位的领导、党员、少先队员、武警官兵、民兵预备役及烈士子女代表，共1000余人。公祭活动由区委常委、宣传部部长赵琦主持，由副区长王柄璋宣读祭文，全体人员缅怀革命烈士，官兵为革命烈士敬献花篮，四套班子领导到墓前向革命烈士敬献菊花。走访慰问烈士遗属8人（人均标准500元），慰问金及慰问品合计0.56万元。开展网上纪念烈士活动。

【做好涉军群体维稳工作】 江川区民政局实时掌握涉军群体重点人员的动态情况，建立信访台账，接待来信来访130人次，对信访人的诉求依照政策尽快解决，政策解决不了的做好思想疏导和教育转化工作，有效化解矛盾。在党的十九大及全国“两会”重要节点期间制定涉军信访维稳工作方案，按照方案，逐级压实责任，重点人员落实领导包保责任，稳控管理，实行零报告制度，确保不出现上省、进京上访。

【肖伟率队到江川检查第二次全国地名普查工作】 2017年2月7日，市民政局党组成员、社区建设办副主任肖伟率市地名普查办、监理公司、苍穹数码技术股份有限公司一行10余人，到江川检查第二次地名普查工作。检查组首先查阅江川区的地名普查台帐资料和数据库建设情况，核查地名普查成果表、自查报告、资料收集、数据库录入、标准化处理、成果转化规划、江川区第二次全国地名普查质量评价体系等工作开展情况。随后，检查组听取地名普查工作准备、成立区乡机构、制定方案、成立专家组、开展宣传、召开培训会、编制调查目录、外业采集、填写登记表、地名标准化、清理不规范地名、数据录入、成果表自查、经费保障、成果转化规划等情况汇报。检查组要求在3月10日前要完成普查，并要求先由监理单位初验，条件成熟后，市地名普查办再验收。肖伟强调，江川区的地名普查工作进展顺利，区民政局发挥作用明显，区地名普查办工作业务熟悉，思路清晰，对地名普查成果转化利用有超前谋划，对地名标志设置有计划，希望区民政局、区地名普查办和技术服务单位再接再厉，尽快完成普查任务。区民政局副局长谭波、区地名普查办工作人员、技术服务单位工作人员参加地名普查工作检查。

【召开地名标志设置暨地名标准化处理会议】 2017年3月1日，江川区召开地名标志设置暨地名标准化处理会议，参加会议的有：7乡镇（街道）分管领导、党政办主任、民政助理员，区民政局副局长谭波，区地名普查办工作人员，技术服务单位项目负责人共计26人，会议由副局长谭波主持。首先由张兴红对全区地名标志设置工作作全面安排。其次，张兴红对地名标准化处理作业务培训。第三，由谭波作要求，要抓住时间节点，在3月15日5：00时前将以上两项工作形成政府文件上报，确保地名标志设置工作按时完成。

【“晋江线”谷堆山及时排除边界线纠纷隐患】 2017年2月中旬，在谷堆山顶发现一棵标有“晋宁谷堆山”字样青石桩。3月4日，区民政局区划地名股组织人员到实地进行踏勘，该桩东西两面有“晋宁谷堆山，海拔2648米”石刻字，北面有“东经102° 48′ 852″ 、北纬24° 30′ 143″ ”标志，南面有“谷堆山海拔经纬度桩，二〇一六年九月十日”石刻字。经函询晋宁区民政局，晋宁区称无任何单位对此事负责。3月22日，晋宁区和江川区民政部门、涉及的乡镇代表共11人，双方到达现场后对海拔经纬度桩进行协商。双方同意将谷堆山海拔经纬度桩保留，必须作为双方共同设置，打磨掉“晋宁”字样后作为国家三角控制点和海拔经纬度标志桩进行有效保护，并签订《“晋江线”谷堆山海拔经纬度桩维护责任状》。

【召开地名专家审核会议】 2017年3月29日，江川区召开地名专家审核会议，对《江川区地名文化属性信息采集名录》《江川区历史地名成果表》《江川区跨界自然地理实体成果表》《江川区少数民族语地名成果表》《江川区多地一名地名成果表》《江川区审音定字地名成果表》6种类型的地名进行审核。《江川区跨界自然地理实体成果表》收集的跨界自然地理实体共有12条。《江川区地名文化属性信息采集名录》收录的地名文化属性信息采集名录共115条，主要是针对在全区范围内的具有一定文化内涵的地名，共有9大类，专家们提出意见和建议，并填写《江川区第二次全国地名普查专家审核意见表》。

【第二次全国地名普查工作顺利通过市级核查验收】 2017年5月3日，市第二次全国地名普查核查验收组一行12人，在市民政局党组成员、社区建设办专职副主任、核查验收组组长肖伟的率领下，到江川区核查验收第二次国地名普查工作。检查组分上午和下午两个时段开展核查验收工作，上午时段主要是查阅资料、实地核查、数据库检查，下午时段主要是听取区地名普查办工作汇报、核查组点评、市区领导讲话。核查组分为资料检查组、属性信息检查组、技术查验组、实地核验组4个组进行核查，各组进行情况汇总后进行分项打分和综合评价。下午召开玉溪市江川区第二次全国地名普查核查验收工作会议，江川区政府副区长王柄璋出席会议。江川区的第二次全国地名普查工作自2014年7月开始，成立领导小组和办公室，制定实施方案，开展普查培训和宣传动员，组建专家咨询委员会，提供经费保障，科学编制地名调查目录，填写地名登记草表，开展外业采集和内业整理，对不规范的地名进行清理整顿和标准化处理，及时命名和更名一批新增地名，建立江川区地名普查质量评价体系，制定多项地名普查工作制度，加强地名普查保密工作，做到年初有计划、年终有总结，对江川的地名文化属性进行挖掘和保护，开展地名普查成果自查工作，建立第二次全国地名普查数据库，并将地名信息进行入库。

【地名普查取得成果】 通过历时近三年的努力，最终形成成果涉及11大类合计68子类共2194条地名。江川区地名普查已完成数据库入库建设，完成比例100%；地名目录2194条；地名成果表2194张；地名成果图完成16幅；地名标志登记表117张；地名标准化处理已完成94条；采集体现工作工程照片129张；录音录像12份；采集多媒体照片5616张，录像4份，录音485份，图片287张。

【乡情冠名主体口号确定】 截至2017年9月12日，江川区4镇2乡1街道的乡情冠名主体口号最终确定。全区7个乡镇（街道）的乡情冠名主体口号已确定如下：大街街道："星湖春晓，宜居新城"；江城镇："滇国古镇，江城如画"；前卫镇："白药故里，水乡前卫"；九溪镇："云花溪谷，甜蜜九溪"；路居镇："世界深蓝之梦"；安化乡："心安自然，情化七月"；雄关乡："雄峰古驿，关隘通达"。全区第二次全国地名普查工作已接近尾声，进入成果转化阶段。

【清水沟村地名更名进行民主选名】 2017年9月22日，江川区民政局、区地名办到江城镇新搬迁的清水沟村召开户主会，对清水沟新的村名进行民主选名。选名票按照候选名称的首字笔画排列，第一格"东山村"，第二格"清湖村"，第三格为空格，发出选票55张，收回55张，最后确定村名为"清湖村"。新更名地名公示5天后，由天湖公司向江城镇政府提出申请，由江城镇政府向江川区地名委员会提出请示，由区地名委员会按程序上报区人民政府进行正式命名。

【完成本年度第二次全国地名普查任务】 已完成数据库入库建设，完成比例100%；确定地名目录2001条（其中5条军标地名空表）；地名成果表2001张；成果表审核校对2001条，完成比例为100%；数据库录入2001条，完成比例为100%；地名标准化处理已完成32条，完成比例为100%；语音采集总条目735条，已完成采集735条，完成比例为100%；地名成果图完成10幅；采集体现工作工程照片129张；录音录像12份；采集多媒体照片5616张，录像4份，录音485份，图片287张；审音定字2条，已完成2条，完成比例为100%；完成地名标志登记表92张；全区共有图载地名信息848条，其中普查图载地名848条，图载地名信息普查率100%；共补采遗漏的四类4条具有地名意义的地名。专家组全程参与过程指导及成果审核，最终形成成果涉及11大类合计61子类，无漏项。

【开展政策性农房地震保险试点工作】 根据玉溪市民政局、玉溪市财政局《关于落实政策性农房地震保险县级财政承担保费事宜的通知》文件精神，开展江川区政策性农房地震保险试点工作，按省级财政60%、市级财政20%、县级财政20%的比例进行筹集，江川区承担的保费金额为52.64万元。

【修订自然灾害救助应急预案】 为建立健全江川区应对突发重特大自然灾害应急救助体系和运行机制，及时、高效、有序地开展自然灾害救助行动，最大程度地预防和减少自然灾害造成的损失，根据《玉溪市自然灾害救助应急预案》，修订《玉溪市江川区自然灾害救助应急预案》。

【村（社区）服务设施建设】 向省、市民政部门争取大街社区居委会、朱家庄社区居委会、黄营村委会、窑房村委会、小白坡村委会、业家山村委会服务站建设项目补助资金共70万元。

【颁发基层群众性自治组织特别法人统一社会信用代码赋码证书】 根据《云南省民政厅关于做好基层群众性自治组织特别法人统一社会信用代码赋码工作的通知》文件精神，区民政局为全区74个村（居）民委员会颁发特别法人统一信用代码证书，使全区基层群众性自治组织获得特别法人“身份证”，有助于基层组织更好地开展民事活动，提高村（居）委会服务能力，提升社区治理水平。

【推进城乡社区协商工作】 根据《中共玉溪市委办公室、玉溪市人民政府办公室〈关于加强城乡社区协商的实施方案〉的通知》精神，结合全区实际，印发《〈关于加强城乡社区协商的实施方案〉的通知》，在全区各级基层组织遵循有事多协商、遇事多协商、做事多协商，依法行使民主权利，充分表达意愿和诉求，促进江川城乡基层民主发展和社会和谐稳定。

【流浪乞讨救助】 开展流浪乞讨人员街道巡查活动66次，帮助街头乞讨人员返乡1人。共接待和劝导救助人员56人次，共支出流浪乞讨人员救助资金103301.14元，发放矿泉水5件，方便面4件，面包及小食品5箱。受助人员得到妥善安置，救助率达100%。未发生重大责任事故和安全事故。

【扩建农村公益性公墓】 大街街道福德山农村公益性公墓扩建墓穴800余个，前卫玉天山农村公益性公墓扩建墓穴1000余个，安化乡在青龙山农村公益性公墓新建草坪葬墓穴。

【开展“文明祭扫、平安清明”活动】 2017年清明节印发各乡镇（街道）“文明祭扫、平安清明”倡议书1.3万份，同时在城区范围内，人口密集区和部分乡镇（街道）悬挂宣传条幅、展示图文并茂宣传展板发放宣传资料900余份。

【殡仪馆内不再使用一次性花圈】 自2017年9月1日起，在殡仪馆内不再使用一次性花圈，任何单位和个人不得携带一次性花圈进入全市各殡仪馆内，告别仪式需使用花圈的，由殡仪馆按规定免费提供可循环利用的绢花圈，挽联制作费用由使用者自付。

【殡仪馆火化及火化补助兑付】 江川区殡仪馆共火化遗体1805具，兑付火化补助590.7万元。

（徐兴坤）

老　龄

【概　述】 2017年，江川区老龄工作围绕“六个老有”工作目标，以改善老年民生为目的，以保障老年民权为重点，突出抓好老年社会保障、养老服务、老年人优待、老年维权、老年文化、老龄宣传、养老服务项目建设等方面的工作。

【老龄人口】 2017年，江川区总人口261755人（不含已托管人口），其中60岁以上老年人口43795人，占总人口16.73%；有80岁以上高龄老人6075人，占老年人口14.67%；有百岁及以上寿星5人，最大年龄105岁。

【老年人优待证】 从2007年7月起，开始为年满60周岁以上老年人发放《云南省老年人优待证》。截至2017年底，共为60周岁以上的老年人办理优待证39770个，其中，2017年度办理2246个。老年人凭《优待证》免费上公厕、免费进公园、就医免收普通挂号费等老年人优待政策得到落实。

【百岁老人】 2017年江川区新增1位百岁老人，江城镇海门村李文明。区政府领导为老人颁发“百岁寿星荣誉证书”和“盛世乐天年”百岁匾，并对百岁寿星家庭颁发1万元一次性家庭奖励资金。

【发放高龄保健补助金】 自2008年以来，江川区开始为80岁以上无退休金高龄老人发放保健补助，2014年1月开始为80岁以上有退休金高龄老人发放保健补助，深受老年人的拥护和支持。保健补助标准为：年满80周岁，不满90周岁的老人，每人每月补助50元；年满90周岁，不满100周岁的老人，每人每月补助100元；年满100周岁以上的老人，每人每月补助300元。2017年80周岁以上高龄老人受惠于该政策的情况：一季度5956人，二季度5932人，三季度6067人，四季度6079人，全年发放高龄保健补助金额387.39万元。其中，为无退休金老人发放高龄补贴20306人次，发放金额326.83万元；为有退休金老人发放高龄补贴3728人次，发放金额60.56万元。

【节日慰问】 春节期间，市级领导、区级四套班子、区民政局、区老龄委对全区10户百岁老人、20户空巢失能老人开展走访慰问活动，共送去慰问金3万元。区民政局、区老龄委慰问组深入到10户百岁老人家中，给每户百岁老人送去慰问金2000元以及慰问品一份，祝愿老人春节愉快、健康长寿。敬老节期间，共走访慰问老人416人，（其中：百岁老人8人、困难老人74人、五保老人305人、军队离退休人员29人），发放慰问金11万元。

【老年人意外伤害保险工作】 开展2017年玉溪市江川区“幸福和谐晚年”老年人意外伤害保险工作，全区50周岁以上老年人17635人购买老年人意外伤害保险，参保率42.35%，保费金额合计881750元，老年人意外伤害保险持续健康发展。

【“敬老月”活动】 “敬老月”期间，区老龄委组织和动员全区党政机关、企事业单位、社会组织以及其他社会力量等成员单位营造敬老爱老助老社会氛围，开展以“关爱老年人，欢庆十九大”为主题的敬老爱老助老活动。组织医疗志愿者队伍深入到江川区福利中心、乡镇敬老院和高龄困难老人、空巢老人、孤寡老人家中，为老年人开展护理、信息咨询、心理疏导等志愿服务420人次；在怡心园广场举行“喜迎十九大 共筑中国梦”文艺晚会，600余名老年朋友自编自演；开展江川区第十四届老年运动会，全区16个代表团288人参加此次运动会，设柔力球、可乐球、地掷球、棋牌等9个比赛项目。各乡镇（街道）老龄办联合妇联、司法等部门开展法律援助活动。

【养老服务体系建设】 2017年向省市级申请到的各种养老建设项目有27个，争取到各级补助建设资金346万元，完成“2个居家养老服务中心、25个老年活动中心”的建设任务，养老项目的建设促进和带动养老服务业发展。至年底全区建有城市公办养老服务机构1个，农村敬老院9所，农村幸福院32个，老年活动中心170个，居家养老服务中心（农村互助养老站）22个（其中，托管2个，在建1个）。

【居家养老服务示范点创建】 为及时发挥已建好的18个居家养老服务中心的功能和作用，根据《玉溪市老龄工作委员会办公室关于开展居家养老服务示范点创建的通知》文件精神，江川区共创建上营社区、三街社区、龙街村委会、鸡窝村委会、渔村村委会5个村（社区）居家养老服务中心示范点，为本社区的院外“五保”“三无”老人、高龄、空巢、失能及60岁以上的其他老人提供助餐、学习娱乐、健康保健、精神慰藉等服务，社区（村委会）的老年人每天仅需支付6元的费用就能解决一天的吃饭问题，得到老年人及其子女认可和支持。

【“敬老文明号”创建活动】 2017年3月全国老龄工作委员会下发《关于表彰第二届全国“敬老文明号”和“全国敬老爱老助老模范人物”的决定》，其中玉溪市公安局江川分局荣获全国“敬老文明号”称号，江川区江城镇中心敬老院姚云锁获评为“全国敬老爱老助老模范人物”称号。

（张寒杰）

政务服务

【概 况】 2017年，江川区政务服务工作抓住服务全区经济社会发展这一主线，从执政为民的理念和打造“阳光政府”“效率政府”的角度出发，突出管理创新，强化公共服务职能，各项工作都取得较好成绩，坚持以人为本、执政为民、依法行政、服务群众的形象深入人心。以“让群众高兴、投资者满意、领导放心”为服务宗旨，着力从提效率、促规范、强服务、倡廉洁方面下功夫，为全区人民和外来投资者搭建优质高效的政务服务平台和公平、公正、公开的公共资源交易环境。

【完善政务服务平台功能建设】 以全省“互联网+政务服务”暨政务服务平台标准化建设为契机，以政务服务平台标准建设示范区创建工作为抓手，把优化服务环境、提高服务水平作为政务服务的一项重要工作。根据省市关于加快推进“互联网+政务服务”工作的相关要求，印发《江川区人民政府办公室2017年“互联网+政务服务”工作任务分解表的通知》。实现政务服务平台与与本级政府门户网站前端整合

工作，政务服务平台栏目设置合理，主题、部门、用户等维度分类与事项对应，内容完整规范，运行正常。

【梳理录入政务服务事项】 江川区高度重视事项梳理录入工作，副区长杨金苹组织召开专题部署会，明确工作职责和任务，强化纪律要求。区政务局、发改局、区委编办履行主体责任，通力合作，严格按照省市关于开展政务服务事项梳理、录入、核查工作的要求，采取专题培训、一对一培训等方式，多次组织36个部门、6个乡镇的业务人员培训。严格按照《云南省公共事项办事指南》要求，指导各乡镇（街道）、区属相关部门认真清理政务服务事项，梳理事项名称、法律依据、办理时限、所需材料、办理流程等，做到事项要素全面，内容准确，流程清晰，材料明确，附件实用，并录入云南省政务服务平台进行全面公开。截至12月31日，云南省政务服务平台网上政务服务大厅已入库部门和企业政务服务事项5819个，期中行政职权事项5611个，公共服务事项181个，内部审批事项27个。

【深化行政审批网上服务大厅和投资项目在线监管平台】 项目审批、核准、备案以及所涉及的各类审批事项通过在线平台实行网上受理、办理、监管和服务，实现各类审批事项办理过程和结果的可查询、可监督。截至12月31日，全区共受理政务服务事项170526件，其中：区政务服务中心实体大厅窗口共受理办理业务108221件，乡镇（街道）为民服务中心共受理办理公共服务事项62305件，办结率100%；云南省行政审批网上服务大厅申报62件，办结率100%；发布信息33条。

【完善政务大厅建设】 政务服务中心设一楼服务大厅和二楼服务大厅，一楼服务大厅面积204平方米，设有9个对外办事窗口，二楼服务大厅面积355平方米，可设25个办事窗口。投资项目审批服务窗口面积80平方米，设有11个办事窗口。至2017年底，共有医保中心、民政局、文广体局、市场监督管理局、发改局、气象局、林业局、工信局、水利局、环保局、防震减灾局、住建局、国土局、安监局、交通局15家单位39人（非窗口人员8人）进驻中心办公，其中：医保中心17人（非窗口人员8人）、市场监督管理局7人、民政局2人、文广体局2人、其余单位各1人。医保中心业务：参保管理，基金征缴，医保零星报销，慢性病特殊病评审，两定医疗机构计算，外伤调查，职能审核，IC卡办理等业务；市场监督管理局业务：办理各类企业名称申报，办理各类企业设立、变更、注销、登记，出具各类证明及企业信息。民政局业务：结婚登记，离婚登记，补领结婚证，补领离婚证。文广体局业务：办理网吧、KTV、文化产品等的许可证。其余单位办理投资项目审批业务。

【提升政务服务形象】 2017年来，区政务服务中心实体大厅窗口共受理办理业务98642件，及时办结率100%；云南省行政审批网上服务大厅申报62件，及时办结率100%，未出现超时办结件。共收到云南省政务服务网上服务大厅（老平台）咨询投诉件22件，回复22件，回复及时率100%，满意率100%。

【规范窗口工作人员服务行为】 为加强干部作风建设，增强窗口工作人员的服务意识，规范服务行为，提升服务水平和质量，2017年7月，制定出台《江川区人民政府政务服务中心工作规则》，主要包括首问责任制实施规定、限时办结制实施规定、服务承诺制实施规定、联席会议制度、工作情况反馈制度、巡查督查制度、月例会制度、考勤制度、窗口工作人员服务规范等14个管理制度。

【教育培训】 通过专题培训、廉政党课、微党课等方式组织干部职工和窗口工作人员学习党规党纪、习总书记系列重要讲话精神和“双创”工作要求及窗口服务礼仪要求，进一步增强干部职工的责任意识、服务意识，提高服务水平和服务能力。2017年，组织30人参加区级组织的礼仪专场培训，组织一次礼仪专题培训和一次健康教育，开展一次拓展训练，上廉政党课2期，组织窗口工作人员到江川工业园区参加学习。

【推进公共资源交易电子化招投标】 江川区公共资源交易中心贯彻落实《招标投标法》《政府采购法》以及省、市有关公共资源交易法律法规和规章制度，坚持高效办事、优质服务、廉洁从政，努力加强交易平台建设，着力打造阳光工程，交易工作健康有序推进。玉溪市江川区公共资源交易中心2017年1～12月完成交易项目235个，交易金额109629.41万元，共节约资金7617.37万元，溢出资金1310.45万元。其中，工程建设项目交易148个，交易金额54930.72万元，节约资金6770.77万元；政府采购项目交易62个，交易金额7196.73万元，节约资金846.6万元；国有土地出让24宗，交易金额47447.46万元，溢出资金1305.95万元；国有产权交易1个，交易金额54.5万元，溢出资金4.5万元。

【加强投资审批中介超市运行管理】 自2017年8月30日停止使用玉溪市政府投资建设项目中介服务机构库，统一使用云南省投资审批中介超市进行中介抽取。根据《云南省人民政府办公厅关于规范全省投资审批中介超市运行管理的通知》要求，制作并发放《江川区公共资源交易中心关于中介机构入驻云南省中介超市流程的温馨提示》，向中介机构宣传入驻云南省中介超市的流程，引导符合条件的中介机构入驻中介超市。截至目前，江川区共有3家中介机构入驻省中介超市。年内，江川中介超市在云南省投资审批中介超市共抽取项目22个，服务类型涉及工程勘察、水土保持方案编制、地质灾害危险性评估、工程设计、工程造价咨询、林业调查规划设计、工程招标代理、工程监理、测绘等。

【推行电子化开评标】 为贯彻落实中央、省关于推进公共资源交易电子化平台建设，实行公共资源交易透明化管理、规范化运行、电子化操作，实现“网上全公开、网下无交易”的工作目标。按照《玉溪市人民政府办公室关于全市公共资源交易项目实现全流程电子化交易试运行的通知》精神，完成“江川区公共资源交易电子化建设工程”，建有电子开标厅2间，电子评标室1间，远程异地评标室1间，全部投入使用，基本满足需求。江川区公共资源交易中心采取集中培训、一对一培训等方式共组织开展9次公共资源交易电子服务系统使用流程和开评标系统操作等培训，保障电子化系统的正常运行。自2017年11月1日起全面启动电子化交易项目以来，江川区公共资源交易中心共受理电子化交易项目10个（其中：工程建设项目5个，政府采购项目5个），完成全流程电子化项目6个（其中：资格预审项目2个，工程建设项目2个，政府采购项目2个）。目前，江川区公共资源交易中心已实现全流程电子化开评标工作。

【区委书记徐贤调研】 2017年10月17日下午，区委书记徐贤，区委常委、区委办主任邓春元，区政府副区长杨军苹一行到区政务服务管理局开展专题调研。徐贤一行实地察看政务服务大厅运行情况，听取部分窗口工作人员办件情况，向来办事的群众了解办事时限和办事效率。在随后召开的座谈会上，徐贤就政务服务管理局的做法和成效给予肯定，同时指出存在的不足就进一步搞好政务服务工作，提出四点要求：一是思想认识要提高。建设中心目的是提高政府办事效率，规范审批行为，为企业和群众服务好。优化审批流程，全面提高审批效率。二是职能定位要准。职责到底是做什么一定要准，该怎么做，要进一步梳理。事关民生的事项要力争进驻，优化设置，进一步创优政务环境。要站在服务发展全局的高度，落实好简政放权要求，通过实施流程再造，不断优化办事服务流程，完善办事服务方式，力争做到流程最优、程序最简、效率最高。三是机制建立要全。机制上加强，管理上优化，不断的教育、完善、管理，努力在硬件建设、平台建设、制度建设方面取得新成效，不断完善内部机构设置和人员配备，提升政务服务标准化、规范化、制度化水平。该进必进，进要发挥作用，不搞形式主义，最后达到一窗式受理、一站式服务。四是运行成效要好。加强窗口工作人员培训教育，改革创新制度要全，管理要严，作用发挥要到位。区政务局局长胡莎作表态发言。

【召开政务服务事项录入工作培训会】 根据《云南省人民政府办公厅关于认真做好各级政务服务事项梳理录入工作的通知》和《玉溪市政府办公室关于开展政务服务事项梳理录入工作的紧急通知》文件精神，2017年10月17～18日，江川区政务服务管理局、区编办、区发改局3家共同组织全区各乡镇（街道）、区属有关单位负责部门事项的工作人员，在区政务局二楼视频会议室开展政务服务事项梳理录入工作培训会。此次培训会共有44个部

门参加。

培训的内容：区编办负责行政职权事项、内部审批事项的梳理录入培训及指导；区发改局负责公共服务事项梳理录入培训及指导；区政务服务管理局负责系统操作业务培训。

（侯彦昆）

残疾人工作

【慰问残疾人】　2017年，区委、政府在春节期间分组分批开展走访慰问特困残疾人家庭活动，共慰问490户慰问金额14.5万元。在第二十七个“全国助残日”期间，共走访慰问贫困残疾人90户，慰问金额3.5万元。开展康复技术指导进社区活动，组织专业医生深入乡镇、社区，开展残疾人义诊、健康咨询、康复咨询等活动，特别是开展白内障、翼状胬等眼部常见多发疾病筛查活动。

【社会保障】　2017年，区残联加大与民政等部门的协调，把1931名特贫困残疾人纳入低保，做到应保尽保，重残必保。残疾人机动车辆燃油补贴。2017年，江川各级残联按照残疾人机动车辆燃油补贴条件和规定程序，认真落实、审核补贴对象，把全区179名符合条件的残疾人录入申报系统，争取并发放省级残疾人机动轮椅车燃油补贴，每人260元，共计4.6万元，让残疾人切实感受到“特惠”。残疾人参加新型农村合作医疗保险工作。2017年残联筹资金55.38万元，继续为全区6581名持证残疾人全额交纳新农合。

【家庭无障碍改造】　2017年，区残联开展贫困残疾人家庭无障碍改造，共计改造完成36户，其中建档立卡残疾人10户，贫困残疾人户17户，投入资金21.6万元。

【辅助器具配发工作】　2017年，补助安装假肢10人，补助金额3.6万元。配发轮椅250辆（其中省配50辆，区购置200辆），金额9.2万元，发放轮椅164辆。完成惠民工程辅助器具配备：配发用品用具600多件，涉及19个品种其中，助听器20台，拐杖20副，金额共计9.28万元。协调省残疾人联合会、省残疾人福利基金会协调到江川举行轮椅捐赠仪式，现场捐赠轮椅50辆，同时，为江川区贫困残疾人发放拐杖6副，助行架10个，盲杖6支，坐便器5个。

【精神残疾人医疗救助】　2017年，江川区为70名贫困精神病患者提供基本免费治疗救助，补助金额10.5万元，为110名精神病患者提供免费服药补助，补助金额2.64万元。

【“阳光家园”康复工程】　2017年，为2000余残疾人进行康复服务，服务金额25.65万元；以政府购买服务的方式为166名有需求的重度残疾人提供护理服务，补助金额22.55万元（其中：中央119人，每户1500元，市级47人，每户1000元），同时完成系统录入市级阳光家园计划25人，中央阳光家园计划119人。安排4名脑瘫儿童和4名智残儿童（0-6岁）到市第三人民医院进行康复训练，共计补助金额10.68万元。

【助学兴教】　2017年，区残联千方百计开展助学兴教活动：出资14600元对玉溪市特校14名江川籍残疾学生、安化乡、九溪镇贫困、留守、残疾学生42名残疾学生进行慰问。送教上门，为28名残疾未入学儿童开展送教上门特殊教育，发放生活学习补助金2.5万元，其中建档立卡户4名。贫困残疾学生资助，调查筛选出18名家庭比较困难的残疾家庭子女及残疾学生纳入助学补助。其中残疾大学生7名、残疾家庭子女3名、在读高中生残疾学生5名，共补助2.75万元。新入学残疾大学生资助，2017年区残联多方筹措资金10万元，资助41名考取大中专院校的贫困残疾学生和贫困残疾人家庭子女，圆他们的大学梦，其中建档立卡户有5名（本科3名、大专2名）。

【残疾人培训】　2017年，江川区残联共计投入资金23.42万元举办18期残疾人实用技术培训，参加培训人数778人，其中建档立卡贫困残疾人283人；5月8日，由玉溪市残联主办，江川区残联承办的玉溪市残疾人铜器工艺品制作培训班在江川区职业中学顺利开班，20名残疾人参加此次培训，共计投入资金12万元。11月，举办智力、脑瘫儿童康复训练、盲人定向行走、用品用具使用、精神病家属培训工作，其中：培训智力、脑瘫儿童家长26人，培训重度视力残疾人55人，培训用品用具使用残疾人80人，培训精神病家属130人；举办残疾人精准康复服务业务培训班，培训75人；举办专职委员培训班，培训75人。

【就业援助月专项活动】 自开展就业援助服务系列活动以来，共走访慰问失业残疾人250人，发放慰问金85000元，帮助残疾人享受专项扶持政策7人，举办2次招聘会，108名残疾人参加应聘，初步达成聘用意向残疾人14人，7人实现就业。

【残疾人创业就业扶持】 2017年，筛选报送3名视力残疾人参加市残联盲人按摩保健中级工培训，推荐2名盲人参加初级培训。江川全区保健按摩机构发展到5家，盲人从业人员13人。区残联向市残联申报残疾人创业示范户6户，每户补助6000元。争取盲人保健按摩规范化建设星级评定1户，争取补助资金8000元。扶持盲人保健按摩创业户1户，补助2000元。同时继续争取区政府的支持，对城区在从事手工缝补、理发、打印复印等行业的7名残疾人进行扶持，返补20%的招租资金给他们，返补资金1.6万元。

【残疾人基本服务状况和信息数据动态更新工作】 2017年完成培训各乡镇（街道）该项工作业务人员30人，全区调查并录入系统各乡镇（街道）、村委会专职委员63人；社区调查63个；残疾人6500人，其中入户调查6086人；电话调查182人；死亡注销161人；外出、搬迁、查无此人71人，入户调查率为97.1%。

【残保金征收工作】 2017年，区残联、区地税局、区财政局相互支持配合，对400余个行政事业单位、企业征收残疾人就业保障金，征收金额367.69万元。同时区残联对全区所有残疾人用工单位情况进行检查，对残疾人待遇落实不到位的单位提出整改建议，对残疾人用工达到1.5%的43个单位给予免收残保金。此外，2017年区残联争取中央、省市资金45.9万元，为推进江川残疾人工作注入强大动力。

【信访维权和综治维稳工作】 设立残疾人诉求办理监督平台，设立信息沟通邮箱，开通群众监督电话。一年来，共接待残疾人及亲属来信来访500余人次，90%以上的来信来访在初信初访后得到妥善解决；江川区残联共接办信访案件33件，所有案件已全部处理，办件率100%；为残疾人提供辅助用品用具1072件；新办理残疾人证627本；利用第十八个全国“爱耳日”等节日，加大对法律法规条例的宣传普及，共发放各种普法宣传资料200余份，回答关于聋哑残疾的有关问题50余人；编辑发布残疾人工作信息48期。

【脱贫攻坚工作】 2017年全区452户521人建档立卡贫困户，实现脱贫的315户357人，未脱贫的137户164人；共投入扶贫资金50.33万元，每户建档立卡贫困残疾人平均享受到各种补助1114元，人均966元；确定17项惠民政策精准对接扶贫攻坚，建档立卡贫困残疾人户均享受到3.1项、人均2.9项政策带来的实惠。

（邓江玲）

人 物

编辑 余立言

玉溪市江川区2017年获市以上表彰的先进集体

受表扬单位	授予称号	授予单位	授予时间
江川区水产技术推广站	国家级示范文化节庆（开渔节）	国家农业部	2017.11
玉溪市公安局江川分局	第二届全国“敬老文明号”	全国老龄委	2017.3
江川区工商联	全国“五好”县级工商联	全国工商联	2017.12
江川区水产技术推广站	云南省科学技术进步三等奖	云南省政府	2017.3
玉溪市公安局江川分局交警大队	全省公安交通管理部门执法规范化建设示范单位	云南省公安厅	2017.2
江川区动物疫病预防控制中心	2015年云南省农业技术推广二等奖	云南省农业厅	2017.5
江川区人武部	安全稳定工作先进单位	玉溪军分区	2017.12

玉溪市江川区2017年受市以上表彰的先进个人

姓　名	所在单位	授予称号	授予单位	授予时间
普丽娟	区人民检察院	全国检察机关反渎侦防能手	最高人民检察院	2017.9
姚云锁	江城镇中心敬老院	全国敬老爱老助老模范人物	全国老龄委	2017.3
袁颖存	江川区经济作物工作站	2016年蔬菜生产信息监测预警工作考评优秀信息员	农业部种植业管理局	2017.4
张四春	江川区水产技术推广站	云南省科学技术进步三等奖	云南省政府	2017.3
张友存	江川区水产技术推广站	云南省科学技术进步三等奖	云南省政府	2017.3
李小翠家庭	大街街道河咀社区	情系国防最美家庭提名奖	云南省国防动员委员会	2017.7
陶正泽	江川区动物疫病预防控制中心	2015年度云南省农业技术推广二等奖	云南省农业厅	2017.5
李　娟	江川区种子管理站	2015年度云南省农业技术推广一等奖	云南省农业厅	2017.5
罗映秋	云南省农业广播电视学校玉溪市江川区分校	2015年度云南省农业技术推广三等奖	云南省农业厅	2017.5
史应仙	江川区农机监理站	2017年度全省农机安全监理示范岗位标兵	云南省农业厅	2017.11
杨攀林	前卫镇	云岭技能大师	云南省人力资源和社会保障厅	2017.10
张庆成	前卫镇	云岭技能大师	云南省人力资源和社会保障厅	2017.10
杨常平	前卫镇	云岭技能工匠	云南省人力资源和社会保障厅	2017.10
顾克生	前卫镇	云岭技能工匠	云南省人力资源和社会保障厅	2017.10
杨从卫	前卫镇	云岭技能工匠	云南省人力资源和社会保障厅	2017.10
陆　琪	前卫镇	云岭技能工匠	云南省人力资源和社会保障厅	2017.10
唐　伟	前卫镇	云岭技能工匠	云南省人力资源和社会保障厅	2017.10
陈　刚	前卫镇	云岭技能工匠	云南省人力资源和社会保障厅	2017.10
郑忠党	区防震减灾局	2017年度全省州（市）县防震减灾工作综合考核先进个人	云南省地震局	2017.11

（沈　娴　王　琳）

统计资料

2017年江川区土地、森林、气候主要指标

主要指标	单位	2016年	2017年	增减	
				数量	%
一、土地					
土地面积	平方千米	850	850	-	-
二、森林					
森林覆盖率	%	43.78	43.78	-	-
三、气候					
全年平均气温	摄氏度	17.0	16.9	-0.1	-0.59
全年日照时数	小时	1855.8	1852.2	-3.6	-0.19
全年降雨量	毫米	865.3	1009.5	144.2	16.66

2017年江川区卫生事业主要指标

	单位	2016年	2017年	增减	
				数量	%
区、乡（镇）医疗机构	个	173	177	4	2.3
诊治疗人数	人	1811357	1920738	109381	6.0
健康检查人数	人	30057	106492	76435	254.3
住入院人数	人	27710	25400	–2310	–8.3
出院人数	人	27344	25254	–2090	–7.6
死亡率	%	0.21	0.21		
医疗机构数	个	71	71		
其中：西医为主	个	10	10		
中西医结合	个	61	61		
乡村医生和卫生人员	人	258	270	12	4.7
其中：中专以上学历	人	232	233	1	0.4
在职培训合格	人	258	270	12	4.7
诊疗人次数	人次	578332	586437	8105	1.4
孕产妇检查人次数	人次	15605	18820	3215	20.6
儿童疫苗接种人次数	人次	90674	80000	–10674	–11.8
全年业务总收入	万元	17861.4	18900.9	1039.5	5.8
传染病病发率	1/10万	112	108.5	–3.5	–3.1
农村卫生厕所普及率	%	35.61	35.61		
卫生防疫人员数	人	31	34	3	9.7
5岁以下儿童死亡率	%	0.698	0.58	–0.12	–16.9
婴儿死亡率	%	0.571	0.45	–0.12	–21.5
产妇住院分娩比例	%	100	100		

备注：本表数据来源于全国卫生网络直报系统数据（含村卫生室），上年同期数与2016年统计年鉴不具有可比性。

2017年江川区社会消费品零售总额

主要指标	单位	2016年	2017年	增减	
				数量	%
社会消费品零售总额	万元	219346.0	246764.2	27418.2	12.5
按销售单位所在地分					
1.城镇	万元	189621.6	212097.4	22475.8	11.9
2.乡村	万元	29724.4	34666.8	4942.4	16.6
批发零售住宿餐饮业情况					
1.批发业销售额	万元	49846.3	65298.6	15452.3	31.0
限额以上	万元	9417.0	12712.5	3295.5	35.0
限额以下	万元	40429.3	52586.1	12156.8	30.1
2.零售业销售额	万元	206144.8	240570.9	34426.1	16.7
限额以上	万元	9146.5	11129.6	1983.1	21.7
限额以下	万元	196998.3	229441.3	32443.0	16.5
3.住宿业营业额	万元	18818.2	22054.9	3236.7	17.2
限额以上	万元	6615.4	7715.8	1100.4	16.6
限额以下	万元	12202.8	14339.1	2136.3	17.5
4.餐饮业营业额	万元	80427.3	95306.3	14879.0	18.5
限额以上	万元	4036.5	5470.5	1434.0	35.5
限额以下	万元	76390.8	89835.8	13445.0	17.6

2017年江川区城镇居民家庭调查基本情况

指　标	计量单位	2016年	2017年	增减	
				数量	%
一、调查户数	户	80	80	-	-
二、期内住户常住成员数	人/户	3.4	3.3	−0.1	−1.8
三、人均期末拥有房屋面积(建筑面积)	平方米	57.0	62.30	5.3	9.3
四、全年人均可支配收入	元	31191.4	33936.2	2744.8	8.8
五、人均消费支出	元	19118.5	21244.4	2125.9	11.1
（一）食品烟酒	元	4407.6	4268.6	−139.0	−3.2
（二）衣着	元	1546.4	1509.5	−36.8	−2.4
（三）居住	元	3985.7	5105.3	1119.5	28.1
（四）生活用品及服务	元	1503.0	1542.6	39.6	2.6
（五）交通通信	元	3128.0	3430.0	302.0	9.7
（六）教育文化娱乐	元	2588.0	3189.4	601.4	23.2
（七）医疗保健	元	1536.0	1711.9	175.9	11.4
（八）其他用品和服务	元	424.0	487.2	63.2	14.9

2017年江川区农民家庭生产调查基本情况

指　标	计量单位	2016年	2017年	增减	
				数量	%
一、调查户数	户	70	70		
二、期末拥有房屋面积	平方米	62.9	67.0	4.2	6.6
三、人均可支配收入	元/人	11167.4	12172.1	1004.7	9.0
（一）工资性收入	元/人	2635.1	2925.6	290.5	11.0
（二）经营净收入	元/人	8050.4	8735.0	684.6	8.5
（三）财产净收入	元/人	138.4	148.3	9.9	7.2
（四）转移净收入	元/人	343.5	363.3	19.8	5.8
四、全年人均总支出	元/人	15787.8	24812.2	9024.4	57.2
（一）消费支出	元/人	9490.1	10255.0	764.8	8.1
（二）生产经营费用支出	元/人	4037.2	3283.3	−754.0	−18.7
（三）财产性支出	元/人	1.1	10.8	9.8	907.5
（四）转移性支出	元/人	242.8	346.9	104.1	42.9

2017年江川区邮电通信主要指标

指　标	计量单位	2016年	2017年	增减	
				数量	%
邮政业务总量	万元	–	1197	–	19.3
函件合计	件	245283	60274	–185009	–75.4
包件合计	件	39059	46330	7271	18.6
报刊期发数	万份	1.1	0.9	–0.2	–18.2
报纸累计份数	万份	158.0	140.6	–17.4	–11.0
杂志累计份数	万份	6.4	7.5	1.0	16.0
邮路总长度	千米	47.0	47.0		
电信业务总量	万元	–	45278.0	–	125.3
移动业务总量	万元	19000.0	19978.2	978.2	5.1
固定电话用户	户	8957	8454	–503	–5.6
移动电话用户	户	229739	268780	39041	17.0

备注：本表中邮政、电信业务总量由于2017年统计口径发生改变，上年同期数与2016年统计年鉴不具有可比性，且为1–11月份数据。

2017年江川区经济技术协作主要指标

指　标	计量	2016年	2017年	增减	
				数量	%
一、实施国内项目数	个	74	83	9	12.16
其中：市外	个	6	9	3	50.00
省外	个	68	74	6	8.82
二、新签订项目数	个	50	56	6	12.00
三、实际利用县外国内资金	万元	689068	804150	115082	16.70
其中：实际利用市外国内资金	万元	689017	770789	81772	11.87
实际利用省外国内资金	万元	622097	663393	41296	6.64
四、实施国外项目数	个	0	0	0	0.00
五、实际利用国外资金	万美元	0	0	0	0.00

2017年江川区各乡镇（街道）主要指标人均比较

项　目		全区	大街	江城	前卫	九溪	路居	安化	雄关
耕地面积（平方米）	按总人口	302.35	152.67	338.88	296.28	380.23	377.75	637.28	506.26
	按乡村人口	492.95	1106.74	397.59	459.55	451.23	466.35	643.66	511.86
粮食（千克）	按总人口	156.78	88.30	221.80	139.29	170.13	82.34	560.67	134.58
	按乡村人口	255.61	640.07	260.22	216.05	201.90	101.65	566.28	136.07
人均生产烤烟（千克）		44.39	17.93	18.84	46.15	56.45	48.21	211.62	209.94
人均生产油料（千克）		29.79	17.79	25.87	21.55	50.31	7.68	181.47	57.90
人均生产猪肉（千克）		85.36	86.96	92.08	89.76	76.78	60.43	61.36	117.83

2017年江川区普通中学基本情况（一）

	学校数（所）	班数（个）			在校学生数（人）			招生数（人）			毕业班学生数（人）			毕业生数（人）
		合计	高中	初中	合计	高中	初中	合计	高中	初中	合计	高中	初中	合计
合　计	13	322	92	230	15133	4683	10450	5032	1610	3422	5247	1548	3699	5487
大街街道	4	139	56	83	6494	2859	3635	2078	963	1115	2235	961	1274	2243
江城镇	4	89	36	53	4234	1824	2410	1403	647	756	1511	587	924	1553
前卫镇	2	45		45	2101		2101	735		735	699		699	824
九溪镇	1	23		23	1110		1110	454		454	360		360	382
路居镇	1	14		14	685		685	218		218	258		258	314
安化乡														
雄关乡	1	12		12	509		509	144		144	184		184	171

2017年江川区普通中学基本情况（二）

	毕业生数（人）		专任教师	学校占地面积（平方米）		计算机（台）	校舍建筑面积（平方米）		教学及辅助房面积（平方米）		校舍危房面积（平方米）		图书藏量（册）	
	高中	初中		高中	初中		高中	初中	高中	初中	高中	初中	合计	图书
合计	1536	3951	1207	232699	214623	2254	115906	134960	31896	55282	15662	53060	442689	442689
大街街道	961	1282	527	175943	69274	1023	81393	44091	21436	22243	10277	22390	178471	178471
江城镇	575	978	332	56756	46189	604	34513	32213	10460	12428	5385	11937	111300	111300
前卫镇		824	163		51724	323		28426		9669		7402	71303	71303
九溪镇		382	78		14173	148		13397		4873		4800	37700	37700
路居镇		314	58		22493	96		9768		4077		5545	26915	26915
安化乡														
雄关乡		171	49		10770	60		7065		1992		986	17000	17000

2017年江川区小学基本情况（一）

	学校数（所）	专任教师（人）	班数（个）	招生数（人）	在校学生（人）	毕业生数（人）	毕业班学生数（人）
合计	56	1008	494	2618	14979	3466	2593
大街街道	11	290	138	989	5215	1066	821
江城镇	16	233	117	523	3296	762	640
前卫镇	9	161	78	376	2368	597	443
九溪镇	7	107	57	281	1423	465	220
路居镇	7	111	52	248	1398	315	211
安化乡	3	48	23	77	539	117	129
雄关乡	3	58	29	124	740	144	129

2017年江川区小学基本情况（二）

	计算机（台）	图书藏量（册）	学校占地面积（平方米）	校舍建筑面积（平方米）	教学及辅助房面积（平方米）	校舍危房面积（平方米）
合计	2092	402565	334769	174659	85224	67356
大街街道	582	134031	74353	42526	25212	9142
江城镇	458	98509	86930	49646	20570	22500
前卫镇	354	63469	51105	29300	14856	9266
九溪镇	269	36719	41254	18229	8941	9212
路居镇	228	33537	35716	17251	8375	9881
安化乡	87	17424	32458	9799	3756	4289
雄关乡	114	18876	12953	7908	3514	3066

2017年江川区主要指标完成情况（一）

	单位	2016年	2017年	增减	
				数量	%
一、人口					
1、年末户籍总人口	人	280742	282923	2181	0.8
年平均人口	人	279575	281833	2258	0.8
出生人口	人	3763	4485	722	19.2
出生率	‰	13.46	15.91	2.45	18.2
死亡人口	人	1585	2200	615	38.8
死亡率	‰	5.67	7.81	2.14	37.7
自然增加人数	人	2178	2285	107	4.9
自然增长率	‰	7.79	8.11	0.32	4.1
总人口中：乡村人口	人	172361	173533	1172	0.7
城镇人口	人	108381	109390	1009	0.9
少数民族人口	人	20838	21468	630	3.0
2、年末常住总人口	万人	28.73	28.78	0.05	0.2
年平均人口	万人	28.67	28.76	0.09	0.3
城镇人口	万人	11.83	12.38	0.55	4.6
城镇化率	%	41.2	43.0	1.83	4.4
二、综合					
1、地方生产总值	万元	809886	906501	96615	13.0
第一产业	万元	157678	164929	7251	6.3
第二产业	万元	265246	305055	39809	16.4
其中：工业	万元	224780	254952	30172	16.4
建筑业	万元	41813	51638	9825	16.2
第三产业	万元	386962	436517	49555	13.3

2017年江川区主要指标完成情况（二）

	单位	2016年	2017年	增减	
				数量	%
2、按常住人口计算人均GDP	元	28249	31530	3281	12.7
3、第一产业经济结构比重	%	19.5	18.2	-1.3	-6.6
第二产业经济结构比重	%	32.8	33.7	0.9	2.8
第三产业经济结构比重	%	47.8	48.2	0.4	0.8
4、现价工业农业总产值	万元	1168291	1276794	108503	9.3
工业总产值	万元	902034	998904	96870	10.7
农业总产值	万元	266257	277890	11633	4.4
其中：农业	万元	152794	158466	5672	3.7
林业	万元	4496	4651	155	3.5
牧业	万元	91102	96235	5133	5.6
渔业	万元	10700	11109	409	3.8
农林牧渔业服务业	万元	7165	7429	264	3.7
三、固定资产投资完成额	万元	576681	758466	181785	31.5
四、年末常用耕地面积	亩	128086	128250	164	0.1
全年粮食产量	万千克	4420	4435.7	15.7	0.4
大春粮食产量	万千克	3574.51	3573.5	-1.0	0.0
小春粮食产量	万千克	845.49	862.2	16.7	2.0
烤烟产量	万千克	1262.35	1255.78	-6.6	-0.5
油料产量	万千克	798.96	842.74	43.8	5.5
水果产量	万千克	390	686	296	75.8

2017年江川区主要指标完成情况（三）

	单位	2016年	2017年	增减	
				数量	%
水产品产量	吨	4314	4350	36	0.8
全年肥猪出栏数	头	300051	309335	9284	3.1
年末生猪存栏数	头	222755	231327	8572	3.8
其中：能繁殖母猪	头	35400	36628	1228	3.5
生产经营仔猪	头	700230	685848	–14382	–2.1
五、社会消费品零售总额	万元	219346	246764	27418	12.5
六、零售价格总指数	%	100.9	101.6	以上年为100%	
居民消费价格总指数	%	101.3	101.3	以上年为100%	
农业生产资料价格总指数	%	101.8	101.9	以上年为100%	
七、城镇居民人均可支配收入	元	31191	33936	2745	8.8
八、农村居民人均可支配收入	元	11167	12172	1005	9.0
九、在岗职工人数	人	15594	16040	446	2.9
其中：事业单位	人	4360	4430	70	1.6
机关单位	人	1696	1703	7	0.4
在岗职工平均工资	元/人	53254	69584	16330	30.7
其中：事业单位	元/人	77883	105205	27322	35.1
机关单位	元/人	79147	114009	34862	44.0
十、财政总收入	万元	87629	107023	19394	22.1
其中：地方财政收入	万元	80335	103441	23106	28.8
地方财政支出	万元	193540	200050	6510	3.4
十一、金融机构贷款余额	万元	713001	885169	172168	24.1
金融机构存款余额	万元	1107834	1240877	133043	12.0

注：1.本表地方生产总值为第三次农业普查修订数，绝对数为现价，增速为可比价。
2.城镇居民人均可支配收入从2014年起按新制度统计；农民人均纯收入从2014年起为农村居民人均可支配收入。
3.根据公安户籍人口报表制度，由于统计口径改变，2015年起采用城镇人口与乡村人口统计。

（统计局）

附 录

中共玉溪市江川区委
玉溪市江川区人民政府
关于印发《玉溪市江川区法治政府建设实施方案（2016—2020年）》的通知（节选）

玉江发〔2017〕14号

各乡镇党委、政府，大街街道党工委、办事处，区委和区级国家机关各部、委、办、局，各人民团体和企事业单位，中央、省、市驻江单位：

《玉溪市江川区法治政府建设实施方案（2016—2020年）》已经区委、区政府同意，现印发给你们，请认真贯彻执行。

中共玉溪市江川区委

玉溪市江川区人民政府

2017年5月23日

玉溪市江川区法治政府建设实施方案
（2016—2020年）

根据《中共中央关于全面推进依法治国若干重大问题的决定》（中发〔2014〕14号）、《中共中央国务院关于印发〈法治政府建设实施纲要（2015—2020年）〉的通知》（中发〔2015〕36号）、《中共云南省委　云南省人民政府关于印发〈云南省法治政府建设规划暨实施方案（2016—2020年）〉的通知》（云发〔2016〕32号）和《中共玉溪市委　玉溪市人民政府关于印发〈玉溪市法治政府建设实施方案

（2016—2020年）〉的通知》（玉发〔2016〕39号）要求，结合我区实际，制定本实施方案。

一、总体要求

（一）指导思想

高举中国特色社会主义伟大旗帜，全面贯彻党的十八大和十八届三中、四中、五中、六中全会精神，以马克思列宁主义、毛泽东思想、邓小平理论、“三个代表”重要思想、科学发展观为指导，深入贯彻习近平总书记系列重要讲话和考察云南重要讲话精神，统筹推进“五位一体”总体布局，协调推进“四个全面”战略布局，坚持依法治区、依法执政、依法行政共同推进，坚持法治江川、法治政府、法治社会一体建设，培育和践行社会主义核心价值观，弘扬社会主义法治精神，推进江川治理体系和治理能力现代化，为闯出一条具有江川特色的跨越式发展之路，与全市同步全面建成小康社会，谱写好中国梦的江川篇章提供有力的法治保障。

（二）总体目标

经过坚持不懈的努力，到2020年实现基本建成职能科学、权责法定、执法严明、公开公正、廉洁高效、守法诚信的法治政府目标。

（三）基本原则

建设法治政府必须坚持中国共产党的领导，坚持人民主体地位，坚持法律面前人人平等，坚持依法治国和以德治国相结合，坚持依宪施政、依法行政、简政放权，把政府工作全面纳入法治轨道，实行法治政府建设与创新政府、廉洁政府、服务型政府建设相结合。

（四）衡量标准

政府职能依法全面履行，推进政府机构、职能、权限、程序、责任法定化；依法行政制度体系完备，政府管理各方面制度更加成熟定型；行政决策科学民主合法，政府法律顾问制度普遍建立；宪法法律严格公正实施，依法行政暨法治政府建设考核制度全面实施；行政权力规范透明运行，权责明确、行为规范、监督有效、保障有力的行政执法体制全面建立；人民权益切实有效保障，依法化解社会矛盾纠纷机制有效运转；依法行政能力普遍提高，行政机关工作人员特别是领导干部运用法治思维和法治方式深化改革、推动发展、化解矛盾、维护稳定的能力明显增强。

二、主要任务和具体措施

（一）依法全面履行政府职能

目标：牢固树立创新、协调、绿色、开放、共享的发展理念，坚持政企分开、政资分开、政事分开、政社分开，简政放权、放管结合、优化服务，政府与市场、政府与社会的关系基本理顺，政府职能切实转变，经济调节、市场监管、社会管理、公共服务、环境保护等职责依法全面履行。

措施：

1.深化行政审批制度改革。全面清理并进一步精简行政审批事项，全部取消非行政许可审批事项，简化审批流程。

2.规范和改进行政审批措施。

3.全面清理规范行政审批中介服务。

4.大力推行权力清单、责任清单、负面清单制度并实行动态管理。

5.优化政府组织结构。

6.完善宏观调控。

7.加强市场监管。

8.创新社会治理。

9.优化公共服务。

10.强化生态环境保护。

（二）完善依法行政制度体系

目标：构建系统完备、科学规范、运行有效的依法行政制度体系，使政府管理各方面制度更加成熟更加定型，为建设社会主义市场经济、民主政治、先进文化、和谐社会、生态文明，促进人的全面发展提供有力制度保障。

措施：

11.建立政府规范性文件制定机制。

12.加强重点领域政府规范性文件的制定工作。

13.提高政府规范性文件制定的公众参与度。

14.加大规范性文件审查力度。

15.严格落实规范性文件备案审查机制。

16.建立政府规范性文件清理长效机制。

17.全面清理政府和部门文件。

（三）推进行政决策科学化、民主化、法治化

目标：行政决策制度科学、程序正当、过程公开、责任明确。决策质量显著提高，决策效率切实保证，重大决策终身责任追究制度及责任倒查机制建立完善，违法决策、不当决策、拖延决策得到及时纠正，行政决策公信力和执行力大幅提升。

措施：

18.健全依法决策机制。

19.增强公众参与实效。

20.提高专家论证和风险评估质量。

21.加强合法性审查。

22.健全完善政府法律顾问制度。

23.坚持集体讨论决定。重大行政决策应当经政府常务会议或者全体会议、部门领导班子会议讨论，由行政首长在集体讨论基础上作出决定。行政首长拟作出的决定与会议组成人员多数人的意见不一致的，应当在会上说明理由。集体讨论情况和决定要如实记录、完整存档。

24.严格决策责任追究。制定《玉溪市江川区重大行政决策责任追究暂行办法》，严格实施重大决策终身责任追究制度及责任倒查机制，对不按照决策程序进行决策造成决策严重失误或者依法应该及时作出决策但久拖不决造成重大损失、恶劣影响的，严格追究行政首长、负有责任的其他领导人员和相关责任人员的党纪政纪和法律责任。推行重大决策实施情况后评估制度，决策机关应当跟踪决策执行情况和实施效果，根据实际需要进行重大行政决策实施后评估。完善行政决策监督制度，明确监督主体、监督程序和监督方式，加强对决策事项的督查督办。

（四）坚持严格规范公正文明执法

目标：权责统一、权威高效、行为规范、监督有效、保障有力的行政执法体制建立健全，行政执法责任制和行政执法过错责任追究制全面落实，法律法规规章得到严格实施，各类违法行为得到及时查处和制裁，公民、法人和其他组织的合法权益得到切实保障，经济社会秩序得到有效维护，行政违法或者不当行为得到有效监督和及时纠正，对行政执法的社会满意度显著提高。

措施：

25.完善行政执法管理。加强对行政执法的统一领导和协调。

26.完善行政执法程序。健全完善行政裁量权基准制度，严格细化行政裁量权，重点细化、量化行政处罚、行政征收等行政裁量标准，规范裁量范围、种类、幅度。

27.创新行政执法方式。

28.全面落实行政执法责任制和行政执法案卷评查制度。

29.健全行政执法主体及人员管理制度。

30.加强行政执法保障。

（五）强化对行政权力的制约和监督

目标：科学有效的行政权力运行制约和监督体系基本形成，惩治和预防腐败体系进一步健全，行政监督实现法治化，各方面监督形成合力，行政机关接受监督更加自觉，人民群众的知情权、参与权、表达权、监督权得到切实保障，损害公民、法人和其他组织合法权益的违法行政行为得到及时纠正，对行政权力的制约制度和对违法行政的问责制度更加健全，违法行政责任人依法依纪受到严肃追究。

措施：

31.健全行政权力运行制约和监督体系。

32.自觉接受党内监督、人大监督、民主监督、司法监督。

33.加强行政监督和审计监督。

34.完善社会监督和舆论监督机制。

35.全面推进政务公开。

36.完善纠错问责和行政赔偿机制。

（六）依法有效化解社会矛盾纠纷

目标：公民、法人和其他组织的合法权益得到切实维护，公正、高效、便捷、成本低廉的多元化防范、化解社会矛盾纠纷解决机制全面形成并有效运转，各类调解主体有效互动，行政机关在预防、解决行政争议和民事纠纷中的作用充分发挥，通过法定渠道解决矛盾纠纷的比率大幅提升。

措施：

37.健全依法化解纠纷机制。

38.加强行政复议工作。

39.完善行政调解、行政裁决、仲裁制度。

40.加强人民调解工作。

41.改革信访工作制度。

（七）全面提高政府工作人员法治思维和依法行政能力

目标：政府工作人员特别是领导干部要牢固树立宪法法律至上、法律面前人人平等、权由法定、权依法使等基本法治理念，实现管理理念、领导方式和工作方法的重大转变，恪守合法行政、合理行政、程序正当、高效便民、诚实守信、权责统一等依法行政基本要求，做尊法学法守法用法的模范，运用法治思维、法律手段管理经济、文化和社会事务，依法行政能力明显提高，在法治轨道上全面推进政府各项工作。

措施：

42.树立重视法治素养和法治能力的用人导向。

43.加强对政府工作人员的法治教育培训。

44.完善政府工作人员法治能力考查测试制度。

45.注重通过法治实践提高政府工作人员法治思维和依法行政能力。

三、组织保障和落实机制

党的领导是全面推进依法治国、加快建设法治政府最根本的保证，必须坚持党总揽全局、协调各方，发挥各级党委领导核心作用，把党的领导贯彻到法治政府建设各方面。各级政府及其部门要自觉接受党的领导，切实增强建设法治政府的使命感、紧迫感和责任感，加强组织领导，强化工作责任，一级抓一级，层层抓落实。

46.加强党对法治政府建设的领导。

47.落实第一责任人责任。

48.强化考核评价和督促检查。

49.加强理论研究、典型示范和宣传引导。

50.加强政府法制机构和队伍建设。

51.严格落实财政保障制度。

有关部门要根据部门职责承担并履行好本实施方案确定的相关任务，同时做好统筹协调，及时沟通协商，形成工作合力。作为牵头单位和负责单位的有关部门和乡镇（街道）政府要建立法治政府建设年度进展报告制度，及时向区委、区政府报告工作进展情况。区政府法制办要牵头做好督促检查。各乡镇（街道）和各部门要在区委、区政府的坚强领导下，团结协作、开拓创新，突出工作重点，全面落实本实施方案，为全面推进依法治区、建设法治江川作出扎扎实实的贡献。

附件：《玉溪市江川区法治政府建设实施方案（2016—2020年）》（任务措施分工方案）（略）

中共玉溪市江川区委
玉溪市江川区人民政府
关于在全区开展“科教引领创新发展”大讨论大行动的实施意见

玉江发〔2017〕24号

（2017年5月16日）

各乡镇党委、政府，大街街道党工委、办事处，区委和区级国家机关各部、委、办、局，各人民团体和企事业单位，中央、省、市驻江单位：

为加快实施创新驱动发展战略，全面贯彻落实玉溪市“科教引领创新发展”大讨论、大行动动员大会暨2017年市委理论学习中心组第二次集中学习会议精神，着力打造经济发展新引擎，奋力开创跨越发展新境界，区委、区政府研究决定，在2016年开展的“争先创优跨越发展”大讨论、大行动统领下，从2017年起在全区开展“科教引领创新发展”大讨论、大行动，特制定如下实施意见。

一、开展“科教引领创新发展”大讨论、大行动的重要意义

（一）开展“科教引领创新发展”大讨论、大行动是谋求江川新发展的必然选择。2016年区委、区政府在全区开展“争先创优跨越发展”大讨论、大行动，确保经济实现平稳较快发展。但是，2016年我区生产总值81.09亿元，在全市7县2区中仅排第5，落后于易门县，远低于红塔、新平和通海3个县区，与排名靠后的4个县差距不大；固定资产投资完成57.67亿元，全市排名倒数第3。要实现超越通海追赶红塔的目标，发展形势依旧严峻。开展“科教引领创新发展”大讨论、大行动，目的是进一步研判形势，统一思想，凝聚共识，增强发展危机感、紧迫感、责任感，牢固树立“撸起袖子加油干”的思想，提振精神、鼓舞斗志，力举措施、埋头苦干，顽强拼搏、迎头赶上，奋力推进经济跨越发展。

（二）开展“科教引领创新发展”大讨论、大行动是培育江川跨越发展新动能的必然选择。我国经济发展进入新常态，新常态呼唤新动力，新动能催生新经济。但我区支撑经济增长的传统产业发展动力明显减弱，新兴产业培育成长严重不足，带动支撑作用乏力，企业自主创新能力不强，引领创新专家型人才严重缺乏，大众创业万众创新氛围不浓。从总体上看，经济发展创新驱动能力不足是我区跨越发展的一大短板。开展“科教引领创新发展”大讨论、大行动，是全面落实创新发展理念、转变发展方式、提高发展质量、增强核心竞争力的重要举措。通过实施科技创新、教育创新、产业创新，大力引进和建设科研机构、科技型企业，培养集聚创新型人才，有利于加快新旧发展动能接续转换、提升创新供给能力、促进供给侧结构性改革、助推产业转型升级，进一步激发经济发展新动力，开辟经济发展新空间。

（三）开展“科教引领创新发展”大讨论、大行动是加快江川产业转型升级的必然选择。全球经济的产业技术和分工格局调整变革及新一轮科技革命，为传统产业转型升级提供了难得的机遇，创新发展时不我待。科教引领创新发展是解决好产业发展深度矛盾问题、推动产业链向高端跃升、实现传统产业转型升级和新兴产业培育壮大的重要抓手。开展“科教引领创新发展”大讨论、大行动，积极谋划好“创新+转型”大文章，有利于激发我区磷化工等传统产业活力，培育壮大装备制造、高原特色农业、文化旅游及健康养老、现代物流、航空5大产业，全面构建现代特色产业体系，有效促进“要素驱动”向“创新驱动”转变，加快产业转型升级步伐，全面推进经济结构优化升级。

（四）开展“科教引领创新发展”大讨论、大行动是建设宜居宜业生态活力新江川的必然选择。当前是我区推进新型城镇化发展的有利时期，以推进国家卫生城市创建达标和“六城同创”工作为抓手，着力站在高起点进行规划建设，是江川城市聚集创新资源、推动产城融合、实现规模扩张、提高创新能力最有效的发展途径。开展“科教引领创新发展”大讨论、大行动，加快推进城市提质扩容，充分发挥科教创新实体平台支撑作用，全方位聚集教育、科技、科研、人才等资源力量，促进“科技+教育+产业”深度融合，打造知识产业集群，有利于全面提升创新发展能力和水平，加快融入滇中城市经济圈发展，高标准推进新型城镇化建设，聚力打造宜居宜业生态活力新江川。

二、开展“科教引领创新发展”大讨论、大行动的总体要求和目标

（一）总体要求。全面贯彻党的十八大、十八届三中四中五中六中全会精神和习近平总书记系列重要讲话特别是考察云南重要讲话精神，深入学习领会省委陈豪书记到玉溪调研讲话、省第十次党代会及市第五次党代会和市委罗应光书记到江川调研讲话、市“科教引领创新发展”大讨论、大行动动员大会暨2017年市委理论学习中心组第二次集中学习会议精神，按照协调推进“五位一体”总体布局和“四个全面”战略布局的要求，牢固树立和贯彻五大发展理念，以创新发展理念的转变引领发展方式转变，聚力把创新贯穿到经济社会发展全过程，以科技创新为动力打造核心竞争力，以教育创新为支撑夯实人才保障基础，以产业创新为重点引领经济结构优化升级。大力培育新技术、新产业、新业态，让基础研究“强起来”，让企业创新“动起来”，让转化渠道“通起来”，让政府之手“活起来”，着力打造创新发展经济增长极，培育增强经济发展新动能，不断开创全区科教创新跨越发展新局面。

（二）总体目标。通过开展“科教引领创新发展”大讨论、大行动，进一步统一思想、凝聚共识，坚决破除一切制约创新发展的思想障碍，在全区上下形成科教引领创新发展的浓厚氛围。制定实施科技、教育、产业创新方案，形成科教引领创新发展的新思路和新举措，激发创新活力和创造潜能，切实增强经济发展新动能，加快实现要素驱动向创新驱动发展方式转变，奋力走出一条科教创新引领、经济结构合理、发展动力强劲、质量效益突出的可持续发展路子，助推“科技+教育+产业”深度融合，着实打造知识产业集群，努力打造宜居宜业生态活力新江川。

三、开展“科教引领创新发展”大讨论、大行动的重点工作

（一）开展一次专题调研

以“科教引领创新发展”为主题，开展科技创新、教育创新、产业创新3个专题调研，形成高质量的调研报告，全面提出科教引领创新发展对策措施，为科学制定具体实施方案打下坚实基础。（责任单位：区委政研室、区政府办公室、区发改局、区工信局、区教育局、区科协）

（二）召开一次动员大会暨区委理论学习中心组学习

召开“科教引领创新发展”大讨论、大行动动员大会，向全区各级领导干部广泛宣传组织开展大讨论、大行动的重要意义，表彰一批优秀民营企业和先进个人，动员广大干部积极参与大讨论、大行动，全面安排部署大讨论、大行动各项工作。围绕“科教引领创新发展”大讨论、大行动，以科技创新、教育创新、产业创新为主题，开展区委理论学习中心组学习。（责任单位：区委办公室、区政府办公室、区委宣传部、区委政研室、区工信局）

（三）开展一次集中学习活动

在全区开展以“科教引领创新发展”为主题的集中学习活动。重点学习省委陈豪书记玉溪调研讲话精神，市委罗应光书记江川调研讲话和在“科教引领创新发展”大讨论、大行动动员大会暨市委理论学习中心组上的讲话精神，区委徐贤书记在区委理论学习中心组第二次学习会议上的讲话精神，以及科技创新、教育创新、产业创新3个实施方案。（责任单位：区委办公室、区政府办公室、区委组织部、区委宣传部）

（四）制定实施3个工作方案

1.制定出台科技创新实施方案。科学制定科技创新实施方案，要以全面实施科技创新增强发展新动能

为重要抓手，以科技创新成果转化促进产业大发展为根本目标，突出技术研究开发、技术运用普及、创新成果产业化等关键重点，明确提出科技体制改革、高新企业培育、科技成果转化、科研人才培引、知识产权保护等方面的建设任务、重点工作和政策措施，全面提高科技对经济发展的贡献率，聚力推动产业转型升级，促进经济跨越发展。到2020年，培育特色重大产品（系列）2个以上，建成院士、专家工作站2个以上、重点实验室和工程（企业）技术中心4个以上，高新技术企业5户以上、科技型中小企业30户以上，农业科技示范园3个以上、优质种业基地2个以上、农产品深加工科技型企业2个以上，全社会研发经费（R&D）投入强度达2.5%以上。（责任单位：区政府办公室、区工信局）

2.制定出台教育创新实施方案。科学制定教育创新实施方案，要以国务院和云南省全民科学素质行动计划纲要实施方案为统领，以全面提高劳动者素质为根本，突出培养高层次实用型人才、引进技术人才、建设产业发展人才智力、促进教育与科技和产业深度融合等关键重点，明确提出应用人才培养、产学研合作等方面的建设任务、重点工作和政策措施，举全社会力量推进教育创新，使人才智力成为跨越发展的重要新引擎。到2020年，全区办学条件进一步改善，义务教育城乡一体化发展，学校整体布局特别是九年一贯制学校调整、学前教育资源和城区教育资源整合基本完成。（责任单位：区委党校、区政府办公室、区教育局）

3.制定出台产业创新发展实施方案。科学制定产业创新实施方案，围绕建设“三区一中心”战略定位，坚持“5366”的发展思路，以推进供给侧结构性改革、促进产业转型升级为抓手，突出创新资源整合、技术领域合作、产业创新联盟、创新孵化建设、创新机制完善等关键重点，明确提出巩固提升传统产业和培育壮大新兴产业的建设任务、重点工作和政策措施，做强先进装备制造、高原特色农业、现代物流、旅游文化及健康养老、航空产业、磷化工六大产业。紧紧依靠科教引领创新发展新动能，聚力打好民营经济、县域经济、园区经济发展“三大战役”，调整优化产业结构，打造产业经济增长极，推进经济跨越发展。到2020年，全区地方生产总值达到151亿元以上，年均递增17.8%左右。（责任单位：区政府办公室、区发改局）

四、开展“科教引领创新发展”大讨论、大行动的保障措施

（一）强化组织领导。为切实抓好“科教引领创新发展”大讨论、大行动，确保完成各项工作任务，区委决定成立玉溪市江川区“科教引领创新发展”大讨论、大行动工作领导小组，统领全区开展大讨论、大行动工作。各乡镇（街道）和各部门要成立相应的工作领导机构，切实推动“科教引领创新发展”大讨论、大行动各项工作。

（二）强化责任落实。3个实施方案涉及的各项重点工作要明确责任单位，各责任单位要切实担负起主体责任，会同配合单位研究制定操作细则，明确目标、细化任务，落实措施、规定时限，把每项重点工作任务分解细化到部门负责人。全区上下要以更加奋发有为的精气神，更加求真务实的作风抓实各项工作，形成纵向联动、横向配合抓落实的良好工作氛围，全力推动各项重点工作向纵深开展。

（三）强化舆论引导。领导小组宣传组要会同宣传部门组织引领各新闻媒体，制定具体宣传方案，全方位开展宣传报道。加大宣传力度，营造浓厚的舆论氛围，开设专版专栏专题，做到报纸有版面、电台有声音、电视有画面、手机有信息。强化舆论引导，大力宣传各项重点工作推进情况及各条战线涌现出来的先进典型，全面展示取得的成效和经验。同时，对落实工作不力，不作为乱作为的责任人予以公开曝光。

（四）强化督查考核。领导小组督导组要会同各专项督导组以明察暗访、重点抽查、现场督导等方式，对各项重点工作开展绩效评估评价，要聚焦存在问题，严格督导整改，全力促进落实。对责任不明确、分工不具体、工作不到位的部门主要领导和相关责任人，要及时约谈，立行立改；对为官不为、落实不力、整改不力的相关责任人，要适时预警、严肃问责。通过最严格的督查手段，确保各项重点工作落到实处、取得实效。

中共玉溪市江川区委 玉溪市江川区人民政府 关于印发《玉溪市江川区精准脱贫百日攻坚战实施方案》的通知（节选）

玉江发〔2017〕27号

各乡镇党委、政府，大街街道党工委、办事处，区委和区级国家机关各部、委、办、局，各人民团体和企事业单位，中央、省、市驻江单位：

《玉溪市江川区精准脱贫百日攻坚战实施方案》经区委、区政府研究同意，现印发给你们，请遵照执行。

中共玉溪市江川区委
玉溪市江川区人民政府
2017年8月19日

玉溪市江川区精准脱贫百日攻坚战实施方案

为全面贯彻落实中央、省、市脱贫攻坚重大决策部署，举全区之力坚决打好精准脱贫百日攻坚战，确保江川区实现2017年全面脱贫、2018年巩固提升，与全市一起在全省率先全面建成小康社会的脱贫攻坚目标任务，并结合我区实际，制定本实施方案。

一、重点目标

（一）精准识别扶贫对象。严格按照省委、省政府和市委、市政府贫困对象动态管理工作要求，做到应纳尽纳、应退尽退、应扶尽扶，真正实现零错评、零漏评、零错退、零漏退，精准识别全区建档立卡贫困户的总户数、总人口。

（二）准确控制贫困发生率。严格控制全区、乡镇（街道）、行政村贫困发生率均低于3%，并将未脱贫人口控制在最低限度。

（三）实现“两不愁、三保障”。严格甄别脱贫户，按照扶贫“两不愁、三保障”要求，坚决做到贫困对象“不愁吃、不愁穿，保障义务教育、基本医疗和住房”，确保无错退人口。

二、对策措施

全区精准脱贫百日攻坚战，要紧扣2017年脱贫攻坚目标任务，针对当前存在少数领导干部和单位思想认识不到位、精准帮扶不着力、督促检查不全面等突出问题，建立完善规章制度、制定具体工作方案、强化监督考核问效，提高政治站位、全面压实责任，着力做实精准整改工作，全面推进精准扶贫、精准脱贫。

（一）建立贫困发生率月报制度。从2017年8月起，全面实行乡镇（街道）、行政村贫困发生率月报管理工作。乡镇（街道）、行政村要明确直接责任人，按照村报乡镇（街道），乡镇（街道）报区扶

贫办的逐级上报方式，于次月4日前上报经乡镇（街道）、行政村行政主要领导审核签字的贫困发生率情况。区扶贫办汇总情况后，于次月5日前专报区政府主要领导审核签字后上报市扶贫办。（责任单位：区扶贫办，各乡镇〈街道〉党〈工〉委、政府〈办事处〉和各行政村）

（二）建立扶贫工程项目建设进度月报制度。从2017年8月起，全面实行扶贫工程项目建设推进情况月报管理工作。乡镇（街道）、涉及扶贫项目的行政村要明确直接责任人，按照逐级上报方式，于次月4日前上报扶贫工程项目建设进度情况和易地扶贫搬迁安置点建设情况审核确认。四类重点对象C、D级危房改造情况报区住建局审核确认，并在确认后，由区扶贫办和区住建局共同上报市扶贫办；整乡整村推进、产业扶贫等扶贫工程项目建设情况由各乡镇（街道）直接上报区扶贫办。区扶贫办汇总情况上报市扶贫办的同时，于次月5日前专报区委、区政府主要领导、分管领导和区纪委主要领导。（责任单位：区扶贫办、区住建局，各乡镇〈街道〉党〈工〉委、政府〈办事处〉和各行政村）

（三）建立扶贫工作困难问题反映旬报制度。从2017年8月起，全面实行精准扶贫、精准脱贫工作困难问题旬报管理工作。各乡镇（街道）和行政村必须关注建档立卡贫困户群众诉求、村组反映困难问题、驻村领导及工作队员提出的意见建议，明确具体负责人收集整理，逐级研究解决。各乡镇（街道）和行政村无法解决的重大困难问题，按照逐级上报方式，于次月15日前上报区扶贫办，由区扶贫办汇总情况后及时提交区扶贫开发领导小组研究解决；区级解决或答复不了的，由区扶贫办适时上报市扶贫办研究解决。（责任单位：区扶贫办、区住建局、区卫计局、区民政局，各乡镇〈街道〉党〈工〉委、政府〈办事处〉和各行政村）

（四）建立区级易地扶贫搬迁项目建设推进机制。由区扶贫办统筹协调、市国土局江川分局、区住建局具体负责督促和指导乡镇组织实施，扎实推进九溪镇、江城镇涉及的易地扶贫搬迁安置点（地质灾害搬迁避让点）项目建设，确保2017年底易地扶贫搬迁项目全面竣工。区惠江建设投资有限公司（城投公司）要切实履行职责，严格项目资金管理，积极配合区扶贫办做好补助资金兑付工作。（责任单位：区扶贫办、市国土局江川分局、区住建局、区惠江建设投资有限公司，涉及乡镇〈街道〉党〈工〉委、政府〈办事处〉和涉及行政村）

（五）建立贫困劳动力转移培训就业工作机制。紧扣建档立卡贫困人口持续稳定增收目标任务，建立帮助贫困户劳动力转移培训就业工作机制，全面开展贫困户劳动力转移培训就业行动，2017年全区完成建档立卡贫困户劳动力培训800人次，其中：新增转移就业360人次。一是区人社局和区扶贫办负责统筹协调全区建档立卡贫困户劳动力转移培训就业工作，并做好区内外进城就业务工人员培训、上岗服务等相关工作；由区人社局牵头，区扶贫办、区工信局、区工商联等部门配合，各乡镇（街道）具体负责，建立建档立卡贫困户劳动力转移培训就业信息库，精准掌握每户建档立卡贫困户的劳动力状况和就业情况，并根据各种就业渠道和信息，精准做好就业推荐和管理工作。二是区住建局、区工信局、区农业局和区工商联负责协调安排区内城市建设领域、工业企业、农业企业岗位，并提供给区人社局和区扶贫办统筹安排就业。切实做好以建档立卡贫困户为重点的劳动力转移就业工作，助推贫困人口脱贫退出。（责任单位：区扶贫办、区工商联、区工信局、区住建局、区人社局、区农业局，各乡镇〈街道〉党〈工〉委、政府〈办事处〉和各行政村）

（六）建立产业扶贫助推脱贫工作机制。认真贯彻落实《中共云南省委　云南省人民政府关于加快推进产业扶贫精准脱贫的指导意见》精神，综合考虑各地资源优势、产业基础、市场需求、技术支撑、资源环境承载力等因素，结合贫困户经营能力和脱贫需求，坚持宜农则农、宜林则林、宜游则游、宜工则工、宜商则商，选准特色种养殖业、林业、旅游、电商等扶贫产业，积极引导和鼓励扶持建档立卡贫困户发展产业，切实让发展产业成为农民脱贫致富的重要依托，加快由“输血”式扶贫向“造血”式扶贫转变，进一步提升贫困户自我发展和致富奔小康能力。区农业局、区林业局、区烟办等涉农部门要积极对接，争取上级的各项扶持鼓励政策，以乡镇（街道）或以行政村为单位制定“一村一策”的产业帮扶工作方案，并指导各乡镇（街道）组织实施，确保建档立卡贫困户在发展产业上做到全覆盖，每户至少受益一项产业帮扶措施。（责任单位：区扶贫办、区工信局、区财政局、区农业局、区林业局、区旅发局、区烟办，各乡镇〈街道〉党〈工〉委、政府〈办事处〉

和各行政村）

（七）建立社会力量参与脱贫帮扶工作机制。全面动员国有企业、民营企业、社会组织、人民团体等社会力量，本着自觉自愿的原则，积极参与全区精准脱贫百日攻坚战，构建精准脱贫工作大格局，举全区之力推进精准脱贫工作。一是组织扶贫捐款活动。由区总工会和区工商联牵头，组织一次区级扶贫捐款活动，积极倡议全区范围内的机关、事业单位和国有企业干部职工，民营企业、社会组织、社会团体及社会各界人士自愿为建档立卡贫困户捐款助贫，社会募集捐款作为扶贫专项资金，实行专账管理，专项用于建档立卡贫困户危房改造攻坚工作，举社会力量帮助贫困群众早日脱贫退出。二是开展扶贫志愿者行动。由区民政局牵头，充分利用网络服务宣传平台，广泛招募企业家、专业技术人才、青年学生、驻江部队官兵和其他社会各界人士，组建脱贫帮扶志愿者队伍，关注支持留守儿童、孤寡老人、残疾人等特殊群体的生产生活，全面开展以助教助学、助医助残为重点的“结对帮扶”助贫活动，助推精准脱贫“五个一批”社会兜底工作全面落实。三是强化脱贫攻坚社会舆论引导和宣传教育工作。区级新闻媒体和各宣传平台要采取多种方式，全面宣传报道全区贫困群众生产生活情况、各级各部门开展脱贫攻坚工作情况、社会力量参与脱贫帮扶情况，特别要大力宣传民营企业、社会团体、爱心人士助贫先进典型事迹，激发全社会爱心帮扶热情；深入开展“自强、诚信、感恩”主题实践活动宣传报道工作，教育引导贫困群众树立自强不息、诚实守信、脱贫光荣的思想观念和感党恩跟党走的自觉意识，把对美好生活的向往、对党的感恩之心，转化为自力更生、艰苦奋斗的自觉意愿和行动，齐心协力打赢脱贫攻坚战，为全区精准脱贫百日攻坚提供正能量、营造好环境。（责任单位：区委宣传部、区总工会、区工商联、区扶贫办、区民政局、区文广体局，各乡镇〈街道〉党〈工〉委、政府〈办事处〉和各行政村）

（八）建立压实挂钩联系单位责任工作机制。为着力压实责任、有效推进脱贫攻坚“挂包帮”“转走访”挂钩联系定点单位帮扶工作，建立压实挂钩联系单位责任的工作机制。一是按照“大稳定、小调整、全覆盖”的原则调整动态管理后的“挂包帮”“转走访”挂钩联系单位，形成部门包村与挂联贫困户相对应、相统一的责任落实机制。二是把挂钩联系帮扶工作纳入年度综合考核。由区综考办负责，把单位脱贫攻坚“挂包帮”“转走访”挂钩联系帮扶工作纳入区级年度综合考核，对帮扶建档立卡贫困户脱贫不退出的挂钩联系单位实行“一票否决”，单位主要领导及分管领导年度考核不得评定为优秀等次。三是强化挂钩联系帮扶工作监督问效和执纪问责。由区纪委监察局牵头，区委组织部、区委督查室和区政府督查室参与，成立脱贫攻坚“挂包帮”“转走访”挂钩联系单位帮扶工作专项督查组，建立日常监督检查机制，聚焦挂钩联系帮扶单位履职不到位、工作不落实、成效不明显等问题，开展定期不定期督查抽查，以铁的纪律监督管理挂钩联系单位帮扶工作。（责任单位：区纪委监察局、区委组织部、区委督查室、区政府督查室、区级挂钩联系单位，各乡镇〈街道〉党〈工〉委、政府〈办事处〉和各行政村）

三、工作要求

（一）提高政治站位，全面压实责任。在全区精准脱贫百日攻坚战期间，要聚焦少数领导干部和单位对脱贫攻坚任务艰巨性认识不足、站位不高、重视不够、指导不深、措施不实、问效不准、督查不严等突出问题，着力提高政治站位，全面压实责任。一是各级各部门必须认真学习中央、省、市、区脱贫攻坚相关政策，深刻领会脱贫攻坚要求，把思想统一到党中央国务院重大决策部署、习近平总书记扶贫开发战略思想和省委省政府、市委市政府的安排部署上来，强化脱贫攻坚政治意识，深刻认识脱贫攻坚艰巨性，担当脱贫攻坚重大责任，把脱贫攻坚摆上重要议事日程，列为重中之重的工作狠抓落实。二是按照区委区政府的统一安排和部署，紧扣脱贫攻坚目标任务，明确党政同责主体责任，各级领导干部要亲力亲为，集中时间、集中精力、集中财力，到点调研、到点指导、到点帮扶、到点检查、到点落实，凝心聚力、精准发力，扎扎实实开展脱贫攻坚帮扶工作，树标杆做表率做出成效。

（二）切实解决问题，整体推进脱贫。在全区精准脱贫百日攻坚战期间，各级各部门要坚持问题导向，着力做好精准整改，特别要针对当前存在的贫困对象错评漏评、错退漏退和帮扶措施不力、效果不佳等不精准问题，全面开展调查核实，准确掌握贫困信息，从严把控帮扶措施，必须做到帮扶对症下药、因村施策、因户施法，强势推进易地扶贫搬迁安置点和四类重点对象C、D级危房改造，结合动态调整后的实际情况，按《玉溪市江川区建档立卡贫困户危房改造攻坚销号整改实施方案》中“1+6+1”的工作模式，进一步压实责任，逐户制定改造方案，确保在11月30日前按原定计划完成2014年以来未脱贫的、返贫的建档立卡贫困户C、D级危房改造任务，12月30日前完成新识别纳入的建档立卡贫困户C级危房加固改造任务和D级危房改造基础建设工作，并确保D级危房改造任务在2018年4月前完成。对标对表补齐“短板”，聚力提高帮扶实效，确保脱贫攻坚质量，决战决胜脱贫攻坚。

（三）强化监督检查，严格执纪问责。在全区精准脱贫百日攻坚战期间，区纪委监察局、区委督查室、区政府督查室要按照省市脱贫攻坚监督执纪相关要求，密切配合，协同作战，重点针对各乡镇（街道）党（工）委政府（办事处）、区直“挂包帮”“转走访”挂钩联系单位、驻村领导干部在压实责任、精准对象、帮扶措施、脱贫实效等方面的情况，开展全方位的监督检查，严肃整治不作为、不干事、不尽责和乱作为、乱干事、乱履职等严重阻碍脱贫攻坚工作推进的各种行为，严格执行脱贫攻坚工作问责制度，以严实的领导干部作风扎实推进脱贫攻坚工作全面落实，坚决打赢精准脱贫百日攻坚战，克期完成全区2017年全面脱贫目标任务。

附件：

1.玉溪市江川区贫困发生率月报表（略）

2.玉溪市江川区扶贫工程项目建设进度月报表（略）

3.玉溪市江川区扶贫工作困难问题反映旬报表（略）

4.玉溪市江川区易地扶贫搬迁项目推进工作方案（略）

5.玉溪市江川区贫困劳动力转移培训就业工作方案（略）

6.玉溪市江川区社会力量参与脱贫帮扶工作方案（略）

7.玉溪市江川区产业扶贫助推脱贫工作方案（略）

8.玉溪市江川区压实挂钩联系单位责任工作方案（略）

中共玉溪市江川区委
玉溪市江川区人民政府
关于印发《玉溪市江川区加快民营经济发展的实施方案》等3个实施方案的通知（节选）

玉江发〔2017〕31号

各乡镇党委、政府，大街街道党工委、办事处，区委和区级国家机关各部、委、办、局，各人民团体和企事业单位，中央、省、市驻江单位：

《玉溪市江川区加快民营经济发展的实施方案》《玉溪市江川区加快县域经济发展的实施方案》和《玉溪市江川区加快园区经济发展的实施方案》已经区委、区政府研究同意，现印发给你们，请认真贯彻执行。

中共玉溪市江川区委

玉溪市江川区人民政府

2017年9月27日

玉溪市江川区加快民营经济发展的实施方案

为深入贯彻落实党中央国务院、省委省政府和市委市政府关于大力发展民营经济的部署要求，着力破解民营经济发展中的突出问题，不断优化发展环境，构建“亲”“清”新型政商关系，全力推进江川民营经济转型升级、跨越发展，结合我区实际，制定如下实施方案。

一、发展目标

2017年力争实现民营经济增加值50.4亿元，增长10%，占全区GDP的比重达到55%；民营经济固定资产投资达27.5亿元，增长5%，占全区固定资产投资的36%；从业人员达到6.07万人，增长8%。

到2020年，力争实现民营经济增加值90亿元以上，年均增长21%以上，占全区GDP的比重达到59%以上；民营经济固定资产投资达到40亿元以上，年均增长10%以上，占全区固定资产投资的40%以上；从业人员达到7.5万人以上，年均增长8%以上。

二、工作重点

（一）提高行政审批效率

1.深化行政审批制度改革。进一步精简行政审批和中介服务事项，清理规范中介服务收费，降低企业制度性交易成本。全面梳理企业投资项目核准前置审批事项，对法律法规没有明确规定为前置条件的，一律不再作为前置审批。对鼓励发展的重点产业投资项目，实行“同步受理、同步介入、同步审查、限时办结”，消除部门利益壁垒，让部门间不互为前置真正落到实处。全面推行“双随机、一公开”，提高依法行政水平和能力，着力破解体制机制和政策性障碍。（区委编办牵头，区政府法制办、区发改局、区工信

局、区财政局、区市场监管局、区政务服务管理局等区属相关部门配合）

2.提高环评审批效能。取消将环境影响评价作为建设项目立项核准和备案的前置条件，环评与选址意见、用地预审、水土保持等实施并联审批。对环境影响登记表实行告知性备案管理。依法将规划环评作为规划所包含项目环评文件审批的刚性约束，对已采纳规划环评要求的规划所包含的建设项目，简化相应环评内容。科学实施项目分类管理，对未列入分类管理名录且环境影响或环境风险较大的新兴产业，报上级环保部门确定其环评分类；对未列入分类管理名录的其他项目，无需履行环评手续。（区环保局牵头，区属相关部门配合）

3.改进重点项目建设用地服务。区国土部门要积极为重点项目提供用地保障和服务。已通过用地预审的重点项目，要提前介入，尽快开展用地报批前期准备工作，并按规定时限和规范要求及时组织用地报批；倡导民营企业用地，尽量向区政府申请使用现有存量建设用地，区国土部门要继续行使好市级下放区级以及省级下放市级，市级又下放区级的全部具体建设项目用地供地权，有效缩短供地时限，促成项目及时落地；申请用地资料齐全的，在6个工作日内完成审批及报批工作。（市国土局江川分局牵头，区属相关部门配合）

（二）着力化解融资难题

4.加大财政支持力度。建立区民营经济发展专项资金持续增长机制，力争逐步增加专项资金规模。对接省市中小企业发展基金，按政府引导、社会资本参与、市场化运作的原则，设立区中小企业发展基金，并争取省市中小企业发展基金参股。（区财政局牵头，区工信局等区属相关部门配合）

5.加大信贷支持力度。鼓励地方金融机构增资扩股壮大资本实力，创新信贷方式，简化贷款审批手续，建立完善民营企业网上融资平台，为企业融资提供便利。充分发挥区中小企业应急转贷资金作用，在全区开展民营企业转贷服务。（区财政局牵头，区工信局、区发改局、人行江川支行等区属相关部门配合）

6.加大对重点项目和重点企业的金融支持。加强银政企沟通协调，由政府牵头，各金融机构和有关部门联合成立实体企业融资协调小组，由融资协调小组负责设立区委、区政府支持的重点项目和重点企业库。自2017年起，对市场前景好、有核心竞争力，投资额较大的民营企业投资项目（含招商引资项目）和处于省、市、区行业地位领先、市场份额靠前、创新能力强、发展潜力大、质量效益优的重点企业、“小巨人”企业、成长型企业，因企业发展营运资金出现困难时，由实体企业融资协调小组对企业进行全面调查评估并举荐，积极协调国有融资担保公司担保给予信贷支持。积极争取市级贴息资金，对获得贷款的项目或企业进行补助。（区财政局牵头，区工信局、人行江川支行配合）

7.完善金融服务。进一步强化金融市场监管，规范金融机构运营。区财政和公安部门要加强对民间借贷的监管力度，主动介入、疏堵结合、控制风险，大力打击高利贷、非法集资和金融诈骗等违法行为，使民间资本更好地为中小企业和实体经济服务。各金融机构要认真落实国家对民营企业的各项信贷政策，对符合国家产业政策、有市场、有效益但暂时遇到困难的企业，要采取贷款展期、收回再贷、无还本续贷、循环贷款、年审制贷款等方式，帮助企业解决困难，不能无故停止授信。支持金融机构灵活运用票据贴现、贸易融资、产业链融资、表外业务等产品，满足企业从原料采购、生产、加工和流通各环节的有效信贷需求。（区财政局牵头，市公安局江川分局、区市场监管局、人行江川支行等区属相关部门配合）

8.鼓励上市直接融资。积极鼓励支持符合条件的企业在境内外上市融资和再融资，鼓励创新型、创业型和成长型中小微企业到“新三板”挂牌。自2017年起，对成功在主板上市融资的民营企业一次性奖励100万元，成功在“新三板”上市的企业一次性奖励50万元，成功进行股权挂牌交易或发行债券的企业一次性奖励10万元。对重点上市后备企业，一次性给予10万元上市前期费用补助。（区财政局牵头，区工信局、人行江川支行配合）

（三）支持民营企业创新转型发展

9.鼓励民营企业做大做强。支持民营企业通过收购、联合、参股等多种形式开展并购重组，财政扶持资金重点向优势企业倾斜，促进企业做大做强。支持行业领军企业加大技术改造，培育自主品牌，促进产业升级。

（1）民营企业投资5000万元（含5000万元）至1亿元和1亿元（含1亿元）以上，且在两年内建成的工业项目，分别一次性给予10万元和20万元奖励。

（2）民营企业产品当年获得中国名牌、中华老字号、驰名商标的一次性给予10万元奖励，获得省级名牌、省级老字号、著名商标的一次性给予5万元奖励，获得市级名牌、知名商标的一次性给予1万元奖励。

（3）实施成长型中小企业和“小巨人”培育工程。自2017年起，经认定为省级成长型中小企业和民营“小巨人”企业的，一次性给予3万元的奖励。

（4）企业技术改造、研发能力提升、市场开拓、信息化建设等方面的项目，优先推荐上级工业和信息化发展专项资金支持，科技、商务、文化、林业、农业、旅游等也要纳入产业发展专项资金重点支持。

（5）自2017年起，纳入国家统计直报的民营工业企业，一次性给予5万元奖励。

（6）自2017年起，对主营业务收入首次超过1亿元、5亿元、10亿元以上的民营工业企业，分别一次性给予10万元、30万元、50万元的上台阶奖励。

（7）自2017年起，年度工业总产值累计增幅同比增长30%以上的规上企业，给予10万元奖励。

（区工信局牵头，区发改局、区财政局、区农业局、区统计局等区属相关部门配合）

10.推动技术进步和科技创新。围绕实施“中国制造2025”和六大产业发展战略，以高端装备制造、高原特色农业、文化旅游健康养老、现代物流、航空产业及磷化工等传统产业为重点，鼓励民营企业建立研发机构，争取与高等院校、科研机构合作，联合组建工程技术中心，攻克行业共性关键技术问题，提升新技术、新产品开发能力，促进科技成果转化，提升行业核心竞争力。支持民营企业建设科技创新平台，引导企业建立技术中心。

（1）自2017年起，获得国家高新技术企业、省级院士工作站、博士后工作站（博士后创新实践基地）、专家基层科研工作站、创新型试点企业认定的，一次性给予10万元奖励；获得国家级、省级、市级企业技术（工程）研究中心认定的，分别一次性给予20万元、10万元、5万元奖励。

（2）获得云南省农产品深加工科技型企业、云南省优质种业基地、云南省科技示范园认定的，一次性给予3万元奖励；获得云南省科技型中小企业、云南省科技型农村经济合作组织、云南省科学普及教育基地认定的，一次性给予1万元奖励。

（3）鼓励民营企业积极开展技术发明创造，获得省级科学技术奖励的项目，每项按一、二、三等奖分别一次性给予4万元、3万元、2万元奖励；获得市级科学技术奖励的项目，每项按一、二、三等奖分别一次性给予3万元、2万元、1万元奖励。

（4）获得国外授权的发明专利的，每项一次性给予3万元奖励；获得国内授权的发明专利，每项一次性给予1万元奖励；获得国内授权的实用新型专利，每项一次性给予0.5万元奖励；获得国内授权的外观设计专利，每项一次性给予0.1万元奖励。

（5）民营企业引进国际先进、填补省内空白的首台（套）重大技术装备，根据省、市相关规定得到补助的，按设备价格给予2%的奖励，最高奖励20万元。

（6）鼓励企业加强信息化、工业化融合工作，经认定为“数字企业”的，一次性给予2万元奖励。

（区工信局牵头，区财政局、区市场监管局、区农业局、区统计局配合）

11.推进企业对外开放。突出中国民营企业500强、民营制造企业500强等重点招商方向，积极引进市外民营企业到我区发展。鼓励民营企业通过项目合作、资本合作、技术合作、品牌合作，技术改造等方式拓展发展空间，提升发展能力。区内民营企业招商引资的合作项目、新的建设项目（含技改项目）同等享受外来企业投资优惠政策。引进项目投资到位的民营企业，享受我区招商引资鼓励政策。积极引导企业通过参加重要展会、商务考察、项目合作、文化交流等活动，宣传我区优势产业和特色产品、广泛寻求对外合作，努力增加产品出口量。（区招商合作局牵头，区发改局、区工信局、市公安局江川分局、区工商联配合）

12.加强民营企业队伍建设。将民营企业家队伍建设纳入区人才培训计划，争取到2020年对全区重点民营企业主要经营者培训全覆盖，引导企业经营者进一步树立遵纪守法、诚信经营和合作意识，培育“企业家精神”，打造一支高素质企业家队伍。加大人才引进和培养力度，鼓励企业从海内外大力引进创业创新人才。支持企业依托区内外职业技术院校和培训机构，分领域加大专业技术人才培训力度。

（1）自2017年起，对民营企业引进并经评审认定的人才，按《玉溪市江川区人才发展专项资金使用管理办法（试行）》的规定予以奖励。

（2）获得省、市中青年学科和技术带头人、技术创新人才认定的，分别一次性给予2万元、1万元奖励。

（3）获得云南省科技特派员、农村科技辅导员认定，并在推动江川经济社会发展和科技创新工作中成绩显著的个人，一次性给予0.5万元奖励。

（区委组织部牵头，区工信局、区财政局、区人社局、区教育局配合）

13.提升民营企业管理水平。各职责部门要引导企业按现代企业制度要求，结合自身发展需要，采用信息化管理手段，创新管理模式，重点加强财务、安全、节能、环保、用工等管理，促进人才、技术、资金、产销、信息等资源优化配置。

（1）鼓励企业节能降耗，对节能量在300吨标准煤以上1000吨标准煤以下和节能量1000吨标准煤以上的新建或技改的节能项目，分别一次性给予10万元、20万元奖励。

（2）开展能源审计经评审通过验收合格的企业，一次性给予1万元奖励；开展能源管理体系建设评审通过的企业，一次性给予3万元的奖励。

（区工信局牵头，区监察局、区财政局、区统计局配合）

三、保障措施

（一）加强组织领导，建立工作机制。成立玉溪市江川区加快民营经济发展工作领导小组，领导小组办公室设在区工信局，统筹全区民营经济发展工作。定期召开民营经济发展联席会议，协调解决民营经济发展中的困难和问题。深入推进领导干部挂钩联系民营企业制度，细化帮扶清单，精准对接帮扶重点民营企业，构建“亲”“清”新型政商关系。开展民营企业服务年活动，搭建企业与党委政府良性沟通的桥梁。（区委办、区民营办牵头，区属相关部门、各乡镇〈街道〉配合）

（二）设立民营经济发展专项资金。区财政每年把民营经济发展扶持奖励资金纳入预算安排，主要用于本实施办法涉及对民营企业的扶持和奖励。区财政局和区工信局对专项资金的使用要公开、公正，全程接受社会监督。（区财政局、区工信局牵头，区监察局、区审计局监督）

（三）强化事中事后监管服务力度。成立玉溪市江川区改革民营投资重点项目前置审批协调办公室，高效服务和便利企业投资，强力推进民营经济投资项目和招商项目审批事项，促进有效投资快速落地。办公室主任由分管副区长兼任，副主任由区政府办有关副主任和发改、工信、市场监管、规划、国土、环保、住建、农业、林业、水利等部门主要负责人兼任。形成高位推动、上下联动、高效审批的工作合力。凡国家、省、市、区鼓励发展的重点产业项目，经办公室组织并邀请相关专家开展投资项目评估，提出初步意见，并形成会议纪要，各级审批部门按照审批程序同步介入开展并联审批工作，把工作重心由事前审批向事中事后监管转移。构建和完善事中事后监管体系，着力破解民营企业投资项目审批周期长、流程繁琐、落地难等瓶颈问题。（区发改局牵头，相关部门配合）

（四）细化各部门工作职责，强化工作措施。各乡镇（街道）党委政府和区有关部门要进一步明确和落实抓民营经济发展的主体责任，结合实际和工作职能研究细化加快民营经济发展的工作实施方案。区民营经济发展领导小组要配套制定考核评价指标体系，加强对各乡镇（街道）发展民营经济目标任务的考核，确保各项措施早见成效，目标任务圆满完成。（区民营办牵头，区委督查室、区政府督查室等区属相关部门、各乡镇〈街道〉配合）

（五）狠抓政策落实。建立工作和政策落实情况通报制度，对工作推进不力、政策执行不到位和完不成年度目标任务的，约谈有关领导，并按照规定对有关责任人员进行问责。区委、区政府原则上每年召开1次表彰大会，对优强民营企业、优秀民营企业家、优秀小微企业、优秀中小企业服务机构、促进民营企业发展的优秀单位和先进工作者给予表彰奖励。（区委督查领导小组牵头，区民营办、区统计局配合）

（六）加强宣传营造氛围。各级各部门要加强宣传、提高民众对发展民营企业政策的知晓率，营造有利民营企业发展的良好氛围，新闻宣传部门要进一步宣传重点民营企业的好经验好典型。（区委宣传部牵头，区属相关部门配合）

四、区委、区政府之前制定的有关规定与本实施方案不一致的，以本实施方案为准。

五、本实施方案由区民营办负责解释。

六、本实施方案自下发之日起施行。

玉溪市江川区加快县域经济发展的实施方案

为深入贯彻落实《玉溪市加快县域经济发展的实施意见》精神，加快推动我区县域经济做大总量、优化结构、提升水平，结合我区实际，制定本实施方案。

一、发展目标

（一）经济实力明显增强。到2020年，全区的经济总量和人均值、一般公共预算收入、固定资产投资、城乡居民人均可支配收入等六项指标在全市的位次都要有明显前移。力争江川区地方生产总值达到151亿元。

（二）人民生活明显改善。到2020年，城乡居民人均收入比2010年翻一番；九年义务教育巩固率达97%以上；基本养老保险参保率95%以上；按期完成脱贫攻坚任务，与全市同步全面建成小康社会。

（三）可持续发展能力明显提升。到2020年，单位生产总值能耗、二氧化碳排放量、主要污染物排放量均完成市下达任务；污水和垃圾无害化处理能力、森林覆盖率有明显提高，城区空气质量优良率达100%以上，生态环境进一步优化，人与自然更加和谐。

二、重点工作

（一）继续落实简政放权，优化县域经济发展环境

1.提升政府管理服务能力。加快政府职能转变，提高政府承接下放行政审批事项能力。完善政务服务中心功能，按照“应进必进”原则，实行“两集中、两到位”。推进“双随机、一公开”监管体制改革，实施公正监管；创新监管模式，强化监管手段，推进综合监管。加强薄弱环节、解决突出问题，着力提高政府公共服务供给效率和政务服务效率。（区政务服务管理局牵头，区审改办、区发改局、区工信局、市国土局江川分局、区住建局、市规划局江川分局、区环保局、区林业局、区水利局、区安监局、区市场监管局、区防震减灾局、区气象局、区消防大队等区属相关部门配合）

2.规范行政检查。全面清理针对企业的检查评比，取消一切不合法、不合规、不合理的检查评比活动，大幅度减轻企业压力负担。充分发挥市场配置资源的决定性作用，让企业主体自主参与市场竞争，进一步激发县域经济发展的活力和动力。（区工信局牵头，区环保局、区安监局、区市场监管局配合）

3.规范涉企收费。严格执行涉企行政事业性收费项目清单，推进政府定价项目清单化和公开透明化，接受社会监督。进一步加强涉企收费的监督检查，严禁借会议、培训等名义向企业收取各种费用。（区发改局牵头，区属各相关部门配合）

（二）增加项目建设投资强度，夯实县域经济发展基础

1.加大投资支持力度。结合县域实际，把握投资导向，围绕特色产业、基础设施、社会民生、生态建设等领域，加大争取力度，谋划实施一批具有产业带动效应的重大项目，以重点项目建设引领经济发展方式转变、产业结构优化提升。（区发改局牵头，区工信局、区财政局、区区交通局、区住建局、区环保局、农业局、区林业局、区水利局、区旅发局等区属相关部门，各乡镇〈街道〉配合）

2.提高项目管理水平。进一步完善区级重点项目库建设，各项目主责单位要切实落实主体责任，加快落实土地、环保等项目前期工作，做细前期，做实项目。区发改、财政部门要进一步加强项目前期经费管理和使用，确保滚动使用，良性循环。（区发改局牵头，区工信局、区财政局、区交通局、区住建局、区环保局、区教育局、区水利局、市国土局江川分局、工业园区管委会等区属相关部门配合）

3.进一步简化证照办理手续。深化工商登记制度改革，营造宽松便捷的准入环境。全力推进企业登记全程电子化，继续实施“五证合一”改革，逐步探索“多证合一”改革，着力放宽企业住所（经营场所）登记条件，加快实施市场主体简易注销登记改革。（区市场监管局牵头，市国土资源局江川分局、区国税局、区地税局等区属相关部门配合）

4.规范行业组织和中介机构管理。全面清理和整合规范各类认证、评估、检查、检测等中介服务，制

定中介服务清单并向全社会公布。健全信用记录和“黑名单”制度，加强行业组织和中介机构管理，清理整合项目前期相关领域指定中介服务等突出问题。（区审改办牵头，区发改局、区工信局、区住建局、区环保局、区市场监管局等区属相关部门配合）

（三）加大财政支持力度，充分发挥财政资金的引导推动作用

1.建立专项资金。在现有经济发展专项资金中进行整合统筹，设立县域经济发展专项资金，通过贴息形式引导和促进经济发展，为企业融资贷款提供“调头资金”支持，为产业创新发展营造宽松的投融资环境。积极争取和管好用活市政府投资母基金，重点支持区委、区政府确定的重大投资项目、重点产业以及符合战略规划的转型升级项目。

2.财政增收奖励。鼓励各乡镇（街道）加快经济发展方式转变，进一步壮大总量，提升质量，制定出台区对乡镇（街道）财政收入增长考核奖励办法，对全区财政收入增长较快、财政收入贡献较大的乡镇（街道）给予奖励。具体办法由区财政局另行制定。

3.确保区级财政稳定运行。积极争取省市支持，创造条件适当减免或核销我区的历史债务。加大全区存量债务置换力度，3年内将全区符合置换条件的存量债务全部予以置换。

（区财政局牵头，区属相关部门、各乡镇〈街道〉配合）

（四）加大产业扶持力度，着力构建区域特色产业体系

1.支持园区建设。以龙泉园区建设为着力点，统筹推进江城纸制品产业园区、雄关农产品物流园区规划建设，充分发挥园区集聚、辐射作用，加强对产业链、价值链、创新链的研究，进一步明确产业发展重点，实施精准招商，引进一批补链、扩链项目和高端龙头企业，推动县域特色产业集聚和向产业中高端攀升。到2020年，努力实现园区年产值100亿元以上，增加值26亿元以上。（工业园区管委会牵头，区发改局、区工信局、区财政局、区招商合作局，各乡镇〈街道〉配合）

2.大力发展六大重点产业。紧紧围绕区委、区政府确定的“六大重点产业”谋篇布局，全力推进产业创新发展，以供给侧结构性改革为主线，聚力转方式、调结构、强动力，坚持科技创新和体制机制创新“双轮驱动”，相互协调，持续发力，努力推动产业转型升级，着力培育新动能、打造新业态、扶持新主体、拓宽新渠道，在加快产业创新升级上取得新突破：

（1）先进装备制造产业。发挥龙泉园区的区位、政策、服务等优势，加大龙头企业的培育力度，提升企业核心竞争力；争取省、市装备制造业发展专项资金，扶持先进装备制造重大项目，对转型升级的新建、改建、扩建装备制造项目企业给予贷款贴息支持，鼓励企业技术创新，加大招商引资工作力度，延伸产业链。力争到2020年，培植年产值过1亿元企业5户，过5亿元企业3户，过10亿元企业1户，先进装备制造产业产值达到30亿元左右。（协调推进小组：区先进装备制造产业协调推进组；主责单位：区工信局；配合单位：区发改局、区财政局、工业园区管委会、市国土局江川分局、区环保局、区招商合作局等区属相关部门，各乡镇〈街道〉）

（2）高原特色农业。积极争取市级农业产业发展基金，加强粮食、烤烟、蔬菜、花卉、林果、畜禽基地建设。积极争取省、市级开放型农业发展专项资金，全面加快开放型高原特色农业发展。积极推进九溪科创小镇建设，重点打造以九溪“云南农业科技园”和“云湖山怡养主题公园”等为代表的庄园经济。大力发展花卉产业，以江川九溪片区为核心，依托亚洲花卉科创谷和玉溪国家农业科技园区花卉创新中心，将九溪镇建成为以花卉为核心产业的特色小镇。力争到2020年，全区农业现价总产值达33.05亿元，年均增长7.46%左右。（协调推进小组：区高原特色农业产业协调推进组；主责单位：区农业局；配合单位：区发改局、区财政局、区林业局、区水利局、区卫计局、区供销社、区农开办、区烟办等区属相关部门，各乡镇〈街道〉）

（3）文化旅游及健康养老产业。深入挖掘江川星云湖渔文化、李家山古滇青铜文化等高品质资源，加快旅游文化产业提挡升级。积极争取省市文化旅游发展专项资金，打造特色文化展示、生态休闲观光、美食体验3条主题精品旅游线路，大力发展乡村旅游，积极引进社会资本，加快江川旅游产业发展。力争到2020年全区旅游业总收入达到35.1亿元以上，年均增长16%。（协调推进小组：区文化旅游及健康养老产业协调推进组；主责单位：区委宣传部；配合单位：区发改局、区旅发局、区教育局、区文广体局、区民政局、区星管局等区属相关部门，各乡镇〈街道〉）

（4）现代物流产业。引进培育一批大型物流龙头企业，积极推进九溪润特仓储物流、江川宏程物流，加快以昇旺农产品加工等为代表的雄关蔬菜物流园项目建设。引导物流企业、专业市场和社会性仓储物流设施向物流园区、物流中心集中，构建多联式物流基础设施，支持物流园区等物流功能聚集区有序发展，构建社会化、专业化、网络化、信息化的现代物流服务体系，全面提升企业的市场竞争力。力争到2020年，现代物流产业实现营业收入15亿元左右。（协调推进小组：区现代物流产业协调推进组；主责单位：区工信局；配合单位：区发改局、区财政局、市国土局江川分局、区招商合作局、工业园区管委会等区属相关部门，各乡镇〈街道〉）

（5）航空产业。紧抓国家促进通用航空产业发展的机遇，突出规划引领，全面推进我区通用航空产业发展。按照“通用——支线——二机场”的总体思路，循序渐进地抓实规划建设。加强协调服务和用地保障，确保江川一类通用机场建设项目2017年内开工建设；加快推进合美通用航空海明堡直升机组装建设、捷克轻型固定翼飞机组装生产项目建设步伐，有序推进航空产业园规划、建设，积极推进航空培训、航空学院项目建设，不断扩展发展临空经济。力争到2020年，航空产业产值（含航空制造及临空经济）达到12亿元左右。（协调推进小组：区航空产业协调推进组；主责单位：区发改局；配合单位：区工信局、区财政局、市国土局江川分局、区教育局、区环保局、区交通局、区林业局、区水利局、区招商合作局、工业园区管委会、区气象局、区科协等区属相关部门，各乡镇〈街道〉）

（6）磷化工等传统产业。全面贯彻落实“中国制造2025”玉溪行动计划，坚持以问题为导向，从解决各产业发展中存在的根本问题、主要困难和关健环节入手，稳步推进传统产业整合重组工作，优化资源配置，整合现有企业技术创新政策，加大技术改造支持力度，提升企业竞争力，促进工业化、信息化深度融合，加大政策引导、产业扶持及对企服务工作力度，重点在磷化工、农产品加工、纸制品、建筑建材、烟花爆竹、铜制品6个产业领域，围绕传统产业链部署创新链，推动传统产业向价值链的高端攀升。力争到2020年，全区六大传统产业实现产值77亿元以上。（协调推进小组：区磷化工等传统产业协调推进组；主责单位：区工信局；配合单位：区发改局、区财政局、市国土局江川分局、区住建局、区环保局、区农业局、区旅发局、区安监局等区属相关部门，各乡镇〈街道〉）

3.扶持重点企业发展。鼓励企业加大投资，对重点企业投资新上项目，优先推荐申报国家、省级重点建设项目，争取国家和省级的直接支持；对列入国家、省级、市级生产性重点建设项目，并且当年完成固定资产投资1亿元以上的重点企业，针对当年实际完成的固定资产投资给予一定的贷款贴息补助。探索建立“亩产效益”综合评价体系，结合我区产业结构和企业规模特点，综合考虑亩均产出、亩均税收、单位能耗、单位排放等指标，建立健全分类分档、公开排序、动态管理的企业综合评价机制，构建客观合理反映实际情况、科学衡量企业效益的指标评价体系。（区发改局牵头，区工信局、区财政局、区统计局配合）

4.积极发展民营经济。实施中小企业成长工程，鼓励中小微企业走专、精、特、新之路，分类实施“个转企、小升规、规改股、股上市”，全区每年培育新增规模以上工业企业5户以上。大力推动大众创业、万众创新，支持各类众创空间主体设立，鼓励社会力量、民间资本参与创客空间、创新工场等新型创业孵化机构的投资、建设和运营管理。鼓励盘活和利用闲置的商业用房、工业厂房、企业库房、物流设施等资源，改造和建设各类众创空间。到2020年，全区实现民营经济增加值90亿元，增加46亿元，年均增长21%以上，占GDP的比重达到59%左右。（区工信局牵头，区发改局、区财政局、区统计局配合）

5.进一步发挥科技创新引领作用。建立科技投入稳定增长机制，加大对县域科技计划的支持力度，努力提高科技创新能力，财政科学技术支出占当年财政公共预算支出的比例不低于1.5%，逐年提高全社会研究与试验发展（R&D）经费支出占地区生产总值的比重。突出企业创新主体作用，进一步落实企业研发费用加计扣除、设备加速折旧等优惠政策，鼓励企业加大研发投入和人才引进。紧扣“上市、高企、研发机构、专利”四大环节，壮大创新型企业集群，推动企业加大研发投入，加快建设高水平的企业研发机构，培育知识产权密集型企业。坚持引进消化吸收再创新与自主创新并举，促进科技成果转化。（区工信局牵头，区财政局配合）

（五）盘活土地资源，保障用地需求

1.大力发展土地要素市场。建立和完善土地储备制度，健全土地公开交易规则，鼓励土地依法有偿流动，激活土地二、三级市场，盘活存量、优化结构。依法取得的集体建设用地可以转让、租赁、作价入股等形式依法流转。保护被征地农民的合法权益和发展权利，积极探索征地补偿安置的新途径新方法，支持被征地集体经济组织利用生产安置用地从事开发经营、兴办企业和自主创业。

2.优化土地管理和用地审批。在实行耕地保护的前提下，科学调整和修编土地利用总体规划，对重点产业、重点企业和重点项目建设用地给予优先保障，通过规划控制方式，在重点企业周边地区预留发展用地。积极探索“容缺审批”模式，进一步优化审批程序。建立“提前介入、全程服务”机制，对列入区级重点建设项目、生态保护、扶贫等民生项目，要建立“绿色通道”，提高土地审批效率。

3.支持重点产业、重点项目用地计划。各乡镇（街道）申请使用年度计划指标时，应坚持保障重点、区别对待、有保有压的原则，并优先考虑重点产业、重点项目用地需要，合理安排年度新增建设用地计划指标，促进区域、城乡、产业协调发展。

4.鼓励发展工业地产。对按照规划在工业园区建设多层标准化厂房的，优先安排其建设用地指标，土地出让金按照当地工业用地基准地价的低限执行，并按照有关规定减免建设规费；对出售、转让标准化厂房的，允许其按照分栋办证的方式对不动产权证、土地使用权证进行分割。

5.盘活农村土地资源。鼓励农民以土地承包经营权入股的方式组建土地合作社，并在土地性质不变和使用性质不变的前提下，参与农业产业化经营、休闲农业等现代农业发展项目。对在近郊及景点周边等适宜发展休闲农业的区域，新引进的大型休闲农业项目优先安排其建设用地指标。和市级同步研究出台支持新型农业经营主体建设配套辅助设施建设用地的政策措施。

（市国土局江川分局牵头，区农业局、区人社局、工业园区管委会等区属相关部门，各乡镇〈街道〉配合）

（六）健全服务体系，强化金融支持

1.健全县域金融体系。深化农村金融改革，积极探索土地承包经营权和农民住房财产权抵押贷款试点。鼓励现有银行金融机构到乡镇设立网点或增设自助服务终端，提高金融服务的覆盖面，有效配置信贷资源，积极向其上级行争取赋予乡镇网点一定的信贷审批权。积极引入各类股份制商业银行，进一步构建竞争更加充分的金融市场体系。

2.加大县域信贷投入。积极向上争取设在我区的金融机构将新增存款用于当地贷款。引导银行机构以服务实体经济、倾斜基层发展为导向，创新符合我区经济特点的信贷产品和信贷模式，积极扩大实体经济信贷投放。

3.扩大县域直接融资规模。做好企业上市储备工作，推荐国内外优质券商帮助有条件的企业进行上市或挂牌工作。推动具备条件的企业充分利用企业债、短期融资券和中期票据等直接融资债务工具。推广区域集优债务融资机制，探索发行中小企业私募债券和结构化债券融资等品种。帮助企业运用银行间市场各期限、多品种的直接债务融资工具实现直接融资。探索推进资产证券化发展，利用资产证券化将资产转变为资金。

4.激活民间资本。丰富投资主体，民间资本可在行业主管部门的指导下参与设立各类投融资机构，支持服务创新创业企业。有效防范和处置非法集资，规范管理小额贷款公司和互联网金融。

5.建立中小企业信用担保体系。积极探索适合市场需要和当地特点的中小企业信用担保体系发展模式，积极扶持融资性担保公司开展担保业务，鼓励企业间开展多种形式的互助性融资担保。

（区财政局牵头，人行江川支行及各金融机构配合）

（七）加强人才交流，完善人才支撑

1.推进人才发展体制机制改革，创新我区人才发展体制机制，全面贯彻落实《玉溪市江川区人才专项资金使用管理办法（试行）》，实施好人才引进“4个100”行动计划，引导和支持各类人才健康成长、创新创业，推动优秀人才脱颖而出，形成尊重知识、尊重人才、尊重创造的氛围。

2.对到农村基层工作的人才，在职务、职称和工资待遇等方面实行倾斜政策，成立非公企业和社区工作者初级评审委员会。采取政府购买岗位、事业单位公开招聘工作人员在同等条件下优先聘用等方式，实施鼓励本科以上学历毕业生到规模工业企业就业的优惠政策。

3.加大区级党政机关从乡镇（街道）选调和招录公务员力度，完善公务员、中小学教师、医生、农技人员等公职人员到乡镇（街道）服务或挂职锻炼的办法，选派一批优秀干部到后进薄弱村任职，选派一定数量的专业技术人员到乡镇（街道）服务。

4.加强产业园区、重点（工程）实验室、工程技术（研究）中心、企业技术中心、院士工作站、专家基层科研工作站、博士后科研工作站等载体和公共服务平台建设，引导各类人才向企业集聚，加快建设人才高地。

5.高度重视职业能力建设，形成与产业发展相适应的技术技能型、复合技能型和知识技能型高技能人才培养体系。

（区人社局牵头，区工信局、区教育局、区卫计局、区农业局等区属相关部门配合）

三、保障措施

（一）加强对县域经济发展工作的领导。各乡镇（街道）要切实承担县域经济发展主体责任，研究制定具体工作方案，强化政府投资引导，着力培育县域特色支柱产业，不断完善基础设施，全面改善民生，促进县域经济发展“争先创优、跨越发展”。区属相关部门要进一步压实责任，加大对县域经济发展的支持力度，形成责任明确、齐抓共管的运行机制。

（二）加强区属部门和乡镇（街道）领导班子建设。坚持德才兼备、以德为先用人标准，选准干部，配强领导班子。推进区属部门与乡镇（街道）之间领导干部交流，乡镇（街道）与乡镇（街道）之间干部交流。加强领导班子思想政治建设，推进学习型党组织建设，加大干部教育培训和监督管理力度，着力提高全区各级领导班子成员综合素质。进一步加强基层组织建设，落实党风廉政建设责任制，为加快县域经济发展提供强有力的组织保证。

（三）落实督促检查。强化经济发展目标责任管理，把经济发展目标考核纳入区对乡镇（街道）经济社会发展综合考评指标体系，把经济发展目标考核结果作为乡镇（街道）党政领导干部进退留转的重要依据，引导各乡镇（街道）因地制宜、错位发展，形成重实绩、看长远、比实干的发展导向。

玉溪市江川区加快园区经济发展的实施方案

为认真贯彻落实省第十次党代会、市第五次党代会、市委五届二次全会、区第二次党代会、区委二届三次全会和市委经济工作会议精神，进一步发挥工业园区作为改革开放排头兵的作用，形成培育发展新动力、拓展发展新空间、构建产业新体系、园区经济新体制，补齐短板、做强产业、做大总量，结合我区实际，制定本实施方案。

一、发展目标

到2020年，园区经济发展质量和效益显著增强，产业转型升级取得明显成效，产业空间布局进一步优化，园区配套设施更加完善，工业经济支柱产业体系基本健全，形成拉动全区经济发展的新动能。

（一）主营业务收入效益提升。到2020年，园区主营业务收入达100亿元，年均增长81%。

（二）工业增加值显著增加。到2020年，园区预期工业增加值达20.4亿元，年均增长76.5%。

（三）投资结构更加优化。园区每年新开工和竣工投资1亿元以上项目不少于2个，投资5000万元至1亿元项目不少于2个，投资500万元至5000万元项目不少于2个。到2020年，园区固定资产投资达20亿元以上，年均增长27%。

（四）招商引资成效明显。到2020年，园区招商引资达22亿元以上，年均增长24%。

二、重点工作

重点抓好改革创新、园区建设、招商引资、要素保障、产业培育五项工作，形成园区经济新体制、拓展发展新空间、招商引资新商机、培育发展新动力、构建产业新体系，补齐园区经济发展短板。

（一）补齐园区经济体制机制的短板。全面落实玉溪市人民政府《关于印发玉溪高新技术产业开发区与龙泉园区一体化发展实施意见的通知》（玉政发〔2017〕31号）精神，实行玉溪高新区与

江川龙泉园区一体化发展。按照一体化发展要求，配齐配强工业园区管委会领导班子，抓好园区营商环境建设。

（二）补齐工业园区基础设施建设的短板。配合支持玉溪高新区抓好龙泉园区核心区8.04平方公里的基础设施建设，抓出亮点和卖点，到2020年完成龙泉园区龙尚路、龙翔路、龙新路、龙延路、龙岗街、龙和街、龙涛街、龙裕街、江津路、江辉路、江秀街、江翠路、江海路、江郁路、江景街等16条道路工程建设，以及围绕16条道路的绿化、亮化、电缆沟、供排水、电力工程和园区自来水厂、污水处理厂、看守所搬迁工程。全力打造占地1000亩的江城纸制品产业园区和占地1500亩的雄关现代农业物流园区，重点建设完善两个园区的道路系统、供排水系统、电网系统、信息系统、污水处理系统和园区环境整治、绿化、亮化等基础设施。

（三）补齐工业园区招商引资的短板。切实把招商引资作为第一抓手，积极主动开展招商引资活动，创新招商引资方式，从政府主导向政府招商与市场化招商结合转变，加强招商引资人员培训，提高招商引资工作精准化、专业化水平，积极配合玉溪高新区推进相关体制机制创新。大力推进政务公开，建立政务公开评议制度、政务公开责任追究制度等，全面推进服务承诺制、首问负责制、一次性告知制和限时办结制，强化服务意识。对入园项目明确一名领导、成立一个工作组对项目全程跟踪服务，积极打造良好的国际化营商环境。入园企业中具备条件的可享受区民营经济、县域经济发展的各项政策扶持，如果达到高新区扶持政策条件的享受高新区政策扶持。

（四）补齐工业园区要素保障的短板。要素保障是经济发展的前提和基础，园区以及涉及乡镇（街道）和区属各部门必须全力以赴抓好园区征地、拆迁、社会管理和维稳等工作，确保园区发展用地需求，重点确保园区16条路及基础设施建设项目用地和园区招商引资项目。

（五）补齐工业园区产业培育的短板。配合玉溪高新区抓好龙泉园区航空产业、高端装备制造、新能源新材料、电子信息、现代服务业五大产业。突出抓好江城纸制品产业园区、雄关现代农业物流园区的统筹建设和发展，到2020年江城纸制品产业园区实现10个以上纸制品项目入驻并投产、雄关现代农业物流园区实现3个以上物流项目入驻并顺利运营。

三、保障措施

（一）全面深化园区体制机制改革，激活工业园区创新创业激情

1.健全完善工业园区管理体制。全面落实玉政发〔2017〕31号文件精神，按照精简高效的原则，全力促进龙泉园区实现一体化发展，配合玉溪高新区抓好龙泉园区的基础设施建设、招商引资、要素保障、产业培育等各项工作，集中精力抓好征地、拆迁、社会管理和维稳等社会服务工作，焕发体制机制活力。支持江城镇加快江城纸制品产业园区、雄关乡抓好雄关现代农业物流园区的建设和发展。（工业园区管委会牵头，区工信局、市国土局江川分局、市规划局江川分局、区招商合作局、大街街道、江城镇、前卫镇、雄关乡配合）

2.配齐配强工业园区管委会领导班子。工业园区实行党工委领导下的主任负责制。按照“小政府、大社会，小机构、大服务”的原则，加大对园区企业的服务力度，核定工业园区管委会人员编制，明确管委会人员身份，按核定编制数配齐配强园区管委会领导班子和工作人员。（区委组织部牵头，工业园区管委会、区委编办配合）

3.建立工业园区投资项目清单制度。针对龙泉园区，按照玉政发〔2017〕31号文件精神积极做好项目登记、审批核对等工作；针对江城纸制品产业园区、雄关现代农业物流园区，全面落实“简政放权、放管结合、优化服务”改革要求，加大简政放权力度，除国家、省核准投资目录范围内的项目外，一律实行备案制，建立企业投资项目管理权力清单制度、企业投资项目管理责任清单制度、问责制度。实行备案制的投资项目，要通过投资项目在线审批监管平台或政务服务大厅，提供快捷备案服务，不得设置任何前置条件。实行核准制的投资项目，政府部门要依托投资项目在线审批监管平台或政务服务大厅实行并联核准。精简投资项目准入阶段的相关手续，只保留选址意见、用地预审以及重特大项目的环评审批作为前置条件；要严格按照城乡规划、土地（林地）管理、环境保护、安全生产等方面的法律法规，监督企业执行相关政策法规，依法落实项目法人责任制、招标投标制、工程监理制和合同管理制。（区委编办、工业园区管委会牵头，涉及行政审批相关部门配合）

（二）调整优化工业园区规划布局，全力支持园区经济合作共建

1.全力支持园区合作共建。按照玉政发〔2017〕31号文件精神，加快与玉溪高新区合作共建步伐，进一步完善工业园区软硬件环境，强化工业园区承接产业转移的能力建设，增强产业发展动力。鼓励工业园区吸纳品牌、人才、技术、资金和管理经验，按照优势互补、产业联动、市场导向、利益共享的原则，与发达地区合作共建工业园区或园中园。（工业园区管委会牵头，区招商合作局配合）

2.整合优化工业园区布局。按照“特区模式、封闭运行、管理统一、实体运作、开放发展”的原则，2017年完成玉溪高新区与江川龙泉园区整合。加快推进江城纸制品园区、雄关物流园区规划建设，形成特色突出、布局合理的“一园三片区”发展布局。（工业园区管委会牵头，江城镇、雄关乡配合）

（三）完善工业园区要素保障体系建设，建立工业园区收入覆盖下的融资保障制度

1.完善工业园区基础设施建设融资保障机制。按照国家、省、市专项基金投资方向，围绕工业园区基础设施项目进行梳理，拟定专项基金申报项目库，提升项目申报成功率，加大对国家、省、市专项资金争取力度。做好专项建设基金项目的资金、选址、土地、环境容量等要素保障，审批职能部门要为工业园区专项建设基金申报项目开辟审批绿色通道，简化审批程序。工业园区要充分认识政策性贷款期限长、利率低等方面的优势，做好项目前期工作和项目包装策划工作，争取更多的政策性信贷资源支持园区经济发展。积极争取市级工业信贷引导资金，发挥乘数效应，引导商业银行贷款支持工业园区基础设施建设。提高区级融资担保平台支持工业园区基础设施建设的力度，引导金融机构放宽企业贷款抵押物范围，知识产权等可作为抵押物。（工业园区管委会牵头，区发改局、区财政局、人行江川支行配合）

2.用好用活产业发展基金保障措施。积极争取市级产业发展基金，充分发挥“扶持工业园区及中小微企业调头资金池”资金作用，帮助重点企业解决短期内的现金性财务风险和收支性财务风险。抓好中小企业培育扶持工作，建立中小企业公共服务平台。积极推动大众创业、万众创新，推进“两个10万元”微型企业培育工程。（工业园区管委会牵头，区发改局、区工信局、区财政局配合）

3.健全完善工业园区融资平台。做强现有工业园区融资平台，按照市场化要求，整合注入政府优质资源，扩大工业园区融资平台有效资产规模，通过注入资产、资本金以及吸收社会资本成立新型平台公司，进一步丰富工业园区融资平台类型，增强融资能力。鼓励社会资本采取私募等方式发起、发展股权投资基金和创业投资基金。（工业园区管委会牵头，区财政局、人行江川支行配合）

4.统筹工业园区用地和占补平衡指标。市国土局江川分局要加强全区重点建设项目和工业园区用地数据库建设。积极向市级争取，单独下达园区用地指标和占补平衡指标，主动适应工业园区转型升级需要，加强工业园区公共配套服务、基础设施建设等用地保障，提高生产性服务业用地比例，适当增加生活性服务业用地供给。对利用存量工业房产发展生产性服务业以及兴办创客空间、创新工场等众创空间的，可在5年内继续按原用途和土地权利类型使用土地，5年期满或涉及转让需办理相关用地手续的，可按新用途、新权利类型、市场价，以协议方式办理。允许工业用地使用权人按照有关规定经批准后对土地进行再开发，涉及原划拨土地使用权转让需补办出让手续的，可采取规定方式办理并按照市场价缴纳土地出让价款。工业园区土地出让底价可按照不低于所在乡镇（街道）《工业用地最低价标准》的70%执行。（市国土局江川分局牵头，工业园区管委会、大街街道、前卫镇、江城镇、雄关乡配合）

（四）加强政府投资事中事后监管，健全完善园区经济考核评价制度

1.加强政府投资事中事后监管。建立健全工业园区投资项目库和投资项目信息平台，未入库项目原则上不予安排财政补助资金。加强工业园区投资项目建设管理，严格投资概算、建设标准、建设工期等要求。严格概算执行和造价控制，健全概算审批、调整等管理制度。鼓励工业园区投资项目通过市场化方式进行运营管理。加强对园区建设项目事后控制和监管，增强园区的支出责任意识和绩效观念，提高财政资金使用效益，进一步完善工业园区投资监管机制，加强投资项目审计监督，强化重大项目稽察制度，完善竣工验收制度，健全工业园区投资责任追究制度，建立社会监督机制，鼓励公众和媒体对工业园区投资进行监督。（工业园区管委会牵头，区发改局、区财

政局、区监察局、区审计局、区住建局、区公共资源交易中心配合）

2.建立健全园区经济考核评价制度。建立健全工业园区考核评价体系，制定《玉溪市江川区工业园区考核评价办法》。统计部门要积极支持建立健全工业园区统计体系，把工业园区经济发展指标纳入统计，全面准确及时地反映工业园区的开发程度、产业集聚度、技术创新能力、创新创业环境、单位土地投资强度、产出率、带动就业能力、经济效益、环境保护、循环经济发展水平、能源利用效率、低碳发展、社会效益、债务风险等情况纳入统计。（区综考办、区统计局、工业园区管委会牵头，区发改局、区工信局、区财政局配合）

附件：玉溪市江川区2020年园区经济发展预期目标（略）

中共玉溪市江川区委
玉溪市江川区人民政府
关于贯彻《云南省建设我国民族团结进步示范区规划（2016—2020）年》的实施意见

玉江发〔2017〕42号

（2017年12月25日）

为深入贯彻落实《云南省建设我国民族团结进步示范区规划（2016—2020年）》，着力推进民族团结进步事业，确保我区民族团结进步示范区建设干在实处、与全市同步走在全省前列，根据《玉溪市贯彻〈云南省建设我国民族团结进步示范区规划（2016—2020年）的实施意见》（玉发〔2017〕13号）精神，结合江川实际，制定本实施意见。

一、总体要求

（一）指导思想

全面贯彻党的十九大以及中央民族工作会议精神，深入贯彻落实习近平新时代中国特色社会主义思想，紧紧围绕全区经济社会发展“5366”总体思路，牢牢把握“中华民族一家亲，同心共筑中国梦”的目标任务，把发展作为解决民族地区各种问题的总钥匙，不断打牢民族团结进步的物质基础，提高民族工作法治化水平，促进各民族交往交流交融，构建各民族共有精神家园，为建设宜居宜业和谐美丽新江川、为玉溪实现率先建成全省民族团结进步示范市目标作出贡献。

（二）基本原则

1.打牢民族团结进步的思想基础。坚持“在云南，不谋民族工作就不足以谋全局”的指导思想和“各民族都是一家人，一家人都要过上好日子”的信念，坚定不移走中国特色解决民族问题的正确道路。

2.打牢民族团结进步的发展基础。坚持“决不让一个兄弟民族掉队，决不让一个民族地区落伍”的承诺，以共同发展促进民族团结，以社会繁荣促进社会稳定。

3.打牢民族团结进步的制度基础。坚持全面贯彻落实民族政策，健全完善民族宗教工作法治化体系，依法保障民族团结进步，依法维护各族群众合法权益，依法协调民族关系和宗教关系。

4.打牢民族团结进步的社会基础。坚持促进各民族和睦相处、和衷共济、和谐发展，相知相亲相惜、交往交流交融，构建同呼吸、共命运、心连心的中华民族共同体。

（三）建设目标

到2020年，通过着力补齐少数民族地区全面建成小康社会的短板、着力增强少数民族和民族地区跨越式发展的动力、着力促进民族团结和宗教和谐，实现全面小康同步、公共服务同质、法治保障同权、民族团结同心、社会和谐同创，在民生持续改善、发展动力增强、民族教育促进、民族文化繁荣、民族团结创建、民族事务治理等6个方面作出示范，着力打造一批亮点，树立一批典型，创建一批示范点，在玉溪建成全省、争创全国民族团结进步示范市的行动中有江川好声音。

1.少数民族和民族地区如期实现全面脱贫、全面

小康。少数民族和民族地区农村建档立卡贫困人口如期脱贫，安化乡整乡及其他乡镇（街道）贫困村如期摘帽出列。民生持续改善，基本公共服务主要领域指标达到全区平均水平，义务教育、基本医疗、社会保障条件显著改善，少数民族传统文化得到有效保护和传承，生态环境质量持续改善，各族群众生活水平和质量普遍提高，与全区同步实现全面小康。

2.民族乡经济保持快速增长。安化乡经济增长速度和城乡居民人均可支配收入增长幅度不低于全区平均水平，基础设施建设达到全区总体水平，城镇化水平明显提高，形成一批特色优势产业，发展动力明显增强。

3.民族宗教事务治理体系更加完善。党委领导、政府负责、部门协同、全社会通力合作的民族宗教工作格局更加完善。民族宗教工作保障机制更加健全，民族宗教工作能力不断提升，民族宗教事务治理迈入法治化轨道。

4.民族团结和谐局面更加巩固。民族团结进步创建活动不断向基层延伸。民族宗教工作法治化水平不断提高，维护团结稳定长效机制不断完善。民族宗教事务治理体系更加健全、治理能力不断提升。少数民族干部人才队伍不断成长，比例与其人口比例大体相当。

二、主要任务和责任分工

（一）民生持续改善工程

1.如期实现民族地区全面脱贫。全面打赢少数民族和民族地区脱贫攻坚战，确保民族地区贫困村和贫困人口如期脱贫摘帽出列。实现民族地区与全区同步全面建成小康社会的目标。（牵头单位：区扶贫办；责任单位：区扶贫开发领导小组成员单位，各乡镇〈街道〉党〈工〉委、政府〈办事处〉）

2.加快民族地区基础设施建设。以“五网”建设为重点，优先安排民族地区的基础设施建设项目。加快乡村公路建设，在实现建制村公路全硬化基础上，进一步优化公路网络向自然村延伸。改造提升农村安全饮水工程，提高水质达标率和自来水入户率，实现安全饮水达90%以上。大力加快农网升级改造，加快少数民族地区宽带网络建设步伐，实现少数民族地区宽带信息网络全覆盖。（牵头单位：区发改局；责任单位：区扶贫办、区交通运输局、区水利局、区工信局、区民宗局、市国土资源局江川分局、江川供电局，大街街道、前卫镇、九溪镇、安化乡党〈工〉委、政府〈办事处〉）

3.提升改善农村人居环境。按照人畜分离、厨卫入户和体现地域特色、民族特色的要求，优先实施民族地区符合当年农危改条件范围内农户的整体性D级危房拆除重建，同步实现建档立卡贫困户基本住房有保障。统筹“百村示范、千村整治”、美丽宜居乡村建设、民族团结进步示范村、少数民族特色村寨、特色旅游村、传统村落保护和抗震安居工程等建设，着力提升农村人居环境，全面推进人民安居乐业的美丽宜居乡村建设。（牵头单位：区住建局；责任单位：区委农办、区民宗局、区财政局、市规划局江川分局、区农业局、区旅发局，大街街道、江城镇、前卫镇、九溪镇党〈工〉委、政府〈办事处〉）

4.提升医疗卫生条件和服务水平。继续实施为六种人口较少民族及特困民族支系农民代缴新农合个人承担费用政策，实现民族地区城乡居民医疗基本保险人口全覆盖，加大对贫困人口的医疗救助、临时救助、慈善求助力度。以民族地区乡卫生院和村卫生所为重点，积极改善民族地区基层医疗卫生机构的基础设施条件，全面推进区乡村医疗卫生服务一体化管理，健全居民健康档案，抓好重大传染疾病防控，保障饮食用药安全。（牵头单位：区卫计局；责任单位：区人社局、区民宗局、区民政局、区财政局，各乡镇〈街道〉党〈工〉委、政府〈办事处〉）

（二）发展动力增强工程

5.发展特色优势产业。加快发展高原特色现代农业，推进民族地区农业现代化进程。加大对民族地区农业产业化龙头企业和农产品深加工科技型企业的扶持力度，支持民族聚居村建设现代农业、现代林业、现代畜牧业，提高民族地区现代农业水平。发展民族特色旅游产业，加大民族地区旅游基础设施建设力度，打造以彝族火把节、斗牛节等民族文化旅游节庆品牌，培育民族文化旅游休闲、民族文化创意设计、民族民间工艺品等产业。扶持民族特色商品，鼓励民族特色餐饮、民族旅游商品、民族手工艺品等特色产业。发挥民族地区区位优势，加快发展现代生产性服务业，建设“互联网+”高效物流，健全农村电商和城乡配送物流体系，加快推进乡村新型商业中心建设。（牵头单位：区发改局、区农业局；责任单位：区民宗局、区卫计局、区工信局、区财政局、市国土资源局江川分局、区环保局、区住建局、区交通运输

局、区林业局、区水利局、区旅游发展局、区市场监管局，大街街道、江城镇、前卫镇、九溪镇党〈工〉委、政府〈办事处〉）

6.提高科技创新能力。围绕民族地区特色优势产业，优先向民族地区选派科技特派员，培养当地科技带头人，大幅提高科技进步对民族地区经济发展的贡献率。（牵头单位：区工信局；责任单位：区发改局、区财政局）

（三）民族教育促进工程

7.加快普及学前教育。科学规划、合理布局民族地区学前教育机构，以民族乡和民族村为重点，加快普及学前3年教育，积极发展乡村两级幼儿园，大力扶持普惠性民办幼儿园，构建多元化办学格局。持续实施“大组独办、小组联办”的村级幼儿教育办学模式，全面推进安化乡公办中心幼儿园建设，合理设置村级幼儿园。加强民族地区幼儿园管理，规范办园行为，提高民族地区幼儿园办学质量。（牵头单位：区教育局；责任单位：区民宗局、区财政局，大街街道、江城镇、前卫镇、九溪镇党〈工〉委、政府〈办事处〉）

8.推进义务教育均衡发展。加快推进民族地区义务教育学校标准化建设，强化责任落实，继续推进“全面改薄”项目，缩小城乡差距和校际差距，逐步使中小学生均占地面积、生均校舍面积、教学仪器配备、图书、体育场、绿化面积等指标基本达到省级标准，2017年，民族地区义务教育实现基本均衡；到2020年，义务教育办学水平进一步巩固提高。优化义务教育阶段学校布局，因地制宜保留并办好必要的村小学和教学点。依法做好适龄儿童少年入学工作，完善“控辍保学”工作机制，建立健全农村留守儿童关爱服务机制，不断提高民族地区义务教育巩固率。依法保障农业转移人口子女、流动人口子女等接受义务教育的权力，认真落实惠民政策，进一步健全完善流动人口子女完成初中学业在江川参加中考及录取的相关办法。加强对义务教育阶段学校的管理和教师队伍建设，提高义务教育阶段教育教学质量。（牵头单位：区教育局；责任单位：区发改局、区人社局、区民宗局、区财政局，大街街道、江城镇、前卫镇、九溪镇党〈工〉委、政府〈办事处〉）

（四）民族文化繁荣工程

9.加快民族文化公共设施和服务体系建设。优先实施文化站、文化活动室标准化建设，支持民族地区图书室、文化室建设，支持少数民族传习馆建设，完善民族地区公共文化设施。健全完善民族地区公共文化服务体系，支持民族地区文艺队伍建设和开展民族节庆文化体育活动，民族文化传习培训。聘请民族民间工艺师、非物质文化遗产传承人、能工巧匠担任兼职教师。（牵头单位：区文广体局；责任单位：区委宣传部、区发改局、区民宗局、区财政局，大街街道、江城镇、前卫镇、九溪镇党〈工〉委、政府〈办事处〉）

10.传承保护和创新开发民族文化。认真组织好少数民族传统文化传承保护项目和精品工程项目的实施，着力扶持一批少数民族濒危文化抢救、文物古籍保护、精品文艺作品创作等项目。组织开展我区少数民族传统文化资源调查工作，推进民族文化资源数据库建设。大力培养乡土民族文化能人和民族民间文化传承人，建立完善民族文化传承人认定补助制度，支持建设一批民族文化传习馆和民族民间人才工作室，支持其传业创业。挖掘民族地区文化旅游资源，加快特色村寨建设，打造一批民族文化旅游景点。（牵头单位：区文广体局；责任单位：区委宣传部、区文产办、区民宗局、区旅发局、区文联，大街街道、江城镇、前卫镇、九溪镇党〈工〉委、政府〈办事处〉）

11.广泛开展优秀民族传统文化进校园活动。在中小学开展民族文化传承和传播活动，加强民族文化师资队伍建设和技能人才培养，完善民族文化特色专业课程建设。（牵头单位：区教育局；责任单位：区民宗局、区文广体局）

12.发展民族文艺体育。建立健全民族文艺精品扶持制度，扶持民族民间创作基础队伍和文艺阵地建设，培养民族文艺高素质人才。加强少数民族传统体育挖掘整理和创新发展，以安化乡为重点，推广少数民族传统体育项目。支持区、乡镇（街道）、村举办少数民族文艺会演、民族民间歌舞乐展演、少数民族传统体育运动会和联谊活动。（牵头单位：区民宗局；责任单位：区委宣传部、区文广体局、区文联）

（五）民族团结创建工程

13.加强民族团结进步创建活动。深入持久开展民族团结进步创建进机关、进社区、进学校、进企业、进农村、进宗教活动场所，推进创建活动常态化。打造一批民族团结进步示范单位，支持安化乡争创民族团结进步示范乡，把前卫中学、九溪小学等建成民族团结进步示范单位。巩固罗合白、阳山庄、光山村、

新庄小营、白龙潭、阿豆村、烂泥箐、团山村等创建民族团结进步示范村成果。实施好招坝民族团结进步示范创建工程，积极争取项目打造一批特色宜居宜业、民富村美和谐的示范村。（牵头单位：区委统战部；责任单位：区委组织部、区民宗局、区财政局、区教育局、区文广体局，各乡镇〈街道〉党〈工〉委、政府〈办事处〉）

14.持续推进城市民族工作。加强和改进城市少数民族流动人口服务管理工作，建立健全流动人口服务管理机制、输入地和输出地之间的协调沟通机制，为少数民族流动人员在政策咨询、子女入学、社会保障、法律援助等方面提供服务和帮助。充分尊重少数民族的风俗习惯和宗教信仰，依法维护少数民族群众在传统节日、饮食、殡葬、宗教活动等方面的合法权益。（牵头单位：区民宗局；责任单位：区发改局、区工信局、区司法局、区人社局、市公安局江川分局、区民政局、区卫计局、区市场监管局，各乡镇〈街道〉党〈工〉委、政府〈办事处〉）

15.推进民族团结宣传教育。把民族团结宣传教育纳入公民道德教育和社会主义精神文明建设全过程，加强对窗口单位、新闻媒体、服务行业等单位民族理论政策、法律法规和基本知识的宣传教育，使“三个离不开”思想更加深入人心，营造民族团结、和谐发展的良好氛围。倡导和支持各级各部门开展民族团结进步宣传月、宣传周、宣传日活动。支持各类媒体开设民族团结进步专栏、专题、专刊，摄制播放民族团结进步教育宣传片和公益广告，讲好江川民族团结故事，传播江川宗教和谐声音。深入推进民族团结政策法规宣传教育“6＋N”活动，使宣传教育活动向大众化、时代化、特色化、实体化、常态化发展。（牵头单位：区民宗局；责任单位：区委宣传部、区教育局、区文广体局、团区委）

16.促进宗教和谐和顺。贯彻实施《宗教事务条例》《云南省宗教事务规定》，依法加强宗教事务管理，依法保障宗教界人士和信教群众合法权益。鼓励各宗教活动场所积极开展和谐宗教活动场所创建活动。加强宗教界代表人士培养，充分发挥他们的积极作用。健全完善领导干部联系少数民族代表人士和宗教界代表人士制度，每年至少进行1次走访和听取意见，开展宗教领域交往交流。（牵头单位：区委统战部；责任单位：区民宗局、区财政局）

17.维护民族团结社会稳定。坚持和完善民族团结目标管理、民族团结稳定形势分析研判、矛盾纠纷排查调处、涉及民族方面的突发事件应急处理等工作机制，健全完善区、乡、村“三级”同步监测监管影响民族团结稳定问题的长效机制，建立影响民族宗教领域团结稳定的情报信息协作机制，开展涉及民族宗教因素矛盾纠纷排查、分析研判和化解工作，依法妥善处理矛盾纠纷，把问题解决在基层，化解在萌芽状态。提高涉及民族宗教问题的舆情发现、预警和处置能力，有序有力有效引导民族宗教热难点问题和突发事件舆论，最大限度地挤压负面空间，维护全区健康积极稳定的网络舆论生态。（牵头单位：区委政法委；责任单位：区委宣传部、区委统战部、区民宗局、市公安局江川分局，各乡镇〈街道〉党〈工〉委、政府〈办事处〉）

（六）民族事务治理工程

18.培养高素质少数民族人才队伍。编制实施少数民族人才培养规划，逐步实现各少数民族人才与其人口比例大体相当。安化彝族乡招录公务员时，可单设岗位招录彝族公务员。对符合规定的彝族考生给予优惠，急需紧缺岗位，可适当放宽招聘条件。争取区直党政主要部门领导班子中至少配备1名少数民族干部，做到彝族（世居少数民族）至少有1名县处级以上领导干部。完善少数民族干部交流机制，有计划地选派优秀少数民族干部到市级机关和区外经济发达地区挂职培养。（牵头单位：区委组织部；责任单位：区委统战部、区委编办、区人社局、区民宗局、市公安局江川分局）

19.完善民族宗教工作服务管理体系。加强民族宗教工作任务较重的大街、江城、九溪、安化等地区民族宗教工作部门力量，改善工作条件。健全建立少数民族法律援助制度，畅通少数民族群众和信教群众投诉渠道，维护群众的合法权益。加强对清真餐饮企业和清真食品生产企业的监管。开展少数民族离校未就业高校毕业生“一对一”帮扶，“三支一扶”计划名额向少数民族贫困大学生倾斜。探索设立城镇少数民族创业基金，帮助少数民族群众就业创业。（牵头单位：区委组织部；责任单位：区民宗局、区委编办、区教育局、市公安局江川分局、区民政局、区人社局、区市场监管局，各乡镇〈街道〉党〈工〉委、政府〈办事处〉）

20.提升民族宗教事务法治水平。认真贯彻落实《江川区加强和改进新形势下宗教工作的实施意见》，进一步规范宗教活动及场所管理，加强民间信仰管理工作，解决好宗教领域突出问题，不断推进宗教工作迈上新台阶。支持宗教团体建设，加强宗教思想建设和爱国爱教力量建设。坚持在法律范围内、法治轨道上处理涉及民族宗教因素的问题，严格区分两类不同性质的矛盾。引导各族干部群众牢固树立法治精神和法治思维，形成办事依法、遇事找法、解决问题用法、化解矛盾靠法的良好法治环境。（牵头单位：区委统战部；责任单位：区民宗局、区委政法委、区委防范和处理邪教问题领导小组办公室、区人大常委会法工委、区政府法制办，各乡镇〈街道〉党〈工〉委、政府〈办事处〉）

三、组织领导和保障措施

（一）加强组织领导。区示范区建设领导小组要加强领导，精心组织，高位推进。领导小组办公室要强化综合协调，开展督促检查，推广典型经验。领导小组成员单位要制定实施计划和年度工作目标，明确职责，细化措施，积极争取上级部门的支持，确保示范区建设各项任务措施落实到位、取得实效。完善示范区建设目标任务责任制，把任务完成情况纳入全区年度综合考核评价。区委督查室、区政府督查室和区示范区建设领导小组办公室每年对工作完成情况进行督查。

（二）保障资金投入。区财政按照财政事权和支出责任划分，安排示范区建设经费，列入本级财政预算予以保障，用于开展民族团结宣传教育、创建示范单位。区级各单位要积极落实项目建设资金，每年主动加强与民族地区的项目资金衔接，做到计划早安排、资金早下达、项目早见效。

（三）强化协调配合。每年第一季度由示范区建设领导小组办公室召开协调推进会，分析评估上年度工作，协调落实本年度计划。各牵头单位要明确1位分管领导和1名联络员，加强与相关责任单位的沟通协调，统筹项目计划，汇总实施情况。各责任单位要按照职责分工主动推进项目实施，落实年度目标任务，形成示范区建设合力。

（四）加大宣传推广。引导和支持各类媒体多角度、多层次、多形式、多渠道广泛深入宣传示范区建设，营造和培育全社会共同关心、支持和参与示范区建设的良好氛围。加强示范区建设实践经验的总结和提升，形成可复制、可推广的经验。

中共玉溪市江川区委办公室 玉溪市江川区人民政府办公室 关于印发《玉溪市江川区重大项目工作推进制度》的通知

玉江办发〔2017〕4号

各乡镇党委、政府，大街街道党工委、办事处，区委和区级国家机关各部、委、办、局，各人民团体和企事业单位：

《玉溪市江川区重大项目工作推进制度》已经区委、区政府研究同意，现印发你们，请认真执行。

中共玉溪市江川区委办公室
玉溪市江川区人民政府办公室
2017年2月24日

玉溪市江川区重大项目工作推进制度

第一章 总 则

第一条 为深入贯彻落实党的十八大、十八届六中全会和省第十次党代会、市第五次党代会、区第二次党代会精神，坚持不懈转变作风，加强对全区重点建设项目的领导，切实推进全区重大项目快速、高效、安全、和谐建设，夯实发展基础，促进全区产业转型升级、经济社会跨越发展，特制定本制度。

第二条 本制度规定的重大项目是指符合国家、省、市产业发展政策，符合土地利用和城乡建设规划，符合生态环境和资源保护要求，对全区经济社会发展有着重大影响，列入国家和省市重大项目前期工作计划和重点建设计划的项目，以及市委、市政府确定的其它项目。

第二章 推进形式

第三条 按照“谁分管、谁负责，谁主抓、谁落实”的原则，建立全区重大项目“五个1”的推进机制，即1项重大项目由1名政府分管领导主抓，1名其他区领导协助，1个主责部门，1个专项协调小组推进。

第三章 推进内容

第四条 主抓领导为分管涉及项目的区政府领导，负责重大项目的组织领导和推进工作。

第五条 协助领导为区委常委、其他区人大、区政府、区政协等区领导，负责协助主抓领导抓好重大项目的推进落实，做好调查研究，掌握工作进展，协调解决问题。

第六条　主责部门为涉及项目的主管部门，负责制定项目和工作的具体实施方案；围绕项目和工作的推进目标任务，定期收集整理情况和问题；协调专项小组和乡镇（街道）、区直其他相关部门推进项目建设和工作落实。完成主抓领导和协助领导交办的各项工作。

第七条　专项协调小组由相关部门人员组成，负责抓好重大项目的推进实施工作；协助主责职能部门和乡镇（街道）及时解决项目和工作推进过程中的突出矛盾和问题。定期向主抓领导、协助领导和主责部门通报项目的工作进展情况；完成主抓领导和协助领导交办的各项工作。

第四章　推进要求

第八条　主抓领导和协助领导要认真研究重大项目，加强指导、督促、调度，定期召开重大项目推进会和现场办公会，了解项目建设进展情况，研究处理困难和问题，确保项目建设有序推进、全面落实。

第九条　主责部门、专项协调小组要积极协同配合，加强信息互通，形成工作合力，精心组织好每个项目和工作的分解、量化和实施，明确任务节点，倒排工期进度，高效扎实推进，确保项目按预定计划顺利实施。

第十条　专项协调小组要明确专人做好项目推进情况的收集整理和汇总分析工作，定期梳理问题，全面反馈情况，及时提出建议，为主抓领导和协助领导科学决策、统筹安排工作提供依据，做到每月一通报，每季度一分析。

第五章　督促检查

第十一条　区专项督导组、区委督查室、区政府督查室要加强对项目推进事项落实情况的督查，以强有力的督查推动会议各项决策部署落实到位。

第十二条　各主抓领导及协助领导、主责部门、专项协调小组要根据督查通知要求，认真进行整改落实，并将落实情况及时反馈区专项督导组、区委督查室和区政府督查室。

第六章　考核及奖惩

第十三条　坚持“客观公正、实事求是、突出实绩、注重实效”的原则，全面、准确地评价项目建设和工作业绩。对安排部署不到位，推进落实不到位的，将采用通报批评、约谈、函询等方式督促整改；对消极对待、执行不力、推诿扯皮，没有按目标任务时间节点顺利推进，导致责任目标未能圆满完成的，将严格进行责任追究。

第七章　附　则

第十四条　本规定自印发之日起执行。

第十五条　本规定由中共玉溪市江川区委办公室和玉溪市江川区人民政府办公室负责解释。

中共玉溪市江川区委办公室 玉溪市江川区人民政府办公室 关于印发《玉溪市江川区创建全省全国文明城市实施方案》的通知（节选）

玉江办发〔2017〕14号

各乡镇党委、政府，大街街道党工委、办事处，区委和区级国家机关各部、委、办、局，各人民团体和企事业单位，中央、省、市驻江单位：

《玉溪市江川区创建全省全国文明城市实施方案》已经区委、区政府同意，现印发给你们，请认真贯彻落实。

中共玉溪市江川区委办公室
玉溪市江川区人民政府办公室
2017年4月22日

玉溪市江川区创建全省全国文明城市实施方案

创建文明城市是统筹推进物质文明和精神文明建设的有效形式，是构建和谐社会、落实科学发展观的有效载体。为认真贯彻落实市委、市政府“六城同创”工作部署，实现创建全省全国文明城市的目标，建设宜居宜业生态活力新江川，更高层次、更高水平推动江川跨越式发展。现结合《云南省文明城市测评体系》《全国文明城市（地级以上）测评体系》要求，制定本实施方案：

一、指导思想

全面贯彻落实党的十八大和十八届三中、四中、五中、六中全会精神，深入学习贯彻习近平总书记系列重要讲话特别是考察云南重要讲话精神，紧紧围绕“四个全面”战略布局，以培育和践行社会主义核心价值观为根本，按照构建社会主义和谐社会的总体要求，紧紧围绕建设现代宜居宜业生态活力新江川的目标，以《云南省文明城市测评体系》《全国文明城市（地级以上）测评体系》为导向，以解决人民群众最关心、最直接、最现实的利益问题为重点，举全区之力、集全区之智，大力组织实施创建全省全国文明城市各项工作，有力促进社会管理，全面提高市民文明素质和城区整体文明程度，促进全区经济建设、政治建设、文化建设、社会建设及生态文明建设全面协调可持续发展。

二、工作目标

确保今年入选第六届全国文明城市提名资格城市，2018年达到《云南省文明城市测评体系》的各项指标，成功创建第四批云南省文明城市。

三、基本原则

坚持科学发展。全面开展各项群众性创建活动，强化管理与建设并重，大力促进区域、城乡协调发展，促进城区软、硬环境建设共同推进，实现经济社会全面、协调、可持续发展，努力推进创建工作上新水平、新台阶。

坚持以人为本。把服务人民群众、满足人民群众利益需求、实现人的全面发展作为创建工作的出发点和落脚点，切实解决好人民群众普遍关注的热点、难点问题，不断提高人民群众的幸福感和满意度。

坚持群众路线。把创建工作的着力点放在基层，贴近实际、贴近生活、贴近群众，创造更多群众乐于参与、便于参与的新载体，最大限度地吸引群众参与，使人民群众在活动中实现自我教育、自我提高。

坚持长效管理。严格按照《云南省文明城市测评体系》《全国文明城市（地级以上）测评体系》的具体标准落实各项创建工作，巩固成果，狠抓整改，把弱项做强，强项做优，努力实现标本兼治、长效管理，不断开创文明城市创建工作新局面。

坚持地方特色。在努力实现创建工作全面达标升级的同时，突出江川特色，力求在经济发展、社会进步、人文精神、生态环境、城市面貌、文明创建等方面增创新优势、形成新品牌。

四、工作任务

（一）建设廉洁高效的政务环境。加强干部学习教育，形成干部理想信念、从政道德教育制度。推进学习型党组织建设，形成学习型党组织建设长效机制。积极培育和践行社会主义核心价值观，开展中国特色社会主义和“中国梦”宣传教育。规范行政行为，建立科学民主决策制度。推行政务公开，有效开展网上公共服务，实现政务信息资源共享。建立党政领导接待群众制度，畅通民意表达渠道，广泛吸收民智、及时化解民忧，提高群众对党政机关行政效能满意度。全面推进依法行政，建设法治政府。认真践行习近平总书记“三严三实”和“忠诚、干净、担当”要求，勤用“四盆水”，努力做好“六个表率”、自觉做到“六个不能”，以优良的党风促政风带民风，提高群众对反腐倡廉工作满意度。

（二）建设民主公正的法治环境。组织开展法制宣传教育，弘扬法治精神，加强对各阶层人群的法制宣传教育，全民法制宣传教育普及率大于80%。设立12348法律服务专线，设立街道、社区人民调解委员会，建立政府财政保障的法律援助机构。建立维护劳动者权益的协调机制，防止重大侵害劳动者合法权益违法案件发生。健全妇女维权机构，保障妇女基本权益。设立维护未成年人合法权益的部门，做好孤残儿童、弃婴、流浪未成年人救助保护工作。建立进城务工人员工资监控制度、最低工资保障制度和工资保证金制度，重视改善进城务工人员居住条件。完善孤寡老人、残疾人社会救助与服务机制，切实保障社会弱势群体的合法权益。加强和完善城市社区、机关、学校、企业和新经济组织、新社会组织等基层党群组织建设，发挥党、团员的模范带头作用，加强社区流动党员管理。积极推进社区居委会民主建设，形成社区事务民主决策、民主管理和民主监督制度。

（三）建设公平诚信的市场环境。加快诚信政府建设，政府在经济社会活动中遵守法律法规、兑现承诺、严守契约，形成社会对政府部门承诺的监督网络，促进政府公开、公平、公正地行使社会管理职能，使市民对政府诚信的满意度达90%以上。加强社会诚信体系建设，开展集中性诚信主题教育和实践活动，培养市民诚信观念和规则意识，建立企业信用供求机制、企业信用档案和市场监管共享等机制，开展企业社会责任宣传教育活动，引导企业履行社会责任，积极推进政务诚信、商务诚信、社会诚信和司法公信建设。开展“构建诚信、惩戒失信”活动，建立部门联动机制，采取有效措施限制失信人员高消费行为。加强市场监管，严厉打击走私贩私、制售假冒伪劣商品行为，完善打击假冒伪劣违法行为的监督、投诉和处置机制。维护企业合法权益，维护公平竞争，不搞地方保护主义，审批、执法部门热心为企业服务，无乱摊派等增加企业负担现象，对公务人员违纪行为坚决惩处。加强窗口行业规范化服务建设，窗口行业要遵守职业道德，公开服务标准和程序，服务规范，诚信守法，开展优质服务。建立高效投诉处理机制，确保群众对行业风气的满意度。

（四）建设健康向上的人文环境。广泛宣传和普及社会主义核心价值观，利用重大活动、重要纪念日、节庆日开展集中性学习宣传活动，努力把社会主义核心价值观宣传教育贯穿到党员干部教育以及日常工作学习生活中，并融入国民教育和精神文明建设全过程。开展以社会公德、职业道德、家庭美德、个人品德建设为主要内容的道德实践活动。积极推进道德讲堂建设，设立区爱国主义教育基地，广泛开展“俭约云南”主题宣传教育实践活动。开展道德领域突出问题专项教育治理，开展多种形式的形势政策教育、国情教育、国防和国家安全教育。制定《玉溪市江川

区市民文明公约》，加强公民意识教育。开展传统优秀文化教育，利用新闻媒体等多种形式宣传普及优秀传统文化并形成制度，组织开展“中国梦”主题活动、“我们的节日”主题活动和“公民道德宣传日”活动，运用传统节日弘扬民族文化优秀传统，组织开展中华经典诵读等全民读书活动。广泛深入开展民族团结进步创建活动，推进民族事务服务体系建设。加强国民教育，城市人口人均教育经费支出力争大于420元，义务教育均衡发展。积极发展文化事业和文化产业，加大投入，实现公共文化馆、博物馆、图书馆向社会免费开放，基本实现有线电视数字化。建成文化信息资源共享工程网络。大力开展全民健身活动。每个乡镇（街道）建有文化站，社区（村）建有文化室，长期向群众开放。乡镇（街道）能正常开展科普活动。不断强化市民都市文明意识、公共道德意识，继续深化“文明交通行动计划”，引导市民维护公共环境和公共秩序，大力培育和谐人际关系。建立健全见义勇为宣传教育和奖励保护工作机制，大力倡导见义勇为。设立专门的扶贫帮困机构，经常性开展社会捐赠活动。组织广大市民积极参与救灾捐赠和慈善捐助活动。贯彻落实玉溪市《关于推进志愿服务制度化的实施意见》，不断推进志愿服务常态化、长效化、制度化。围绕“关爱他人、关爱社会、关爱自然”，积极组织开展志愿服务活动。建立市民广泛参与的各类志愿服务组织，乡镇、街道建立志愿服务站。广泛开展评选优秀志愿者和优秀志愿服务组织活动。积极组织开展公益活动，加强公益广告宣传。培育并推出道德模范，建立推选、学习、宣传道德模范长效机制，发挥道德模范榜样作用。广泛开展“我推荐、我评议身边好人”活动，用身边人教育引导身边人。

（五）建设有利于青少年健康成长的社会文化环境。加强网吧监督管理，严厉查处网吧违法违规经营行为，建立网吧良好经营秩序。发挥社会力量，深入开展打击淫秽色情和低俗之风专项整治行动，深入开展文明办网、文明上网活动，开展网络文明传播活动，有效净化网络环境。形成扫黄打非长效机制，加强出版物市场管理，加强校园周边环境整治。加强未成年人文化产品的推介。加强未成年人活动阵地建设，发挥乡村学校少年宫作用，免费向未成年人开放爱国主义教育示范基地和公益性文化设施，开辟更具特色、更加丰富、更贴近青少年学习生活特点的校外活动场所。

（六）建设舒适便利的生活环境。促进经济平稳较快发展，人均GDP水平高于本市同类城市平均水平，努力实现单位GDP能耗低于市年度控制目标，第三产业增长率大于GDP增长率，城镇居民可支配收入高于本市同类城市平均水平。加强城市公共设施与公共交通建设，城市主要道路设有无障碍设施，道路名称与主干道设施合理规范，开展数字化城市管理模式建设。加强公共场所秩序管理，确保市容市貌整洁有序。推进医疗与公共卫生建设。大力发展城市社区卫生服务。提高人民生活质量。加强社会保障，推进社会救助体系建设，做好住房保障工作。

（七）建设安全稳定的社会环境。建立健全公共安全体系。加强对各类食品生产销售企业的管理，严格实施药品经营许可证制度，保障食品药品安全。建立减灾、防灾、救灾综合协调机制和灾害应急管理体系，建立突发公共事件应急指挥系统，实行突发公共事件领导问责制。强化安全生产教育管理，加强社会治安管理，加强安全生产宣传教育、安全诚信建设和安全文化建设，落实安全生产各项任务。将社会治安防控体系建设纳入经济社会发展总体规划，全面推进法治江川建设，积极开展平安江川创建活动，落实社会治安综合治理领导责任制。全力维护安全稳定，无影响较大群体性事件发生。邪教活动得到有效控制，群众安全感大于85%。

（八）建设可持续发展的生态环境。加强城市绿化建设，建成区绿化覆盖率达35%以上，绿地率达30%以上，人均公园绿地大于8平方米，环境保护投资指数大于2%。做好生活垃圾无害化处理和危险废弃物处置，城市污水处理率达80%以上。做好工业企业污染防治、环境噪声等治理工作，加强节能减排，提高环境质量。加强耕地、林地保护，土地利用秩序良好，实现土地资源可持续发展。不断优化市民生活居住环境。公众对城市环保的满意率达到75%。

五、实施步骤

（一）第一阶段：全面启动实施（2017年1月—5月）

1.制定实施方案。协同相关部门对全区经济社会发展和文明创建实际情况进行调研，同时对照《云南省文明城市测评体系》开展一次模拟测评。在此基础上，制定实施方案，健全组织机构，明确目标任务（2017年1月—4月）。

2.全面动员部署。召开全区实职副科以上领导干部会议，对文明城市创建工作进行动员、部署，签订目标责任书，将创建任务层层分解落实（2017年4月—5月）。

3.开展业务培训。收集创建文明城市相关资料，印发相关领导及工作人员，同时组织相关单位负责人开展培训，及时学习掌握创建文明城市相关知识。组织相关单位档案工作人员开展专业培训，确保档案痕迹资料管理到位（2017年4月—5月）。

4.广泛宣传发动。在新闻媒体、网站开设专题或专栏，充分利用社区、单位、学校、乡村、主干道、公共场所等地的各种宣传载体，借助网络、手机等新兴传播平台，大力宣传创建文明城市的意义和内容，营造浓厚创建氛围（2017年1月—5月）。

5.加强环境治理。根据2016年市对区的考核测评结果，围绕八大环境建设，针对存在的突出问题，切实采取有效措施，推进创建工作深入开展（2017年4月—5月）。

（二）第二阶段：巩固创建活动（2017年5月—2017年12月）

1.重点突破。各单位结合创建目标任务，找出薄弱环节，逐项突破，确保各项创建指标达标（2017年4月—12月）。

2.自测自评。严格按照《云南省文明城市测评体系》和《全国文明城市（地级以上）测评体系》标准，开展一次模拟实地测评，把握创建工作进展成效，发现存在问题，明确下阶段工作重点（2017年6月）。

3.督查整改。由相关部门组成督查组，对各责任单位开展工作情况进行定期督查并及时通报，限期整改（半年一次）。

4.文档收集。各相关责任单位按照工作开展情况继续收集整理本年度文档资料，年底报送创建文明城市指挥部办公室（2017年1月—12月）。

（三）第三阶段：强化完善提高（2018年1月—12月）

1.巩固完善。针对存在的难点问题，按照“巩固强项，转化弱项、补齐缺项”的要求，切实采取有效措施，重点抓好治理死角死面和解决遗留问题，逐项整改落实（2018年1月—12月）。

2.督查整改。由相关部门组成督查组，对各责任单位开展工作情况进行定期督查并及时通报，限期整改（2018年6月前每两月一次，6月后每月一次）。

3.准备材料。抽调专门人员，按照区创文指挥部要求，做好各类申报材料准备及高质量视频汇报资料制作工作，做好迎检准备（2018年1月—7月）。

4.模拟测评。结合测评体系，高标准严要求，开展一次模拟测评，从实地测评及文档资料两个方面入手，全面查找存在问题，确保所有指标均符合《测评体系》要求（2018年6月）。

5.重点突击。重点行业、重点领域、重点部门开展重点突击，重点解决市民出行、市容市貌、社会治安、环境卫生、集贸市场、窗口服务等领域存在的问题，确保城市综合环境全面改善（2018年7月）。

6.迎接考评。积极配合考评组开展相关测评工作，做好各项迎检工作（2018年7月）。

7.总结提高。回顾总结创建文明城市工作的好做法、好经验，总结规律，固化制度，进一步巩固创建结果，建立长效机制，为争创全国文明城市打好基础。

（四）第四阶段：（2019年—2020年）

围绕查缺补漏、督查整改、准备材料、模拟测评、重点突击、迎接考评、总结提高七个方面开展工作，努力在2020年实现创建全国文明城市目标。

六、保障措施

（一）提高认识，加强领导。各成员单位要成立相应的领导工作小组，主要领导负总责，分管领导具体抓，抽调人员专门抓，一级抓一级、层层抓落实。要根据《玉溪市江川区创建全省全国文明城市任务分解表》，结合本单位实际，进一步细化责任，形成事事有人抓、件件有落实、人人有责任的工作体系。各责任单位要在每月25日前将工作情况通过电子邮箱报送指挥部办公室（邮箱：songly031129@163.com）。

（二）健全制度，落实责任。重点建立五项机制：一是建立资金保障机制。区财政要把创建全省全国文明城市工作经费列入财政预算，同时充分调动社会力量多方筹集资金，形成多元化的投入机制，保证基础设施建设，确保工作正常开展、测评体系要求的各项硬件达标。二是建立考核奖惩机制。指挥部要加大对创建工作的指导、检查和监督，按照责任目标管理要求，定期对创建工作进行全面检查，并按照考核奖惩办法严格考核、兑现奖惩，真正做到定部门、定领导、定任务、定进度、定责任，确保高质量完成全省全国文明城市创建工作任务。对工作进展顺利、创建成绩突出的进行表彰奖励，对达不到要求的视情况

实行通报批评、挂牌督办、责任追究。三是建立督查通报制度。定期不定期将发现的问题通过整改意见书、整改通知书、督查通报等形式下达到各责任单位。定期组织人大代表和政协委员开展文明城市创建工作视察活动，听取意见和建议。组织新闻媒体、广大市民开展舆论监督，曝光查处不文明现象。四是建立工作调度制度。每季度召开一次工作调度会议（如工作需要可随时召开），听取创建工作进度汇报，研究解决存在的问题，安排部署相关工作。五是建立调查研究制度。针对全省全国文明城市创建工作难点问题开展调查研究工作，及时提出意见建议，促进工作扎实稳妥推进，不断取得突破。

（三）强化宣传，营造氛围。各新闻媒体要充分运用宣传载体和平台，采取群众喜闻乐见的方式持续不断开展全省全国文明城市创建正反两方面典型的宣传教育，使文明城市创建理念家喻户晓，为创建工作营造良好的舆论氛围。

附件：玉溪市江川区创建全省全国文明城市工作责任分解表（略）

玉溪市江川区人民政府关于印发《玉溪市江川区人民政府工作规则》的通知

玉江政发〔2017〕33号

各乡、镇人民政府，大街街道办事处，区属各有关单位：

《玉溪市江川区人民政府工作规则》已经区第二届人民政府第8次常务会议通过，现印发给你们，请认真贯彻执行。

玉溪市江川区人民政府

2017年7月31日

玉溪市江川区人民政府工作规则

第一章　总　则

第一条　根据《中华人民共和国宪法》《中华人民共和国地方各级人民代表大会和地方各级人民政府组织法》及国务院、省、市有关规定，结合江川实际，特制定本规则。

第二条　区政府工作的指导思想是：高举中国特色社会主义伟大旗帜，以邓小平理论、“三个代表”重要思想和科学发展观为指导，深入贯彻习近平总书记系列重要讲话精神和指示要求，执行党中央国务院、省委省政府、市委市政府的各项方针政策和区委的决策部署，自觉接受区人大及其常委会的法律监督和工作监督、区政协的民主监督和社会舆论监督，认真践行群众路线，切实转变作风，全面正确履行政府职能，努力建设职能科学、结构优化、廉洁高效、人民满意的服务型政府。

第三条　区政府工作的准则是：坚持区委领导，实行科学民主决策，坚持依法行政，推进政务公开，健全监督制度，加强廉政建设。

第二章　区政府组成人员职责

第四条　区政府由下列人员组成：区长、副区长、政府办公室主任和法定序列的各部门负责人。区政府组成人员要履行宪法和法律赋予的职责，各司其职，各尽其责，顾全大局，求真务实，精诚团结，勤勉廉洁，维护政令统一，切实贯彻落实区政府的各项决策和工作部署。

第五条　区政府实行区长负责制，区长领导区政府的工作。区长外出期间，由常务副区长或受区长委托的副区长主持区政府工作。

第六条　副区长协助区长工作，按照分工负责处理分管工作，受区长委托，负责其他方面的工作或专项任务，并可代表区政府进行外事活动。副区长对分管工作的应急管理、安全生产、环境保护、廉政建设等实行“一岗双责”责任制。

涉及两位及以上副区长分管工作的事项，由区长指定一位副区长牵头办理或由涉及事项主要工作的分管副区长牵头办理。副区长既要按照工作分工独立处

理分管工作，又要协调配合，提高工作效率。

第七条 区政府办公室主任在区长或分管副区长的领导下，负责处理区政府的日常工作。副主任按照分工协助副区长、办公室主任联系协调、研究处理有关方面的工作，完成区长、副区长和办公室主任交办的工作。

第八条 区政府各部门实行行政主要领导负责制，由其领导本部门的工作。各部门根据党的路线、方针、政策和国家的法律、法规制定本部门贯彻区政府决定、命令和工作部署的实施办法和规章制度，在职权范围内履行职责，行使职权。

第三章 全面履行政府职能

第九条 区政府及各工作部门要加快政府职能转变，全面履行经济调节、市场监管、社会管理、公共服务和环境保护职能，促进辖区经济社会全面发展和人口资源环境的协调可持续发展。

第十条 贯彻执行国家宏观调控政策，综合运用经济、法律手段和必要的行政手段，科学编制和严格执行全区国民经济和社会发展计划，加快转变发展方式，调整和优化经济结构，实现经济增长、就业增加、稳定物价，促进区域经济持续健康发展。

第十一条 严格市场监管，健全准入制度，完善监管体系，规范市场执法，建立健全社会信用体系，形成统一开放、竞争有序的现代市场体系。

第十二条 认真履行社会管理职能，加强和改进社会治理方式，完善社会保障体系和促进就业工作机制，健全基层社会治理体制，加强应急管理和安全生产工作，维护社会秩序和安全稳定。强化公共服务，完善公共政策，健全公共服务体系，增强基本公共服务能力，促进基本公共服务均等化。

第十三条 调整优化产业结构，强化资源集约节约和环境保护，加大污染治理力度，推进生态文明建设。

第十四条 坚持区政府领导主抓全区重点项目建设制度，区发展和改革部门每年梳理一批重点项目，由区政府办公室结合区政府领导分工，明确主抓项目的区政府领导、区级协助领导、主责部门、年度工作计划等，确保重点项目顺利推进。

第四章 实行科学民主决策

第十五条 区政府及各工作部门要完善重大事项行政决策的规则和程序，把公众参与、专家论证、风险评估、合法性审查、集体讨论决定作为重大决策的必经程序，增强公共决策制定的透明度和公众参与度。

第十六条 全区经济和社会发展、改革开放、社会稳定等重大决策，重大项目安排和大额资金使用等重要事项，必须经区政府全体会议或常务会议讨论后决定。对于紧急和突发性重大事件，来不及召开会议而又必须及时处理的，区政府分管领导协商处理后，向区长报告。

第十七条 区政府各工作部门提请区政府讨论决定的重大事项，必须以全区发展规划为依据，经专家或专业机构作必要性、可行性论证和法律分析；涉及乡镇人民政府（街道办事处）和相关部门的，应事先征求意见并充分协商；涉及重大公共利益和公众权益、容易引发社会稳定问题的要进行社会稳定风险评估，可采取听证会等多种形式听取各方面意见。

在重大事项决策执行过程中，要跟踪决策的实施情况，了解利益相关方和社会公众对决策实施的意见和建议，全面评估决策执行效果，并及时调整完善。

第十八条 区政府在作出重大决策前，根据需要通过召开座谈会、举行民意测验等形式，听取区人大代表、政协委员、社会各界、群众团体和专家学者等方面的意见和建议，并向本级区人大及其常委会报告，向区政协常委会通报。

第十九条 区人民政府本级财政年度预决算经区人民政府常务会议研究同意，报区委常委会议讨论研究决定后，按法定程序报区人民代表大会审议批准执行。财政预算调整必须按程序报区人大常委会审查批准。区本级财政追加预算支出，20万元以下（含20万元）的由区长或区长委托常务副区长审批；20万元以上50万元以下（均不含本数）的由区人民政府常务会议研究决定；50万元以上（含50万元）的经区人民政府常务会议研究审核后报区委常委会议研究决定。

第二十条 区政府的各项决策必须得到坚决贯彻落实。政府决策实施后要按规定进行评估并接受群众监督，发现问题要及时整改完善。

第五章　坚持依法行政

第二十一条　区政府及各工作部门要带头维护宪法和法律权威，建设法治政府，不断提高依法行政的能力和水平；要按照合法行政、程序正当、高效便民、诚实守信、权责统一的要求，行使权力，履行职责，承担责任。

第二十二条　区政府根据全区经济社会发展的需要，制定有关规范性文件。区政府公布的区级行政机关规范性文件制定主体，应当依法依规制定规范性文件。行政规范性文件的制定必须符合宪法、法律、法规、规章和国家、省、市的方针政策。

凡以区政府或区政府办名义制发的行政规范性文件应经区政府全体会议或常务会议讨论、审定后发布。全区规范性文件必须经过区政府法制部门的合法性审查。以区政府名义制发的规范文件必须按要求报区人大常委会备案审查，并报市政府法制办备案。区政府各工作部门制发的规范性文件按要求报区政府法制办和区人大常委会备案审查，同时抄报上一级行政主管部门。

行政规范性文件制定机关应当根据法律、法规、规章和政策调整情况以及实际情况的变化，定期清理规范性文件，并公布本机关经清理后废止、失效和继续有效的行政规范性文件目录。

第二十三条　坚持政府及各工作部门法律顾问工作制度，增强政府决策的合法性；坚持常务会议学法制度，深化经常性法律法规学习制度，增强政府组成人员依法行政意识。

第二十四条　深化行政审批制度改革，减少审批项目，压缩审批时限，简化审批程序，规范审批行为。推行统一办理、联合办理、集中办理和网上电子审批等方式，提升服务水平，改善服务质量，提高服务效率。

第二十五条　严格按照法律、法规、规章规定的权限和程序依法行使权力，完善行政执法程序，规范行政执法行为。进一步理顺行政执法体制，科学配置执法机关的职责和权限，推行相对集中行政处罚权，完善行政综合执法。健全社会矛盾纠纷调解机制，依法化解社会矛盾纠纷。严格实行执法责任制和执法过错追究制，切实做到严格执法、公正执法、文明执法。

第六章　推行政务公开

第二十六条　区政府及各工作部门要认真贯彻《中华人民共和国政府信息公开条例》，加强政府门户网站管理，深化政务公开，完善各类办事公开制度，健全政府信息发布制度，推进行政权力行使依据、过程、结果公开，便于群众知情、参与和监督，提高政府工作透明度。

第二十七条　区政府及各工作部门要完善新闻发言人制度。区政府新闻发言人由常务副区长担任，经区长批准，发布重要政务新闻，通报区政府对重大事项、突发性事件、社会关注热点问题的处理情况等。

第二十八条　区政府及各工作部门制定的政策和文件、会议内容及其它政务活动，除依法需要保密的外，应及时向社会公布、公示，公布、公示范围视情况而定。

第二十九条　凡涉及群众切身利益，需要群众广泛知晓的事项以及法律法规和各级人民政府规定需要公开的其他事项，均应通过政府网站、电视等方式，依法、及时、准确地向社会公开。

第七章　健全监督制度

第三十条　实行区政府重大事项向区委报告制度。涉及全局的改革事项、涉及群众切身利益的重大事项、年度国民经济和社会发展计划、城市总体规划、财政预算草案、重大建设项目，以及其他需要区委组织协调的重大事项，必须向区委报告。

第三十一条　区政府及各工作部门要自觉接受区人大及其常委会的法律监督，严格执行区人大及其常委会的决议和决定，向其报告工作、接受询问和质询。区长代表区政府向区人民代表大会报告工作，区长或副区长代表区政府列席人大常委会的全体会议并报告工作，区政府的工作部门受区政府委托向区人大常委会报告某一方面的工作；自觉接受区政协的民主监督，区长、副区长及政府各工作部门定期不定期向区政协通报工作，虚心听取区政协委员和社会各界的意见、建议；认真办理区人大代表批评、意见、建议和区政协委员提案。

第三十二条　区政府各工作部门要按照行政诉讼法及有关法律规定，接受司法监督，依法做好行政应诉工作，尊重并自觉履行人民法院的生效判决、裁定；要自觉接受监察、审计等部门的专项监督。对监督中发现的问题，要认真整改并向区政府报告。

第三十三条 区政府及各工作部门要严格执行行政复议法，加强行政复议指导监督，纠正违法或不当的行政行为，依法及时化解行政争议。

第三十四条 认真贯彻执行行政负责人问责办法和服务承诺制、首问责任制、限时办结制，完善工作机制，加大问责力度，转变工作作风，提高行政效能。

第三十五条 区政府及各工作部门要重视信访工作，进一步完善信访制度，畅通和规范群众诉求表达、利益协调、权益保障渠道；区政府领导及各工作部门负责人要亲自接待重要的群众来访和阅批重要的群众来信，督促解决重大信访问题。

第三十六条 区政府及各工作部门要接受社会公众和新闻舆论的监督，重视群众和其他组织通过多种方式对行政行为的监督，认真调查核实有关情况，及时依法处理和改进工作。区政府各工作部门重大问题要及时向区政府报告，并向社会公布处理结果。

第八章 学习制度

第三十七条 区政府领导要做学习的模范，密切关注国际国内经济、社会、科技等方面发展变化的新趋势，不断充实知识，提高自身素质和领导水平，提升驾驭经济发展和建设和谐社会的能力，促进区政府领导班子学习制度化、规范化、常态化，努力建设学习型政府。

第三十八条 区政府班子成员要积极参加区委理论学习中心组学习活动。

第三十九条 区政府党组理论学习中心组学习采取个人自学、集中学习和专题调研相结合的方式，每季度集中学习2次，根据需要增加学习次数，全年集中学习时间不少于12天。中心组主要由区政府党组领导班子成员组成，可以根据学习需要适当吸收有关人员参加。学习前，中心组成员根据学习主题和内容，结合分管工作，深入开展专题调研，并结合工作实际撰写学习心得、调研报告或者理论文章，每年至少1篇。

第四十条 建立区政府常务会议学法制度，提高区政府班子依法行政水平。

第九章 会议制度

第四十一条 区政府实行区政府全体会议、区政府常务会议、区政府党组会议、区长办公会议和专题会议制度。区政府行政工作中的重大事项，必须经区政府全体会议或区政府常务会议讨论决定。对紧急和突发性重大事件，来不及召开会议研究的，由分管副区长及时协调处理并向区长报告，向区政府常务会议通报。

第四十二条 区政府全体会议由区长、副区长、政府办公室主任以及政府工作部门的行政主要负责人组成。各乡镇人民政府（街道办事处）、区政府派出机构、直属事业单位主要负责人列席会议；邀请区人大常委会、区政协、区法院、区检察院、区人武部相关领导，区级人民团体、区属国有公司、区级相关单位、驻江金融机构主要负责人列席会议。根据会议议题，可另行确定邀请人员和列席人员。

区政府全体会议一般每半年召开一次，如有需要可临时召开，由区长或区长委托的副区长召集和主持。会议的主要任务是：传达贯彻党中央、国务院、省委、省政府、市委、市政府和区委重大决定以及重要会议精神；决定和部署区政府的重要工作；通过或决定按照法律法规规定需要区政府全体会议通过或决定的重大事项；通报重要情况、协调部门工作。

第四十三条 区政府常务会议由区长、副区长、政府办公室主任组成。邀请区人大常委会、区政协领导列席会议。区政府办公室副主任、区政府督查室主任、区政府法制办主任，区发改局、财政局、监察局、人社局负责人固定列席会议，与议题有关的部门、单位和乡镇人民政府（街道办事处）主要负责人可列席会议。常务会议组成人员是常务会议的议事主体，邀请、列席人员为常务会议审议讨论提供法律法规、政策和事实情况说明。

区政府常务会议的主要任务是：研究审议全区国民经济和社会发展的长远规划、年度计划、财政预决算；研究审议需要向市政府请示、报告事项；讨论和通过向区委常委会汇报的重大事项；研究审议向区人大常委会报告的重要事项；讨论和通过提请区人大常委会审议的议案或提请区人民代表大会审议的政府工作报告草案；研究决定重大项目安排和重大资金支出事项；讨论和通过由区政府、区政府办或区政府同意由相关部门制定和发布的行政措施和规范性文件；研究决策区政府各部门、各乡镇人民政府（街道办事处）请示区政府的重要事项；讨论制定区政府的工作计划和事关全局的重大事项，以及根据有关规定需要由区政府常务会议决定的事项。

区政府常务会议一般每月召开2次，如有紧急或重要事项可及时召开，由区长或区长委托的副区长召集和主持。会议议题由相关单位按照《玉溪市江川区人民政府办公室关于印发玉溪市江川区人民政府常务会议议题呈报审批审议流程的通知》（玉江政办发〔2016〕22号）要求，于每月1日和15日前，将相关材料报送至区政府办对口秘书股室，逾期不报当期不再受理。议题呈报审批必须严格按照玉江政办发〔2016〕22号文件要求执行，对单位呈报议题相关材料不符合要求或属于《江川县重大行政决策程序规定（试行）》第六条规定范围内重大行政决策事项但未经过合法性审查等相关程序的，区政府办公室一律不予受理。每月1日和15日，由区政府办公室秘书股汇总收集到的议题，形成《玉溪市江川区人民政府常务会议议题汇总表》报区政府办主任初审后，提交区长审定，最终确定常务会议议题。

出席会议的区政府领导应达到总人数的一半以上，方可召开常务会议。常务会议研究议题，原则上由议题呈报单位行政主要负责人向会议汇报，由分管副区长就议题情况作补充说明（议题涉及的分管副区长必须到会，分管副区长因故不能到会的，除必须立即进行决策的紧急事项外，不安排上会）。列席人员根据会议主持人要求发表意见、回答常务会议组成人员询问，供常务会议讨论决策参考。常务会议执行民主集中制，组成人员对每个议题发表明确意见，会议召集人或主持人在总结会议讨论的基础上，最后形成会议决定。对于意见比较一致的议题，形成会议决定；对讨论中发现有重大问题的，应暂缓决策，待深入研究后再作决策；对于决策事项意见分歧较大的，除紧急情况应按照少数服从多数的原则进行表决外，原则上应暂缓决策，待进一步充分酝酿成熟后再提交决策。常务会议组成人员对已作出的集体决策有不同意见的，可以保留并说明理由，同时在会议记录中明确记录。

实行区政府常务会议建档备案制度。区政府常务会议档案资料应包括以下内容：《玉溪市江川区人民政府常务会议议题呈报审批表》《玉溪市江川区人民政府常务会议议题涉财政资金审批建议表》《玉溪市江川区人民政府重大决策事项合法性审查表》和议题汇报材料、会议原始记录、录音、常务会议纪要。

第四十四条 区政府党组会议由区政府党组成员组成，根据实际需要适时召开，由党组书记召集和主持。区政府党组会议的主要任务是传达贯彻上级党委的会议精神，讨论通过或研究决定人事任免事项，研究决定奖惩国家工作人员及有关人员。

对政府系列副科级以上干部的任免，按照区委干部任免通知，召开区政府党组会议集体研究，会议必须有三分之二以上党组成员到会方能召开。以党组应到会成员超过半数同意形成决定，决定的事项按照法律程序提交区人大常委会任免或区政府发文任免。

第四十五条 区长办公会议根据工作需要适时召开。由区长召集并主持，相关副区长、区政府办公室主任、相关副主任以及有关部门、乡镇人民政府（街道办事处）负责人参加。

区长办公会议的主要任务是：研究解决工作中存在的问题；研究处理区政府日常工作中的专项工作；协调需多个副区长共同承办的事项。

第四十六条 副区长根据各自分工和需要，可以以区政府名义召开专题会议。召开的专题会议，经区长或政府常务会议批准后召开。

第四十七条 区政府各类会议的组织安排、办理。

区政府全体会议、常务会议、党组会议、区长办公会议由区政府办公室牵头组织。会议的通知、文件、资料由区政府办公室或有关部门负责起草，由政府办公室主任或分管副主任审核。

因故不能参加区政府全体会议、区政府常务会议、区政府党组会议和区长办公会议，应向区长请假并报区政府办备案；因故不能参加区政府专题会议，应向会议召集人请假。请假经批准后，可安排其他负责人参加会议，参会人员所发表意见应代表本部门意见。参会人员要遵守保密纪律。

第四十八条 专项工作需以区人民政府名义召开全区性会议，必须经区长审批；以区人民政府办公室名义召开的会议，报区政府办公室主任审批。

第四十九条 区政府及各工作部门召开的工作会议，要减少数量，控制规模，严格审批，压缩会议时间，节约会议成本。部门的工作会议、专业会议，经分管副区长批准后召开。部门召开的全区性会议原则上每年不超过一次，不得要求乡镇人民政府（街道办事处）和其他单位主要负责人参加，确需邀请的须报区长批准。各类会议都要充分准备，提高效率和质量，重在解决问题。

第十章　公文审批制度

第五十条　区政府和区政府办公室文件一般由区政府办公室或有关部门起草，由区政府办公室按公文处理程序办理。

突发事件或特殊情况，来不及办理相关程序的，政府文件由分管副区长及时处理并向区长报告，政府办公室文件由联系副主任及时处理并向政府办主任报告。处理完毕后，及时按公文处理程序补办相关手续。

第五十一条　区政府和区政府办公室文件的审签办法及程序：区政府印发的文件，由对口联系工作人员起草或有关部门代为起草，经政府办联系副主任和分管文秘副主任初审，报政府办主任复核，送区政府分管领导审批，由区长签发。区政府的批复类文件，归档时须附有部门上报的请示文件。

区政府办公室印发的文件，由对口联系工作人员起草或有关部门代为起草，经政府办联系副主任和分管文秘副主任初审，送区政府分管领导审批，由区政府办主任签发。

区政府报送区委的文件以区政府党组的名义行文，由区政府党组主要负责人签发。

区政府全体会议、常务会议、党组会议、区长办公会议议定事项，由区政府办公室负责在会议后5个工作日内，整理成区政府会议纪要，经区政府办公室分管文秘副主任和主任审签后，报区长审定签发。副区长召开的专题会议纪要，由区政府办公室对口联系工作人员负责及时整理成区政府专题会议纪要，经区政府办公室联系副主任审签后，报副区长审定签发。查阅会议记录及会议纪要，需经区政府办公室主任批准。

第五十二条　有关部门代为起草，需以区政府、区政府办名义印发、转发、批转的文件，必须以部门正式请示文件，提前3天报区政府提请发文。请示文件应包括：文件制定背景、文件主要内容摘要、部门集体研究意见，并附文件正文。文件内容涉及多个部门工作的，起草部门须征求相关部门单位意见，并由主办部门会同相关部门联合上报。

报送区政府的重要事项请示类公文，必须由报送单位主要负责人签发，送区政府办公室，由区政府办公室按照区政府领导分工呈批。请示事项涉及多个部门的，部门间如有分歧意见，主办部门的主要负责人要主动协商，并由主办部门会同相关部门联合上报；经协商后仍然存在意见分歧的，应在文中列明各方理据，并提出办理建议。对请示事项需要提请区政府常务会议研究的，由区政府办公室按照玉江政办发〔2016〕22号文件相关程序办理。区政府领导审批请示类公文，应签署明确意见、姓名和完整日期；对需要以区政府文件正式批复的，由对口联系工作人员按文件的审签办法及程序办理。

报送区政府的报告类公文，不得夹带请示类事项。由区政府办公室按照区政府领导分工转报。

第五十三条　报送区政府的公文，应当符合《党政机关公文处理工作条例》（中办发〔2012〕14号）、《云南省贯彻〈党政机关公文处理工作条例〉实施细则（试行）》（云办发〔2012〕29号）规定。公文的版式按照《党政机关公文格式》（GB/T9704—2012）国家标准执行。除涉密事项、紧急事项或区政府领导交办的事项外，一般不得直接向区政府领导个人报送公文。

第五十四条　对不符合第五十二条和五十三规定的公文，区政府办一律不予受理，退还相关部门重新按规范行文；特殊紧急文件可在先受理的同时，退还相关部门重新按规范行文。区政府办要不定期通报退文情况。对非特殊紧急文件，起草部门不按规定时间提前报送的，一律不予受理；对符合公文规范，且按时限要求提前报送的，非特殊情况应在受理后3日内办结。

第五十五条　区政府及各部门要进一步精减公文，属于部门职权范围的事务，由部门自行发文或联合发文，不得要求区政府批转或区政府办公室转发。涉及多个部门联合制发的文件，由各部门会签，意见不一致时，由牵头部门负责组织协调；意见仍不一致时，报分管副区长协调，形成一致意见后方可发文。要积极推进网络化、无纸化办公，提高公文处理效率。

第五十六条　加强区政府、区政府办公室印鉴的管理和使用，严格执行《江川区人民政府办公室印章管理制度》，坚持专人管理，用印必批。

第十一章　督查落实制度

第五十七条　区政府督查室负责区政府贯彻落实上级重要会议及文件精神作出的重大决策部署及工作安排、年度工作目标和阶段性工作要求、重大项目推进、经区政府全体会议、常务会议、区长办公会议或专题会议决定的事项的督促和检查，并在规定时限内反馈落实情况。

第五十八条　区政府督查室负责制定督查工作方案，其中：人民代表大会确定的年度工作目标任务应在会议结束7日内完成督查工作方案制定；区政府全体会议、常务会议、区长办公会议或专题会议决定的事项，应在正式印发相关会议纪要5日内完成督查工作方案制定；区政府贯彻落实上级重要会议及文件精神作出的重大决策部署及工作安排、阶段性工作要求应及时制定督查工作方案。

督查工作方案中应明确督查工作任务、责任领导、牵头单位、配合单位、办结时限、落实要求等内容，由区政府督查室主任审定后立项。区政府督查室根据审定后的督查事项，拟定《督查通知》按公文处理程序以区政府督查室文件下发，进行立项督查。一项督查事项原则上由一个单位牵头负责落实。

第五十九条　督查事项责任单位应根据督查工作方案，进一步细化工作措施，将任务分解到具体领导、股室、人员，采取有效措施确保工作任务落实到位。对因配合单位工作不力，导致工作推进缓慢的，牵头单位可及时向区政府督查室反映，由区政府督查室进行协调、提出工作要求直至建议相关部门进行工作问责。

责任单位要按照督查通知要求，按时将办理落实情况汇总形成书面报告报区政府督查室。对责任单位不按时报送工作进展情况的，由区政府督查室在年度综合目标考核中提交区综考办按照考核办法扣分。

第六十条　区政府督查室对《督查通知》进行收集归档，并自《督查通知》下发之日起，在办结时限内每月对每个《督查通知》落实情况进行收集整理，形成《督查通报》报区政府领导，并发至全区各级各部门。对超过办结时限仍未完成工作任务的，由区政府督查室及时向区政府领导汇报，并发送《催办通知》进行催办，之后每周查询1次，直至工作办结。

第六十一条　国家省市领导批示件，由区政府办明确专人负责收集存档、登记造册，并将复印件按照区政府领导分工呈批后，送区政府督查室根据时限要求督促相关责任单位办理落实；区领导批示件，由区政府办明确专人负责收集存档、登记造册，并将复印件送区政府督查室根据时限要求督促相关责任单位办理落实。

领导批示有时限要求的，按批示要求时限办结；无时限要求的，办结时限为7个工作日，一般不超过10个工作日。批示件办理落实情况，由区政府督查室及时向市政府督查室及相关区领导报告。

第十二章　公务活动

第六十二条　区政府领导的内事活动，由区政府办统筹安排。区政府领导不得出席未经区政府批准的各类剪彩、奠基活动和庆祝会、纪念会、研讨会及各类论坛等活动。

第六十三条　区政府领导原则上不出席区政府各部门、各乡镇人民政府和街道办事处召开的一般性工作会议及事务性活动。如需邀请，主办单位须将方案提前3日报区政府办公室统一协调安排，不得通过请柬、邀请函等形式，直接邀请领导本人。

第六十四条　区政府领导在区内检查工作、开展调研时，要轻车简从、简化接待，减少陪同，不得接受宴请和馈赠；各部门、各单位应严格按照通知要求安排人员随行，相关部门只安排必要的负责人随行。所到单位不提前布置、不安排迎送、不张贴悬挂标语横幅、不摆放花草，不搞层层陪同。

第六十五条　区政府及各部门要建立内事活动情况通报制度。上级单位安排来访或检查工作，承办部门要及时向分管副区长汇报，并向区政府办通报；上级单位要求报送的材料或拟办活动情况，承办部门要及时办理并经分管副区长审定同意后报送。

第六十六条　外省市县区代表团的接待活动，严格执行《党政机关国内公务接待管理实施细则》《江川县“三公”经费管理规定（暂行）》，并按要求做好接待报告工作。

第六十七条　区政府领导出席外事活动，由区政府外事办报市政府外事办审批后统筹安排。副处级以上领导干部因公出国或赴港澳台事项，经区委、区政府主要领导审核同意后，由区政府外事办按照有关规定报批；其他领导干部因公出国或赴港澳台事项，由所在单位提出申请，报区政府外事办审核，经分管副区长同意后，由区政府外事办按照有关规定报批。

第六十八条　区人民政府公务活动的宣传报道要从严掌握。区人民政府组织或经区人民政府批准的有重大影响的会议和活动，要按照已经审定的方案进行新闻报道。区政府领导下基层开展一般性调研、检查等活动不安排新闻记者随行，一般也不作新闻报道。

第十三章　工作纪律

第六十九条　区政府组成人员要坚决贯彻执行党和国家的路线、方针、政策以及工作部署，严格遵守纪律，有令必行，有禁必止。

第七十条　区政府组成人员要严格遵守保密纪律和外事纪律，严禁泄漏国家秘密、工作秘密或者因履行职责掌握的商业秘密等，坚决维护国家的安全、荣誉和利益。

第七十一条　区政府组成人员必须坚决执行区政府的决定，如有不同意见可在区政府内部提出，在没有重新作出决定前，不得有任何与区政府决定相违背的言论和行为。代表区政府发表讲话或文章，个人发表涉及未经区政府研究决定的重大问题及事项的讲话或文章，事先须经区政府同意。不得将报告、讲话等工作性文稿整理汇编，署名公开出版。除统一安排外，个人不发贺信、贺电，不题词、题字。

第七十二条　严格出差（出访）、休假请假报告制度。

区长与负责常务工作的副区长一般不同时外出。区长离开本行政区域出差（出访）、休假，须提前向市政府履行请假手续，并向区委报告；经批准后，严格按程序执行外出报备及请销假制度。副区长离开本行政区域出差（出访）、休假，本人须事前向区长报告；经批准后，严格按程序执行外出报备及请销假制度。返回后，应向区长报告有关情况。

区政府工作部门、各乡镇人民政府（街道办事处）主要领导离开本行政区域出差（出访）、休假，本人须事前向分管区长请示，报区长审批；经批准后，严格按程序执行外出报备及请销假制度。返回后，须向分管副区长汇报有关情况。区政府工作部门其他班子成员必须严格按程序执行外出报备及请销假制度。

重大敏感时期、森林防火戒严期和防汛救灾时期，原则上各乡镇人民政府（街道办事处）和涉及部门的主要领导不得请假外出。

第七十三条　严格会议与活动纪律。参会人员须按通知要求，按时出席会议或活动，原则上出席人不得请假。未经同意，不得由他人代替。若遇特殊情况不能出席，必须履行请假手续。对请假未被批准或未经请假而不参加者，给予通报批评。副区长由本人提前半天向区长或主持工作的常务副区长报告。

第七十四条　区政府日常工作的请示、汇报要按程序进行。各乡镇人民政府（街道办事处）、各部门请示汇报工作，应先向分管副区长请示、汇报，形成共识或工作意见后，方可向区长请示汇报。区长原则上不接受未经分管副区长而直达区长的请示、汇报。

第七十五条　区政府各工作部门发布涉及全区重要工作部署、经济社会发展重大问题、与群众利益密切相关事项的信息，要按程序严格审定，重大情况要及时向区政府报告。

第七十六条　区政府及各部门实行24小时值班和领导带班制度，及时搜集、处理、报送自然灾害、重大突发事件等紧急情况。对重要工作动态，各乡镇人民政府（街道办事处）、各部门应及时、准确以政务信息形式报送区政府办公室，由区政府办公室收集汇总整理后形成《江川政务信息》报区政府领导参阅，为领导决策提供参考。各部门每年报送政务信息不得低于区政府办公室下达的任务数。

第十四章　廉政和作风建设

第七十七条　区政府及各工作部门要严格落实中央“八项规定”和党的群众路线教育实践活动、“三严三实”专题教育、“两学一做”学习教育要求，认真执行改进工作作风、密切联系群众的有关规定和廉洁从政各项规定，扎实做好群众工作，切实加强廉政建设和作风建设。

第七十八条　区政府及各工作部门要从严治政。对职权范围内的事项要按程序和时限积极负责地办理，对不符合规定的事项要坚持原则不得办理；对因推诿、拖延等官僚作风及失职、渎职造成影响和损失的，要追究责任；对越权办事、以权谋私等违规、违纪、违法行为，要严肃查处。

第七十九条　区政府及各工作部门要严格执行财经纪律，艰苦奋斗、勤俭节约，坚决制止奢侈浪费，严格执行办公用房等方面的规定，严格执行差旅、会议经费等一般性支出标准，切实降低行政成本，建设节约型机关。

严格控制因公出国（境）团组数量和规模。严格规范公务接待工作，不得违反规定用公款送礼和宴请，不得接受下级政府、部门和服务对象的送礼及宴请。严格控制和规范会议、论坛、庆典、节会等活动。各类会议活动经费要全部纳入预算管理。

第八十条 区政府和工作部门的领导班子，对职责范围内的党风廉政建设负全面领导的责任。区长每半年对区政府班子成员开展1次廉政提醒谈话或工作性约谈；副区长每年对分管联系单位主要负责人开展至少2次廉政提醒谈话或工作性约谈。区政府组成人员要廉洁从政，严格执行领导干部重大事项报告制度，不得利用职权和职务影响为本人或特定关系人谋取不正当利益；不得违反规定干预或插手市场经济活动；加强对亲属和身边工作人员的教育和约束，决不允许搞特权。

区政府每年召开1次廉政工作会议，总结上一年度工作情况，安排部署本年度工作任务。

第八十一条 区政府领导出席会议、活动或下基层考察调研的新闻报道，按有关规定办理。

第八十二条 各部门不得擅自组织乡镇人民政府（街道办事处）或工作人员出外参观考察，必要的外出参观考察活动必须报区政府分管副区长审批，主要领导带队的须报区长审批。经批准后，严格按程序执行外出报备及请销假制度。

第十五章　附　则

第八十三条 本规则由区政府办公室负责解释。

第八十四条 本规则自发文之日起施行。原《江川县人民政府工作规则》（江政发〔2013〕87号）同时废止。

玉溪市江川区人民政府
关于印发《玉溪市江川区重大行政决策责任追究暂行办法》的通知

玉江政发〔2017〕38号

各乡、镇人民政府，大街街道办事处，区属各有关单位：

《玉溪市江川区重大行政决策责任追究暂行办法》已经区第二届人民政府第八次常务会议讨论通过，现印发给你们，请认真贯彻执行。

玉溪市江川区人民政府

2017年6月30日

玉溪市江川区重大行政决策责任追究暂行办法

第一条 为加强对重大行政决策活动的监督，强化行政决策责任追究，促进依法决策、科学决策、民主决策，根据《中华人民共和国行政监察法》《行政机关公务员处分条例》《云南省重大行政决策程序规定》《玉溪市重大行政决策责任追究暂行办法》等法律、法规和规章规定，结合江川实际，制定本办法。

第二条 本办法所称重大行政决策是指区人民政府及其所属部门、乡镇人民政府（街道办事处）作为决策机关，行使法定职权，对涉及本行政区域经济社会发展全局，与公民、法人或者其他组织利益密切相关的重大事项作出决定的行政行为。

本办法所称重大行政决策责任追究，是指区人民政府及其所属部门、乡镇人民政府（街道办事处）重大行政决策未按照法定权限、程序、时限决策，造成决策失误、重大损失或者恶劣影响的，按照本办法规定追究行政首长、负有责任的领导人员及其他直接责任人员（以下简称有关责任人员）的责任。

第三条 区人民政府及其所属部门、乡镇人民政府（街道办事处）以及法律、法规授权行使行政管理职能的组织重大行政决策责任追究，适用本办法。

法律、法规、规章对重大行政决策责任追究另有规定的，从其规定。

第四条 重大行政决策实行终身责任追究和责任倒查制度。按照法律、法规和有关规定应当追究终身重大行政决策责任的，不因调职、离职、辞职、退休等而免予责任追究。

第五条 区人民政府及有关部门应当按照法定权限，对乡镇人民政府（街道办事处）重大行政决策进行监督。

重大行政决策责任追究由相关任免机关或者监察机关按照管理权限依法处理。

第六条 重大行政决策应当严格按照《云南省重大行政决策程序规定》，遵循公众参与、专家论证、风险评估、合法性审查、集体讨论决定等法定程序。

第七条 在重大行政决策公众参与程序中有下列情形之一的，视情况追究有关责任人员责任：

（一）应当通过公示、调查、会议等方式公开征求意见的重大行政决策事项未公开征求意见提交政府讨论的；

（二）涉及人民群众切身利益或者重大公共利益的重大行政决策事项未按照规定举行听证的；

（三）法律、法规、规章规定的其他情形。

第八条 在重大行政决策专家论证程序中有下列情形之一的，视情况追究有关责任人员责任：

（一）未按照规定组织专家论证或者论证未获通过提交政府讨论的；

（二）选取与重大行政决策事项有直接利害关系的专家、专业机构参加决策论证的；

（三）法律、法规、规章规定的其他情形。

第九条 在重大行政决策风险评估程序中有下列情形之一的，视情况追究有关责任人员责任：

（一）涉及可能存在社会稳定、生态环境、社会效益、法律纠纷、财政金融和公共安全等风险的事项未按照规定开展风险评估提交政府讨论的；

（二）风险评估结论不正确导致决策失误的；

（三）法律、法规、规章规定的其他情形。

第十条 在重大行政决策合法性审查程序中有下列情形之一的，视情况追究有关责任人员责任：

（一）重大行政决策事项承办单位未按照规定交由本单位法制机构进行合法性审查提交政府讨论的；

（二）重大行政决策事项未经本级政府法制部门进行合法性审查或者经审查不合法仍提交政府讨论的；

（三）法律、法规、规章规定的其他情形。

第十一条 在重大行政决策集体讨论决定程序中有下列情形之一的，视情况追究有关责任人员责任：

（一）重大行政决策事项未通过政府常务会议或者全体会议讨论作出决策的；

（二）超越法定权限决策的；

（三）应当作出决策而未作出决策，或者应当及时作出决策但久拖不决，造成重大损失或者恶劣影响的；

（四）法律、法规、规章规定的其他情形。

第十二条 重大行政决策有下列情形之一的，视情况追究有关责任人员责任：

（一）未按规定对承办单位提请政府讨论决定事项材料的完备性进行审核、把关不严的；

（二）对法制机构提出的合法性审查意见不采纳又未说明理由的；

（三）未按照规定在政府网站或者公众媒体向社会公开重大行政决策事项的；

（四）在履行重大行政决策程序中弄虚作假的；

（五）未履行重大行政决策程序，导致决策失误，造成重大损失或者恶劣影响的；

（六）未按照规定对会议决定过程进行记录的；

（七）未按照规定建立重大行政决策档案的；

（八）对政府作出的重大行政决策以及停止执行、暂缓执行或者调整重大行政决策的决定，拒不执行或者故意拖延执行的；

（九）执行当中发现重大问题故意瞒报、谎报的；

（十）未按照规定组织重大行政决策实施后评估的；

（十一）法律、法规、规章规定的其他情形。

第十三条 通过以下渠道反映有违反本办法第七条至第十二条规定情形的，由相关任免机关或者监察机关按照法定权限启动调查程序进行调查并依法予以处理，人力资源和社会保障、财政、审计、政府督查、政府法制等部门予以配合：

（一）上级机关及其领导同志批示、交办和通报的；

（二）上级或者本级人大常委会、人民政协监督中发现的；

（三）行政诉讼和行政复议中发现的；

（四）监察、组织、人事、政府督查、政府法制等部门在监督检查中发现的；

（五）公民、法人和其他组织投诉、控告、检举的；

（六）新闻媒体或者网络舆情曝光的；

（七）其他渠道反映的存在责任追究情形的线索。

第十四条 按照本办法规定追究有关责任人员责任，可以采取通报批评、责令公开道歉、诫勉谈话、停职检查、引咎辞职、责令辞职、免职等方式追究责任；构成违法的，依照相关法律、法规、规章等规定给予处分；涉嫌犯罪的，移送司法机关依法追究刑事责任。

以上责任追究方式可以单独或者合并使用。

第十五条 重大行政决策责任追究，应当分清集体责任和个人责任、直接责任和领导责任。追究集体责任时，领导班子主要负责人和直接主管的领导班子成员承担主要责任，参与决策的领导班子其他成员承担相关责任。

第十六条 参与重大行政决策专家论证、风险评估的专家、专业机构、中介组织等应当对所提供的论证意见、风险评估报告负责，所提供的论证意见、风险评估报告不正确造成决策失误的，由有关机关依法追究法律责任。

第十七条 有关责任人员对重大行政决策责任追究处理决定不服的，可按照《中华人民共和国公务员法》等法律、法规规定依法提出申诉。

第十八条 本办法自印发之日起施行。

玉溪市江川区人民政府关于印发《玉溪市江川区贯彻落实省市促进经济持续平稳发展政策措施工作方案》的通知

玉江政通〔2017〕1号

各乡、镇人民政府，大街街道办事处，区属各单位：

《玉溪市江川区贯彻落实省市促进经济持续平稳发展政策措施工作方案》已经二届区人民政府第3次常务会议研究通过，现印发你们，请认真贯彻执行。

玉溪市江川区人民政府

2017年3月13日

玉溪市江川区贯彻落实省市促进经济持续平稳发展政策措施工作方案

为认真贯彻落实中央、省委、市委经济工作会议稳增长各项决策部署，着力促进全区经济平稳健康发展，按照《云南省人民政府关于进一步促进全省经济持续平稳发展22条措施的意见》（云政发〔2016〕111号）和《玉溪市人民政府关于印发玉溪市贯彻落实省政府促进经济持续平稳发展政策措施工作方案的通知》（玉政通〔2017〕2号）要求，结合我区实际，提出如下贯彻落实的工作方案：

一、推进重大项目建设

区发改局、市国土局江川分局、区林业局、区环保局、区住建局等审批部门：形成项目推进合力，协调解决重点项目推进中用地、林地、环保、规划、选址等困难和问题。区发改局：2月中旬前提出区级预算内重大建设项目前期工作经费投资计划，积极向上争取市级重大项目前期工作经费1000万元。项目建设单位和涉及乡镇（街道）：积极配合，协调解决重大项目征拆过程中出现的困难和问题。区财政局：强化税收征管，加大财源培育力度，确保一般公共预算收入增长5.1%。争取省、市重大建设项目工作经费，管好用好市级、区级安排的2500万元项目前期经费，加快资金拨付进度，3月底前拨付区级财政安排的项目前期经费，确保一批重大工程项目开工建设。区级预算内专项资金须于6月底前下达60%以上、9月底前下达80%以上、11月底前全部下达到位。凡未按照时限达到进度的，财政部门将未达到比例部分收回财政。

二、加强城市基础设施投入

区住建局：积极争取省、市财政城市重大基础设施建设资金，统筹7个成熟的城市基础设施建设项目争取进入省、市城市基础设施建设基金盘子。加大资金投入，把江川区11.44公里城市地下综合管廊、海绵城市建设、1座新建和15座改造城区公厕项目，按照

补助标准和实际数量足额争取省、市补助资金。区财政局：管好用活市级5000万元和区级1000万元城市维护费。通过政府购买服务、PPP（政府和社会资本合作）等形式争取长期、大额优质政策性金融资源，发挥财政资金对金融资源的撬动作用，有效拉动投资。

三、促进民间投资健康发展

除国家法律法规明确禁入或限制，或不符合国家和我区产业政策的行业、领域外，都允许民营资本进入；凡是对外商开放的投资领域，鼓励民营资本加快进入，并放宽股权比例限制等方面的条件要求。将重点民营投资项目纳入全区重点建设项目规划。3月底前，建立区民间投资示范项目储备库，加快推进一批示范项目建设。全面落实民间资本准入平等待遇，不得对民间资本单独设置附加条件、歧视性条款和准入门槛。从2017年起，推进的重点事项和重大建设任务，一律向民间资本开放，实行公平竞争；国有资本一般不再以独资增量的方式进入完全竞争领域；在竞争性领域，国有企业股权占比不得超过40%，在公益性和准公益性领域，国有企业股权占比不能达100%，必须按照不同项目的收益情况，确定民间资本的比例，鼓励民间资本以股权方式参与项目建设运营。

四、充分发挥基金引导作用

区发改局：协调住建、环保、教育等部门，做好基金申报，努力争取中央专项建设基金和省重点项目投资基金。区工信局、区农业局、区旅发局：主动与国家有关部委、省厅和市局对接，争取更多的中央、省、市产业发展基金投资我区重点产业项目建设。区工信局：指导企业积极向国家有关部委申报国家先进制造产业投资基金。

五、积极引导装备制造产业创新发展

装备制造产业协调推进组：充分发挥龙泉山工业园区的区位、政策、服务等优势，实施一批技术创新项目、培育一批高新技术企业。争取市级装备制造业发展专项资金，重点对上规模、上档次、上水平的先进装备制造重大项目给予扶持；对转型升级的新建、改建、扩建装备制造项目企业给予贷款贴息支持；对在国内同行业中处于领先地位的装备制造业技术创新、填补市内外空白的装备制造业新产品开发、具有自主知识产权及自主品牌的装备制造业的首台产品，经认定一次性给予相应层次和等级的补助；对装备制造业招商引资及产业链延伸等项目，给予前期工作经费支持。

六、大力推动高原特色现代农业提质增效

高原特色农业产业协调推进组：按照产业基金市场模式运作，积极争取1000万元市级农业产业发展基金，加强粮食、烤烟、蔬菜、花卉、林果、畜禽基地建设。积极争取100万元市级开放型农业发展专项资金，采取以奖代补、先建后补的方式，全面加快开放型高原特色农业发展，对新建出口农产品备案基地、市外新建规模化生产基地、市内规模化土地流转、新设立境外农产品直销网点、新建农产品冷藏保鲜加工设施及国际运输企业等给予支持。

七、着力推动文化旅游健康养老产业品牌打造

文化旅游健康养老产业协调推进组：积极争取省市文化旅游发展专项资金，打造特色文化展示、生态休闲观光、美食体验三条主题精品旅游线路。加快推进全民健身运动场馆建设项目，完成李家山考古遗址公园建设前期工作。协调配合推进星云湖十里长堤生态旅游区、新河咀铜工艺特色旅游村、云湖山景、九溪农业特色小镇、江城特色小镇等重点项目建设。积极做好星云湖环湖旅游基础设施、北山公园旅游基础设施、安化民族文化传习馆等项目前期工作，重点推进北山公园旅游景区、民族文化旅游特色村的招商引资工作。通过项目包装、策划，积极引进社会资本，加快江川旅游项目建设。积极发展健康养老业，努力争取居家养老服务中心项目，投入各级财政资金210万元，推进养老服务体系建设，改扩建2个敬老院。

八、推进现代物流产业提速发展

现代物流产业协调推进组：引进培育一批大型物流龙头企业，推进九溪润特物流园区、江川宏程物流中心、雄关物流园区等项目建设。引导物流企业、专业市场和社会性仓储物流设施向物流园区、物流中心集中，构建多联式物流基础设施，支持物流园区等物流功能聚集区有序发展，构建社会化、专业化、网络化、信息化的现代物流服务体系，全面提升企业的市场竞争力。

九、积极推进航空产业发展

航空产业协调推进组：紧抓国家促进通用航空产业发展的机遇，以加快全区经济社会发展为出发点，突出规划引领，全面推进通用航空产业发展。按照“通用——支线——二机场”的总体思路，循序渐进地抓实规划建设。加强与玉溪高新区和龙浩集团的沟通对接，确保江川一类通用机场建设项目2017年内开工建设；推进星云航空学院和捷克轻型固定翼飞机组

装生产项目早日落地。

十、强化产业精准招商

区招商局：健全招商引资工作机制，完善招商引资绩效考核办法，强化统筹协调和督查督导，大力推进招商引资。3月底前制定出台重点产业招商引资工作实施意见，以产业为重点，以项目为核心，编制重点产业招商引资项目清单，综合向外推介7—10个招商项目，促成2—3个重点招商项目签约，推进1—2个重点招商项目开工建设。对新引进实施的生产性项目，按照签订项目协议后1年内实际到位资金额的0.5‰进行一次性奖励；非生产性项目按照0.3‰进行一次性奖励；引进国（境）外资金项目的，每到位100万美元，奖励人民币2万元。加强招商项目的开发力度，当年新开发列为市级重点招商项目的，每个项目奖励10000元；列为省级重点招商项目的，每个项目奖励30000元；列为国家级重点招商项目的，每个项目奖励50000元；项目总投资在2亿元以上且深度开发，符合可行性研究报告要求的，每个项目奖励50000元。区财政局：安排招商引资专项经费400万元，加大招商引资力度。

十一、加快特色城镇建设

区住建局：争取省、市财政特色小镇以奖代补经费，加快推进九溪镇科教创新城规划选址建设和江城镇棚户区改造工作。争取省级重点项目投资基金6亿元，推动江城镇、九溪镇小城镇健康发展，协调金融机构加大特色小镇建设服务力度。市国土局江川分局：争取省级单列安排下达的江城、九溪特色小城镇建设用地指标200亩。

十二、合力打好“三大战役”

区工信局：坚持领导联系重点企业制度，强化“一企一策”帮扶，着力解决企业在生产经营过程中融资难、用地难、项目审批难等困难问题。争取玉溪市中小企业发展基金支持，扶持中小企业发展。争取纳入1940万元民营经济及中小企业发展、微型企业培育市级专项扶持资金总盘子，加大对市场主体培育力度，实施成长型中小企业、民营小巨人企业和“两个10万元”微型企业三大培育工程，推动民营经济发展壮大。按市政府下达“两个10万元”微型企业培育工程目标任务，争取省市配套资金。市国土局江川分局：加大龙泉园区建设的支持力度，优先保障园区建设用地指标，园区土地出让底价按照不低于《工业用地最低价标准》的70%执行。区环保局：按照《中华人民共和国环境影响评价法》和《建设项目环境影响评价分类管理名录》要求，指导入园企业主做好项目环评手续办理工作。区农业局：积极争取省、市级产业融合发展引导专项资金。区人社局：依法依规降低园区企业职工“五险一金”缴费比例。

十三、加大规模以上工业企业培育和市场开拓力度

区工信局：2017年新增规模以上企业5户以上。积极争取省、市规模以上工业企业培育资金150万元以上，对新建投产并于当年纳入规模以上，以及由规模以下首次升为规模以上的工业企业，一次性奖励5万元；增加值增速在35%以上的企业奖励15万元，并对培育规模以上工业企业成绩突出的部门及乡镇（街道）给予一次性奖励。为我区装备制造产业、生物医药及大健康产业中工业总产值及销售收入增长15%以上，且销售收入在全市排行业前5名的规模以上工业企业，争取上级的扩销促产补助。对在2017年国内举办的省级以上博览会、展销会上签订200万元以上产品销售合同的规模以上工业企业，凭参展凭证、对应的销售合同和销售发票，每户补助5万元。

十四、降低企业用电、物流成本

区工信局：做好电力优惠政策宣传，积极协调帮助符合条件的企业参与电力市场化交易，鼓励企业与发电质量高、电价相对低的发电企业签订中长期合约，确保长期、稳定、低价用电。建立强有力的物流政策支持系统，促进物流业健康快速发展，推进主要集镇逐步建设物流服务中心，基本形成区、乡绿色货运配送体系和区、乡、村三级农村物流服务体系。引进培育一批大型物流龙头企业，加快推进物流项目建设。区供电局：严格执行国家输配电价政策，鼓励有条件的电力用户与发电企业直接交易，自主协商确定用电价格。严格执行丰枯峰谷分时电价和两部制电价的相关规定，开展用电优化服务，指导企业用电优化。鼓励符合产业政策、环保要求的工业企业全电量和符合条件的一般工商业用电企业参与电力市场化交易。积级参与电力市场化交易宣贯会及电力市场化交易培训，提高企业电力市场化交易水平。对未参与电力市化交易的企业进行全面走访，引导企业参与电力市场化交易降低用电成本。区发改局：执行好全省成品油销售价区归并政策，进一步减轻用油负担。

十五、降低企业用地成本

市国土局江川分局：执行好坝区耕地质量补偿费除商住用地缴纳省级部分20%外，其余用地一律免缴

的政策。商住用地除缴纳省级部分外，区级部分的70%暂停缴纳，缴纳省级部分在供地环节缴纳。积极争取土地利用年度计划指标，加大批而未供、供而未建土地清理力度，提高土地利用率。鼓励各类产业用地长期租赁、先租后让、租让结合方式使用土地，年租金按照出让地价评估后折算到1年期价格确定。推行工业用地出让弹性年期制，出让价格按照相应出让年限评估确定。对一次性缴纳土地出让金有困难的企业，经批准可分期缴纳。对依法依规提高现有工业用地土地利用强度、增加容积率的，不再增收土地出让价款。继续采取动工、置换、收回等有力方式，大力处置2016年专项行动清理的闲置土地，收回的闲置土地优先用于民生及重点工程项目建设。报件齐备的2017年新开工项目和2016年及以前项目用地，属于省级或国务院审批权限的，由市国土局江川分局按照审批权限于3月底前完成审查上报。

十六、继续落实社保优惠政策

区人社局：对符合产业导向、生产经营遇到暂时困难的企业，允许缓缴应由企业缴纳的社会保险费。继续执行下调后的社会保险费率，企业职工基本养老保险执行19%、城镇职工基本医疗保险执行8%、失业保险执行1.5%、生育保险执行0.8%。对中小微企业吸纳城镇就业困难群体人员，与之签订劳动合同并按规定缴纳社会保险费的，按规定给予最长3年的社会保险补贴。小微企业吸纳毕业年度高校毕业生，与之签订1年以上劳动合同并缴纳社会保险费的，按规定给予1年的社会保险补贴。到2020年，对依法参加失业保险、不裁员或少裁员，符合规定条件的困难企业，每年可按照不超过该企业及其职工上年度实际缴纳失业保险费总额的50%给予稳岗补贴，所需资金从失业保险基金中列支，主要用于企业职工技能、创业培训和转岗安置。

十七、积极推进减税降费

区国税局、区地税局：落实好国家出台的减税政策，严禁征收过头税，对国家明确的区间减税降费政策，力争执行上限优惠政策。区发改局、区财政局：对省、市人民政府制定项目标准的涉企行政事业性收费和中央政府制定项目、省人民政府制定标准的涉企行政事业性收费，除生态补偿环境治理类外收费标准降低30%执行；对中小微企业一律免收涉企行政事业性收费，对易地搬迁项目一律免收有关行政事业性收费；对省人民政府定价的涉企经营服务性收费标准降低20%。区林业局：对农村居民按照规定标准建设住宅，农村集体经济组织修建乡村道路、学校、卫生院等社会公益项目以及保障性安居工程，免征森林植被恢复费。市国土局江川分局：2017年对相关部门认定的中小微企业一律免收登记费。

十八、支持工业企业转型升级

区工信局：加快推动新一轮技术改造升级，促进产业向信息化绿色化高端化发展。依照省新一轮企业技术改造的实施意见和工业技改项目评估考核办法，积极探索引进第三方技改服务公司机制，为企业技术改造提供专业解决方案和技术服务。对有市场、提高供给质量、工艺装备先进的技术改造项目及促进重点产业发展壮大的项目，给予资金支持。积极争取省级工业技改专项基金和市级工业信息化发展专项资金，支持企业技术改造项目建设。对引导企业专注产品市场创新、产品质量提升、品牌培育等管理创新的重点骨干企业，给予资金支持。

十九、鼓励创新创业

区工信局：加强科技型中小企业培育发展，经省科技厅认定为科技型中小企业的，争取上级给予每户企业5万元补助。投入45万元电子商务发展专项资金，推进电子商务建设，建设区级电子商务中心，开展农村电子商务，依托平台打造“双创”示范基地和创客空间，促进辖区电子商务工作发展。协助有条件的企业申报省级小企业创业示范基地认定，带动本地区创业创新。区人社局：贯彻落实“就业创业玉溪”行动计划，支持创业孵化平台建设，加强创业示范平台建设政策宣传，力争打造1个众创空间。加大职业培训力度，充分发挥基层就业服务平台作用，动员和组织各类人员进行就业技能和创业培训，提高农村劳动力的综合素质，促进农村剩余劳动力实现转移就业。允许科研人员兼职兼薪。支持科研院所专业技术人员在职和离岗创业，对经同意离岗的可在3年内保留人事关系。

二十、促进住房消费

区住建局：全面落实国家、省、市稳定房地产市场平稳健康发展和促进建筑业加快发展各项政策，加强房地产市场调控，鼓励住房消费，避免新增库存，加大棚户区改造力度，把符合条件的城中村、城市危房、重点镇纳入棚户区改造范围，确保2017年改造棚户区1247套，货币化安置比例达100%。严格落实商品房销售明码标价规定、对法律法规未作明确规定的保证金一律不得收取，维护消费者权益。规范和落实住房公积金提取政策，全面开展住房公积金异地个人住房贷款业务，确保符合条件的职工购房应贷尽贷、应提尽提。通过购买等方式把适合作为公租房或者经改造符合公租房条件的存量商品房，转为公租房。区规划分局：经申请审核，在不改变用地性质、用地年限和项目综合容积率等规划条件前提下，允许调整库存房地产项目的房屋用途、套型结构。分期建设已开工的房地产项目，对尚未动工建设的地块，允许调整为国家支持的新型产业、养老产业、文化产业、教育产业、体育产业等项目。房地产项目未预售的，房地产开发企业可申请调整商住比例。区供电局、区住建局：涉及房地产开发项目的电力、自来水、燃气等有关费用可按照工程进度比例缴纳。市国土局江川分局：在规划部门出具规划审查意见及权利人不变的前提下，允许商住地产的大土地证换发小土地证。

二十一、促进社会消费增长

区发改局：用好200万元价格调节基金，提升改造4个陈旧集贸市场，畅通城乡销售网络，促进城乡消费。区工信局：争取省级内贸发展专项资金不少于70万元。用好20万元餐饮发展专项资金，打造特色餐饮街区，带动餐饮消费。支持限上商贸企业健康发展，对排名靠前且增幅较快的限上企业进行奖励。每年累计增速不低于30%的，每户奖励2万元；累计增速不低于25%的，每户奖励1万元；累计增速不低于20%的，每户奖励0.5万元。同时，对批发、零售、住宿、餐饮四个行业，各取增速最快的一户（增速20%以上）进行表彰，每户奖励2万元。加强限上企业动态管理，对现有限上企业跟踪管理，按照相关规定，及时开展入库、退库。对当年新增纳限的，每户奖励5万元。

二十二、加大进出口奖励力度

区工信局：鼓励外贸企业进一步加大商品进出口，争取省、市出口奖励专项财政资金70万元，对在本区生产和注册结汇的外贸企业按照全年出口业绩进行奖励。鼓励辖区产品出口南亚和东南亚等传统市场，拓展欧美等新兴市场，加快企业“走出去”步伐，立足东南亚，辐射中东、非洲等区域，实现外经带动外贸，促进外向型经济持续健康发展。对在辖区生产和注册结汇的外贸企业按照全年进出口业绩进行奖励，每进出口100万美元奖励5000元人民币；对自营出口当地生产的蔬菜、水果、畜禽等农产品，按照年新增出口业绩进行奖励，与上年度相比，每新增出口100万美元奖励1万元人民币。鼓励企业扩大先进技术关键设备及零部件、紧缺资源性产品的进口，对用于加快传统产业技术改造升级和促进战略性新兴产业发展的区内进口企业引进先进技术设备进行奖励。

二十三、缓解实体经济企业融资难

区财政局、区工信局、人行江川支行：成立帮助实体企业融资的协调小组，强化政银、商银合作，加强与银行的沟通，争取对生产经营基本正常的实体企业，不减贷、不压贷、不抽贷。扩大信用贷款支持力度，对有市场但缺资金的企业或企业优质产能进行封闭式贷款支持。积极鼓励非国有资本采取出资入股、收购股权、认购可转债、股权置换等多种形式参与国有企业资产重组、改制上市以及企业经营管理。民间投资主体可用货币或实物、知识产权、土地使用权等法律允许的方式出资。人行江川支行：创造条件为企业融资解决抵押物不足问题，引导辖区银行业金融机构向上争取政策和信贷资金，优化贷款手续，合理降低贷款利息，加大支持实体的力度。区财政局：积极争取与省财政出资20亿元成立的省信用再担保有限公司合作，加快发展以政府出资为主的政策性融资担保机构，服务小微企业、民营经济和“三农”。联合社会资本设立专项转贷基金，进一步加大对重点企业资金周转的支持力度。

二十四、帮助企业加速资金周转

区工信局：筹集部分工业信贷引导资金，以解决重点企业还贷、续贷过程中的资金周转需求。对有市场有回款有效益但资金周转暂时困难的中小微企业，财政给予贷款贴息，贴息比例不超过贷款基准利息的50%。发挥好融资保证金池、扶持工业园区及中小微企业调头资金池的重要作用，加大对重点企业资金周转支持。人行江川支行：鼓励银行业金融机构优化小微企业贷款流程，建立小微企业融资培训机制，对暂时无法获得授信的企业，给予信用维护、财务管理、企业制度建设、融资方式等方面培训，增强小微企业后续融资能力。鼓励实体经济土地、厂房等资产进行证券化或利用金融租赁、融资租赁进行售后回租，盘活存量资源。区财政局：联合社会资本设立专项转贷基金，加大对重点企业资金周转的支持。清偿政府投资项目工程拖欠款。对淘汰旧装备购置新装备的企业，给予一定比例的财政补贴。

二十五、不断优化发展环境

持续深化“放管服”改革，推进政务公开，围绕土地利用规划、拆迁安置、环境治理、扶贫救灾、就业社保等开展政务公开标准化、规范化试点。全区各部门要就本行业本系统主动公开的内容、主体、时限、方式等编制目录并动态更新。成立投资项目审批服务中心，为投资项目审批开展“一条龙服务”。加快推进行政审批标准化工作，逐步实现市县垂直业务系统与省级完全对接。做好投资项目审批事项承接工作，将法定前置审批事项和中介服务事项纳入清单管理，完善投资项目在线审批监管平台，推进投资项目全面在平台上运行。组织开展涉企收费和能源价格专项检查，加大反垄断执法力度，畅通企业价格维权渠道，维护企业的合法价格权益。全面落实“先照后证”改革措施，进一步巩固和扩大“五证合一”成果，扩大检商“三证合一”实施范围，积极推进简易注销登记改革，切实构建方便快捷的市场主体准入、退出通道，打造统一透明、公平公正、规范有序的市场环境。

二十六、强化督查考核

认真贯彻落实《云南省人民政府关于进一步促进全省经济持续平稳发展22条措施的意见》（云政发〔2016〕111号）和《玉溪市人民政府关于印发玉溪市贯彻落实省政府促进经济持续平稳发展政策措施工作方案的通知》（玉政通〔2017〕2号）精神，加大宣传广度和宣传力度，提高政策的透明度和知晓度。区政府督查室：深入各乡镇（街道）、各部门开展稳增长督查调研活动，实行一月一督查、一月一通报制度，对开工不动工、动工就停工或进展缓慢的项目进行专题督办。区监察局：每半年组织开展一次促进经济持续平稳发展专项纪律检查，对不作为、慢作为、乱作为和懒作为的问题，依规依纪追究相关部门和人员的责任，限期整改并报告落实情况，对未完成主要经济指标的乡镇（街道）、部门实行通报和约谈制度。

玉溪市江川区人民政府办公室关于全面推进公共服务事项简化优化服务改革的实施意见

玉江政办发〔2017〕6号

各乡、镇人民政府，大街街道办事处，区属各有关单位：

根据《玉溪市人民政府办公室关于从与群众日常生活密切相关事项入手简化优化服务的实施意见》（玉政办发〔2017〕5号）和《中共玉溪市江川区委玉溪市江川区人民政府关于推进简政放权放管结合优化服务改革的实施意见》（玉江发〔2016〕34号）精神，为进一步提高公共服务的质量和水平，增强群众简政放权放管结合优化服务改革的获得感，更好地推动大众创业、万众创新，结合江川实际，制定本实施意见。

一、目标原则

（一）总体目标。深入贯彻落实全国和全省推进简政放权、放管结合、优化服务改革电视电话会议精神，以群众需求为导向，以群众满意为目标，以法律法规为依据，进一步简化环节、精简材料、优化流程、规范收费、转变作风、提高效能、强化服务，实现办事全过程公开透明、可追溯、可核查，不断提升公共服务水平和群众满意度，让群众办事创业更方便、更快捷、更舒心，为群众办事创业提供公平、可及的公共服务。

（二）基本原则。一是服务便民利民。简化办事环节和手续，优化公共服务流程，明确标准和时限，强化服务意识，丰富服务内容，拓展服务渠道，创新服务方式，提高服务质量，让群众办事更方便、创业更顺畅。二是办事依法依规。严格遵循法律法规，善于运用法治思维法治方式，规范公共服务事项办理程序，规范公共服务收费，限制自由裁量权，维护群众合法权益，推进公共服务制度化、规范化。三是信息公开透明。全面公开公共服务事项，实现办事全过程公开透明、可追溯、可核查，切实保障群众的知情权、参与权和监督权。四是数据开放共享。加快推进“互联网+公共服务”，运用大数据等现代信息技术，强化部门协同联动，打破信息孤岛，推动信息互联互通、开放共享，提升公共服务整体效能。五是机会公平均等。以机会均等为核心，打破城乡、户籍、身份等限制，为群众提供均等的基本公共服务。

二、主要任务

（一）全面梳理和公开公共服务事项

1.梳理主体。各政府部门、乡镇（街道）以及有关国有企事业单位，指定性、强制性中介服务机构。

2.梳理依据。根据法律法规规章和“三定”规定，结合权力清单和责任清单、中介服务事项目录以及规范行政审批行为等有关工作，对公共服务事项进行全面梳理。

3.梳理内容。公共服务事项梳理内容主要为2个方面。一是与公民日常生产生活密切相关的公共服务事项，包括人口户籍管理、不动产登记、客货车辆管理、农机管理、公共教育、公务员招考、事业单位招聘、劳动就业、社会保障、社会救助、社会救济、婚姻登记、卫生和计划生育、基本住房保障、公共文化体育、特殊群体基本公共服务、公共交通、公共能源、公共安全、扶贫脱贫和水电气等事项。其中包括已经公布的行政许可、行政给付、行政确认和其他行政职权等权责清单中涉及的公共服务事项。二是与公民、法人和其他组织创业创新领域有关的服务事项，包括工商注册登记、税务政策宣传、涉企收费、政策资金支持、法律和信息咨询、知识产权保护、职业技能培训、奖励优惠等综合服务事项。

4.事项公开。公共服务事项按受理单位、事项名称、办理时限和办理依据等要素进行统一规范，公开向社会公布。各部门要于2017年4月底前完成公共服务事项清理，并报区审改办，审改办审核报区政府审定后，于2017年5月底前向社会公布。

（二）提供操作性强的服务指南

要对所有公共服务事项逐项编制服务指南，列明事项名称、事项类别、办理依据、受理机构、审批机构、受理条件、申请材料、办理流程、办理时限、办理结果（文件、证照的名称样式以及有关的年检、政府指定培训和收费等情况）、咨询投诉、表格下载、办公时间和地址、交通路线、办理状态查询等要素，规范服务流程图，做到具体详实、一目了然。针对申请人在办事过程中容易出现的问题予以说明解答，可提供申请材料示范文本、常见错误示例等。服务指南必须通过政府网站、宣传手册等形式向社会公开。2017年10月底前，各部门要完成公共服务事项服务指南的编制，报区审改办审核后，向社会公布。

（三）坚决砍掉各类无谓的证明和繁琐的手续

1.进一步精简申报材料。全面清理每一项公共服务事项办理所需提交的申报材料，尽量压缩需提供各类证明材料的弹性和空间。一是凡没有法律法规规章依据的证明和盖章以及认定、认证、评定、考核、年检、公证等环节，原则上一律取消。确需由申请人提供的证明和盖章材料，要进行严格论证，广泛听取各方面意见，必要时由区政府审改部门组织公开听证程序，经区政府审改部门审核后报区政府审定。二是需由其他部门提供证明材料，办事部门可通过与其他部门信息共享获取有关信息的，不得再要求申请人提供证明材料。三是上一个环节已经收取的申报材料，下一个环节不得再要求申请人重复提交。四是申报材料为本部门或本系统发放的证照或批准文件，受理部门可按照规定要求申请人提供批准文件名称、文号、编码等基本信息进行查询验证，不得再要求申请人提交证照或批准文件的原件或复印件。五是严禁出现“其他材料”，需要提供的材料必须列明具体情形。六是探索“告知+承诺”办理模式，由办理部门告知申请人应当符合的条件和虚假承诺应负的责任，申请人知晓条件要求并书面承诺保证符合相关条件和要求、承诺承担违约责任后，审批部门可先予办理相关手续，同时相应加强事后核查和监督。

2.清理年检和政府指定培训项目。对照目前保留的行政许可项目目录，全面梳理有关证照年检和政府指定培训项目。要结合实际情况，改变管理方式，根据国务院、省政府和市政府要求，及时取消有关证照年检，或者将年检改为年度报告公示制度。确需保留年检的，各部门要认真清理，结果报区审改办，审改办审核并报区政府审定后向社会公布。加大取消与证照申领和年检等挂钩的政府指定培训项目力度，各部门确需保留的政府指定培训项目须区政府审改部门审核，经区政府审定后一并向社会公布。2017年6月底前，各部门要完成年检和政府指定培训项目的清理，并报区审改办，审改办审核并报区政府审定后，于2017年10月底前向社会公布。

3.清理进驻政务服务平台的事项。推进政务服务平台的规范整合，对进驻政务服务平台的事项进行全面集中清理，加强动态管理，凡与已公布的行政许可项目目录、权力清单、中介服务事项目录以及公共服务事项目录规定不符的，一律取消，不得搞变相审批或指定中介服务。各部门要根据行政职权和公共服务事项承接、取消、下放、调整情况，动态调整进驻政务服务平台的事项。区审改办要加强监督检查，确保进驻政务服务平台事项动态更新。

（四）大力推进办事流程简化优化和服务方式创新

1.实行“一个窗口”受理、一次性告知。探索将部门分设的办事窗口整合为综合窗口，变“多头受理”为“一口受理”，实行“一窗受理、内部流转、限时办结、一口出件”的服务流程，为群众提供项目齐全、标准统一、便捷高效的公共服务。受理窗口要以材料清单的形式一次性告知申请人需要提交的申报材料，严格实行首问责任、限时办结等制度。对涉及群众日常生产生活且具有垄断性质的有线电视、自来水、燃气、电力等公共服务事项，应按照“就近服务群众、便民利民”的原则提供多种服务方式和多种营业网点。

2.减少管理层级，推行服务下沉。对设定依据未明确规定管理层级和权限，或设定依据规定不同层级政府均有权实施的公共服务事项，要根据实际，尽可能减少管理层级和环节，加大简政放权力度。政府部门能交由乡镇（街道）为民服务中心、村（社区）为民服务站办理的公共服务事项，要尽量交由基层办理，服务下沉，最大限度的便民利民；对不能交由基层办理的公共服务事项，也要按就近就便的原则，交由基层受理，实行代办服务。全面清理村（居）民小组、村（社区）、乡镇（街道）层层审核事项，坚决取消不合法不合理的审核盖章环节。

3.创新服务方式。各部门要结合工作实际，积极推进上门办理、预约办理、自助办理、同城通办、委托代办等服务方式，消除“中梗阻”，打通群众办事“最后一公里”。广泛推广和应用微信“二维码”告知查询，将事项名称、申报材料、办理流程、办理时限和受理窗口、地址、交通方式、咨询电话等服务信息推向群众的手机终端。

4.促进服务公平可及。除为残疾人、孕妇、老年人等特殊群体提供的“绿色通道”外，无论申请人选择何种办理方式，受理部门必须保证申报材料和环节手续的一致，确保申请人享受同等待遇的服务。严禁向各类代办机构或个人提供特殊的优先通道和服务。对申请人自愿选择委托代办的，受理部门不得通过指定服务、收取费用、特殊关系等违规方式为受托代办的代理机构提供优于本人亲自申请办理的服务待遇，不得提供差别化服务，确保公共服务标准化和均等化。

（五）扎实推进信息共享和网上咨询办理

1.完善江川“一站式”信息惠民服务平台。依托市级大数据平台，推进“互联网+政务服务”建设，完善江川“一站式”信息惠民服务平台，向群众提供行政审批、购买服务、同城服务等网上一站式全流程办理惠民服务。

2.推进部门信息共享。依托现有的政务服务平台，逐步完成与各部门业务系统对接，实现社会公开类信息的互通共享、校验核对。依托“互联网+”，促进办事部门公共服务相互衔接，变“群众奔波”为“信息跑腿”，变“群众来回跑”为“部门协同办”，从源头上避免各类“奇葩证明”“循环证明”等问题，为群众提供更加人性化的服务。

3.推进公共服务事项网上办理和网上咨询。推动实体政务大厅向网上办事大厅延伸，凡具备网上办理条件的事项，都要推广实行网上受理、网上办理、网上反馈，实现办理进度和办理结果网上实时查询；暂不具备网上办理条件的事项，要通过多种方式提供全程在线咨询服务，及时解答申请人疑问。拓展自助服务、社区代办、邮政快递等服务渠道，逐步构建实体政务大厅、网上办事大厅、移动客户端、自助终端等多种形式相结合、相统一的公共服务平台，为群众提供方便快捷的多样化服务。

（六）加强服务能力建设和作风建设

1.提升服务水平和效率。从群众利益出发，设身处地为群众着想，建立健全服务规则，制定公布服务规范，提升运用新技术新方法为民服务的能力。

2.做到事项办事流程公开透明、可追溯、可核查。探索推行公共服务事项办理工作日志制度，并加强工作日志的运用和监督，形成公共服务事项办理可追溯、可核查的工作机制。

3.搭建监督投诉举报平台。完善监督投诉举报运行机制，畅通企业和群众监督投诉举报渠道。建立常态化的投诉举报协调处理机制，区审改办、区委编办、区监察局、区政府督查室、区政务服务管理局等部门对投诉举报问题及时进行调查处理。

三、工作要求

（一）加强组织领导。各部门要充分认识简化优化公共服务、方便基层群众办事创业的重要性和紧迫性，主要领导要承担起第一责任人的责任，带头研究工作中遇到的问题，统一研究部署，坚持不懈加以推进。各部门要根据任务分工，制定分解细化措施，严格按照任务要求和时间进度，不打折扣、不搞变通，保质保量完成工作任务。各部门以《红塔区部分公共服务事项简化优化服务改革方案》（附件）为样本，全面推进公共服务事项简化优化服务改革，2017年12月底前基本完成。

（二）强化监督检查。要加强对简化优化公共服务、方便基层群众办事创业工作的监督检查，对组织领导不到位、方法措施不得力、推动效果不明显的部门和单位要通报批评。要加大责任追究力度，对工作不落实、完成任务不及时的单位和个人，依纪依法予以问责。

（三）引导社会参与。各部门要及时宣传报道推进简化优化公共服务方便群众办事创业工作的政策措施，开门搞改革，让人民群众参与到改革中来，争取人民群众的支持。

附件：红塔区部分公共服务事项简化优化服务改革方案（略）

玉溪市江川区人民政府办公室

2017年3月8日

玉溪市江川区人民政府办公室关于印发《星云湖沿湖环境卫生管理实施方案（试行）》的通知

玉江政办通〔2017〕62号

江城镇、前卫镇人民政府，大街街道办事处，区属有关单位：

《星云湖沿湖环境卫生管理实施方案（试行）》已经区人民政府同意，现印发给你们，请结合实际贯彻落实。

玉溪市江川区人民政府办公室
2017年11月10日

星云湖沿湖环境卫生管理实施方案（试行）

根据《云南省星云湖保护条例》《玉溪市江川区关于加强星云湖湿地湖滨带和裸露湖滩管理的通知》（玉江政办发〔2016〕51号）和《星云湖流域“十三五”保护治理攻坚方案》（玉江政办通〔2017〕39号），结合建设宜居宜业生态活力新江川的要求，为进一步加强对沿湖环境卫生的管理力度，健全完善管理机制，明确管理职责，着力构建区、乡镇（街道）、村（社区）、管护人员四级网格化管理格局，切实抓好星云湖水污染防治工作，不断提升沿湖环境卫生管理水平，制定此实施方案。

一、总体要求

通过构建权责明晰、协调统一、科学规范的星云湖沿湖环境卫生长效管理机制，进一步加大管理力度，提高管理效能，明确职责分工，形成部门联动、齐抓共管的工作格局。以改善沿湖生态环境卫生为目标，全面加强沿湖环境卫生管理工作，有效杜绝破坏自然生态环境行为，实现湖面清洁干净，沿岸湿地湖滨带和裸露湖滩整洁清新、绿色生态、文明和谐新目标。

二、管护范围

星云湖一级保护区内生态环境卫生管理（一级保护区为星云湖水体及星云湖最高蓄水位（1722.5米）沿地表外延100米以内的范围）。星云湖湖面保洁及湖面自生水葫芦打捞；星云湖沿岸湿地湖滨带和裸露湖滩环境卫生管理。

三、工作内容和任务分解

（一）分级负责，构建网格化管理体系

按照“属地管理、分级负责、全面覆盖、责任明确”的原则，以区、乡镇（街道）、村（社区）、管护人员为责任主体，合力构建“横向到边、纵向到底”的星云湖环境卫生网格化管理体制。以星云湖一级保护区全域为“一级网格”，星云湖管理局在区星云湖环境卫生管理工作领导小组领导下，负责指导、督促、协调、检查沿湖环境卫生管理工作；以乡镇（街道）所辖区域为“二级网格”，乡镇（街道）主要负责人为“二级网格”负责人，负责所辖区域巡查管护，每周开展1至2次巡查，完成好一级网格交办事项；以村（社区）所管区域为“三级网格”，村（社

区）主要负责人为“三级网格”责任人，负责做好区域内日常巡查管护工作，完成好一、二级网格交办事项；以管护人员责任区域为“四级网格”，负责做好日常巡护保洁及上级网格交办事项。

（二）明确责任，强化措施

星云湖管理局职责：

1.认真贯彻《云南省星云湖保护条例》，对星云湖一级保护区内发生的违反条例规定的行为依条例进行处理；

2.负责做好星云湖环境卫生管理工作领导小组日常事务，统筹协调、督促落实，抓好领导小组交办事项；

3.负责组建湖面保洁队伍，做好星云湖湖面保洁及自生水葫芦打捞工作；

4.负责对一级保护区内环境卫生工作的监督、检查、考核，对一级保护区内出现的环境卫生问题及时交办下级网格落实整改，建立环境卫生日巡查、周督查、月考核奖惩的工作机制。

沿湖各乡镇（街道）职责：

1.负责做好本行政区域内星云湖湖面以外的环境卫生管理工作，对本行政区域内星云湖环境卫生管护工作负总责；

2.负责组建管理本行政区域沿湖环境卫生日常巡查管护队伍；

3.负责指导、协调、督促二、三级网格做好所管区域内星云湖环境卫生日常巡查管理工作；

4.对清理打捞的垃圾杂物及时收集处置。

沿湖村（社区）职责：

1.负责做好所辖区域内星云湖沿湖环境卫生管护工作，对所辖区域内星云湖环境卫生管护工作负总责；

2.负责协助乡镇（街道）做好管护人员的管理，督促管护人员开展好日常环境卫生管理工作；

3.负责统筹做好一、二级网格交办事项；

4.负责对破坏和影响星云湖生态环境的行为进行教育制止，加大环境保护工作宣传力度，教育引导群众禁止向管护区内倾倒堆放垃圾、杂物等。

管护人员职责：

1.负责做好责任区域内的日常巡查管护工作，清理处置所管区域内的水葫芦、建筑垃圾、生活垃圾、生产垃圾和杂物等；

2.对责任区域内野炊、烧烤、露营、洗菜洗车等禁止行为进行教育制止，确需上级网格处置问题及时上报；

3.负责在责任区内湿地、湖滨带和裸露湖滩放养畜禽、丢弃畜禽尸体等行为进行教育制止，并及时清理；

4.对责任区内倾倒建筑、生产和生活垃圾及杂物等行为进行教育制止，并及时清理区域内的垃圾杂物；

5.对破坏、盗卖管护范围内的各类环保设施、花草树木及采捞水生植物等破坏生态环境的行为加以制止，并将相关案件线索报上级网格处置；

6.对在责任区内湿地、湖滨带和裸露湖滩造田造地、复垦种植行为进行教育制止，并报上级网格处置；

7.对在责任区内修建于保护湖泊无关的设施或建筑物进行教育制止，并将相关情况报上级网格；

8.对其他影响星云湖生态环境的行为进行教育制止，并宣传教育引导周边群众做好星云湖保护工作。

区住建局根据职能职责，做好一级保护区内村庄环境卫生工作，充分发挥村庄保洁员作用，做好村落环境卫生管理，避免垃圾杂物进入管护区范围内。

区水利局根据河长制工作要求，抓好入湖河道沟渠环境卫生管理工作，及时清理打捞入湖河道沟渠内垃圾杂物，确保清水入湖。

区环保局负责做好管护范围内的环保设施管理，保证设备正常运行。负责做好已建成的湿地湖滨带管护工作，及时组织力量收割管护范围内的植物残体，按要求清理生长过密的芦苇、茭草、杂草等植物，并及时清运。加强对在建项目管理，督促项目施工方及时处理各类垃圾，避免乱堆乱倒行为发生。

区城管局负责做好建成规划区范围内的环境卫生工作，对管护区范围内的垃圾、杂物等及时收集处置。

四、工作保障

（一）组织保障。成立由区人民政府区长任组长，分管副区长任副组长，区星管局、环保局、水利局、住建局、公安分局、财政局的负责人，沿湖乡镇（街道）主要领导为成员的星云湖环境卫生管理工作领导小组。领导小组下设办公室在区星管局，由郭伟同志兼任办公室主任，负责领导小组日常事务、会议召集、统筹协调、督促落实，抓好领导小组组长、副组长交办的其他事务。

（二）队伍建设。星云湖沿岸共涉及3个乡镇（街道），13个村（社区）村（居）委会，湖岸线长约36.3公里，其中大街街道湖岸线长约16公里、前卫镇湖岸线长约9.7公里、江城镇湖岸线长约10.6公里。依据每公里设2名管护员，星云湖主要入湖河道口设1名管护员的原则，由沿湖乡镇（街道）自行组建环境卫生管护队伍。星云湖管理局负责组建湖面保洁队伍。

（三）经费投入

星云湖沿湖环境卫生管护经费由区财政给予299.8万元的保障（含星云湖湖面日常保洁工作经费、环境卫生管护人员经费、湿地湖滨带环境卫生管护经费、垃圾集中清运处置及管护人员装备费用），沿湖乡镇（街道）、区属有关部门积极筹措资金用于管护工作。

五、工作要求

（一）区人民政府将管护范围内的环境卫生工作进行考核检查，考核对象为实施方案涉及部门和沿湖乡镇（街道），考核内容为本方案明确的工作职责完成情况。

（二）沿湖乡镇（街道）明确一名分管领导负责星云湖环境卫生管护工作，抓好环境卫生日常管护。制定乡镇（街道）网格化管理责任制实施细则，并上报区星云湖管理局备案，建立日常工作管理台帐，完善巡查检查登记制度等，并定期报送工作开展情况。

（三）沿湖乡镇（街道）和区属各有关部门要加强工作沟通协调，密切配合，形成工作合力，共同做好沿湖环境卫生管理工作。

（四）建立工作督查机制。将星云湖沿湖环境卫生管理工作列入专项督查事项，由区监察局、区政府督查室、区星云湖管理局，每月定期开展1次督促检查，并加强明察暗访和不定期的抽查检查，发现问题及时通报并督促整改。对工作落实不力、互相推诿扯皮、为官不为的单位和个人予以曝光。

（五）建立严格的考核奖惩问责机制。建立由区对乡镇（街道）和区属有关单位，按照百分制对网格化管理责任制完成情况进行量化考核，考核结果纳入区综合目标考核。

考核得分95以上为优秀，85—94分为良好，80—84分为完成，70—79分按照干部管理权限进行约谈，60—69分进行通报批评问责，60分以下追究相关责任人责任。区星云湖管理局根据本办法和考核标准制定具体考核办法，并组织实施。

图书在版编目（CIP）数据

江川年鉴．2018 / 玉溪市江川区人民政府区志编纂委员会办公室编．
—芒市：德宏民族出版社，2018.9
ISBN 978-7-5558-0970-8

Ⅰ．①江… Ⅱ．①江… Ⅲ．①玉溪市江川区—2018—年鉴
Ⅳ．①Z527.44

中国版本图书馆CIP数据核字（2018）第192915号

书　　名	江川年鉴·2018
作　　者	玉溪市江川区人民政府区志编纂委员会办公室　编

出版·发行	德宏民族出版社	责任编辑	银传秀
社　　址	云南省德宏州芒市勇罕街1号	责任校对	毕　兰　张家本
邮　　编	678400	装帧设计	舒菊丽　朱晓虹
总编室电话	0692-2124877	图片编辑	余立言　徐凡清
汉文编室	0692-2111881	封面摄影	周玉林
电子邮件	dmpress@163.com	发行部电话	0692-2112886
印 刷 厂	昆明鹰达印刷有限公司	民文编室	0692-2113131
		网　　址	www.dmpress.cn
开　　本	889×1194mm　大16开	版　　次	2018年12月第1版
印　　张	26	印　　次	2018年12月第1次
字　　数	720千字	印　　数	1-1000册
书　　号	ISBN 978-7-5558-0970-8	定　　价	150.00元

如出现印刷、装订错误，请与承印厂联系调换事宜。印刷厂联系电话：0871-63646096